사례로 풀어 본

한국인의 정신건강

사례로 풀어 본

한국인의 정신건강

이후경 저

학지사

머리말

1991년 30대 초반, 서울 근교 하남시에 정신과를 개원했다. 정신과는 '미친 사람'만 방문한다는 편견이 팽배할 때다. 병원이 드물어 광주 · 여주 · 이천까지 수많은 고객이 방문했다. 1990년대는 정신분석과 심리치료가 유행하고, 고객의 정신과 약물에 대한 거부감이 컸던 시기다. 개원 초라 시간이 많아 약물치료보다 심리치료를 선호했다. 증상 중심 접근보다, 원인 중심 접근에 집중했다.

목사의 아들로 태어나, 어려서부터 정신현상에 대한 호기심이 많았다. 가난하고 불우한 청년 시절을 겪으면서 상처도 컸다. 바로 위 누나가 조울병을 앓아 정신병리에도 익숙했다. 전공의 수련을 하던 1980년대 말, 정신과 약물이 눈부시게 발전했다. 정신과 의사로 성공하려면 생물 정신의학을 선택해야 했다. 그런데 사회 정신의학과 정신분석을 선택했다. 심리학의 영역으로 자리 잡은 상담과 심리치료를 공부했다.

"내게 왜 이런 증상이 나타난 걸까?" 모든 증상에는 원인이 있다. 약물치료는 탁월한 치료 방법이다. 순식간에 증상이 소멸한다. 쉬운 증상 해결은 오히려 근본치료에 방해된다. 원인 탐구 없이 계속 약물에 의존하게 된다. 위기는 기회를 열어 주고, 증상은 아이디어를 제공한다. 증상은 실체에 접근하는 단서다.

“내게 왜 이런 문제가 생기는 걸까?” 모든 문제에는 해답이 있다. 해답을 위한 첫 단추는 문제를 받아들이는 것이다. 어떤 경우는 문제를 제거하거나 피하는 게 낫다. 문제 해결은 마치 수학 방정식을 푸는 것과 같다. 고객과 머리를 맞대고 해답을 찾는 것이다. 현실을 넘어 실재가 있고, 문제를 넘어 신비가 있다.

“내게 왜 이런 갈등이 찾아온 걸까?” 모든 갈등에는 교훈이 있다. 갈등은 남과 다른 정서적 경험에서 오고, 다른 문화적 차이에서도 온다. 결국 죽는다는 인식에서 온다. 모든 갈등은 고통을 안겨 준다. 힘든 만큼 성장하고, 아픈 만큼 성숙한다. 인생은 채우러 온 것도, 비우러 온 것도 아니고, 배우러 온 것이다.

2014년 50대 중반, 『중앙이코노미스트』 칼럼리스트로 발탁되었다. 중앙대학교 경영학 박사과정에서 알게 된 김광기 본부장의 도움이 컸다. 당시 ‘세월호’ 사건으로 국민 전체가 집단 트라우마에 빠져 대책이 절실한 시기였다. 『중앙일보 시사매거진』의 ‘후박사의 힐링 상담’은 시의적절했다. 2010년대는 상담과 힐링이 유행하고, 정신과 치료에 대한 거부감도 꽤 사라졌다. 정신건강에 대한 사회적 욕구가 팽창하고, 정신과도 정신건강의학과로 개명되었다.

현대인은 엄청난 스트레스 가운데 살아간다. 스트레스는 몸과 마음과 영혼을 망가뜨린다. 몸과 마음은 하나로 연결되어 있다. 신체질환이 오면 정신질환이 동반되고, 정신건강이 나빠지면 신체건강도 나빠진다. 7년 동안 개인 · 가정 · 직장 · 사회에서 벌어지는 수많은 사례를 다루었다. ‘증상과 문제와 갈등’을 주제로 했다. 나의 이야기, 너의 이야기, 우리의 이야기를 담았다. 원인을 찾고, 해답을 제시하고, 교훈을 찾았다.

2021년, 60대 초반 『사례로 풀어 본 한국인의 정신건강』을 출간하게 되었다. 오래 알고 지내 온 '학지사' 김진환 대표가 출판계 불황에도 흔쾌히 수락해 주었다. 큰 제목은 증상, 개인, 가정, 사회, 직장의 다섯 파트로 나뉜다. 각 파트에 30개 전후, 총 133개의 '증상 · 문제 · 갈등 극복' 주제를 다룬다. 안회가 공자에게 물었다. "인(仁)이란 무엇입니까?" 공자가 답했다. "극기복례(克己復禮), 자기를 극복하여 예에 이르는 것이다."

모든 주제는 세 파트로 나뉜다. ① 증상 · 문제 · 갈등 · 사례, ② 사례에 대한 고찰, ③ 세 가지 탁월한 처방이다. 고찰은 치우치지 않게 통합적으로 접근했다. 생물적 · 정신분석적 · 심리사회적 · 철학적 해결을 적절히 모색했다. 처방은 즉석에서 쓸 수 있도록 실용적으로 접근했다. 원 · 투 · 쓰리 기법을 통한 단순한 해결을 제시했다.

7년 동안 격주로 꾸준히 『중앙이코노미스트』에 원고를 보내는 일은 쉽지 않았다. 사례를 발굴하고, 제목을 정하고, 적합한 지식을 찾고, 적절한 처방을 내렸다. 가장 어려운 일은 사례 발굴이었다. 우선 30년 동안 나를 믿고 찾아 준 고객에게 감사드린다. 또한 문제와 갈등에 대해 함께 토의한 지인들에게 감사드린다. 직장 사례는 한국소비자원에서 근무하는 부인 장은경의 도움이 컸다. 사회적으로 이슈화된 청년 사례는 서울대학교 국제대학원에 다니는 딸 이지예의 도움이 컸다. 끝으로 책 편집과 출판을 위해 애써 주신 최임배 부사장, 유은정 대리에게 감사드린다. 이 책이 장기적인 '코로나 사태'로 집단 우울증에 빠진 국민들의 정신건강에 도움이 되길 바란다.

2022년 1월

저자 이후경

추천사

한 가지 주제를 찾고 7년이란 세월을 고민하고 싸워 온 저자의 끈질긴 근성에 지식인으로서 경의를 표하지 않을 수 없다. 7년이란 세월 동안 격주로 글을 연재한다는 것은 웬만한 정력가가 아니고는 불가능하다. 글을 써 본 사람이라면 이게 무슨 뜻인지 쉽게 이해가 갈 것이다. 이것은 저자의 끈질긴 정력의 소산이기도 하지만 한 시대를 앓는 지성으로써 '다양한 스트레스와 함께 고달프게 살아가는 현대인들에게 도움을 주고 싶어 하는 소명 의식'에서 비롯되었다는 점을 높이 평가하고 싶다.

읽어 내려가노라면 그의 해박한 지식의 깊이와 넓이에 감탄이 절로 나온다. 정신과 환자는 한 시대를 앓는 사람들이다. 그 아픔을 함께 공감할 수 있는 폭넓은 자성(自省) 없이는 이 역시 불가능한 일이다. 그 점에서 저자는 가히 완벽하다고 할 수밖에 없다. 동서고금의 깊고 넓은 해학적 · 역사적 발자취 위에 환자의 문제를 투영하고 해석해 낸 점, 범인의 식견으로서는 풀어낼 수 없다는 점을 인정하지 않을 수 없다. 더구나 놀라운 점은 깊이 있고 탁월한 사색을 함에도 누가 읽어도 쉽게 이해할 수 있게 써 내려간 그의 완벽하게 소화된 지식의 내용이나 필체는 감동을 자아내기에 충분하다. 7년이라는 짧지 않은 세월, 폭넓은 지성의 융합적 작업을 위해 고민하는 저자의 모습이 눈에 선하다. 인고의 세월을 거치면서 어느 하나 쉬운 주제가 아님에도 불구하고 간단명료한 결어로 마감할 수 있었다는 점은 동학인(同學人)으로서 부럽기도 하다.

133가지 사례를 선정한 것부터 예사롭지 않다. 폭넓은 시대의 아픔을 구석구석 대변해 낼 수 있게 배려한 점 역시 필자의 탁견을 높이 평가할 수밖에 없다. 하나하나의 사례를 읽노라면 우리 사회의 아픔과 갈등이 그대로 담겨 있기 때문이다. 다 읽고 나면 한국 사회의 오늘이 눈에 선히 떠오른다. 한국 사회를 이해하는 데는 어려운 이론서도 많다. 하지만 저자가 실제로 골목에서 누구나 쉽게 만날 수 있는 사례와 대화를 통해 한국 사회의 깊은 구석을 통찰해 낸 점, 참으로 탁월하다. 생로병사(生老病死), 인생 사고(死苦)에서 산다는 것 역시 고(苦)의 행진이다. 그럴 땐 서슴없이 이 책을 펼쳐 보길 권한다.

세로토닌 문화원장,

힐리언스 선마을 촌장 이시형

contents **차례**

PART 1 증상편

contents

PART 2 개인편

• PART 3 • 가정편

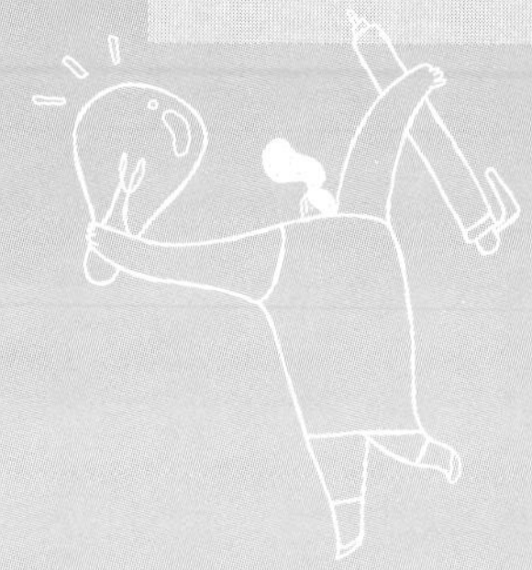

PART 4

사회편

PART 5 직장편

[사례로 풀어 본 한국인의 정신건강]

증상편

PART 1

1 강박증

◇◇◇

생각·행동 멈추고 감정을 채워라

| 사례 1 | 김 모 씨(30세)는 대기업 사원이다. 그는 훤칠한 외모에 깔끔한 성격으로 회사에서 인기가 좋다. 그에겐 깨끗함에 집착하는 습관이 있다. 귀가 후 모든 옷을 세탁하고, 하루에 두 번은 반드시 샤워를 한다. 회식자리에서도 손을 씻기 위해 자주 화장실을 들락거린다. 그의 지나친 청결은 주변 사람의 눈살을 찌푸리게 한다. 그도 괴롭다. "손이나 옷에 병균이 있다는 생각을 지울 수 없어요."

| 사례 2 | 박 모 씨(42세)는 중소기업 부장이다. 그는 정확한 일처리와 완벽한 성격으로 회사에서 인정받는다. 그에겐 지나치게 확인하는 습관이 있다. 집을 나설 때 가스밸브를 두 번은 확인하고, 차 문도 제대로 잠겼는지 두 번 확인한다. 최근에는 부하 직원에게 업무를 지시할 때 두세 번 반복하는 습관이 생겼다. 그의 지나친 확인은 주변 사람을 힘들게 한다. 그도 괴롭다. "안 한 것 같은 의심이 들어 연거푸 확인하게 돼요."

| 사례 3 | 최 모 씨(28세)는 고등학교 수학 교사다. 그녀는 예쁜 외모에 야무진 성격으로 뭇 남성들의 이상형이다. 그녀에겐 지나치게 정돈하는 습관이 있다. 화장대에 물품을 모두 앞면으로 줄 맞춰 세우고, 지갑 속 지폐 방향도 한쪽으로 정렬한다. 집에서 누가 그녀의 물건을 약간만 흩어 놓아도 엄청난 화를 낸다. 그녀의 지나친 정돈은 주변 사람을 피곤하게 만든다. 그녀도 괴롭다. "모든 것이 제자리에 있지 않으면 불편해요."

의미 없는 생각 · 행동이 반복되는 현상

강박증은 의미 없는 생각과 행동이 반복되는 현상이다. 뇌 회로가 망가져서 생각 · 행동이 갇혀 헛돌고 맴도는 현상이다. 강박생각은 원치 않는데 떠오르는 불쾌한 생각이다. 성적인 것, 폭력적인 것, 사고나 재난 등이 있다. 없애려 하면 더 강하게 떠오르고, 불안이 심해진다. 강박행동은 생각을 없애고 불안을 가라앉히려는 반복행동이다. 손 씻기, 확인하기, 정돈하기 등이 있다. 잠시 안정을 찾지만, 불안은 더 심해진다. 그 외 끝없이 이어지는 고민, 뇌리에 박힌 후회, 꼬리를 무는 걱정 등이 있다.

인생은 문제의 연속이다. 문제, 문제, 위기, 문제, 문제, 위기… 이러다 팔십 년이 지나간다. 한 문제가 해결되면 평화가 오지만, 다른 문제가 나타난다. 인생은 걱정의 연속이다. 학생은 시험을 걱정하고, 청년은 취업을 걱정하고, 주부는 생활비를 걱정한다. 한 걱정이 사라지면 안정이 오지만, 다른 걱정이 들어선다. 인생은 미완성의 연속이다. 벌려진 일이 많다. 한 가지를 끝내지 못하고, 다른 것에 뛰어든다. 미완성 과제는 그대로 남아 머릿속을 배회한다.

강박증이 늘고 있다. 넷 중 하나는 평생 한 번쯤 겪는다. 강박증은 생각과다에서 온다. 현대인은 하루종일 생각한다. 생각과 생각이 충돌하고, 생각과 감정이 대립한다. 생각이 헛돌고 맴돈다. 강박증은 감정억압에서 온다. 현대인은 솔직히 표현하지 못한다. 감정과 감정이 충돌하고, 생각이 감정을 억압한다. 억압된 감정은 불안으로 나타난다. 강박증은 욕구좌절에서 온다. 현대인은 원하는 대로 하지 못한다. 욕구와 욕구가 충돌하고, 생각이 욕구를 억제한다. 좌절된 욕구는 두려움과 분노로 나타난다.

인간의 뇌는 대뇌피질, 변연계, 뇌간으로 나뉜다. 대뇌피질은 생각을 담당하고, 변연계는 감정과 욕구를 담당하며, 뇌간은 반응을 담당한다. 강박회로에는 대뇌피질의 전전두엽과 대상회, 변연계의 선조체가 관여한다. 전전두엽은 뇌 고장을 통제한다. 대상회가 활성화되면, 생각 · 행동의 전환(주의 전환)이 어려워 집착을 보인다. 유연성 · 융통성 · 적응력이 떨어진다. 선조체가 활성화되면, 생각 · 행동이 갇혀 헛돌고 맴돌게 된다. 강박회로의 활성화는 세로토닌 감소와 일치한다. 항우울제는 세로토닌을 증가시키는데, 강박증에 60% 정도 효과가 있다.

강박증은 중독으로 발전

강박증은 불안에서 시작한다. 미래에 대한 걱정, 나쁜 예감이 중심에 자리한다. 어린 시절 부정적 감정경험과 관련된다. 강박증은 집착으로 나타난다. 가능성이 희박한데도 매달린다. 분노와 두려움이 깔려 있다. 강박증은 의심으로 나타난다. 행동이 미덥지 않아 반복하게 된다. 편집증은 타인을 의심하지만, 강박증은 자신을 의심한다. 강박증은 중독으로 발전한다. 성(性), 도박, 약물중독에 빠지기 쉽다. 둘 다 불안을 회피하는 행동이지만, 중독은 쾌락을 추구한다. 강박증은 우울을 동반한다. 우울증은 불행한 과거에 집착하지만, 강박증은 불길한 미래에 집착한다.

후박사의 탁월한 세 가지 처방

첫째, 멈추자. 우선, 행동을 멈추자. 생각이 먼저고, 행동이 나중이다. 꾹 참고, 손 씻지 말고, 확인하지 말고, 정돈하지 말자. 큰 일이 날 것 같지만 그렇지 않다. 생각이 심해지지만 점차 줄어든다. 행동을 미루자. 안 멈춰질 땐 나중에 하는 것으로 하자. 순간만 모면해도 효과가 있다. 행동은 생각을 강화시키고, 습관이 굳어지면 고치기 어렵다. 행동이 끊어지면 절반은 성공이다. 반대 행동을 연습하자. 강박증은 완벽하고 예민하고 깔끔한 데서 온다. 꾹 참고, 일부러 이렇게 해 보자. 더러운 화장실 쓰기, 발표할 때 실수하기, 어질러진 방 쓰기, 약속시간 늦게 가기, 욕먹는 짓 하기, 무조건 져 주기 등이다.

다음, 생각을 멈추자. 생각과 싸우면 생각이 더 심해진다. 잠과 싸우면 더 못 자는 것과 같다. 생각은 생각으로 설득이 안 된다. "그만!"을 연거푸 외치자. 생각이 툭툭 끊어진다. 꼬리를 무는 생각은 일단 미루고, 하루에 한 번 시간을 정해 몰아서 하자. 생각을 전환하자. "그만!"을 외치고, 벽에 걸린 시계를 바라보자. 노래를 부르거나 산책을 나가자. 화제를 바꾸거나 전화를 걸자. 생각을 흘러 보내자. 남에게 일어난 것처럼 바라보자. 판단하지 말고, 반응하지 말자. 단지 강박회로의 문제라고 여기자. 낙천적이 되자. "내일 일을 걱정하지 마라. 한 날의 괴로움은 그날에 족하다."

둘째, 감정을 채우자. 감정이 메마르면 생각이 무성해진다. 웃고 울자. 아침마다 큰 소리로 웃자. 잊어버린 감정이 살아난다. 영화를 보며 엉엉 울자. 잃어버린 감정이 살아난다. 화를 내자. 화는 참아도, 자주 내도 생각이 많아진다. 화낼 상황에선 꼭 화를 내자. 복잡하던 생각이 단순해진다. 요구하자. 화의 80%는 요구를 안 하는 데서 온다. 해 주려니 하는 기대에서 온다. 당당히 요구하자. 요구부터 하고 나중에 고민하자. 긍정적이 되자. "항상 기뻐하라, 범사에 감사하라."

지금 진짜 원하는 일을 하자

셋째, 현재에 머물자. 원하는 것을 하자. 소싯적 바라던 게 있었다. 지금(now), 하나씩 하자. 용기가 필요하다. 진짜 원하는 일을 하자. 생각이 멈추고, 감정이 흐른다. 원하는 대로 살자. 어릴 적 꿈꾸던 게 있었다. 여기(here), 하나씩 바꾸자. 결단이 필요하다. 진짜 원하는 삶을 살자. 감정이 싹트고, 생각이 멈춘다. 현재에 집중하자. 과거만 회상하고 살았다. 현재를 떠들자. 미래만 상상하고 살았다. 현재를 이야기하자. 열정적이 되자. "후회와 걱정을 떨치고, 오늘 한 그루 나무를 심자."

2 갱년기 여성의 우울증

◇◇◇

신체의 균형 유지가 중요
취미·공부 등 새로운 가치도 추구할만

무기력하고 얼굴 달아오르고

대학교수인 그녀는 올해 쉰이다. 그녀는 요즘 너무나 힘들다. 아침부터 의욕저하와 무기력증으로 학교 가는 것이 엄두가 나지 않는다. 논문은 물론, 늘 하던 강의도 용어가 생각나지 않아 식겁할 때가 있다. 가르치는 일에 자신이 없어지고, 젊은 교수들이 무섭다.

최근 폐경이 됐다. 아침에 일어나면 가슴이 뛰고 얼굴이 빨갛게 달아오르고 등줄기에 식은땀이 흐른다. 폐경기 증상이려니 하고 약사가 권하는 천연호르몬을 먹기 시작했다. 저녁 후에는 한 시간가량 산책도 꾸준히 했다. 몸이 조금 나아진 듯 했는데, 올해 봄 학기 시작과 함께 우울증이 겹치면서 정말 죽을 것 같다.

우울증은 작은딸에 이어 큰딸마저 미국 유학을 떠나면서 폭발했다. 두 딸은 모두 공부를 잘했다. 첫째는 전교 1등을 놓치는 일이 없었고, 둘째도 1~3등을 오갔다. 그런데도 둘째는 언니에 대한 경쟁심, 돌봐 주시던 할머니에 대한 반항 등으로 사춘기를 심하게 겪더니, 부모의 만류에도 불구하고 고1을 마치면서 혈혈단신 미국으로 떠났다.

그나마 큰딸을 의지하며 살았는데, 큰딸마저 박사과정을 하겠다며 미국으로 떠난 후, 그녀는 매일 울적하다. 두 딸에게 메신저로 연락을 해도 바쁜지 금방 답장이 오지 않는다. 집에는 남편과 그녀만 덩그러니 남아 있다. 행복한 가정을 위해 바쁜 학교 일에도 불구하고 최선을 다해 남편과 두 딸의 뒷바라지를 했다. 혼자 지내시는 시어머니까지 알뜰히 챙겼다. "지금까지 잘못 살았던 것이 아닐까?" 자꾸 회의감과 허탈감에 휩싸인다. 아무렇지도 않게 사는 남편을 보면 괜히 밉다. "왜 나만 이렇게 힘든 걸까?"

우울증은 스트레스와 상처에서 온다. 스트레스가 극복되면 성취감이 생기고, 상처가 승화되면 행복감이 생긴다. 힘든 만큼 성장하고, 아픈 만큼 성숙한다. 우울증은 에너지 소진에서 온다. 힘든 스트레스가 오래 가면, 모든 에너지가 바닥 난다. 우울증은 에너지 울혈에서 온다. 아픈 상처가 오래 가면, 스스로를 보호하려고 모든 외부자극을 차단한다. 우울증은 가치혼란과 의미상실에서 온다. 가치는 시대에 따라 변하고, 의미는 불변한다. 현대인은 성공과 행복을 추구한다. 성공은 가치를 추구하는 것이고, 행복은 의미를 추구하는 것이다. "의미 없는 가치추구는 공허하고, 가치 없는 의미추구는 허망하다."

우울증은 남성보다 여성이 취약하다. 여성은 감성적이다. 생각보다 느낌을 선호한다. 스트레스를 이해하고, 감정이입을 잘한다. 스트레스는 상처가 되고, 과거 부정감정과 쉽게 연결한다. 상처가 치료되면 행복감이 오고, 치료가 안 되면 우울증에 빠진다. 여성은 수용적이다. 남 탓보다 내 탓을 선호한다. 스트레스를 받아들이고, 감정을 잘 다룬다. 스트레스를 상처로 바꾸어, 오랜 기간 견딘다. 상처가 계속 쌓이면 우울증에 빠진다. 여성은 의미를 추구한다. 삶의 의미는 무엇인가? 나를 사랑하고, 너를 사랑하고, 남을 사랑하는 것이다. 의미에 집중하면 우울감에 빠진다. "우울감은 연민감과 자비심의 원천이다."

갱년기는 과거를 성찰하고 미래를 꿈꾸는 시기

갱년기는 격변기다. 50세 전후 나타난다. 초경으로 시작한 여성의 삶이 끝나고, 새로운 성(性)으로 인생을 출발한다. 갱년기증상은 폐경과 함께 나타난다. 호르몬 균형이 깨지면서 신체적 · 정서적 증상이 온다. 안면홍조 · 발한 · 빈맥 등이 나타나고, 건망증 · 불면증 · 우울증 등이 나타난다. 중년 여성의 2/3는 증상이 없거나 미미하지만, 1/3은 고통을 받는다. 사회적 역할이 변하면서 상실감 ·

무력감이 온다. 가정에서 아이들이 떠나고, 사회에서 직장을 떠난다. 의무감 · 책임감에서 벗어나, 자신에게 집중할 수 있다. 100세 시대에 갱년기는 산중턱이다. "생(生)의 중간에서 과거를 성찰하고, 미래의 원숙한 삶을 꿈꾸는 시기다."

호르몬 불균형은 난소기능 상실에서 온다. 갱년기증상은 에스트로겐 부족현상이다. 에스트로겐은 부신과 지방세포에서도 생산된다. 상대적으로 프로게스테론이 고갈된다. 갱년기증상은 에스트로겐 우세현상이다. 에스트로겐과 프로게스테론의 비율이 중요하다. 젊은 나이에도 비만 · 스트레스에서 에스트로겐 우세가 온다. 호르몬 대체요법은 신중해야 한다. 안면홍조 · 발한 증상에 효과적이다. 그러나 에스트로겐 과다는 유방암 · 자궁암 위험을 높인다. 골다공증 · 심장질환의 예방효과는 확실치 않다. 일단 천연호르몬을 시도하는 게 좋다.

사회적 역할 변화는 정체성 혼란을 초래한다. 역할이 바뀌면 가치도 바뀐다. 그동안 추구했던 가치는 무엇인가? 앞으로 추구할 가치는 무엇인가? 원치 않는 일로 성공하는 것보다, 원하는 일로 실패하는 것이 낫다. 인생의 진정한 가치는 무엇일까? 참 나(Self)를 찾는 것이다. "생로병사, 모든 게 다 공(空)이다." 역할이 바뀌면 의미도 바뀐다. 그동안 무엇을 위해 살아 왔는가? 앞으로 누구를 위해 살아야 하는가? 인생은 채우러 온 것도 아니고, 비우러 온 것도 아니고, 배우러 온 것이다. 삶의 진정한 의미는 무엇일까? 이웃을 사랑하는 것이다. "희노애락, 모든 게 다 고(苦)다."

후박사의 탁월한 세 가지 처방

첫째, 몸의 균형을 잡자. 균형이 깨지면 몸이 병든다. 스트레스는 호르몬 불균형을 악화시킨다. 신체증상이 심하면 대두 · 승마 · 석류 등에서 추출한 천연호르몬이 도움이 된다. 정서증상이 심하면 항우울제 · 안정제가 도움이 된다. 균형은 규칙성을 통해 회복된다. 잘 자고, 잘 먹고, 잘 쉬자. 잠은 만병의 보약이다. 균형 잡힌 식단이 중요하다. 휴식은 생각 과다에서 벗어나게 한다. 걷고, 걷고, 또 걷자. "가고 가는[去] 중에 알게 되고, 행하고 행하는[行] 중에 깨닫게 된다."

마음의 중심 잡아야

둘째, 마음의 중심을 잡자. 중심이 흔들리면 마음이 병든다. 새로운 가치를 찾자. 가슴을 펴고 태풍을 맞이하듯 뭇 경험을 두려움 없이 받아들이자. 그동안 아이를 돌보느라 하지 못했던 운동에 빠져 보자. 그동안 일하느라 못다 한 공부에 빠져 보자. 어릴 적 정말 하고 싶었던 일에 빠져 보자. 새로운 의미를 찾자. 오늘 숨 쉬고 느끼며, 사랑하고 살아 있음을 경이로 받아들이자. 혼자 여행을 떠나 사색에 잠겨 보자. 마음이 끌리는 친구와 사귀어 보자. 스치는 생각을 무작정 글로 써 보자. "오십은 하늘의 명(命)을 깨닫는 나이다."

셋째, 혼의 방향을 잡자. 방향을 잃으면 혼이 병든다. 옛날에 한 왕이 거지 현인(賢人)을 대신으로 발탁했다. 대신은 매일 한 시간씩 구석방에서 문을 잠그고 지냈다. 수상히 여긴 신하가, 그가 적과 교신한다고 모함했다. 왕은 대신을 불러 방에서 무엇을 하는지 추궁했다. 대신은 슬퍼하며 왕에게 방을 보여 주었다. 텅 빈 방 한 쪽에는 누더기 옷 한 벌과 지팡이 하나가 걸려 있었다. "이것은 거지 시절 지녔던 것입니다. 저는 여기서 아무것도 아니던 때를 떠올리며, 매일 하루를 마감합니다." "시원(始原)으로 돌아가라."

3

걱정 · 불안증

◇◇◇

떠오르는 걱정을 모두 적어 보라

사소한 모든 것이 걱정

그는 머리가 크다. 동료들은 머리가 커서 머리가 좋겠다는 둥, 쓸데없이 걱정이 많다는 둥 그를 놀린다. 정말 머리가 커서 그런가, 그는 걱정이 많다. 걱정을 사서 한다는 소리를 자주 듣는다.

섬세하고 예민한 성격 때문에 남들은 쉽게 지나칠 일도 그렇지 못하다. 일어나지도 않을 일을 걱정하고, 나쁜 일이 일어날까 봐 걱정도 한다. 어떻게 대처해야 될지도 미리 걱정한다. 그래서 항상 걱정이 태산이다. 특별한 이유가 있다기보다, 사소한 모든 게 걱정의 이유가 된다. 항상 마음이 복잡하고, 자신감이 없고, 고민이 많다. 이젠 불안이 습관이 된 듯하다.

그는 직장에서 긴장을 많이 한다. 특히 상사 앞에서 더 한다. 뭔가 지적당할 것 같은 느낌에 시달린다. 잘하고 있을 때조차 그렇다. 최근엔 긴장이 더 심해졌다. 하필 그를 가장 잘 도와야 할 부하직원과는 사이가 좋지 않고, 그 부하직원은 직급과 나이 차이에도 불구하고 그의 상사와 절친이다. 중간에 낀 상태로 하루하루를 지내다 보니 안 그래도 불안한 마음이 매일 살얼음판을 걷는 심정으로 바뀌었다. 그들의 표정 하나, 말투 하나에도 심하게 반응하게 되고, 걱정과 불안은 배가 된다. 정말 죽을 지경이다.

요즘 그는 쉽게 피로하고 집중이 안 되고 정신이 멍하다. 밤에 잠들기 어렵고, 여러 번 깨서 잠을 설치기도 한다. 매일 파죽음 상태다. 감기에 걸리면 잘 낫지도 않고, 무슨 큰 병에 걸린 것 같아 자주 검사도 한다. 매일 저녁 술을 마시며 긴장을 푸는데, 이러다 알코올 중독이 되지 않을까 걱정이 된다.

심리적 증상, 신체적 고통 함께 나타나

불안증은 과도한 불안과 걱정이 지속되는 상태다. 범불안장애라 불리는데, 우울증과 더불어 가장 흔한 정신과적 질환이다. 불안증은 심리적 증상과 신체적 고통이 함께 나타난다. 이유 없는 불안, 꼬리를 무는 걱정, 극심한 공포, 죽을 것 같은 느낌에 사로잡힌다. 교감신경이 항진되어, 과도한 긴장과 함께 어지러움, 답답함, 빈맥, 피로감, 호흡곤란, 소화불량, 불면 등이 생긴다. 불안증은 신체증상 때문에 대부분 내과부터 방문한다. 음주는 즉시 불안을 없애지만, 다음 날 증상이 심해진다. 순수한 불안증은 드물다. 공황장애, 사회공포증, 우울증, 알코올 의존 등을 함께 가진 경우가 많다.

불안은 자연스런 감정이다. 위험에 대한 경고 신호다. 고통스럽지만 대비하는 기능이 있다. 불안의 강도와 지속시간은 다양하다. 경미한 것에서 극심한 것까지, 정상적인 것에서 정신병적인 것까지 광범위하다. 불안은 주관적이다. 사람마다 견디는 힘이 다르고, 같은 상황에서 다르게 느낀다. 불안은 전염성이 있다. 가까운 사람과 나누면 반감되고, 나라 전체가 코로나 바이러스의 공포에 떨기도 한다. 불안과 공포는 다르다. 불안은 이유를 찾기 어렵지만, 공포는 분명한 대상이 있다.

걱정은 새로운 걱정을 낳게 마련

걱정은 자연스런 생각이다. 위험을 막으려는 시도다. 걱정의 대상은 다양하다. 사소한 것에서 심각한 것까지, 몸에 대한 것에서 국가에 대한 것까지 광범위하다. 인생은 걱정의 연속이다. 학생은 시험을 걱정하고, 청년은 취업을 걱정하고, 주부는 생활비를 걱정한다. 걱정은 미래에 대한 나쁜 상상이다. 걱정은 주의를 분산시켜 불안을 줄여 준다. 하지만 걱정을 또 걱정하게 되어 불안은 더 심해진다. 걱정거리는 어린 아이와 같다. 보살피고 돌볼수록 쑥쑥 커진다.

우리는 '불안의 시대'를 살고 있다. 불안은 과도한 스트레스에서 온다. 한국은 스트레스 왕국이다. 일하는 시간이 세계 2위, 자살률이 OECD 국가 중 12년 연속 1위다. 불안은 위험한 환경에서 온다. 우리는 매일 뉴스를 통해 충격적인 소식을 접한다. 불안은 불확실한 상황에서 온다. 일하고 싶어도 일터가 없고, 언제까지 일할지도 불투명하다. 불안은 정보 과부하에서 온다. 우리는 정보의 홍수 가운데 판단력을 잃어 가고 있다. 불안은 생각과다에서 온다. 생각과 생각, 생각과 감정의 충돌은 불안을 일으킨다.

남달리 걱정이 많은 사람이 있다. 보통 상황에서 위험을 느끼고, 작은 위험도 크게 느낀다. 나쁜 일이 닥치는 상상을 자주 하고, 즐길 수 있는 상황에서도 즐기지 못한다. 사소한 일에 극단적으로 반응하고, 쓸데없는 상상을 통해 최악을 떠올린다. 어린 시절, 안전하지 못한 환경이나 불확실한 상황 가운데 자란 경우다. 부모가 가난, 질병, 사고 등에 대해 끊임없이 걱정하거나, 위험에 처하지 않게 과잉보호한 경우다. 실제로 사고, 충격, 이별을 당하거나 목격한 경우다.

후박사의 탁월한 세 가지 처방

첫째, 하루 단위로 살자. 오늘만 생각하고, 내일이 없다는 마음으로 사는 것이다. 우주가 탄생한 지 137억 년이 지나고, 지구가 탄생한 지 46억 년이 지났다. 포유류가 출현한 것은 2억 년 전이고, 인류가 탄생한 것은 300만 년 전이다. 우주의 역사와 비교할 때 인간의 팔십 평생은 하루도 안 된다. 옛날에 거지 무리를 이끄는 스승이 있었다. 동냥해서 하루를 때우는 인생이었다. 동냥에 실패하면 며칠 굶는 날도 있었다. 하루하루를 감사하면서 지내는 무리였다. 어느 날 동료 거지가 죽었다. 그의 그릇에 밥이 가득 있었다. 스승은 밥을 제자에게 나눠 주며 말했다. "오늘 저녁은 넉넉하군!" 하루를 무사히 넘겼으면 오케이다. 넉넉한 밥을 먹게 되었으니 더블 오케이다. "내일 일을 위하여 걱정하지 말라. 내일 일은 내일에 맡겨라."

둘째, 적어 보자. 우선, 종이에 떠오르는 걱정을 모두 적어 보자. 적다 보면 사실과 거리가 먼 것, 말도 안 되는 것이 발견된다. 걱정의 40%는 결코 안 일어난다. 30%는 힘든 일이 또 생기면 어쩌나 하는 것이고, 15%는 건강에 대한 것이다. 10%는 사소한 것이고, 걱정다운 걱정은 5%도 안 된다. 진짜와 가짜, 서로 연결된 것을 구분할 때, 걱정이 감쪽같이 사라진다. 그다음, 종이에 최악의 경우를 적어 보자. 미니맥스 후회분석이란 게 있다. 최대의 후회를 최소화시키는 방법이다. 왼편에 걱정다운 걱정을 적고, 오른편에 최악의 경우를 쓰자. 최악을 받아들일 때, 걱정이 눈 녹듯이 사라진다. "피할 수 없으면 받아들여라."

셋째, "그만!"을 외치자. 걱정할수록 불안이 커진다. "그만!"을 외치고, 주변에 초점을 맞추자. 벽에 걸린 시계나 천장에 있는 형광등을 물끄러미 바라보자. "그만!"을 외치고, 대자연을 상상하자. 하늘은 불안해하지 않고, 초목은 걱정을 모르고, 바위는 아무런 잡념이 없다. "그만!"을 외치고, 죽음을 상상하자. 우리는 흙에서 나서 흙으로 돌아간다. 인생길이란 처음이고, 한 번이고, 마지막 가는 길이다. "그만!"을 외치고, 호흡에 초점을 맞추자. 숨을 크게 쉬면서 호흡수를 세자. 마음의 평화가 찾아온다. "항상 기뻐하라. 범사에 감사하라."

4 건강염려증

◇◇◇

스트레스 관리가 급선무

| 사례 1 | 김 모 씨(28세)는 대기업 사원이다. 그녀는 어려서부터 몸이 허약했다. 그래서인지 신체적 건강상태에 걱정이 많다. 매일 영양제를 챙겨 먹고, 건강과 관련된 프로그램은 빼놓지 않고 찾아본다. 그런데 프로그램에서 소개한 질병과 관련된 작은 증상이 나타나면 불안해서 잠을 이루지 못한다. 그럴 때마다 병원에 가서 검사를 하는데, 매번 이상이 없는 것으로 나온다.

| 사례 2 | 박 모 씨(42세)는 중소기업 사장이다. 회사가 어려워 직원을 줄인 후, 1년째 쉬는 날 없이 일하고 있다. 하루걸러 술을 마시고, 줄담배로 스트레스를 해소한다. 최근 잦은 소화불량, 두통, 피로감에 시달리고 있다. 주위에서 병원에 가서 검사해 보라고 하는데, 아예 안 간다. 혹시 검사에서 죽을병이 나올까 봐 두려워 계속 피하고 있는 것이다. 그는 소화제와 두통약, 수많은 건강보조식품에 의존하고 있다. 친구 권유로 비싼 산삼을 벌써 세 번째 구해 먹었다.

| 사례 3 | 최 모 씨(35세)는 두 딸을 키우는 주부다. 작년 말 어머니가 폐암으로 돌아가셨다. 시어머니는 아무런 자각증상이 없었는데, 과로 후 응급실에 가 폐암 말기로 진단받았다. 이후 그녀는 사소한 신체적 증상에 과도하게 반응한다. 모두 암의 전조증상으로 생각되기 때문이다. 그녀는 실제로 유명하다는 병원은 모두 다니며 수많은 검사를 받기도 했다. 병원에서 아무런 이상이 없다는 결과를 제시해도 의사가 믿겨지지 않아, 여러 병원에서 같은 검사를 몇 번씩이나 받는다.

건강염려증은 근거 없이 큰 병에 걸렸다고 걱정하는 병이다. 기침이나 소화불량 같은 사소한 증상을 암과 같은 심각한 병으로 생각한다. 보통 가족, 친지, 매체 등을 통해 의학정보를 얻으며, 질병과 건강 관련 문제에 지나치게 집착한다. 자주 병원을 방문해 검사를 받고, 검사 결과에 이상이 없어도 믿지 않는다. 반대로 죽을병이 나올까 봐 병원에 가는 것을 아예 꺼리기도 한다. 대체로 꼼꼼하고, 고집이 센 사람에게 나타난다. 병원에 방문하는 환자 중 5~10%가 이에 해당한다.

2명 중 1명이 건강염려증

건강염려증이 점점 늘어나고 있다. 최근 설문조사에 의하면, 2명 중 1명이 몸에 가벼운 증상이나 신체적 변화가 생겼을 때 자신의 건강을 걱정한다. 건강염려증이 증가하는 이유는 무엇일까? 세 가지로 볼 수 있다. ① 과도한 스트레스다. 한국은 스트레스 왕국이다. 스트레스는 몸과 마음을 망가뜨린다. 만병의 근원이다. 건강을 걱정하는 것은 당연하다. ② 과도한 의학정보다. 무분별한 건강상식이 난무한다. 허위, 과대, 겁주기 의료광고가 판을 친다. 과잉진료, 삼분진료 등 잘못된 의료관행이 유행한다. 당연히 전문가를 믿기 어려운 풍토다. ③ 위험한 주위환경이다. 도처에 위험이 존재한다. 실제로 주변에서 자주 사고가 발생한다. 어떤 음식도 안심하고 먹기 어렵다. 건강에 집착하는 것은 당연하다.

건강염려증은 걱정, 집착, 공포, 의혹으로 특징지어진다. 일종의 강박증이다. 모든 강박증은 불안을 극복하려는 노력이다. 그런데 강박적인 생각은 다시 불안을 증가시키고, 잇따른 강박적인 행동이 불안을 감소시킨다. 하지만 안정감은 오래 못 가고, 불안극복의 노력은 실패로 끝난다. 강박증은 쓸데없는 걱정이다. 걱정은 또 다른 걱정으로 이어진다. 불안은 악화되고, 강박증은 반복된다. 마치 미로에 갇힌 쥐와 흡사하다. 이때 집착하는 대상이 성(性)이면 성중독, 음식이면 섭식장애, 건강이면 건강염려증이 되는 것이다.

걱정에 일가견이 있는 사람이 있다. 걱정은 부정적인 상상이다. 항상 나쁜 일이 닥칠 것 같은 두려움을 가진다. 충분히 즐겁게 살 수 있는데도 못 받아들인다. 그는 어려서부터 부모로부터 질병, 가난, 사고, 비극에 대해 끊임없이 듣거나, 위험한 상황에 안 빠지게 과도로 통제받았다. 불안정하고 예측 불가능한 환경에서 성장하거나, 사랑했던 사람이 갑자기 죽는 것을 보고 충격을 받은 경우다.

죽을병에 걸린 것으로 확신하는 사람이 있다. 보고 싶은 것만 보고, 듣고 싶은 것만 듣는 확증편향에 사로잡힌 것이다. 그는 죽을병에 해당하는 신체증상에만 선택적으로 집중한다. 환자역할은 사람들의 동정과 관심을 산다. 현실에서 책임과 의무를 확실히 피할 수 있다. 죽을병을 과거 잘못에 대한 처벌로 받아들이거나, 상처받은 과거의 고통을 자신의 신체에 투사하는 경우도 있다.

후박사의 탁월한 세 가지 처방

신체증상을 큰 병으로 오해 말아야

첫째, 건강검진을 정기적으로 받자. 1년에 한 번 정밀검사를 받고, 세 달에 한 번 간단한 건강진단을 받는다. 규칙적인 검진과 건강상담은 건강염려증을 예방한다. 건강염려가 생길 때 어떻게 할까? 우선 신체증상을 큰 병으로 오인하는 확증편향에서 벗어나자. 몸과 마음은 연결되어 있다. 누구든지 특정 신체부위에 선택적으로 집중하면 유사증상이 생기는 법이다. 실제로 확인해 보자. 이것만으로도 증상의 80%가 해결된다.

병원은 가깝고도 멀다. 바쁜 일과를 쪼개 병원가기가 쉽지 않고, 3분 진료라는 잘못된 관행은 병에 대한 의혹을 키운다. 반드시 좋은 의사를 만나야 한다. 무엇보다 중요한 것은 의사의 정확하고 자세한 설명이다. 짧고 피상적인 설명은 건강염려증을 유발시킨다. 신체상태와 질병의 관련성에 대한 구체적인 이해가 필요하다. 심한 건강염려증의 경우 뇌 이상에서 올 수도 있다. 특히 기저핵의 신경회로에 문제가 생긴 것이다. 생각과 행동이 회로에 갇혀 맴도는 상태다. 이때는 강박증에 잘 듣는 SSRI 계통 항우울제를 처방받아야 한다.

둘째, 스트레스 관리가 중요하다. 스트레스는 건강염려증과 높은 상관관계가 있다. 우리는 보통 스트레스 원인과 스트레스 반응을 혼돈하여 사용한다. 스트레스 원인은 신체적 과로와 정신적 피로, 환경적 위험이다. 인간 안과 밖의 모든 것이 스트레스의 원인이다. 최근 감정노동이 이슈다. 많은 직장인이 고객의 감정을 위해 자신의 감정을 통제하고 있다. 자신의 감정과 다른 감정을 요구받고 있다. 감정의 억압과 부조화는 큰 스트레스로 작용한다. 스트레스 반응은 몸과 마음에 나타나는 증상이다. 스트레스는 우리의 몸을 망가뜨리고 마음도 엉망으로 만든다. 사회적인 관계를 무너뜨리고 영적인 혼돈상태로 빠뜨린다.

스트레스 관리는 현대인의 화두다. 과거에는 자기계발이 있었다. 일깨우고 개발할 게 많던 시절이다. 언젠가부터 자기관리란 말이 떠돌았다. 스스로 책임져야 한다는 것이 상식화된 것이다. 이제 스트레스 관리가 대세다. 현대인은 엄청난 스트레스 가운데 살아간다. 스트레스는 개인의 잠재능력을 제한한다. 스트레스 관리가 일상이 돼야 한다. 우리는 매일 스트레스가 어디로부터 왔는지, 어디를 망가뜨렸는지 점검해야 한다. 정확한 평가와 효과적인 접근이 필요하다.

셋째, 큰 것에 머무는 지혜를 갖자. 건강염려증은 특히 몸에 집착하는 습관에서 온다. 성경에 이런 말이 있다. "사람이 떡으로만 살 것이 아니요, 하나님의 말씀으로 산다." 몸에서 마음으로, 마음에서 영혼으로 시선을 옮겨 보자. 눈앞에 보이는 작은 확실성에서 벗어나, 우주적인 거대한 불확실성에 초점을 맞춰 보자. 생활보다는 삶이 크고, 사실보다는 진실이 크다. 현실보다는 실재가 크고, 문제보다는 신비가 크다. 성(性)보다는 사랑이 크고, 몸보다는 혼이 크다.

5

공황장애

◇◇◇

피할 수 없다면 즐겨라

| 사례 1 | 30대 중반 박 과장은 임원들 앞에서 발표를 하다 갑자기 머리가 캄캄해지고, 호흡이 가빠지며, 심장이 요동쳐 곧 죽을 것만 같은 공포에 휩싸였다. 그녀는 몸이 안 좋다는 핑계로 그 자리를 모면하고, 주위의 도움으로 바로 응급실로 갔지만 증상은 사라지고 검사에도 아무 이상이 없었다. 그런데 문제가 생겼다. 그날 이후 '다시 그런 일이 일어나면 어쩌나….' 하는 불안에 시달린다. 게다가 백화점, 지하철 등 사람이 많은 장소에 가면 발작이 일어날 것 같아 못 간다. 한창 일할 나이인데 하늘이 무너진다.

| 사례 2 | 40대 후반 김 부장은 어느 날 터널 속을 운전하다 갑자기 어지러움과 숨막힘, 답답함을 느꼈다. 갓길에 차를 대고 바깥으로 나와 심호흡하여 겨우 가라앉혔다. 그는 최근 몇 달 동안 야근도 불사하고 많은 양의 업무를 소화해 냈다. 지금 나이에 승진에서 탈락하면 마지막이다. 그런데 문제가 생겼다. 그날 이후 운전대만 잡으면 알 수 없는 공포에 사로잡혀 40~50km 이상 속도를 못 낸다. 특히 터널을 통과하는 것은 엄두조차 안 난다. 일의 속성상 여러 거래처를 다녀야 하는데 막막하다.

공황장애는 이 시대의 병이다. 현대인은 성공을 추구한다. 자신의 능력과 성과를 통해 존재감을 확인한다. 현대인은 완벽을 꿈꾼다. 더 높은 학벌, 더 좋은 직장, 더 많은 연봉에 집착한다. 성공주의와 완벽주의의 종점은 정신적인 황폐화다. 공황장애는 누구나 걸릴 수 있는 병이다. 머리가 돌아버릴 일이 도처에 깔려 있다. 숨이 턱턱 막힌다. 심장이 터질 일이 한둘이 아니다. 우리에게 불안과 공포는 매우 익숙하다. 공황장애는 연예인병으로 알려져 있다. 연예인은 항상 빡빡한 일정을 소화하고, 인기에 대한 부담감을 가지며, 대중의 시선을 의식해야 한다. 엄청난 긴장의 연속은 공황의 불쏘시개다.

공황장애 환자 5년간 해마다 10%씩 늘어

공황장애 환자가 급증하고 있다. 건강보험공단에 따르면 최근 5년간 매년 10%씩 증가했다. 한국 사회의 치열한 경쟁과 퇴출, 고용불안과 실직 등 생계에 대한 위협이 원인이다. 주로 남자보다 여자가, 사회활동이 왕성한 30~50대에 발병한다. 전체 인구의 1/3 정도가 평생 한두 번 심한 공황발작을 경험한다. 평생유병률은 3%다. 병의 경과는 재발을 반복하는 만성적인 경향을 가지며, 1/2에서 우울증이 합병된다. 보통 1/3은 증상이 소실되고, 1/2은 가벼운 증상으로 일상생활에 큰 지장은 없다.

공황장애는 느닷없이 발병한다. 주증상은 신체증상을 동반하는 극심한 불안과 공포다. 공황장애의 원인은 생물학적, 심리적, 환경적이다. 보통 정신과의사는 생물학적 원인에 집중하고, 심리학자는 심리적 원인에 집중한다. 한마디로 요약하면, '누적된 과로와 스트레스에 따른 공포 반응체계의 고장'이다. 뇌에서 공포센서가 오작동하여 위험상황이 아닌데도 잘못된 신호를 보낸다. 이에 따라, 몸에서 위험 대처반응으로 교감신경계가 과도로 항진된다. 불이 안 났는데도 화재경보기가 작동하는 것과 같은 이치다. 문제는 모든 게 실제상황으로 진행된다는 것이다. 크게 3단계를 거친다.

공황장애의 3단계

1단계는 공황발작이다. 갑자기 가슴이 답답하고 두근거리며, 머리가 어지럽고 호흡이 힘들어지는 등의 신체증상으로 출발한다. '죽을 것 같다' '미칠 것 같다'로 표현된다. 보통 10~20분 정도 극도로 심해졌다가 저절로 가라앉는 경우가 많다. 심장병이나 뇌경색 등으로 오인하지만, 모든 검사에서 정상으로 나온다. 이때 그냥 놔두면 2단계로 넘어간다.

2단계는 예기불안과 회피행동이 특징적이다. 보통 공황발작 강도는 약해지고 빈도는 증가한다. 예기불안은 발작이 또 일어날지 모른다는 두려움에서 오는 각종 불안증상이다. 발작은 트라우마로 작용하여 기억에서 떨쳐버리기 어렵다. 회피행동은 발작이 일어나는 장소를 피하는 증상이다. 알레르기 증상과 유사하다. 엘리베이터, 자동차, 비행기 공포증 등 다양하게 나타난다. 이때 방치하면 3단계로 넘어간다.

3단계는 광장공포증이 특징적이다. 발작 시 도움받기 힘든 광장과 같이 넓은 장소나 밀집된 장소를 전혀 이용하지 못하는 증상이다. 백화점, 지하철, 교회, 극장 등 공공장소에 누군가와 항상 동반한다. 혼자서 외출하는 것을 엄두도 못 낸다. 심한 경우, 아예 집 밖에 못 나가 사회생활이 불가능해진다. 이어 우울증, 알코올중독, 가정파탄, 자살 등으로 발전한다.

후박사의 탁월한 세 가지 처방

이 또한 모두 지나가리니

첫째, 이해(understanding)다. 공황장애를 정확히 파악하는 것이다. 이해하면 수용할 수 있다. "드디어 올 것이 왔구나!" 하고 병을 받아들여야 한다. 받아들이지 않을수록 병의 실체는 더 커진다. 그동안 너무 스트레스를 받았다. 여기서 멈추지 않으면 정말 큰 병으로 간다. 병은 열심히 살았다는 증거다. 오히려 축하하고 휴가를 주어야 한다. 법구경에 이런 말이 있다. "몸에 병이 없기를 기대하지 말라. 몸에 병이 없으면 탐욕이 생기나니 병고로서 양약을 삼으라." 이해하면 사랑할 수 있다. 우리는 스트레스와 더불어 살아간다. 불안과 공포는 현대인의 원동력이다. 불안감 없이 성공도 없고, 공포감 없이 성취도 없다. 성공의 기쁨은 불안을 누르고, 성취의 쾌감은 공포를 제압한다. "피할 수 없으면 즐겨라."

공황은 죽음의 연습이다. 세상에 죽음만큼 큰 공포는 없다. 인간은 누구나 한 번 죽는다. 어차피 죽을 건데 미리 경험하는 것도 나쁘지 않다. 소크라테스는 깨달음을 위해 죽음에 도전했다. 제자들에게 죽음의 순간순간을 얘기했다. 죽음의 경험은 살아 있음을 강렬히 느끼게 한다. 이후의 삶을 풍성하게 인도한다. "이 또한 지나가리라."

둘째, 여유(relax)다. 현대인의 삶은 긴장의 연속이다. 긴장은 불안, 공포, 공황의 출발점이다. 순간순간 여유를 찾아야 한다. 주위분산이 효과적이다. 잠시 시선을 벽에 걸린 시계로 옮겨 보자. 좋아하는 친구에게 전화를 걸어 보자. 실내에서 바깥으로 장소를 옮겨 보자. 호흡조절이 탁월하다. 호흡조절은 불안, 공포, 공황 극복의 일차 치료법이다. 숨을 크게 쉬면서 호흡수를 세자. 평소 연습해 놓아야 실전에 효험이 있다. 가벼운 증상에 매우 효과적이다. 호흡조절은 명상과 같다.

근육이완도 효과적이다. 평소 훈련을 통해 조건화된 이완에 도달해야 한다. 그러면 간단한 집중만으로 이완이 가능하고(기억이완), '편안하다'는 문구만 떠올려도 이완이 가능하다(반사이완). 여유를 찾는 것은 거창한 게 아니다. 낙엽 쌓인 거리를 혼자 걸으며 발밑에 밟히는 소리에 집중해 보자. 한적한 찻집에서 창밖 경치를 바라보며 한 잔의 커피를 즐겨 보자. 텅 빈 영화관에 홀로 앉아 슬픈 영화를 보며 흐르는 눈물을 닦아 보자.

셋째, 초전박살(action)이다. 공황장애는 만성화 경향이 있다. 1단계에서 박살내야 한다. 모든 만성병은 의식하지 않는 습관에서 온다. 공황을 유발하는 습관에서 벗어나야 한다. 바꿀 수 있는 것은 바꾸고, 바꿀 수 없는 것은 받아들여야 한다. 부정적인 자동생각을 지워야 한다. 병을 너무 과대평가하지 말아야 한다. 파국적인 것으로 생각해서도 안 된다. 두렵다고 피하면 절대 안 된다. 피하면 피할수록 병은 심해진다.

공황장애는 약물치료로 100% 통제된다. 약물치료는 뇌기능과 자율신경계를 안정화시킨다. 처음부터 반드시 약을 복용할 필요는 없다. 하지만 약물치료는 초전박살에 가장 효과적이다. 증상이 지속되거나, 스트레스 상황에 계속 노출되는 경우 두세 달 철저한 약물치료가 필요하다. 공황장애는 쉽게 재발한다. 겁먹을 필요는 없다. 처음부터 다시 시작하면 된다. 치료에 성공하더라도 약을 중단하면 1/2에서 재발한다. 그렇다고 평생 약을 먹을 필요는 없다. 서둘러 약을 끊어도 안 된다. 2~3단계로 진행되면 인지치료, 행동치료 등 전문적인 케어가 필요하다.

6 도박 중독

◇◇◇

일·운동·공부로 건전한 중독을

일확천금 환상에 빠져

그는 35세 회사원이다. 결혼 전, 도박을 좋아하던 친구 탓에 스크린경마를 시작하게 됐다. 처음엔 돈을 좀 땄는데, 1년 가까이 하다 보니 결국 몇 달치 월급이 날라 갔다. 손해를 만회해 볼까 하는 생각에 경륜을 하게 됐고, 2년 사이에 빚이 2천만 원까지 불어났다. 문득 도박은 더 이상은 안 되겠다는 자각이 들었다. 날린 돈이 너무 아까웠지만 마음을 정리하고 경륜에서 손을 뗐다.

결혼 후, 몇 년이 지난 상황에서 다른 친구가 주식을 권유했다. 주식을 해 본 적이 없던 친구인데, 온라인카페 추천주로 1년 투자해 4천만 원 빚으로 2천을 벌었다고 자랑하며 본인 계좌를 보여 줬다. 주식은 투기가 아닌 투자라 생각했다. 솔깃한 마음에 은행대출을 타진해 보니 7천만 원까지 가능했다. 우선 3천을 대출받아 시작했다. 한 달만에 100만 원을 벌었다. 욕심이 생겨 4천을 더 대출받고, 비교적 안전하다는 대형주에 투자했다. 그런데 예상치 못한 이슈로 인해 그 주식이 폭락했다. 어떻게든 회복해야 한다는 생각에 제2금융권에서 3천을 더 대출받아 다른 주식을 샀는데, 그마저도 하락해 현재 빚이 1억 원 가까이 된다.

충동이 생길 때는 정말 귀신에 홀린 듯하다. 큰돈을 벌 것 같은 환상에 빠진다. 이쯤에서 멈춰야 한다는 것은 잘 안다. 하지만 자고 일어나면 잃은 돈 생각에 너무 억울하고, 만회하고픈 충동에 사로잡힌다. 집에서 휴대전화만 보고 있는 그를 수상하게 여긴 아내가 신용정보를 조회해 그의 빚을 알게 됐다. 이젠 집에 가기도 싫고, 죽고 싶은 생각만 가득하다.

한국은 도박 공화국

한국은 도박 공화국이다. 도박 산업의 규모가 100조를 넘는다. 1년 국가 예산의 1/3에 가깝다. 성인 5~10%가 문제 도박자다. 외국은 1~2% 수준이다. 최근 청소년층에 인터넷도박이 급증하고, 청년층에 인터넷화폐(가상화폐)가 성행한다. 도박은 불확실한 결과에 돈을 걸고 하는 내기다. 한국인은 도박을 좋아한다. 서너 명이 모이면 고스톱을 친다. 노름과 놀이를 구분하지 않는다. 한국인은 내기를 좋아한다. 돈내기 · 밥내기 · 술내기가 성행한다. 적당한 도박은 여가이고 삶의 활력소다. 한국인은 투기를 좋아한다. 일확천금을 꿈꾼다. 적절한 수익을 기대하면 투자지만, 돈 버는 짜릿한 쾌감을 바라면 투기다.

누구나 도박에 중독될 수 있다. 중독은 강력한 습관이다. 알코올은 경험자의 10%에서 중독되고, 담배는 30%, 도박은 50%에서 중독된다. 도박은 습관성 중독이 거의 없다. 처음에는 호기심과 재미로 시작한다. 이득 단계에서 거액을 따는 승리경험을 한다. 짜릿한 쾌감과 스릴을 맛본다. 강렬한 경험이 없다면 중독에 빠지지 않는다. 손실 단계에서 거액을 잃게 된다. 손실의 아픔은 이득의 기쁨보다 훨씬 크다. 어떻게든 만회하려고 매달린다. 절망 단계에서 여기저기 돈을 빌린다. 가산을 탕진하고, 인간관계가 파탄에 이른다.

아무나 도박에 중독되지 않는다. 중독은 강박적 습관이다. 갈망 · 내성 · 금단을 보인다. 간절히 바라고, 더 큰 판돈을 걸고, 중단하면 불안해한다. 도박에 잘 빠지는 성향이 있다. 승부욕이 강한 사람이다. 경쟁적이다. 칠전팔기의 정신으로 산다. 도박에선 평균적으로 절대 돈을 딸 수 없다. 모험심이 강한 사람이다. 충동적이다. 즉각적인 만족을 바란다. 작은 자극에 흥미를 잃고, 더 큰 자극을 추구하다 파멸한다. 도피성이 강한 사람이다. 의존적이다. 중독은 살맛나는 상태다. 외롭고 고달픈 현실을 잊기 위해 도박에 빠진다.

도박중독자의 착각과 현실은 이렇다. ① 승리경험만 기억한다. 대박경험이 쪽박으로 간다. ② 언제든지 끊을 수 있다. 쾌감중추가 망가져 의지로는 어렵다. ③ 승률을 조절할 수 있다. 시간이 길어지면 결국 잃는다. ④ 미신적이다. 승리했던 상황을 고집하다 큰돈을 잃는다. ⑤ 한 판에 만회하여 모든 것을 회복하려 한다. 행운은 절대 안 오고, 중독의 대가만 기다린다. ⑥ 본전만 건지면 그만한다. 매몰비용 때문에 쉽게 발을 못 뺀다. ⑦ 빚만 갚아 주면 절대 안 한다. 사돈의 팔촌까지 피해를 끼친다.

인생에서 쌓은 부는 가져갈 수 없다

가치에 중독되는 것이다. 도박은 돈과 연관된다. 돈이 인생의 최고 가치라면 중독에서 벗어나기 어렵다. 도박은 승부와 연관된다. 성공이 인생의 최고 가치라면 중독에서 벗어나기 어렵다. 스티브 잡스는 이런 말을 남겼다. "나는 성공의 끝을 보았다. 하지만 일터를 떠나면 삶의 즐거움은 많지 않았다. 지금 병들어 누워 과거를 회상하며 순간 깨달았다. 사회적 인정과 부는 죽음 앞에 아무런 의미가 없다. 인생을 통해 쌓은 부를 가져갈 수는 없다. 내가 가져갈 수 있는 것은 사랑이 넘치는 기억들뿐이다. 가족 간의 사랑을 소중히 하라. 배우자를 사랑하라. 친구들을 사랑하라."

후박사의 탁월한 세 가지 처방

첫째, 솔직하게 털어 놓자. 도박으로 생긴 빚을 도박으로 청산하는 것은 불가능하다. ① 과거를 숨기지 말자. 그는 이미 도박중독자다. 현실로 돌아올 때 찾아오는 고통을 직면해야 한다. 기회는 한번 오면 다시 오지 않는다. ② 거짓말은 하지 말자. 처음은 어렵지만 반드시 반복된다. 한판의 요행을 또 기대한다면 빚이 눈덩이처럼 불어난다. 신뢰는 한번 깨지면 되돌리기 힘들다. ③ 돈 문제를 함께 풀자. 그는 이미 조절능력이 없다. 빚은 건전하게 벌어서 천천히 갚아야 한다. 인생은 한번 잃으면 되찾기 어렵다.

둘째, 건전한 중독으로 바꾸자. 도박이 주는 쾌감을 포기하는 것은 쉽지 않다. 누구나 강한 자극에 더 쏠린다. 그래도 약한 자극에 맡겨 보자. ① 일에 빠지자. 스트레스를 일로 해소하자. 성취감을 느껴 보자. 중독은 완벽성에서 온다. 그동안 열심히 살았다. 휴식이 필요하다. ② 운동에 빠지자. 스트레스를 운동으로 풀자. 즐거움을 느껴 보자. 중독은 조급증에서 온다. 그동안 쫓기며 살았다. 여유가 필요하다. ③ 공부에 빠지자. 스트레스를 공부로 해소하자. 재미를 느껴 보자. 중독은 의존성에서 온다. 그동안 매여서 살았다. 사색이 필요하다.

셋째, 어떻게든 도움을 받자. 도박중독을 혼자 의지로 중단하는 것은 불가능하다. ① 중독치료는 0% 아니면 100%다. 100번의 충동 중 99번을 참았던들 무슨 소용인가. 이성은 항상 충동에 굴복한다. 안 하는 것이 편한 상태가 돼야 한다. ② 중독치료는 마라톤이다. 잠시 안 한다고 좋아하지 말자. 안 하는 것이 아니고 못하는 것이다. 다시 했다고 실망하지 말자. 반복해서 시도해야 한다. ③ 모든 치료를 동원해야 한다. 가족의 도움이 필수다. 도박을 안 하는 것보다 무엇을 하는가에 관심을 가져야 한다. 항갈망제(날트렉손)를 1년 이상 복용해 보자. 도박문제관리센터(1366)가 큰 도움을 줄 수도 있다.

7 발기부전

◇◇◇

원인부터 치료하고 솔직하게 소통하라

| 사례 1 | "또 안 될까 봐 자꾸 불안해요." 20대 후반의 김 과장은 용기를 내 병원 문을 두드렸다. 두 달 전 갑자기 발기가 안 돼 애인과의 일을 완전히 망쳤다. 전날 프로젝트 발표로 잠을 제대로 못 잔 것이 원인이려니 했다. 그런데 이후 연달아 두 번 실패했다. 아침 발기와 자위할 때는 정상적이다. 그런데 그녀와 일을 치룰 때 불안상태에 빠져 신체기능을 제대로 조절할 수 없다. 그녀가 뭐라 하지 않아도 자존감이 말이 아니다. 이제 애인을 만나는 것조차 너무 두렵다.

| 사례 2 | "비아그라가 효과가 없어요." 40대 중반의 박 부장은 2년 전 대사증후군 판정을 받고, 혈압약과 고지혈증 약을 복용 중이다. 의사가 술·담배를 끊고 체중을 감량하라고 하지만, 회사의 빡센 스케줄과 과도한 업무로 자기관리는 엄두도 안 난다. 다섯 달 전부터 발기부전이 와서 비뇨기과에서 발기약을 처방받았다. 효과가 좋아 안심했는데, 최근에 약이 전혀 안 듣는다. 주사제를 써 봐도, 용량을 올려도 반응하지 않는다. 의사는 걱정 말라며 임플란트(보형물)를 권한다. 어쩌다 수술할 지경까지 왔는지 하늘이 무너진다.

| 사례 3 | "발기를 회복할 수 없나요?" 50대 중반의 윤 전무는 섹스리스 부부로 지낸 게 10년을 훌쩍 넘는다. 딸 셋에 어머니까지 모셔, 늘 북적되는 집안 분위기에서 성관계가 소원해진 게 원인이다. 처음에는 욕구불만이 있었지만, 아내가 성(性)에 아예 관심이 없어 횟수가 줄어들고, 결국 섹스리스가 된 것이다. 그도 딱히 성욕이 없어 불편함을 느끼지 않는다. 그런데 최근 음경크기가 작아진 것을 발견했다. 안 쓰면 퇴화한다는데, 완전히 발기불능이 될까 봐 너무 두렵다.

사정은 자율신경의 절묘한 조화로 완성

발기는 남자의 자존감이다. 아침 발기는 하루 기분을 좌우한다. 사정은 오케스트라와 같다. 신경 · 혈관 · 호르몬이 작동하고, 음경 · 고환 · 전립선이 관여한다. 성욕이 발동하면 흥분하고, 사정을 통해 오르가슴을 느낀다. 사정은 많은 에너지를 소모한다. 신경전달물질이 올라가고, 성호르몬이 증가하고, 혈관팽창이 일어난다. 사정 후 정액 생산을 위해 휴지기가 필수적이다. 사정은 자율신경의 절묘한 조화로 완성된다. 흥분과 이완의 극단을 경험한다. 발기에는 부교감신경이 작동하고, 사정에는 교감신경이 관여한다. 두 신경의 부조화가 발기부전을 일으킨다.

발기부전은 발기력이 약해지고 유지가 안 되는 상태다. 심인성과 기질성으로 나눈다. 심인성은 가역적이다. 혼자는 되는데 실전에서 안 된다. 기질성은 비가역적이다. 혼자나 실전에서 다 안 된다. 발기부전은 흔하다. 청년은 10%, 중년 이후 50%에 달한다. 3대 원인은 술 · 담배, 비만, 스트레스다. 고혈압 · 고지혈증 · 우울증 · 탈모치료제 부작용으로도 흔히 온다. 비아그라는 1998년 출시 후 큰 인기를 끌었다. 현재 복제약이 260종이나 된다. 모두 치료제가 아니고 발기 유발제다. 성적 흥분을 전제로 작동한다. 성욕감퇴나 기질성에는 효과가 없다. 심인성에 잘 듣는다. 원인치료 없이 계속 복용하면, 약물저항성으로 안 듣는다.

발기부전의 원인을 알아야

청년에서, 발기부전은 거의 심인성이다. 과도한 사정이 대다수다. 사정은 3~4일에 한 번이 적절하다. 과유불급, 지나치면 모자라느니 못하다. 잦은 사정은 사정중추의 피로를 유발한다. 과도한 자극에 노출된 경우다. 야동중독이나 성중독에서 온다. 보통 자극에 발기가 안 되고, 강력한 자극에 흥분한다. 성도착에 빠지기 쉽다. 정서적 불안이 있는 경우다. 수행불안이 대표적이다. 첫 경험이나 잘하려고 할 때 온다. 한 번 실패가 또 다른 실패를 부른다. 상황성 발기부전이라 한다. 강박증이나 대인공포증에서도 온다. 일시적 발기부전이 있다. 스트레스에 따른 신체적 과로나 정신적 피로가 원인이다.

중년에서, 발기부전은 몸의 이상 신호다. 혈관질환을 의심해야 한다. 음경동맥은 가장 가늘어, 동맥경화증이 먼저 나타난다. 고혈압 · 당뇨병에서 50% 이상 발기부전이 온다. 무작정 발기약을 사용하면 위험하다. 뇌졸중이나 심장병을 점검해야 한다. 중년 남성은 우울증에 취약하다. 우울증의 주증상은 성욕감퇴다. 한국 중년부부 중 섹스리스가 50%를 웃돈다. 남자는 청년 때 성기능이 가장 좋다. 결혼 후 아이 중심이 되면서, 부부간 성관계는 줄어든다. 아내가 여자로 느껴지지 않는다. 욕구불만으로 성욕은 더 커진다. 자칫 바깥으로 향하면 성중독이나 외도(관계중독)로 빠진다. 중독증은 과도한 사정으로 이어져 건강을 해친다.

장년에서, 발기부전은 성호르몬 감소에서 온다. 중년 이후 테스토스테론이 매년 1%씩 감소한다. 성욕이 감퇴하고, 발기력과 유지도 약해진다. 용불용설, 안 쓰면 퇴화한다. 아예 성관계를 포기하면 음경크기도 줄어든다. 혈중 테스토스테론이 3.5 이하라면 보충요법을 하는 게 좋다. 발기부전은 성호르몬 불균형에서도 온다. 스트레스를 받으면 테스토스테론이 감소한다. 생존호르몬인 코르티솔을 생산하기 때문이다. 비만은 에스트로겐을 증가시켜 상대적으로 테스토스테론이 떨어진다. 과음은 테스토스테론을 감소시키고, 혈관과 고환을 손상시킨다.

후박사의 탁월한 세 가지 처방

첫째, 원인부터 치료하자. 임플란트는 마지막 방법이다. 발기약에 의존하면 주사제를 거쳐 수술로 간다. 최고의 전문가가 제안한 '발기부전 대처 십계명'이 있다.

① 고지혈증 · 고혈압 · 당뇨병 등 기저질환을 관리하라.

② 발기약이나 주사제를 우선하지 말라.

③ 억지로 힘줘 발기시키려 들지 말라.

④ 담배를 줄이고 복부비만을 관리하라.

⑤ 너무 강한 자극을 찾지 말라.

⑥ 복용 약물이 성기능 부작용이 있는지 확인하라.

⑦ 또 안 되면 어쩌나 연연해 말라.

⑧ 아침발기에 연연해 말라.

⑨ 정력음식에 연연해 말라.

⑩ 제대로 된 성기능장애 전문가를 만나라.

둘째, 자연발기를 회복하자. 발기부전은 노화현상이 아니다. 생활습관 병이다. 신경 · 혈관이 건강하면 100세까지 가능하다. 발기부전은 몸이 알아서 쉬라는 신호다. 우선 한동안 금욕해야 한다. 식사가 중요하다. 신경전달물질은 단백질이고, 호르몬은 지방이다. 탄수화물을 줄이고, 좋은 단백질과 지방을 먹어야 한다. 정액생산에 아연이 좋다. 굴에 아연이 풍부하다. 수면 · 운동 · 휴식이 중요하다. 잠자는 동안 성선자극호르몬이 분비된다. 유산소운동은 혈관건강을 위해 필수적이다. 휴식은 자율신경의 안정에 중요하다.

셋째, 부부관계를 점검하자. 성(性)관계는 인간관계다. 성행위에 매달리지 말자. 남자는 성적 교합에 집중하고, 여자는 정서적 교감을 중시한다. 스킨십도 훌륭한 성행위다. 오르가슴에 매달리지 말자. 결혼한 여성의 70%가 오르가슴을 느끼지 못한다. 오히려 애무와 스킨십에 더 만족한다. 성(性)에 대해 솔직히 소통하자. 남녀 교합은 부끄러운 행위가 아니다. 성관계 후, 남자는 '어떠했는지?'를 묻지 말자. 여자는 '좋았다'고 말하자. 서로 포옹한 채로 '사랑해'라고 여러 번 말해 주자. 한 번 성공이 또 다른 성공을 부른다.

8 분노

◇◇◇

30초만 참으면 분노 호르몬 사라져

| 사례 1 | 여자친구를 승용차로 들이받은 최 모 씨(49세)가 경찰에 붙잡혔다. 1년간 함께 살았던 김 모 씨(31세)가 결별을 요구하자, 그녀가 타고 있던 승용차를 들이받은 혐의였다. 김 씨가 다친 것은 물론이고 뒤편에 있던 문구점도 부서졌다. 경찰은 "김 씨가 다른 남자와 함께 있는 것을 보고 홧김에 범행을 저지른 것"이라고 설명했다.

| 사례 2 | 주차를 잘못했다고 항의하는 행인 박 모 씨(56세)를 차 주인인 최 모 씨(36세) 일행이 야구방망이로 폭행했다. 이른바 '노원 주차 시비' 사건이다. 말다툼으로 끝날 수 있는 일이 무자비한 폭행으로 번졌고, 박 씨는 전치 8주의 중상을 입고 병원에 입원했다.

| 사례 3 | 김 모 씨(50세)가 마트 사장인 건물주와 임대차 계약 문제로 1시간가량 말다툼을 한 뒤, 자신의 몸에 인화물질을 뿌리고 불을 붙였다. 한 마트에서 일어난 화재 역시 분노를 참지 못해 일어난 사고였다.

남녀노소, 화가 가득하다. 아이는 선행학습에 짜증나고, 청소년은 무관심에 화가 난다. 청년은 일자리가 없어 분노하고, 장년은 과중한 업무로 지쳐 가고, 노년은 대책이 없어 화가 난다. 사방팔방, 화가 그득하다. 경제성장이 멈췄다. 취업은 바늘구멍이고, 창업은 가시밭길이다. 과도경쟁은 여전하고, 신분상승은 꿈도 못 꾼다. 장기불황이 계속된다. 결혼조차 쉽지 않고, 은퇴마저 막막하다. 세금은 매년 늘어나고, 복지혜택은 제자리다. 삶의 만족도가 최악이다.

분노는 자연스러운 것이다. 자기보호의 기능이 있다. 상대방의 공격으로부터 자기를 지킨다. 분노의 분위기는 자신의 몸을 감싸는 위엄으로 표현되기도 한다. 분노는 엄청난 에너지다. 자신을 뜯어 고치는 에너지로 사용된다. 자기개혁을 이룰 수 있다. 사회를 뜯어 고치는 에너지로 사용된다. 사회개혁을 이루는 것이다. 의로운 분노도 있다. 안중근 의사는 청년의 피로 이토 히로부미를 저격했다. 정당한 분노도 있다. 어떤 때는 마음먹고 화를 내야 한다. 그런데 화가 나면 문제가 되는 사람이 있다.

포유류의 뇌, 영장류의 뇌

충동조절장애란 게 있다. 충동조절에 문제가 있는 사람이다. 충동을 억제하지 못하고, 자신이나 타인에게 해가 되는 행동을 반복하는 것이다. 충동적 행동을 하기 전 긴장이 고조되고, 행동으로 옮긴 후에 일시적 쾌감을 경험한다. 분노조절장애란 게 있다. 분노조절에 문제가 있는 사람이다. 사소한 일에 폭력을 사용하려 하고, '너 죽고 나 죽자'는 말을 자주 한다. 정신적 고통이나 충격 후에 부당함, 모멸감, 무력감으로부터 나타나기도 한다. 분노표현이 효과적이었던 경우, 습관적으로 굳혀지기도 한다.

우리 뇌는 크게 뇌간, 구피질, 신피질로 나눈다. 뇌간은 '파충류의 뇌'로 충동적인 부분을 담당하고, 구피질은 '포유류의 뇌'로 감정적인 부분을 담당하며, 신피질은 '영장류의 뇌'로 이성적인 부분을 담당한다. 안정된 상태에선 '영장류의 뇌'가 지배한다. 그런데 화가 나면 달라진다. '포유류의 뇌'가 뇌 전체를 지배한다. 화가 나면 짐승이 된다. 이성은 감정에 굴복하고, 감정은 충동에 굴복한다. 우리 뇌는 복잡하면서 단순하다. 한순간 무지개의 아름다움에 경탄하다가, 다음 순간 살인적인 분노에 사로잡힌다.

분노는 통제부족에서 일어난다. 통제부족의 덫에 걸린 사람이 있다. 불편한 것을 못 참고, 힘든 환경을 못 견딘다. "맘대로 안 되면 다 부셔버릴 거야!" 과음, 과식, 성적문란 등 충동조절에 어려움이 있다. 불편한 상황을 피하고, 힘든 업무를 쉽게 포기한다. 결정을 내리는 데 경박하고, 절제하는 데 어려움이 있다. 보통 어려서 부모가 안 계시거나 바쁘셔서, 규칙을 정해 주지 않은 경우다. 원하는 대로 하다가 버릇이 나빠진 경우다. 성장과정에서 인내를 못 배운 경우다.

분노는 지치고 힘들 때 일어난다. 분노는 보통 대상이 있다. '누구 때문' '누구 탓'이라는 허상의 벽을 만들 때 일어난다. 책임을 회피할 때 일어난다. 상대에게 기대고 의지하고 싶을 때 일어난다. '의존 심리학'은 인간의 유전인자에 내재해 있다. 모든 어린이는 100% 어른에게 의존한다. 성인이 되면 100% 독립해야 한다. 스스로 100% 책임져야 한다. 어릴 적에는 누군가 나를 돌봐 준다. 그런데 어른이 돼서 '그 사람'이 나를 돌봐 주기를 원한다면, 좌절할 수밖에 없다. 의존욕구의 좌절은 분노를 일으킨다.

후박사의 탁월한 세 가지 처방

참을 인자 셋이면 살인도 면한다

첫째, 인(忍)이다. 인(忍)은 한국인의 미덕이다. 참는 것이 지나쳐 화병으로 나타나던 시절이 있었다. 오히려 감정을 표현하도록 권하기도 했다. 그런데 참는 것이 부족해 분노를 드러내는 사람들이 늘고 있다. 분노가 자살과 우울증으로 나타나더니, 폭력과 범죄로 불거지고 있다. 지나친 통제는 화병이 되고, 통제부족은 민폐를 끼친다. 중용(中庸)이 필요하다. 중용이란 치우치지 않고, 변함이 없는 마음가짐이다.

참을 인(忍)자 셋이면 살인도 면한다. 분노를 유발하는 호르몬은 15초 내에 피크에 도달하고, 이후 서서히 분해된다. 30초만 참아도 분노는 누그러진다. 화가 나는 순간, 즉시 60초 동안 심호흡을 하자. 화나는 나를 받아들이고, 그런 나를 사랑하고, 마음의 평화를 선택하자. 분노가 치솟는 순간, 즉각 자리를 피하자. 한적한 곳을 걸으면서, 세 가지에 집중해 보자. ① 왜 화가 나는가? ② 무엇을 위해 화를 내는가? ③ 다른 효과적인 방법은 없는가? 분통이 터지는 순간, 하루만 모든 결정을 보류하자. 떠오르는 모든 생각을 종이 한 장에 써 보자.

둘째, 서(恕)다. 서(恕)는 동양인의 미덕이다. 서(恕)는 참된 마음으로 다른 사람의 마음을 헤아리는 것이다. 자공이 물었다. "제가 평생 실천할 수 있는 한마디 말이 무엇입니까?" 공자가 대답했다. "그것은 바로 용서의 서(恕)다. 자신이 원하지 않는 것을 다른 사람에게 시키지 말라(기소불욕 물시어인, 己所不欲 勿施於人)." 용서는 자기사랑이다. 용서하여 분노를 이기면, 혈압이 낮아지고 면역력이 강화된다. 세로토닌이 올라가고, 도파민이 생성된다. 성경에 이런 말이 있다. "일흔 번씩 일곱 번 용서하라. 남에게 대접을 받고자 하는 대로 남을 대접하라."

셋째, 인(仁)이다. 인(仁)은 한국인의 이념이다. 인(仁)은 남을 사랑하고 어질게 행동하는 것이다. 인간이 짐승이 아닌 인간이 되는 이유다. 윤리적인 모든 덕(德)의 기초고, 인의예지(仁義禮智)의 출발점이다. 인문주의의 시작이고, 인간다움의 실천이다. 한국은 동방의 예의지국(禮儀之國)이다. 사람이 마땅히 지켜야 할 오륜이 강조되었다. 부모는 부모답고, 자식은 자식다워야 한다. 상사는 상사답고, 부하는 부하다워야 한다. 배우자는 배우자답고, 친구는 친구다워야 한다. 예(禮)가 과도하면 허례허식이 되지만, 예(禮)가 사라지면 무례한 사회가 된다. 공자는 자신의 평생 가르침을 한마디로 요약했다. "극기복례(克己復禮), 자기를 극복하고 예의범절을 따른다."

9 불면증

◇◇◇

잠과 싸우지 말라

오늘도 또 못 잘까 불안해

"선생님, 자려는데 잠이 안 오는 고통을 아세요?" 그녀는 말을 이어갔다. "아파트에 사는데, 석 달 전 윗집에서 강아지를 입양했어요. 그날부터 강아지가 뛰어다니는 소리에 괜히 신경이 쓰여, 계속 잠을 제대로 못 자요. 잠이 들더라도 일찍 깨고, 얕은 잠에 들어서 바깥 소리가 다 들리고, 아침에 일어나면 하나도 못 잔 것 같아요. 그런 날은 머리가 맑지 못하고, 몸이 무겁고 피로해서 일하기가 힘들어요. 하루 종일 잠을 못 잤다는 생각에 사로잡히고, 오늘도 또 못 잘까 하는 불안에 시달리기도 해요."

"한 달 전, 참다못해 동네 병원에서 수면제를 처방받았어요. 며칠 동안은 정말 푹 잤어요. 약이 아주 잘 듣더라고요. 약에 의존될 수 있다고 해서 약을 끊었는데, 또 한잠도 못자는 거여요. 몇 번 반복하다가 겁이 나서 약은 끊고, 주위에서 수면에 도움이 된다는 이런저런 방법을 써 보는데, 하나도 효과가 없어요. 이제 매사 짜증이 나고, 사람을 만나는 것도 귀찮고, 의욕도 떨어지고…." "선생님, 가장 고통스런 게 뭔지 아세요? 불면증이 매일 밤 어김없이 반복된다는 거예요."

만성으로 이어지면 불안증 · 우울증 동반

불면증은 가장 흔한 수면장애다. 잠들기 어렵거나 밤에 자주 깨고, 깊은 잠을 못 자거나 아침에 일찍 깬다. 낮 시간 동안 피곤하고 졸리며, 밤이 두렵고 잠 걱정에 시달린다. 기억력과 집중력이 떨어지고, 두통과 어지럼증도 온다. 불면증은 모든 연령에서 발생한다. 인구의 20~30%가 불면증을 경험하고, 5%는 만성 불면증이다. 여자와 노인에 많지만, 청년실업과 경쟁심화로 잠 못 드는 청춘도 늘고 있다. 불면증은 2주가 넘으면 학습되어, 만성 불면증으로 진행된다. 장기화되면 불안증, 우울증이 동반된다.

예로부터 잠은 보약이라 했다. 우리는 잠을 통해 지친 몸과 마음을 회복한다. 잠에 대한 잘못된 통설이 있다. ① 잠은 7~8시간 꼭 자야 한다. 잠은 개인차가 심하다. 에디슨은 3시간 밖에 안 잤고, 아인슈타인은 10시간을 꼭 잤다고 한다. ② 일찍 자고 일찍 일어나야 한다. 뇌에는 개인마다 다른 수면시계가 있다. 늦게 자고 늦게 일어난다고 문제가 되지 않는다. 잠은 양보다 질로 평가한다. 잠은 하루 컨디션의 80%를 좌우한다. 잘 자고 일어나면 기분이 상쾌하고, 종일 피곤하지 않으며, 낮 시간 동안 졸리지 않다.

불면증은 스트레스에서 온다. 스트레스를 받게 되면 교감신경이 항진되고, 부신피질에서 코르티솔이 분비된다. 코르티솔은 흥분 호르몬이다. 코르티솔이 증가하면 잠을 잘 수 없게 된다. 스트레스의 주원인은 육체적 과로보다 정신적 피로다. 현대인은 종일 정신노동과 감정노동에 시달린다. TV와 스마트폰은 정신적 피로를 부채질한다. 우리는 잠시도 쉬지 못한다. 과도한 생각에 지치고, 억눌린 감정으로 소진된다. 현대인은 모두 신경쇠약증을 앓고 있다.

불면증은 자려고 노력하는 데서 온다. 이런저런 이유로 잠이 오지 않아 꼬박 밤을 새운다. 다음 날은 괜찮으려니 했는데, 밤새 잠을 설친다. 더럭 겁이 난다. '잠을 못 자면 어쩌지?' 하는 불안이 생기고, '잠을 꼭 자야 하는데….' 하는 걱정이 들어선다. 여러 방법을 써 보는데 도움이 안 되고, 원인이 사라졌는데 잠을 못 잔다. '영원히 잠을 못 자면 어쩌지?' 하는 두려움이 생긴다. 이렇게 자려는 모든 노력은 결국 불면증을 악화시킨다. 불안, 걱정, 두려움과 함께 학습되어, 불면증 습관으로 굳어진다.

불면증은 나쁜 수면습관에서 온다. 좋은 수면습관으로 극복된다. ① 반드시 정해진 시간에 일어나고, 되도록 정해진 시간에 잔다. ② 일어나자마자 바로 햇볕을 쬔다. ③ 낮잠을 삼가고, 필요하면 30분 내로 잔다. ④ 오후에 과식을 삼가고, 가벼운 운동을 한다. ⑤ 술은 자주 깨게 하고, 커피·담배는 잠 못 들게 한다. ⑥ 침실은 잠 이외 목적으로 쓰지 않는다. ⑦ 조용하고 편안하고 따뜻한 잠자리를 만든다. ⑧ 잠이 오면 눕고, 안 오면 일어나고, 오면 다시 눕는다. ⑨ 밤에 깰 때 시계를 보지 않는다.

수면 보조용품이 날개 돋친 듯 팔린다. 환경을 편안하게 하는 도구로 수면 베개, 양말, 이불, 안대, 입마개 등이 있다. 감각을 안정시키는 도구로 수면 차, 향기, 음악, 소리 등이 있다. 가장 인기 있는 소리로는 귀지 파 주는 소리, 장작 타는 소리, 머리 자르는 소리다. 모두 어릴 적 향수를 자극한다. 보조용품은 잠을 조건화시킨다. 개에게 종을 치면서 밥을 주면, 종만 쳐도 침을 흘리는 기전이다. 잠을 보조하는 정도로 쓰면 도움이 되지만, 자칫 의존되면 용품 없이는 못 자게 된다.

수면제는 만성 불면증의 원인

수면제 복용이 급증하고 있다. 5년, 10년 동안 매일 먹는 사람도 있다. 수면제는 비상약이다. 시차적응이나 잠자리가 바뀔 때, 시험이나 미팅 전날 잠이 안 올 때 쓰면 좋다. 잠에 들기 힘들면 유도제, 자주 깨거나 꿈이 많으면 유지제가 효과적이다. 수면제는 치료약이 아니다. 원인을 치료하는 게 아니기 때문이다. 불안이 있으면 항불안제, 우울 · 강박이 있으면 항우울제가 더 효과적이다. 수면제는 만성 불면증의 원인이 된다. 약은 끝이 아니고 시작이다. 무심코 시작하면 마약처럼 못 끊고 장기 복용하게 된다.

후박사의 탁월한 세 가지 처방

첫째, 원인을 찾자. 강아지 소리가 계기가 되었지만, 뭔가 다른 원인이 분명히 있다. 원인은 결과를 가져오고, 그 결과는 다시 원인이 되고, 원래 원인은 사라진다. 잘못 채워진 첫 단추를 찾자. 두통의 원인이 꽉 맨 넥타이이고, 요통의 원인이 높은 구두다. 최근 스트레스를 점검하고, 바뀐 작은 습관을 포착하자. 남에게 묻지 말고, 자신에게 묻자. 의사에게 묻지 말고, 스스로 찾자. 가정, 직장, 친구 등 인간관계에 문제가 없는가? 환경과 심적 변화로 어려움이 있지 않은가? 중요한 선택과 결정에 직면한 게 아닌가?

둘째, 잠과 싸우지 말자. 수면욕은 성욕, 식욕과 함께 3대 욕구다. 세 가지 특징이 있다. ① 쾌락을 가져온다. ② 몸이 알아서 한다. ③ 억누르면 더 강해진다. 잠은 자연스런 현상이다. 오래 깨어 있으면 졸리게 되고, 충분히 자면 깨게 된다. 안 자려 하면 졸리고, 자려 하면 깬다. 잠은 생각에 따르지 않고, 항상 반대로 간다. 싸우려 하면 더욱 심해지고, 그냥 놔두면 해결된다. 불면증으로 죽는 경우는 없다. 절대 두려워 말고, 깊이 연구하지 말고, 아예 취급하지 말자. 이렇게 외치자. "오늘 밤은 한잠도 자지 않겠다."

셋째, 아이처럼 살자. 아이는 늘 심심하다. 어른들이 바쁜 것을 이해 못한다. 노는 시간과 쉬는 시간이 많다. 아이는 매일 싱싱하다. 어른들이 지친 것을 이해 못한다. 씩씩하게 뛰어놀다 씩씩거리며 잠에 떨어진다. 아이는 쉽게 산다. 어른들이 힘들게 사는 것을 이해 못한다. 싫어하는 것은 안 하고, 생각하지 않고 한다. 쉽게 산다는 것은 무엇일까? 요령껏 살고, 포부를 품지 말고, 빈둥빈둥 노는 것이 아니다. 남은 남대로 두고, 나는 최선을 다하고, 일어나는 모든 것을 받아들이는 것이다. 성경에 이런 말이 있다. "어린 아이들과 같이 되지 아니하면 천국에 들어가지 못하리라."

10 사회공포증

◇◇◇

두려움을 그대로 받아들이자

눈 앞이 캄캄해지고 말도 안 나오고

"발표를 하려는데, 갑자기 머리가 하얘지고 눈앞이 캄캄해졌어요. 다리가 후들거리고 심장이 두근거리고 도저히 말이 안 나와 진행을 못하겠더라고요. 5분 동안 세상이 멈춘 것 같았죠. 정말 지옥 같았어요. 겨우 정신을 차리고 말을 더듬으면서 몸이 안 좋다는 핑계를 대고 그 자리를 내려왔어요."

그는 30대 중반 대기업 과장이다. 임원들 앞에서 프레젠테이션을 하려다 순간 공포가 몰려와 중도 하차했다. 중요한 발표라 2주 전부터 준비했는데, 밀린 업무와 과로가 겹친 게 화근이었다. 시작 전 약간 불안했지만 과거 발표 때마다 잘해서 별 일 없으려니 했는데, 큰 실수를 한 것이다.

그날 이후, 그는 엉망이 되었다. '괜찮아.' 하면서 대수롭지 않게 넘기려 하는데 잘 안 된다. 작은 회의나 브리핑 계획에도 불안해서, 어디론가 도망치고 싶은 심정이 든다. 꼼꼼히 준비해서 겨우 마무리하는데, 찜찜한 기분은 그대로다. '다시 그런 일이 생기면 어쩌나….' 하는 걱정이 자꾸 생긴다. 어쩔 줄 몰라 하던 내 모습, 비웃는 것 같은 사람들의 시선, 뒤에서 욕하는 것 같은 느낌이 떠나지 않는다. 또 다시 발표할 일이 생기면 제대로 해낼 자신이 없다. 게다가 남들 앞에 서는 상황만 떠올려도 가슴이 답답하고 숨이 막힌다. 회식과 같이 많은 사람이 모인 자리조차 불편하게 다가온다. 남들 앞에 서야 할 일이 적은 부서로 옮겨야 하지 않을까 고민하고 있다.

사회공포증은 당황하거나 창피한 일을 당한 후 여러 사회적 상황을 피하는 현상이다. 낯선 사람 앞에서 지나치게 긴장하고, 여러 모임을 피하게 되고, 대화할 때 눈 마주치기를 꺼려 한다. 발표공포증, 무대공포증, 대인공포증이 있다. 사회공포증이 만연하고 있다. 10명의 대학생 중 4명이 사회적 불안을 경험한다. 평생 유병률은 3~13%까지 된다. 발표할 때 한 번쯤 안 떨어본 사람은 없다. 무대에 설 때 두려움이 없는 사람은 없다. 누구나 낯선 사람을 만날 땐 불편하다.

공포(두려움)란 무엇일까? 우리는 두려움 없이 태어난다. 최초의 공포는 커다란 소리와 높은 데서 떨어지는 것이다. 자라나면서 다양한 두려움이 생긴다. 두려움은 생존본능이다. 위험에 대한 방어기능이다. 공포의 대상은 자연, 신(神), 세상, 사회로 변화했다. 두려움은 부정감정이다. 두려움은 억압된 공격성에서 온다. 공격성이 안으로 향하면 공포가 되고, 밖으로 향하면 분노가 된다. 두려움은 양가적이다. 사랑이 없는 곳에 두려움이 들어서고, 두려움은 사랑을 통해 극복된다.

공포증의 3단계

공포증은 두려운 상황을 겪은 후 생긴다. 1단계는 예기불안이다. 비슷한 상황에 대해 공포기억이 떠올라, '또 그러면 어쩌지?' 하는 불안이 일어난다. 다시 시도하다 공포를 겪으면, '이럴 줄 알았어!' 하며 심해진다. 불안은 공포, 불안발작, 공황으로 이어진다. 2단계는 회피행동이다. 공포증이 일어날 만한 상황을 피한다. 뇌에서 공포회로로 굳어진다. 3단계는 삶의 제약이 생긴다. 생활반경이 좁아지고, 하고 싶은 것을 못하고, 할 수 있는 것을 안 한다. 자신감, 능력, 의욕이 떨어져 우울증으로 간다.

우리는 발표 사회를 살고 있다. "현대 경영은 프레젠테이션에 의해 좌우된다."

발표는 현대인의 필수 능력이다. 어떻든지 잘 해내야 성공한다. 우리는 자기홍보 사회를 살고 있다. "인간에게 가장 중요한 능력은 자기표현이다." 안 알리면 아무도 안 알아준다. 어떻든지 잘 보여야 성공한다. 우리는 성과주의 사회를 살고 있다. 완벽함은 중요한 능력이다. 어떻든지 실수하지 말아야 성공한다. 우리는 인정주의 사회를 살고 있다. 학연, 지연, 인맥이 중요하다. 어떻든지 인정받아야 성공한다.

발표공포증의 원인은 다양하다. 누적된 피로와 스트레스에서 온다. 심신(心身)이 지친 상태에서, 준비 없이 발표하다 생긴다. 내향적이고 완벽한 성격에서 온다. 내향적인 사람은 수줍음을 잘 타고, 남에게 보이는 내 모습에 신경을 많이 쓴다. 완벽한 사람은 자기 기준이 높고, 작은 실수도 용납하지 않는다. 문화적인 요인에서 온다. 한국인은 체면, 눈치 보기, 시선 등에 민감하다. 어린 시절 부정적 감정경험에서 온다. 파괴적 비판 부모로부터 자라, 평가에 예민한 경우다. 조건부 수용 부모로부터 자라, 인정 욕구가 큰 경우다.

후박사의 탁월한 세 가지 처방

누적된 피로와 스트레스부터 털어내야

첫째, 두려움을 받아들이자. 우선, 공포에 떨어 보자. 어릴 적 선생님 앞에서 부들부들 떨 때를 떠올리자. 밤에 공동묘지를 지나며 벌벌 떨 때를 떠올리자. 공포와 두려움은 마음을 정화시켜 준다. 큰 절에 가면 입구에 무서운 마왕 상이 있다. 신도에게 공포를 일으켜 잡념을 떨치게 하려는 것이다. 방문객에게 두려움을 일으켜 마음을 다잡도록 하려는 것이다. 공포와 두려움은 순수와 경건함을 안겨 준다.

다음, 두려움은 더 큰 두려움으로 대체하자. 궁극적으로 내가 심장이 뛰고, 위가 달리고, 폐가 숨쉬고, 피부로 덥혀진 몸이라는 사실에 눈을 뜨자. "내가 두려운 것은 몸이 있기 때문이다(도덕경 13장)." 대상이 있는 무서움에서 대상이 없는 떨림으로 나아가자. 머리 위의 하늘[天]과 발밑의 대지[地]를 실감하게 된다. 깊은 떨림 가운데 천지 운행자의 임재하심에 나를 열어 보자. “천지(天地)가 영원한 것은 스스로를 위해 있지 않기 때문이다(도덕경 7장).”

둘째, 강하게 맞서자. 지친 심신(心身)에서 벗어나자. 신체적 과로와 정신적 피로는 자신감을 떨어뜨린다. 정면으로 돌파하자. 피할수록 공포증은 심해진다. 소량의 베타차단제와 안정제가 드라마틱한 효과를 준다. 한 번 성공하면 그다음은 쉽다. 철저히 준비하고 연달아 도전하자. 누군가의 격려와 지지가 필요하다. 성공경험이 쌓이면 자신감도 커진다. 아침마다 크게 외치자. “나는 할 수 있다. 나는 해낼 수 있다.” 성경에 이런 말이 있다. “마음을 강하게 하고 담대히 하라.”

셋째, 연습, 또 연습하자. 친구나 가족 앞에서 연습하자. 너무 잘하려 하지 말자. 공포증은 모자란다는 부정적 인식에서 온다. “이 정도는 충분히 잘했다.” 동료나 상사 앞에서 연습하자. 너무 잘 보이려 하지 말자. 공포증은 주변 평가에 예민한 데서 온다. “어느 누구도 나한테 관심 없다.” 소수 모임에서 연습하자. 실수를 안 하려고 하지 말자. 공포증은 스스로 정한 높은 기준에서 온다. “한두 번은 꼭 실수하리라.” 천둥번개가 치고 비가 쏟아지는 캄캄한 밤, 산속에서 두 사람이 길을 잃었다. 한 사람은 벼락이 칠 때마다 두려워 벌벌 떨었다. 다른 사람은 벼락이 칠 때마다 무서웠지만 빛을 이용해 길을 찾았다.

11 성(性)도착

◇◇◇

솔직하고 당당한 성(性)문화 절실

| 사례 1 | 김 모 씨(35세)는 잘나가는 회계사다. 부인과 사랑스런 두 딸을 가진 행복한 가장이다. 그에겐 말 못 할 비밀이 있다. 그는 혼잡한 지하철을 좋아한다. 여성의 신체와 밀착할 때 강한 성적 흥분을 느낀다. 한 번은 젊은 여성의 민감한 부위를 만졌다가 곤욕을 치를 뻔했다. 성추행인 줄 아는데, 충동을 억제하기 힘들다.

| 사례 2 | 박 모 씨(28세)는 공무원이다. 그는 오래 전부터 여자 물건을 모으는 취미가 있다. 브래지어, 팬티, 헤어핀, 손수건 등을 보면 성적 흥분을 느낀다. 사춘기 때부터 성적 환상이 남달리 많았고, 몰래 팬티스타킹을 즐겨 입었다. 고등학교 때부터 쭉 자취생활을 해 왔는데, 그런 행위를 들킬까 봐 집에 아무도 오게 하지 않는다.

| 사례 3 | 최 모 씨(42세)는 중소기업 부장이다. 애인이 있지만 아직 결혼은 안 했다. 그는 근무시간에 야동을 즐기는 나쁜 습관이 있다. 스트레스가 많아질수록 그런 행동이 심해진다. 요즘 여직원이 많아져, 업무차 불쑥 찾아오는 경우 자주 당황하게 된다. 자칫하면 성희롱으로 걸릴 수 있는데, 도무지 끊을 수가 없다.

노출증, 관음증, 의상도착증 등 30여 형태

성도착이란 성적 욕구를 비정상적으로 충족하는 행위다. 변태성욕으로 불린다. 성적 환상과 환상을 행동화하려는 강한 욕구로 특징짓는다. 노출증, 관음증, 의상도착증, 접촉도착증, 소아기호증, 여성물건애, 가학증, 피학증 등 30여 가지가 있다. 보통 15~25세 사이에 가장 많고, 대부분의 피해자는 여성이다. 소아기호증은 법적으로 가장 큰 문제가 된다. 어린이의 10~20%가 피해자로서 경험을 가진다. 또한 여성의 20%가 노출증과 관음증의 피해자로서 경험을 가진다.

성도착은 일탈이다. 일탈은 사회나 도덕에 벗어난 행동이다. 가벼운 비행이나 돌출행동부터 심각한 범죄나 정신병까지 포함한다. 성도착은 자신과 타인 모두에게 해를 준다. 정신질환이면서 범죄행위다. 성희롱부터 성폭행까지 광범위하다. 성도착은 충동조절장애다. 욕구가 지나치게 강하거나, 방어가 약해져 스스로 충동을 조절하지 못한다. 충동을 억제할수록 긴장이 더 커지고, 일단 실행하면 쾌감이나 만족감을 느낀다. 성도착은 중독이다. 중독은 집착, 강박행위, 재발로 특징지어진다. 한번 빠져들면 쉽게 벗어나기 어렵다. 대부분의 성도착은 반복적으로 은밀히 행해진다. 발각되기 전까지 절대 치료받지 않는다.

성도착의 원인은 무엇일까? 세 가지로 볼 수 있다. ① 거세 공포와 어머니 동일시, ② 지나친 성적 억압이나 성폭력 경험, ③ 매체 영향이다. 성도착은 일차적으로 정신성적 발달장애다. 어린 시절의 도착적인 성적 환상이 자라나면서 억제되지 못하고 계속 발전한 것이다. 한국은 인터넷 왕국이다. 청소년들은 인터넷과 SNS를 통해 잘못된 성에 무방비로 노출돼 있다. 도착행위는 쉽게 학습되고 모방된다.

지나치게 억압된 한국 성문화

한국 사회에서 성은 지나치게 억압되어 있다. 한국 성문화는 '아무도 모르게, 알아서 잘하라' 문화다. 성에 대해 입에 올리는 것조차 꺼린다. 특징을 요약하면 이렇다. ① 이중적인 성규범을 적용한다. 여성만의 순결을 강조한다. ② 이중적인 체계, 즉 금기 문화와 향락 문화가 공존한다. ③ 성의 상업화다. 음란물은 모두에게 100% 공유되고 있다. 한국은 어른부터 아이까지 성 가치관의 혼란을 겪고 있다.

성도착이 엘리트나 지도층 인사에게서 일어나는 원인은 무엇일까? 성은 남자들에게 자주 스트레스 해소 목적으로 사용된다. 미국 증권가에서 엄청난 스트레스를 받는 화이트칼라들이 성을 통해 스트레스를 해결한다는 이야기도 있다. 엘리트나 지도층 인사는 스트레스가 남다르다. 엄격한 기준이나 사회적 이목 때문에 해소가 쉽지 않다. 지나친 성적 억압은 비정상적인 출구를 찾기 마련이다. 히스테리가 억압이 강한 여자들이 주로 걸리는 질환이라면, 성도착은 억압이 강한 남자들이 주로 빠지는 함정이 될 수 있다.

후박사의 탁월한 세 가지 처방

첫째, 성적 태도의 전환이 필요하다. 성은 자유롭게 표현돼야 한다. '누구나 아는, 솔직하고 당당한' 성문화가 정착돼야 한다. 성적 욕구는 생명체가 가지는 본능이다. 본능은 숨기면 숨길수록, 말리면 말릴수록 강해진다. 음지에서 싹트는 성문화는 변형되기 쉽다. 양지에서 다져져야 밝은 문화가 된다. 금기, 터부, 은폐보다는 허용, 담론, 공개가 좋다. 성에 대한 혐오감, 수치심, 죄의식을 사랑, 기쁨, 놀이로 대체해야 한다. 부정적 · 소극적 태도를 긍정적 · 적극적 태도로 바꿔야 한다. 성관계는 또 다른 인간관계다. 체계적인 교육과 훈련이 필요하다.

일탈은 자발성 · 유연성 · 창조성의 원천

둘째, 건전한 일탈을 꿈꿔 보자. 한국 사회는 작은 일탈에 비판적이다. 어느 날 청바지 차림이나 진한 화장, 노랗게 물들인 머리로 출근한다면 또라이 취급을 당한다. 이유 없이 결근하거나, 연락 없이 여행을 떠나거나, 갑자기 일을 그만두면 정신병자 취급을 당한다. 그런데 남자들의 술주정, 도박에는 오히려 관대하다. 외도도 남이 하면 불륜이고, 내가 하면 로맨스다. 아직도 강한 권위주의 문화가 가정과 직장을 지배한다. 인터넷의 발달로 젊은 층에 자유주의가 만연한데, 청년실업 등 생존 문제로 자유주의는 다시 억압되고 있다. 젊은이들은 이중적인 가치관에 혼란을 겪고 있다.

일탈은 문자대로 '일상으로부터의 탈출'이다. 노는 날 만사를 제치고 산으로 가자. 휴가를 내 훌쩍 바다로 떠나자. 눈앞에 펼쳐지는 '기가 막히는 절경'에 숨이 멈추는 순간을 맛보자. 내 것, 네 것의 소유개념을 비웃고 있는 대자연, 아무런 설계 없이 절로 아름다운 풍경에 넋을 잃어 보자. 내 자신을 미물로 느끼게 할 웅대한 스케일에 자신을 풀어 놓자. 자신을 풀어 놓고 넋을 잃은 채 숨이 막히는 순간은 남자와 여자가 한 몸을 이룰 때도 일어난다. 일탈은 자발성, 유연성, 창조성의 원천이다.

셋째, 두세 번의 상담을 시도해 보자. 이런 얘기를 남자친구와 하면 쪽팔린다. 그렇다고 여자친구와 하면 변태취급을 당한다. 그렇다면 누구한테 하겠는가? 법적으로 비밀보장이 되어 있는 치료사들이 있다. 그들과 한번 상의해 보자. 그들이 어떻게 이해하겠는가? 그래도 한번 털어놓아 보자. 평생 안 털어놓았던 얘기를 한번 털어놓는 것만으로도 엄청난 효과를 볼 수 있다. 여자 정신과의사가 나을 수 있다. 일탈에 대해 남자들은 진보적이지만, 여자들은 보수적이다. 분명한 피드백을 받을 수 있다. 성도착은 치료받아야 할 정신질환이다. 방치하면 언젠가 큰 낭패를 당할 수 있다. 반드시 초기에 바로잡아야 한다.

12

성(性)중독

◇◇◇

중독을 인정하고 다른 중독으로 바꿔 보라

| 사례 1 | 장 모 씨(27세)는 회사원이다. 그는 업무 중에도 자주 인터넷에서 음란물을 보는 것으로 스트레스를 푼다. 누구든지 여자만 눈앞에 보이면 성관계를 떠올린다. 성(性)을 제외한 모든 일에 흥미가 없다. 최근 채팅을 통해 만난 여성과 하룻밤 관계를 맺는 일이 점차 늘어났다. 짜증이 난 날은 곧바로 자위를 하거나 채팅창을 전전한다. 그렇게 성관계를 하고 나면 항상 후회와 자책감이 밀려와 괴롭다. 앞으로 절대 안 하겠다고 다짐하는데, 번번이 실패한다. 그에게 정상적인 데이트나 결혼이 요원하게 느껴진다.

| 사례 2 | 김 모 씨(47세)는 중소기업 사장이다. 그는 성욕이 왕성하고 성기능도 아주 좋다. 아내에게 성적 흥분을 느끼지 못한다. 그는 비밀스럽게 성적 모험을 즐긴다. 숨겨진 섹스파트너가 서너 명 있어서, 돌아가면서 보다 자극적인 성관계를 즐긴다. 시간 사용이 자유로워 별 의심을 받지 않는다. 오히려 집에서는 섹스를 자제하는 편이다. 현모양처인 아내를 보면 자신의 행동에 대해 죄의식이 든다. 하지만 그의 모든 열정은 섹스를 통해 나오기 때문에 자신의 성적 편력을 포기하기가 어렵다.

| 사례 3 | 최 모 씨(38세)는 공무원이다. 그는 섹스리스 부부로 지낸 게 5년이 훌쩍 넘는다. 딸 둘에 어머니와 살면서, 북적되는 집안 분위기에서 성관계가 소원해진 게 원인이다. 성적 욕구불만을 바깥에서 푸는 게 화근이 되었다. 회식 때 동료들과 한두 번 방문하던 성매매업소 출입이 더욱 잦아졌다. 최근 스트레스만 생기면 유흥가를 배회한다. 성충동을 중도에 멈추기가 힘들다. 그의 재정 상태는 엉망이다. 몰래 끌어다 쓴 사채도 있다. 박봉에 마냥 아껴 쓰는 아내를 보면 너무 미안하다.

행복 호르몬의 결핍으로 중독에 빠지는 현대인

성중독이 만연하다. 남자가 5배 흔하고, 남성의 5~20%가 성중독자로 추정된다. 사회적으로 성공한 경우 비율이 높다. 빌 클린턴과 타이거 우즈가 유명하다. 성중독은 행위중독이다. 도박이나 게임중독과 유사하다. 성충동에 대한 통제력을 잃고, 성행동으로 자타에 피해를 준다. 성적 대상이 성(性) 자체다. 누구인지는 중요치 않다. 자위나 야동중독에서 사이버중독, 성도착까지 포함한다. 성의 도구화는 인간관계를 파괴한다. 한국에서 성매매는 범죄다. 그런데 성매매 산업의 규모는 매년 10~30조에 달한다. 대형 업소가 날로 늘어나고, 뒷골목에서 활발히 거래된다. 성의 상품화는 인간성 피폐를 가져온다.

중독은 도파민 결핍에서 온다. 도파민은 행복 호르몬이다. 동기와 목적을 부여한다. 뇌의 식량과 같다. 현대인은 불행하다. 과도한 정보에 시달리고, 인정과 칭찬에 굶주리고, 노력만큼 보상도 못 받는다. 도파민이 항상 부족한 상태다. 현대인은 알코올 · 도박 · 게임 · 성 등의 자극을 통해 도파민을 공급받는다. 노력 없는 즉각적인 보상은 위험하다. 자극이 반복되면 도파민 수용체가 무뎌진다. 같은 쾌감을 유지하려고, 더 많은 도파민을 요구한다. 이것이 중독의 나락에 빠지는 기전이다. 중독은 쾌감의 노예가 되는 것이다.

누구나 성에 중독될 수 있다. 중독은 강력한 습관이다. 성욕은 자연한 본능이다. 결핍되면 커지고, 채워지면 사라진다. 성은 우리의 일상이다. 금지하거나 무시하기 어렵다. 중독은 살맛나는 상태다. 오르가슴은 극적인 쾌감을 주고, 쾌감은 열정을 일으킨다. 성공은 열정에 비례하고, 열정이 클수록 성욕이 강하다. 성공한 사람은 성에 잘 중독된다. 중독은 즐거운 상태다. 스트레스가 해소되고, 상처도 잊혀진다. 즐거움은 삶의 동력이다. 허나 거짓 열정이고, 가짜 에너지다. 중독에서 벗어나는 순간 나락으로 떨어진다.

아무나 성에 중독되지 않는다. 중독은 강박적 습관이다. 갈망 · 내성 · 금단을 보인다. 간절히 바라고, 쾌감이 줄어들고, 중단하면 불안해한다. 성중독은 성을 강하게 억압하는 사람에게 잘 온다. 성직자 · 교사 · 독신자 등이다. 오래 참다가 성충동이 폭발한다. 강자 위치에 있는 경우 성추행이나 성범죄의 원인이 된다. 한국의 중년 부부 중 섹스리스 부부는 50%를 웃돈다. 섹스리스의 경우 외도나 성중독에 잘 빠진다. 성중독은 어린 시절 성적 학대나 거절에서 온다. 인간관계가 아닌 성관계를 통해 자존감을 유지하려 한다. 강렬한 성적 경험은 즉각적인 성중독의 원인이 된다. 충격에 대한 상처를 성으로 잊으려다 단기간에 중독되기도 한다.

성중독의 특징

성중독의 특징은 다음과 같다. ① 은밀하게 행해지므로 드러나지 않는다. ② 알코올이나 도박중독과 달리 일상생활을 지속한다. ③ 자위나 야동 등 호기심 수준에서 시작되어, 성도착이나 성범죄 등 심각한 수준으로 발전한다. ④ 주기가 짧아지고, 욕정은 강해지고, 합리화가 심해진다. ⑤ 들키게 되면 배우자와 자녀에게 치명적이다. ⑥ 본능적인 욕구라서 다른 중독에 비해 중단이 어렵다. ⑦ 정상과 비정상의 구분이 모호해 치료를 시작하기 힘들다. ⑧ 중독자임을 인정하지 않고, 사회적 문제가 발생해야 받아들인다.

후박사의 탁월한 세 가지 처방

첫째, 중독자임을 받아들이자. 세 가지 착각에서 벗어나자. "나는 중독자가 아니다." 회복을 원할 때는 이미 심각한 상태다. 중독자는 중독자와 어울린다. 성중독이기 전에 일중독이고, 일중독이 성중독으로 발전한다. "나는 언제든지 끊을 수 있다." 중독자는 조절능력이 없다. 중독은 강박적 습관으로 무의식적 현상이다. 강박 초기에 조절해야만 벗어난다. 혼자 의지로 극복하기 어렵다. "~ 때문에 성에 매달린다." 중독자에게는 중독 성향이 있다. 한 가지에 집중해야만 성공하는 시대다. 각종 스트레스가 중독의 원인이 아니다. 중독이 중독의 원인이다.

둘째, 다른 중독으로 바꾸자. 성이 주는 쾌감을 포기하는 것은 쉽지 않다. 누구나 강한 자극에 더 쏠린다. 그래도 약한 자극에 맡겨 보자. 일에 빠지자. 스트레스를 일로 해소하자. 성취감을 느껴 보자. 중독은 완벽성에서 온다. 그동안 열심히 살았다. 휴식이 필요하다. 운동에 빠지자. 스트레스를 운동으로 풀자. 즐거움을 느껴 보자. 중독은 조급증에서 온다. 그동안 쫓기며 살았다. 여유가 필요하다. 공부에 빠지자. 스트레스를 공부로 해소하자. 재미를 느껴 보자. 중독은 의존성에서 온다. 그동안 매여서 살았다. 사색이 필요하다.

셋째, 배우자와 함께 해결하자. 중독을 혼자 노력으로 치료하는 것은 불가능하다. 중독치료는 0% 아니면 100%다. 100번의 충동 중 99번을 참았던들 무슨 소용인가. 이성은 항상 충동에 굴복한다. 안 하는 것이 편한 상태가 돼야 한다. 중독치료는 마라톤이다. 잠시 안 한다고 좋아하지 말자. 안 하는 것이 아니고 못하는 것이다. 다시 했다고 실망하지 말자. 반복해서 시도해야 한다. 성중독은 배우자의 도움이 필수적이다. 그때그때 욕구를 해결해 줘야 한다. 총각이라면 결혼하는 게 좋다. 건강한 성관계가 중요하다.

13 성인 아토피

◇◇◇

생활습관부터 바꿔 체질 개선해야

피부과부터 한의원까지 다 가봤는데

그녀는 20대 후반의 직장인이다. 그녀는 오늘도 한숨을 쉬며 화장대 앞에 앉는다. 거울 보기가 싫지만 어쩔 수 없이 거울 앞에 앉아 피부결을 정리한다. 순하다는 스킨케어 제품을 바르고, 홍조가 가라앉을 즈음 파운데이션을 두들기고, 컨실러로 뾰루지를 커버한다. 10분 정도 지났을까, 거울에 비친 얼굴을 확인한 후 겨우 희미한 미소를 짓는다.

자신의 피부가 사회생활까지 영향을 미친다고 느꼈을 때 스트레스는 극에 달했다. 화장 없이는 외출이 꺼려지는 게 시작이다. 주변의 걱정 어린 시선은 부담을 넘어 짜증이 됐다. 친구들은 피부에 좋다며 이것저것 추천하고, 회사동료들도 이런저런 것들을 권하지만 신경 좀 안 써줬으면 좋겠다. 모르는 사람조차 한마디씩 거들 때는 정말 속이 터진다. 그들이 제시한 방법은 이미 다 해 본 것들이다.

성인이 되면 괜찮아질 줄 알았다. 하지만 삼십을 앞둔 지금도 피부 때문에 고생이다. 오래된 트러블 탓에 흉터도 많다. 피부과부터 한의원까지 안 가본 곳이 없는데, 효과는 치료를 받을 때뿐이다. 병원에서는 꾸준함을 요구하지만, 바쁜 일상과 부담되는 치료비는 늘 걸림돌이다. 게다가 치료를 위해 갔던 병원 직원들이 그녀의 피부를 보고 어쩌다 그렇게 됐냐며 경악하는 모습에 상처받아 병원도 가기 꺼려진다.

인터넷을 검색하며 피부에 좋다는 진정제, 로션, 식품들을 구매한다. '이번만큼은 효과가 있겠지….' 하는 희망 때문이다. 개선 효과를 봤다는 후기들이 수도 없이 많은데, 왜 나만 효과가 없는 걸까. 화장으로 커버하는 것이 피부에 더 나쁘다는 걸 알지만, 파운데이션으로 두껍게 피부를 덮어버리지 않으면 일상생활조차 스트레스이기에 어쩔 수 없다. 어떻게 해야 할지 정말 답답하다.

소아 아토피의 30%는 성인 아토피로

아토피는 소아에서 발병하는 알레르기 질환이다. 아토피 피부염이 대표적이다. 성장하면서 비염 · 천식 · 결막염 등이 동반된다. 알레르기 질환은 문명병이다. 1970년 이후 급증하여, 현재 고혈압 · 당뇨병과 함께 선진국의 3대 질환이다. 원인으로 나쁜 음식, 환경오염, 스트레스 등을 지목한다. 아토피는 유전성이 강하다. 부모가 아토피인 경우 70%에서 발병한다. 아토피는 청결병이다. '위생 가설'이 있다. 깨끗한 환경이 면역의 자연 발달을 막는다. 오히려 더러운 환경에서 자랄 때 면역이 튼튼하다.

소아 아토피가 급증하고 있다. 소아의 20%에서 경험한다. 원인은 무엇일까? 모유수유 중단, 제왕절개 증가, 항생제 남용, 환경호르몬, 가공식품 · 트랜스지방, 유전자조작 식물, 농약 · 방부제, 각종 식품첨가물, 대기오염 등이 거론된다. '알레르기 행진'이란 게 있다. 아토피의 자연 경과다. 영유아기에 위장염 · 피부염이, 소아기에 비염 · 천식이 시차를 두거나 동시에 나타난다. 5세쯤 되면 식품 알레르기의 90%는 소멸된다. 사춘기가 지나면 아토피의 70%는 저절로 낫고, 30%는 성인 아토피로 진행된다.

아토피가 성인에서 반복되는 원인은 무엇일까? 무분별한 약물치료 때문이다. 아토피는 약으로 낫지 않는다. 증상만 좋아진다. 점점 센 약을 쓰게 되고, 끊을 때 반동으로 악화된다. 원인보다 증상만 공략하기 때문이다. 피부에 좋은 제품 · 식품이 난무한다. 과대광고가 많다. 사용할 때는 효과가 있지만, 중단하면 재발한다. 스트레스 때문이다. 현대인은 신체적 과로와 정신적 피로에 시달린다. 만성피로는 코르티솔의 고갈로 아토피를 악화시킨다. 부정감정은 몸에서 강력한 정신독(mental toxin)으로 작용한다.

피부에 국한되지 않은 통합적 치료로 접근해야

성인 아토피가 급증하고 있다. 최근 5년간 통계에 의하면 20% 증가했다. 소아에서 진행한 경우와 신규 발생을 포함한다. 유병기간이 길고 중증 환자가 상당수다. 우울증 · 대인기피증을 동반한다. 성인 아토피 치료가 어려운 원인은 무엇일까? 피부 외(外)에도 원인이 있기 때문이다. 알레르기는 면역 과잉반응이다. 장 기능과 면역체계의 혼란에서 온다. 피부에만 국한하여 치료하면 안 된다. 통합적 접근을 해야 한다. 면역강화를 위한 체질개선이 필요하다. 피부관리도 중요하지만, 환경 · 음식 · 운동 · 스트레스 관리도 중요하다.

"모든 병은 장에서 시작된다." 히포크라테스의 말이다. 변비와 설사는 장 이상을 의미한다. 새는장증후군이라 한다. 장 점막이 망가져 투과성이 증가한다. 영양분 흡수가 어려워 영양실조에 빠지고, 독소가 들어와 알레르기와 만성염증을 유발한다. 세균, 곰팡이, 소화 안 된 단백질 등은 알레르겐으로 작용한다. 장은 최전선 방어지대다. 외부로부터 오는 균을 막는다. 장 내 세균은 중요한 면역기능을 한다. 유산균과 유해균의 균형이 중요하다. 장 점막 손상의 4대 주원인은 스트레스, 술, 항생제, 제산제다.

후박사의 탁월한 세 가지 처방

첫째, 못 고친다 하지 말자. 오랜 치료에서 오는 강한 불신이 있다. 고칠 수 있다는 믿음이 중요하다. 그녀의 아토피는 피부 외(外)에 원인이 있다. 약에만 의존하면 불치병이 된다. 자칫하면 평생 써야 한다. 쓰던 약을 무작정 끊어서도 안 된다. 누군가에 의지하면 난치병이 된다. 과대광고에 속지 말자. 스스로 고치려는 결심이 필요하다. 완치는 체질개선을 통해 온다. 생활습관을 바꿔야 한다. 피부관리, 환경관리, 음식관리가 필수다. 모든 알레르겐을 피할 수 없고, 모든 독소를 제거할 수 없다. 효과적인 방법을 찾아,

간단히 열 가지 정도 수칙을 정하고, 매일 성실하게 실천하자.

둘째, 절대 긁지 말자. 잦은 치료 실패에서 오는 절망이 있다. 나을 수 있다는 희망이 중요하다. 그녀의 아토피는 심리적인 요인이 있다. 아토피는 긁을 때 악화된다. 가려움증은 심해지고, 2차 감염으로 악화된다. 가려움증이 오래가면 뇌에 신경회로가 형성된다. 가려움증은 생각과 감정에 의해 증폭되기도 하고, 축소되기도 한다. 진짜 원인은 중요치 않게 되고, 가려움증 회로로 굳어져 고통을 받게 된다. 이렇게 물어보자. 언제 긁게 되는가? 답답할 때 긁을 수도 있다. 어떻게 멈출 수 있을까? 찬 컵이나 얼음 팩을 써 보자. 진짜 가려운 것인가? 습관적으로 긁을 수 있다.

수면 · 운동 · 휴식도 중요

셋째, 힘들게 살지 말자. 오랜 치료에 지쳐 자존감이 바닥이다. 자신을 향한 사랑이 중요하다. 그녀의 아토피에는 자기혐오가 있다. 싫어하는 게 많을수록 알레르겐이 많아진다. 수면 · 운동 · 휴식이 중요하다. 잠은 보약이다. 운동할 때 염증을 억제하는 마이오카인이 100배 증가한다. 20%의 에너지를 남기고 일하자. 아토피에 보충제가 중요하다. 오랜 질환으로 부신피로일 가능성이 높다. 매일 비타민B · C · D, 마그네슘, 오메가3, 유산균 정도는 기본으로 먹어야 한다. 물을 많이 마시자. 물은 에너지생산과 해독에 필수다. 최소 오전에 1리터, 오후에 1리터를 마셔야 한다. "믿음, 희망, 사랑, 세 가지는 항상 있을 것인데 그중의 제일은 사랑이라."

14 신체형 장애

◇◇◇

스트레스 받아들이며 극복하라

아프다는데 뭐라 할 수도 없고

같은 팀에서 일하는 A는 아주 건장한 체격을 가졌다. 180cm가 넘는 키에 체중도 80kg가 넘는 것 같다. 항상 예의바르고 친절하여 도움을 요청하면 성심을 다해 도와주는 좋은 성격에다, 상위 2% 지능을 가진 사람만 가입이 가능하다는 멘사(Mensa)의 회원일 정도로 IQ도 높다. 또 매년 열리는 체육행사에서도 부서 응원단장을 자청할 정도로 적극적이다. 이 정도면 회사가 선호하는 모든 특성을 다 갖춘 완벽한 사람이라도 해도 과언이 아닐 것이다.

그런데 완벽한 조건에도 불구하고 동료들은 그를 그다지 선호하지 않는다. 아프다는 이유로 결근이 잦고, 출근을 한 경우에도 점심시간을 이용해 병원을 다녀오는 경우도 많으며, 조퇴도 다반사이기 때문이다. 올해 시작 3개월 만에 벌써 다섯 번의 결근이 있었다. 처음 자신의 승용차 문틈에 손가락이 끼어 손톱이 빠지는 사고가 발생해 결근을 했다. 두 번째는 심한 몸살로, 그 다음에는 소화불량과 복통으로 결근을 한 적도 했다. 그러던 중, 최근에는 지병인 허리 통증이 도져 입원하느라 2주일간 회사에 나오지 못했다. 긴급한 과제가 떨어진 상황이라 결국 그의 일을 다른 팀원들이 처리해야 했다.

몸이 아파 결근하는 것은 어쩔 수 없는 일이다. 그걸 모르는 바는 아니지만 바쁘거나 중요한 과제가 주어질 때 자주 결근을 하니 민폐라 아니할 수 없다. 아프다는데 뭐라고 할 수도 없고 정말 짜증이 난다.

신체형 장애는 거짓이 아닌 실제 증상

신체형 장애는 신체증상이 나타나지만 신체질환은 아니고, 정신적 스트레스가 신체적 장애로 나타나는 정신질환이다. 공부가 어려운 아이가 머리가 아프고, 왕따를 당하는 학생이 배가 아픈 현상이다. 두통, 소화불량, 마비 등 다양한 증상이 나타는데, 일반 검사에서 이상이 없어 닥터쇼핑과 약물남용을 초래한다. 꾀병처럼 의도적인 거짓 증상이 아니고, 무의식적 과정을 거쳐 실제 증상으로 나타난다. 주로 표현이 서툴고 소통을 못하는 사람에게 잘 나타난다.

몸은 마음으로 표현하고, 마음은 몸으로 말한다. 신체질환이 오면 정신질환이 동반되고, 정신질환이 오면 신체질환이 동반된다. 신체건강이 나쁘면 정신건강이 나빠지고, 정신건강이 나빠지면 신체건강도 별 의미가 없다. 몸을 움직이는 마음이 병들면, 몸이 제 기능을 다하기 어렵기 때문이다. 몸과 마음은 하나로 연결되어 있다. 동의보감에 이런 말이 있다. “몸을 치료하려면 먼저 그 마음을 치료해야 하고, 마음을 치료하려면 먼저 그 사람을 치료해야 한다.”

프로이트의 정신분석은 ‘히스테리 연구’에서 탄생했다. 히스테리는 정신적 갈등이 마비, 경련, 통증 등의 신체증상으로 나타나는 현상이다. 이러한 증상은 무의식적 환상이 억압되어 신체언어로 표현된 것이다. ‘머리가 아프다’는 것은 일이 복잡하다는 뜻이고, ‘허리가 아프다’는 것은 책임이 무겁다는 의미다. ‘소화가 안 된다’는 것은 걱정이 많다는 뜻이고, ‘가슴이 아프다’는 것은 화가 난다는 의미다. 이런 현상은 미성숙한 사람에게 많지만, 어느 누구에게나 조금씩은 나타난다.

억압의 덫에 빠진 사람이 있다. 어려서부터 자신을 드러내고 감정을 표현한다는 이유로 야단을 맞거나, “하면 안 돼!”라는 말을 자주 들으면서 성장한 경우다. 아이답게 굴지 못하고, 어디서든 신중하고 얌전하며 예의 바르게 자란 경우다. 그는 자신을 드러내는 것을 어색해 하고, 마음을 터놓는 것을 낯설어 한다. 타인과의 일정한 거리를 유지하고, 누군가 다가오는 것을 부담스러워한다. 일상에서 재미없고 단조로운 대화를 하고, 지루하고 따분한 관계를 이어간다. 감정이 없는 사람처럼 보이기도 한다.

모든 통증은 기호다

모든 통증은 기호다. 뭔가 잘못되었으니 고쳐 달라는 신호다. 몸에 병이 없다면 마음을 살펴 봐야 한다. 이유 없는 통증은 없다. 어릴 적 경험에서 생긴 무의식적 의미를 가질 수도 있다. 특히 억압된 분노와 적개심이 주된 원인이 된다. 통증은 사랑을 얻기 위한 방법이고, 속죄를 받기 위한 수단이 되기도 한다. 현대인은 엄청난 스트레스에 노출되어 있다. 스트레스는 우리의 몸과 마음을 모두 망가뜨린다. 우리가 정신적 스트레스를 잘 소화하지 못한다면, 언제든지 신체적 고통으로 나타난다.

후박사의 탁월한 세 가지 처방

가끔 꾀병 카드도 써볼 만

첫째, 무의식을 파악하자. 의식화라는 말이 있다. 과거 운동권에서 많이 사용하던 말이다. 증상의 의미를 생각해 보고, 통증의 메시지를 깨닫는 것이다. 무의식은 통제할 수 없지만, 의식에 떠오르면 어떻게든 해 볼 수 있다. 증상이 나타날 때마다 힘들어하지 말고, 증상을 통해 자신을 알아가는 기회로 삼아 보자. 통증을 무작정 없애려 하지 말고, 통증을 통해 마음을 헤아려 보자. 인생이 보다 풍부해지고, 삶이 생동감으로 넘칠 것이다. 진짜 아픈 것보다 미리 감지하여, 꾀병을 부리는 것도 좋다. 꾀병은 실제 병으로 진행되는 것을 막아 준다. 하지만 자주 부리게 되면 관계가 틀어진다. 꾀병의 카드는 아껴

서 써야 한다.

둘째, 태도를 바꿔 보자. 변화전문가 브라이언 트레이시는 잠재능력의 공식을 '잠재능력=(선천적 특성+후천적 특성)×태도'로 썼다. 선천적 특성은 타고난 체질이고, 후천적 특성은 자라 온 환경이다. 우리가 하는 일의 90%는 태도와 관련이 있다. 타고난 체질이 허약하고 자라 온 환경이 열악하더라도, 태도를 통해 변화할 수 있다. 바람직한 태도는 개인의 잠재능력을 증폭시킨다. 부정적인 태도에서 긍정적인 태도로, 비관적인 태도에서 낙관적인 태도로 전환하자. 무엇보다 스트레스 상황을 받아들이자. 증상을 지긋이 견뎌야 한다. 통증이나 약물로 도망가지 말고, 맞부딪쳐 정면으로 돌파하자. 현대를 살아가면서 스트레스를 완전히 피할 수는 없다. 적당한 스트레스는 오히려 마음 건강에 좋다. 스트레스를 받아들이고 극복하며, 스트레스와 더불어 살아가는 삶을 모색해 보자.

셋째, 도움을 요청하자. 어린 시절 누구나 나를 돌봐 주던 부모, 선생, 형제가 있었다. 그러나 어른이 되면 나를 돌봐 주던 '누군가'가 사라진다. 어른이 되어 '누군가'가 돌봐 주기를 바란다면, 큰 착오가 생긴다. 하지만 어렵고 힘들 때는 '누군가'의 도움이 중요하다. 솔직하게 자신을 드러내자. 짐이 무거울 때는 '누군가'와 맞들어야 한다. 솔직하게 마음을 터놓자. 인생의 고통은 상당수 '누군가'가 알아서 해 주기를 바라는 데서 온다. 어른이 되어 '누군가'가 알아주기를 바란다면, 큰 문제가 생긴다. 배려를 바라지 말고, 배려를 요청하자. 용기를 내야 한다. 가까운 사람과 소통하자. 모호하고 과장된 표현은 삼가자. 감정을 솔직히 표현하자.

15

심인성 통증

◇◇◇

아프다고 생각하는 만큼 아프다

만성통증 방치했더니

그녀는 3개월째 두통에 시달리고 있다. 4개 프로젝트의 성공적인 마무리, 임원의 퇴임식 행사 주관 등 여러 업무가 한꺼번에 겹치면서 가을의 시작과 함께 두통도 시작됐다. 올해 말 국장 승진을 목전에 둔 그녀에게 남은 100일은 정말 중요하다. 지금까지는 잘해 왔다. 업무 성과도 좋은 편이고, 외부기관의 포상을 두 번이나 받았다. 업무 외적으로도 제일 큰 동아리 회장으로서 조직 화합에 기여한 공로로 CEO의 칭찬도 받았다. 할 일이 정말 많지만 회사 분위기가 좋아 정신없이 즐겁게 일해 왔는데, 1박 2일 워크숍을 마치고 귀가하던 도중 갑자기 머리가 지끈거리더니 이후로 두통이 사라지질 않는다.

하루 종일 머리 전체를 죄어 오는 느낌 때문에 기분이 나쁘다. 아침에 좀 괜찮다가도 오후가 되면 심해지고, 주말을 잘 쉰 월요일은 지낼만하다가 이내 또 머리가 아프다. 한번은 동료들과의 회식자리에서 맥주를 마시게 됐는데 갑자기 머리가 편해지는 느낌이 들었다. 이후로 그녀는 동료들에게 술 한잔하자는 제안을 종종 하는데, 다들 이러다가 알코올 중독이 됐겠지 하는 생각에 씁쓸하다. 진통제에 의존하면 안 될 것 같아 가급적 약을 피하다 보니, 괴로운 날이 많다. 혹시 지금 두통이 뇌졸중, 중풍과 같은 심각한 뇌질환의 전조증상은 아닌지 걱정이 되기도 한다. 평생 이렇게 살아야 하는 건지, 언제까지 이렇게 힘들어야 하는지 정말 답답하다.

통증에는 두통, 뒷목통증, 어깨통증, 허리통증, 근육통, 신경통 등이 있다. 두통이 제일 흔하다. 말단에서 생긴 통각은 뇌에서 통증으로 지각한다. 통증은 아픈 부위에 따라 다르다. 근육통은 죄이고 뻐근하며, 신경통은 저리고 찌릿하다. 혈관성 통증은 쿡쿡 쑤신다. 통증은 사람마다 다르다. 같은 통증을 1로 느끼기도, 100으로 느끼기도 한다. 어떻게 느끼고, 어떻게 보느냐에 따라 달라진다. 통증은 고통으로 표현된다. 고통에는 삶의 역사가 묻어 있다. 같은 고통이라도 다르게 해석된다. "고통은 피할 수 없는 상수지만, 해석은 선택할 수 있는 변수다."

통증회로가 굳어져 고통으로

통증자극은 척수를 지나 뇌로 전달된다. 변연계를 지날 때 감정이 작동하고, 대뇌피질로 들어가 생각이 작용한다. 통증은 증폭되기도 하고, 축소되기도 한다. 두려움 · 후회 · 불안은 통증을 증폭시킨다. 긍정적인 감정은 통증을 축소시킨다. 기억 · 해석 · 판단에 따라 통증은 달라진다. 암환자가 통증 없이 잘 지내고, 만성두통으로 자살하기도 한다. 급성통증은 손상을 받거나 기능이 저하될 때 나타난다. 빠른 치료로 원인을 제거하면 통증은 사라진다. 만성통증은 한 달 이상 지속될 때 나타난다. 치료가 잘 안되거나, 잘못된 경우다. 진짜 원인은 중요치 않게 되고, 통증회로로 굳어져 고통을 받게 된다.

통증회로는 언제 생길까? ① 의사가 '두고 보자'고 하며, 확신을 안 줄 때 생긴다. 불확실성은 두려움과 불안을 증폭시킨다. ② 만성으로 진행될 때 생긴다. 죽는 병이 아닌가, 못 고치는 병이 아닌가 하고 걱정하게 된다. ③ 약을 복용할 때 생긴다. 약은 원인을 치료하지 않는다. 오히려 통증회로의 원인이 된다. 무심코 시작하면, 못 끊고 장기 복용하게 된다. ④ 병에 대해 연구할 때 생긴다. 연구할수록 통증회로는 발달한다. 모르는 게 약이요, 아는 게 병이다.

통증회로는 누구에게 잘 생길까? ① 오랜 스트레스에 지친 사람이다. 스트레스는 만병의 근원이요, 조용한 살인자다. ② 예민한 성격의 사람이다. 완벽을 추구하고 걱정이 많으며, 변화에 민감하고 통증을 잘 느낀다. ③ 병을 핑계 삼는 사람이다. 현재의 힘든 상황을 피하려 하거나, 과거의 고생을 인정받으려 한다. ④ 어린 시절, 부정적 감정경험을 겪은 사람이다. 누구나 피치 못할 사연이 있다. 통증은 무의식적인 체벌 욕구, 죄의식과 연관된다.

몸과 마음은 긴밀히 연결

심인성 통증은 긴장성, 신경성, 스트레스성 통증 등으로 불린다. 몸이 아프지만 검사에서 이상이 없는 경우다. 만성으로 통증회로가 굳어진 상태다. 몸과 마음은 연결되어 있다. 어려운 문제에 부닥치면 골치가 아프고, 사랑하는 이와 헤어지면 가슴이 아프다. 책임질 게 많아지면 허리가 아프고, 가까운 사람이 잘 되면 배가 아프다. 심인성 통증 환자가 급증하고 있다. 현대인은 스트레스에 파묻혀 살아간다. 통증은 쉽게 살라고, 몸이 보내는 신호다. 현대인은 무거운 짐을 지고 살아간다. 통증은 가볍게 살라고, 몸이 보내는 메시지다. 현대인은 고통 가운데 살아간다. 통증은 즐겁게 살라고, 몸이 보내는 신호다.

후박사의 탁월한 세 가지 처방

통증, 액면 그대로 받아들여라

첫째, 통증을 받아들이자. 심인성 두통(긴장성 두통)은 머릿속에서 생기는 통증이 아니다. 뇌졸중 · 뇌경색 · 뇌종양과 무관하다. 머리 바깥의 근육이 뭉치고, 신경이 눌리고, 혈관이 자극되어 오는 통증이다. 통증을 액면 그대로 받아들이자. 과장하지 말고, 축소하지 말자. 감정을 넣지 말고, 생각을 보태지 말자. 이렇게 외치자. "아파하는 나를 받아들이고 깊이 사랑한다. 그리고 마음의 평화를 선택한다."

병이 찾아와 고통스러울 때, 병도 삶이 주는 경험인 것을 잊지 말자. 마음의 동요가 어떻게 일어나는가를 지켜보고, 기계적인 반응에서 벗어나자. 찾아온 손님을 정중히 맞이하고, 얼마 후 정중히 보내자. 병이 어째서 왔는가를 헤아리는 자는 현명하다. 인간에게 관대하면 말려들지 않고, 자연에 경외를 느끼면 자연의 도움을 받는다. 불경에 이런 말이 있다. "몸에 병 없기를 바라지 말라. 몸에 병이 없으면 탐욕이 생기나니, 병고로서 양약을 삼으라."

둘째, 통증회로를 깨자. ① 두려움에 맞서자. 세상에 두 가지 병이 있다. 안 아픈데 죽는 병과 아프지만 안 죽는 병이다. 통증으로 죽는 경우는 없다. 이렇게 외치자. "아파봐야 통증이다." 오늘 참아내면 내일은 고통이 덜 하다. 하루하루 이겨내면 언젠가 사라진다. ② 정면 돌파하자. 통증을 통해서 얻을 수 있는 반사 이익은 무엇인가. 아프다고 해서 현재 삶을 피하지 말자. 이렇게 외치자. "모든 게 내 책임이다." 책임지는 만큼 자유를 누린다. ③ 통증을 연구하지 말자. "Stop!" 연구하고 싶을 때마다 외치자. "So what?" 아파서 어쨌단 말인가. 성경에 이런 말이 있다. "강하고 담대하라. 두려워하지 말고 놀라지 말라."

셋째, 예민함에서 벗어나자. 예민하면 통증을 자주 느낀다. 규칙적으로 살자. 제때 맞춰 먹고, 밤에 푹 자고, 에너지를 남겨서 살자. 매일 1시간 공원을 걷고, 매주 하루는 야외에서 지내고, 매년 한 번은 여행을 떠나자. 반대행동을 해 보자. 시간에 예민하다면, 일부러 약속시간에 늦게 가자. 청결에 예민하다면, 일부러 더러운 화장실을 쓰자. 실수하는 데 예민하다면, 발표할 때 일부러 실수하자. 경쟁에 예민하다면, 일부러 져 보자. 자연을 닮아 가자. 하늘은 조급을 모르고, 땅은 분노를 모른다. 개는 걱정을 모르고, 나무는 슬픔을 모르고, 바위는 두려움을 모른다.

16 알레르기와 만성염증

◇◇◇

증상보다 원인에 집중하여 통합적으로 접근하라

수북한 약봉지, 진단받은 병명도 셀 수 없어

그는 잔병치레가 많다. 환절기 때마다 감기에 잘 걸리고 비염에 시달린다. 조금만 스트레스를 받아도 소화불량이 오고, 위염과 장염 때문에 병원을 찾는 일도 잦다. 얼마 전부터는 불면증이 시작됐는데 숙면을 못한 탓인지 낮에 어지럼증과 편두통에 시달린다. 내과, 이비인후과, 피부과, 한의원, 정신과까지 안 가 본 데가 없다. 집에는 여러 병원에서 지어 온 약봉지가 수북하고, 진단받은 병명도 셀 수 없다. 남들은 그가 아프다고 할 때마다 의심의 눈초리를 보낸다. 일부 직장동료들은 업무 스트레스 회피용 꾀병이라 생각하는 듯하다. 훤칠한 키에 체격까지 좋은 그가 병을 달고 사는 것을 이해하지 못한다.

며칠 전 부서 회식이 있었다. 동료들은 그가 갑각류 알레르기가 있는 것을 알고 고맙게도 회식 메뉴로 삼겹살을 선택해 줬다. 시원한 맥주와 함께 삼겹살을 실컷 먹고, 기분 좋게 귀가해 잠을 잤다. 새벽 무렵 명치가 답답해지면서 가려움증과 무언가 기어가는 느낌이 스멀스멀 올라 왔다. 온몸에 발진이 일어나고, 입술과 목이 부어 숨쉬기가 힘들어졌다. 잊을 만하면 한 번씩 나타나는 두드러기 증상이다. 예전에 지어 놨던 상비약을 복용해 다행히 심한 증상은 가라앉았다. 하지만 메스꺼움과 울렁거림에 시달렸다. 두세 시간 지나니 가스가 나오기 시작했다. 설사를 한 후 몸이 조금씩 회복됐다. 정말 무서운 밤이었다.

그는 정말 힘들다. 언제 어떤 음식을 먹고 또 이런 증상으로 고통받게 될지 두렵고, 몸이 안 좋을 때마다 새로운 병명을 선고받는 것도 겁난다. 여러 병원을 가 보지만 병명만 있고 면역이 약해졌다 할 뿐 정확한 원인을 알려 주지 않는다. 죽을병에 걸린 것은 아닐까, 암이라고 하면 어쩌나하는 불안과 공포에 휩싸인다. 근본적인 해결방안은 없는 것일까.

히스타민 증후군은 알레르기와 만성염증과 관련

히스타민 증후군은 히스타민 과잉에서 오는 다양한 질환이다. 중년 이후 여성에서 흔하다. 과도한 히스타민은 독으로 작용한다. 어지럼, 편두통, 불면, 비염, 두드러기, 부정맥, 소화불량, 설사 등이 번갈아 나타난다. 오랫동안 여러 병원을 전전하고, 다양한 병명으로 수많은 약을 복용한다. 히스타민 증후군은 알레르기와 만성염증에 관련된다. 염증으로 히스타민이 증가하고, 히스타민 과잉은 염증을 유발한다. 알레르기와 만성염증은 만성질환의 원인이다. 고혈압, 당뇨병, 심장병, 자가면역질환, 암, 치매 등으로 발전한다.

히스타민은 몸에 들어오는 독소를 없애려고 분비되는 방어 물질이다. 독소는 가래 · 콧물 · 눈물로 배출되고, 몸에 쌓이면 염증반응을 일으킨다. 환절기의 감기가 대표적이다. 히스타민 작용은 복잡하고, 다양한 증상과 연관된다. ① 내장근육의 수축이다. 기침, 복통, 설사, 부정맥, 월경통을 유발한다. ② 혈관 확장이다. 어지럼, 편두통, 부종, 치질, 두드러기를 유발한다. ③ 위산과 소화액 분비다. 소화불량, 위염, 식도염을 유발한다. ④ 각성에 관여한다. 불면증, 만성피로를 일으킨다.

히스타민 과잉의 원인은 무엇인가? 히스타민이 많은 음식을 먹기 때문이다. 발효식품, 숙성육류, 통조림, 감귤류 등은 히스타민이 높다. 술과 돼지고기는 히스타민 덩어리다. 숙취의 원인은 히스타민이다. 냉동고기가 녹을 때 히스타민이 급증한다. 히스타민 분비를 자극하기 때문이다. 알레르기와 만성염증의 모든 원인이 히스타민 분비를 자극한다. 기온 · 기압 등 환경변화도 히스타민을 높인다. 스트레스는 직접 히스타민 분비를 자극한다. 히스타민 분해가 안 되기 때문이다. 장 점막이 망가진 경우 분해효소가 파괴되어 히스타민이 증가한다.

알레르기와 만성염증이 급증하고 있다. 원인으로 나쁜 음식, 환경독소, 스트레스를 지목한다. 도처에 나쁜 음식이 있다. 설탕, 가공식품, 트랜스지방이 만연하고, 조미료 · 감미료 · 방부제 사용이 증가했다. 모두 염증유발물질을 자극한다. 환경독소는 보이지 않는 살인자다. 농약, 환경호르몬, 중금속이 대표적이다. 과일 · 채소가 농약에 오염되어 있다. 석유화학제품이 용기 · 용매 · 향기에 쓰인다. 몸에서 제노호르몬으로 작용한다. 미세먼지도 중금속 오염의 주원인이다. 스트레스도 조용한 살인자다. 만성피로와 호르몬 불균형을 가져온다. 부정감정은 정신독(mental toxic)으로 작용한다.

모든 병은 장에서 시작

"모든 병은 장에서 시작된다." 변비와 설사는 장 이상을 의미한다. 새는장증후군이라 한다. 장 점막이 망가져 투과성이 증가한다. 독소가 들어와 만성염증과 알레르기를 유발한다. 글루텐(밀)과 렉틴(콩과식물)은 장 점막을 손상시킨다. 세균, 곰팡이, 소화 안 된 단백질은 독소로 작용한다. 최근 장 건강이 만성질환의 주원인으로 밝혀졌다. 장은 최전선 방어지대다. 장 내 세균은 중요한 면역기능을 한다. 유산균과 유해균의 균형이 중요하다. 장 점막 손상의 4대 원인은 스트레스, 술, 항생제, 제산제다.

후박사의 탁월한 세 가지 처방

증상보다 원인에 집중하자. 통합적인 접근을 시도해야 한다.

첫째, 알레르기를 점검하자. 피검사에서 호산구와 항체 IgE 농도가 증가하면 알레르기 질환이다. 알레르기 검사에서 항체 IgE가 양성인 음식과 물질은 최소 1~2년은 피하

자. 대표적인 항원은 글루텐, 유제품, 계란, 진드기 등이다. 알레르기 질환은 고혈압・당뇨병과 함께 선진국의 3대 질환이다. 소아 아토피의 경우 30%에서 성인 알레르기 질환으로 진행된다. 완치는 체질개선을 통해 온다. 생활습관을 바꿔야 한다. 음식관리, 환경관리, 피부관리가 필수다.

둘째, 새는 장을 점검하자. 장은 소화・흡수를 담당한다. 장이 새는 상태에서는 어떤 치료도 효과가 없다. 장을 통과한 독소가 염증과 알레르기를 일으킨다. 장 치료의 원칙은 몸에 나쁜 것을 제거하고, 좋은 것을 채우는 것이다. 우선 유해균을 제거해야 한다. 노르믹스를 한두 달 투약한다. 이어 유산균과 소화효소를 복용한다. 알레르기 검사에서 항체 IgG가 양성인 음식을 찾아 여섯 달 정도 피하자. 항체 IgG는 만성염증의 척도다. 장 점막 보충제가 필요하다. 오메가3, 글루타민, 락토페린, 아르기닌, 매실 등이 추천된다.

셋째, 히스타민을 점검하자. 제대로 먹는 음식은 약이 된다. 히스타민이 많은 음식을 줄이자. 우리가 자주 먹는 음식에 히스타민이 풍부하다. 술, 발효식품, 숙성과일, 훈제식품을 조심하자. 당도가 높을수록 히스타민이 많다. 술은 탈수현상으로 히스타민을 올린다. 구리는 히스타민의 재료다. 새우, 가재 등은 구리가 높아 히스타민을 올린다. 히스타민을 낮추는 음식을 늘리자. 다래, 녹차, 브로콜리, 양파는 히스타민을 낮춘다. 아연, 망간은 구리를 낮춰 히스타민을 떨어뜨린다. 고용량 비타민C는 히스타민을 파괴한다. 염증 줄이기의 기본 세 가지는 소식(小食)하기, 물 많이 마시기, 운동하기다.

17 알코올 중독

◇◇◇

자각하고 결단하고 치유하라

아버지 잃은 맏딸로 부양 책임감 무거워

그녀는 대학 시절 영원한 멘토였던 아버지를 자동차 사고로 잃었다. 아버지의 죽음은 엄청난 충격이었다. 인생의 의미를 상실한 그녀는 매일 술에 빠져 살았다. 한참을 방황하다 문득 이래서는 안 되겠다는 생각이 들어 마음을 다잡았다. 열심히 공부해 대학을 졸업했고, 이후 미친 듯이 일에 열중했다. 의사였던 아버지가 남겨 준 유산으로 생활은 어렵지 않았지만, 주부인 어머니와 남동생 둘을 거느린 맏딸로서의 책임감은 항상 무거웠다.

인테리어 디자이너인 그녀는 지난 15년 동안 작은 회사를 운영했다. 이름 있는 카페, 레스토랑, 공연장 등이 그녀의 손을 거쳤다. 그녀는 오늘도 업계 사람들과 어울리며 술을 즐긴다. 하루 일과를 마치고 한두 잔의 술은 그날의 스트레스를 날려 준다. 술을 마시다 보면 아이디어도 생긴다. 대학시절 마음의 상처를 보듬어 줬던 술은 그녀의 좋은 친구다. 결혼 생각에 남자를 사귀어 보지만 금세 시들해진다. 그냥 혼자 사는 것이 편하다.

언젠가부터 문제가 생겼다. 작은 스트레스에도 술을 찾게 되고, 술을 마시면 쉽게 멈춰지지 않는다. 술 없이 지내 보지만 바로 우울증에 빠진다. 블랙아웃도 있다. 술자리에서 누군가 약점을 건드리면 주정을 부린다. 주위에서 전혀 기억이 안 나는 행동을 말해준다. 요즘 들어 대학시절의 악몽이 자꾸 떠오르고, 삶의 목표도 흔들린다. 언제라도 술을 끊을 수 있다고 생각했는데, 얼마든지 조절할 수 있다고 생각했는데, 마음처럼 되지 않는다.

술 소비량 아시아 1위 국가

"한국은 알코올 공화국이다." 술 소비량이 아시아 1위다. 성인 1명이 한 해 먹는 술이 200병을 넘는다. 성인의 10~20%가 알코올 중독자에 해당한다. 한국 문화는 술에 대해 관대하다. 술 마시는 사람이 긍정적인 평가를 받는다. 실수의 원인을 술로 돌린다. 사람이 술을 먹은 것이 아니고, 술이 사람을 먹은 것이다. 한국 사회는 술을 권하는 사회다. 대부분 모임에서 술을 권한다. 술잔 돌리기, 폭탄주, 원샷이 유행한다. 내가 원해서 마시는 게 아니고, 사회가 그렇게 만드는 것이다.

"미치지 않으면 미치지 않는다." 미쳐야 성공하는 시대다. 중독은 뭔가에 미쳐 판단이 흐려진 상태다. 집착과 강박적 행위가 특징이다. 집착이 생기면 불안해지고, 뭔가를 해야만 해소된다. 중독증이 급증하고 있다. 과거는 억압의 시대였다. 뭐든지 참아야 했다. 우울증이 많았다. 현대는 강박의 시대다. 뭐든지 해야만 한다. 불안증이 증가한다. 불안을 피하려고 중독으로 뛰어든다. 중독은 쾌감을 동반한다. 보상회로가 작동하여 갈망을 유발한다. 도처에 중독으로 유혹하는 대상이 많다. 성(性) · 도박 · 약물 · 마약 · 게임 등에 중독된다. 운동 · 일 · 여행 · 취미 · 종교 등 건전한 중독도 있다.

"술은 악마의 선물이다." 처음 마실 때는 양처럼 온순하고, 더 마시면 사자처럼 사나워지고, 더 마시면 원숭이처럼 춤추고, 더 마시면 돼지처럼 추해진다. 우리 사회에서 알코올 중독은 생각보다 흔하다. 술이 좋아서 마시는데, 싫어도 마시게 된다. 술이 들어가야 편안해지고, 술이 떨어지면 불안해진다. 술 생각에 일이 손에 안 잡히고, 모든 스트레스를 술로 해소한다. 한잔하려다 3차까지 가고, 취하려고 더 마시고, 깰 때 해장술이 필요하다. 블랙아웃이 잦아진다면 치매로 진행 중인 것이다.

습관성 중독과 외상에 의한 중독

알코올 중독은 습관성 중독과 외상에 의한 중독이 있다. 습관성 중독은 장기간에 걸쳐 알코올 남용이 의존으로 발전하는 경우다. 중독은 강박적 습관이다. 뇌에 중독회로가 만들어진다. 습관이 중독으로 가는 데 대략 5~20년이 걸린다. 오랜 기간 마신다고 중독이 되는 건 아니다. 유전적 소인과 환경적 요인이 크게 작용한다. 외상에 의한 중독은 아픈 상처를 술로 극복하다가 단기간에 중독되는 경우다. 술이 인생의 멘토가 된다. 외상이 클수록 중독되기 쉽다. 일정 기간 잘 지내다가 힘들 때마다 중독에 떨어진다. 청년실업과 고용불안 등 사회적으로 상처가 많은 젊은 세대에서 흔히 발생한다.

여성 알코올 중독이 급증하고 있다. 남녀평등의 시대에 술자리도 예외가 없다. 여성은 짧은 기간에 중독된다. 에스트로겐이 피크가 되는 배란기에 술에 대한 쾌감이 커진다. 이때 과음하기 쉽고 반복되면 중독으로 간다. 여성은 외상에 취약하다. 큰 충격을 술로 이겨낸 경우 중독되기 쉽다. 술이 안정제와 같은 역할을 한다. 작은 스트레스에도 강박적으로 술에 의존하게 된다. 우울증이 중독증으로 전환되기도 한다. 우울할 때 술을 마시면 기분이 좋아진다. 우울감이 심한 만큼 즐거움도 크다. 중독은 살맛나는 상태다. 술을 마시면 조증이 되고, 우울증에서는 술을 안 마신다. 조울증과 유사한 모습을 보이게 된다.

후박사의 탁월한 세 가지 처방

첫째, 자각(self-awareness)이다. 세 가지 착각에서 벗어나자. ① “나는 중독자가 아니다.” 그녀는 이미 중독자다. 중독자는 중독자와 어울린다. 알코올 중독이기 전에 일중독이고, 일중독이 알코올 중독으로 바뀐다. ② “나는 언제든지 끊을 수 있다.” 그녀는 조절능력이 없다. 중독은 강력한 습관으로 무의식적 현상이다. 의지로 극복하기 어렵다. ③ "~ 때문에 술을 마신다." 그녀에게는 중독 성향이 있다. 한 가지에 집중해야만 성공하는 시대다. 일 · 가족 · 스트레스는 중독의 원인이 아니다. 중독이 중독의 원인이다.

둘째, 결단(determination)이다. 세 가지 질문에 답해 보자. ① "내게 정말 중요한 것은 무엇인가?" 그녀는 몸이 병들고 있다. 술은 건강을 해친다. 중독은 완벽한 성격에서 온다. 그동안 열심히 살았다. 단주 전에, 휴식과 여유가 필요하다. ② "내가 진정 원하는 것은 무엇인가?" 그녀는 맘이 병들고 있다. 술은 뇌를 망가뜨린다. 중독은 조급증에서 온다. 그동안 쫓기며 살았다. 단주 전에, 사색과 명상이 필요하다. ③ "내가 사는 진짜 이유는 무엇인가?" 그녀는 혼이 병들고 있다. 술은 목적을 잃게 만든다. 중독은 의존적 성격에서 온다. 그동안 매여서 살았다. 단주 전에, 의미와 사랑을 찾아야 한다.

어릴 적 외상과 우울증 치료부터

셋째, 치유(healing)다. 세 가지를 순서대로 시작하자. ① 상처를 치유하자. 그녀의 중독 원인은 어릴 적 외상이다. 충격이 중독으로 전환된 과정을 충분히 이해해야 한다. 외상이 안겨 준 교훈도 찾아야 한다. ② 우울증을 치유하자. 그녀의 중독 이면에는 우울증이 있다. 넘치는 에너지는 중독으로부터 나온다. 우울증과 중독을 넘나드는 과정을 충분히 이해해야 한다. 우울증은 내재된 부정감정이다. 심리치료가 필요하다. ③ 중독을 치유하자. 충분한 기간이 필요하다. 우선 건전한 중독으로 바꿔 보자. 매일 걷기부터 시도해도 좋다. 상처와 우울증이 해결된다면 빠르게 회복된다. 단주보다 중요한 것은 성장이다.

18

의심 · 편집증

◇◇◇

상대방 입장에서 다시 돌아 보라

어느 날 갑자기 아내를 의심

하루는 50대 후반 남자가 진료실을 찾았다. 그는 머뭇거리며 말문을 텄다. “어디 가서 얘기해야 할지 몰라서… 아들은 하나인데 미국에서 공부 중이고, 아내는 교수예요. 최근 아내와 같은 대학에서 교수로 재직하는, 제 대학동창이기도 한 친구와 셋이서 저녁식사를 했어요. 그 친구와는 유학시절을 같이 보냈고 집안끼리 허물없이 지내는 사이라, 오랜만에 만나 옛날 고생했던 얘기도 하고 농담도 하며 즐겁게 시간을 보냈어요. 그리고 집에 돌아왔죠.”

“새벽에 잠이 깼는데, 갑자기 아내가 나보다 그 친구와 더 가깝다는 생각이 스쳤어요. 마주치는 두 사람의 눈빛이 예사롭지 않았다는 느낌도 들었고요. 그리고 대화 중에 아내가 무심코 한 ‘교수님이 당신보다 자상해.’라는 말이 자꾸 머릿속을 맴돌아요. 그냥 넘어가야지 했는데, 과거 20년의 사건들이 구슬 꿰듯 짜 맞춰지더라고요. 지나쳤던 사건들이 주마등처럼 생생하게 떠올랐어요. 그래서 아침식사를 하며 다짜고짜 물었어요. ‘너 그 친구와 바람피우지?’ 아내는 웃으며 넘어 갔어요. 그런데 그 이후 계속 둘 사이 관계가 자꾸 의심이 돼요. 떨쳐버리기가 힘들어요.”

그는 탁월한 능력과 강직한 성격을 인정받아 직장에서 승승장구했다. 지난 해 30년간 공직 생활을 명예롭게 마감하고, 지금은 몇몇 기업에서 고문으로 소일을 하고 있다. 그는 무신론자다. 평생 자신의 능력만 믿고 살아왔다. 그는 모범적인 가장이다. 평생 가족만 알고 살아왔다. 그는 충실한 가장이다. 맏아들로 부모에게 효도하고, 아내와 아들도 잘 건사했다. 그런데….

무수한 유혹과 의혹 가운데 살아가는 현대인

공자는 나이 40세를 불혹이라 했다. 그런데 현대인은 60세가 되도 무수한 유혹 가운데 침몰한다. "배고픈 소크라테스보다 배부른 돼지가 낫다." 자본주의의 '아케이드 프로젝트'는 죽는 순간까지 인간의 욕망을 부추긴다. 우리는 물질주의에 사로잡혀, 마치 어항 속의 물고기처럼 틀에 갇혀 살아간다. 현대인은 60세가 되도 무수한 의혹 가운데 추락한다. "누군가 항상 나를 지켜본다." 인터넷시대의 '빅 브라더'는 죽는 순간까지 인간의 행동을 감독한다. 우리는 지식정보의 홍수에 휩쓸려, 마치 표류하는 배처럼 갈피를 못 잡고 살아간다.

사랑하던 아버지가 마피아인 것을 아는 순간, 딸의 세계는 무너진다. 존경하던 스승이 매국노인 것을 아는 순간, 제자의 세계는 붕괴된다. 사랑하던 아내가 오랫동안 딴 남자를 좋아한 것을 아는 순간, 남편의 세계는 무너진다. "어떻게 나한테 그런 일이!" 아니라고 부인해 보고, 말도 안 된다고 화도 내 보고, 되돌려 보려고 타협해 보기도 한다. 홀연히 의심, 의혹, 회의, 불신, 피해의식, 편집, 분열이 들어선다. 과거 수십 년이 구슬 꿰듯이 짜 맞춰진다. 눈앞에 완전히 다른 세계가 펼쳐진다.

확증편향이란 게 있다. 보이는 대로 보고, 믿고 싶은 대로 믿는 과정이다. 확증편향은 갑론을박의 원인이다. 우리는 보통 신념과 일치하는 정보는 받아들이고, 반대되는 증거는 무시한다. 그래서 같은 말을 듣고도 다르게 해석한다. 확증편향은 과거경험을 반영한다. 무엇이든 자꾸 반복하면 진실로 받아들인다. 그런데 친숙함은 진실과 거리가 있다. 낭패를 불러올 수 있다. 확증편향은 무의식적인 자기정당화다. 휴거를 기다리던 신흥 교도들은 거짓이 드러나도, 오히려 '세상을 구원하는 선한 행위'로 합리화한다.

편집증의 세 가지 특징

확증편향에 잘 빠지는 사람이 있다. 편집증적 성격의 소유자다. 영화 〈사도〉에서 영조는 편집증, 사도세자는 분열증을 보여 준다. 편집증은 어려서 정당한 대우를 못 받고, 신체적, 감정적으로 학대받은 경험을 가진 경우에 많이 나타난다. 특징은 다음과 같이 세 가지로 요약된다. ① 모든 것에서 숨겨진 의도를 찾는다. 의심, 의혹, 회의, 불신, 피해의식에 잘 빠진다. 아무나 못 믿고, 믿음을 확인하려 끊임없이 테스트한다. ② 나를 중심으로 세상을 해석한다. 우연한 일조차 자신과 관련짓는다. 세상을 흑백논리로 본다. ③ 권력구조에 민감하다. 항상 이용당하거나 손해 본다고 생각한다. 자주 박해당하는 포지션에 있다.

편집광은 정상부터 비정상까지 다양하다. 순기능도 있다. "오직 편집광만이 살아남는다." 미국 반도체산업을 성공시킨 인텔사 사장 앤디 그로브가 남긴 말이다. "미치지 않으면 미치지 못한다." 한국 생명과학의 선구자 황우석이 남긴 말이다. 편집증적 태도는 리더의 바람직한 덕목 중의 하나다. 자신, 가족, 기업, 국가를 미래의 위협으로부터 보호한다. 상식적인 일이나 전통적인 권위를 부정하는 철학적 정신의 근본이 된다. 열광적으로 헌신하는 개인들의 집단현상을 통해 사회적 대의를 실천한다.

후박사의 탁월한 세 가지 처방

첫째, 생각을 거둬들이자. 너무 멀리 갔다. 의혹은 언제 일어나는가? 생각과 몸 사이에 괴리가 생길 때 싹튼다. 몸이 지쳤다. 잘 먹고, 잘 자고, 푹 쉬어 보자. 생각이 달라질 것이다. 회의는 언제 생기는가? 생각과 마음 사이에 괴리가 생길 때 싹튼다. 마음이 지쳤다. 좋아하던 시집을 들고 한적한 카페로 나가 보자. 생각이 바뀔 것이다. 불신은 언제 일어나는가? 생각과 혼 사이에 괴리가 생길 때 싹튼다. 혼이 방향을 잃었다. 나는 누구인가? 인생길을 새롭게 점검하자. 커다란 목적이 들어설 것이다.

캄캄한 동굴 속에서 철학자와 행동가가 길을 잃었다. 철학자는 두려워 벌벌 떨며, 온갖 의혹에 싸여 있었다. 행동가는 무섭지만, 온몸으로 부닥치며 길을 찾았다. 두려움이 몰려올 땐 최소(minimum)를 기대하고, 무서움이 몰려올 땐 최악(maximum)을 가정하자. 그냥 행동하자! 기대 없이 행동하고, 믿음 없이 행동하자.

둘째, 소설을 다시 쓰자. 우선, 상대 입장에서 써 보자. 아내는 어떻게 생각할까? 아침부터 무슨 날벼락인가? 갑자기 바람을 피운다니 너무 황당하다. 어제 대화에서 크게 잘못한 것이 없다. 뭔가 오래 쌓인 오해가 있는 것 같다. 상대 역할을 경험해 볼 때, 비로소 확증편향에서 벗어날 수 있다. 다음, 반박 자료를 써 보자. 악마의 변호인이 돼 보자. 반대 증거를 모아 보자. 그 교수는 오래된 친구다. 둘이 가깝다고 해서 바람을 피우는 사이라 할 수 없다. 눈빛이 통한다는 것은 너무 주관적이다. 내가 자상하지 못한 것은 사실이다. 반박 자료가 쌓일 때, 비로소 의심증에서 벗어날 수 있다.

불확실성에 내맡겨라

셋째, 불확실성에 내맡기자. 오늘날 모든 자연현상과 사회현상은 설명 불가능한 경우가 많다. 우리는 복잡성에 지배되는 불확실성의 시대를 살고 있다. 어느 하나도 확실한 게 없다. 지구 한 편에서 나비의 날갯짓이 다른 편에서 태풍을 일으킨다. 거대한 혼돈 가운데 질서가 들어선다. 작은 선택에 기뻐하지 말고, 큰 결정에 주목하자. 작은 지혜에 도취되지 말고, 큰 깨달음에 도전하자. 작은 확실성에 안주하지 말고, 우주적 불확실성에 내맡기자. "겨자씨만한 믿음이 있으면 이 산을 명하여 여기서 저기로 옮길 수 있다."

19

조현병

◇◇◇

같은 시간에 자고 깨고 먹어라

하늘에서 소리가 들리고 복잡한 퍼즐이 풀리는데

그녀는 20대 후반의 피아니스트다. 피아노를 칠 때는 시선을 집중시킬 만큼 아름답다. 그녀는 타고난 작곡가다. 악상이 떠오를 때면 밤을 꼬박 새며 신들린 듯 곡을 써 낸다.

그녀는 세 딸 중 맏딸이다. 아버지는 큰딸을 예뻐했다. 경제적으로도 유복해 음악가로서의 밝은 미래를 꿈꾸며 잘 지냈다. 그러나 고2가 되던 해, 자주 다투던 부모는 아빠의 외도가 발각되면서 결국 이혼했고, 이혼은 그녀에게 큰 충격으로 다가왔다. 아빠에 대한 배신감, 엄마에 대한 연민감, 동생들에 대한 책임감까지 마음이 너무 복잡했다. 게다가 미래는 불투명해지고, 매달 아빠에게 생활비를 받아내야 하는 역할까지 하게 되면서 격한 감정으로 자주 혼란에 빠졌다.

한참을 방황하다 그녀는 과감하게 미국대학 진학을 결정했다. 학비와 생활비 일부는 아빠가 주기로 했다. 미국 생활비를 아끼려 세 명이 지냈다가 자유분방한 룸메이트 때문에 문화적 충격을 받은 후, 혼자 사는 방을 구했다. 그런데 그날부터 공포와 불안, 악몽에 시달렸다. 하늘에서 소리가 들려왔다. '너는 모차르트의 환생이다. 엄마는 친엄마가 아니다.' 복잡했던 퍼즐이 풀리는 것 같았다. 그녀는 동정녀에게서 탄생했다. 엄마가 데려다 키웠고, 아빠는 하늘에서 내려온 후견인이다. 몇 달을 먹지 않고 잠도 안 자며 하늘의 곡조를 써 내려갔다. 남자친구의 도움으로 정신과 치료 후 회복되었다.

그녀는 무사히 대학을 마치고 귀국했다. 남자친구와는 헤어졌다. 미국에서의 그 일은 아무도 모른다. 부모님조차도. 국내 대학원에 진학한 지금, 엄마와 동생들과 함께 지내며 아빠에게 생활비를 받는다. 정신과 치료도 받고 있다. 가끔 치밀어 오르는 공격적인 충동을 느낀다. 그때마다 몸에 상처를 내고 손톱을 물어뜯지만, 최대한 자제한다. 심각한 병인 듯 느껴지는데, 어떻게 극복해야 할지 고민이 많다.

남자는 10대 후반, 여자는 20대 중후반에 발병

조현병은 정신병이다. 뇌기능 장애로 인구의 1%에서 온다. 남자는 10대 후반, 여자는 20대 중후반에 발병한다. 45세 이후는 드물다. 주증상은 환청 · 망상 · 사고와해다. 환청은 공격적이고 외설적이다. 욕지거리 · 명령 · 속삭임으로 온다. 망상은 과대망상과 피해망상이 많다. 메시아 환상에 빠지고, 도청과 감시에 쫓긴다. TV에서 메시지를 받고, 내 생각이 방송된다. 사고와해는 언어장애를 동반한다. 묻는 말에 엉뚱하게 답하고, 이해하기 힘든 말을 한다. 조현병은 조기 개입이 중요하다. 1/2은 정상인으로 살아가고, 1/3은 폐인이 된다.

조현병은 수개월에서 수년에 걸쳐 발병한다. 잠복기는 사춘기 문제와 겹쳐 알아채기 어렵다. 생활이 불규칙하고, 별난 신체증상을 호소한다. 감정기복이 심하고, 철학 · 종교에 심취한다. 활동기는 폭발하는 시기다. 망상세계에 빠지고, 감정이 굳어버린다. 적극적인 개입이 중요하다. 항정신병 약물로 90% 이상 치료된다. 잔류기는 아이같이 되거나 바보처럼 군다. 사회에서 위축되고, 일상생활이 망가진다. 조현병은 재발 방지가 중요하다. 1/2은 병의 인식이 없고, 1/3은 자살 시도를 한다. 재발이 거듭되면 기능이 저하된다.

정신병은 왜 오는가? 생물학적 원인이 압도적이다. 여러 이론이 있다. 쌍둥이 연구에서 한쪽이 병일 때 다른 쪽 발병률은 50%다. 청소년기에 정신병 유전자가 깨어난다. 이때 충동제어를 담당하는 전전두엽이 제대로 성숙하지 못한다. 도파민과 세로토닌의 불균형도 특징적이다. 심리적 원인은 3세 이전의 트라우마다. 기억에는 없지만 당시 충격이 지속된다. 평생 아이의 운명을 결정한다. 머리로는 몰라도 느낌으로 기억하고, 말로는 못해도 몸으로 표현한다. 이해하기 어려운 병을 앓게 된다.

정신병은 정신의 암

정신병은 정신의 무정부 상태다. 정신은 본능 · 자아 · 초자아로 구성된다. 본능은 국민, 자아는 정부, 초자아는 사법부에 해당한다. 정신병은 자아가 본능 · 초자아와 현실을 조정하는 데 완전히 실패한 상태다. 자아가 약해져 충동 · 욕망이 마구 터져 나온다. 정신병은 정신의 암이다. 정신은 의식과 무의식으로 구성된다. 정신병은 의식이 무의식에 잠식당해 혼란스러운 상태다. 스트레스가 심하면 무의식의 정신병 유전자가 깨어난다. 괴물이 튀어나와 온전한 정신을 해친다. 현실이 무시되고 환각에 압도된다.

정신병은 신경증과 다르다. 신경증은 나를 지키려고 싸우는 상태고, 정신병은 싸우기를 포기한 상태다. 정신분석에 의하면 모든 인간은 신경증적이다. 라캉에 의하면 인간 모두가 비정상적이다. 95%가 신경증, 4%가 도착증, 1%가 정신병이다. 정신병자는 부권(父權) 상실로 억압에 실패한다. 아버지는 사회의 상징이다. 사회화되지 못하고 아이에 머문다. 정신병자는 충동에 지배당한다. 충동은 쾌락을 동반한다. 부르는 충동은 환청으로, 응시하는 충동은 환시로, 죽음 충동은 자살로 이어진다. 정신병자는 확신에 잘 빠진다. 의혹하는 상태를 못 견딘다. 확신은 평안을 주지만, 광신과 망상으로 나타난다.

후박사의 탁월한 세 가지 처방

첫째, 규칙을 생활화하자. 정신병은 혼돈의 병이다. 규칙은 무질서를 질서로 바꾼다. 같은 시간에 자고, 같은 시간에 일어나고, 같은 시간에 먹자. 정신병은 생활습관을 바꾸면 좋아지는 정신의 암이다. 한 번의 예외도 허용하지 말자. 정신병은 한 번 실수에도 폭발한다. 정신병은 완치가 어려워 관해라 한다. 철저히 재발을 막으면 완치에 가까워진다. 잠은 정신병 치료에 가장 중요하다. 무의식을 제자리로 돌려놓는다. 정신과에 가면 잠 잘 자는 약을 준다. 잠을 푹 자야 병이 좋아지고 재발도 없다.

둘째, 일념(一念)으로 살아가자. 정신병은 길 잃은 병이다. 일념은 한 방향만 보고 사는 것이다. 어느 하나에 푹 빠지자. 공부・운동・종교에 미치자. 일 년 내내 여행만 다녀도 좋다. 나 하나만 생각하고 살자. 정신병은 가족을 염려하고 국가를 걱정해서 생긴 병이다. 버는 돈은 나를 위해 다 쓰자. 작은 스트레스라도 어떻게든 풀어야 재발을 막는다. 환청은 없애려 하면 심해지고, 내버려 두면 시들하다. 망상은 제거하려 하면 심해지고, 그러려니 하면 물러진다. 충동은 억누르려 하면 심해지고, 그대로 두면 흩어진다.

머리가 아닌 가슴으로 이해하라

셋째, 이해를 넓혀 가자. 정신병은 공포의 병이다. 이해하면 사랑하게 된다. 머리로 이해하려 하지 말자. 얽힌 사고는 사고로 풀지 못한다. 정신병은 사회에 입학도 못한 상태다. 평생 좋은 후견인이 필요하다. 배움이 일어나면 하루하루 달라진다. 가슴으로 이해하자. 뭉친 감정이 표현되면 꼬인 사고가 풀린다. 정신병은 세상에 대한 두려움에서 온다. 평생 좋은 상담자가 필요하다. 정화가 일어나면 하루하루 달라진다. 몸으로 이해하자. 작은 경험이 쌓여 높은 성벽이 된다. 정신병은 세상살이에 무지한 데서 온다. 평생 좋은 주치의가 필요하다. 철저한 약물관리가 필요하다. 완치된 듯해도 소량 유지해야 한다.

20 중년 남성 우울증

◇◇◇

인생의 의미를 다시 점검하라

뭔가 해야 하는데

그는 지난 연말 기획실장으로 발령이 났다. 5년 전 기획실장을 맡아 1년간 신나게 일한 적이 있다. 이후에는 사업부서에서 근무했는데, 4년 만에 다시 컴백한 것이다. 기획실장 직위는 보수도 제일 높고, 인사에 대한 영향력도 가장 세다. 누구나 선망하는 꽃보직이다. 그런데 그는 지금 무기력하다. 30년간 일 잘한다는 소리를 들어왔던 그였기에 업무는 그럭저럭 해내고 있다. 그러나 기획실장은 회사를 역동적으로 끌고 가야 하는 자리가 아닌가. 업무 방향을 진취적으로 설정하고, 직원과 조직의 활력을 최대치로 견인해야 하는데, 정작 본인은 열정이 없다. 능력을 인정받아 요직까지 맡았는데, 지금 모든 게 무의미하게 느껴진다. 뭔가 해야 한다는 것은 잘 알지만, 아무것도 하고 싶지 않다.

잠을 많이 자는 데도 몸은 나른하고 피곤하다. 머리도 멍하고 잘 안 돌아간다. 오후가 되면 컨디션이 조금 나아지고, 퇴근 후 직원들과 술 한잔 하면 기분이 더 좋아진다. 그러다보니 언제부터인가 업무는 대충대충 하고, 저녁 술자리만 생각하고 산다. 휴일엔 집에서 하루 종일 누워 지낸다. 아내는 회사일이 힘들어 그렇겠지 하며 편히 쉬라고 하는데, 가족에게 미안하다. 벌써 반년 넘게 이런 상태가 지속되고 있는데, 언제까지 이렇게 살아야 하는 것일까. 모든 게 신났던 예전이 그립다.

우울증은 마음의 감기다. 일반인의 10%가 겪는다. 발병률은 남자보다 여자가 3배 높다. 우울증은 강도와 기간으로 구분한다. 2주 이상 우울감이 지속돼야 한다. 의욕이 없고, 밥맛이 없고, 머리가 멍하다. 흥미 · 재미 · 의미를 잃고, 무기력 · 죄의식 · 공허감에 시달린다. 중년은 40~65세다. 생(生)의 중간에서 과거를 성찰하고, 미래의 통합된 삶을 꿈꾸는 시기다. 한국의 중년 남자는 우울하다. 위 세대를 책임지고 아래 세대에서 도전을 받는 '가운데 낀 우울한 세대'다.

에너지 소진과 에너지 울혈

우울증은 스트레스와 상처에서 온다. 스트레스와 상처는 다르다. 스트레스는 진행 중인 부정감정이고, 상처는 굳혀진 부정감정이다. 스트레스와 상처는 나쁜 것이 아니다. 스트레스는 극복하면 성취감이 생기고, 상처는 승화하면 행복감이 생긴다. 힘든 만큼 성장하고, 아픈 만큼 성숙한다. 우울증은 에너지 소진(burnout)에서 온다. 힘든 스트레스가 오래 가면, 모든 에너지가 바닥난다. 우울증은 에너지 울혈(depression)에서 온다. 아픈 상처가 오래 가면, 스스로를 보호하려고 모든 외부자극을 차단한다.

감성적인 남자는 우울증에 취약하다. 이성적인 사람은 스트레스를 통제하려 한다. 감정보다 기분을 중시한다. 기분전환을 잘한다. 과거 부정감정과 연결하지 않는다. 스트레스는 상처가 되지 않는다. 스트레스가 해결되면 부정감정은 사라진다. 스트레스 통제에 실패하면, 불안증이나 강박증에 빠진다. 감성적인 사람은 스트레스를 이해하려 한다. 기분보다 감정을 중시한다. 감정이입을 잘한다. 과거 부정감정과 연결한다. 스트레스는 상처가 된다. 상처가 치료되면 긍정감정이 생긴다. 상처치료에 실패하면, 우울증에 빠진다.

수용적인 남자는 우울증에 취약하다. 공격적인 사람은 스트레스를 제거하려

한다. 감정을 다루는 데 서투르다. 작은 스트레스도 못 견디고 쉽게 폭발한다. 남 탓으로 돌린다. 죽을 것 같다가도 해소되는 순간 좋아진다. 스트레스 제거에 실패하면, 불안증이나 공황증에 빠진다. 수용적인 사람은 스트레스를 받아들인다. 감정을 다루는 데 익숙하다. 스트레스를 상처로 바꾸어, 오랜 스트레스에도 잘 견딘다. 내 탓으로 돌린다. 상처가 치료되지 않고 계속 쌓이면, 외부자극을 차단하고 우울증에 빠진다.

의미 없는 가치는 공허, 가치 없는 의미는 허망

우울증은 가치혼란과 의미상실에서 온다. 인생의 가치는 무엇인가? 사회적 성공이다. 가치는 시대에 따라 변한다. 자본주의 사회의 가치는 성공이다. 잇따른 실패는 학습된 무기력에 떨어진다. 연이은 성공도 또 다른 목표가 없으면 공허감에 빠진다. "의미 없는 가치추구는 공허하다." 삶의 의미는 무엇인가? 가정의 행복이다. 의미는 시대에 무관하다. 나를 사랑하고, 너를 사랑하고, 남을 사랑하는 것이다. 의미에 집중하면 우울감에 빠진다. 우울감은 연민감과 자비심의 원천이다. "가치 없는 의미추구는 허망하다."

후박사의 탁월한 세 가지 처방

첫째, 가치를 점검하자. 유명한 외과의사가 정년퇴직을 하게 됐다. 제자들이 잔치를 마련했다. 끝날 즈음 그는 울음을 터뜨렸다. 제자들은 그에게 왜 우는지 물었다. "나는 어려서 서커스 단원이 되고 싶었다. 그런데 내가 가장 싫어하는 의사로 성공했다." 그동안 내가 추구한 가치는 무엇인가? 앞으로 내가 추구할 가치는 무엇인가? 원치 않는 일을 하면서 성공하는 것보다 원하는 일을 하면서 실패하는 것이 낫다. 인생의 진정한 가치는 무엇일까? 참 나(Self)를 찾는 것이다. "생로병사, 모든 게 다 공(空)이다."

술 · 성(性) · 도박 · 마약 · 게임 중독에 유의해야

둘째, 중독을 조심하자. 한 사람이 낭떠러지에 미끄러져, 넝쿨을 잡고 겨우 살았다. 그런데 넝쿨을 흰쥐와 검정 쥐가 쏠고 있었다. 마침 바로 위에 벌통이 있어 꿀방울이 떨어졌다. 그는 달콤한 꿀에 빠져, 그만 모든 것을 다 잊었다. 현대는 중독의 시대다. 중독은 살맛나는 상태다. 스트레스와 상처로 힘들 때 중독으로 도망가기 쉽다. 우울증으로 힘들 때 중독으로 회피하기 쉽다. 도처에 중독으로 유혹하는 대상이 많다. 술 · 성(性) · 도박 · 마약 · 게임 등에 중독된다. 운동 · 일 · 여행 · 취미 · 종교 등 건전한 중독도 있다.

셋째, 의미를 점검하자. 프랭클은 의미치료의 창시자다. 그는 죽음의 수용소에서 살아남았다. 생사의 기로에서 날마다, 정신과의사가 되어 환자를 열정적으로 돌보는 모습을 상상했다. "살아야 할 이유를 아는 사람은 어떤 상황도 견딘다." 그동안 나는 무엇을 위해 살아왔는가? 앞으로 나는 누구를 위해 살아야 하는가? 인생은 채우러 온 것도 아니고, 비우러 온 것도 아니고, 배우러 온 것이다. 삶의 진정한 의미는 무엇일까? 이웃을 사랑하는 것이다. "희노애락, 모든 게 다 고(苦)다."

21 중년 여성 조울증

◇◇◇

아침밥 꼭 먹고 매일 1시간씩 걸어라

안 자도 피곤하고 짜증과 다툼 잦아

그녀는 중학교 교사다. 주부로 지내다가 아들이 중학교에 입학한 후 용기를 내 임용고시를 준비했다. 몇 차례 낙방 끝에 4년 만에 교사가 됐다. 하늘을 날아갈 듯 기뻤다. 배정받은 첫 학교는 운 좋게도 집에서 가까웠다. 덕분에 가정과 직장의 양립이 가능했고 신나는 5년을 보냈다.

두 번째 학교는 달랐다. 학교는 멀고 교통은 불편했다. 새벽 출근과 늦은 저녁 퇴근으로 몸은 만성피로 상태다. 게다가 업무는 감당이 안 되고, 교감을 비롯한 몇몇 선생님과의 갈등도 깊다. 교수인 남편은 자기 일 외에는 완전 무관심하다. 아들도 썰렁한 분위기 탓인지 밖으로 돈다. 언젠가부터 자주 잠을 설치고, 무력감에 시달린다. 마음속 분노와 울화가 제어되지 않는다.

얼마 전 시댁에 갔을 때, 예전 상처가 불쑥 떠올라 시어머니와 시동생에게 크게 역정을 냈다. 그런데 그날 이후 갑자기 기분이 좋아졌다. 자신감이 생기고 뭐든 잘 될 것 같았다. 이상했지만 오랫동안 쌓인 상처가 풀려 그러려니 했다. 기분 좋은 상태가 지속되고 잠을 안 자도 피곤하지 않다. 생각이 빠르게 돌아가고 주위 사람들의 행동이 읽혀진다.

문제는 자꾸 트러블이 생기는 것이다. 학생들에게 짜증을 내고, 동료들과 자주 다툰다. 하루는 결혼생활 내내 쌓였던 모든 불만이 떠올라 남편을 앞에 두고 밤새 따졌다. 남편은 정신과에 가 보라고 권유한다. 그녀도 자신의 정신상태가 뭔가 심상치 않다고 느낀다.

조울증은 조증과 우울증이 반복되는 질병

조울증은 조증과 우울증이 반복되는 질병이다. 주로 청소년기에 발병한다. 감정기복이 심하다고 다 조울증은 아니다. 조증은 기분이 1주 이상 상승할 때, 우울증은 기분이 2주 이상 가라앉을 때 진단된다. 반드시 한 번 이상 조증을 동반할 때 조울증이라 한다. 조울증은 종종 우울증으로 진단된다. 70%가 우울증으로 시작하고, 조증을 병으로 인식하지 않고, 가벼운 조증은 중독증과 유사하기 때문이다. 최근 중년 여성의 조울증이 급증하고 있다. 원인은 유전적 소인보다 스트레스와 관련된다.

기분과 감정은 다르다. 기분(mood)은 감각을 통해 지각되는 외적 상태다. '좋다, 나쁘다'와 같은 단순한 느낌이다. 자극 없이도 오래 지속된다. 감정(emotion)은 기준에 따라 인식되는 내적 상태다. '희노애락'과 같은 복잡한 느낌이다. 자극에 대해 짧게 지속된다. 기분과 감정은 서로 영향을 미친다. 이성적인 사람은 감정보다 기분을 중시한다. 기분전환을 잘하고, 쾌락을 추구한다. 과거 감정과 연결하지 않는다. 감성적인 사람은 기분보다 감정을 중시한다. 감정이입을 잘하고, 행복을 추구한다. 과거 감정과 잘 연결한다.

스트레스는 부정감정이다. 현대인은 스트레스에 대해 세 가지 대처반응을 보인다. 공격형은 스트레스를 제거하려 한다. 남 탓으로 돌린다. 작은 스트레스도 못 견디고, 감정을 폭발한다. 스트레스가 지속되면, 불안증이 온다. 수용형은 스트레스를 받아들인다. 내 탓으로 돌린다. 감정을 억압한다. 스트레스를 상처로 바꾸어 오래 견딘다. 상처가 계속 쌓이면, 우울증이 온다. 회피형은 스트레스를 피한다. 누구 탓도 아니다. 감정을 회피한다. 기분전환을 좋아하고, 쾌락을 추구한다. 스트레스가 지속되면, 중독증이 온다.

강박의 시대에 중독증 급증

중독증이 급증하고 있다. 중독은 강박적 습관이다. 간절히 바라고, 중단하면 불안해한다. 과거는 억압의 시대였다. 뭐든지 참아야 했다. 우울증이 많았다. 현대는 강박의 시대다. 뭐든지 해야만 한다. 불안증이 증가한다. 불안증을 피하려다 중독증이 생긴다. 중독은 쾌락을 동반한다. 보상회로가 작동하여 갈망을 유발한다. 중독증은 재미와 즐거움을 추구한다. 조증과 유사하다. 도처에 중독으로 유혹하는 대상이 많다. 성(性) · 도박 · 약물 · 마약 · 게임 등에 중독된다. 운동 · 일 · 여행 · 취미 · 종교 등 건전한 중독도 있다.

"한 번뿐인 인생(YOLO), 즐기면서 살자." 여성은 재미보다 의미를 중시한다. 감정의 완충 작용으로 중독증에 잘 빠지지 않는다. 우울증이 반복되는 경우, 상처의 해리 현상이 생긴다. 우울증에서 벗어나 중독증으로 가기 쉽다. −10에 해당하는 우울감에서 +10의 즐거움으로 들어간다. +20의 행복감이 작용한다. 중독증에 계속 머물 수는 없다. −10의 우울감에 떨어진다. 이때 체감우울은 −30이 된다. 고통으로 자살을 생각하고, 일시적인 혼란도 온다. 다시 중독증으로 가려고 한다.

후박사의 탁월한 세 가지 처방

수면주기는 기분에 큰 영향 미쳐

첫째, 규칙적인 생활을 하자. 조울증은 에너지와 기분의 불균형에서 온다. 아침밥을 꼭 먹자. 안 먹어도 넘치는 에너지는 비정상이다. 매일 한 시간씩 걷자. 운동은 모든 정신질환의 특효약이다. 잠을 실컷 자자. 수면주기는 기분에 큰 영향을 미친다. 균형을 깨는 술 · 커피를 삼가고, 과로도 피하자. 조울증은 약물치료가 중요하다. 기분조절제가 잘 듣는다. 2주 정도면 정상으로 돌아온다. 그냥 놔두면 조증이 여러 달 지속된다. 초기 흥분 상태는 항정신병 약물이 효과적이다.

둘째, 중독증을 조심하자. 조울증은 우울증과 중독증이 반복될 때 온다. 우울증이 중독증으로 바뀔 때 조심하자. 중독증이 모두 나쁜 것은 아니다. 건전한 중독증은 자신과 타인에게 도움을 준다. 그러나 우울증의 반작용으로 생긴 중독증은, 우울증으로 되돌아간다. 반복되면 조울증이 되기 쉽다. 중독증이 우울증으로 바뀔 때에도 조심하자. 상대적인 우울감이 심하다. 고통을 못 견뎌 자해 충동을 느낀다. 건전한 중독증에 오래 머무는 게 낫다. 중독증도 우울증도 아닌 상태에서, 정신병이 일시적으로 오기도 한다.

셋째, 쌓인 상처를 치료하자. 조울증은 우울증에서 시작한다. 우울증은 오래 쌓인 상처에서 온다. 조증에서는 치료가 어렵다. 신나는 상태라 치료를 원치 않는다. 상처도 자각하지 못한다. 조증은 지속되지 않는다. 우울증으로 진행한다는 것을 상기해야 한다. 우울증에서는 치료가 가능하다. 항우울제는 위험하다. 기분조절제로 충분히 치료된다. 기분전환도 위험하다. 둘 다 조증으로 바뀔 수 있다. 약으로만 치료하려다 평생 약을 먹게 된다. 상처에 대한 이해와 위로가 필요하다. 우울증에 빠지는 나쁜 습관도 고쳐야 한다. 조울증이 생기는 기전도 알아야 한다.

22

직장인 무기력 증후군

◇◇◇

에너지 충전하고 자존감 회복하라

스펙 좋고 일도 열심히 했건만

그녀는 8년차 직장인이다. 최고 학벌과 최고 학력이라는 화려한 스펙으로, 입사 초기 그녀는 수십 명의 동기 중 에이스였다. 주위의 관심과 기대에 부응하고자 그녀도 열심히 일했다. 상사와 동료들도 그녀를 인정해 주는 분위기였고, 그렇게 그녀는 한동안 잘 나갔다.

몇 년 전 그녀는 꽤 괜찮은 남자 동기와 한 팀이 되었다. 둘은 모두 맡은 바 일을 열심히 완수했다. 그러나 팀장은 연말 평가에서 동기를 더 좋게 평가했다. 기분이 나빴지만, 아직은 미래가 창창하다는 생각에 쉽게 맘을 정리할 수 있었다.

재작년 그녀는 그녀보다 훨씬 학벌도 딸리고 학력도 별 볼일 없는 여자 후배와 한 팀이 되었다. 자신의 스펙이 형편없음을 잘 아는 후배는 약점을 만회하기 위해 주말 없이, 밤낮 없이 회사에 매진했다. 후배의 업무 성과가 그리 높지 않음에도, 상사들은 상대적으로 더 열심히 일하는, 태도가 좋고 얼굴도 예쁜 후배에게 더 점수를 주는 듯 했다. 연말 평가 결과도 다르지 않았다. 이후 그녀는 '직장에 대한 회의감'이 들기 시작했다. 뭐하러 이렇게 죽어라고 고생했나 싶다. 허무함 때문에 동기부여가 안 되고, 좌절감으로 일이 손에 잡히질 않는다.

지금은 어느새 '열정이 없고 나태한 직원'으로 낙인이 찍혀 있는 것 같다. 그녀는 올해 들어 업무 마감 기한을 어기는 일이 많아졌다. 산더미처럼 쌓인 일을 두고도 시간만 보내기 일쑤다. 휴가도 잦다. 팀 회의에서도 '얘기를 하면 뭐하나….' 하는 생각에 입을 닫는다. 열심히 해야 한다는 생각도 하지만, 의욕이 금세 사라져 아무것도 할 수 없다.

최근 조사에 의하면, 직장인 90% 이상이 회사생활에서 무기력증을 경험한다. 원인은 ① 낮은 보상, ② 과도한 업무, ③ 미미한 존재감이다. 무기력증에 잘 빠지는 시기는 입사 6~9년차 과장이다. 원인은 일에 대한 회의감이다. 가족과 건강까지 포기하고 일했는데, 남는 게 없다는 것이다. 낮은 연차에선, 감정 표현이 어려운 것이 주요 원인이다. 감정 억압이 반복되면 감정 자체가 고갈된다. 모든 연차에서, 일중독은 주요 원인이다. 성과주의와 완벽주의는 성공한 사람을 무기력증에 빠지게 한다.

무기력증의 원인

무기력증은 소진에서 온다. 소진(exhaustion)은 스트레스로 만성피로에 떨어지는 현상이다. 우울, 불안, 수면장애로 나타난다. 스트레스는 몸과 마음과 혼을 동시에 망가뜨린다. 면역력 저하로 고혈압, 당뇨병, 암 등 만성질환으로 이어진다. 소진(burnout)은 일에 지나치게 집중하다 갑자기 무기력증에 떨어지는 현상이다. 다 타 버린 연료와 같다. 회의감, 무력감, 피로감을 보인다. 사람은 일만 하면서 살 수 없다. 감정 에너지가 방전된다. 보상으로 술, 도박, 섹스 등 쾌락중독에 빠지기 쉽다.

무기력증은 잇따른 거절에서 온다. 흥미, 의욕, 의미를 상실한다. 사회 초년생이 좌절감을 반복하여 경험하면 '학습된 무기력'에 떨어진다. 업무 자체를 통제 불능 대상으로 인식하고, 아예 시도조차 안 한다. 쇠사슬에 묶여 자란 코끼리는 새끼줄에도 고분고분하다.

무기력증은 연이은 실패에서 온다. 무능력, 무가치, 무관심을 느낀다. 성공한 사람이 작은 실패에도 더 큰 좌절감에 빠진다. 우리는 '무기력 사회'를 살아간다. 열심히 일해도 달라지지 않고, 착하게 살아도 나아질 게 없다. 내가 원하는 건 엄두도 못 낸다. 남이 원하는 대로 사는 건 무기력의 시작이다.

무기력증은 목표부재와 의미상실에서 온다. 공허감, 허무감, 고립감을 느낀다. 많은 사람은 막연히 뭔가를 기다리며 일생을 보낸다. 우연과 요행에 인생을 맡기고, 직장과 국가에 자신을 의탁한다. 목표 없이 나는 비행기는 제자리를 맴돌다 연료가 소진되어 추락한다. 빅터 플랭클은 의미치료의 창시자다. 그는 죽음의 수용소에서 살아남았다. 생사의 기로에서 날마다, 정신과 의사가 되어 환자를 열정적으로 돌보는 모습을 상상했다. "살아야 할 이유를 아는 사람은 어떤 상황도 견딘다."

후박사의 탁월한 세 가지 처방

없는 것에 슬퍼 말고 있는 것에 기뻐하라

첫째, 에너지를 충전하자. ① 몸부터 챙기자. 아침밥을 꼭 먹자. 잘 먹고 시작해야 하루를 버틴다. 매일 1시간씩 걷자. 천천히 걷다 보면 힘이 솟는다. 잠을 실컷 자자. 오래 자고 나면 모든 게 새롭다. ② 생각을 멈추자. '그만!'을 연거푸 외치자. 맴돌던 생각이 툭툭 끊어진다. 매일 1시간씩 멍하게 지내자. 복잡한 생각이 단순해진다. 혼자 여행을 떠나자. 생각이 정돈되면서 힘이 생긴다. ③ 감정을 채우자. 영화를 보며 엉엉 울자. 슬픔과 함께 감정들이 살아난다. 추억이 담긴 거리에 가자. 잊어버린 사랑의 기억에 푸근해진다. 옛 친구를 만나자. 잃어버린 우정의 나눔으로 따뜻해진다.

충전은 소통을 통해 가능하다. 우주[天]와 소통해 보자. 잠이 오지 않는 밤 바깥에 나가, 쏟아지는 별빛을 바라보자. 우주의 에너지가 몰려온다. 자연[地]과 소통해 보자. 한가로운 낮 야외로 나가, 출렁이는 자연 속을 거닐자. 자연의 에너지가 스며든다. 인간[人]과 소통해 보자. 무료한 휴일 대학가 차집에 가, 차창 밖에 붐비는 남녀를 쳐다보자. 젊음의 에너지가 느껴진다. 천지인(天地人)은 만물을 구성하는 세 가지 요소다. 하늘은 후회를 모르고, 초목은 걱정을 모르고, 땅은 아무런 잡념이 없다. 우주와 하나 되고, 자연을 닮아가고, 인간을 사랑하자.

둘째, 자존감을 회복하자. 거절에 담담해지자. 분리기법(dissociate)을 써 보자. 상사병은 좋았던 추억과 분리되어 생기고, 공포증은 나빴던 기억과 분리되면 벗어난다. 눈을 감고 심호흡을 한 후, 거절당하던 모습이 스크린에 상영되는 것을 보자. 내가 아니고, 아무것도 아닌 듯한 느낌이 들어선다. "나는 내가 좋다." 실패에 덤덤해지자.

연합기법(associate)을 써 보자. 공포증은 나빴던 기억과 연합되어 생기고, 상사병은 좋았던 추억과 연합되면 벗어난다. 눈을 감고 심호흡을 한 후, 가장 잘나갔던 시절의 모습을 떠올리자. 당시 기분을 몸에 담고 현재로 돌아오자. "나는 대단하다."

셋째, 의미를 부여하자. 사소한 일에 집중해 보자. 한 가지 일에 성공하면, 다른 일에도 의욕이 생긴다. 어제보다 나은 오늘을 만들자. 기왕 하는 일인데, 이렇게 외치자. "오늘은 왠지 좋은 일이 생길 것 같다." 작은 일을 미루지 말자. 없는 것에 슬퍼하지 말고, 있는 것에 기뻐하자. 오늘보다 나은 내일을 만들자. 어차피 할 일인데, 이렇게 외치자. "오늘은 무엇이든지 할 수 있을 것 같다." 하찮은 일에 관심을 갖자. 원하는 일은 못해도, 일하는 방법은 선택할 수 있다. "The present(오늘) is a present(선물)." 이래도 저래도 사는 건데, 이렇게 외치자. "오늘 무슨 일이 일어나도 그 일에 감사한다."

23 직장인 적응장애

◇◇◇

판단을 멈춰라, 석 달만 버티자, 무리하지 말자

생소한 업무를 해야 하는데

그는 입사한 지 20년 된 차장으로, 퇴직까지는 10년이 남았다. 출판 업무를 위한 전문직으로 채용됐기 때문에 그간 같은 업무만을 해 왔다. 그런데 작년 말 출판 업무의 아웃소싱이 결정되면서 올해 처음으로 부서를 옮기게 되었다. 완전히 다른 일을 해야 한다는 사실에 스트레스가 많았지만, 그래도 회사에서 보낸 시간이 20년이니, 조금만 노력하면 적응할 수 있겠지 생각하며 마음을 다졌다.

직급과 나이상으로 팀의 가장 선배이므로 그는 후배들을 도와주며 이끌어 가야 하는 위치에 있다. 그런데 지금은 이리저리 눈치를 보며, 여기저기 도움을 받아야 하는 상황이다. 게다가 새로 맡은 일은 정말 흥미도 없고 적성에 안 맞는다. 그러다 보니 실수도 잦다. 하루하루가 정말 당황스럽다.

그러나 어찌하랴. 업무 역량이 궤도에 오를 때까지는 시간이 걸릴 것이고, 따라서 다른 측면으로 팀에 기여할 수밖에 없다고 생각하며 분위기 메이커를 자처했다. 그래서 그는 누구보다 더 일찍 출근하고, 다들 퇴근한 이후에 회사를 나선다. 종종 자비로 빵, 음료 등 간식거리를 챙기고, 유머도 준비한다. 짐 옮기는 일이나 이웃돕기 행사 등 자질구레한 일에 솔선해 참여한다. 그래도 맘은 항상 불편하다.

그렇게 두 달을 지내 보니 몸에 이상증세가 나타나기 시작했다. 밤에는 잠을 못 이루고, 낮에는 두통에 시달리며, 조금만 먹어도 더부룩하다. 점점 체력이 떨어지고, 피로를 자주 느끼고, 매사 의욕이 없어진다. 그는 '언제까지 이래야 하나….' 하는 두려움에 시달리고 있다. '회사를 그만둬야 하나….' 하는 고민에 빠져 있다.

우울 · 불안 · 불면 · 두통 증상 나타나

적응장애는 환경변화에 대해 부적응 반응이 나타내는 상태다. 우울, 불안, 공황 등의 정신증상과 불면, 두통, 소화불량 등의 신체증상이 동반된다. 증상은 충격 후 세 달 내에 나타나고, 스트레스가 해소되면 여섯 달 내에 좋아진다. 취업, 결혼, 이직, 이별 등이 흔한 원인이고, 직장에선 이직, 승진, 부서 이동 등이 주된 이유다. 충격의 강도에 비해 지나치게 적응을 못하는데, 중요한 것은 스트레스에 대한 취약성이다. 정신과를 방문하는 환자의 10~30%를 차지한다.

적응은 현대인의 숙명이다. 우리는 변화의 시대를 살고 있다. 세상은 빠르게 변화한다. 최근 보고에 의하면, 인공지능으로 향후 5년 안에 500만 개의 일자리가 사라진다. 이제 세계화에서 로봇화로 진행되고 있다. "내가 변하지 않으면 세상이 나를 바꾼다." 우리는 변화에 적응해야 한다. 적응은 환경에서 살아남는 것이다. 지구상 수많은 생물이 환경에 적응하여 진화했다. 끝까지 살아남는 종은 강한 종이 아니고, 변화에 적응하는 종이다. "내가 변하지 않으면 세상이 나를 버린다."

적응장애는 현대인의 병이다. 우리는 경쟁 사회를 살고 있다. 세상은 '더 빨리, 더 높이, 더 멀리' 하기를 원한다. 빠른 적응은 중요한 능력이다. 우리는 성과주의 사회를 살고 있다. 회사는 '더 많이, 더 열심히, 더 완벽하게' 해 주기를 원한다. 완벽한 적응은 중요한 실력이다. 적응장애는 적응력이 뛰어난 사람에게도 나타난다. 능력에 대한 과신, 과도한 책임감, 철저한 완벽주의가 함정이다. "적응장애는 이 시대의 고유한 병이다."

긍정성의 과잉이 탈진과 소진으로

우리는 '피로 사회'를 살고 있다. 과거는 규율과 억압이 강조되고, '하지 말라'로 이루어진 부정사회였다. 현재는 자율과 성과가 강조되고, '할 수 있다'가 최상의 가치인 긍정사회다. 긍정사회의 유일한 규율은 성공이다. 성공을 위해 긍정성이 강조된다. "내가 바로 나의 경영자다." 성과주체가 자신을 채찍질한다. 긍정성의 과잉은 탈진과 소진으로 이어진다. "규율사회는 정신병과 범죄자를 낳고, 성과사회는 신경쇠약과 낙오자를 양산한다."

적응을 쉽게 하는 사람이 있다. 그는 긍정적이다. 한 마음 밝게 먹으면 밝은 세상이 열린다. 매사 낙천적이다. 미래를 열어 놓고, 문제보다는 해결에 집중한다. 접근동기로 살아간다. 좋은 걸 얻으려고 뭔가를 한다. 실패를 통해 성공을 만든다. 적응을 힘들게 하는 사람이 있다. 그는 부정적이다. 한 마음 어둡게 먹으면 어두운 세상이 열린다. 매사 비관적이다. 과거에 매달리고, 해결보다는 문제에 집착한다. 회피동기로 살아간다. 나쁜 걸 피하려고 뭔가를 한다. 실패해선 안 되는 일은 안 한다.

후박사의 탁월한 세 가지 처방

첫째, 판단을 중지하자. 능력이 없다고 하지 말자. 처음 해 보는 일이다. 업무가 달라지면 누구나 힘든 법이다. 힘들 땐 잘못된 선택을 하기 쉽다. 관계가 어렵다고 하지 말자. 처음 겪는 인관관계다. 사람 하나만 바뀌어도 역학구도가 달라진다. 어려울 땐 섣부른 판단을 하기 쉽다. 흥미가 없다고 하지 말자. 처음 닥치는 일이다. 계속 하다 보면 재미를 붙일 수도 있다. 의욕이 없을 땐 잘못된 결정을 하기 쉽다. 중용에 이런 말이 있다. "먼 곳에 가려면 가까운 데서 시작하고, 높은 곳에 오르려면 낮은 데서 출발해야 한다."

둘째, 3개월만 버티자. 3개월의 법칙을 기억하자. 3주면 습관이 들어서고, 3개월이면 습관이 굳어진다. 3개월 정도 헤매는 건 정상이고, 3개월이 지나면 모든 게 달라진다. 숫자를 세자. 90일을 하루씩 줄여 나가자. 시간은 상대적이다. 빨리 가기를 원하면 천천히 가고, 천천히 가기를 원하면 빨리 간다. "이 또한 지나가리라." 하루하루 배우자. 묻고 또 묻고, 따라 하고 익히자. 프로그램에도 등록하고, 동호회에도 가입하자. 기존 것을 존중하며 천천히 다가가자. 이런 말이 있다. "가고 가는 중에 알게 되고, 행하고 행하는 중에 깨닫게 된다."

셋째, 무리하지 말자. 빨리 하려고 하지 말자. 아무도 안 알아 준다. 생활리듬을 깨는 것은 역효과를 가져온다. 힘을 다 쓰면 건강을 해치고, 몸이 약해져서 일을 못하게 된다. 완벽하게 하려고 하지 말자. 일만 더 맡게 된다. 처음부터 완벽한 것은 불가능하다. 70% 정도만 해내자. 여유를 가지면 마음이 편해져 일이 더 쉬워진다. 열심히 하려고 하지 말자. 헛고생만 한다. 열심히 보다 제대로 해야 하고, 제대로 보다 올바로 해야 한다. 올바로 하는 것은 분명한 목표를 가지고 하는 것이다. 도덕경에 이런 말이 있다. "힘을 다해 무거운 것을 들면 결국 쓸모가 없게 된다."

24 청년 우울증

◇◇◇

약부터 먹자, 몸부터 돌보자, 자존감을 회복하자

부모는 아들이 제일 똑똑한 줄 알지만

그는 20대 후반 사회복지사다. 2년 전부터 우울증이 심하다. 당장 죽고 싶은 심정이다. 작년 여름 처음 공황발작이 일어났다. 이후 계속되는 발작에 병원을 찾았다. 의사는 공황장애도 있지만, 심한 우울증이 원인이라 진단했다. 반년간 약물치료를 했다. 약이 독한지 머리가 멍하고 나른하다.

젊은 나이에 약에 의존해야 한다는 게 고통스럽다. 나약한 존재로 사회에서 도태되는 건 아닌지, 정신병으로 낙인찍히는 건 아닌지 두렵다. 오랜 고민 끝에 스스로 극복해야 한다는 결론에 도달했다. 진료도, 약도 끊었다. 그런데 상태는 더 악화될 뿐이다. 매일 악몽에 시달린다. 잠을 못 자니 머리가 아프고, 사는 게 사는 게 아니다. 반복되는 고통에 직장생활이 엉망이다.

사실 학창시절부터 우울했다. 삼남매 중 외아들인 그는 부모의 기대를 한 몸에 받았다. 하지만 평범한 집안에서 태어나 평범한 머리로 잘나가는 집 아이들을 상대하는 것은 애시 당초 불가능했다. 부모님은 아들이 제일 똑똑한 줄 알지만 그렇지 않다. 대학도 겨우 합격했을 뿐이다. 인간관계는 늘 어려웠고, 심한 두통과 위장병을 달고 산다. 군대에서는 멀쩡하게 생겨 꾀병 아니냐는 핀잔도 많이 받았다. 제대 후 복학해 학업을 겨우 마쳤고, 취직은 했지만 인간관계와 아픈 몸은 항상 그를 괴롭혔다.

자살을 결심했다. 실행 3일 전 우연히 직장 선배를 만났다. 얼떨결에 마음을 털어놓았다. 그녀는 그가 혼자가 아님을 강조하며 전문가의 도움을 받으면 상황이 나아질 거라고 확언했다. 그녀 또한 도움을 주겠다고 했다. 일단 자살 계획은 보류했다. 다시 병원에 가려 해도 우울증이라는 진단이, 정신병이라는 선고가 무섭다. 어떻게 해야 할지 정말 모르겠다.

청년 우울증이 증가하고 있다. 최근 통계에 따르면, 연 100만 명이 우울증 치료를 받는다. 20대 우울증 환자는 5년 만에 2배 증가했다. 우울증은 강도와 기간으로 구분한다. 2주 이상 우울감이 지속돼야 한다. 의욕이 없고, 밥맛이 없고, 머리가 멍하다. 흥미 · 재미 · 의미를 잃고, 무기력 · 죄의식 · 공허감에 시달린다. 우울증은 죽음에 이를 수 있는 병이다. 한국은 OECD 국가 중 10년째 자살률 1~2위다. 우울증 환자의 10%가 자살하고, 자살자의 80% 이상이 우울증 환자다.

우울증은 스트레스와 상처에서 온다. 스트레스와 상처가 나쁜 건 아니다. 스트레스가 극복되면 성취감이 생기고, 상처가 승화되면 행복감이 생긴다. 힘든 만큼 성장하고, 아픈 만큼 성숙한다. 우울증은 에너지 소진에서 온다. 힘든 스트레스가 오래 가면, 모든 에너지가 바닥난다. 우울증은 에너지 울혈에서 온다. 아픈 상처가 오래 가면, 스스로를 보호하려고 모든 외부자극을 차단한다. 우울증은 가치혼란과 의미상실에서 온다. 현대인은 성공과 행복을 추구한다. 성공은 가치를 추구하는 것이고, 행복은 의미를 추구하는 것이다.

잇따른 거절, 연이은 실패

우울증은 잇따른 거절에서 온다. 사회 초년생이 좌절감을 반복 경험하면 '학습된 무기력'에 떨어진다. 업무 자체를 통제불능 대상으로 인식하고 시도조차 안 한다. 쇠사슬에 묶여 자란 코끼리는 새끼줄에도 고분고분하다. 우울증은 연이은 실패에서 온다. 취업 준비생은 '무기력 사회'를 살아간다. 양질의 일자리가 턱없이 부족하다. 열심히 일해도 달라지지 않고, 착하게 살아도 나아지지 않는다. 내가 원하는 건 엄두도 못 낸다. 남이 원하는 대로 사는 건 무기력의 시작이다.

감성적인 남자는 우울증에 취약하다. 이성적인 사람은 스트레스를 통제한다.

감정보다 기분을 중시한다. 기분전환을 잘한다. 과거 부정감정과 연결하지 않는다. 스트레스는 상처가 되지 않는다. 스트레스를 극복하면 부정감정은 사라진다. 극복에 실패하면 불안증이나 강박증, 공황장애에 빠진다. 감성적인 사람은 스트레스를 이해하려 한다. 기분보다 감정을 중시한다. 감정이입을 잘한다. 과거 부정감정과 연결한다. 스트레스는 상처가 된다. 상처를 승화하면 긍정감정이 생긴다. 승화에 실패하면 우울증에 빠진다.

남자의 우울증은 위험하다. 우울증은 여자가 3배 많지만, 자살률은 남자가 2배 높다. 남자는 더 공격적이다. 스트레스를 제거하려 하고, 쉽게 남 탓으로 돌린다. 죽을 것 같다가도, 해결되는 순간 좋아진다. 공격성이 자신에게 향하면 자살 위험이 커진다. 남자는 감정을 다루는 데 서투르다. 부정감정을 받아들여 삭이지 못한다. 작은 스트레스에도 폭발하고, 오랜 스트레스를 못 견딘다. 남자는 현재 기분에 잘 좌우된다. 현재 기분이 나쁘면, 과거도 불행하고 미래도 암담하다. 나쁜 기분이 오래 가면 자살 위험이 커진다.

후박사의 탁월한 세 가지 처방

첫째, 약부터 먹자. 그는 위험하다. 스스로 극복할 단계를 넘었다. 우울증은 약물치료로 두 달 내 완치율이 80%에 달한다. 집 근처 정신과를 다시 찾자. 우울증은 정신병이 아니다. 일반인의 10%가 앓는 흔한 마음의 감기다. 항우울제는 우울감을 없애 주고, 항불안제는 공황증을 치료하며, 항정신병약은 자살 충동을 없애 준다. 우울증은 신경호르몬의 불균형에서 온다. 세로토닌을 올리면 자신감이 생기고, 가바를 올리면 안정감이 찾아온다. 노아드레날린을 올리면 활력이 생기고, 도파민을 올리면 의욕이 들어선다.

둘째, 몸부터 돌보자. 그는 지쳐 있다. 몸과 마음은 하나다. 마음이 아프면 몸이 병들고, 몸이 아프면 마음이 병든다. 잠을 충분히 자자. 잠이 안 오면 수면제라도 쓰자. 약에 의지한다고 나약한 건 아니다. 잘 자고 나면 모든 게 새롭다. 솟구치는 울분도 하루 밤만 푹 자면 사라진다. 세 끼를 챙겨 먹자. 잘 먹고 나면 의욕이 생긴다. 축 처지는 무력감도 잘 먹고 나면 회복된다. 걷고 또 걷자. 복잡한 생각도 무한정 걷다 보면 단순해진다. 걷는 중에 새로이 알게 되고, 걷는 중에 무언가 깨닫게 된다.

"나는 내가 좋다" "나는 대단하다"

셋째, 자존감을 회복하자. 그는 불행하다. 거절에 담담해지자. 분리기법(dissociate)을 써 보자. 상사병은 좋았던 추억과 분리되어 생기고, 공포증은 나빴던 기억과 분리되면 벗어난다. 눈을 감고 심호흡을 한 후, 거절당하던 모습이 스크린에 상영되는 것을 보자. 내가 아니고, 아무것도 아닌 듯한 느낌이 들어선다. "나는 내가 좋다." 실패에 덤덤해지자.

연합기법(associate)을 써 보자. 공포증은 나빴던 기억과 연합되어 생기고, 상사병은 좋았던 추억과 연합되면 벗어난다. 눈을 감고 심호흡을 한 후, 가장 잘나갔던 시절의 모습을 떠올리자. 당시 기분을 몸에 담고 현재로 돌아오자. "나는 대단하다."

25 파산 후 우울증

◇◇◇

약물로 치료하며 과거의 나를 바꿔라

인생이 모두 날라가 죽고 싶은 생각뿐

그는 지난해 파산했다. 기울어 가는 조선업 한복판에서 끝까지 버텼지만 결국 망했다. 세계적인 경기침체, 업계의 주도권이 중국으로 넘어가면서 한국의 경쟁력은 추락했다. 한때 200명 가까이 되던 직원은 이제 30명이 되었다. 계속 직원을 줄이고, 임금 지급을 미루고, 사채로 버텼다. 빨리 사업을 정리했어야 했다. 늑장을 부리다 호미로 막을 걸 가래로 막았다.

그는 교회 장로다. 부인도 교회 일에 열심이다. 아들과 딸은 모두 결혼했다. 아들은 대기업에 다니고, 딸은 호주로 이민을 갔다. 거절을 못하는 성격 탓에 그는 신도들에게 돈을 많이 빌려줬다. 돈을 떼인 적도 꽤 있지만, 그간 사업이 잘 돼 별 문제는 없었다. 사업이 어려워지면서 친구들의 돈을 끌어다 썼다. 지불한 이자가 원금보다 크다. 빌려주고 빌린 돈이 서로 얽혀 있다. 되는 대로 빌린 돈은 갚는데, 빌려준 돈은 못 받았다. 집도 담보로 날라 가고, 수억의 부채만 남았다. 빌린 돈을 갚을 길이 없다. 계속 전화를 받으며 죄송하다고 하지만, 뾰족한 방법이 없다. 신용이 생명이었는데, 그저 미안하기만 할 뿐이다.

신혼인 아들에게 신세를 지기 싫어 월세 집으로 옮겼다. 이제 약 사먹을 돈 만 원도 없다. 몸은 점점 약해진다. 여기저기 아프다. 목에 통증이 있고 암 같기도 한데, 병원 가서 검사할 돈도 없다. 체력이 고갈돼 교단에 서서 기도할 힘도 없다. 어디 갈 데도 없다. 하루 종일 돌아다니고 놀이터에 앉아 있다 집에 들어간다. 부인의 위로도 힘이 안 되고, 부인도 지쳤는지 대하는 태도가 예전 같지 않다. 50대 후반, 재기는 불가능하다. 밤에 잠이 안 온다. 겨우 잠들었다가도 벌떡벌떡 깬다. 내 잘못도, 직원들 잘못도 아니다. 원망할 데가 없다. 인생이 온통 다 날아갔다. 죽고 싶은 생각뿐이다. 엄청난 우울증에 빠진다.

한국 사회에 우울증이 만연하다. 우울증 치료를 받은 환자가 1년에 100만 명이 넘는다. 우울증은 마음의 감기다. 일반인의 10%가 겪는다. 우울증은 강도와 기간으로 구분한다. 2주 이상 우울감이 지속돼야 한다. 의욕이 없고, 밥맛이 없고, 머리가 멍하다. 흥미 · 재미 · 의미를 잃고, 무기력 · 죄의식 · 공허감에 시달린다. 우울증은 죽음에 이를 수 있는 병이다. 자살 사망자의 80%에서 우울증 등 정신건강의 문제가 있다. 한국은 OECD 국가 중 10년째 자살률 1~2위다. 자살 동기가 30~40대는 경제적 고통, 20대 · 50대는 정신적 고통, 60대 이후는 신체적 고통이다. 잦은 자살 충동, 커다란 상실감, 오랜 스트레스를 겪은 사람은 자살 위험이 높다.

남자 · 중년 · 파산 후 우울증은 위험

남자의 우울증은 위험하다. 우울증은 여자가 3배 많지만, 자살률은 남자가 2배 높다. 남자는 더 공격적이다. 스트레스를 제거하려 하고, 쉽게 남 탓으로 돌린다. 죽을 것 같다가도, 해결되는 순간 좋아진다. 공격성이 자신에게 향하면 자살 위험이 커진다. 남자는 감정을 다루는 데 서투르다. 부정감정을 받아들여 삭이지 못한다. 작은 스트레스에도 폭발하고, 오랜 스트레스를 견디지 못한다. 남자는 현재 기분에 잘 좌우된다. 현재 기분이 나쁘면, 과거도 불행하고, 미래도 암담하다. 나쁜 기분이 오래가면 자살 위험이 커진다.

중년의 우울증은 위험하다. 사망원인 2위는 자살이다. 중년은 40~65세다. 직장에서 관리자로서 회사를 이끌고, 집에서 아버지로서 가족을 책임진다. 가부장 사회에서 아버지란 이름은 무게가 있다. 아버지의 사랑은 가족의 보호와 책임이다. 자본주의 사회의 가치는 성공이다. 성공하면 가족이 행복하고, 가족의 행복은 아버지의 행복이다. 주어진 역할에서 쌓아 온 것을 잃지 않으려 몸부림친다. 실패는 아버지로서의 설 자리를 잃게 한다. 인생의 의미도 사라진다. 억압된 감정은 자살 충동이나 분노 폭발로 나타난다.

파산 후 우울증은 위험하다. 파산은 커다란 상실감을 가져온다. 상실은 우울증을 일으키는 가장 큰 요인이다. 그동안 쌓아 온 돈과 지위를 잃고, 인간관계마저 망가진다. 돈도 없고 지위도 없으면 자존감도 추락한다. 관계마저 깨진다면 존재감도 사라진다. 파산은 외상 후 스트레스 장애를 초래한다. 감정이 최고조에 이르면 마음은 질식한다. 그동안 쌓아 온 신념도 산산조각이 난다. 자살 시그널이 있다. '죽고 싶다'는 말을 자주 던지고, 평소 말과 행동이 갑자기 변하고, 주변을 정리하거나 유서를 쓴다면 조심해야 한다.

파산한 중년의 욥

욥은 당대 의인(義人)이다. 자녀도 많고, 재산도 풍족하고, 친구도 많았다. 이를 시기한 사탄은 욥에게 힘든 시련을 주었다. 중년의 욥은 파산했다. 하루아침에 모든 재산을 잃었고, 한날에 모든 자녀가 죽었다. 친구들도 모두 그를 떠났다. 욥은 아무도 원망하지 않았다. 욥은 온몸에 종기가 나고, 부인마저 욥이 믿는 하나님을 욕하며 병든 남편을 버리고 떠났다. 그런데도 욥은 하나님에 대한 믿음을 지켰다. 사탄의 시험에 승리한 욥은 마침내 큰 축복을 받았다. "하나님은 우리가 알았던 그 하나님보다 더 크시다."

후박사의 탁월한 세 가지 처방

세상에 존재할 이유를 찾자

첫째, 약부터 먹자. 그의 존재감은 바닥이다. 위험하다. 집 근처 정신과를 찾자. 안 가려 하면, 강제라도 데려가자. 상세한 개인사(個人史)는 말 안 해도 된다. 증상만 보고해도 처방이 가능하다. 항우울제는 무력감을 없애 주고, 항불안제는 조급증을 치료하며, 항정신병약은 자살 충동을 없애 준다. 우울증은 신경호르몬의 불균형에서 온다. 세로토닌을 올리면 자신감이 생기고, 가바를 올리면 안정감이 찾아온다. 노아드레날린을 올리면 활력이 생기고. 도파민을 올리면 의욕이 들어선다. "세상에 존재할 이유를 찾자!"

둘째, 몸부터 돌보자. 그의 자존감은 바닥이다. 위험하다. 몸과 마음은 하나다. 마음이 아프면 몸이 병들고, 몸이 아프면 마음이 병든다. 잠을 충분히 자자. 잠이 부족하면 수면제라도 쓰자. 가끔 먹는 것은 중독성이 없다. 끓어오르는 분노도 하루 밤만 푹 자면 사라진다. 세 끼를 챙겨 먹자. 축 처지는 무력감도 잘 먹고 나면 회복된다. 걷고 또 걷자. 솟구치는 원망도 무한정 걷다 보면 옅어진다. 걷는 중에 새로이 알게 되고, 걷는 중에 무언가 깨닫게 된다. "소소하지만 확실한 행복을 찾자!"

셋째, 나부터 바꾸자. 그는 완벽한 사람이다. 완벽할수록 과거를 버리지 못한다. 생각을 바꾸자. 생각을 바꾸면 나쁜 기분이 사라진다. 과거는 이미 지나가고 없는 것이다. 그는 성실한 사람이다. 성실할수록 용서하지 못한다. 용서는 남을 위한 것이 아니고 나를 위한 것이다. 말을 바꾸자. 말을 바꾸면 긍정감정이 들어선다. 그는 양심적인 사람이다. 양심적일수록 죄의식과 수치심에 침몰한다. 행동을 바꾸자. 행동을 바꾸면 부정감정이 사라진다. 죄의식은 배려로, 수치심은 아름다움으로 승화한다. "궁(窮)하면 변하고, 변(變)하면 통하고, 통(通)하면 오래간다."

26

폭식증

◇◇◇

정시에 천천히 함께 먹어라

외로움과 허전함을 먹는 것으로 해결하다가

그녀는 최근 남자친구와 헤어졌다. 대학 시절 만나, 둘 다 원하는 직장에 입사해 1년이 될 때까지 꼬박 5년 간 사귀었다. 〈아주 오래된 연인들〉의 노래 가사처럼, 저녁이 되면 의무감으로 전화를 하고, 주말엔 습관적으로 약속을 하다가 자연스레 이별을 맞았다. 직장 스트레스가 이별의 주원인이 되었던 것 같다. 이별을 후회하는 것은 아닌데, 어떤 것에도 의욕은 생기지 않는다.

그녀는 요즘 먹는 게 좋아졌다. 먹을 때는 의욕이 넘친다. 진공청소기가 먼지를 빨아들이듯 눈앞에 있는 아이스크림, 케이크, 피자, 콜라 등을 혼자서 순식간에 해치워 버린다. 새로운 남자친구를 사귀려면 살이 쪄선 안 된다는 사실을 잘 안다. 그러나 그런 생각은 오히려 음식에 더 손이 가게 한다. '지금이 아니면 먹을 수 없어.' '어차피 지금만 먹고 나중엔 안 먹을 거니까.' 하는 생각으로 먹는다. 눈앞의 음식이 다 사라질 즈음, 배가 아파오기 시작할 즈음, 정신을 차린다. 그리곤 후회한다. '왜 또 먹었지?' '미친 거 아냐.' 등 여러 생각으로 우울해진다.

불현듯 묘안이 떠오른다. 원하는 대로 먹을 수 있고, 또 미모도 유지할 수 있는 절충안을 발견한 것이다. 그것은 먹고 토하는 것이다. 화장실로 달려간다. 처음엔 참기 힘들 정도로 메스껍다. 하지만 이내 심신이 편안해진다. 이 방법이라면 절대 미모가 훼손되지 않을 거라는 확신이 들기 때문이다.

그녀는 자신에게 뭔가 심각한 문제가 생겼음을 느낀다. 이별로 인한 외로움과 허전함을 먹는 것으로 해결하고 있는 자신이 싫다. 음식에 대해 조절능력을 상실한 자신이 너무나 바보같이 느껴진다. 평생 이렇게 살게 되는 건 아닌가라는 생각에 두려움도 크다. 이전처럼 건강했던 시절로 되돌아가고 싶다.

젊은 여성의 20%에서 폭식증

폭식증은 음식 조절장애다. 단시간에 많이 먹고 토한다. 혼자서 몰래 엄청난 양을 먹고, 배가 아프면 토한 후 다시 먹는다. 이뇨제를 복용하거나, 과도한 운동에 매달린다. 수치감 · 죄의식 · 무기력에 잘 빠진다. 폭식증은 음식 강박장애다. 체중과 체형에 집착한다. 날씬한 체형을 선망하고, 몸매에 대해 비뚤어진 시각을 가진다. 온종일 음식에 집착하고, 다이어트 강박에 시달린다. 폭식증은 식욕중추에 문제가 생긴 것이다. 포만감을 주는 세로토닌과 행복감을 주는 엔도르핀이 떨어져 있다. 우울증 · 불안증 · 중독이 잘 동반된다.

폭식증이 급증하고 있다. 젊은 여성의 20%에서 폭식증을 경험한다. 과거에는 살찐 게 미(美)의 기준이었다. 중국 최고 미인 양귀비의 초상화나 중세 귀부인 조각상의 여인은 모두 통통하다. 현재에는 마른 게 미(美)의 기준이다. TV에 등장하는 아이돌 스타들은 하나같이 날씬하다. 19세에 결혼한 다이애나도 10년 동안 폭식증에 시달렸다. 그녀는 찰스 왕세자로부터 "좀 통통하네."라는 말을 듣고 상처를 받았다. 다이애나는 이렇게 고백했다. "처음 폭식한 후 토했을 때 가슴이 설레었다. 오히려 압박감에서 벗어날 수 있었다."

무리한 다이어트, 과도한 스트레스, 애정결핍이 주원인

폭식증은 무리한 다이어트에서 온다. 우리는 매일 음식의 유혹에 빠져 산다. 먹거리가 풍부하고, 맛있는 게 너무 많다. 한국인은 먹는 것을 유난히 좋아한다. 우리는 매일 음식의 절제를 요구받는다. 다이어트는 현대인의 일상이다. 수많은 식단, 운동법, 보조제, 식욕억제제가 유행한다. 여성의 90%가 다이어트를 한다. 일 년 내내 다이어트를 하기도 한다. 식욕 · 성욕 · 수면욕은 3대 욕구다. 모든 욕구는 자연스럽다. 억누르면 커지고, 충족되면 작아진다. 지나치게 억압되면 폭발한다. 식욕을 억제하면 결국 충동적으로 먹게 된다. 반복되는 절식 · 과식 · 단식 · 금식은 결국 음식 조절능력의 상실로 이어진다.

폭식증은 과도한 스트레스에서 온다. 우리는 매일 스트레스에 젖어 산다. 누구나 힘들면 많이 먹게 된다. 스트레스 호르몬이 식욕을 올린다. 야식증후군, 저녁에만 하루 음식의 절반 이상을 먹는 현상이다. 반복되는 야근, 회식, 잡무가 한몫한다. 야식은 포만감을 주는 렙틴과 수면을 유도하는 멜라토닌을 떨어뜨린다. 충분히 못 자고 계속 먹게 된다. 탄수화물 중독, 단맛에 중독되는 현상이다. 현대인은 몸보다 머리를 더 쓴다. 뇌는 에너지원으로 당분만 사용한다. 단맛은 행복감을 주는 도파민을 올린다. 지나친 당분 섭취는 인슐린 과다분비로 저혈당을 일으켜, 당분 허기증에 빠진다. 충분히 먹고도 계속 먹게 된다.

폭식증은 애정결핍에서 온다. 애정결핍은 사랑에 목마른 상태다. 어릴 때 사랑을 못 받거나 거절과 학대로 정서가 메마른 경우다. 나이 들어 부모에게 받지 못한 사랑을 음식을 통해 채우려 한다. 외로움 · 공허함 · 두려움을 배고픔으로 느낀다. 심리적 허기증이라 부른다. 음식으로 감정을 해소한다. 화나면 위가 아프도록 먹고, 허전함을 음식으로 채운다. 두려울 때 음식으로 안정시키고, 외로움을 음식으로 달랜다. 음식과의 관계가 나쁘다. 배가 안고파도 먹고, 배불러도 먹는다. 배가 터지게 먹고, 토하고도 먹는다. 토하면 시원하고, 뭉친 응어리도 풀린다.

후박사의 탁월한 세 가지 처방

음식을 절제하면 운명이 바뀌어

첫째, 정시에 먹자. 아무 때나 먹으면 폭식하기 쉽다. 하루 세 끼 정시에 먹자. 우선 먹고 싶은 대로 먹어도 된다. 식탐이 사라지면 저절로 폭식이 줄어든다. 차츰 절제력이 생기게 된다. 토하고 싶어도 꾹 참자. 토하는 것이 습관으로 굳어지면 안 된다. 혹 실패하더라도 자책하지는 말자. 차츰 인내력이 길러질 것이다. 에너지의 20%를 남기면서 살자. 누구나 힘들면 마구 먹게 된다. 피곤하지 않은 저녁을 맞이하자. 차츰 자신감이 생길 것이다. 운명철학자 남보쿠는 이렇게 말한다. "음식을 절제하면 운명이 바뀐다."

둘째, 천천히 먹자. 빨리 먹으면 폭식하기 쉽다. 식사 시간을 넉넉히 잡자. 일하면서 먹으면 빨리 먹게 된다. 패스트푸드나 자극적인 음식도 폭식으로 간다. 식사 시간이 짧다면 간단히 먹어야 한다. 음식 한 입 후 물 한 모금을 하자. 먹는 양과 속도를 줄일 수 있다. 입안이 물로 씻기면 색다른 음식 맛을 느끼게 된다. 젓가락이나 티스푼만 사용해도 효과적이다. 능력의 80%만 쓰면서 살자. 누구나 힘들면 빨리 먹게 된다. 완벽하게 하려고 하지 말자. 명심보감에 이런 말이 있다. "먹는 것이 담백하면 정신이 맑아진다."

셋째, 함께 먹자. 혼자 먹으면 폭식하기 쉽다. 누군가와의 식사를 계획하자. 나쁜 습관은 드러내야 고칠 수 있다. 혼자라면 탁 트인 식당에서 먹자. 강아지라도 같이 하면 도움이 된다. 음식에 감정을 넣지 말자. 안 고픈데도 먹고 싶다면 가짜 식욕이다. 배부른데도 먹고 싶다면 감정이 문제다. 지금 나를 지배하는 감정은 무엇인가? 음식보다 대화에 집중하자. 욕구는 채워질수록 커지고, 쾌락은 고통으로 대치된다. 육체적인 쾌락보다 정신적인 쾌락을 추구하자. 쾌락주의자 에피쿠로스는 이렇게 말한다. "빵과 물만 있다면 신(神)도 부럽지 않다. 그 이상의 욕심은 고통만 안겨 줄 뿐이다."

27 해고 트라우마

◇◇◇

현재에 깨어 있고 현재를 살아가라

중국지사로 출근하자마자 갑작스런 해고 통보

훤칠한 외모, 업무능력과 매끄러운 인간관계로 동기 가운데 가장 빨리 승진한 그는 40대 초반에 벌써 대기업 부장자리에 올랐다. 한창 잘나가던 그에게 문제가 생겼다. 회장님과 중국 사업부 임원과의 갈등에 휘말린 것이다. 사정도 모르고 회장 편을 들다가 회사에 큰 손해를 끼쳤고, 이후 운 나쁘게도 그 임원 산하 부서에 배치돼 중국 파견이 결정된 것이다.

그는 집을 팔아 상가를 분양받고, 남은 돈으로 중국에서 기거할 집을 마련했다. 두 아들이 중국어를 습득할 수 있는 좋은 기회라고 생각되어 기뻤다. 모든 짐은 배로 부치고, 간단한 살림살이만 챙겨 중국에 도착한 후, 중국지사로 출근했다. 그런데 하늘이 무너지는 일이 벌어졌다. 임원이 투자실패를 빌미로 예고도 없이 일방적으로 그를 해고조치 한 것이다.

너무나도 충격적이었다. 회장 편에 섰던 터라 별 탈 없으리라 확신했다. 동료들에게 수소문해 보니 중국행을 준비하는 동안 순식간에 해고조치가 진행됐다고 한다. 속수무책이었다. 한국으로 돌아갈 수도 없고, 중국에 머물 돈도 없고, 가족들은 그의 눈치만 보고 있다. 게다가 배로 부친 짐이 도착지를 잃어 통째로 분실됐다. 머나먼 타국에서 버려진 고아 신세가 돼 버렸다.

반년이 지났다. 그는 지금 선배가 운영하는 작은 회사에서 일하고 있다. 하지만 아직도 정상적인 생활이 아니다. 생지옥 같았던 당시의 기억이 사라지지 않는다. 밤마다 악몽에 놀라 깬다. 공포감도 자주 느낀다. 자신에 대한 수치감, 가족에 대한 죄의식, 회사에 대한 굴욕감에 몸서리가 쳐진다.

트라우마는 정신적 상처다. 충격을 경험한 후 마음에 남은 상처다. 전쟁 · 재난 · 폭행과 같은 충격은 큰 상처를 남긴다. 교실에서 소변을 보거나, 발표할 때 실수한 경험도 상처로 남는다. 거절 · 왕따 · 학대와 같은 사건이 반복되면 큰 상처가 된다. 상처는 초기에 치유돼야 한다. 방치하면 정신적 후유증으로 남는다. '외상 후 스트레스 장애'라 한다. 모든 상처가 병으로 되는 것은 아니다. 90%는 1달 내에 정상으로 돌아오고, 10%가 후유증으로 남는다. 10년이 지나 발병하는 경우도 있다.

반복경험, 각성반응, 회피반응으로 나타나

'외상 후 스트레스 장애'의 증상은 세 가지로 요약된다. ① 반복경험은 사건 당시의 고통을 꿈이나 생각으로 다시 겪는 것이다. 공포와 무력감에 빠지고, 사건 당시처럼 느끼고 행동한다. ② 각성반응은 과도한 긴장상태이다. 전화벨만 울려도 깜짝 놀란다. 잠들기가 어렵고, 밥 먹기가 힘들고, 분노를 폭발한다. ③ 회피반응은 사건과 연관된 자극을 피하는 것이다. 흥미가 사라지고, 감정이 무뎌지고, 희망이 사라진다. 약물중독, 대인기피, 편집증으로 발전하기도 한다.

트라우마는 기억에 존재한다. 감정이 최고조에 이르면 마음은 질식한다. 뇌는 충격적인 정보를 적절히 처리하지 못하고, 기억은 통합되지 않은 채 흩어져 저장된다. 기억의 파편은 이물질로 작용하여, 오랜 기간 스트레스 증상을 일으킨다. 트라우마는 신념체계를 위협한다. "어떻게 나에게 그런 일이…." 그동안 쌓아 온 신념도 산산조각이 난다. 신에 대한 믿음, 세상에 대한 안전감, 나에 대한 자존감의 붕괴로 혼란에 빠져 스트레스 장애를 유발한다.

트라우마는 다음과 같은 특징이 있다. ① 상처는 현재로 진행된다. 선명한 이미지를 동반하고, 유사한 상황에서 재현된다. 과거의 고통은 현재 삶에 의미를 부여한다. 과거에 묶여 현재를 살지 못하도록 한다. ② 충격과 상처는 비례하지 않는다. 충격이 작아도 큰 상처가 날 수 있다. 충격이 커도 전혀 상처가 없을 수 있다. 타고난 체질과 자라온 환경에 영향을 받는다. ③ 상처는 감출수록 심해진다. 억누르고 싫어할수록 커진다. 드러내고 받아들이면 작아진다.

한국 사회에 만연한 트라우마

한국 사회는 트라우마가 만연하다. 아동학대, 가정폭력, 청년실업의 굴레에서 상처를 남기는 일이 계속된다. 붕괴와 참사가 이어지지만 생존자와 유족의 상처는 치유되지 않는다. 안전은 스스로 챙겨야 한다는 분위기가 팽배하다. 한국 사람은 트라우마에 취약하다. 한(恨)이 많다. 수많은 전쟁과 식민지를 겪은 우리 민족의 독특한 정서다. 정(情)이 많다. 공감을 잘하면 상처를 입기 쉽다. 인(忍)을 강조한다. "참는 자에게 복이 온다." 감정을 억누르면 상처가 되기 쉽다.

후박사의 탁월한 세 가지 처방

첫째, 현재에 집중하자. 인간의 뇌는 불완전하다. 과거를 떠올릴 때 현재 감정에 영향을 받는다. 현재가 불행하면 과거 상처가 커 보이고, 현재가 행복하면 과거 상처가 작아 보인다. 인간의 뇌는 바보스럽다. 현재와 과거 사건을 감정적으로 구분하지 못한다. 강한 감정의 사건을 더 현실적으로 느낀다. 현재가 행복하면 과거 상처는 무시된다.

현재를 확장하자. 인간의 뇌는 과거와 미래 생각으로 가득 차 있다. 현재가 머물 공간이 늘 부족하다. 현재는 마음의 평화를 얻을 수 있는 숲속의 빈터와 같은 곳이다. 현재에 깨어 있자. 과거 상처가 현재 실패의 원인이 되면 안 된다. 이미 벌어진 일은 되돌릴 수 없다. 상처를 있는 그대로 인정하고 받아들여야 한다. 현재를 살아가자. 과거 상처가 현재를 피하는 수단이 되면 안 된다. 상처는 중요한 경험이다. 상처를 교훈삼아 성장의 발판으로 삼아야 한다.

둘째, 얘기하고 또 얘기하자. 가족에게 얘기하자. 상처를 털어놓으면 한결 나아진다. 가벼운 위로에 개의치 말자. 고통이 떠오를 때 나비포옹을 해 보자. 양팔을 교차하여 양쪽 어깨를 두드리는 것이다. 뇌가 끊어진 정보를 다시 처리한다.

친구에게 얘기하자. 처음 얘기를 꺼내기는 힘들지만 두 번째는 쉬워진다. 어설픈 조언에 개의치 말자. 고통이 밀려올 때 안구운동을 해 보자. 양쪽 안구를 동시에 좌우로 움직이는 것이다. 뇌가 조각난 기억을 다시 통합한다.

지인에게 얘기하자. 반복하여 얘기하면 스토리가 구성된다. 섣부른 충고에 개의치 말자. 고통이 떠오를 때 영화의 한 장면이라 생각하자. 객석에 홀로 앉아 나의 영화를 보는 것이다. 과거 상처가 점점 무덤덤해진다.

의연하게 견뎌야

셋째, 의연하게 견디자. 맹자에 이런 말이 있다. "하늘이 장차 큰일을 맡기려 할 때는 먼저 마음을 힘들게 하고, 몸을 지치게 하고, 육체를 굶주리게 한다. 또한 생활을 어렵게 하여, 하는 일마다 어긋나고 틀어지게 만든다. 이는 본성을 강하게 일으켜 욕심에 대한 인내를 기르게 하여, 지금까지 못했던 어떤 일도 능히 감당할 수 있게 하기 위함이다." 하늘이 시련을 주는 것은 더 큰일을 하라는 천명(天命)이다. 고난 가운데 성공이 있고, 안락 가운데 멸망이 있다. 시련과 고통에 의연하게 견디자.

[사례로 풀어 본 한국인의 정신건강]

개인편

PART 2

28 A타입 성격

◇◇◇

조급증 버리고 분노 다스려야

건강하다고 믿었는데 심장병이라니

그는 올해 나이 쉰으로 A타입 성격의 소유자다. 경쟁적이고 목표지향적인 'Type A'성격대로 25년간 열심히 일해 그는 지난 연말, 드디어 임원으로 승진했다. 물론 그간의 세월이 쉽진 않았다. 스트레스를 벗 삼아 살았다. 원하는 만큼 성과를 내지 못하는 부하직원들 때문에 화가 솟구칠 때가 많았다. 또한 차별화된 업적을 내기 위해 직원들을 독려하는데, 말을 잘 듣지 않고 이해도 잘 못해 맘이 까맣게 탈 때도 부지기수였다. 꿈이 모두 성취된 것은 아니지만, 1단계 목표는 달성했으므로 그는 한동안 행복한 기분을 만끽했다.

그러던 중 새해에 들어 매년 회사 차원에서 시행하는 건강검진을 받았다. 심전도 결과 심장에 이상이 있다는 통보를 받았고, 정밀검사를 통해 관상동맥이 두 군데 막혀 있음을 확인한 후, 즉각 스텐트 시술을 받았다. 그는 평소 술, 담배를 하지 않는다. 가족력이 있어 5년 전부터 혈압약을 복용하는 것 외에, 음식도 조심하고 운동도 자주 하는 편이라 아직은 건강에 자신을 가졌던 그였다. 그런데 심장병이라니…. 나쁜 생활습관이 아니라면, 혹시 스트레스로 인한 마음의 병이 심장병을 유발한 게 아닐까라는 생각이 스쳤다. 행복한 기분도 잠시 뿐, 일할 의욕이 떨어지고 이러다가 죽는 게 아닌가 하는 공포감까지 몰려온다. "어떻게 하면 좋을까요?"

분노, 조급증, 경쟁심의 성격적 특징

프리드만과 로즈만은 심장병 환자의 공통 행동특성으로 'A타입 성격'을 발표했다. 둘은 우연히 병원 의자들의 앞 모서리만 닳은 것을 발견했다. 그리고 환자들이 의자 깊숙이 편안하게 못 앉고, 대화가 항상 일과 시간에 집중된 것을 알았다. A타입 성격의 특징은 분노, 조급증, 경쟁심으로 요약된다. 쉽게 화를 내고, 시간에 쫓기며, 지는 것을 싫어한다. B타입 성격은 정반대다. 화를 잘 안 내고, 시간에 느긋하며, 흘러가는 대로 산다.

A타입 성격은 자본주의 사회의 주역이다. 경쟁을 선도하고, 성공 지상주의를 건설한다. 엘리트, 일벌레, 전문가, 완벽주의자, 열정가 등으로 불린다. A타입 성격은 성취 지향적이다. 높은 경쟁에서 강한 압박을 받으면서 살아간다. 욕심이 많아 여러 가지 일을 동시에 벌이고, 많은 역할을 하며 바쁘게 살아간다. A타입 성격은 스트레스와 더불어 살아간다. 여유가 생기면 쉬지 못하고, 무엇이든 할 일을 찾는다. 일이 안 풀리면 쉽게 약해지고, 사소한 일에 사로잡혀 갑자기 무력해진다.

스트레스는 우리의 몸과 마음을 모두 망가뜨린다. 모든 유기체는 원인이 무엇이든지 동일한 스트레스 반응을 보인다. 반응은 경고기, 저항기, 소진기로 구분된다. 뇌에서는 신경전달물질이 작동하고, 몸에서는 신경계와 호르몬이 작동한다. 스트레스 호르몬인 코르티솔과 카테콜아민이 증가한다. 저항기는 보통 수 시간에서 수십 년에 걸친다. 스트레스가 지속되면 소진기로 넘어간다. 이때 몸의 면역체계가 무너지고, 취약한 부위에 병이 오게 된다. 스트레스는 만병의 원인이다.

심장병, 중풍에 취약

A타입 성격은 심장병에 취약하다. 심장병 환자의 대부분이 A타입 성격이다. 스트레스가 만성적이면, 카테콜아민 분비가 증가하는 체질로 변한다. 그래서 혈관 내 압력이 스트레스가 없을 때도 정상인보다 높게 유지된다. 이런 상태가 오래 지속되면, 혈류 속도가 증가되어 혈관 벽을 이루는 세포에 상처가 난다. 여기에 혈소판이 달라붙고 지방이 엉겨서, 딱지와 같은 죽상반이 만들어진다. 이는 동맥경화증으로 진행되고, 고혈압으로 발전한다.

죽상반이 생긴 사람이 큰 스트레스를 받으면 어떤 일이 일어날까? 갑자기 혈관 수축이 일어나 죽상반이 상처를 입는다. 이때 죽상반 주위에 혈소판이 뭉쳐 혈관을 막거나, 죽상반이 떨어져 돌아다니다가 다른 혈관을 막는다. 이런 일이 관상동맥에서 일어나면, 심장병이 발병한다. 뇌혈관에서 일어나면, 중풍이 발병한다. A타입 성격은 중풍에 걸릴 확률이 2배다. 이는 흡연으로 인한 발병률과 비슷한 수치다. 특히 A타입 성격이 충격적인 사건을 경험한 경우, 4배까지 올라간다.

후박사의 탁월한 세 가지 처방

그는 이미 심장병이 왔다. 어떻게든, 성격을 A타입에서 B타입으로 바꿔 봐야 한다. 클린턴 대통령은 전형적인 A타입이고, 처칠 수상은 전형적인 B타입이다. 클린턴은 심장시술을 받았고, 처칠은 폭탄이 떨어지는 가운데 낮잠을 잤다.

첫째, 분노를 다스리자. 분노는 지치고 힘들 때 온다. 충분한 휴식과 편안한 대화가 필요하다. 분노는 마음대로 안 될 때 온다. 운명을 받아들이고, 순리를 따르자. 분노는 기대에 못 미칠 때 온다. 남에 대한 지나친 기대를 버리고, 나에 대한 완벽한 기대를 버리자. 그리고 반드시 화를 내는 것이 필요할 때는 대리인을 활용하자.

화가 나는 순간, 즉시 60초 동안 심호흡을 하자. 화나는 나를 받아들이고, 그런 나를 사랑하고, 마음의 평화를 선택하자. 분노가 치솟는 순간, 즉각 자리를 피하자. 한적한 곳을 걸으면서, 세 가지에 집중해 본다. ① 왜 화가 나는가? ② 무엇을 위해 화를 내는가? ③ 다른 효과적인 방법은 없는가? 분통이 터지는 순간, 하루만 모든 결정을 보류하자. 떠오르는 모든 생각을 종이 한 장에 써 보자.

둘째, 조급증에서 벗어나자. 조급증은 많은 일을 빨리 하려고 할 때 온다. 시간관리가 필요하다. 중요한 일에 집중하고, 그렇지 않은 일은 과감히 없애자. 남에게 맡길 수 있는 일은 최대한 위임하자. 천천히 말하고, 천천히 걷자. 가끔 멍한 시간을 가져 보자. 한적한 시골 풍경을 연상하고, 어린 시절 뛰놀던 장면을 떠올리자.

조급증이 생기는 순간, 즉시 60초 동안 심호흡을 하자. 모든 아이디어는 냄비에 물 끓듯이 생긴다. 조급증은 순간, 창의적인 아이디어로 변할 수 있다. 모든 아이디어는 섬광처럼 스쳐 간다. "바로 그거야, 너무 간단해!" 성취감이 몰려오는 순간, 조급증에서 해방된다.

"나도 질 수 있구나!" 하며 웃을 수 있어야

셋째, 경쟁심에서 벗어나자. 경쟁은 미덕이다. 우리는 서로 겨루면서 성장한다. 같이 하는 친구가 있어 힘든 시험을 패스하고, 같이 뛰는 동료가 있어 장거리를 완주한다. 선의의 경쟁은 약이 된다. 지나친 경쟁은 악덕이다. 우리는 앞만 보고 달려 왔다. 입시와 취업 위주의 교육을 통과하고, 무조건 이겨야 한다는 목표를 세웠다. 과도한 경쟁은 독이 된다.

경쟁심이 생기는 순간, 즉시 60초 동안 심호흡을 하자. 이기는 경우가 있으면, 지는 경우도 있다. 내가 이겼기 때문에 좋아하는 것은 악습이고, 남이 졌기 때문에 기뻐하는 것은 악취미다. 지는 경우가 있으면, 이기는 경우도 있다. 남이 이겼기 때문에 씁쓸한 것은 독이고, 내가 졌기 때문에 슬픈 것은 병이다. "내가 이길 수 있구나!" 하면서, 싱겁게 웃자. "나도 질 수 있구나!" 하면서, 슬며시 웃자.

29

결정장애

◇◇◇

"모든 게 내 책임!"이라고 외쳐 보라

꿈꾸던 사장 자리에 올랐는데

그녀는 최근 사장(社長)으로 임명됐다. 중책을 맡아 부담도 컸지만, 꿈꾸던 자리인 만큼 하늘을 날듯 기뻤다. 사장 자리는 3개월 공석이었다. 그러다 보니 회사의 중요 의사결정이 많이 미뤄졌다. 취임 직후부터 그녀에겐 결정해야 할 일이 물밀듯 밀려온다. 그녀가 결정해야 하는 것들은 모두 만만치 않다. 직원에게 미치는 영향이 크고, 큰돈이 들어간다. 막대한 손해를 보게 될 수도 있다.

오늘도 최적의 결정을 위해 최선을 다한다. 임직원 의견을 경청하고, 전문가의 의견도 참고한다. 의견수렴이 잘 되면 결정이 쉽다. 그러나 대부분은 그렇지 않다. 정말 제각각이다. 혼란스럽다. 자신의 봉급이 어려운 의사결정의 대가라는 걸 잘 알지만, 이 모든 결정을 왜 내가 다 해야 하는지 짜증이 난다.

얼마 전 지방발령이 있었다. 회사 내규에 따르면 20개월 쌍둥이 엄마인 여직원이 가야 하는데, 육아 문제로 너무 힘들겠다 싶어 후순위 남직원을 보냈다. 저출산 문제 해결에도 기여하는 일이므로, 자신의 배려와 결단에 직원들이 박수를 보내리라 생각했다. 아니었다. 후폭풍이 컸다. 먼저 노동조합이 항의했다. 직원들도 원칙을 지켜야 할 사장이 원칙을 깼다며 난리였다. 결국 그녀는 사과했다. 후회도 했다.

이후 그녀는 의사결정이 더 어려워졌다. 좋은 결정을 해야 한다는 생각에 항상 긴장되고 불안하다. 뭐 하나 결정하려면 여러 변수가 떠올라 심각하게 고민하게 된다. 작은 결정 하나 하는데 일주일 이상 걸릴 때도 다반사다. 뭐 하나 결정할 수가 없다. 많은 생각에 잠을 설치다 보니 항상 몸은 피곤하다. 그녀는 요즘 자신이 결정장애 환자라고 느낀다.

현대인은 대다수 결정장애에 시달린다. 정보과잉 속에서 무엇을 선택할지 어렵다. 큐레이션 서비스가 난무한다. 우리는 누군가 선택해 줘야 하는 시대를 살고 있다. 결정장애는 병이라기보다는 증상(현상)이다. 비슷한 결과에 대한 결정을 할 때는 망설인다. 수많은 선택지가 있을 때는 결정을 못한다. 결과가 불확실할 때도 결정이 어렵다. 선택의 딜레마가 있다. 이래도 최악이고, 저래도 최악일 때다. 햄릿증후군이라 한다. "죽느냐 사느냐 그것이 문제로다!" 햄릿은 우유부단한 현대인의 대명사다. 늘 고민하고 괴로워하며, 마지막 결정을 내리지 못한다. 결과에 대한 비난과 처벌을 두려워한다.

책임, 평가, 시선에 대한 두려움이 주원인

결정장애는 책임에 대한 두려움에서 온다. 의존적인 사람은 결정장애에 잘 빠진다. 결과에 대한 책임을 두려워한다. 모든 결정을 상대에게 맡기고, 고민 없이 선택한다. 잘 되면 상대의 몫이 되고, 잘못 되면 뒤집어 쓴다. 결국 권리는 빼앗기고, 책임만 지게 된다. 의존적인 성격은 과잉보호 속에서 자란 경우에 온다. 부모가 모든 결정을 내려 결핍 없이 큰다. 결핍이 없으면 욕망하지 않고, 욕망하지 않으면 원하는 게 뭔지 모른다. 나이가 들면 결정해 주던 부모가 사라진다. 누군가가 결정해 주기를 원한다면 최악에 떨어진다.

결정장애는 평가에 대한 두려움에서 온다. 완벽한 사람은 결정장애에 잘 빠진다. 결과에 대한 평가를 두려워한다. 엄격한 기준을 가지고, 최고가 아니면 못 받아들인다. 현재 삶에 만족하지 않고, 끊임없이 몰아간다. 자신의 기준을 주위에 똑같이 적용한다. 결정장애는 강박증에서 온다. 강박증은 원초적인 배변 갈등이다. 모든 것을 통제하려 하고, 완벽한 결정을 위해 두려워한다. 현대는 완벽주의 사회다. 실패를 용납하지 않는다. 현대는 강박사회다. 끝없이 발전해야 한다. 완벽한 결정을 요구하는 업무가 날로 증가한다.

결정장애는 시선에 대한 두려움에서 온다. 눈치 보는 사람은 결정장애에 잘 빠진다. 눈치 보기는 남의 마음을 살피는 것이고, 분위기를 파악하는 것이다. 남을 의식하는 것이고, 남을 배려하는 것이다. 우리는 시선에 자유롭지 못하다. 남이 하니까, 남이 하는 대로, 남이 시키는 대로 살아간다. 눈치 보기의 덫에 걸린 사람이 있다. 어려서 남의 집에 얹혀 살거나, 가난해서 주위의 도움을 받으며 자란 경우다. 부모로부터 조건부 사랑을 받으며 크거나, 파괴적 비판이 심한 가정에서 자란 경우다.

둘째 문으로 나가면 어떤 길?

옛날 충신이 왕을 배신하여 사형선고를 받게 되었다. 그는 왕이 아끼던 사람이었다. 왕은 안타까운 마음으로 두 개의 문을 제시했다. 첫째는 확실한 방법으로 죽는 길로 통하는 문이다. 둘째는 과거에 아무도 선택하지 않았던 불확실한 길로 통하는 문이다. 충신은 고민 끝에 확실한 방법으로 죽는 첫째 문을 선택했다. 다음 날 왕비가 물었다. "도대체 둘째 문으로 나가면 어떤 길이 나옵니까?" 왕이 말했다. "어릴 때 호기심으로 그 문으로 들어가 보았는데 그냥 밖으로 통하는 길이었다."

후박사의 탁월한 세 가지 처방

첫째, 100% 책임을 지자. 인생에서 행복한 두 순간이 있다. 100% 부모 책임 하에 살 때와 100% 내 책임 하에 살 때다. 책임이란 내가 나의 주인공이 되는 것이다. 무책임과 책임 사이에는 원망과 불평의 낭떠러지가 있다. 인생에서 중간은 없다. 무책임에 있든지, 훌쩍 뛰어넘어 책임으로 가든지, 떠밀려 낭떠러지에 떨어지는 것이다. 책임지는 만큼 통제하고, 책임지는 만큼 자유가 온다. 100% 책임질 때 숨겨진 잠재능력이 발휘된다. 심호흡을 한 후, 이렇게 외치자. "모든 게 내 책임이다."

가장 완전한 것은 모자란 듯하다

둘째, 2% 부족한 결정을 하자. "가장 완전한 것은 모자란 듯하다." 성공적인 결정을 위한 팁은 무엇인가? ① 문제점을 명료하게 정의하고 기록한다. ② 결정을 통해 무엇을 달성할 것인가? 내가 얻는 것과 잃는 것은 무엇인가? ③ 질문하는 순간 재빠르게 80%의 결정을 내린다. ④ 결정의 20%는 더 많은 정보가 필요하다. ⑤ 결정이 어려우면 중지하고 딴 일을 한다. ⑥ 마감 날짜를 정하고 그때 결정한다. ⑦ 결정을 안 하는 것보다 저지르고 평가하는 게 낫다. ⑧ 새 정보가 들어오면 언제든지 결정을 바꾼다.

셋째, 100% 만족시키려 하지 말자. "양고깃국이 맛있어도 모든 이의 입맛에 맞추기는 어렵다." 성공적인 결정에서 올바른 결정으로 나아가자. 올바른 결정이란 무엇인가? 선택에 앞서 분명한 목표를 갖는 것이다. 판단에 대해 확실한 책임을 지는 것이다. 결정에 있어 신중히 생각하는 것이다. "두 번 생각하라!" 마음을 가다듬고, 나와 상대의 입장을 파악하고, 상황과 맥락을 살핀 후 결정하자. 심호흡을 한 후, 네 가지를 점검하자. "결정이 자연스러운가? 합리적인가? 공정한가? 시기적절한가?"

30 금전 관계

◇◇◇

'돈 나고 사람 나는' 비극에 빠지지 말라

옛 친구의 투자 권유

하루는 MBA를 하던 시절 사귀었던 지인으로부터 전화가 왔다. 성품이 온화하고 겸손해서 존경했던 분이다. 당시 대기업에서 독립해 하청회사를 차렸는데 사업 규모가 컸었다. 그 후 잘 되던 사업이 어려워져 정리했다는 소문을 들었다.

우리는 근사한 일식집에서 만났다. 새로운 사업도 그리 순탄치 않다는 말을 들은바 있어, 맛난 음식이나 대접해야겠다는 생각으로 약속장소에 나갔다. 그는 사업 아이템에 대해 장황하게 설명했다. 예상대로 투자를 권했다. "100억, 200억의 신세계가 눈앞에 보인다." "엔젤 투자자를 모집하고 있다." "자신은 조금만 갖고, 이익은 모두 투자자에게 돌린다." 그런 말을 들으면서 그가 많이 변했다는 느낌이 들었다. 현재 돈 한 푼 없으면서 수백억을 쉽게 말하고, 남을 위해 한다고 포장하고 있다.

쉽지 않았지만 그의 투자 제의를 거절했다. 옛 친구로서 만나고 격려하고 대접하는 것만으로 도리는 다한 거라고 생각했다. 계산을 하려는데 벌써 처리됐다고 한다. 화장실 다녀오겠다던 그가 이미 음식 값을 지불한 것이다. 자존심을 지키려 과도한 지출을 감행한 것이다. 왠지 마음이 짠하고 허전했다.

“반드시 재기해 갚을게”라고 하지만

많은 사람이 가족이나 친구에게 돈을 빌려 주고 받지 못해 진료실을 방문한다. 가까운 사이라 증서 없이 거래한 경우가 많고, 아예 받을 엄두도 못 낸 채 엄청난 고통을 받는다. 거액을 투자한 후 초기에 일정한 돈을 받다가 회사가 부도나 증서가 휴지 조각이 되는 경우도 있다. 보증을 서거나 이름을 빌려줘 복잡한 소송에 말려들기도 한다. 일단 사건이 터지면 가해자는 조용히 잠적하고, 도와줬던 사람들을 피하고 본다. “미안하다! 열심히 살아 보려 했는데 이렇게 됐다. 반드시 재기해 갚을 테니 기다려 달라.” 이랬다면 좀 나을 텐데… 그냥 도망쳐 버리니 정말 돈 잃고 사람까지 잃는 황망한 일이다. 믿는 도끼에 발등 찍히는 일이다.

초등학교 5학년, 필자의 아버지는 53세의 나이에 사업에 크게 실패했다. 은행과 기업에서 재무업무를 맡았던 회사원이 광산에 손을 댄 것이 화근이었다. 당시 사업을 위해 친척, 친구, 회사 돈까지 모두 끌어다 썼다. 필자의 머리에는 ‘사기 당했다’는 한마디로 각인되어 있다. 아버지는 3년 동안 잠적했고, 어머니는 빚쟁이에게 시달렸으며, 6남매의 고생은 말로 다 할 수 없다. 부모님의 모든 인간관계는 당연히 단절되었다. 10년 후 아버지는 사업에 미련을 못 버리고 또 뛰어드셨다. 그런데 몰래 집을 담보로 돈을 끌어다 썼다. 어머니와 형이 고생 끝에 마련한 집이었다. 결국 그 사업도 망했다. 집은 완전히 풍비박산이 되고 가족관계도 엉망이 됐다.

누군가 이런 말을 했다. 세상에는 성공하고 실패하는 사람, 실패하고 실패하는 사람이 있다고… 인간은 결국 죽기 때문이다. 허무주의적 발상이다. 아예 실패해 왔고 앞으로도 실패할 운명으로 살아가는 사람도 있다. 그는 성공하기 위해 최선을 다하지 않는다. 불우한 어린 시절로 심한 열등감에 시달리는 경우다. 이런 사람도 있다. 실패하고 실패해도 다시 도전하는 사람이다. 그는 성공을 간절히 바라지만 실패하더라도 절대 좌절하지 않는다. 실패는 성공의 어머니다. 그는 자본주의를 선도하는 일등공신이다. 우리는 도전을 통해 실패를 극복하고, 실패를 통해 지혜를 얻는다. 실패는 모든 배움과 학습의 재료다. 모든 기업의 성공스토리에는 힘들고 어려웠던 실패경험이 있다. 그런데 그러한 실패 때문에 받는 가까운 가족, 친지, 친구의 고통과 희생은 어떻게 해석해야 할까?

인간관계에서 분리, 한계, 경계를 잘 점검해야

살다 보면 가족, 친지, 친구로부터 돈과 관련해 여러 가지 제안을 받게 된다. 돈을 꿔 달라고 하기도 하고, 같이 돈을 대 사업을 하자고도 하고, 투자를 부탁하기도 한다. 가까운 사람인데 일일이 거절할 수 없는 노릇이다. 이 세상에서 혼자 살아간다는 것은 불가능하다. 서로 도움을 주고받는 것은 우리 사회의 미덕이다. 도움을 줘야 언젠가 도움을 받을 수 있다. 자본주의 사회에서 돈을 배제한 인간관계는 상상하기 어렵다. 그런데 상대가 잘 되면 좋지만 안 되면 낭패다.

우선 인간관계에서 정신분석적으로 점검할 세 가지 항목이 있다. 분리(separation), 한계(limitation), 경계(boundary)다. 이는 어려서부터 충분한 사랑과 훈육을 통해 마스터되어야 할 과제다. 가까운 가족이라도 분리된 인격체임을 인식해야 한다. 가까운 친지라도 책임의 한계가 분명해야 한다. 가까운 친구 간에도 적당한 경계를 유지해야 한다. 이 셋은 건강한 인간관계의 기준이다. 돈에 대한 인간관계 문제가 발생할 때 적절히 적용할 수 있다.

후박사의 탁월한 세 가지 처방

첫째, 상대의 말에 절대 현혹되지 말자. 대박 사업이다, 이익을 돌려준다, 큰 이자를 준다는 등의 감언이설에 속으면 안 된다. 그는 사업이 크게 성공할 거라는 확증편향에

빠져 있다. 당장 돈이 필요하기 때문에 말을 부풀린다. 그런 말을 여러 사람에게 반복해서 제안하고 있다. 어쩌면 안 되면 그만이라는 태도로 접근하고 있다. 물론 상대가 아주 어려운 궁지에 처해서 돈을 요구하는 경우는 다를 것이다. 사람 나고 돈 났지, 돈 나고 사람 났나? 그렇지만 조심해야 한다. 마음이 아프더라도 서로 분리된 시각을 가져야 한다. 도울 수 있는 만큼 한계를 정해야 한다. 도울 수 없을 때는 정확한 경계를 그어야 한다. 운명에 맡겨야 한다. 정(情)에 이끌려 무조건 투자하거나 무조건 돕는다면, 돈 잃고 사람까지 잃는 황망한 일을 당할 수 있다.

둘째, 상대의 정황을 자세히 점검하자. 말은 항상 부풀려지기 마련이다. 정확히 무슨 사업을 하는지? 이익을 어떤 식으로 돌려준다는 것인지? 언제부터 어느 정도의 이자를 지급한다는 것인지? 꼼꼼하게 물어봐야 한다. 물론 상대가 과거에 도움을 주었던 사람인 경우는 쉽지 않다. 그래도 과거는 과거고 현재는 현재다. 가족인 경우는 더욱 곤란할 것이다. 그래도 용기를 내야 한다. 상대가 어려운 궁지에 처한 경우라도 얼마나 어려운지 실상을 파악해야 한다. 말과 실상은 반드시 다를 것이다. 가족과 친구의 말에 이끌려 그냥 믿어 버린다면 믿는 도끼에 발등 찍히는 것은 불 보듯 훤한 일일 것이다.

종이 한 장에 걱정되는 부분을 적어도 무방

셋째, 모든 돈 관계는 계약서를 작성하자. 가까운 사이에 계약을 운운하는 건 한국 정서에는 맞지 않다. 신뢰를 깨는 것 같은 느낌을 준다. 부모 자식 사이에 그럴 수 있는가? 그렇다 하더라도 계약서는 반드시 필요하다. 사람의 기억력은 정확하지 않다. 오늘과 내일의 태도가 돌변할 수 있다. 미래는 아무도 알 수 없다. 정식 계약서가 아니라도 된다. 종이 한 장에 걱정되는 부분과 예상되는 부분을 그냥 적으면 된다. 돈 계산은 분명할수록 좋다. 돈을 꾸는 것인지 투자인지 결정해야 한다. 상환기간, 이익과 배당에 대해 정확히 적어야 한다. 잘못되는 경우도 가정해서 책임의 범위와 한계를 정해야 한다. 마지막으로 둘이 사인하면 끝난다. 많은 시간도 안 걸린다. 드디어 계약서가 완성된다. 왠지 마음이 개운하고 편해진다. 둘 사이가 더욱 돈독해질 수 있다.

우리는 자본주의 사회에서 살고 있다. 돈 관계는 절대 소홀히 취급될 수 없다. 돈에 관한 선택에 직면할 때 하루쯤은 생각해야 한다. 돈에 관한 결정을 요구당할 때 일주일쯤은 보류해야 한다. 아무리 돈이 귀중하다 해도 사람보다 더 귀중할 수 없다. 돈 나고 사람 나는 비극에는 빠지지 말아야 한다.

31 나쁜 습관과 결별하기

◇◇◇

습관처럼 지각하는 당신, 뇌에 보내는 신호를 바꿔라

셔틀버스 놓치고 아침마다 안경 찾고

그녀는 입사 5년차 회사원이다. 열심히 일하고, 자질구레한 일도 마다하지 않으며, 끝까지 회식 자리를 지키는 등 최선을 다해 꽤 괜찮은 직원이라는 평을 듣는다. 그런데 그녀에겐 몇 가지 나쁜 습관이 있다. 그녀는 한 달에 서너 번 지각을 한다. 주로 전날 회식을 했을 때 그렇다. 다행히 몇 분 정도의 지각은 자유로운 회사 분위기상 그리 문제가 되지 않는다. 적어도 얼마 전까지는 그랬다. 그런데 두 달 전 회사가 서울 한복판에서 경기도 외곽으로 이전한 후로는 상황이 달라졌다. 교통 여건이 좋지 않아 아침 7시 30분에 출발하는 회사 셔틀버스를 놓치면 문제가 심각해진다. 아무리 빨라도 10시가 넘어야 회사에 도착할 수 있다. 그녀는 벌써 셔틀버스를 세 번이나 놓쳤다. 버스를 향해 정신없이 뛰고 있는 그녀를 뒤로 한 채 떠나가는 버스를 황망히 바라보았던 게 벌써 몇 번째인가. 자신의 이런 모습에 화가 난다.

그녀는 아침마다 안경을 찾느라 분주하다. 식탁 위, 책상 위, 욕실 세면대에서 안경이 발견되면 그건 쉽게 찾는 경우다. 그런데 가끔은 도대체 어디다 두었는지 찾아지질 않는다. 옷 방 구석구석, 침대 아래 등 집 안 여기저기를 돌아다니느라 금쪽같은 아침 시간을 허비하는 일이 다반사다. 남들은 책상 위 같은 정해진 곳에 안경을 두면 되지 않느냐고 한다. 그래서 매일 드는 핸드백 옆에 두면 되겠다 싶어 하루 이틀은 그렇게 하는데, 어느새 또 안경을 찾고 있다. 자신의 이런 모습이 바보 같다.

인생은 습관의 덩어리

습관은 무의식적 행동이다. 연이은 행동이 하나가 되어 자동적으로 일어난다. 모든 행동의 40%는 습관에서 나온다. "습관은 제2의 천성으로 제1의 천성을 파괴한다." 습관은 반복행동으로 형성된다. 3주면 습관이 들어서고, 3개월이면 습관이 굳어진다. 오래된 것일수록 고치기 어렵고, 어려서 생긴 것일수록 바꾸기 힘들다. "세 살 적 버릇 여든까지 간다." 습관은 인격으로 나타난다. 인생은 습관의 덩어리다. 나쁜 습관이 쌓이면 악인이 되고, 좋은 습관이 쌓이면 선인이 된다. "생(生)은 축적(蓄積)이다."

습관회로란 게 있다. 뇌는 반복되는 행동패턴을 기억하여 회로를 만든다. 뇌는 습관회로를 통해 활동을 최소화하고, 남는 에너지로 창조적인 일을 한다. 습관회로를 만드는 곳은 기저핵이다. 행동을 반복하다 회로에 걸려들면, 습관이 돼 벗어나기 어렵다. 의식적 행동에는 대뇌피질의 전전두엽, 변연계의 기저핵, 뇌간의 중뇌가 동시에 활동한다. 낯선 경험을 학습하고, 의미를 부여하는 것이다. 무의식적 행동이 되면 기저핵과 중뇌만 활동한다. 생각과 판단 없이 자동으로 행동하게 된다. 중뇌는 도파민을 분비해 쾌감을 일으켜, 습관이 자리 잡도록 한다.

반복행동은 바꾸고 신호 · 보상을 조정하면

습관은 신호, 반복행동, 보상의 3단계로 형성된다. 신호는 습관을 튀어 나오게 하는 방아쇠다. 목마름, 분노, 외로움 같은 욕구가 되고, 특정한 시간과 장소, 분위기나 인물이 되기도 한다. 이어, 반복행동이 나타난다. 목마를 때 음료를 찾고, 화가 날 때 술을 마신다. 늦은 밤 야식을 찾고, 비오는 날 옛 찻집으로 향한다. 보상은 생물학적 쾌감, 심리적 안정감, 사회적 이득을 포괄한다. 신호, 반복행동, 보상은 반복 사이클을 통해 습관으로 정착된다. 신호를 없애면 습관도 소멸된다. 반복행동을 바꾸면 습관도 변한다. 신호와 보상을 조정하면 새로운 습관을 만들 수 있다.

"생각을 바꾸면 행동이 변하고, 행동을 바꾸면 습관이 변하고, 습관을 바꾸면 인격이 변한다." 정신분석은 생각을 변화의 출발점으로 본다. 생각에 연결된 감정에 초점을 맞춘다. 과거 경험, 여섯 살 이전의 경험을 중시한다. 아이는 백지에서 출발한다. 생각하기 전에 느낌이 들어선다. 감정은 생각보다 원초적이다. 나쁜 습관의 원인은 어릴 적 부정적 생각과 감정에서 온다. 정신분석에서 변화란 현재에 영향을 끼치는 과거의 부정적 생각과 감정의 원인을 찾아 제거하는 것이다.

행동심리학은 행동을 변화의 출발점으로 본다. 과거는 무시하고, 현재 행동에 초점을 맞춘다. 보상과 처벌이 중요하다. 보상을 통해 좋은 습관을 강화시키고, 처벌을 통해 나쁜 습관을 소거시킨다. 상벌은 즉각적일 때, 구체적인 행동에 가해질 때 효과적이다. 행동심리학이 '자극→반응'의 심리학이라면, 인지심리학은 '자극→깨달음→반응'의 심리학이다. 인지심리학은 정신분석과 행동심리학의 하이브리드다. 과거는 무시하고, 현재 부정적인 자동생각에 초점을 맞춘다. 깨달음을 통해 변화를 추구한다.

후박사의 탁월한 세 가지 처방

습관 극복을 위한 세 가지 미덕이 있다.

첫째, 자각(awareness)이다. 습관을 깨닫는 것은 어렵다. 우리는 평소 생각 없이 살아간다. 여행가서 색다른 습관을 의식하고, 연애하다 남다른 습관을 발견한다. 큰 실수를 한 후에야 사소한 습관을 돌아보고, 큰 병이 생긴 후에야 금연을 고려한다. 습관은 모를 때까지 지속된다. 깨닫는 순간 변하지만, 작은 계기로 물거품이 되기 쉽다. 나쁜 습관에는 숨겨진 이득이 있다. 하고 싶지 않은 데도 자꾸 하게 되는 이유가 있다. 지각은 게으름에서 오는 여유로움과 관련되고, 안경 찾기는 의타심에서 오는 보호욕구와 연관된다. 충격적인 사건은 습관을 바꾼다. 깡패가 효자가 되고, 구두쇠가 자선가가 된다. 루터는 들판에서 친구가 벼락에 맞아 죽는 것을 목격하고 종교개혁가의 길을 택했다. 논어에 이런 말이 있다. "학습 없는 생각은 위험하고, 생각 없는 학습은 허망하다."

둘째, 열망(desire)이다. 열망은 습관을 바꾸는 원동력이다. "내가 진정으로 원하는 것은 무엇인가?" 간절히 원해야 한다. 이어, 결심과 결단이 뒤따라야 한다. 무엇보다 중요한 것은 당장 시작하는 것이다. 열망은 보상과 처벌에 영향을 받는다. ① 무조건 커다란 보상, 강한 처벌은 효과적이지 않다. ② 본성에 맞게 잘 설계해야 한다. ③ 상벌을 동시에 활용할 때 더 효과적이다. ④ 상벌을 꾸준히 유지해야 한다. ⑤ 상벌의 양은 증가시키는 것이 어렵고, 시간이 지나면 반응이 무뎌진다. 이렇게 외치자. "나는 옛날에는 그랬지만, 지금은 그렇지 않습니다."

깨달음 3년 지속하면 득도

셋째, 끈기(persistence)다. 끈기는 습관을 굳히는 접착제다. 깨닫는다 해도 실천이 어렵고, 간절히 원해도 지속하기 힘들다. "마음은 원이로되 육신이 약하도다." 훈련, 훈련, 그리고 훈련이다. 강철 같은 의지와 견뎌내는 인내가 필요하다. 인간은 나약하다. 끈기를 유지하는 데 누군가의 도움이 필요하다. 약속실천계약이 효과적이다. 강박적 약속을 통해 미래 행동을 구속하는 것이다. 계약을 통해 꼼짝없이 좋은 습관을 수행하는 것이다. 예를 들면, 흡연을 한 번 할 때마다 벌금 십만 원을 내어 자선단체에 기부한다. 충동구매를 막기 위해 신용카드를 물 잔에 넣어 냉동실에 보관한다. 일 년간 지각을 안 하기 위해 친구에게 백만 원을 맡겼다가 성공하면 찾는다. 불교에 이런 말이 있다. "깨달음을 3년 지속하면 득도(得道)한다."

32

남자의 외도

◇◇◇

엉킨 실타래 제3자 입장에서 풀어야

부인 몰래 뜨거운 사랑에 빠졌는데

몇 년 전 중학교 단짝 친구를 우연히 만났다. 그는 교수, 예술가, 사업가로서 크게 성공했다. 그는 부인 몰래 아름다운 싱글 커리어우먼을 만나고 있다. 최고의 섹스 파트너, 최상의 소울메이트란다. 모든 남성의 로망이다. 부러울 따름이다. 친구는 결혼 초부터 낮밤이 바뀐 생활을 해 왔다. 밤샘 작업을 하고, 오전에 자고, 오후에 강의를 한다. 부인은 주부다. 두 자녀를 훌륭하게 키운 좋은 엄마다. 독실한 기독교인이다. 부부는 서로 다른 세계를 살아왔다. 그렇다고 친구가 가정에 충실하지 않은 것은 아니다. 아이들의 훌륭한 동일시 대상, 부인의 따뜻한 조언자 역할을 해 왔다. 친구는 열변을 토한다. “인생에서 가장 중요한 것은 섹스야! 모든 에너지와 창조력의 원천이지!” 그는 성(性) 예찬론자다. “결혼할 때 제일 중요한 건 속궁합이야! 난 딸한테 결혼 전에 필히 동거부터 하라고 하지!” 그는 진보주의자다. 그날 그가 선물로 준 아름다운 여체 그림을 들고 집으로 돌아왔다.

최근 동창을 다시 만났다. 시간이 꽤 지났는데도 둘의 사랑은 아직도 뜨겁단다. 정말 의외다. 바람은 보통 바람처럼 사라지고, 외도는 그냥 외도로 끝난다. 사랑의 열병은 길어야 3년이다. 둘의 사랑에는 필시 무언가 있다.

우연히 외도가 밝혀져, 그는 이혼을 원했지만 부인은 절대 아니다. 아들은 오케이인데, 딸도 아빠를 이해하지만 결혼할 때까지는 참으란다. 이혼 얘기가 나온 마당에 부부가 한 공간에 머문다는 것이 생지옥이다. 그는 이렇게 말한다. “과거 여러 여자들에게 쉽게 싫증을 냈는데 이번은 달라! 보면 볼수록, 만나면 만날수록 더 좋거든. 5년 전 처음 만날 때, 그녀가 친구에 대한 배신감으로 엄청 힘들어했어. 그때 멘토 역할을 해 줬거든. 우리 관계는 아무런 조건도 아무런 대가도 없어!” 그리고 덧붙인다. “섹스는 몸보다 맘이 더 중요한 것 같아….”

‘섹스+α’의 만족감 포기하기 어려워

성(性)은 하나님이 우리에게 주신 선물이다. 조물주가 내린 축복이다. 성경에 이런 말이 있다. “생육하고 번성하고 충만하라.” 바다와 육지는 온통 생물로 가득하다. 모두 성의 산물이다. 우리는 어린 시절 다양한 관심과 호기심을 가지고 하루하루 보낸다. 하늘에 떠다니는 흰 구름, 땅에 기어가는 개미, 신기한 모양의 돌멩이, 고사리 손 같은 빨간 단풍 등 자연의 신비에 흠뻑 젖어 산다. 그런데 어느 날 몸에 성호르몬이 돌게 되면 우리의 관심과 호기심은 오직 하나로 집중된다. 모든 에너지가 남자는 여자에게, 여자는 남자에게 향한다. 서로 가슴이 뜨거워지고 속이 달아오름을 느낀다. 이렇게 우리는 성을 통해 창조되었고, 성을 느끼는 순간부터 성적인 존재로 살아가도록 창조되었다.

섹스는 종종 ‘먹는다’는 영상을 일으킨다. 식욕과 성욕은 밀접한 관계가 있다. 식욕이 왕성하면 성욕이 넘치고, 식욕이 떨어지면 성욕이 부진하다. 남녀가 데이트할 때 보통 남자 쪽에서 음식 값을 내려고 하고, 여자 쪽에서 손수 음식을 해 주고 싶어 한다. 여성은 실제로 상대의 몸 일부를 품고, 남성은 맘으로 상대의 몸 전체를 품으려 한다. 이는 입안에 음식을 넘고 삼키려는 욕망과 통한다. 보통 섹스를 한다는 것은 물건을 가지는 것과 비슷하다. 그런데 소유란 것은 모두 한계가 있다. 아무리 많이 가진다 해도 다 채워지지 않는다. 끝없이 불타오르는 욕망은 결국 황폐해지기까지 한다.

탄트라 명상의 탄생

왕궁의 남자가 한 여자를 만났다. 그녀는 정말 아름답고 요염했다. 워낙 하류계층이라 교수도 장관도 전혀 탐하지 않는, 몸 외에는 정말 내세울 게 없는 여자다. 그런데 왕자가 그녀에게 홀딱 빠졌다. 둘은 동거를 시작했다. 하루 일과는 섹스로 시작해 섹스로 끝난다. 아무런 조건도 없는 사랑, 아무런 대가도 없는 사랑, 아무도 안 말리는 사랑을 했다. Great Love! 둘은 숙소를 화장터로 옮겼다. 거기는 매일 수많은 사람이 한 줌의 재로 화하는 곳이다. 가족들의 통곡이 유일한 음악이다. 화장터에서 둘은 하루 종일 '섹스+섹스+섹스+…'를 했다. 매일 죽음을 떠올리면서…. 탄트라는 이렇게 탄생했다. 탄트라는 성적 에너지를 통해 인간이 보다 높은 의식세계로 들어가는 몸 명상법이다. 우리는 보통 성적 욕구의 배출을 위해, 스트레스 해소를 위해, 오락과 놀이를 위해, 사랑을 받기 위해, 자신의 매력을 확인하기 위해 섹스를 한다. '섹스+섹스+섹스…'일 따름이다.

우리는 첫사랑의 기억을 오래 간직한다. 처음으로 그녀와 얼굴을 맞대고 대화할 때의 설렘, 처음으로 그녀의 손을 잡는 순간의 떨림, 처음으로 서로 입을 맞추어 보는 순간의 달콤함을 누구나 한 번쯤은 기억한다. 성의 신비는 첫 경험의 순간에서 일어난다. 성의 신비는 가끔 오래 행할 때 도달할 수 있다. 성의 신비는 온 몸과 온 맘으로 관계할 때 체험된다. 성의 신비는 α를 보탤 때 열릴 수 있다. 섹스는 남녀가 전체적으로 합일하는 몸과 맘과 혼의 예식이다.

후박사의 탁월한 세 가지 처방

그는 생애 큰 위기를 겪고 있는 것임에 틀림없다. 많이 엉켜 있다. 어디서부터 풀어야 할까? 풀 수 없으면 끊어버려야 할지도 모른다. 포지션 체인지(position change)란 방법이 있다. 입장교대를 통해 상대를 이해하는 유용한 기법이다. 나 입장, 너 입장, 제3자 입장이 있다.

계속 양다리 걸치긴 어려워

첫째, 나 입장에서 보자. 엉켜져 있는 실타래를 당장이라도 끊어버리는 게 속 편할 수 있다. 아무리 천부적인 관계 능력이 있다고 해도 양다리를 걸치는 것은 힘들다. 모든 비밀이 폭로된 경우에 더욱 그렇다. 아무리 낙천적인 성격의 소유자라도 라이브로 진행되는 불편한 감정을 참아내기란 쉽지 않다. 오래 억압된 감정은 어떤 식으로든 폭발하기 마련이다. 또한 분노, 적대감, 배신감, 죄의식은 인간으로서 가장 다루기 힘든 감정이다.

둘째, 너 입장에서 보자. 부인 입장은 그렇지 않다. 어떻게든 풀어 보자는 거다. 무조건 생각할 시간을 가지자는 것이다. 그녀에게 남편은 오랫동안 '좋은 사람'이었다. 물론 동상이몽임을 어느 정도 인정한다. 하지만 항상 의지할 수 있는 훌륭한 멘토였다. 평생 이혼이란 걸 한 번도 생각해 본 적이 없다. 급작스럽게 닥친 일이다. 둘은 세상을 보는 견해가 같지 않은 것 같다. 입장 조율은 불가능해 보인다.

셋째, 제3자 입장에서 보자. 딸 입장은 또 따르다. 적당히 푸는 시늉을 하다 천천히 끊어버리자는 거다. 현명해 보인다. 아빠의 입장도 이해하고, 엄마의 입장도 이해한다. 둘 다 망가지기를 원하지 않는다. 그런데 결혼을 앞둔 자신의 입장도 있다. 아무튼 엉킨 실타래를 풀기가 쉽지 않다. 제3자 입장이 필요하다. 중재자가 있어야 할 것 같다. 친구는 이렇게 말을 흐린다. "우선 자그마한 방을 구해 떨어져 살아 보려고 해!"

33 다이어트

◇◇◇

공복이야말로 최고의 보약

날씬했던 예전으로 돌아가고 싶다

그녀는 아침이 힘들다. 부은 몸을 힘겹게 일으켜 겨우 일어나도 더부룩한 배가 그녀의 아침을 방해한다. 그 속을 달래려 찾는 건 새로운 음식이다. 처음부터 그랬던 건 아니다. 5년 전 처음 독립했을 때는 들뜬 마음에 마트에서 장도 보고, 새로운 레시피를 찾아 건강식도 개발했다. 하지만 몇 년 전 일이 바빠지기 시작하면서 그럴 여유가 없어졌다. 나만을 위한 요리는 사치였다. 남이 해 준 배달음식과 끼니를 빨리 때울 수 있는 인스턴트는 최고의 해결책이었다. 언젠가부터 주말에 혼밥을 하며 얻는 포만감 이상의 고통스런 느낌마저 행복이라 생각되기까지 했다. 그러나 그것은 불편한 행복이었다. 먼저 체중계의 숫자가 그녀를 괴롭혔다. 편하게 입었던 바지가 불편해져 고무줄 바지나 치마를 사야 했고, 거리의 예쁜 옷들은 더 이상 그녀의 옷이 아니었다. 거울을 보면 불룩한 배가 그녀를 먼저 반겼고, 사진에 잡히는 턱살이 새로운 스트레스로 다가왔다. 현재의 생활 패턴이 문제란 걸 그녀도 잘 알고 있다.

다이어트를 시작해 굶어도 보고 운동도 시작했다. 하지만 사회초년생인 그녀에게 스트레스를 달래 주는 건 음식뿐이었고, 열심히 일한 자신에게 줄 수 있는 보상 또한 음식뿐이었다. 먹고 난 후의 죄책감은 이루 다 표현할 수 없지만, 먹는 순간만큼은 한껏 행복했다. 최근 그녀는 지하철 계단을 오르내리는 것이 힘들다. 건강에 적신호마저 오는 것 같아 찜찜하다. 날씬했던 예전으로 돌아가고 싶은 마음이 가득하다.

다이어트는 현대인의 화두다. 인터넷에 다이어트 방법이 난무한다. 전문가마다 의견이 다르고, 사람마다 효과가 다르다. 여러 가지 속설이 있다. "비만은 유전자가 결정한다." "적게 먹고 많이 움직여야 한다." "지방을 먹으면 살찐다." "칼로리는 다 같다." 등이다. 비만의 유전자 원인은 8%로 밝혀졌다. 유전자보다 음식이 문제다. 칼로리보다는 호르몬이 더 문제이며, 인슐린과 스트레스 호르몬인 코르티솔이 중요하다. 과도한 탄수화물 대신 좋은 지방을 먹어야 한다.

다이어트를 해도 살이 안 빠지는 이유

다이어트를 해도 살이 안 빠지는 이유는 무엇일까? 첫째, 스트레스가 원인이다. 다이어트 자체도 스트레스다. 몸이 힘들면 달고 짠 음식이 당기고, 마음이 지치면 고기와 술이 생각난다. 급성스트레스는 위기상황이다. 코르티솔이 올라가 혈압 · 혈당이 상승하고, 인슐린도 올라간다. 코르티솔은 근육을 파괴해 에너지를 만들고, 인슐린은 몸을 지방저장모드로 설정한다. 만성스트레스 상태가 되면 코르티솔과 인슐린이 계속 작용한다. 근육이 줄어 기초대사가 떨어지고, 세포는 인슐린에 저항해, 인슐린이 기능을 하지 못하게 한다. 혈중에 인슐린과 당이 올라가고, 떠도는 당은 지방으로 바뀌어 몸에 축적된다.

둘째, 탄수화물이 원인이다. 탄수화물과 지방은 주 에너지원이다. 지방은 탄수화물보다 효율이 높고 찌꺼기도 적다. 현대인은 탄수화물에 과의존한다. 탄수화물은 포만감이 짧다. 지방은 10시간, 단백질은 4시간, 탄수화물은 2시간, 설탕 · 가공식품은 30분이다. 탄수화물 과잉섭취는 인슐린과 렙틴을 증가시킨다. 인슐린은 살찌는 호르몬이고, 렙틴은 포만호르몬이다. 세포는 높은 인슐린과 렙틴에 무뎌진다. 인슐린저항성은 복부비만을 일으키고, 렙틴저항성은 식욕을 증가시킨다. 탄수화물은 중독성이 있다. 코케인 중독보다 강하다. 뇌에서 도파민이 고갈되면 탄수화물 갈망이 증가한다.

셋째, 영양결핍이 원인이다. 건강해야 살이 빠진다. 비만은 칼로리만 넘치고 영양소가 부족한 상태다. 미토콘드리아는 우리 몸의 에너지발전소다. 비타민 · 미네랄의 결핍은 에너지생산을 방해한다. 미토콘드리아 고장은 만성피로를 일으키고, 칼로리 욕구를 증가시킨다. 무작정 굶거나 한 가지 음식만 먹는 다이어트는 영양결핍이 온다. 식욕억제제의 장기 복용도 영양결핍이 온다. 폭식증, 요요현상으로 건강을 해친다. 식재료가 다 같지 않다. 하우스재배로 과일 · 야채의 영양소가 과거에 비해 많이 줄었고, 공장사육과 곡물사료로 육류의 품질도 떨어졌다.

넷째, 대사저하가 원인이다. 기초대사량이 떨어지면 물만 먹어도 살찐다. 영양부족 · 수면부족 · 운동부족이 대표적이다. 살을 빼려면 잘 먹고 잘 자고 잘 움직여야 한다. 대사저하는 호르몬 장애에서 온다. 부신피로 · 갑상선저하 · 에스트로겐우세가 대표적이다. 부신은 영양소를 사용하여 열에너지를 생산한다. 갑상선은 체온조절에 관여한다. 호르몬은 높아도 낮아도 문제다. 대사저하는 환경독소에서 온다. 환경호르몬 · 농약 · 중금속이 대표적이다. 환경호르몬은 용기 · 용매 · 향기에 쓰이는 석유화학제품이 주범이다. 많은 과일 · 채소가 농약에 오염돼 있다. 미세먼지도 중금속오염의 원인이다.

후박사의 탁월한 세 가지 처방

첫째, 인슐린을 낮추자. 인슐린은 비만의 일등공신이다. 인슐린저항성이 심할수록 살을 빼기 어렵다. 다이어트에 성공하려면 인슐린부터 교정해야 한다. 어떻게든 혈중 인슐린을 낮추자.

① 탄수화물은 줄이고 지방을 늘린다(저탄고지). 지방을 에너지원으로 써야 한다.
② 설탕, 가공식품, 정제탄수화물은 끊는다.
③ 혈당지수가 낮은 음식을 먹는다.
④ 간식은 삼가고 공복시간을 갖는다. 공복이야말로 최고의 보약이다.
⑤ 단백질의 과잉섭취는 인슐린을 올리고, 발효식초와 식이섬유는 인슐린을 낮춘다.

갑상선저하부터 교정해야

둘째, 기초대사량을 올리자. 갑상선저하는 비만에서 흔하다. 체온이 0.5° 낮아지면 대사가 20% 떨어진다. 아침 체온이 36.5° 이하면 갑상선저하로 봐야 한다. 다이어트에 성공하려면 갑상선저하부터 교정해야 한다. 어떻게든 기초대사량을 올리자.

① 고영양소 음식을 먹는다.
② 근육을 늘리기 위해 단백질을 적절히 먹는다.
③ 잠을 충분히 잔다. 미인은 잠꾸러기다.
④ 유산소운동보다 근육운동이 효과적이다. 스쿼트, 팔굽혀펴기가 좋다.
⑤ 물을 많이 마신다. 물은 에너지생산과 해독에 필수다.

셋째, 입맛을 바꾸자. 대다수 다이어트는 칼로리를 제한한다. 일시적인 체중감량은 요요현상으로 실패한다. 다이어트에 성공하려면 랩틴저항성을 극복해야 한다. 음식 절제로 포만중추가 고장 나, 배고픔을 참을 수 없게 된다. 어떻게든 식욕을 떨어뜨리자.

① 칼로리 제한 다이어트를 멈춘다.
② 포만감이 오도록 식사는 30분 이상 한다.
③ 단맛을 포기하고, 기름 맛에 길들인다.
④ 고강도 인터벌트레이닝을 주 4회 실시한다.
⑤ 간헐적 단식이 효과적이다. 하루에 한 끼씩 거른다.

34 대박 갈등

◇◇◇

돈을 경영할 수 있는 능력을 키워라

기업 팔아 목돈 받아

그는 급변하는 IT 업계에서 획기적인 기술로 큰 성공을 거뒀다. 코스닥에 상장까지 했으니, 소위 대박이 난 것이다. 물론 사업 초기부터 잘나간 것은 아니다. 첨단기술을 기반으로 여러 상품을 출시했지만, 제품이 창의적일수록 성공하기 어려운 웃지 못하는 현실 탓에 많은 실패도 경험했다. 그러나 뼈를 깎는 노력으로, 나이 50세에 크게 성공했다.

세 달 전, 그는 20여 년 간 애지중지 키워 왔던 기업을 팔았다. 코스닥 시장에 불어온 글로벌기업의 투자 덕분이다. 수중에 큰돈이 들어왔다. 덕분에 이젠 예전처럼 밤새며 일하지 않아도 된다. 아니 평생 아무 일도 하지 않아도 된다. 완벽하게 새로운 삶이 그 앞에 펼쳐졌다.

한동안 방해받지 않고 맘대로 살고 싶었다. 그래서 평소 해 보고 싶었던 해양스포츠를 만끽하기 위해 혼자 필리핀으로 떠났다. 질리도록 수상스키, 스킨스쿠버를 즐겼다. 한 달 가량 지나니 재미가 없어, 귀국 후 지인들이 추천하는 여러 모임에 참여했다. 다양한 분야의 새로운 사람들을 만났고, 즐거운 시간도 가졌다. 만나는 사람들은 모두 그에게 부럽다고 했다.

그도 기쁘다. 처음으로 해방감을 느낀다. 그렇지만 마냥 기쁘지는 않다. 좀 허전하다. 어디 가서 나를 소개할 명함이 없다. 서운한 느낌도 든다. 매일 출근해서 만날 사람이 없다. 허허벌판에 외롭게 서 있는 기분이다. 좀 불안하다. 다음 달이면, 아들딸 유학을 위해 미국에서 지내던 부인이 귀국한다. 사업을 잘 모르는 부인에게 어떻게 이해시킬지 모르겠다. 가족친지를 비롯한 주변의 석연치 않은 시선도 느껴진다. 로또 당첨, 벼락부자 후 인생이 몰락했다는 기사도 심심치 않게 보인다. 뭔가 다시 시작해야 하는데, 이대로 살아도 되는지, 불확실한 미래 때문에 머리가 복잡하고 무겁다.

운이 좋아 큰돈이 들어온다면

많은 사람은 대박의 꿈을 안고 살아간다. 과거, 우리는 아메리칸 드림을 위해 자유의 나라 미국으로 건너갔다. 현재, 중국과 동남아인들이 코리안 드림을 위해 한국으로 건너온다. 사람들은 대박의 꿈을 위해 온갖 고생을 겪는다. 자본주의는 대박의 신화를 부추긴다. 피그말리온 효과란 게 있다. 무엇이든 간절히 원하면 이루어진다는 것이다. 하지만 현실은 녹록치 않다. 마음대로 안 되는 게 인생이고, 소원대로 안 되는 게 팔자다. 고생 끝에 만신창이가 되기 십상이다.

운이 좋아 큰돈이 들어온다면 어떨까? 너무 기쁜 일이다. 우선, 멋진 차를 사고, 넓은 집을 구한다. 매일 나가던 직장은 그만두고, 평소 못하던 레저에 뛰어든다. 끝없는 향락에 빠질 수 있다. "내가 진정으로 원하는 게 무엇일까?" 아니면, 가족에게 나눠 주고, 친지에게 빌려 준다. 아예 고아원에 기부하고, 장학금으로 쾌척한다. 뿌듯한 만족감을 얻을 수 있다. "나에게 가장 중요한 게 무엇일까?" 그런데 진짜 현실에 부닥치면 마음이 바뀐다. 생각하던 대로 안 하고, 기대하던 대로 안 된다.

현대 사회는 최대 다수의 최대 행복을 추구한다. 행복은 쾌락에서 온다. 기쁨, 만족감, 의미로 표현된다. 세 가지 행복이 있다. ① 감정적 행복은 감정을 통해 느끼는 행복이다. 오욕칠정을 가진 평범한 인간에게 주어진다. 신들이 부러워하는 행복이다. ② 평가적 행복은 머리로만 이해되는 행복이다. 인지적 평가를 통해 얻어진다. 해석학적인 관점이 들어가는 행복이다. ③ 도덕적 행복은 고결한 행복이다. 깨달음에 도달한 상태다. 종교에서 얘기하는 행복이다.

대박을 맞으려면 걸맞은 그릇이 필요

대박은 누구에게 오는 것일까? 대박은 꿈꾸는 자에게 온다. 아무런 꿈이 없는 자는 찾아온 기회도 잡지 못한다. 허황된 꿈은 차라리 없는 것보다 못하다. 대박에는 노력과 준비가 필요하다. 복권도 사지 않고 당첨을 기대할 수 없다. 기회는 준비된 자에게 찾아온다. 대박을 맞으려면 그릇이 필요하다. 아무리 좋은 것을 준다 해도 자신의 그릇만큼만 담는다. 작은 그릇을 준비하면 작게 담고, 큰 그릇을 준비하면 크게 담는다. 경쟁사회를 살아가는 현대인에게, 대박은 훌륭한 당근이고 신선한 충격이다.

후박사의 탁월한 세 가지 처방

그는 불확실한 미래에 직면해 있다. "어떻게 살아야 할까?" 잘 살아야 할 것이다. 소크라테스는 이렇게 말했다. "우리에게 중요한 것은 그냥 사는 것이 아니고, 바람직하게 사는 것이다."

경영이란 올바른 일을 제대로 하는 것

첫째, 돈을 잘 쓰자. 그동안 돈을 제대로 못 썼다. 사업을 하다 보면, 매달 부족한 돈을 메꾸기 바쁘다. 그동안 돈을 올바로 못 썼다. 급변하는 환경에서 의미 있게 쓰는 것은 어렵다. 개같이 벌어서 정승같이 쓴다는 말이 있다. 이제, 큰돈이 들어왔다. 이런 말이 있다. "경영이란 올바른 일을 제대로 하는 것이다."

돈에는 이름이 붙어 있다. 공돈, 푼돈, 생활비, 오락비로 불린다. 갑자기 생긴 돈은 공돈으로 취급되어 탕진하기 쉽다. 도박으로 번 돈으로 부자가 된 사람은 찾기 어렵다. 돈에 붙여진 이름에 속지 말자. 돈에는 감정이 들어 있다. 누구나 돈에 대한 떨치기 힘든 과거경험이 있다. 가난했던 경험은 가난에 익숙하고, 부했던 경험은 부에 익숙하다. 돈에 숨어 있는 감정을 파악하자. 돈에는 관계가 얽혀 있다. 갑자기 생긴 돈은 큰 스트레스로 작용한다. 돈이 있는 곳에 똥파리가 꼬인다. 부부간에도 정(情)이 깨지고, 친지간에도 의(義)가 깨진다. 돈을 경영할 수 있는 능력을 키우자.

둘째, 시간을 잘 쓰자. 그동안 시간에 쫓겨 살았다. 사업을 하다 보면, 화장실에 갈 시간조차 없다. 그동안 혼자 있는 시간이 없었다. 연속되는 회의에 치이고, 반복되는 미팅에 지쳤다. 이제, 남는 게 시간이다. 이런 말이 있다. "인간이란 과거에 대한 후회와 절망, 미래에 대한 걱정과 불안에 표류하는 물상이다."

혼자 있는 시간을 즐겨 보자. 바닥에 편히 앉아 체중을 느껴 보고, 드나드는 숨만을 의식하자. 눈으로 들어오는 사물의 색감을 느껴 보고, 귀에 들려오는 소리를 남김없이 들어보자. 자연과 하나 되고, 우주에 연결되어 있음을 느껴 보자. 후회와 절망을 허물고, 걱정과 불안을 쓸어 버려, 지금-여기에서의 무한과 영원을 건축해 보자.

셋째, 성실함으로 살자. 그동안 쉬지 않고 살았다. 사업을 하다 보면, 흔한 여행 한 번 못 간다. 그동안 최선을 다해 살았다. 가족을 위해 몸 바치고, 직원을 위해 마음까지 비웠다. 이제, 여유가 생겼다. 중용에 이런 말이 있다. "지극한 성실함은 쉼이 없다(至誠無息)."

자연은 성실하다. 봄에는 싹이 트고, 여름에는 녹음이 우거지고, 가을에는 열매가 맺고, 겨울에는 눈이 온다. 매사 조금은 과욕을 부려 보자. 다시, 분수를 찾고 성실함으로 돌아오자. 우주는 성실하다. 지구는 태양 주위를 쉬지 않고 돌고, 태양은 은하중심을 쉬지 않고 돈다. 유혹에 대해 조금은 흥분해 보자. 다시, 안정을 찾고 성실함으로 돌아오자.

35 대사증후군

◇◇◇

뱃살 줄이고 허벅지근육 키워라

날씬한 적 없었지만 뚱뚱한 적도 없었는데

그녀는 요즘 배가 더 나왔다. 평생 날씬한 적은 없었어도 뚱뚱하다는 말을 듣지는 않았는데, 몇 년 전부터 살이 오르더니 배도 함께 불러온다. 살이 찌기 시작한 건 남편이 사업을 접을 때부터다. 부잣집 막내아들인 남편은 결혼 전부터 사장이었다. 결혼 초엔 괜찮았는데 이내 사업이 기울어, 결국 10년 만에 접었다. 한동안 새로운 아이템을 찾는다며 동분서주하던 남편은 몇 가지 사업을 시작하다 돈만 날렸다.

남편의 요구로 생활비는 모두 시댁이 지원했다. 경제적 어려움은 없었지만, 매달 생활비를 받을 때마다 그녀의 자존심은 말할 수 없이 망가졌다. 두 딸은 최소 10년은 더 공부해야 하는데, 언제까지 모든 비용을 시댁에 의지한단 말인가. 연이은 사업 실패는 남편의 자존감에도 상처를 냈다. 나쁜 상황 탓인지 남편과 자주 다투게 되고, 시댁과의 관계도 나빠지는 등 집안은 엉망이 되어 갔다.

한참 방황했지만, 그녀는 가정을 책임지는 멋진 어머니가 되기로 했다. 경제적 독립을 위해 닥치는 대로 일을 했다. 대형마트 한 구석에서 튀김판매도 하고, 보험과 건강기능식품 외판도 했다. 지금은 입시학원 코디네이터로 일한다. 특별한 기술 없이 직업을 가지려니 육체적, 정신적으로 많이 힘들다. 그래도 먹으면 힘이 나 과자, 빵, 주스, 탄산음료를 가리지 않는다. 병원에서 대사증후군이 심하다는 말을 들었고, 혈압약과 아스피린, 고지혈증약을 처방받았다. 당뇨로 진행될 수 있으니 어떻게든 뱃살을 빼라고도 하는데, 잘 안 된다. 결혼 전 단아한 스타일을 뽐내며, 특급 호텔리어로 멋지게 일했던 그 시절이 그립다.

고혈압과 당뇨병은 같은 병

대사증후군은 당뇨병 전 단계다. 복부비만 · 고혈압 · 고지혈증 · 고혈당 등으로 판단한다. 관리가 안 되면 당뇨병 · 심장병 · 중풍 · 암 · 치매 등 대사성질환으로 진행한다. 대사증후군은 생활습관 병이다. 성인 셋 중 하나가 앓고 있다. 스트레스 · 비만 · 운동부족 · 과음 · 흡연 등에서 온다. 고혈압과 당뇨병은 같은 병이다. 둘 다 혈관성 질환이고, 원인은 인슐린저항성이다. 인슐린저항성은 당뇨병 전 단계이다. 과다한 당 섭취와 과도한 인슐린 분비가 주원인이다. 세포가 인슐린에 무뎌져서 당 사용에 저항한다. 떠도는 당은 지방으로 쌓이고, 끈적이는 당은 혈관을 손상시킨다. 혈관을 치료하려고 콜레스테롤이 올라가고, 염증 · 통증이 생긴다.

대사증후군은 복부비만이 공통적이다. 인슐린저항성이 있으면 뱃살이 찐다. 복부지방은 위험하다. 에너지원으로 못쓰고, 지방산으로 유리된다. 지방산은 해롭다. 혈중을 떠돌며 염증을 일으킨다. 간에서 중성지방으로 바뀐 후, 주변에 쌓여 지방간과 지방췌장을 만든다. 지방간은 인슐린저항성을 유발하고, 지방췌장은 인슐린 분비기능을 떨어뜨린다. 허벅지근육은 중요하다. 식후 혈당의 70%를 소모하고, 남은 당은 지방으로 저장한다. 허벅지지방은 이롭다. 오래 허벅지근육에 갇혀 있다. 지방산으로 유리되지 않고, 에너지원으로 쓰인다. 허벅지근육은 인슐린저항성을 낮춰 대사성질환을 예방한다.

"고혈압은 살려는 몸부림이다." 우리 몸의 혈관을 이으면 12만km다. 구석구석 피가 닿으려면 심장이 1분 동안 뛰어야 한다. 무조건 혈압을 낮추려는 건 안 좋다. 산소 · 영양분이 줄면 세포가 병든다. 올라간 원인을 찾아야 한다. 스트레스 · 염분이 주원인이다. 스트레스를 받으면 교감신경이 항진되고, 운동부족은 혈관탄력을 떨어뜨리고, 체중이 늘면 심장과부하가 걸린다. 염분은 혈압을 올리고, 마그네슘은 혈압을 내린다. 무조건 약을 거부하는 건 안 좋다. 생활습관을 바꾸기 힘들면 약을 먹는 게 좋다. 혈압약은 심장병·뇌졸중을 예방한다. 혈압이 높으면 혈관손상(뇌출혈)이 오고, 혈압이 낮으면 혈액정체(뇌경색)가 온다.

콜레스테롤을 무조건 낮추려는 건 안 좋아

"콜레스테롤은 심장병과 직접 관련이 없다." 콜레스테롤을 먹는다고 혈중 콜레스테롤이 오르지 않는다. 콜레스테롤은 항상성에 의해 조절된다. 과도한 탄수화물과 트랜스지방이 더 위험하다. 무조건 콜레스테롤을 낮추려는 건 안 좋다. 콜레스테롤은 세포막과 호르몬의 주성분이다. 올라간 원인을 찾아야 한다. 스트레스·염증이 주원인이다. 염증을 치료하다 콜레스테롤이 쌓여 동맥경화가 생긴다. 부신피로·갑상선저하·에스트로겐 불균형에서 올라간다. 무조건 약을 거부하는 건 안 좋다. 가족력이 있거나 당뇨병·심장시술·뇌졸중·신부전 등 고위험군인 경우 고지혈증약을 먹어야 한다.

"당뇨병은 초기 진압이 중요하다." 당뇨병이 급증하고 있다. 성인 당뇨 인구가 500만 명을 넘었다. 떠도는 당은 작은 혈관을 손상시킨다. 콩팥·망막·말초신경이 망가진다. 공복보다 식후 혈당이 높을수록 더 위험하다. 무조건 혈당을 낮추는 것은 안 좋다. 인슐린을 올리는 약은 처음부터 쓰면 안 된다. 혈당이 올라가는 원인을 찾아야 한다. 스트레스·당분이 주원인이다. 둘 다 인슐린저항성을 일으킨다. 뚱뚱한 당뇨는 뱃살에서 잘 오고, 마른 당뇨는 허벅지근육 부족에서 잘 온다. 최근 뚱뚱한 당뇨병이 80%로 늘었다. 뚱뚱한 경우 예후가 좋다. 체중을 10%만 감량해도 당뇨병이 70% 낫는다.

후박사의 탁월한 세 가지 처방

집착에서 벗어나야

첫째, 짐을 내려놓자. 낙타가 등에 무거운 짐을 싣고 산을 넘고 있었다. 주인이 물었다. "오를 때가 문제인가? 내려갈 때가 문제인가?" 낙타가 대답했다. "주인님, 등에 있는 짐이 문제입니다." 많은 것을 내려놓자. 집착에서 벗어나라는 의미다. 모든 집착은 세상일이 내 뜻대로, 내 욕심대로 되기를 바라는 것에서 온다. 과도한 짐을 내려놓을 때, 여유와 평안이 찾아온다. 무위자연(無爲自然)이라 한다. 고된 생활에서 벗어나자. 수면・운동・휴식이 중요하다. 무조건 잘 자고, 무조건 잘 쉬고, 무조건 잘 먹자.

둘째, 뱃살을 줄이자. 가공식품을 피하자. 가공식품은 열량・염분이 높다. 가공과정에서 영양소가 사라진다. 식품첨가물도 들어 있다. 식이섬유를 충분히 먹자. 식이섬유는 지방・당분의 흡수를 막는다. 담즙을 배설해 콜레스테롤도 낮춘다. 식후 혈당을 낮춰 인슐린 스파이크를 막는다. 좋은 지방을 먹자. 포화지방은 간에서 콜레스테롤 합성을 촉진한다. 과도한 콜레스테롤 섭취도 줄이자. 불포화지방을 먹자. 올리브유나 아보카드가 좋다. 견과류를 즐기자. 식이섬유와 지방이 풍부하다.

셋째, 허벅지근육을 키우자. 하체 운동을 하자. 허벅지근육은 인슐린저항성을 막아준다. 하루에 30분은 걷자. 가능하면 승강기를 타지 말자. 매일 스쿼트를 100번씩 하자. 좋은 고기를 먹자. 운동 후 먹으면 근육 생성에 공헌한다. 콩은 밭에서 나는 완벽한 고기다. 두부는 90% 흡수된다. 붉은 고기보다 흰 고기가 좋다. 먹는 방법도 고려해야 한다. 골고루 먹자. 고기・지방・야채・당분 순서로 먹는다. 천천히 먹자. 20분 정도 유지하며 오래 씹어 먹는다. 적당히 먹자. 넘치는 식사는 살이 된다. 지나치면 모자라느니 못하다.

36 동업의 딜레마

◇◇◇

신뢰가 깨지면 되돌리기 어렵다

이상적인 전문병원을 목표로 동업했지만

그는 7년 전 대학병원을 떠나, 후배 3명과 함께 공동사업 형태로 전문병원을 차렸다. 혼자서 의원을 차릴까 생각한 적도 있지만, 환자들에게 의원이 제공하기 어려운 차별화된 의료혜택을 주고 싶었다. 공동사업은 의원에 비해 수익이 적은 것이 일반적이다. 그러나 넷이 힘을 합해 경쟁력 있는 전문병원을 만든다면, 수익과 차별화된 의료혜택 모두 가능하리라 믿었고, 후배들도 그의 생각에 동참했다. 그가 대표원장이 되어 대외적인 업무를 처리하고, 내부 업무는 후배들이 분담하기로 했다.

첫 5년은 잘 운영됐다. 경기도 좋았지만, 상생의 철학으로 서로 양보하고 도우면서 이상적인 공동체로 유지됐다. 그런데 문제가 불거지기 시작했다. 우선 똑같은 수익분배로 인한 불만이다. 일하는 시간은 동일했지만, 능력차로 인해 수입은 달랐다. 성실한 사람과 그렇지 않은 사람이 있었고, 분담했던 행정업무의 난이도도 불평의 원인이 되었다.

지난해 경기가 나빠지면서 상황이 악화됐다. 이전보다 많이 줄어든 수익에 결국 2명이 폭발했다. 공동사업은 개인 의원에 비해 여러 장점이 있다. 고가 의료장비를 함께 사용해 비용을 줄이고, 홍보와 인사관리의 효율적 운영이 가능하며, 진료시간을 줄여 자기계발을 할 수도 있다. 그럼에도 수익이 줄다 보니, 동업을 깨고 각자 의원으로 운영하자는 목소리가 커졌다. 창업의 열정이 사라지면서 업무피로도가 높아졌다. 게다가 능력과 성실성의 차이, 돈에 대한 욕구 등으로 인해 욕심을 줄여 화합하자는 메시지가 현실성이 없어졌다. 결국 갈라서야 할 때가 된 것 같다.

그간 공들여 이룩한 브랜드 가치와 업무 시스템을 버리기 너무 아깝고, 함께 일한 많은 직원을 정리해야 하는 현실도 막막하다. 가장 마음 아픈 것은 그간 함께 했던 시간과 공유했던 인간적인 믿음에 대한 배신이다. 벌써 두 달간 잠을 못자고 있다.

동업에는 1+1<2의 패러다임이

"형제끼리 동업은 하지 말라." 동업은 우리 사회에서 금기시된다. 최근 자료에 의하면, 한국의 자영업자 비율은 OECD 34개국 중 4위다. 자영업자가 27%에 이르고, 종업원 없는 '나 홀로 자영업자'가 400만에 달한다. "친구와 멀어지고 싶으면 동업을 해라." 동업은 친한 사람과 하게 된다. 돈과 인간관계가 얽힌다. 혼자 하다 망하면 돈만 잃지만, 함께 하다 망하면 관계마저 틀어진다. 사업은 잘 되도 서운하고, 안 되도 서운하다. 영원히 풀 수 없는 숙제처럼, 서로 말하기 어려운 앙금이 쌓인다.

동업에는 장점이 많다. 서로 맞는 일에 집중하여, 열정과 노력이 배가 된다. 혼자가 아니라서 여유가 생기고, 힘들고 지칠 때 의지가 된다. 시너지의 법칙이 있다. 1+1>3의 패러다임이다. 송판 한 장은 607파운드의 무게를 지탱하지만, 두 장은 4,878파운드, 세 장은 8,481파운드를 지탱한다. 기러기는 V형으로 떼를 지어 이동하여 70%나 더 멀리 날아간다. 구글, 애플, 페이스북 등 세계 굴지의 기업은 동업으로 탄생했다. "혼자 꿈을 꾸면 한낱 꿈일 뿐이지만, 함께 꿈을 꾸면 현실이 된다."

동업에는 함정이 많다. 철저한 계약과 시스템 없이 출발하면, 모험을 하게 될 수밖에 없다. 가깝기 때문에 믿고 시작하지만, 친하기 때문에 불분명한 경계로 신뢰가 깨진다. 링겔만의 법칙이 있다. 1+1<2의 패러다임이다. 밧줄 실험에서, 2명이 밧줄을 잡아당긴 경우 1명이 끌 때 사용한 힘의 93%를 사용한다. 3명이면 83%, 8명이면 49%를 사용한다. 참가자의 수가 증가할수록 개인의 기여도는 떨어진다. 동업에서 분명한 역할분담이 없으면, 참가자는 무임승차에 대한 유혹에 떨어지고 사회적 태만으로 이어진다.

친분보다는 능력, 계약서는 필수

“멀리 가려면 함께 가라.” 동업의 승패는 신뢰다. 사업성이 좋아도 믿음이 없으면 오래 못 간다. 친분보다 능력이 중요하다. 능력이 검증된 사람과 함께 가야 한다. 업무가 중복되면 안 된다. 역할·권한·책임을 확실히 해야 한다. 기질·성격이 잘 맞아야 한다. 주장이 강한 사람, 남의 덕에 살려는 사람, 가정이 불안정한 사람, 돈 관계가 복잡한 사람과 동업하면 안 된다. 계약서는 필수다. 지분율·비용처리·수익배분을 명확히 작성해야 한다. 계약서만이 사람과 재산을 지켜 준다. 영원한 동업은 없다. 결말을 미리 염두에 둬야 한다. 최악의 경우도 상정해야 한다.

인간은 누구나 이기적이다. 이익을 위해 협력하지만, 손해가 나면 배신한다. 협력하는 척하면서, 몰래 배신하기도 한다. 동업에서 배신을 막으려면 어떻게 하면 좋을까? ① 적절한 이익이 보장되어야 한다. ② 배신할 경우 철저한 복수를 예고한다. ③ 계약할 때 배신하지 못하도록 마피아 같은 무서운 제3자를 개입시킨다. ④ 규칙을 어겼을 때 어긴 사람이 망하는 손해배상 계약서를 작성한다. ⑤ 비전, 사명의식, 종교, 스승 등을 개입시킨다. ⑥ 배신을 대비해서 담보나 인질을 설정한다.

후박사의 탁월한 세 가지 처방

첫째, 해체하자. 신뢰가 깨지면 되돌리기 어렵다. 아까워하지 말자. 어차피 버려야 한다. 그동안 아주 잘 해냈다. 이제 정점을 찍고 내려갈 때다. 아쉬워하지 말자. 어차피 갈라서야 한다. 그동안 서로가 좋았다. 이제 추억만 남기고 떠날 때다. 머뭇거리지 말자. 어차피 정리해야 한다. 늦출수록 상처만 커진다. 이제 아픔을 삼키고 물러설 때다. 도덕경에 이런 말이 있다. "낳고도 소유하지 않고, 행하고도 기대지 않고, 공을 이루고도 머물지 않는다."

둘째, 손해보자. 의혹이 생기면 커지기 마련이다. 손해를 토론하자. 모두가 각자 손해 본 게 있다. 관점에 따라 다르다. 작은 손해에도 분노하는 사람이 있다. 잃는 것이 있으면 얻는 것도 있다. 이득을 토론하자. 모두가 각자 이득 본 게 있다. 해석에 따라 다르다. 작은 이득에 기뻐하는 사람이 있다. 얻는 것이 있으면 잃는 것도 있다. 내가 먼저 손해 보자. 내게 손해가 된다면 상대에게 이득이 된다. 자연에는 득실이 없고, 인간 마음에만 득실이 있다. 성경에 이런 말이 있다. "속옷을 뺏으려는 자에게 겉옷까지 주고, 5리를 가자 하거든 10리를 가 주어라."

화해하되 서두르진 말아야

셋째, 화해하자. 타협을 원하지만 갈등을 피하긴 어렵다. 서둘러 화해하지 말자. 미리 화해하면 안 된다. 실컷 오해하자. 오해가 이해로 바뀔 때쯤 화해해야 한다. 6개월, 1년, 3년을 기다리자. 용기가 필요하다. 섣불리 용서하지 말자. 미리 용서하면 안 된다. 실컷 미워하자. 미움이 연민으로 바뀔 때쯤 용서해야 한다. 6개월, 1년, 3년을 기다리자. 사랑이 필요하다. 논어에 이런 말이 있다. "인자(仁者)는 필히 용기가 있지만, 용자(勇者)가 필히 사랑이 있지는 않다."

37 만성피로

◇◇◇

스트레스부터 점검하라

괴팍한 상사에게 시달리다 해방됐는데

그녀는 요즘 너무 피곤하다. 주말이면 피로 회복을 위해 아무 일도 하지 않은 채 멍하게 있거나 잠을 자려고 노력한다. 그런데 아무리 쉬어도 피로가 가시질 않는다. 잠을 자도 개운치 않고 아침에 간신히 일어난다. 직장에 출근하면 오전부터 기운이 없고 커피를 마셔야 겨우 정신이 난다. 오후에는 식곤증이 더 심해지고, 이유 없이 무기력증에 빠진다. 저녁을 먹고 나면 몸이 나아진다. 오히려 밤에 정신이 말똥말똥해지기가 일쑤다. 이런 상태가 적어도 여섯 달이 넘은 듯하다.

지난 연말 감기몸살로 한 달 이상 고생했는데 감기가 조금 좋아지자, 소화가 잘 안 돼 한동안 위염 약을 달고 살았다. 변비와 설사가 자주 있어서 대장내시경을 해 봤지만 정상이다. 아침이면 간간히 코피가 나는데, 겨울철 건조한 날씨 탓이려니 하지만 뭔가 석연치 않다. 게다가 올해 초엔 밤중에 심한 두드러기가 생겨 응급실을 몇 차례 찾았다. 만성 알레르기라고 한다. 몸 상태가 정말 총체적 난국이다.

대학병원에 진료를 예약했다. 큰 병이 아닐까 너무 걱정된다. 학교 졸업 후 지금의 직장에 입사해 30년 넘게 탈 없이 근무했다. 아파서 쉰 날은 기억이 나지 않을 정도다. 나름 규칙적으로 생활하고 술자리도 적당히 피했다. 인간관계도 나쁘지 않았고 업무능력을 인정받아 일찍 승진하여 그럭저럭 잘 지내 왔다. 2년 전 새 상사가 오기 전까지는 그랬다.

이랬다저랬다 하는 괴팍한 성격에다 여러 가지 오해가 겹쳐 2년간 정말 죽을 맛이었다. 연초 2년 임기의 그 상사가 퇴직했기에 그녀는 몸과 마음이 훨씬 좋아질 것으로 기대했다. 그런데 오히려 정반대다. 불면증과 더불어 우울증까지 생긴 듯하다. 너무 힘들다.

피로 원인은 신체적 · 정신적 · 환경적 스트레스

피로는 몸과 마음이 힘들게 기능하는 상태다. 원인은 신체적 · 정신적 · 환경적 스트레스다. 격한 운동이나 노동, 심리적 충격이나 불면, 우울증이나 권태에서 온다. 탄수화물 · 단백질 · 지방 등 거대영양소 과잉이나 불균형에서 온다. 효소 · 비타민 · 미네랄 등 미세영양소 결핍에서 온다. 농약이나 환경호르몬, 중금속 중독에서 온다. 피로는 우리 몸의 60조 개 세포가 힘들게 기능하는 상태다. 세포당 수천 개의 미토콘드리아가 있다. 미토콘드리아는 에너지 발전소다. 피로는 미토콘드리아에서 에너지생산을 충분히 못하는 상태다.

만성피로는 병나기 전 단계다. 여기저기 아픈 데도 일반 검진에서는 정상이다. 병원에서 현재는 괜찮으니, 스트레스를 줄이고 잘 자고 잘 먹고 잘 쉬라고 한다. 만성피로는 호르몬 이상으로 나타난다. 스트레스 호르몬인 코르티솔이 치솟다가 차츰 고갈된다. 부신피로라 하는데, 갑상선저하, 성호르몬 불균형을 동반한다. 만성피로는 대사성질환으로 진행된다. 인슐린저항성이 오고, 여기저기 만성염증과 알레르기가 생긴다. 연이어 고혈압, 당뇨병, 심장병, 뇌졸중, 자가면역질환, 암, 치매 등 만성질환으로 발전한다.

부신 · 갑상선 · 성호르몬은 3대 생존 호르몬이다. 부신은 우리 몸의 보일러다. 영양소를 사용하여 열에너지를 생산한다. 혈당 · 혈압 · 면역 · 성호르몬 조절에 관여한다. 갑상선은 체온조절에 관여한다. 체온이 0.5° 낮아지면 대사가 20% 떨어지고, 1° 낮아지면 면역이 30% 떨어진다. 아침 체온이 36.5° 이하면 갑상선저하다. 스트레스를 받으면 성호르몬 불균형이 온다. 남자는 테스토스테론이 떨어지고, 여자는 에스트로겐우세가 온다. 에스트로겐우세는 플라스틱, 비닐, 프탈레이트 등 환경호르몬이 주원인이다.

만성피로는 현대인의 유행병

만성피로는 현대인의 유행병이다. 부신피로는 성인 절반에서 일생 한 번 이상 겪는다. 아침부터 피로하다. 달고 짠 음식이 당기고, 무기력증과 불면증에 시달린다. 갑상선저하도 성인 절반에서 나타난다. 저녁에 피로하다. 손발이 차갑고 피부건조증이 오며, 살이 찌고 우울증이 온다. 에스트로겐우세는 젊은 여성에서 빈번하다. 비만, 여드름, 생리불순, 생리전증후군, 불임, 난소종양 등으로 나타난다. 인슐린저항성은 당뇨 전 단계다. 낮에 피로하고 식곤증이 온다. 과다한 탄수화물 섭취와 과도한 인슐린 분비가 원인이다.

"모든 병은 장에서 시작된다." 히포크라테스의 말이다. 황금색 변은 건강의 상징이다. 변비와 설사는 장 이상을 의미한다. 새는장증후군이라 한다. 장 점막이 망가져 독소가 들어와, 만성염증과 알레르기를 유발한다. 최근 장 건강이 수많은 만성질환의 원인으로 밝혀졌다. 만성피로에서 장 건강을 최우선으로 점검해야 한다. 장은 최전선 방어지대다. 외부로부터 오는 균을 막는다. 장 내 세균은 중요한 면역기능을 한다. 유산균과 유해균의 균형이 중요하다. 장 점막 손상의 주원인은 스트레스, 술, 항생제, 제산제다.

후박사의 탁월한 세 가지 처방

첫째, 스트레스를 점검하자. "스트레스는 조용한 살인자다." 호르몬 불균형을 일으킨다. 우리는 몸보다 마음고생이 앞서는 시대를 살고 있다. 부정감정은 스트레스의 1등 원인이다. 몸에서 정신독(metal toxin)으로 작용한다. 알려진 부정감정만 무려 60여 개다. 대표적인 것은 거절과 실패에 대한 두려움이다. 수면・운동・휴식이 중요하다. 잠은 보약이다. 자는 동안 몸과 마음이 정화된다. 운동은 필수다. 인간은 움직여야 건강해지는 동물(動物)이다. 휴식도 필수다. 생각 과다에서 벗어나게 한다. 동의보감에 이런 말이 있다. "병을 치료하려면 먼저 마음을 치료하고, 마음을 치료하려면 먼저 사람을 치료해야 한다."

칼로리보다 영양소가 중요

둘째, 영양결핍을 점검하자. "칼로리보다 영양소가 중요하다." 영양결핍은 에너지생산을 방해한다. 균형 잡힌 식사를 하자. 설탕 · 인스턴트 · 가공식품은 피해야 한다. 영양소는 가공과정에서 소멸된다. 탄수화물을 줄이고, 지방을 늘려야 한다. 좋은 식재료를 챙기자. 하우스재배로 과일 · 야채의 영양소가 과거에 비해 1/10로 줄었다. 곡물사료로 육류의 품질이 떨어졌다. 바쁜 현대인에게 보충제는 필수다. 매일 비타민B · C · D, 마그네슘, 오메가3, 유산균 정도는 기본으로 먹어야 한다. 따뜻한 물을 많이 마시자. 물은 에너지생산과 해독에 필수다. 최소 오전에 1리터, 오후에 1리터를 마셔야 한다.

셋째, 환경독소를 점검하자. "환경독소는 보이지 않는 살인자다." 염증과 알레르기를 일으킨다. 환경호르몬을 조심하자. 석유화학제품은 용기 · 용매 · 향기에 많이 쓰인다. 몸에서 제노에스트로겐으로 작용한다. 에스트로겐우세를 일으키고, 난소종양, 유방암, 전립선암의 원인이다. 농약을 조심하자. 많은 과일 · 채소가 농약에 오염되어 있다. 유기농을 구입하면 좋다. 식초물에 5분간 담근 후, 흐르는 물에 30초 이상 씻어야 한다. 중금속을 조심하자. 뇌손상을 가져온다. 자폐증, 파킨슨병, 치매의 원인이다. 수은, 알루미늄, 납 뿐 아니라, 최근에는 미세먼지도 중금속 오염의 주원인이다.

38

변강쇠

◇◇◇

성(性)으로만 스트레스 풀면 파국으로 흘러

남편이 하루에 두 번씩 요구하는데

하루는 두 딸을 키우는 매력적인 30대 여성이 방문했다. 진료 전 체크한 우울과 불안척도가 너무 높다. 스트레스 저항도, 지수, 피로도도 매우 나쁨으로 나왔다. 조심스럽다. 그런데 겉보기엔 나쁘진 않았다. 증상이 좀 과장되었다. 최근 벌어진 큰 스트레스로 도움을 구하러 온 것임에 틀림없다. "어떻게 오셨나요?"라는 질문에 그녀가 말문을 열었다. "남편이 일주일째 집을 나갔어요. 누구와 의논할지 몰라서요. 친구들하고 이야기하기도 그렇고, 친정어머니에게 말하기도 그렇고…." "남편이 증권회사에 다녀요. 벌이도 괜찮고, 애들한테도 좋은 아빠고, 친정과의 관계도 좋아요. 술, 담배도 안하고…." "얼마 전 심하게 싸웠어요. 더 이상 참을 수 없어서 나가라고 했더니…."

남편의 가출 이유가 부부 문제임에 틀림없는데, 말 못할 사연인 것 같다. "부부관계에 문제가 있나 보죠?" "맞아요! 선생님, 변태의 기준이 뭐죠? 제 남편은 좀 이상해요. 요즘에도 거의 하루에 두 번씩 요구해요. 결혼 초에는 그러려니 했고, 아이들 낳을 때는 좀 뜸하더니 이후 점점 심해지는 것 같아요. 대놓고 거부하지는 않지만 몸이 힘들어 거절하면 막 화를 내고 화난 상태에서 강제로 하는 경우도 많아요. 상처가 나서 자주 산부인과에 다녀요. 큰 애가 유치원에 들어갔는데, 최근에는 딸들이 보는 앞에서도 강제로…." 울음이 복받친다. 대충 알겠는데, 남자 입장에서 접근이 쉽지는 않다. 속궁합이 안 맞는 게 틀림없다. 남편이 지나치다. 그런데 정말 하루에 두 번씩 가능할까? 변강쇠? 감정이 가라앉았을 때 물었다. "부부관계를 할 때 느낌이 어때요?" "그냥 그래요. 아주 가끔은 좋지만, 대부분은 힘들어요…."

'성의 금기' 속에서 '성의 홍수' 시대로 변해

성(性)은 크게 두 가지 기능이 있다. 하나는 생산이고, 다른 하나는 쾌락이다. 둘은 동전의 양면이다. 인류는 본래 성에 생산의 의미를 부여하고 숭배했다. 성을 통한 자녀의 생산과 풍요로운 수확을 동일하게 봤다. 성적 욕망은 생명체가 가지는 보편적인 욕구다. 그런데 인간은 동물과 달리 성적 욕망과 쾌락에 금기를 부여했다. 그래서 성은 단순한 욕망과 쾌락이 아닌 규범과 문화로 전환된 것이다. 오늘날 성의 쾌락 기능이 드러나면서 성의 상품화, 포르노 문화가 범람하고 있다.

한국 사회에서 성은 특히 더 억압되어 있다. 남자가 성욕을 느끼면 자연스럽지만 여자가 성욕을 느끼면 부자연스럽다. 육체적인 성관계를 성의 모든 것으로 생각한다. 따라서 성은 쾌락적이고 성적 표현을 음란하게 여긴다. 그런데 성은 오히려 뒷골목에서 활발하게 거래되고 있다. 한국 사회는 현재 '성의 금기' 속에서 '성의 홍수' 시대를 살고 있다. 인간의 본능은 숨기면 숨길수록, 말리면 말릴수록 더욱 강해지기 때문이다. "성을 금기하면 성을 통해서만 사랑을 확인하려 하게 된다."

킨제이 보고서는 매우 유명하다. 인간의 성생활을 적나라하게 드러낸 연구다. 킨제이는 하버드대학교 동물학 박사다. 그는 1950년 초 이전까지 금기되었던 성생활을 체계적으로 접근해 인간 본연의 모습을 적나라하게 공개해 매스컴의 집중 조명을 받았다. 동성애를 한 차례 이상 경험한 남성이 37%에 이르고, 기혼 남성의 절반, 기혼 여성의 25%가 혼외정사를 갖고, 여성의 절반은 혼전에 성관계를 갖는다는 등의 연구결과는 커다란 논란을 불러일으켰다. 한국의 킨제이 보고서도 있다. 한국성과학연구소는 국내에도 성 관련 조사가 필요하다고 판단하고, 1997년부터 5년 주기의 조사를 했다. 최신자료에 의하면 기혼 남성 20명 중 3명이 애인이 있고, 10명 중 8명이 혼외정사 경험이 있으며, 결혼생활 불만의 원인 중 40%가 성문제이고, 10%에서 변태경험을 보고했다.

클린턴 대통령의 '지퍼게이트' 사건은 유명하다. 이후 '성중독'이라는 단어가 자주 등장했다. 우리는 성욕이 강해 많은 성관계를 갖는 남자를 변강쇠라고 부르고, 성욕이 강한 여자는 옹녀라고 부른다. 그렇다면 변강쇠를 성중독자라고 할 수 있는가? 중독을 구별하는 가장 중요한 것은 통제력 상실이다. 이런 말이 있다. "인간은 통제하는 만큼 자유를 누리고, 책임지는 만큼 자유를 누릴 수 있다." 변강쇠라고 모두 성중독자는 아니다. 통제와 책임이 부재한 경우가 문제다.

중독의 핵심증상은 집착, 강박행위, 재발로 요약된다. 오늘날 성중독은 단순한 강박행위가 아닌 약물중독이나 게임중독만큼 심각한 병으로 취급된다. '주색잡기'란 말이 있다. 술과 성과 도박은 예로부터 한국 남자들에게 중요한 이슈였다. 엄청난 스트레스를 받는 미국 증권가 화이트칼라들이 성을 통해 해결한다는 이야기도 있다. 성이 오로지 스트레스 해소 목적으로 사용될 때 성중독이 될 가능성이 높아진다.

인간에게 고도로 발달된 쾌감신경 'A10'

사람은 동물과 비교할 수 없는 고도로 발달된 쾌감신경을 가지고 있다. A10신경은 뇌간에서 시작해 뇌 전체에 걸쳐 분포된 대표적 쾌감신경이다. 인간의 뇌는 크게 지(知)를 담당하는 대뇌피질, 정(情)을 담당하는 대뇌변연계, 의(意)를 담당하는 뇌간으로 나눈다. A10신경은 이 세 가지 뇌에 작용하여 쾌감을 만들어낸다. 뇌간에서는 일회성 쾌락을, 변연계에서는 보상의 쾌감을, 대뇌피질에서는 고차원적인 쾌감(행복)을 담당한다.

오르가슴은 지속적인 성적 자극에 대한 절정과 강렬한 쾌감으로 특징지어진다. 오르가슴의 홍분과 쾌감은 도파민과 아드레날린과 일부 대뇌 마약물질이 관여한다. 오르가슴 이후, 나른한 행복감은 옥시토신과 프로락틴에 기인한다. 보통 자극이 반복되면 쾌감에 대한 감수성은 떨어지기 마련이다. 그런데 인간의 대뇌피질(전두엽)에는 이러한 조절장치가 없다. 그렇기 때문에 신체적 쾌감은 제한적이지만 정신적 쾌감은 한계가 없다. 그래서 인간은 성을 통해 극도의 절정감에 도달하는 것이다. 우리는 오르가슴을 통해 신체적 · 감정적 · 정신적 극치감을 맛볼 수 있다. 성은 인간이 신비영역을 탐할 수 있는 중요한 도구다. 하지만 몸에 국한될 때 중독의 나락으로 떨어지게 된다.

후박사의 탁월한 세 가지 처방

첫째, 성이 아닌 다른 스트레스 해소방법을 찾아야 한다. 남편은 분명 변강쇠다. 그렇다고 '나쁜 남자' 같지는 않다. 옹녀를 만나지 못한 것이 불행이라면 불행이다. 그런데 그는 이미 통제력을 상실하고 있다. 책임감도 결여되어 있다. 성에 너무 집착하고 있다. 모든 스트레스를 성으로 해결하고 있는 것 같다. 성중독자로 가기 쉽다. 세상에는 많은 스트레스 해소방법이 있다. 술을 약간 마셔 보는 것도, 색소폰을 한번 배워 보는 것도 좋을 것 같다. 고스톱을 함께 쳐 보는 것도, 춤을 함께 배워 보는 것도 좋을 것 같다.

성에 대한 이해, 소통, 교육이 필요

둘째, 성에 대한 이해가 필요하다. 아내는 분명 옹녀가 아니다. 변강쇠를 만난 것이 불행이라면 불행이다. 그렇다고 변강쇠를 너무 혐오해서는 안 된다. 남자는 테스토스테론이 올라가면, 성욕이 증가한다. 동시에 스트레스 호르몬이 떨어진다. 섹스를 하면 마음의 평화가 온다. 여자는 옥시토신이 올라가면, 신뢰가 증가한다. 동시에 스트레스 호르몬이 떨어진다. 남자는 사랑과 섹스가 따로 간다. 사랑이 없어도 섹스가 가능하다. 매주 한두 번 성적 욕구에 빠진다. 여자는 사랑과 섹스가 함께 간다. 사랑이 있어야 섹스가 가능하다. 매주 한두 번 사랑의 욕구를 느낀다.

셋째, 성에 대한 소통이 필요하다. 젊은이들 사이에 이런 말이 떠돈다. 결혼 전에는 총각들은 여성을 여자친구와 여자로 나누고, 처녀들은 남성을 남자친구 외에 학교오빠, 직장오빠, 옆집오빠, 교회오빠로 다양하게 부른다. 그런데 결혼 후에는 바뀐다. 아내들은 남성을 남편과 남자로 나누고, 남편들은 여성을 아내 외에 직장여자, 거래처여자, 교회여자, 옆집여자 등으로 다양하게 부른다. 프로이트는 인간의 최초의 방어기제를 '억압(repression)'이라고 했다. 한국 사회는 많이 자유로워졌다. 그런데 유독 성에 대해서는 억압의 굴레를 벗어나지 못하고 있다. 프로이드는 이렇게 말한다. "본능이 있는 곳에 자아가 들어서고, 자아가 있는 곳에 초자아가 들어선다."

39 불로장생

◇◇◇

내일이 아닌 오늘을 살라

| 사례 1 | 김 모 씨(58세)는 대기업 사장이다. 그는 불로장생(不老長生)을 꿈꾼다. 해외에 나가면 좋다고 하는 약은 모두 구해 온다. 지난 여름 중국에 갔을 때 장수균 1년 분량과 하나에 50만 원이나 하는 동충하초 10개를 사 왔다. 작년에는 한 뿌리에 1,000만 원 하는 귀한 산삼도 구해 먹었다. 그는 건강지식에 아주 해박하다. 술, 담배는 5년 전에 모두 끊었고, 하루도 빼먹지 않고 운동도 열심히 하고 있다.

| 사례 2 | 최 모 씨(56세)는 전업주부다. 그녀는 두 딸을 모두 결혼시킨 후, 한동안 상실감과 허탈감에 시달렸다. 남편은 공무원으로 한창 바쁠 나이이다. 혼자서 집안일, 운동, 취미생활 등을 해 보지만 하루가 너무 길다. 그런데 작년부터 그녀는 활력이 넘친다. 친구 소개로 신흥종교에 입문했다. 그녀는 불사(不死)를 꿈꾼다. 조만간 천년왕국이 도래하고, 영생을 한다는 것이다. 주위에서 사이비종교라고 하는데, 본인은 그렇게 생각하지 않는다.

| 사례 3 | 박 모 씨(68세)는 중견기업 회장이다. 은퇴 후 아들이 운영하는 회사를 소일거리 삼아 봐 주고 있다. 그는 회춘(回春)을 꿈꾼다. 요즘 항노화클리닉에 다니고 있다. 성장호르몬을 비롯한 여러 호르몬주사를 맞고, 매일 항산화제를 비롯한 영양제 50여 알을 복용한다. 게다가 최신 주름제거수술을 받았다. 주 1회 철저한 피부관리를 받고 있다. 여기에 드는 비용이 한 달에 족히 수백만 원은 된다.

미다스왕은 노년에 마왕에게 깨달음을 구했다. "인간에게 최선은 무엇인가?" 마왕이 대답했다. "하루살이 인간에게 무슨 최선이 있겠는가? 안 태어나든지, 일찍 죽는 것이다." 하지만 이미 태어난 인간은 오래 살기를 원한다. 불로장생의 꿈은 아주 오래 됐다. 진시황은 불로장생을 위해 모든 방법을 동원했다. 선남선녀 500명을 동쪽 한반도로 보내 불로초를 구해 오도록 했다. 그런데도 그는 49세의 나이로 요절했다.

성경에 노아는 600세, 무두셀라는 969세까지 살았고, 에녹은 승천하여 불사(不死)를 실현했다. 중국 문헌에 신선도를 익힌 리처유엔은 256세, 양생법을 익힌 노자는 200세까지 살았다고 한다. 1800년대에 평균수명은 25세였다. 1900년대에는 48세, 2000년대에는 80세가 됐다. 2050년쯤에는 120~150세가 될 것이다. 1900년대의 3대 사망원인은 독감, 설사, 폐렴이었다. 2000년대의 3대 사망원인은 암, 심장병, 중풍이다. 2050년의 3대 사망원인은 자살, 살인, 우주사고로 추정한다.

죽음은 어김없이 찾아온다

우리는 불로장생을 꿈꾼다. 하지만 노화는 어김없이 찾아온다. 20~30대는 거울을 통해 젊음을 느끼지만, 40~50대는 거울을 통해 늙음을 확인하다. 머리가 희어지고 주름살이 들어서며, 성욕이 감퇴하고 자신감이 떨어진다. 순간, 우리는 늙음을 한탄하고, 젊음을 질투한다. 죽음도 어김없이 찾아온다. 중국의 한 성현은 '길이 끊기고 해가 떨어지는 것'만 봐도 슬피 울었다. 우리는 반드시 죽는다. 언제 죽을지, 어디서 죽을지, 어떻게 죽을지는 모른다. 인생길은 처음이자, 마지막이자, 한 번 가는 길이다.

불로장생은 가능한 것일까? 불로장생의 3대 법칙이 있다. 늙지 않고, 병들지 않고, 죽지 않는 것이다. 현대사회는 생로병사를 해결한 것처럼 말한다. 생(生)

은 교육보험, 로(老)는 연금보험, 병(病)은 의료보험, 사(死)는 생명보험이 책임진다. 현대의학은 노화를 해결할 것처럼 말한다. 노화는 오래 묵은 고정관념이고, 완치될 수 있는 질병이다. 구구팔팔 이삼사, 99세까지 팔팔하게 살다 2~3일 아프고 죽는다.

노화의 4대 기전

노화의 4대 기전이 있다. ① 노화예정설, 노화는 예정된 것이다. 생로병사는 하늘의 뜻이다. 노화는 운명이다. ② 소모이론, 모든 것은 쓰면 소모된다. 스트레스는 노화를 촉진한다. 신체적 과로, 정신적 피로, 유해환경, 불량음식, 모두 독소로 작용한다. ③ 호르몬이론, 호르몬을 보충하면 노화를 되돌릴 수 있다. 호르몬은 우리 몸의 윤활유다. 3대 호르몬은 성장호르몬, DHEA, 성호르몬이다. ④ 자유기이론, 자유기는 여분의 전자를 가진 불안정한 분자다. 대표적으로 활성산소가 있다. 활성산소는 세포를 공격하여 노화를 촉진한다.

불로장생에 집착하는 사람들이 있다. 남달리 죽음에 대한 두려움이 많은 사람이다. 어려서부터 위험한 환경에서 자라거나, 사랑하던 사람이 죽는 것을 경험한 경우다. 진시황은 13살에 왕이 된 후, 파죽지세로 6국을 멸망시켜 천하를 통일했다. 그런 과정에서 수많은 죽음의 위험을 겪었다. 우리는 죽음 자체보다 죽는 과정을 더 무서워하고, 나의 죽음보다 사랑하는 사람의 죽음을 더 두려워한다. 죽음의 두려움은 학습된다. 쉽게 사이비교주와 약장사의 표적이 된다. 소크라테스는 독배를 마시며, 제자들에게 죽는 과정을 직접 시연했다. 불교에서 깨달음에 이르는 마지막은 생사지심(生死之心)의 타파, 즉 두려움 없이 죽음에 직면하는 것이다.

후박사의 탁월한 세 가지 처방

첫째, 헛된 꿈에서 깨자. 한 청년이 깨달음을 구하려 깊은 산중의 스승을 찾았다. 어느 날, 스승은 청년에게 마을에 내려가 "물 한 사발만 구해, 바로 올라오라."고 했다. 청년은 고생 끝에 마을 어귀 집에 도착했다. 그 집엔 어여쁜 여인이 혼자 살고 있었다. 물 한 사발만 받아 나오려다, 여인의 간곡한 청탁에 식사를 하게 됐다. 둘은 깨달음에 대한 많은 얘기를 나누다, 날이 저물어 하루 밤을 묵었다. 다음 날, 용한 사람이 왔다는 소식을 듣고, 많은 사람이 몰려 왔다. 병도 고쳐 주고, 강연도 하고, 상담도 하다 며칠이 지났다. 그러다 청년은 스승의 말을 까마득히 잊었다. 여인과 결혼하여 자식도 낳고, 사업도 하여 동네 유지가 되었다.

오랜 세월이 흘렀다. 어느 날, 백발이 된 청년은 마을 뒷산에 올라가 성공한 자신의 업적을 보면서 흐뭇해했다. 순간, 홍수가 나 마을 전체가 큰 물살에 휩쓸렸다. 동시에, 스승의 커다란 목소리가 울려 퍼졌다. "물 한 사발 구해, 언제 올라오느냐?"

과거에 대한 후회, 미래에 대한 걱정 버려야

둘째, 시간을 멈추자. 아이는 '세월이 느리다'고 한다. 시간이 빨리 가기를 바라기 때문이다. 어른은 '세월이 빠르다'고 한다. 시간이 늦게 가기를 원하기 때문이다. 아이는 하루를 천 년처럼 살고, 어른은 천 년을 하루처럼 산다. 우리는 수많은 잡념에 빠져, 지금-여기를 살아가지 못한다. 상대성이론에 의하면, 빛의 속도로 여행할 때 시간은 거의 멈춘다. 하루 여행이라도, 지구에 돌아오면 무려 천 년이 지난다. 하루를 천 년처럼 사는 것과 같다. 지금-여기에 오래 머무는 것이다. 시간을 멈추는 것은 과거에 대한 미련과 후회, 미래에 대한 불안과 걱정에서 벗어나, 현재를 사는 것이다. 오만가지 잡동사니로 가득 차 현재에 있지 못하게 한, 우리 안에 맴도는 생각을 멈추는 것이다.

셋째, 기여하자. 모든 만남은 헤어짐을 전제로 한다. 언젠가 있음은 없음으로 대체된다. 우리는 없는 곳에서 와서 없는 곳으로 간다. 그렇다면 가운데 낀 있음이란 게 과연 무엇을 의미할까? 우리의 있음은 순간이고, 없음이 영원에 해당하지 않을까? 기여란 순간에서 영원으로 통하는 길이다. 이런 말이 시중에 나돈다. "1년 기쁘려면 집을 사고, 3년 기쁘려면 여행을 하라. 5년 기쁘려면 애인을 사귀고, 10년 기쁘려면 유산을 받아라. 그리고 평생 기쁘려면 기여하라."

40

상사병

◇◇◇

옛 사랑은 접고 새 사랑을 시작하라

사별 후 찾아온 사랑도

하루는 50대 초반의 중소기업 사장이 진료실을 방문했다. 보통 키와 적당한 체격에 착한 인상이다. 그는 부드럽지만 약간 어눌한 말투로 어렵게 말문을 열었다. "선생님. 제가 한 달 전부터 밥을 못 먹어요. 잠도 거의 못 자고, 숨 돌릴 틈만 생겨도 가슴이 콱콱 막혀 오는데 제발 좀 도와주셔요."

그는 세 살 연상의 아내와 스물여섯 이른 나이에 결혼했다. 어머니처럼, 누이처럼 잘 챙겨 주는 아내에게 모든 것을 의지하면서 사업에만 올인했다. 사업이 어느 정도 자리를 잡아가던 중 5년 전, 갑자기 아내에게 폐암 진단이 내려졌다. 그녀는 1년도 못 채운 투병 끝에 세상을 떠났다.

배우자, 그것도 모든 것을 의지했던 배우자를 잃은 상실감과 비통함은 겪어 보지 않은 사람은 모른다. 게다가 사춘기 소녀 딸에게 어머니의 죽음은 엄청난 충격이어서 그로 인한 문제도 불거졌다. 정말 고통스러운 나날이었다. 얼마 지나 주위 사람들이 재혼을 권유했지만, 그는 아내 외에는 아무도 생각할 수 없었다. 한동안 그는 상사병을 겪었다.

그러던 중 1년 전, 이혼해 아들 하나를 둔 미모의 여교수를 만나게 되었다. 처음인 듯한 야릇한 감정, 마지막이 될지도 모르는 사랑에 그는 푹 빠졌다. 1년 정도 달달한 사랑을 했다. 고통의 세월을 보상받는 느낌도 들었다. 그런데 얼마 전 그녀가 이별을 통보한 것이다. 그녀는 이유를 말하지 않는데, 아마도 다른 남자가 생긴 듯하다. 그때부터 그는 지독한 상사병에 시달리고 있다.

이성을 그리워하는 마음의 병

상사병은 이성(異性)을 그리워하는 마음의 병이다. 강박증이나 우울증과 비슷한 증상을 겪는다. 하루 종일 생각하고, 온종일 보고 싶어 한다. 함께 있는 걸 상상하고, 행여 연락이 올까 기다린다. 상사병은 사랑병(lovesickness)이다. 이별, 사별, 실연, 짝사랑에서 나타난다. 심장이 터지고, 가슴이 미어진다. 밥도 안 먹히고, 잠도 안 온다. 함께 앓기도 하지만, 보통 한쪽에 나타난다. 상사병은 죽음에 이르는 병이다. 몸이 쇠약해지고, 숨을 끊기도 한다. 베르테르는 친구 부인에 대한 연정으로 마지막 편지를 쓰고 자살했다. 황진이는 이웃집 총각이 연모하여 죽자 기녀의 길을 선택했다.

남녀가 첫눈에 사랑에 빠지는 시간은 3분도 채 안 된다. 순식간에 도파민이 분비되어 사랑에 미치고, 옥시토신이 분비되어 사랑에 눈이 먼다. 도파민은 열정의 호르몬이고, 옥시토신은 신뢰의 호르몬이다. "사랑도 유효기간이 있다." 3년이 채 못 돼 호르몬의 약발이 떨어지면 사랑의 콩깍지가 벗겨진다. 남녀가 헤어지게 되면 불타던 사랑을 그리워한다. 천천히 세로토닌이 고갈되어 사랑에 목멘다. 세로토닌은 행복의 호르몬이다. "사랑은 우리가 존재하는 이유다." 30년이 지나도 사랑을 못 잊는 경우도 있다.

행복은 착각이다

"행복은 착각이다." 인간의 뇌는 불완전하다. 과거를 회상할 때 마음대로 편집하고, 미래를 상상할 때 임의대로 구성한다. 과거는 보다 아름답게 기억되고, 미래는 보다 완벽하게 설계된다. 헤어진 사랑은 더욱 애달프고, 못 이룬 사랑은 더욱 아쉽다. 인간의 뇌는 바보스럽다. 과거와 미래는 현재 감정에 영향을 받는다. 기쁠 땐 과거가 행복하게 보이고, 슬픈 땐 미래가 불행하게 보인다. 좋은 추억을 떠올리면 상대가 그립고, 나쁜 추억을 떠올리면 상대가 싫다. 상상을 통해 그려진 과거와 미래는 모두 착각이다. 우리는 자주 착각에 빠져 하루하루를 살아간다. 착각이 클수록 실망은 더욱 커진다.

"사랑은 지옥이다." 남달리 상사병을 심하게 앓는 사람이 있다. 어릴 적, 사랑에 문제가 있었던 경우다. 사랑[愛]은 마음[心]을 주고받는[受] 것이다. 세 가지 경우가 있다. ① 주기만 하고 받지 못한 경우, ② 받기만 하고 주지 않은 경우, ③ 아예 주지도 받지도 못한 경우. 나이 들어서 잘못된 사랑을 찾아 방황한다. "현재는 잃어버린 과거를 욕망한다." 사랑에 목마르고, 애정에 굶주린다. 누군가에 의지하고, 뭔가에 매달린다. 채워지지 않는 외로움, 고독감, 공허감에 시달린다. 결국 미움, 원망, 적대감, 죄의식, 우울에 떨어진다.

후박사의 탁월한 세 가지 처방

첫째, 그만 사랑하자. 우리는 시간 속을 살아간다. 심을 때가 있으면 거둘 때가 있고, 만날 때가 있으면 떠날 때가 있다. 이제 멈출 때다. 사랑의 욕망은 끝이 없다. 성경에 이런 말이 있다. "욕심은 죄를 낳고 죄는 죽음에 이른다."

멈추어 서서, 자신을 돌아보자. 사별과 실연이 주는 의미는 무엇일까? 이번 이별은 어떻게 헤어날까? 멈추어 서서, 주위를 살펴보자. 그동안 못 돌본 가족을 챙기자. 그동안 외면한 친구를 만나자. 멈추어 서서, 자연에 눈 맞추자. 그리움을 품고 낙엽 진 길을 홀로 걸어 보자. 애달픔을 안고 어딘가로 혼자 떠나 보자.

내일이 한 걸음 한 걸음 소리 없이 다가온다

둘째, 다시 사랑하자. 우리는 사랑하기 위해 태어났다. 똑같은 사랑에 새롭게 도전하고, 색다른 사랑을 새로이 꿈꾸자. 어쨌든 과거의 사랑은 이미 가고 없는 것이다. 사랑의 아픔은 잊혀지고, 사랑의 상처는 아문다. 상처를 일으킨 건 어리석음이지만, 아픔을 아는 건 여린 마음에서다. 상처와 아픔을 씻고 나면 견고한 기초가 마련된다.

이제, 뜨겁게 사랑하자. 좌우 진폭이 극대로 진행되는 삶을 살아 보자. 사랑할 때 너와 나를 잊고 사랑 자체의 신비에 빠져들고, 미워할 때 연민의 정이 솟도록 미워하자. 욕망에 밀릴 때 우물 밑바닥까지 가 보고, 용서할 때 상대가 용서를 거부하는 것조차 용서하자. 맥베스는 이렇게 외친다. "내일, 내일, 그리고 또 내일이 한 걸음 한 걸음 소리 없이 다가온다."

셋째, 더 큰 사랑을 하자. 세상에는 세 가지 사랑이 있다. 나사랑, 임사랑, 남사랑이다. 나사랑은 사랑의 기초고, 임사랑은 진짜 사랑을 위한 입문이고, 남사랑은 인간의 소명이다. 진정으로 나사랑을 이룬 자라야 임사랑이 가능하고, 임사랑을 해 본 자라야 비로소 남사랑이 가능하다.

한 청년이 절간 문을 두드렸다. "부처님을 사랑하기 위해 왔습니다." "여인과 사랑해 본 적이 있는가?" "감히 그런 상상은 한 번도 안 했습니다. 오직 부처님만 흠모합니다." 스승은 화를 내며 청년을 내쫓았다. "여인을 한 번도 사랑해 보지 못했는데 어찌 부처님을 사랑할 수 있겠는가?" 장자에 이런 말이 있다. "나사랑은 달이 중천에 떠 있는 모습이고, 임사랑은 하늘의 달과 강물에 비친 달이 어우러진 모습이고, 남사랑은 달이 모든 강에 비추는 모습이다."

41 성공한 기업인의 세 가지 고민

◇◇◇

참된 나를 찾고 모두를 사랑하라

사업도 성공하고 아이들도 잘 컸는데

그는 성공한 기업인이다. 40년 동안 쉼 없이 달려 건실한 중소기업을 일궈 냈다. 사업만 성공하면 행복할 거라 생각하며 일에 몰두했다. 매 순간 힘들었지만 소중한 기억이다. 환갑을 훌쩍 넘긴 지금, 아이들도 결혼해 정착하고, 사업도 일선에서 한 발 물러났다. 생활은 편해지고 여유도 생겼는데, 몇 가지 상념이 풀리지 않는 숙제처럼 반복해서 떠오른다.

첫째, 공허감이다. 나른하고 계속 피곤하다. 젊어서 일할 때는 힘들어도 에너지와 열정이 넘쳤다. 이뤄야 할 목표가 흐려진 탓인가. 각종 연구모임, 동호회, 조찬회도 재미를 잃었다. 매번 비슷한 게 돌아간다. 사람들과 거리감을 느낀다. 다들 똑똑하고 즐거워 보이는데, 나만 울적하고 어리석게 느껴진다. 우울증인가. 텅 비어 뭔가 잃어버린 것 같다.

둘째, 고독감이다. 아내와 도란도란 대화한 기억이 아득하다. 자녀교육 등 집안일에 대해 바쁘다는 핑계로 무관심했고, 회사 사정을 말해도 모르니 안 하게 됐다. 부부간에 공통주제를 잃었다. 10분 이상 대화를 이어가기 어렵다. 가사에서 해방된 아내는 골프모임, 동창모임 등으로 한창이다. 한 공간에 있는 데도 외롭다. 앞으로 함께 살아갈 날이 수십 년인데, 어떻게 해야 할지 모르겠다.

셋째, 소외감이다. 자녀들과 즐겁게 놀아 본 기억이 아득하다. 언제 다 커 버렸는지 이젠 아버지의 말은 중요치 않다. 간섭하지 말라 한다. 필요한 것이 있으면 어머니와 소통한다. 꼭 해야 할 말이 있으면 메일을 쓴다. 그럴 때마다 한없이 씁쓸하다. 자연스런 대화가 없으니 관계도 소원하다. 어디도 소속되지 않는 흘러가는 배 같다. 행복한 미래를 위해 뭔가 해야 하는데, 무엇부터 시작할지 막막하다.

나를 찾는 행운, 내가 되는 행운

인간은 누구나 길[道]을 가고 있다. 예고도 없고 연습도 없이 가는 여정이다. 어떻게 들어섰는지 알 수 없지만, 갑자기 길을 가고 있다는 자각이 떠오른다. 10대에 느끼기도 하고, 30대에 알아차리기도 한다. 예순 살이 넘어서야 깨닫기도 한다. 인생 길[道]은 누구나 처음 가는 길이다. 한 번 가는 길이고, 마지막으로 가는 길이다. 한 번 가면 반복되지 않는 길을 가는 것이다. 도[道]는 젊어서 알아도 이르지 않고, 늙어서 알아채도 늦지 않다. "나는 어디에서 와서 어디로 가는 것인가?"

나를 찾는 행운은 누구에게 올까? 크게 성공한 사람이 있다. 어느 날, 비행기 안에서 무심히 창밖을 내다본다. 구름 사이로 보이는 작은 세상에서 논다는 생각이 든다. 장난감 같은 집과 길과 차를 보며 보잘 것 없다는 생각에 잠긴다. 어깨에 힘주고 사는 것이 우습게 느껴진다. 이름에 얽히지 않는 자유를 찾고 싶고, 경쟁에서 벗어나 무욕(無慾)에 숨고 싶다. 이렇게 자신이 미물인 것을 자각할 때, 무한한 공간[空虛]을 누비고픈 충동을 느낀다. 자기(Self)가 되는 출구에 서게 된 것이다.

내가 되는 행운은 누구에게 올까? 크게 실패한 사람이 있다. 어느 날 공원에 누워 묵묵히 하늘에 뜬 구름을 바라본다. 거대한 어항을 들여다보는 착각에 빠진다. 언제나 흘러가는 구름을 내 몸으로 느낄 때 평화가 찾아온다. 항상 푸른 잔디처럼 살아 있는 몸을 확인할 때 힘이 솟아난다. 움츠린 자신이 싱겁게 느껴진다. 잘났건 못났건 '나는 나'라고 선언한다. 이렇게 실패가 인생 전부가 아님을 자각할 때, 무한한 허공[空虛]을 헤엄치고픈 욕망을 느낀다. 자기(Self)가 되는 출구에 다가선 것이다.

그것이 있던 곳에 자아가 있다

"그것(본능)이 있던 곳에 자아가 있다." 인생 전반기는 자아가 자기로부터 분리되어 자아를 강화하는 시기다. 자아강화는 사회적응과 의식기능의 개발을 통해 이뤄진다. 인생 후반기는 자아가 자기에 접근해 가는 시기다. 자기실현은 소외된 열등기능을 개발하고, 무의식을 이해하는 과정을 통해 이뤄진다. 자기가 자신의 주체임을 깨닫는 것이다. 자기(Self)는 인격의 중심인 동시에 전체다. 부처나 예수 등의 모습으로 간접적으로 인식한다. 자기실현은 끝없는 과정이다. 깨달았다고 끝나는 것이 아니고, 끝없이 정진해야 하는 과정이다. "그것(욕망)이 있던 곳에 자기가 있다."

옛날에 한 아버지가 아들을 공부시키려 친구에게 보냈다. 아들은 친구 밑에서 20년간 배웠다. 수학 · 철학 · 정치학 · 천문학 등 총망라했다. 최고가 되어 20년 만에 고향으로 돌아왔다. 아버지는 자신만만한 아들을 보고 화를 내면서 그날로 내쫓으며 이렇게 말했다. "그것을 배워 와라." 아들은 낙담하여 스승에게 돌아가 '그것'을 가르쳐 달라고 했다. 스승은 아들에게 소 1마리를 주면서, 100마리가 될 때까지 나타나지 말라고 했다. 20년이 흘렀다. 스승조차 아들을 까맣게 잊었다. 어느 날 아들이 백발이 되어 소 100마리를 이끌고 나타났다. 스승이 제자들에게 말했다. "저기 101번째의 소를 봐라."

후박사의 탁월한 세 가지 처방

첫째, 철저히 공허해지자. "공허해 본 자만이 진리에 도달한다." 그동안 내가 추구한 가치는 무엇인가? 앞으로 내가 추구할 가치는 무엇인가? 누구를 위한 성공이고, 무엇을 위한 행복인가? 인생의 진정한 가치는 무엇일까? 참 나(Self)를 찾는 것이다. 머리[知]를 비우자. 생(生)이라는 것이 본래 공(空)인 것을 깨닫자. 가슴[情]을 비우자. 뼈와 살을 가진 인연 맺은 인간들을 뜨겁게 사랑하자. 배[意]를 비우자. 내 한 몸에 매이지 말고 만물과 연결됨을 느끼자. "생로병사, 모든 게 다 공(空)이다."

희노애락, 모든 게 다 고(苦)다

둘째, 철저히 고독해지자. "고독해 본 자만이 진실에 도달한다." 그동안 나는 무엇을 위해 살아왔는가? 앞으로 나는 누구를 위해 살아야 하는가? 인생은 채우러 온 것도 아니고, 비우러 온 것도 아니고, 배우러 온 것이다. 삶의 진정한 의미는 무엇일까? 이웃을 사랑하는 것이다. 나사랑을 실천하자. 자기사랑은 모든 사랑의 출발이다. 너사랑을 실천하자. 임사랑은 누군가를 연모하는 것이다. 남사랑을 실천하자. 이웃사랑은 세상에서 할 수 있는 가장 보람된 일이다. "희로애락, 모든 게 다 고(苦)다."

셋째, 철저히 소외되자. "소외돼 본 자만이 자기(Self)를 찾을 수 있다." 소외는 우리를 보다 큰 것에 머물게 한다. 사회보다는 자연이 크고, 생활보다는 삶이 크고, 성(性)보다는 사랑이 크다. 일생 산간에서 살던 사람이 어느 날 바닷가에 서서 확 트인 수평선을 바라보는 심경이다. 사회로부터 소외되자. 사회의 울타리에 갇혀 찌그러진 나를 찾자. 지식으로부터 소외되자. 지식의 권력에 눌려 잃어버린 나를 찾자. 언어로부터 소외되자. 언어의 감옥에 갇혀 잊어진 나를 찾자. "속지 않는 자만이 방황한다."

42 슬럼프

◇◇◇

변하고, 몰입하고, 소통하라

한때 잘나갔는데, 문득 주변을 보니

그는 한때 직장에서 아주 잘나갔다. 머리도 좋고, 대인관계도 나쁘지 않은 편이어서 직장 일에 잘 적응했기 때문이지만, 진짜 이유는 대학선배인 상사가 잘 끌어 주었기 때문이다. 선배는 수년간 인사부서의 책임자였고, 이후 임원으로 승진했다. 그때까지 10여 년간 그는 선배의 우산 아래 승승장구의 세월을 보냈다. 선배가 회사를 떠난 이후, 상황은 180도 달라졌다. 누구 라인이라고 수군거리는 모습이 보이고, 능력 없이 승진했다는 비난도 들린다. 그는 마음이 흔들리기 시작했다. 고립감도 강하게 느껴지면서, 방황이 시작됐다. 회사에 맘을 붙일 수 없었다. 권태와 지루함이 계속되었다.

고민 끝에 그는 공부를 더 하기로 했다. 석·박사과정을 밟고, 학위를 취득한 후 대학을 비롯한 여기저기에서 강의를 했다. 외부 프로젝트에도 눈을 돌렸다. 자연스레 회사 업무는 최소화했다. 자기계발에 매진한 지 벌써 10년이 지났다. 회사엔 정이 붙지 않는다. 불안과 공허감이 계속된다.

얼마 전 기관장이 바뀌고 나서, 외부활동에 대한 제한이 매우 엄격해졌다. 이젠 거의 외부활동을 할 수 없는 상황이다. 문득 주변을 돌아 보니, 그보다 더 빨리 승진한 동료·후배가 여러 명 보인다. 처음 팀장이 되었을 때 팀원으로 데리고 있었던 한참 후배가 경쟁자가 되어 있기도 하다. 정신이 바짝 들었다. '직장에서 최선을 다했어야 하는데….' 하는 후회가 밀려온다. 그렇다고 시간을 되돌릴 수는 없다. 남은 시간 10년. 회사에 다시 몰입하려고 한다. 그런데 날아다니는 후배들, 벌써 저만큼 앞서가 버린 동료들 때문에 맘이 항상 부대낀다. 문득문득 포기하고 싶은 마음이 굴뚝같다. 인생살이가 내 맘 같지 않고 힘겹다.

권태, 공허감, 무기력으로 나타나

슬럼프란 능력을 제대로 발휘하지 못하고, 저조한 상태가 오래 계속되는 현상이다. 보통 운동선수, 연예인, 예술가 등에게 자주 사용된다. 슬럼프는 누구나 경험한다. 권태, 공허감, 무기력으로 나타난다. 만사가 귀찮고 지루하다. 인생이 재미없고 의미도 없다. 하루하루 피곤하고 버티기도 힘겹다. 슬럼프는 누구에게나 찾아온다. 잘 풀리다가도 어느새 꽉 막히고, 잘나가던 사람도 추락하기 마련이다. 어두운 터널 속에서 도대체 끝이 안 보인다.

우주엔 두 흐름이 있다. 하나는 무질서로 향한 힘이다. 만물(萬物)은 놔두면 흩어진다. 파괴가 일어난다. 물은 위에서 아래로 떨어지고, 안 치운 방은 지저분해진다. 만사(萬事)도 놔두면 망가진다. 퇴화가 일어난다. 좋아하는 일도 따분해지고, 잘하는 일도 지겨워진다. 무질서가 증가하는 것이다. 다른 하나는 질서로 향한 힘이다. 만물(萬物)은 관리하면 모아진다. 창조가 일어난다. 물고기가 강을 거슬러 올라가고, 봄에 새싹이 돋아난다. 만사(萬事)도 노력하면 이루어진다. 진화가 일어난다. 따분한 일도 좋아지고, 복잡한 일도 쉬워진다. 질서가 증가하는 것이다.

직장인에게 슬럼프가 찾아올 때

직장인에게 슬럼프는 언제 오는가? ① 일과 능력이 불일치할 때 온다. 너무 쉬운 일은 권태를 일으키고, 반복적인 일은 공허감을 안겨 주고, 너무 어려운 일은 무기력하게 만든다. ② 관계와 소통이 부족할 때 온다. 나쁜 관계는 슬픔과 상처를 주지만, 좋은 관계는 기쁨과 의미를 준다. 소통은 물과 공기와 같아, 소통 없이는 하루도 살아가기 어렵다. ③ 신체적, 감정적으로 소진할 때 온다. 소진은 만성 스트레스로 피로에 떨어진 현상이다. 사람은 일만하고 살 수 없다. 계속적인 일은 에너지를 고갈시킨다. 특히 감성에너지가 방전된다.

슬럼프에 자주 빠지는 사람들이 있다. 그들은 매번 같은 덫에 걸린다. 걱정과 불평의 덫에 걸려, 늘 마음속 쉴 공간 없이 산다. 소외와 고립의 덫에 걸려, 늘 지루하고 재미없게 산다. 완벽과 높은 기준의 덫에 걸려, 늘 긴장하고 쫓기며 산다. 삶의 덫은 어린 시절 부정적인 정서경험에서 온다. 부정적인 자기개념으로 작용하여 일생 영향을 미친다. 반복되어 나타나도, 정작 본인은 잘 의식하지 못한다. 알아챈다 해도, 스스로 잘 해결하지 못한다.

후박사의 탁월한 세 가지 처방

첫째, 변화(change)다. 과거 10년 동안의 슬럼프에 종지부를 찍자. 결심이 필요하다. 어떤 대가도 기꺼이 지불하자. 결단도 필요하다. 강철 같은 의지를 발휘하자. 남은 10년을 또 다시 슬럼프로 보낼 수는 없다. 노력이 필요하다. 포기하지 말고 될 때까지 하자. 무엇보다 중요한 것이 있다. "Do it right now!" 미루지 말고 지금 당장 시작해야 한다.

권태, 공허감, 무기력에서 탈출하자.

① 호기심을 자극하자. 재미있는 것을 찾아보자. "내일 아침 기적이 일어난다면, 어떻게 변해 있을까?"

② 열정을 일으키자. 의미 있는 일에 뛰어들자. "젊은 시절로 다시 돌아간다면, 어떻게 살아갈까?"

③ 에너지를 모아 보자. 나의 탁월함에 집중하자. 가장 행복했던 시절을 떠올리고, 엄청난 에너지를 느껴 보자. "나는 대단하다."

하나를 매듭짓고 다음으로 넘어가야

둘째, 몰입(flow)이다. 그동안 너무 외부로 돌았다. 회사에 몰입하자. 몰입이란 어떤 일에 몰두하여, 나를 잊는 경지다. 지금-여기에 집중하여, 주위 세계를 잊는 상태다. 순간, 가장 중요한 것은 일이 된다. 긍정심리학자 미하이는 이렇게 말한다. "몰입은 바로 행복이다. 나와 회사가 성공으로 가는 1급 비밀이다." 몰입은 잠재능력을 발휘할 때 일어난다. 재미없고 단순한 일에서는 일어나지 않는다. 흥미롭고 도전적인 일에서 일어난다. 세 가지가 필요하다.

① 분명한 목표를 설정하자. 일에 의미를 부여하고, 회사와 같은 가치를 공유하자.
② 좀 더 복잡한 일을 맡자. 일단 시작한 일은 끝을 내고, 하나를 매듭지고 다음으로 넘어가자.
③ 피드백을 받자. 내가 보는 자신과 남이 보는 자신은 다르다. 피드백은 즉각적이고 구체적일 때 효과적이다.

셋째, 소통(communication)이다. 그동안 너무 닫고 살았다. 마음을 활짝 열자. 소통이란 막히지 않고 잘 통하는 경지다. 세 가지가 있다.

① 자신과의 소통이다. 이전 방식이 잘못된 것임을 인정하자. 자신에게 솔직해지는 것, 그것이 슬럼프를 넘어서는 첫걸음이다.
② 팀원들과의 소통이다. 날아다니는 후배와 앞서가는 동료에게 겁먹지 말자. 이해받기를 바라지 말고 먼저 이해하자.
③ 조직원들과의 소통이다. '미인대칭'은 유명하다. "미소 지으며 인사하고, 대화하고 칭찬하라." '3비'도 필요하다. "비난, 비판, 불평하지 말라."

성인(聖人)은 소통의 달인이다. 노자는 이렇게 말한다. "성인(聖人)은 만물(萬物)을 키우고도 소유하지 않고, 만사(萬事)를 이루고도 기대지 않고, 공(功)을 세우고도 머물지 않는다."

43 승진 갈등

◇◇◇

말은 줄이고 올바른 일을 제대로 하라

성실하고 능력도 있는데

그녀는 유명 대학을 우수한 성적으로 졸업하고 현 직장에 당당히 공채로 입사했다. 벌써 40대 후반, 25년차 커리어우먼이다. 자칭타칭 업무의 탁월성은 인정받는데, 도대체 승진이 되지 않는다. 선배나 동료가 승진할 때마다 "선배니까 당연하지. 동료라도 나보다 나이가 많으니까 괜찮아." 하면서 견뎠다. 그런데 후배들이 하나 둘 그녀를 추월하는 상황이 생겼을 때는 패배감과 함께 모멸감이 느껴졌다. 한동안 회사를 그만둬야 하나를 심각하게 고려했다.

그녀는 열심히 일한다. 일찍 출근하고 늦게 퇴근한다. 그런데 누가 소문을 내는지 "말이 많다, 고집이 세다, 잘난 척 한다, 눈치가 없다"는 얘기를 듣는다. 크게 잘난 척 한 적 없고, 말이 많고 고집이 센 것은 정말 일을 잘하려고 한 건데… 억울하다! 그녀는 매우 주도적이다. 가정과 친정을 책임져야 했던 환경이 그녀를 그렇게 만들었을 것이다. 그녀는 항상 자기주장을 한다. 의견이 다를 때도 자신이 옳다고 믿는 것을 관철하려 한다. 그러나 옳다 해서 반드시 실행되지는 않는 법. 그녀는 그런 상황이 맘에 들지 않는다. 결국 불평, 불만, 비난, 비판으로 이어진다. 지난 세월 상사, 선배와 갈등도 꽤 있었다. 후배들에게도 다소 부담스러운 선배다. 그녀는 주변의 시선에 둔감하다. 열심히 일하는데 왜 승진이 되지 않을까 이해하지 못한다. 경쟁자들에 의해 희생당한다는 피해의식에 휩싸여 있다. 그녀의 인생에서 회사는 정말 맘대로 되지 않는 부분이다. 학창시절 내내 반장, 회장으로 날리며 살아왔는데, 회사에 와서는 정말 몸과 맘이 위축된다.

잘나가는 사람일수록 미래 얘기를 많이 하는 법

우리는 대화 없이 살아가지 못한다. 대화란 말을 주고받는 것이다. 사람들의 대화는 평균적으로 과거 얘기가 1/2, 현재와 미래 얘기가 1/2을 차지한다. 못 나가는 사람일수록 과거 얘기를 많이 한다. 보통 과거 얘기는 영웅담이 많고, 미래 얘기는 비관적이다. 현재 얘기를 할 때는 수많은 문제를 나열하고, 불평, 불만, 비난, 비판 등이 압도적이다. 잘나가는 사람일수록 미래 얘기를 많이 한다. 보통 미래 얘기는 꿈과 비전으로 그득하고, 과거 얘기는 교훈적이다. 현재 얘기를 할 때는 다양한 해결책을 제시하고, 인정, 칭찬, 격려, 응원 등이 압도적이다.

말이라고 해서 모두 대화가 되는 것은 아니다. 10분도 같이 있기 괴로운 사람이 있다. 그는 세상을 삐딱하게 보고, 만인을 적으로 간주한다. 피해의식이 유달리 크고, 항상 '없는 것'에 집착한다. 타협과 양보를 모르는 사람이다. 10분만 같이 있어도 즐거운 사람이 있다. 그는 세상을 밝게 보고, 만인을 벗으로 간주한다. 따스함이 유달리 크고, 항상 '있는 것'에 감사한다. 화해와 용서를 아는 사람이다.

부정성의 덫에 빠진 사람들

부정성의 덫에 걸린 사람들이 있다. 매사 비관적이며 불평과 불만이 많다. 항상 나쁜 일이 일어날 것이라고 확신한다. 실수를 두려워하고 손해를 당할까 걱정한다. 안전을 추구하고 어떤 위험도 감수하지 않는다. 그들은 보통 파괴적 비판 가정에서 성장했다. 부모님이 늘 부정적인 말을 하셨고 그대로 받아들였다. 소년가장으로 무리하게 집안을 책임지기도 했다. 부모님이 처참한 고생에서 벗어나려고 애쓰는 모습을 보고 자랐다. 이로 인해 세상에 대한 두려움, 불신, 거부감이 굳어졌다. 물론 파괴적 비판 사회가 원인이 되기도 한다. 요즘 먹고 살기가 힘들다. 경기침체와 저성장으로 청년실업은 증가하고 노후보장은 힘들다. 요즘 세상이 흉흉하다. 주위에 온통 무서운 사건과 참혹한 사고가 난무한다. 이로 인해 세상에 대한 원망, 적대감, 피해의식이 굳어지고 있다.

후박사의 탁월한 세 가지 처방

똑똑하고 열심히 일하는데, 왜 승진이 안 되는 걸까?

첫째, 말을 줄여야 한다. 말이 많다는 것이 꼭 문제는 아니다. 그렇다 해도 말을 줄여야 한다. 말은 무서운 힘을 지닌다. 이런 속담이 있다. "말이 입안에 있으면 내가 말을 다스리고, 말이 입 밖에 있으면 그 말이 나를 다스린다."

어떻게 하면 말을 줄일 수 있을까? 우선, 말하려는 욕구를 줄이자. 시끄러운 내면의 소리를 없애야 한다. 마음을 비워 보는 것이다. 다음, 관심을 나로부터 상대로 이동하자. 경청과 질문을 활용해 보자. 말을 주의 깊게 듣고, 적절한 질문을 하는 것이다. 다양한 시각이 열리고 기발한 아이디어가 생길 수 있다. 끝으로, 인간에 대한 호기심을 가져 보자. 잠재가능성에 초점을 맞춰 보자. 우리는 오래 고민했던 문제가 우연한 대화를 통해서 해결됐던 기억을 가지고 있다. 무심코 던진 말 한마디나 책 한 구절에서 실마리를 찾아 해결되는 경험을 자주 한다.

말이라고 해서 다 말이 아니다. 말할 필요가 없음을 느껴야 하고, 말하고 싶지 않음을 지녀야 한다. 말해서는 안 됨을 알아야 하고, 말로 할 수 없음을 봐야 한다. 피터 드러커는 이렇게 말한다. "경영이란 올바른 일을 제대로 하는 것이다." 그녀는 열심히 일하기 이전에 제대로 해야 한다. 말을 해야 할 때는 올바로 해야 한다.

파괴적 비판을 건설적 비판으로 바꿔야

둘째, 부정성에서 벗어나야 한다. 그녀를 무조건 동정하면 안 된다. 부정적인 사람은 불쌍해 보인다. 슬픈 과거를 가지고 있다. 힘든 경험을 하고 있다. 그렇지만 연민감으로 해결되는 것은 없다. 불행한 사람을 행복하게 만들겠다는 사람이 있다. 큰 실수다. 같이 불행의 늪에 빠질 수 있다. 그녀를 무조건 도우려 하면 안 된다. 자칫 도와주면 역공을 받을 수 있다. 친구가 원수로 되기 쉽다. 부정적인 사람을 긍정적으로 바꾸겠다는 사람이 있다. 큰 실수다. 같이 부정성의 덫에 걸릴 수 있다. 부정성에서 벗어나는 것은 쉽지 않다. 오래된 역사를 가지고 있다. 철저한 자기결단과 오랜 노력이 필요하다.

어떻게 하면 부정성을 극복할 수 있을까? 우선, 정당화를 중단하자. 정당화는 자기감정을 당연한 것으로 받아들이는 것이다. 사람들은 보통 자기가 지닌 고통을 사랑한다. 고통의 역사를 간직하려 한다. 고생한 것을 알아주기를 원한다. "증거가 없어진다면 과연 누가 알아줄까?" 다음, 동일시를 버리자. 동일시는 부정적인 나를 진짜로 착각하는 것이다. 고객의 병을 자기 병으로 동일시하는 의사는 바보다. 부정성은 부정적인 습관에서 온다. 부정적인 감정은 나 자신이 아니다. 끝으로, 모든 것을 스스로 책임지자. 불평과 불만은 항상 대상이 있다. '누구 탓'이라는 허상의 벽을 만드는 것이다. 책임을 회피할 때 일어난다. 적대감과 죄의식은 부정성의 왕이다. 가장 치명적인 감정이다. 적대감은 항상 죄의식을 동반한다. 파괴적 비판이 주원인이다. 비판이 꼭 나쁜 것은 아니다. 파괴적 비판을 건설적 비판으로 바꿔야 한다.

셋째, 과거 집착을 버려야 한다. 누구나 한 번쯤은 잘나가던 시절이 있다. 집요한 사람일수록 과거를 내버리지 못한다. 성실한 사람일수록 자신을 용서하지 못한다. 과거는 잘했건 못했건 이미 지나가고 지금 없는 것이다. 잘했으면 한 번 자축하고 지워버릴 일이고, 못했으면 한 번 명심하고 태워버릴 일이다. 앞으로 나가야 하기에 인생 과정에 어떠한 집착도 금기다. 논어에 이런 말이 있다. "도(道)에 가까운 사람은 말이 적다. 말만 영리하게 하는 자는 인자한 맘이 없고, 말을 더듬듯이 조심하는 사람은 인(仁)에 가깝다."

44 애정결핍

◇◇◇

두려움 떨치고, 뜨겁게 사랑하라

| 사례 1 | 김 모 씨(33세)는 성실한 간호사다. 타고난 나이팅게일 정신으로 병원에서 인정받고 있다. 그런데 항상 외롭고 고독하다. 친구들이 많지만 허탈하다. 세상에 혼자라는 느낌에 자주 빠져든다. 사람들에게 도움을 많이 주는 편인데, 막상 도움이 필요할 땐 연락할 곳이 없다. 그녀는 주는 관계에 늘 익숙하고 편하다. 자신의 욕구를 표현한 적이 거의 없다. 사랑과 애정을 받는 것에 대해 기대조차 안 한다.

| 사례 2 | 최 모 씨(51세)는 성공한 치과의사다. 그는 부인에 대한 집착이 심하다. 매일 사랑의 문자를 5~6번 보낸다. 답이 없으면 올 때까지 계속 보낸다. 모임에 나가면 항상 부인의 손을 꼭 잡고 다닌다. 남들은 잉꼬부부라 하는데, 부인 입장은 그렇지 않다. 친구들 만나러 갔다가 조금만 늦게 와도 화를 낸다. 그는 부인에게 너무 의존적이다. 자기한테만 집중하기를 요구한다. 사소한 일에 섭섭해하고, 작은 신호에 예민하다. 사랑받을 자격을 주장하고, 마음을 몰라 준다고 불평한다.

| 사례 3 | 박 모 씨(35세)는 잘나가는 디자이너다. 어떤 남자라도 빠져들 뛰어난 미모를 갖췄다. 그런데 그녀는 결혼을 원치 않는다. 그렇다고 남자를 안 사귀는 건 아니다. 자주 갈아타고, 한 번에 여러 남자를 만나기도 한다. 그녀에겐 남자란 섹스파트너에 불과하다. 누구도 가까워지는 걸 허용하지 않는다. 그녀는 무엇이든 혼자 하는 것을 즐겨한다. 미친 듯이 일을 하고 남는 시간엔, 영화, 쇼핑, 여행 등 필이 꽂히는 것에 중독된다.

애정결핍은 부족한 사랑을 지속적으로 느끼는 현상이다. 사랑에 목마르고, 애정에 굶주리고, 정서적으로 빼앗긴 상태다. 채워지지 않는 외로움, 고독감, 공허감에 시달린다. 애정결핍은 어릴 때 충분한 사랑을 받지 못한 경우에 나타난다. 애정을 제대로, 올바로 받지 못하거나, 거절과 학대로 정서가 황폐화된 경우도 해당된다. 나이 들어, 부모에게 받지 못한 불가능한 사랑을 찾아 헤맨다. 누군가에게 매달리고 의지하며, 인정받고 칭찬받고 싶은 욕망에 사로잡힌다. 그런데 세상에 부모처럼 돌봐 줄 사람은 없다. 결국, 불평, 원망, 미움, 적대감, 죄의식, 우울, 각종 중독 등으로 발전한다.

애정결핍의 세 가지 유형

애정결핍은 보통 세 가지 유형을 보인다. ① 항복형은 애정결핍에 순응한다. "어차피 나를 사랑해 줄 사람은 없다." 사랑받기를 포기한다. 무수히 시도해 본 결론이다. 익숙했던 주는 관계에 집착한다. 정서적 박탈감은 더욱 심해지고, 외로움, 고독감, 허탈감에 떨어진다. ② 반격형은 애정결핍을 과잉보상한다. "나는 사랑받을 권리가 있다." 사랑받기에 매달린다. 그런데 기대치가 너무 높다. 불평과 원망이 계속 일어나고, 미움, 적대감, 죄의식으로 이어진다. ③ 회피형은 애정결핍을 무시한다. "어차피 세상은 혼자 사는 것이다." 가까운 관계를 회피한다. 텅 빈 마음을 물질적인 것으로 채우려 한다. 감정은 더욱 황폐화되고, 중독, 우울, 공허감에 떨어진다.

인간의 부정감정은 무려 50여 개에 가깝다. 두려움에서 출발하여, 분노, 공포, 슬픔, 무기력, 적대감, 죄의식 등으로 발전한다. 아이는 모든 것을 어른에게 의존한다. 누구나 자신을 돌봐 주던 부모, 선생, 형제를 기억한다. 그런데 어른이 되어 '돌봐 주던 그 사람'을 기대한다면, 큰 착오가 생긴다. 의존욕구는 불평과 원망을 낳고, 욕구 좌절은 미움, 적대감, 죄의식을 낳는다. 인간은 혼자서는 살 수 없다. 상호의존은 미덕이다. 애정결핍의 경우 상호의존의 균형이 깨진다. 상식적인 기대수치가 10이라면, 30, 50, 1,000 이상이 된다. 서로 기대가 다를 때, 한쪽이 과도하게 요구할 때 불화와 갈등이 생긴다. "모든 고통의 근원은 사랑과 미움에 있다. 미움은 사랑을 갈구하는 데서 비롯된다."

부정감정에서 벗어나는 최선의 방법은 무엇일까? 우선, 불평과 원망을 버리는 것이다. "모든 게 내 책임이다." 어른이 되면, 과거 부모와 상관없이 모든 것을 스스로 책임져야 한다. 순간, 모든 불평과 원망이 사라진다. 다음, 자기정당화를 중단하는 것이다. "내가 어떻게 살았는데…." 사람들은 고통의 역사를 간직하려 한다. 증거가 없어진다면 과연 누가 나를 알아주겠는가? 끝으로, 동일시를 버리는 것이다. "부정적인 감정은 내가 아니다." 고객의 병을 자기 병으로 동일시하는 의사는 바보다. 인간은 자라면서 부정적 습관을 배운다. 부정적인 나는 진짜 내가 아니다.

한국은 힐링보다는 킬링

한국 사회는 애정결핍을 겪고 있다. 청년은 일자리를 못 찾고, 노년은 길거리에 내몰리고, 상대적 박탈감은 날로 심해진다. 일하고 싶은데 일자리가 없다면 서글프다. 일할 수 없는 데도 일해야 한다면 서럽다. 일 안하고 잘 사는 것을 보면 화가 치민다. 서글픔, 서러움, 적대감으로 그득하다. 심리치료가 필요하다. "아프니까 청춘이다!" 한때 힐링이 유행했다. 힐링(healing)은 지지치료다. 위로, 지지, 격려, 응원이다. 욕구를 충족시켜 준다. "힐링은 미봉책일 뿐이다!" 요즘 킬링이 유행한다. 킬링(killing)은 통찰치료다. 힐책, 통찰, 직면, 극복이다. 욕구 좌절을 통해 현실을 자각하게 한다.

후박사의 탁월한 세 가지 처방

한 청년이 절을 찾았다. 스님이 물었다. "새파란 나이에 왜 왔는가?" 청년이 대답했다. "부처님의 사랑을 구하러 왔습니다." 스님이 물었다. "여자를 사랑해 본 적이 있는가?" "무슨 말입니까? 그런 상상은 한 번도 안 했습니다. 오직 부처님만 흠모합니다." 스님은 화를 내며 청년을 내쫓았다. 그리고 이렇게 말했다. "한 여자를 사랑해 본 적도 없는데, 어떻게 부처님을 사랑할 수 있겠는가?"

첫째, 사랑을 흠뻑 받자. 오랫동안 사랑받기를 피해 왔다. 언제까지 주기만 할 것인가? 용기를 가져 보자. 거절에 대한 두려움을 누르고, 불가능한 사랑에 도전해 보자. 사랑을 실컷 받자. 중천의 해가 서산에 넘어갈 때 사랑도 사라질 것이다. 그때까지라도 사랑을 흠뻑 받자. 그리고 이후에 솟구치는 미움, 적대감, 죄의식에 당당하게 맞서자. 홀연히, 한 걸음 나아감을 느낄 것이다.

둘째, 사랑을 흠뻑 주자. 오랫동안 사랑주기를 피해 왔다. 언제까지 받기만 할 것인가? 용기를 내 보자. 미래에 대한 불안을 누르고, 비현실적인 사랑에 도전해 보자. 사랑을 실컷 주자. 샘물도 계속 퍼 주면 고갈되는 법이다. 그때까지라도 사랑을 흠뻑 주자. 그리고 이후에 몰려드는 외로움, 고독감, 허탈감을 당당하게 맞이하자. 홀연히, 한 단계 올라감을 느낄 것이다.

셋째, 뜨겁게 사랑하자. 오랫동안 가까운 관계를 피해 왔다. 언제까지 혼자 지낼 것인가? 용기를 가져 보자. 시대착오적 사랑에 도전해 보자. 뜨겁도록 사랑하자. 무섭게 타오르던 불꽃이 서서히 꺼질 것이다. 그때까지라도 뜨겁게 사랑하자. 그리고 이후에 남겨진 공허감을 당당하게 맞이하자. 홀연히, 거대한 허공 한복판에서 꿈틀거리는 존재의 신비를 발견하게 될 것이다. "두려움이 없는 곳에 사랑이 들어서고, 사랑이 없는 곳에 두려움이 몰려온다."

45 여자의 외도

◇◇◇

꼬인 욕망의 실타래 풀어야

제게 남은 것은 무엇일까요

그녀는 불만이 많다. 대학병원 의사인 남편은 새벽에 출근해 밤늦게 들어오고, 두 아들은 대학생활에 바쁘다. 매일 텅 빈 집에 혼자다. 애써 할 일을 찾아 보지만 뾰족한 게 없다. 웬만한 집안일은 자동으로 돌아간다. 늘 하던 것이라 하나도 안 어렵다. 성당 봉사활동을 늘렸지만 고작 일주일에 두 번이다. 매일 헬스센터에도 나간다. 운동하고 수다 떨며 시간을 보낸다. 명문대를 졸업하고 모두가 부러워하는 의사와 결혼한 그녀. 둘째를 출산하면서 다니던 직장을 그만뒀다. 넉넉한데 굳이 고생할 필요가 없었다. "현모양처(賢母良妻), 아이만 잘 키우면 되지!" 둘째가 대학에 입학할 때까지는 남편만큼 바쁘게 살았다. 그렇게 20년이 지났다. 모든 게 공허하다. "제게 남은 것은 무엇일까요?"

그녀는 이제 불만이 없다. 남자가 생겼다. 친구가 소개팅을 주선했다. 그날 그 자리에 안 갔어야 했다. 남녀 각각 셋, 여섯이 만났다. 오랜만에 대학시절 분위기가 났다. 파트너가 맘에 들었다. 잘나가는 레스토랑 사장이다. 안하던 술도 마시고, 노래도 부르고, 블루스도 췄다. 남편과 다른 뭔가가 있다. 시작은 참 어려운데 진행은 순조롭다. 커피숍에서 만나고, 공원도 거닐고, 영화도 봤다. 그리고 그날… 절대 가지 말았어야 했다. 남들이 가지 않는 길로 들어섰다. 용기라고 할 수 있을까? "불여악처(不如惡妻), 빨리 정리하면 되겠지!" 두 남자에게 잘 하는 것은 쉽지 않다. 안 들키는 것은 더욱 쉽지 않다. 이제 남편만큼 바쁘게 살고 있다. 이렇게 5년이 지났다. 모든 게 즐겁다. "이대로 살아가도 되는 걸까요?"

인간은 금지된 것을 욕망한다

한 사람이 앞만 보고 뛰어가고 있다. 어디를 향해 가고 있을까? 무엇을 위해 살고 있을까? 현대인은 남들이 시키는 대로, 남들이 하는 대로 살아간다. 한 성공전문가는 이렇게 말한다. "남들과 똑같이 일찍 퇴근하고, 친구들과 수다 떨고, 주말에 데이트하는 사람은 성공하지 못한다. 성공의 일급비밀은 남들과 다르게 사는 것이다." 그녀는 남들 하는 대로 살았다. 무기력과 공허에 빠졌다. 지금 남들과 다르게 살고 있다. 즐거움과 활력이 넘친다. 그런데 뭔가 불편하다. 죄의식 때문이다.

죄의식은 잘못을 느끼고 깨닫는 것이다. 우리는 칭찬과 꾸지람을 통해 성장한다. 보상과 처벌을 통해 발전한다. 죄의식은 꾸지람과 처벌로부터 학습된다. 적당한 죄의식은 사회생활의 감초다. 처벌은 협력을 유도한다. 내 이익을 얻으려면 남의 이익도 챙겨야 하기 때문이다. 어떤 사람은 손해를 보면서 처벌을 감행하기도 한다. 화난 감정이 작동하기 때문이다. 처벌이 역효과를 내기도 한다. 죄의 대가가 끝나 죄의식이 사라지기 때문이다. 죄의식은 더불어 살아가는 사회를 만드는 재료다.

죄의식에 자주 시달리는 사람이 있다. 작은 실수도 처벌받아야 할 죄로 취급한다. 상대의 실수도 쉽게 용서하지 못한다. 용서하는 사람을 나약하다고 생각한다. 스스로조차 용서하지 못한다. 간혹 정의의 가면을 쓰면 남들에겐 가혹하고 자신에겐 관대하다. 지나친 죄의식은 파괴적 비판 가정에서 자란 경우에 잘 나타난다. 엄격한 종교적 영향에서도 온다. 지나친 죄의식은 사회생활의 독소다. 죄의식, 적대감, 수치감은 인간을 황폐화시키는 3대 부정감정이다.

부부의 네 가지 역할

부부는 사회를 구성하는 일차관계다. 네 가지 역할이 있다. 섹스파트너, 친구, 사업동반자, 상보자(相補者)이다. 부부는 결혼식장에서 서약한다. "어떠한 경우라도 항상 사랑하고 존중하며 진실한 남편과 아내로서의 도리를 다한다." 네 가지 역할을 충실히 이행한다는 의미다. 결혼생활에서 한두 개만 만족하더라도 부부관계는 유지된다. 물론 불만이 생긴다. 오래 쌓인 불만은 언젠가 폭발한다. 그녀는 남편과 두 아들을 잘 돌봤다. 훌륭한 상보자다. 그런데 다른 역할에 구멍이 난 것이다.

"인간은 타자의 욕망을 욕망한다." 우리는 타자가 지배하는 세계에 태어난다. 타자를 대표하는 것이 언어다. 우리는 내 욕망보다 남이 정해 놓은 욕망을 만족시키며 살아간다. 욕망을 결정하는 주체가 나인데 타인의 기대에 따라 산다. 타자의 인정에 목말라 살아간다. "인간은 금지된 것을 욕망한다." 금지된 것은 그림자처럼 우리를 따라 다닌다. 타자가 만들어 낸 언어적 질서(사회)는 완벽하지 않다. 인정을 통해 욕망을 실현하지만, 결국 타인의 욕망에 지배된다. 뭔가 잘못되어 있다는 것을 알게 된다. 언어를 넘어서는 또 다른 욕망에 눈뜨게 된다. 우리의 진정한 욕망은 무엇인가.

후박사의 탁월한 세 가지 처방

첫째, 그녀는 어긋난 길을 가고 있다. "무엇이 옳은가?" 남편을 사랑하면서 동시에 다른 남자와 사랑하는 것은 무슨 조화인가. 죄인가, 자연의 순리인가. 요즘 애인이 있는 사람들이 늘어간다. 가정을 가진 부인이 아무런 죄의식 없이 그러기도 한다. 세태가 바뀌고 있는 것인가. 가치관이 달라지고 있는 것인가. 애인 있는 남자가 있으면 애인 있는 여자가 있다. 성경에 한 여자가 간음하다 현장에서 잡혀 왔다. 예수께서 이렇게 말한다. "너희 중에 죄 없는 자가 먼저 돌로 치라."

괴로운 마음의 소리에 귀를 기울이라

둘째, 그녀는 방황하고 있다. "어떻게 살아야 하나?" 어려서 부모의 욕망을 위해 살았다. 명문대를 졸업하고 모두가 부러워하는 결혼을 했다. 결혼 후 남편의 욕망을 위해 살았다. 남편을 뒷바라지 하고 두 아들을 성공적으로 키웠다. 타자의 욕망 안에선 자신의 시간을 찾을 수 없다. 이제 그녀의 욕망에 따라 살고 있다. 이렇게 살아도 공허하고, 저렇게 살아도 불편한 까닭은 무엇인가. 인생의 시간을 절반 이상 써 버렸기 때문인가. 하이데거는 이렇게 말한다. "괴로운 마음의 소리에 귀를 기울여라."

셋째, 그녀는 자기를 찾고 있다. "나는 누구인가?" 마하리시는 17세 때 죽음의 경험을 통해 깨달음을 얻은 인도의 성자다. 사람들이 찾아오면 그냥 고요히 바라본다. 몇 시간이고 조용히 앉아 그윽한 연민의 눈길을 보낸다. 침묵의 가르침이다. 그러면 사람들은 한없는 축복에 휩싸인다. 그는 길을 잃은 현대인에게 반복해서 나를 찾으라고 조언한다. 도마복음에서 예수는 이렇게 말한다. "찾을 때까지 찾아라. 찾게 되면 고통스럽고, 고통스러우면 놀라게 되고, 그리하면 모든 것을 다스리게 되리라."

46

열등감

◇◇◇

자신감 · 자부심 키우고 헌신하라

성실하지만 해고될까 늘 불안

"회사에서 언제 잘릴지 몰라 불안해요. 제가 성실하고 그냥 주어진 것을 잘하긴 하지만, 뭔가 창의적이진 않거든요. 전 남들이 알고 있는 것보다 너무 부족해요. 영어실력도 딸리고, 업무능력도 뒤처지고, 말을 잘하는 것도 아니고…. 승진은 아예 꿈도 안 꿔요."

그는 지방대를 졸업하고 누구나 아는 회사에 입사했다. 입사 당시 다른 친구들에 비해 학력도 기울고 스펙도 딸렸다. 누구보다 그런 점을 잘 알고 있었던 그는, 입사 후 부족한 부분을 메우기 위해 동료들과의 좋은 관계 형성을 위해 많은 노력을 기울였다. 모두가 하기 싫어하는 일에 먼저 하겠다고 나섰고, 자주 식사 대접과 간식을 제공하는 것은 물론, 상사에게도 잘 보이기 위해 무척 신경 썼다. 그 결과 직장 내에서 좋은 사람으로 인식되고 있다.

그럼에도 불구하고 그는 해고에 대한 불안감에 늘 사로잡혀 있다. 업무에서 인정을 못 받고, 경쟁에서 낙오될 것이라는 생각이 떠나지 않는다. 하루에도 여러 번 열등감을 느낀다. 실수나 잘못이 드러날까 봐 두렵고, 누군가에게 칭찬을 받으면 오히려 부담스럽다. 벌써 3년차인데, 직장생활이 날로 버겁기만 하다.

사람들이 원하는 네 가지

토정비결의 저자 이지함은 이렇게 말한다. "사람들이 원하는 게 네 가지가 있다. 밖으로는 부자와 귀인이 되려 하고, 안으로는 강하고 신령해지려 한다. 부자는 욕심을 안 내는 것이 제일 부자고, 귀인은 출세를 안 하는 것이 제일 귀인이다. 강한 것은 싸우지 않는 것이 제일 강하고, 신령한 것은 아는 것이 없는 것이 제일 신령하다. 그러나 사람들은 보통 이렇다. 욕심도 안 내고 부자도 못 되는 것은 빈궁한 자다. 출세도 안 하고 귀하지도 못한 것은 비천한 자다. 싸우지도 않고 강하지도 못한 것은 나약한 자다. 아는 것도 없고 신령하지도 못한 것은 우매한 자다."

이지함의 통찰은 인간의 열등감을 잘 표현하고 있다. 열등감은 남보다 뒤떨어지거나 능력이 없다고 느끼는 감정이다. 외모, 실력, 학벌, 집안이 처진다고 생각한다. 열등감은 성장과 동기부여의 원동력이다. 우리는 열등감을 가지고 태어나고, 경쟁을 통해 열등감을 극복한다. 열등감은 부러움, 수치심, 질투심, 연민감 등 다양한 감정으로 표현된다. 사람들은 남이 잘난 것을 부러워하고, 내가 못난 것을 부끄러워한다. 나보다 행복한 사람을 시기하고, 나보다 불행한 사람을 동정한다. 나만큼 잘난 것에 질투심을 느끼고, 나만큼 못난 것에 연민감을 느낀다.

자신감은 열등감의 반대어다. 자부심, 자긍심, 자존심, 자기효능감 등 다양한 감정으로 표현된다. 우리는 성장하면서 주위 사람들의 영향을 받으며 자아개념을 형성한다. 자아개념은 세상에서 비춰지는 자신의 모습이다. 자아이상, 자아이미지, 자부심으로 구성된다. 자아이상은 이상적인 나이고, 자아이미지는 현실적인 나이고, 자부심은 나를 좋아하는 정도다. 자아이상이 너무 크면 열등감에 떨어지기 쉽다. 자아이미지가 올라가면 자부심이 부풀어 오르고, 자신감도 들어선다. 반대로, 자아이미지가 내려가면 자부심이 쪼그라들고, 자신감도 사라진다.

자기효능감은 업무능력에 대한 확신이다. 동기부여와 성과가 높을수록 확신도 커진다. 자기효능감이 높은 사람은 어려운 과제를 잘 해내고, 쉬운 과제에서 반대의 결과를 보인다. 자기효능감은 과거 성공경험에 좌우된다. 작은 경험도 의외로 큰 영향력을 미친다. 관찰학습은 매우 중요하다. 삼성은 벤치마킹을 통해 세계적 기업으로 성장했다. "나는 할 수 있다!"와 같은 언어적 설득도 필요하다. 강력한 자기최면 효과를 띤다. 스트레스 관리도 중요하다. 신체적 과로와 정신적 피로는 자기효능감을 떨어뜨린다.

열등감의 늪에 빠져 있는 이유

지금은 살만 한데, 누가 봐도 괜찮은데, 왠지 부족하기만 한 까닭은 무엇일까? 열등감의 덫에 빠져 있기 때문이다. ① 어려서부터 신체적 결함이 있거나, 열악한 환경에서 성장한 경우다. 어쩔 수 없이 빈궁함과 비천함, 나약함과 우매함 가운데 살았다. ② 사랑을 지나치게 받거나, 아예 못 받은 경우다. 사랑은 자부심과 자신감의 원천이다. 꽃과 나무도 적당한 물과 양분이 필요하다. ③ 주위 사람과 지속적으로 비교당한 경우다. 부모님은 자주 엄친아를 들먹이며 실망감을 전달했다. "넌 그것도 못하니?" 어려서 늘 남보다 못하거나 무가치한 인간으로 평가된 경우다.

후박사의 탁월한 세 가지 처방

"어떻게 하면 열등감에서 벗어날 수 있을까?" 핵심단어 셋으로 요약해 보자.

첫째, 자신감(self-confidence)이다. 자신감을 떨어뜨리는 세 가지가 있다. ① 의미와 목표 상실이다. 자신감을 가지려면 인생의 뚜렷한 의미와 분명한 목표가 있어야 한다. ② 미완성 과제다. 매사 모든 일에서 매듭을 짓는 것이 중요하다. 성취감은 자신감을 증폭시킨다. 대나무가 높이 곧게 자라는 것은 매듭을 잘 짓기 때문이다. ③ 실패와 거절에 대한 두려움이다. 실패에 대한 두려움은 "나는 못해!"에서 온다. 어릴 적, 부모의 파괴적 비판이 원인이다. 거절에 대한 두려움은 "잘해야 돼!"에서 온다. 어릴 적, 부모의 조건부 사랑에서 온다. 자, 아침마다 일어날 때 박수를 크게 쳐 보자. 그리고 크게 외치자. "나는 할 수 있다. 나는 해낼 수 있다. 나는 반드시 해낼 수 있다."

나에게 작은 선물을 주자

둘째, 자부심(self-esteem)이다. 자부심은 자기사랑에서 출발한다. 자부심을 유지하는 비결이 있다. ① 나를 좋아하고 존중한다. ② 남이 나를 좋아하고 존중하는 것을 바라지 않는다. 기대는 갈등과 상처만 남길 뿐이다. ③ 남을 충분히 좋아하고 존중한다. 자부심은 긍정적인 피드백을 통해 생긴다. 아무도 안 알아줘도 좋다. 소소한 나의 장점을 찾아 칭찬해 보자. "이만큼이면 아주 잘한 거야!" 사소한 나의 행위를 찾아 격려해 보자. "이대로라면 잘하고 있는 거야!" 일이 마무리되면 나에게 작은 선물을 주자. "이번엔 맛난 한우구이!" 그리고 쪼그라들 때마다 다음 말을 반복하자. "나는 내가 좋다. 나는 내가 좋다. 나는 내가 정말 좋다."

셋째, 헌신(committment)이다. 헌신이란 모든 것을 바치는 것이다. 무언가를 위해 헌신해 보자. 누구나 하나쯤 재능을 가지고 태어난다. 한 가지만 잘해도 성공하는 세상이다. 좋아하면서 잘하는 것에 집중해 보자. 한 분야의 전문가가 되려면 1만 시간의 연습이 필요하다. 누군가를 위해 헌신해 보자. 어떤 보상도 기대해서는 안 된다. 예수님은 목숨을 바쳐 많은 사람의 대속물이 되셨다. 생면부지의 남을 위해 헌신해 보자. 나의 작은 힘이 남에게 큰 힘이 될 때 자신감이 들어선다. 남에게 도움을 주는 존재라는 것을 인식할 때 자부심이 올라간다.

이지함은 이렇게 끝을 맺는다. "대인(大人)이란 욕심도 내지 않고 능히 부하고, 출세도 하지 않고 능히 귀하다. 싸우지 않고 능히 강하고, 아는 게 하나도 없고도 능히 신령하다."

47

인간관계 회의감

◇◇◇

겉도는 관계부터 청산하라

아픈 상처 탓에 터놓고 지내는 사람 없어

그녀는 3개 회사를 운영하는 40대 사장님이다. 얼마 전까지 다닌 회사에서는 여러 번 영업실적 1위를 해냈고, 연봉 10억을 받은 적도 있다. 그녀에겐 돈 버는 일은 그리 어렵지 않다.

그녀는 먹는 것에 집착한다. 좋아하는 피자가 떠오르면 먹어야만 직성이 풀리고, 한 번 경험한 커피향을 위해 반드시 그 커피전문점을 다시 찾는다. 그녀는 애완견을 사랑한다. 집에 두 마리가 있다. 하나는 애교가 넘치고 주인의 마음을 읽는다. 외로울 때 좋은 친구다. 나머지 하나는 인형처럼 예쁘다. 돌봐 주고 싶은 충동을 자극한다. 바깥에 나와 있으면 늘 생각이 난다. 남들이 애 둘 키운다고 놀려 댄다. 그녀는 어머니가 우상이다. 그런데 요즘 어머니가 많이 아프시다. 불안과 두려움이 몰려온다. 돌아가시면 어떻게 살아가야 하나? 걱정이다.

그녀에겐 상처가 하나 있다. 뛰어난 미모로 최고 인기를 누리던 20대 중반, 스토커 때문에 고생을 많이 했다. 싫다는 데도 계속 따라다니면서 힘들게 한 건 물론이고, 헤어진 후에도 3년 넘게 번호를 달리해 문자를 보내거나, 잊을만하면 SNS에 글을 남겨 놀라게 했던 기억이 아직도 생생하다.

그녀는 지금 마음 터놓고 지내는 사람이 없다. 인간관계가 늘 피상적이다. 그렇다고 사교성이 없는 것은 아니다. 여러 모임에서 많은 사람을 만나지만 흥미를 못 느끼고, 상대가 접근하면 거리를 둔다. 남자도 사귀어 보지만 이내 시들어진다. 현재를 살아가는 데 아무런 불편은 없다. 하지만 왠지 허전하다. 이렇게 사는 게 맞는 건가 끝없는 회의와 의문에 빠진다.

"이렇게 살아도 되는 걸까?" 그녀는 개인주의자로 살고 있다. 남보다 나에게 집중하고, 남이 가깝게 접근하는 것을 꺼려 한다. 그런데 그녀의 본성은 그렇지 않다. 그녀는 열정주의자다. 안에서 폭발하는 에너지를 주체 못하고, 밝은 세상을 꿈꾸는 낙천가다. "이대로 살아가야 되는 걸까?" 그녀는 이기주의자로 살고 있다. 인간관계에서 다소 까칠하고 늘 거리를 둔다. 그런데 그녀의 본성은 그렇지 않다. 그녀는 법 없이도 살 수 있는 성인군자다. 그녀는 자연을 좋아하고 동물을 사랑하고, 전철에서 할머니에게 자리를 반드시 양보한다.

내가 보는 나와 남이 보는 나

"나는 누구일까?" 내가 보는 나와 남이 보는 나가 같은 사람이 있고, 내가 보는 나와 남이 보는 나가 다른 사람이 있다. 그녀는 분명히 후자에 속한다. 무엇이 그녀를 겉과 속이 다르게 만들었을까? 개인적 나와 사회적 나가 있다. '개인적 나'는 내가 보는 나다. 성찰을 통해 나를 발견하는 것이다. 의식에 초점을 맞춘다. '사회적 나'는 관찰을 통해 나를 발견하는 것이다. 남이 보는 나다. 행동에 초점을 맞춘다. 성찰과 관찰에는 항상 갭이 존재한다. 성찰은 주관적이고, 관찰은 객관적이다. 내가 보는 나와 남이 보는 나는 같지 않다. 둘 사이에 간격을 좁히는데 '관계'라는 변수가 존재한다. 관계는 '보다 정확한 나'를 평가하는 온도계다. 우리는 인간관계를 통해 나를 이해하고, 남을 이해하고, 인간을 이해한다.

"도대체 나는 왜 이럴까?" 하고 싶은 대로 사는 사람이 있고, 하고 싶은 대로 못 사는 사람이 있다. 그녀는 분명히 후자에 속한다. 무엇이 그녀를 하고 싶은 대로 못 살게 만들었을까? 삶의 덫이란 게 있다. '삶의 덫'은 어린 시절에 겪은 부정적인 감정 경험이다. 일생에 걸쳐 스스로를 옭아매는 부정적인 자기개념이다. 어떤 사람은 거절당할까 봐 초조해하고, 어떤 이는 결국 실패할 것이라는 두려움에 휩싸인다. 분노를 좀처럼 삭이지 못하는 사람도 있고, 주변 사람에게 인정을 갈구하는 이도 있고, 매사 부정적인 사람도 있다. 거절, 실패, 분노, 인정, 부정성은 대표적인 다섯 가지 삶의 덫이다. 삶의 덫은 마음속 깊은 곳에 감춰진 상처다. 제한신념으로 작동하여 매번 앞길을 가로막고, 수학공식처럼 작용하여 같은 실수를 반복하게 만든다.

장미는 장미인 것이 장미다

"진짜 나는 누구일까?" 인간은 누구나 자기실현과 자기초월의 욕구를 가진다. '사회적 나'에서 '본래의 나'로 돌아가려는 욕구다. 융은 최고의 자기실현이란 '신성(神性)의 체험을 통해 부처나 예수와 같은 태곳적 원형에 도달하는 것'이라 말한다. 사자 한 마리가 어린 시절 양 무리와 함께 자랐다. 하루는 지나가던 어미 사자가 양들 틈에서 풀을 뜯고 있는 어린 사자를 봤다. 어미 사자는 어린 사자를 냇가로 데리고 갔다. 어린 사자는 냇가에 비친 자신의 얼굴을 보는 순간 크게 놀라면서, 자기도 모르게 '어흥'이라는 소리가 터져 나왔다. "장미는 장미인 것이 장미다."

후박사의 탁월한 세 가지 처방

첫째, 겉도는 관계를 청산하자. 먹는 것에 대한 집착에서 벗어나자. 겉도는 관계의 원인이 될 수 있다. 연인과의 달콤한 사랑으로 나아가자. 용기가 필요하다. 애완견에 대한 집착에서 벗어나자. 겉도는 관계의 주범이 될 수 있다. 친구와의 끈끈한 사랑으로 나아가자. 슬기가 필요하다. 어머니에 대한 집착에서 벗어나자. 겉도는 관계의 근원이 될 수 있다. 스승과의 따스한 사랑으로 나아가자. 지혜가 필요하다. 앞으로 나아가야 하기에 인생의 여정에서 어떠한 집착도 금기다.

둘째, 숨겨진 상처를 대면하자. 눈을 감고, 숨을 크게 들이마시고, 몸을 이완시키자. 이제, 타임머신을 타고 시간여행을 떠나자. 과거 사건현장으로 가서 상처받은 소녀를 만나 보자. 아주 힘들었던 사건일 수 있다. 어떤 감정이 느껴지는가? 두려움과 수치심에 떨 수 있다. 감정이 힘들면 상공으로 높이 올라가고, 감정이 누그러지면 현장으로 내려가자. 여러 차례 반복하다 보면 부정감정이 점점 사라질 것이다. 담담해질 때, 사건을 통해 배울 수 있는 교훈을 찾아보자. 그리고 교훈을 간직한 채 현재로 돌아오자.

셋째, 진실한 관계를 추구하자. 나와의 관계에서 솔직해지자. 과거는 이미 지나가고 없다. 잘한 것은 자축한 후 지워버리고, 잘못한 것은 용서한 후 태워 버리자. 점차 남이 보는 나와 내가 보는 나가 같아질 것이다. 너와의 관계에서 솔직해지자. 새로운 미래가 만들어진다. 좋은 것은 따라서 배우고, 나쁜 것은 반성의 거울로 삼자. 점차 하고 싶은 대로 할 수 있을 것이다. 삼성오신(三省吾身)이란 말이 있다. 하루에 세 번 반성한다는 뜻이다. "남을 위해 일하는 데 진심을 다했는가? 친구와 사귀는 데 신의를 지켰는가? 스승에게 배운 것을 제대로 익혔는가?"

48 자수성가한 사장의 가정 고민

◇◇◇

과거를 돌아보고 맥락을 살펴라

현모양처의 까닭 모를 돌변

"가정이 화평해야 사업도 힘을 받잖아요? 애들은 괜찮은데 아내가 문제예요. 작년 말부터 별거 아닌 것에 화를 내며 집을 자꾸 나가요. 친구 집에 2~3일 갔다 오거나, 찜질방, 차 안에서 자기도 하고. 한 달에 한 번 꼴로 그러는데, 물어보면 이것저것 자잘한 불만이 있지만 분명한 이유는 없어요."

"최근엔 처가댁 제사 문제로 좀 다퉜어요. 장인장모가 모두 일찍 돌아가셔서 주로 아내만 참석했었는데, 갑자기 그동안 처가에 신경을 안 썼다며 무지 화를 내는 거예요. 크게 잘못한 것 없이 미안하다고 하기도 그렇고, 저도 너무 화가 나서 마음대로 하라고 했더니 또 나가버리네요. 그럴 때마다 정말 기운이 쭉쭉 빠지고 일할 의욕이 없어져요."

그는 30대 초 지방에서 직원 2명으로 창업했다. '할 수 있다'는 신념으로 25년을 밤낮없이 뛰었다. 10년 전 서울로 사업을 확장하면서, 크게 성장해 업계 2위까지 올랐다. 그간 아내의 내조가 컸다. 사업을 하다 보면 어려운 일도 참 많다. 그래도 아내는 한마디 불평 없이 남편을 잘 받들어 왔다. 모든 집안 대소사를 챙기고, 아이들도 잘 키웠다. 미국서 공부 중인 아들, 대학을 졸업하고 아버지 회사에서 일을 돕고 있는 두 딸 모두 자기 몫을 잘 해내고 있다.

"그 어려운 일도 다 참아낸 아내가 갑자기 저렇게 돌변하니 정말 어떻게 해야 할지 모르겠네요. 어쩌면 좋을까요?"

중년의 위기, '빈 둥지 증후군'

남편은 자수성가했다. 자수성가한 사람은 남다르다. 그는 평생 한 가지에 집중했다. 오로지 성공과 출세를 위해 뛰었다. 주위는 전혀 돌아 보지 않았다. 그의 덕목은 인내다. 모든 것을 참아내고, 어떤 것도 견디고, 무엇이든 포기하지 않는다. 아내는 현모양처였다. 현모양처는 남다르다. 그녀도 평생 하나에 집중했다. 오로지 가사와 육아에 몰두했다. 주위에 전혀 관심이 없었다. 그녀의 덕목은 헌신이다. 모든 것을 바치고, 어떤 것도 이겨내고, 무엇이든 따르고 순종한다.

남편은 사회적으로 잘나간다. 멋진 명함을 돌리고, 여러 모임에 참석한다. 직원들 앞에서 훈시도 하고, 사람들 앞에서 건배사도 한다. 임의로 사람도 해고하고, 수고했다고 돈도 집어 준다. 어디가나 '내 자리'가 있고, 자신감이 넘친다. 그는 가정에서는 그렇지 못하다. 명함은 쓸모가 없고, 가족들 얼굴 보기가 힘들다. 아내 앞에서 말발이 안 서고, 애들 앞에서 훈시가 안 먹힌다. 아내를 해고할 수는 없고, 자식을 매수할 수는 없다. '내 자리'는 없고, 존재감을 잃는다.

아내는 사회적으로 힘들다. 근사한 명함도 없고, 모임마다 어색하다. 사람들을 만나 할 말이 없고, 스치는 말에도 신경이 곤두선다. 사람들 앞에 서기가 두렵고, 애들에게조차 말발이 안 선다. 어디가나 '내 자리'가 없고, 자신감이 안 생긴다. 그녀는 가정에서도 힘들다. 남편 뒷바라지 하느라, 친구 하나 못 만났다. 애들 보살피느라, 취미 하나 못 가졌다. 남편에게 매달리는 게 싫고, 애들에게 요구하기도 내키지 않는다. '빈자리'만 보이고, 존재감이 없다.

빈 둥지 증후군이란 게 있다. 모두 떠나고 빈 둥지에 혼자 남겨질 때 경험하는 현상이다. 핵가족 사회에서 누구나 겪을 수 있는 중년의 위기다. 슬픔, 외로움, 상실감, 정체성 혼란을 보인다. 여성은 자녀가 독립하여 집을 떠나는 시기에 잘 나타난다. 남성은 사회생활의 정점을 찍고 은퇴를 받아들이는 시기에 잘 나타난다. 전생(全生)을 희생과 헌신으로 살아온 부모, 결혼 생활이 만족스럽지 못하고 불안정한 부부, 자녀가 성인으로서 책임을 다할 준비가 안 된 가정인 경우 심하게 나타난다.

'개인적 나'와 '사회적 나', 진짜 나는 누구인가

"나는 누구인가?" '개인적 나'와 '사회적 나'가 있다. '개인적 나'는 내가 보는 나다. 우리는 성찰을 통해 나를 발견한다. '사회적 나'는 남이 보는 나다. 우리는 관찰을 통해 나를 발견한다. 성찰과 관찰에는 갭이 존재한다. 성찰은 주관적이고, 관찰은 객관적이다. '개인적 나'와 '사회적 나'는 같지 않다. 둘 사이의 갭을 줄이는 데 관계라는 변수가 필요하다. 관계는 나를 정확하게 평가하는 척도다. 우리는 관계를 통해 이해의 영역을 넓힌다. 나를 이해하고, 남을 이해하고, 인간을 이해한다.

나이가 들면서, '개인적 나'는 '사회적 나'로 바뀐다. 가정 · 사회 · 국가에서의 역할을 나로 동일시하고, '사회적 나'를 진짜 나로 받아들인다. "나는 누구인가?"에 대해 안정된 자화상이 들어선다. '사회적 나'는 완성된 상태가 아니다. 중년을 지나면서, '사회적 나'는 '개인적 나'로 향한다. 정체성의 혼란이 온다. 관계에서 만들어진 나, 관계가 무너질 때 붕괴된다. 역할에서 길들여진 나, 역할이 사라질 때 붕괴된다. 자기실현의 욕구가 발현된다. '사회적 나'에서 '진정한 나'로 돌아가려는 욕구다. "진짜 나는 누구인가?"

후박사의 탁월한 세 가지 처방

첫째, 사정(history)을 살피자. "모든 역사는 현대사다." 과거는 현재의 시각에서 해석되고, 바라보는 자의 마음속에서 각색된다. 누구나 말 못 할 사정이 있다. 필히, 아내의 입장에서 접근해야 한다. 필히, 과거의 상황을 고려해야 한다. 이렇게 자문(自問)하자.

"무엇이 아내를 가출하게 했을까?" 반복되는 행동에는 까닭이 있다. 그녀는 뭔가를 말하고 싶어 한다. "무엇이 아내를 화나게 했을까?" 어설픈 폭발은 또 다른 문제를 일으킨다. 그녀는 스스로에게 화가 나 있다. "무엇이 아내를 섭섭하게 했을까?" 서로를 있는 그대로 인정해야 한다. 그녀는 변화를 두려워하고 있다.

둘째, 맥락(context)을 살피자. "맥락 없는 사실은 진실이 아니다." 옛날에 왕이 행차하고 있었다. 신하들의 실수로 거지가 길을 막았다. 왕이 가마에서 내려와 점잖게 물었다. "무엇을 도와드릴까요?" 거지가 올려다보며 말했다 "보면 몰라?" 이렇게 자문(自問)하자. "하필 왜 지금 가출한 것일까?" 사소하더라도, 최근 폭발하게 된 계기를 찾아보자. "하필 왜 지금 화를 낼까?" 과거에도 무심코 지나친, 비슷한 사건을 찾아보자. "하필 왜 지금 섭섭해할까?" 영화를 보듯이, 사건을 중심으로 과거를 추적해 보자.

"여보" "당신" 정겹게 불러 보길

셋째, 대화하고 또 대화하자. 토요일 저녁, 따스한 추억이 있는 어느 곳도 아닌 그곳으로 가자. 아내와 함께 술 한잔 마시면서, 고민을 털어 보자. 뭔가 뾰족한 수가 있을 것이다. 아내에게 '여보'라고 정답게 불러 보자. 여보(如寶)란 보배와 같이 소중한 사람이란 뜻이다. 일요일 오후, 푸근한 기억이 있는 어디도 아닌 그곳으로 가자. 남편과 함께 차 한 잔 마시면서, 고민을 떨쳐 보자. 뭔가 좋은 수가 있을 것이다. 남편에게 "당신"이라고 정겹게 불러 보자. 당신(當身)이란 내 몸과 같이 귀중한 사람이란 뜻이다.

49 죽음의 두려움

◇◇◇

생활습관부터 다시 점검하라

급성 심근경색 후 죽음의 공포가

그는 부서 체육대회 행사 중 정신을 잃고 쓰러져 병원으로 실려 갔다. 급성 심근경색으로 심장에 3개의 스탠트 시술을 받았는데, 조금만 늦었어도 정말 죽을 뻔 했다. 평소 아픈 곳은 물론 중년 남성들에게 흔한 고혈압과 당뇨도 없어, 건강에는 별다른 신경을 쓰지 않는 편이었다. 원인이라면 최근 정기 감사로 며칠째 과로하고 잠을 못 잔 상태에서 경기에 참여한 것이다.

몸에서 가장 중요한 기관인 심장에 문제가 생기고 보니, 갑자기 건강에 자신이 없어졌다. 발병했을 당시의 고통스러웠던 가슴통증과 호흡곤란 증세가 재발할까 항상 불안하다. 국부마취로 진행된 시술 과정에서의 공포감도 생생하다. 예고 없이 심장이 멎는 건 아닐까 하는 두려움도 수시로 밀려온다. 밤마다 몇 번씩 죽는 꿈에 시달리다 벌떡 깨어나기도 한다.

얼마 간 요양 후 회사로 복귀했다. 그간 누구에게도 뒤지지 않을 만큼 열정적으로 일했고 그 결과 남들보다 빨리 부서장이라는 위치에 올랐는데, 시술 이후 업무에 전념하기가 힘들다. 마음이 불안하고, 뒤숭숭하다. 간간히 심장이 쿵쿵 뛰고, 어지럽기도 하다. 입맛이 없고, 성격도 예민해지는 것 같다. 그러다 보니 항상 피곤하고 조금만 신경을 써도 지친다. 퇴직까지 아직 7~8년 남았는데, 직장을 그만두어야 하나 하는 생각도 든다. 정말 심신이 고단하다.

내가 안 죽어 봤는데 어찌 알겠는가?

인간의 삶은 생로병사로 요약된다. 우리는 안정을 추구하지만, 다양한 위험이 도처에 있다. 현대 사회에서, 생(生)은 교육보험이 담당하고, 노(老)는 연금보험이 책임진다. 병(病)은 의료보험이 담당하고, 사(死)는 생명보험이 책임진다. 마음이 한결 편안해지고, 모든 게 완벽해 보인다. 그렇지만, 하나도 해결된 게 없다. 미래는 희망이면서 불안이기도 하다. 노자는 이렇게 말한다. "내게 큰 걱정이 있는 것은 몸이 있기 때문이다. 만약 몸이 없다면 무슨 걱정이 있겠는가?"

인간은 반드시 죽는다. 언제, 어디서, 어떻게 죽을지 모른다. 죽음을 경험한 사람은 없다. 죽음이란 무엇인가? 동양에선, 저승보다 이승의 삶을 중요시했다. 삶은 기(氣)가 모인 것이고, 기(氣)가 흩어지면 죽는다. 죽으면, 혼(魂)은 하늘로 올라가고, 백(魄)은 땅에 흡수된다. "호랑이는 가죽을 남기고, 사람은 이름을 남긴다." 서양에선, 이생의 삶보다 영생을 중요시한다. 이 세상에서 고통스러워도, 다음 세상에서 행복을 찾는다. 죽으면, 육체는 땅에 묻히고, 영혼은 천국에 올라간다. "그리스도를 믿는 자는 영생이 있고, 그렇지 아니한 자는 영생을 보지 못한다."

왕이 병들어 죽어 가고 있었다. 모든 것을 가졌지만, 죽음 앞에 속수무책이었다. 그는 두려움에 떨었다. 어릴 적 가깝게 지냈던 도인(道人) 친구가 찾아 왔다. 커다란 홀에 둘이 마주 앉았다. 왕이 침묵을 깨고 물었다. "도대체 죽은 다음에 무엇이 있는가?" 소리가 넓은 방을 울려 퍼졌다. 아무 대답이 없었다. 왕이 다시 물었다. "도대체 죽음 후에 무엇이 일어나는가?" 그때, 친구가 한 손으로 바닥을 쾅쾅 치면서 입을 열었다. "내가 안 죽어 봤는데, 어찌 알겠는가?"

죽음의 5단계

'죽음의 5단계'는 잘 알려져 있다. ① 부정이다. 죽는다는 슬픈 현실을 부인한다. "아니야, 내겐 그런 일은 절대로 일어나지 않아!" ② 분노다. 불공평한 세상에 대해 화가 난다. "왜 나야? 내가 뭘 잘못했는데!" ③ 타협이다. 신과의 타협을 시도한다. "살 수 있다면, 무엇이든 할 텐데!" ④ 우울이다. 상실감이 몰려온다. 사랑했던, 중요했던 모든 것이 무의미해진다. 남겨질 가족에 대해 걱정한다. ⑤ 수용이다. 마음을 비우고, 모든 것을 내려놓는다. "내 생명을 거두소서!"

성인들은 죽음을 어떻게 맞이했을까? 소크라테스는 죽음을 두려워하지 않았다. 그는 독배를 마셨다. 슬퍼하는 제자들에게 이렇게 말했다. "죽음은 육체로부터 영혼의 해방이다." 예수는 젊은 나이에, 죽음으로 뛰어드셨다. 그는 십자가에 처형됐다. 인류 구원을 위한 사랑의 고백을 남겼다. "나의 하나님, 나의 하나님, 어찌하여 저를 버리셨나이까?"

부처는 늙은 나이에, 죽음을 예견했다. 그는 상한 음식을 먹고 쇠약해졌다. 눈물을 흘리며 마지막 말을 전했다. "게으르지 말고 중단 없이 정진하라!" 공자는 죽음이 다가오자 노래를 불렀다. "태산이 무너지는구나. 대들보가 쓰러지는구나. 철인(哲人)이 시드는구나." 그는 수제자 자공이 돌아온 후, 7일간 침묵에 들어갔다. "나는 이제 아무 말도 하지 않겠다."

후박사의 탁월한 세 가지 처방

첫째, 생활습관을 점검하자. 그는 두려워하고 있다. 두려움은 원인을 모를 때 가장 크다. 고혈압과 당뇨가 없더라도, 다른 원인이 분명히 있다. 운동부족, 스트레스, 흡연, 음식, 고지혈증 등 원인을 찾아보자. 그리고 고쳐 보자. Only One의 법칙이 있다. 습관

하나만 바꾸어도, 전체가 좋아진다는 법칙이다. 자신감이 들어설 것이다. 그는 불안에 떨고 있다. 호소하는 여러 현상은 불안에 따른 신체증상이다. 심장병과 불안장애는 증상이 유사하다. 항불안제로 충분히 통제할 수 있다. 직장에 대한 생각은 그 이후 결정하자. 불경에 이런 말이 있다. "몸에 병이 없기를 바라지 말라. 병이 없으면 탐욕이 생기기 쉽나니, 병으로 양약을 삼아라."

죽음을 연습해 보라

둘째, 죽음을 연습해 보자. 우리는 병문안을 가서 죽음을 생각하고, 장례식에 가서 죽음을 구경한다. 이제, 내가 죽었다고 가정하자. 과연 무슨 일이 일어날까? 나의 장례식에 참석하고, 나의 집과 회사에 가 보자. 아내는 무슨 말을 하고, 자녀는 어떤 표정을 짓고, 동료들은 어떤 얘기를 할까? 새로운 나를 발견할 것이다. 다음, 버려야 할 목록을 작성하자. 낡은 옷과 신발, 오래된 책과 노트, 어차피 버려야 할 것은 과감히 없애자. 과거가 기록된 상패, 추억이 담긴 사진, 언젠가 버려야 할 것은 미리 없애자. 한층 가벼워질 것이다. 끝으로, 죽기 전에 할 말을 적어 보자. 삶과 죽음은 영원히 반복된다. 삶은 목표 때문에 사는 것이 아니고, 삶 자체를 위해 사는 것이다. 하루하루 생생한 삶이 물결칠 것이다. 이런 말이 있다. "과거와 미래가 만나는 지금 이 순간만이 영원하다."

셋째, 못했던 것을 해 보자. 누구나 꼭 하고 싶었던 것이 있다. 수첩을 하나 사서, 그 목록을 적어 보자. 할 수 있는 것은, 지금 당장 해 보자. 마음이 원하는 대로 살아 보자. 내일이 없는 것처럼, 뜨겁게 살아 보자. 그리고 모든 두려움을 경외로 받아들이자. 할 수 없는 것도, 어떻게든 해 보자. 몸이 원하는 대로 살아 보자. 오늘이 마지막인 것처럼, 뜨겁게 살아 보자. 그리고 모든 캄캄함을 푸근함으로 맞아들이자. 노자는 이렇게 말한다. "몸을 사랑하듯이 천하를 다스린다면 천하를 맡을 수 있다."

50 직장 선택의 기로

◇◇◇

운명이 아닌 선택이 운명을 좌우한다

어떻게 해야 후회하지 않을까?

그는 대기업 5년차 과장이다. 처음 어렵고 힘들었던 직장생활도 어느 정도 적응이 됐고, 조만간 승진을 바라보고 있다. 그런데 본격적인 회사생활을 앞둔 상황에서 자꾸 의문이 생긴다. "계속 회사를 다녀야 하나?" "평생 샐러리맨으로 사는 게 최선인가?" 회사 업무나 동료들에게 큰 불만이 있는 건 아니다. 이대로 사는 것도 괜찮은데, 왠지 아깝고 답답하다.

아직 미혼이고 나이도 젊은데, 뭔가 도전해 봐야 하는 건 아닌가 싶다. 전공인 법학 공부를 더해 변호사가 되어 볼까, 5년 회사생활에서 터득한 노하우를 토대로 창업해 돈을 왕창 벌어 볼까, 얼마 전 한 선배가 회사를 창업했다며 함께 일해 보자고 제안할 때는 정말 마음이 많이 흔들렸다.

그런데 그것도 곧바로 의문에 싸인다. "과연 새로운 일을 잘 해낼 수 있을까?" 다르게 살아가려 하니, 왠지 겁나고 두렵다. 예전 수험생 시절, 진로 결정을 앞둔 그때 그 느낌과 비슷하다. 익숙한 길과 생소한 길, 안정과 변화, 두 갈림길에서 어떤 선택을 해야 할까? 지금의 이 선택이 평생을 좌우할 거라 생각하니 선뜻 결단하기도 어렵고, 결정을 못 내려 이 상태에 고착될까 답답하다. 제2의 사춘기 같다. 어떻게 해야 후회하지 않을까?

매일 150가지 선택을 해야 하는 현대인

우리는 수많은 변화 가운데 살아간다. 세상은 빠르게 변한다. 지구 한편에서의 날개 짓이 다른 편에서 거대한 돌풍으로 변한다. 변화는 혼란을 동반한다. 우리는 무수한 선택 가운데 살아간다. 매일 150가지 선택을 해야 하고, 30번 정도 신중한 판단을 하고, 5번 정도 올바른 결정을 한다. 선택은 후회를 동반한다. 우리는 살면서 최소 세 가지 중요한 결정을 한다. 누구와 함께 살 것인가? 어디에서 살 것인가? 무엇을 하며 살 것인가?

인간은 변화를 추구한다. 겨울이 있는가 하면 여름이 오고, 보름달인가 하면 그믐이 된다. 우리는 변하지 않는 것이 하나도 없는 무대에서 살고 있다. 오래된 것은 사라지고, 새로운 것이 나타난다. 산이 있으면 계곡이 있기 마련이고, 계곡이 있으면 산이 없을 수 없다. 한 곳에만 머무르려고 한다면 어리석은 일이다. 오래된 것은 싫어지고, 새로운 것을 좋아한다. 내가 안 변하면 남이 나를 변하게 만든다. 모든 변화의 중심은 나에게 있다.

우리는 무한 가능성을 가지고 태어난다. 대부분 잠재능력의 5%도 발휘하지 못한다. 고정관념이란 감옥에서 일생을 갇혀 살아간다. 안전지대에서 안주하며 여생을 보낸다. 아무리 화려해도 감옥은 감옥이다. 감옥을 탈출하는 것은 중요하다. 내 안의 잠든 가능성을 깨우는 것이 변화의 시작이다. 철새가 따스한 곳으로 이동하다 섬에서 쉬게 되었다. 섬에는 수많은 모기가 있었다. 철새는 모기를 마구 잡아먹다 몸이 무거워져 날지 못했다. 그만 섬에 주저앉게 되었다.

인간은 안정을 추구한다. 현상유지편향이란 게 있다. 현재를 유지하려는 속성이다. 제자리에 머무는 것을 좋아하고, 흘러가는 대로 놔두고 싶어 한다. 우리는 살고 있는 도시와 집을 좋아한다. 해외로 나갈 때 집을 처분해 재테크로 이익을 볼 수 있는 데도, 그냥 전세를 두고 간다. 사용하는 브랜드도 좋아한다. 항상 가던 음식점을 선호하고, 늘 같은 브랜드의 커피를 마신다. 큰 문제가 없는 한 다니는 직장을 쉽게 포기하지 않는다. 일과 업무, 부서를 쉽게 바꾸려 하지 않는다.

우리는 흔들리지 않는 평안한 행복을 꿈꾼다. 안정은 편안함을 주지만, 변화는 불편하게 만든다. 세계는 변화를 요구한다. 안정된 상태에서 변화는 쉽지 않다. 게으름의 법칙이란 게 있다. 최소 노력으로 오래 편안하려는 속성이다. 인간의 마음속은 빈둥거리는 고양이와 같다. 최소 일을 통해 최대 이익을 얻으려 한다. 거미가 우연히 천장에 이어진 줄을 발견했다. 먹이 잡는 데 쓸모없는 것이라 생각하고 무심결에 끊어 버렸다. 순간 모든 거미줄이 사라졌다.

성공이란… 행복이란…

"운명이 아닌 선택이 운명을 결정한다." 성공이란 무엇일까? 원하는 것을 가지는 것이다. 누구에게나 어려서 꿈꿨던 성공이 있다. 행복이란 무엇일까? 원하는 것을 하는 것이다. 누구에게나 오래 간직했던 소중한 가치가 있다. "내가 진정으로 원하는 것은 무엇일까?" 나의 소중한 꿈과 가치를 실현해 보는 것이다. 용기를 내어 인생을 설계하는 것이다. 우리의 삶은 매 순간 선택을 요구한다. 오늘의 선택은 내일을 결정한다. 어떠한 선택이든 아쉬움과 여운이 남는다.

후박사의 탁월한 세 가지 처방

강한 사람은 결정을 내린 후 의심한다

첫째, 생소한 길을 선택해 보자. 무엇이 두려운가? 두려움은 결과의 불확실성에서 온다. 안정된 터전을 잃는 데서 온다. 어릴 적 부정감정에서 오기도 한다. 두려움의 원인을 정확히 알아 봐야 한다. 객관적인 시각을 유지하자. 근거 없는 긍정과 낙관을 주의해야 한다. 사전분석을 철저히 하자. 성공과 실패에 대해 모두 평가해야 한다. 피드백을 받자. 친구 · 선배 · 전문가의 의견을 들어 봐야 한다. "약한 사람은 결정을 내리기 전에 의심하고, 강한 사람은 결정을 내린 후 의심한다."

둘째, 익숙한 길을 선택해 보자. 무엇이 답답한가? 답답함은 숨겨진 가능성에서 온다. "불확실한 가능성에 도전하는 것보다 불가능에 도전하는 게 낫다." 인생의 방향을 확 바꾸는 것도 좋지만, 제자리를 지키고 할 수 있는 작은 변화를 시도해 보자. 운동도 좋고, 자격증도 좋고, 공부도 좋다. 든든한 직장 안에서 자신을 위한 변화를 즐겨 보자. 그간 선택을 강요받던 스트레스에서 한결 가벼워질 수 있다. "평범한 일을 한다고 평범한 사람은 아니다."

셋째, 서두르지 말자. 옛날에 곡식을 키우는 농부가 있었다. 그는 싹이 빨리 자라지 않는 것을 안타깝게 여겨, 종일 싹을 뽑아 올려 주었다. 그리고 돌아와 아들에게 말했다. "오늘은 참 힘들었다. 내가 싹이 자라도록 도와주었다." 놀란 아들이 달려가 보니 싹은 이미 시들어 버렸다. 세상에 싹이 잘 자라도록 그냥 놔두는 사람이 드물다. 조장(助長)은 무익할 뿐 아니라 해롭기까지 하다. 맹자는 이렇게 말한다. "결과에 집착하지 말고, 마음에 잊어서도 안 되고, 억지로 자라게 도와서도 안 된다."

51 첫사랑과의 재회

◇◇◇

만나지도, 말하지도, 행동하지도 말라

색안경으로 본 첫사랑은 착각이다

그는 요즘 정신이 나갔다. 20년 만에 나타난 그녀 때문이다. 둘은 고등학교 때 첫사랑으로 만나 5년을 사귀었다. 눈부신 아름다움으로 여신으로 불리던 그녀, 수려한 외모에 전교 수석을 놓지 않았던 그, 둘은 누가 봐도 환상적인 커플이었다. 그러나 부모님은 결사반대다. 아들의 미래에 그녀는 방해가 될 뿐이라고 판단하셨다. 결국 그는 대학 졸업과 함께 도망치듯 미국으로 떠났다. 10년 미국생활을 접고 귀국해 대기업에 취직했다. 열심히 일만 했다. 문득 이러다 독신으로 늙어 죽겠다 싶어 마흔에 결혼을 마음먹고, 현재 아내를 만나 결혼에 골인했다. 결혼과 함께 시작한 사업도 잘 커가고, 아이 둘도 낳고, 가정도 편안해 평화로운 시간을 보내고 있었다.

그녀는 그가 미국으로 떠날 무렵 탤런트가 됐다. 몇 년간 드라마에 얼굴을 비추더니 사라져 궁금했지만, 잘 살 것이라 생각하고 까맣게 잊었다. 그런 그녀를 최근 잡지 인터뷰 기사에서 우연히 보게 되었다. 그녀는 연예 기획사를 운영하고 있었다. 20년이 지났는데도 미모는 여전하다. 게다가 미혼이란다. 그녀는 미혼인 이유로 첫사랑을 언급했다. 그동안 보고 싶다는 말도 했다.

이후 그는 정신이 없어졌다. 일이 손에 잡히지 않는다. 그녀가 너무 보고 싶다. 당장 만나고 싶다. 예전 열렬했던 느낌, 뜨거웠던 추억이 자꾸 떠오른다. 그녀를 다시 얻을 수 있다면 모든 걸 다 잃어도 상관없다는 생각마저 든다. 지금의 부인도 괜찮은 여성이다. 이 방황이 너무나 말이 안 된다는 걸 그도 잘 안다. 그래도 그녀에게 향하는 마음을 어찌할 수가 없다. 정신이 온통 그녀에게만 쏠려 있다. 설렘과 죄의식 등 복잡한 감정으로 매일 잠을 설친다. 정말 너무 힘들다.

잊지 못하는 첫사랑

우리는 첫사랑을 기억한다. 비 오는 날, 커피를 마시며 음악을 들을 때, 그녀를 떠올린다. 그를 보면 마음이 설레고, 누군가와 있는 것을 질투하고, 좋아하는지 몰라 가슴 졸인다. "남자의 사랑은 인생의 일부이고, 여자의 사랑은 인생의 전부이다." 우리는 첫사랑을 못 잊는다. 태어나 처음 느껴 본 감정이다. 보고 싶고, 울고 싶고, 만나고 싶다. 사랑은 폭풍처럼 찾아오고, 폭풍은 우리를 변화시킨다. 첫사랑이 신비로운 것은 영원하리라 믿기 때문이다. "남자는 첫사랑을 가슴에 묻고, 여자는 첫사랑을 기억에 묻는다."

첫사랑, 왜 못 잊을까? 처음이라서 그렇다. 초두 효과란 게 있다. 처음 입력된 것은 다른 정보보다 강하게 기억에 남는다. 첫 경험은 강렬하다. 모든 것이 새롭다. 첫사랑은 순수하다. 모든 것이 아름답다. 처음 함께 한 감정은 강렬하다. 모든 것이 흥미롭다. 미완성이라서 그렇다. 자이가르닉 효과란 게 있다. 마치지 못한 일은 완성된 과제보다 강하게 기억에 남는다. 만남은 이별을 전제로 한다. 사랑에 빠진 날 고통도 시작한다. 이루지 못한 첫사랑은 끝나지 않은 드라마처럼 쉽게 지워지지 않는다.

인간의 뇌는 불완전하다. 과거를 회상할 때 마음대로 편집하고, 미래를 상상할 때 임의대로 구성한다. 과거를 보다 아름답게 기억하고, 미래를 보다 완벽하게 상상한다. 헤어진 사랑은 더욱 애달프고, 못 이룬 사랑은 더욱 아쉽다. 상상으로 그려진 첫사랑은 환상이다. 인간의 뇌는 바보스럽다. 과거와 미래는 현재 기분에 영향을 받는다. 기쁠 때 과거가 행복하게 보이고, 슬플 때 미래가 불행하게 보인다. 좋은 추억을 떠올리면 상대가 그립고, 나쁜 추억을 떠올리면 상대가 밉다. 색안경으로 본 첫사랑은 착각이다.

첫사랑, 왜 남자가 더 잊지 못할까? 남자는 감정능력이 떨어진다. 여자는 사랑이라는 감정을 먼저 느끼고, 남자는 그 감정을 여자를 통해 느끼게 된다. 이성적일수록 첫사랑의 기억은 더욱 강렬하다. 남자는 감정을 다루는 데 서툴다. 서투른 사랑은 완결되지 못한 채 기억에 오래 남는다. 남자는 사랑보다 성공을 더 추구한다. 남자에게 사랑은 가치추구의 일부고, 여자에게 사랑은 의미를 건 전부다. 남자는 현재 쾌락에 잘 빠지고, 여자는 현재 감정에 충실하다. 남자에게 사랑은 특별한 사건이고, 여자에게 사랑은 일상적인 일이다.

두 남자가 미친 이유

국회의원이 정신병원을 방문했다. 원장이 직접 나서서 병실을 보여 주었다. 처음 방에서 한 남자가 벽에 붙은 여인 사진을 향해 울부짖고 있었다. 원장이 말했다. “이 남자는 한 여인과 사랑에 빠졌는데, 결혼할 수가 없어서 미쳤습니다.” 병원을 다 둘러 보고 마지막 방에 이르렀다. 그 방에서 다른 남자가 벽에 붙은 여인 사진을 향해 침을 뱉고 있었다. 원장이 말했다. “이 남자는 처음 방의 남자가 사랑했던 여인과 결혼했습니다. 그것이 미친 이유입니다.”

후박사의 탁월한 세 가지 처방

논어에 이런 말이 있다. “예(禮)가 아니면 보지도 말고, 말하지도 말고, 행동하지도 말라”

첫째, 절대 보지 말자. 첫사랑은 보지 않을 때 신비롭다. 안 보려 하면, 더 보고 싶다. 어찌해야 하나? 눈을 감고, 숨을 크게 들이 마시자. 타임머신을 타고 시간여행을 떠나자. 그녀와 최고로 좋았던 현장으로 가자. 어떤 감정이 느껴지는가? 설렘과 애틋함에 빠질 수 있다. 감정이 벅차면 상공으로 높이 올라가고, 감정이 누그러지면 현장으로 내려가자. 여러 차례 반복하다 보면 열렬한 감정이 점점 사라질 것이다. 담담해질 때, 배울 수 있는 교훈을 찾아보자. 그리고 교훈을 간직한 채 현재로 돌아오자.

둘째, 절대 말하지 말자. 첫사랑은 혼자 간직할 때 영원하다. 아내에게 절대 고백하지 말자. 첫사랑은 누구나 경험하는 것이다. 일부러 아내 마음에 불을 질러서는 안 된다. 친구에게 절대 자랑하지 말자. 첫사랑은 영웅담이 아니다. 낮말은 새가 듣고 밤 말은 쥐가 듣는다. 돌고 돌아 아내에게 올 것이다. 동료에게 절대 상담하지 말자. 첫사랑은 상담할 사항이 아니다. 상담하다 보면 다시 시작하고 싶어진다. "즐거워하되 음란하지 말고, 슬퍼하되 마음을 상하지 말라."

과거 시간여행으로 깨달음 얻어 다시 현재로

셋째, 절대 행동하지 말자. 첫사랑은 멀리 있을 때 아름답다. 안 만나려 하면, 더 만나고 싶다. 어찌해야 하나? 눈을 감고, 몸을 이완시키자. 타임머신을 타고 시간여행을 떠나자. 그녀와 최고로 나빴던 현장으로 가자. 어떤 감정이 느껴지는가? 분노와 수치심에 떨 수 있다. 감정이 힘들면 상공으로 높이 올라가고, 감정이 누그러지면 현장으로 내려가자. 여러 차례 반복하다 보면 뜨거운 감정이 점점 사라질 것이다. 담담해질 때, 배울 수 있는 깨달음을 구해 보자. 그리고 깨달음을 간직한 채 현재로 돌아 오자.

52

후배의 배신

◇◇◇

의도 · 감정 · 동기부터 살펴라

해외 연수 선발에서 낙방

그녀는 대학 후배인 그를 많이 아꼈다. 그는 물론 자녀의 생일과 졸업까지 챙기는 등 신경을 써 줘도 고맙다는 말 한마디가 고작이지만, 성실하고 능력도 있었기 때문이다. 일부 동료들은 그녀 생각만큼 그가 좋은 사람이 아니라고도 했다. 그러나 그녀는 무뚝뚝하고 대쪽 같은 성격 때문에 평가를 제대로 못 받고 있는 거라 두둔했고, 그녀 때문에 그의 평판이 좋아진 것도 사실이다.

회사는 매년 1명을 선발해 1년간 외국연수를 보낸다. 열심히 일한 직원에 대한 보상 프로그램이다. 인사팀장인 그녀는 절차를 진행했다. 후배를 포함해 8명이 지원했다. 규정대로 인사위원회를 거쳐 2명을 선발했고, 사장이 그중 1명을 낙점했다. 후배는 3위에 그쳤다. 결과 공표 전 사내에는 이미 내정자가 있다는 헛소문이 돌았다. 하필 소문대로 결정이 되자, 후배는 선발 절차의 불공정성을 주장했다. 인사위원회 과정에 사장의 의사가 개입됐다는 것이다. 근무성적 1위였던 그는 자신의 선발을 확신했던 듯하다. 그녀에게 여러 차례 항의전화를 하고, 인사위원들을 찾아다니며 개입의 증거를 채집하는 등 공식적으로 문제를 제기하겠다고 한다. 근무성적이 다가 아니라고 설명했지만 막무가내다.

그녀는 충격을 받았다. 문제가 제기되면 가장 난감해지는 사람이 바로 그녀 아닌가. 그걸 알면서도 어떻게 문제를 제기하겠다고 할 수 있는지. 지난 10년간 정말 잘해 주고 마음으로 아꼈던 후배였는데, 지금 그의 모습은 언제 우리가 알던 사이었냐는 듯하다. 배신감에 잠도 오지 않는다.

배신은 친밀하고 두터운 관계에서

배신은 신뢰를 저버리는 것이다. 믿고 의지하는 관계를 끊는 것이다. 배신은 이별과 다르다. 이별은 추억이 그대로 남지만, 배신은 핑크빛 기억조차 흉하게 덧칠한다. 불신(不信)의 시대에 배신은 흔하다. 가정에서 치명적인 배신은 외도다. 배신의 양면성이 있다. "내가 하면 로맨스, 남이 하면 불륜이다." 배신은 의리를 저버리는 것이다. 마땅히 지켜야 할 도리를 끊는 것이다. 배신은 독립과 다르다. 독립은 경험을 소중히 간직하지만, 배신은 속이 텅 빈 채 껍질만 남는다. 불의(不義)의 시대에 배신은 흔하다. 사회에서 치명적인 배신은 반역이다. 배신의 이중성이 있다. "내편에선 변절자, 상대편에선 영웅이다."

배신은 누가 하는가? 배신은 친밀한 관계에서 생긴다. 친밀한 관계는 인(仁)으로 맺어진 관계다. 배신은 인을 끊는 것이다. 공자는 인을 강조한다. 인(仁)은 측은지심이다. 어여삐 여기고 사랑하는 것이다. 감성적인 사람은 신뢰를 중시한다. '좋다, 나쁘다'에 좌우된다. 감정이입을 잘한다. 스트레스를 수용하여 상처로 받아들인다. 감성적인 사람에게 배신은 충격적이다. 큰 상처를 받는다. 치료되지 않으면 우울증으로 간다. 과거가 송두리째 날라 간다. 사랑이 미움으로 변하고, 행복이 불행으로 바뀐다. 삶의 의미가 한꺼번에 무너진다.

배신은 두터운 관계에서 생긴다. 두터운 관계는 의(義)로 맺어진 관계다. 배신은 의를 끊는 것이다. 맹자는 의를 강조한다. 의(義)는 수오지심이다. 나의 잘못을 부끄러워하고, 남의 잘못을 미워하는 것이다. 이성적인 사람은 의리[義]를 중시한다. '옳다, 그르다'에 익숙하다. 기분전환을 잘한다. 스트레스를 통제하여 상처가 되지 않는다. 이성적인 사람에게 배신은 충격적이다. 큰 스트레스를 받는다. 해결되지 않으면 불안증 · 공황증으로 간다. 미래가 순식간에 사라진다. 유일함이 사라지고, 특별함이 깨진다. 인생의 가치가 한꺼번에 무너진다.

배신은 왜 하는가? 손해를 안 보려고 배신한다. 사람들은 이익보다 손해에 더 크게 반응한다. 손실회피성향이라 한다. 유다는 은 30냥에 예수를 로마인에게 팔았다. 신념이 달라져서 배신한다. 정치인들은 신념을 바꿔 국민을 당황하게 한다. 예수는 제자들에게 가족을 버리고 나를 따르라고 했다. 감정이 작용하여 배신한다. 사람들은 은혜보다 상처를 더 오래 기억한다. 섭섭함으로 신뢰를 깨고, 두려움으로 의리를 저버린다. 베드로는 두려움 때문에 닭이 울기 전에 예수를 세 번 부인했다.

충서의 도

'충서(忠恕)의 도'가 있다. 충(忠)은 마음의 중심을 잡는 것이고, 서(恕)는 마음을 서로 같게 하는 것이다. 충(忠)은 진정성이고, 서(恕)는 배려심이다. 옛날에 한 처녀가 임신을 했다. 아버지가 딸에게 누구 자식인지 다그쳤다. 겁먹은 딸은 동네에서 존경받는 스님이라 했다. 아버지는 스님을 찾아가 아기를 맡기며 책임지라고 했다. 스님은 아기를 받으며 말했다. "아, 그렇습니까?" 스님은 아기를 위해 젖동냥을 했다. 사람들은 파렴치한 스님을 욕했다. 1년이 지났다. 딸은 죄의식에 시달리다 푸줏간 남자가 애비라고 털어놨다. 놀란 아버지는 스님을 다시 찾아가 사죄했다. 스님이 아기를 돌려주며 말했다. "아, 그렇습니까?"

후박사의 탁월한 세 가지 처방

배신감을 삭히고, 후배의 마음을 점검해 보자.

첫째, 의도(intention)를 살피자. 의도는 의식적인 것이다. 어떤 손해를 피하려고 배신을 감수한 것일까? 그는 외국연수를 위해 열심히 일했다. 그런데 예견된 선발에서 탈락했다. 그는 성실한 사람이다. 계획의 차질은 그에게 큰 스트레스다. 무슨 수를 써서라도 계획대로 가야 한다. 어떤 이익을 얻으려고 배신을 선택한 것일까? 그는 근무평가에서 1위를 해냈다. 그런데 당연한 보상에서 좌절됐다. 그는 능력 있는 사람이다. 부당한 대우는 그에게 큰 스트레스다. 무슨 수를 써서라도 보상을 받아야 한다.

기대한 만큼 섭섭하게 마련

둘째, 감정(affection)을 살피자. 배신할 만큼 화난 이유는 무엇일까? 그는 근무성적 1위인데 선발에서 3위로 밀렸다. 다른 평가는 명확치 않다. 사장의 개입이 의심된다. 그는 원칙적인 사람이다. 절차의 불공정은 그를 화나게 만든다. 어떻게든 개입의 증거를 찾아야 한다. 배신할 만큼 섭섭한 이유는 무엇일까? 그는 자신의 선발을 확신했다. 인사팀장이 그를 아끼던 선배다. 그런데 도움이 되지 않았다. 둘 사이는 친밀한 관계다. 기대한 만큼 섭섭하기 마련이다. 어떻게든 문제를 제기해야 한다.

셋째, 동기(motivation)를 살피자. 동기는 무의식적인 것이다. 자신도 모르게 배신한 건 아닐까? 그는 무뚝뚝한 성격으로 인정을 받지 못했다. 어려서부터 거절에 민감한 성격일 수 있다. 그는 공격적인 사람이다. 공격적인 사람은 남 탓에 익숙하다. 그가 아니라, 그녀가 자신을 배신한 것이다. 배신한다는 사실조차 모르는 건 아닐까? 그는 자기 입장만 고집하고 있다. 그녀의 감정은 고려하지 않는다. 그는 이성적인 사람이다. 이성적인 사람은 상처를 잘 받지 않는다. 그는 배신한 기억이 없다.

[사례로 풀어 본 한국인의 정신건강]

가정편

PART 3

53 ADHD 자녀

◇◇◇

에디슨, 아인슈타인, 부시도 ADHD였다

약물치료를 권하는 담임선생님

그녀는 초등학교 4학년 아들을 둔 회사원이다. 아들은 항상 에너지가 넘쳤다. 몸은 언제나 놀다 생긴 상처투성이였고, 밥을 먹을 때나 피아노를 칠 때나 몸을 가만두지 못했다. 학용품을 잃어버리는 것도 다반사였다. 이것저것 관심이 많지만 곧장 싫증을 낸다. 게임이나 놀 때를 제외하곤 집중하는 것을 찾아 볼 수가 없다. 걱정이 됐지만 남편은 크면 나아질 거라고 해 기다려 보기로 했다.

초등학교 2학년 참관수업으로 학교에 갔던 날, 아들에게 문제가 있음을 알아챘어야 했다. 40분 수업에서 아들은 여러 아이들과 다르게 한시도 가만히 있지 못했고, 말도 안 되는 행동으로 선생님을 힘들게 했다. 학부모들의 황당한 얼굴이 지금도 생생하다.

최근 사태가 더 나빠졌다. 수업에 집중을 못하는 것은 물론, 이제는 수업 도중 밖으로 나가 들어오지 않는다는 담임선생님의 전화를 받고 학교를 달려갔을 때, 아들의 학습태도는 물론 사회성에도 상당히 문제가 있음을 절감하게 됐다. 주위 아이들에게 피해가 되니 약물치료라도 받아야 되지 않느냐는 말을 듣고 충격을 받았다.

이후 남편과 함께 아들을 타이르기도 하고, 혼을 내기도 했다. 그러나 관계만 더 멀어질 뿐 아무런 효과가 없다. 그간 아들에게 신경을 많이 쓰지 못했다는 사실이 그녀의 맘을 찌른다. 남편은 이제부터라도 바로잡으면 된다며 위로하지만, 마음이 복잡하다. 뾰족한 방법은 없을까 알아 보고 매일매일 고민을 거듭하지만, 도무지 해결책이 보이지 않는다. 가슴이 정말 답답하다.

부모가 훈련받아서 아이를 직접 도와야

ADHD는 주의력결핍 · 과다행동장애다. 3대 증상은 주의산만 · 과다행동 · 충동성이다. 좋아하는 것만 하려 하고, 싫어하는 것은 안 한다. 나대다가 멍 때리기에 빠진다. 생각보다 행동이 앞선다. ADHD는 전두엽 미숙에서 온다. 전두엽은 뇌의 사령탑이다. 성인이 되어야 완성된다. 주기능인 기획 · 통제 · 조절 · 동기 능력이 떨어진다. 알고 있는 것을 실행하는 게 어렵다. 하던 것을 멈추지 못하고, 충동과 감정조절이 힘들다. 과제에 대한 흥미와 동기도 낮다. 크면서 과다행동은 줄어들고, 주의산만 · 충동성은 오래 간다. 그냥 놔두면 절반 이상이 성인 ADHD로 진행된다. 성인 ADHD는 잦은 교통사고와 이직, 각종 중독이 특징적이다.

ADHD가 급증하고 있다. 아동기 유병률이 8~15%다. 30년 전에 비해 20배 이상 증가했다. 최근 ADHD, 자폐증, 틱, 아스퍼거증후군(사회성 결핍) 등 신경발달장애가 '자폐 스펙트럼 장애'로 통칭된다. 경중에 따라 유사증상을 보이고, 동반질환으로 나타난다. 좌우뇌 불균형이 주된 특징으로, 남아에게 더 많다. ADHD는 5배, 아스퍼거증후군은 7배, 자폐증은 10배다. 원인은 무엇인가? 임신 중 흡연, 모유중단, 제왕절개, 항생제, 농약, 환경호르몬, 중금속을 의심한다. 유전자조작식품, 설탕, 조미료, 글루텐(밀가루)이 거론된다.

"이기적인 유전자가 살아남는다." 원시시대에는 주의산만 · 과다행동 · 충동성이 남자에게 중요한 행동이었다. 사냥하려면 이리저리 살피고 빨리 움직이고 즉각 반응해야 한다. 그런데 현대사회에는 방해 되는 행동이 되었다. 과거에 덜렁거리고 활동적인 골목대장이 요즘은 부주의하고 충동적인 ADHD로 취급받는다. 사회 변화가 환자를 만든 것이다. 현대사회는 자원이 풍부하고 안전하고 여유가 있다. '즉각반응'하는 인간보다는 '문제해결'하는 인간이 생존하는 데 더 유리하다.

"늦된 아이가 저절로 낫지 않는다." 아이는 안 하는 게 아니고, 못 하는 것이다.

머리가 나쁜 게 아니고, 실행을 못 하는 것이다. 내버려 두면 학교생활 전반에 문제가 생긴다. 학습이 뒤처지고, 불안 · 우울 · 비행이 나타나고, 사회성이 망가진다. 자라나면서 상처는 더 커지고, 격차도 더 벌어진다. ADHD는 진단이 어렵다. 자주 오진되고, 행동 · 학습 · 정서 문제가 겹쳐 나타난다. 약물치료가 80% 정도 호전을 보인다. 2년 이상 꾸준히 치료한 경우 커서 좋은 결과를 보인다. 행동치료 · 학습치료 · 놀이치료를 병행해야 한다. 뇌파치료도 효과가 있다. 환경독소를 피하고, 탄수화물을 배제하는 식이요법이 추천된다.

ADHD는 조기 개입이 중요

"아이 문제는 부모 탓이 아니다." 자책감을 가질 필요는 없다. 그래도 양육과정에서 부모의 노력이 중요하다. ADHD는 조기 개입이 중요하다. 약물치료에 모든 기대를 걸 수 없다. 약을 끊으면 증상이 나빠지고, 2~3년 쓰다 보면 효과도 떨어진다. 뇌기능 발달의 증거도 미약하다. 교사에게 모두 맡길 수 없다. 부모가 나서야 한다. ADHD에 대해 올바로 이해하고, 아이를 제대로 바라보도록 교사와 주변에 알려야 한다. 전문가에게 모든 기대를 걸 수 없다. 부모가 아이와 함께 하는 시간이 절대적이다. 부모가 훈련받아서, 아이를 직접 도와야 한다.

후박사의 탁월한 세 가지 처방

ADHD는 평생 갈 수도 있다. 장기전을 대비하자. 순자의 '천리마 이야기'가 있다. "천리마는 하루에 천리를 가지만, 조랑말도 열흘이면 간다. 가는 데를 알지 못하면 천리마라도 도달하지 못한다."

첫째, 사랑과 신뢰가 기본이다. 조건 없이 사랑하자. 사랑이라는 것은 어렵다. 사랑은 책임감에서 나온다. 아이를 위해 나를 버리는 것이다. 비판 없이 신뢰하자. 신뢰라는 것은 어렵다. 신뢰는 의무감에서 나온다. 아이를 위해 헌신하는 것이다. 영원한 후원자가 되자. 아이에게 이렇게 말하자. "나는 네가 성인이 될 때까지 잠시 떠맡았다. 네가 최고의 너를 만날 때까지 100% 책임질 것이다. 세상살이는 어렵지만 어떤 난관도 극복하도록 도울 것이다. 나는 네가 있는 것만으로 충분히 행복하다."

둘째, 기다림과 인내가 중요하다. 비교하지 말자. 다른 아이와 비교하면 상처받는다. 자신감이 떨어진다. 아이는 잘못이 없다. 틀린 게 아니고 다른 것이다. 격려하고 칭찬하자. 못한다고 야단치면 상처받는다. 자부심이 없어진다. 아이는 좋은 결과를 내기 힘들다. 칭찬보다는 중간 과정에서 격려해야 한다. 하나하나 함께 하자. 못한다고 지적하면 상처받는다. 자발성이 사라진다. 하고 싶어 하는 것부터 늘리자. 싫어하는 것은 혼자하기 어렵다. 아이의 속도에 맞춰야 한다. "인내는 연단을 낳고, 연단은 소망을 이룬다."

아이의 잠재능력에 주목하자

셋째, 역발상이 필요하다. 아이의 천재성에 주목하자. 에디슨, 아인슈타인, 부시도 ADHD였다. 과다행동은 열정, 주의산만은 창의력, 충동성은 모험심으로 발전할 수 있다. 아이는 흙 속에 묻힌 보석과 같다. 아이의 잠재능력에 주목하자. 에너지와 열정이 넘치는 사람으로 클 수 있다. 창의력과 호기심이 뛰어난 사람으로 클 수 있다. 용기 있고 모험심이 강한 사람으로 클 수 있다. 아이에게 이렇게 말하자. "나는 네가 잘할 줄 믿는다. 너는 해낼 것이다. 너는 대단한 아이다."

54 가족의 감정협박

◇◇◇

사소한 요구라도 딱 부러지게 거절

불편하고 힘든 삶 고집하는 어머니

그는 50대 후반의 중소기업 사장이다. 대학 시절 아버지가 돌아가신 후, 갖은 고생 끝에 사업을 일궈 냈다. 오남매의 맏이로서 동생들도 잘 건사해 모두 자리를 잘 잡았다. 물론 이 모든 성공에는 어머니의 엄청난 희생이 밑거름이 되었다. 가난하고 힘들었던 시절이 끝나고, 편안한 생활을 하게 된 요즘, 그는 고민이 많다. 큰 힘이 되어 주셨던 어머니가 오히려 큰 짐이 되고 있기 때문이다. 스스로 불편하고, 고통스럽고, 힘든 삶을 고집하는 어머니를 생각하면 가슴이 정말 답답하다.

어머니는 서울 근교 농가주택에서 혼자 지내시는데, 살림살이는 20년 넘은 것을 그대로 사용하신다. "나를 위해 쓰는 건 아까운데, 기부하는 건 하나도 안 아깝다."라고 하며 아껴 모은 돈을 모두 교회에 쾌척하신다. 베푸는 게 나쁜 것은 아니지만, 가족들에겐 지나치게 느껴진다. 어머니는 팔순이 넘은 나이에도 자녀들에게 줄 과일과 채소를 재배하신다. 무릎이 아프시니 사람을 쓰던지 그만하시라고 해도 막무가내다. "내가 좋아서 하는 일이니 걱정하지 말라."라고 하면서도 아프다는 말씀은 계속 하신다. 어머니는 아들딸은 물론, 며느리와 사위, 손주에게까지 집착하신다. 대소사가 생길 때마다 일일이 다 간섭하며, 자신의 뜻과 다른 선택을 하면 무조건 잘못된 것이고, 그 원인이 다 자신 때문이라며 화병으로 몸져눕기 일쑤다.

자신의 방식만 고집하는 어머니, 결국 매번 어머니의 뜻에 따라야 하고, 그 과정에서 상처를 입어온 자녀들. 이제는 그 상처가 깊다. 살아계시는 한 계속될 어머니와의 이러한 갈등을 어떻게 해결해야 할지. 어머니만 떠올리면 너무 힘들다.

감정협박은 소중한 상대를 조종하는 행위

평생 어렵게 모은 돈을 모두 장학금으로 기부하는 사람이 있다. 자기 살기도 힘든데, 한 주도 안 빠지고 장애인을 위해 봉사하는 사람이 있다. 자신이 원하는 모든 것을 포기하고, 사랑하는 가족을 위해 희생하는 사람이 있다. 아름다운 일이다. 기부는 사회의 미덕이고, 봉사는 사랑의 실천이다. 희생은 항상 우리의 마음을 뭉클하게 한다. 세상이 아무리 척박해도 선을 행하는 사람들이 있어 훈훈하다. 기부와 봉사와 희생은 의도가 있더라도 폄하돼서는 안 된다.

돌볼 가족을 저버리고, 기부만 하는 사람이 있다. 몸이 아픈 데도, 자식을 위해 희생을 고집하는 사람이 있다. 사랑의 이름으로 자녀를 조정하려는 사람이 있다. 과도한 기부가 가족들에게 두려움을 안겨 주고, 무리한 봉사가 자식들에게 자책감을 일으키고, 지나친 희생이 자녀들에게 죄의식을 유발한다면, 분명히 문제가 있다. 의도하지 않았다 하더라도, 기부와 봉사와 희생을 통해 은연중에 심리적으로 압박하고, 감정적으로 협박하고 있는 것이다.

감정협박은 자신이 원하는 것을 안 들어 줄 때, 교묘한 위협을 통해 상대를 조종하는 행위다. 부모, 애인, 친구 등 가까운 사이에서 일어난다. 두려움을 일으켜 상대를 조종한다. "내가 하라는 대로 하지 않으면, 천벌을 받을 것이다." 자책감을 일으켜 상대를 조종한다. "내가 너를 어떻게 키웠는데, 이럴 수 있단 말인가?" 죄의식을 일으켜 상대를 조종한다. "내가 너를 얼마나 사랑하는데, 내 죽는 꼴 보고 싶냐?" 결국 서로 상처를 주고, 피해를 입히고, 가슴을 아프게 만든다. 네 가지로 요약된다. ① 상대를 자기 뜻대로 하려 한다. ② 상대의 반박을 무시한다. ③ 상대보다 자신이 우선이라고 주장한다. ④ 갈등에 대한 모든 책임을 회피한다.

협박자 vs 피해자

감정협박은 떨어지기 어려운 소중한 관계에서 벌어진다. '너 죽고, 나 죽자'는 물귀신 작전이다. 협박자는 일부러 상대를 힘들게 하려고 연구하지 않는다. 스스로 안전하게 보호받고 있다는 느낌을 가지려고 협박하는 것이다. 오랜 좌절감을 통해 강경하게 나가야만 이긴다는 믿음을 품고 있다. 겉으로 당당해 보여도, 고도의 불안감을 감추고 있다. 피해자는 사랑을 잃을까 봐 상대의 요구에 굴복한다. 스스로 양보를 통한 안전이라는 착각 속에서 위안을 얻는다. 말 한마디에 화들짝 놀란다면 상대에게 강한 힘을 실어 주게 된다. 결국 두려움, 자책감, 죄의식에 시달리고, 자존심이 손상되어 최악의 경우 정체성마저 상실한다.

후박사의 탁월한 세 가지 처방

첫째, 죄의식에 맞서자. 어머니는 죄의식을 부추기고 있다. 죄의식은 가장 치명적인 부정감정이다. 열등감, 수치감, 무기력으로 발전한다. 죄의식은 두려움으로부터 오고, 적대감으로 표현된다. 죄의식으로부터 벗어나는 세 가지 방법이 있다. 우선, 파괴적인 자아비판을 중지하자. 그는 아이처럼 반응하고 있다. 부모들은 자신도 모르게 아이들의 죄의식을 이용한다. 전화 한 통으로 아이를 통제한다. 다음, 죄의식에 의해 조종당하는 것을 단호하게 거부하자. 죄의식을 주는 어떤 행동도 중단시켜야 한다. 끝으로, 용서하자. 상처를 준 어머니를 용서하고, 나 자신의 어리석음을 용서해야 한다.

일대일 대화보다 그룹대화 시도할 만

둘째, 대화방식을 바꾸자. 어머니를 이해하고 들어 준다고 문제는 해결되지 않는다. 단기적으로 좋아진 것 같지만 오히려 더 큰 화를 불러올 수 있다. 지금까지와는 다른 반응방식과 대화기술을 익혀야 한다. 습관적인 반응에서 벗어나 불편한 관계를 유지해야 한다. 방어적인 대화에서 벗어나 전략적으로 접근해야 한다. 우선, 솔직하고 당당하게 맞서자. 다른 의견을 반복하여 제시해야 한다. 아닌 것은 아니라고 말하고, 부드럽게 거절해야 한다. 다음, 일대일 대화보다 그룹대화를 시도하자. 그룹대화는 같은 편의 지원을 받고, 격앙되는 분위기를 예방할 수 있다. 끝으로, 유머를 발휘하자. 유머는 감정의 응어리를 순식간에 녹이는 효과가 있다.

셋째, 내 결정대로 해 보자. 어머니의 계획에 말려들지 말자. 사소한 요구조차 확실히 거절하고, 자신의 입장을 단호하게 밝혀야 한다. 어머니의 기준이 아닌, 자신의 기준으로 결정을 내려야 한다. 당장 약속을 취소하라든지, 휴가를 변경하라는 대수롭지 않은 요구부터 거부해 보자. 감정협박은 두 사람의 이중주다. 협박자와 피해자의 적극적인 참여를 통해 벌어진다. 가장 중요한 것은 자신의 삶을 스스로 책임지는 태도가 중요하다. 상대가 변하는 것을 바라지 말고 내가 변해야 한다. 정체성을 회복하고 자책과 죄의식에서 벗어나면 자신감과 자부심이 새롭게 탄생한다. 이렇게 외치자. "모든 게 내 책임이다."

55

남녀 권태기

◇◇◇

피할 수 없으면 극복하라

새로운 직장, 새로운 관계에 매료돼

그는 최근 입사했다. 대학 졸업 후 힘들었던 2년 여 청년 백수시기를 잘 견뎌내고, 드디어 선망받는 직장의 일원이 된 것이다. 그에게는 대학 1학년 때부터 8년간 사귄 동갑내기 여자친구가 있다. 군대와 백수 시절, 졸업과 함께 직장을 얻은 다부진 그녀에게 경제적, 심리적으로 많이 의지했다. 원하던 직장에 입사한 것도 그녀의 도움이 적지 않다고 생각한다.

입사 8개월이 지난 지금, 그는 여러 가지 감정을 경험하고 있다. 직장이라는 새로운 환경이 마음을 설레게 한 탓이다. 직장에 빨리 적응하고 싶어, 남들보다 더 일찍 출근하고 더 늦게 집에 간다. 새로운 동료, 선배와의 관계 또한 설레게 하는데, 특히 예쁜 이성동료와 멋진 이성 선배와의 교류가 직장생활의 기쁨을 배가한다.

최근 그는 여자친구를 만날 때마다 자주 싸우게 된다. 자신의 감정이 전달되는지, 그녀가 기분 나빠할 때가 많다. 게다가 현재 그녀는 퇴사를 고려하고 있다. 오랫동안 꿈꿔온 공부할 좋은 기회가 생긴 것이다. 그녀는 언제 귀국할지 모를 유학을 가려고 한다. 결국 둘 사이에 결혼 문제가 불거졌다. 남자 집에서는 서두르지 말라고 한다. 여자 집에서는 나이가 있으니 유학을 포기하라고 한다. 그는 여자친구의 결정을 따르려고 한다. 그런데 그녀는 유학 갔다 와서 하자고 한다.

그의 새로운 환경과 그녀의 진로 문제는 둘의 관계를 이전과 다르게 만들었다. 그는 여자친구와의 감정은 이전과 별반 다르지 않다고 생각한다. 그런데 여자친구는 그가 많이 변했고, 자기에게 관심이 없다고 자주 화를 낸다. 반복적인 탓에 이젠 짜증이 나는 것은 물론이고 크게 싸우게 된다. 나도 모르게 내가 변한 것인지, 어떻게 대처해야 할지, 혼란스럽기만 하다.

남녀관계는 불안정한 인간관계

우리는 어린 시절 다양한 관심과 흥미를 가지고 하루하루를 보낸다. 하늘에 떠다니는 흰 구름, 땅에 기어가는 개미, 신기한 모양의 돌멩이, 고사리 손 같은 빨간 단풍 등 자연의 신비에 흠뻑 젖어 산다. 그런데 어느 날 몸에 성호르몬이 돌게 되면, 우리의 관심과 흥미는 오직 하나로 집중된다. 남자는 여자에게, 여자는 남자에게 향한다. 서로 가슴이 뜨거워지고 속이 달아오름을 느낀다. 우리는 성(性)을 느끼는 순간부터 성적인 존재로 살아간다. "생육하고 번성하고 충만하라."

남자와 여자는 처음 사랑에 빠질 때 마법에 걸린다. 다른 점에 끌리고, 같은 점에 하나가 된다. 장점은 돋보이고, 단점에 눈먼다. 헤어지면 보고 싶고, 사소한 것까지 궁금하다. 그런데 3년이면 마법이 풀린다. 불행히도 케미컬의 약발은 오래가지 못한다. 다른 점이 짜증나고, 같은 점에 싫증난다. 장점은 안 보이고, 단점에 눈뜬다. 만나면 지루하고, 궁금증은 사라진다. 권태기가 시작된 것이다. 이제, 성의가 없어지고 자기 일에 바쁘며, 자꾸 비교하고, 자주 다투게 된다. "결혼하라 후회할 것이요, 결혼하지 말라 후회할 것이다."

남녀관계는 인간관계다. 케미컬의 약발이 떨어지는 순간, 진정한 인간관계는 시작된다. 우리는 심리적, 사회적, 영적인 존재다. 인간관계는 변화무쌍하다. 여름이 있는가 하면 어느새 겨울이 오고, 비가 오는가 하면 어느새 햇볕이 난다. 산이 있으면 계곡이 있고, 계곡이 있으면 산이 있다. 우리는 변화의 세계를 살아간다. 죽을 때까지 끝없이 새로운 것을 추구한다. 인간관계에서 한 계절에만 머물려는 것은 어리석다. 그렇다면 어떻게 해야 할까? 불화와 화목과 고립이 바뀌는 것을 탓하지 않고, 매 계절마다 용기 있게 뛰어드는 삶을 살아가는 것이다.

권태는 변화를 위한 서곡

권태는 반복되는 일상과 단조로운 환경에서 온다. 게으름, 나태함, 지루함, 나른함은 인간의 본성이다. 권태는 변화를 위한 서곡이다. 익숙함에서 벗어나 새로움을 추구하고, 안정감에서 벗어나 긴장감을 유지하려는 것이다. 권태는 성장과 성숙을 위한 이정표다. 한 단계를 마무리하고 다음 단계로 올라가기 전에, 거드름을 피우는 것이다. 권태는 삶 자체가 던지는 메시지다. 다람쥐 쳇바퀴에 길들여진 '무엇'을 깨고, 새롭게 탄생하는 '자기'를 찾는 것이다. 사회가 요청하는 '나 아닌 나'가 되는 길에서 돌이켜, '진짜 자기[本來面目]'를 찾으려는 용트림이다.

남녀관계는 불안정한 인간관계다. 케미컬이 작용하기 때문이다. 불같이 타오른 사랑이 바람처럼 사라질 수 있다. 산이 높으면 골이 깊듯이, 절정의 행복은 권태의 공허로 떨어질 수 있다. 남녀관계는 어디로 튈지 모른다. 권태기에는 더욱 그렇다. 익숙함은 무관심으로, 안심은 싫증으로 돌변한다. 게다가 연애는 결혼과 달리 언제든지 관계를 쉽게 정리할 수 있다. 관계의 안정을 위해서는 유대감이 필수적이다. 인간관계는 노력한 만큼 성장한다. 많은 시간과 에너지를 요구하다.

후박사의 탁월한 세 가지 처방

첫째, 좀 더 솔직해지자. 싸움의 원인은 숨겨진 갈등에 있다. 그는 혼란으로 가장하고 있다. 힘없던 시절 도움받은 것이 버겁다. 이참에 주도적인 그녀와 떨어져 있고 싶다. 집에서도 결혼을 미루라고 한다. 그녀는 자존심으로 버티고 있다. 처지를 이해 안 하는 남친이 섭섭하다. 그동안 도운 것에 대한 보상심리도 작동한다. 집에서는 결혼을 서두르라고 한다. 동갑내기 결혼은 여자가 항상 불리하다. 그렇다고 여자 쪽에서 유학 전에 결혼을 재촉하는 것은 내키지 않는다. 마음을 터놓는 대화가 필요하다.

둘째, 권태기를 점검하자. 싸움의 원인은 권태기에 있다. 둘은 아주 오래 만났다. 열정, 호기심, 신비로움은 이미 퇴색했다. 권태기가 처음은 아닐 것이다. 권태기는 보통 한쪽에서 온다. 그런 경우, 기다리면 모면할 수 있다. 그런데 이번에는 아니다. 그는 새로운 환경에 매료되고 있다. 여친을 주위 여자와 비교하고 있다. 그녀는 새로운 환경에 고민하고 있다. 유학과 결혼, 둘 다 포기하기 어려운 과제다. 양쪽 모두 권태기가 왔다면, 사랑의 종말이 예고된다. 다행히 둘은 크게 싸우고 있다. 좋은 징조다! 싸움은 무관심보다 낫다. 주말에 새로운 곳으로 여행을 떠나 보자. 둘만의 추억의 장소로 가 보자. "피할 수 없으면 극복하라."

결혼은 혼자 사는 듯 더불어 사는 것

셋째, 좀 더 신중해지자. 결혼은 인륜대사(人倫大事)다. 둘은 중요한 인생의 고비를 넘기고 있다. 8년 동안의 경험은 소중하다. 인간관계의 사계절을 겪었을 것이다. 관계의 지혜가 필요하다. 결혼이란 혼자 사는 듯이 더불어 살아가는 것이다. 혼자 사는 것은 무엇인가? 각자 원하는 것을 하는 자유와 그것에 대해 책임을 지는 태도다. 동시에 상대를 이해하고 존중하는 것이다. 더불어 살아가는 것은 무엇인가? 두 톱니바퀴가 맞물려 한 시스템으로 돌아가듯이, 가정과 사회 속에서 유기체를 형성하는 것이다. 1+1>3의 시너지를 창출하는 것이다.

연애의 클라이맥스는 지났다. 아옹다옹 다투며 인간답게 사는 것도 나쁘지 않다. "결혼하라 후회할 것이요, 결혼하지 말라 더 후회할 것이다."

56 말기 암 환자의 가족

◇◇◇

면피용 치료 피하되 생존의 이유 찾아라

치료방법 놓고 가족 사이에 의견 엇갈려

그녀의 시아버지는 올해 팔순이다. 그간 아픈데 없이 잘 지내셨는데, 한 달 전 건강검진에서 담낭암 말기 진단을 받으셨다. 최근 소화가 안 되고 체중이 좀 줄었다고 하셨지만, 가족 누구도 암을 예상하진 못했다. 오히려 체중이 감량돼 더 건강해졌을 거라는 덕담이 오갔다. 갑작스런 암 진단, 그것도 6개월 생존이라는 진단은 가족 모두를 공황상태로 만들었다.

그녀는 막내며느리다. 의사인 남편에게는 의사 형과, 남편이 의사인 누나가 있다. 암 진단 이후 주말이면 삼남매가 시댁에 모여 대책을 의논한다. 그런데 의견이 제각각이다. 누나는 서울 최고 병원으로 옮겨 항암치료를 했으면 한다. 형은 부모님과 형이 거주하는 가까운 병원에서 모든 치료를 하자고 한다. 남편의 의견은 완전 다르다. 초기이면 모르지만, 이미 말기상태이고 아버지의 나이와 체력을 고려할 때 항암치료는 불가하다는 것이다. 오히려 물 맑고 공기 좋은 곳에서 음식과 생활습관을 개선하면서 도움이 되는 치료방법을 모색하자고 한다. 시어머니는 어찌할 바를 모른 채 자식들 눈치만 보신다.

시아버님은 평생 깔끔하게 살아오신 분이다. 술, 담배는 입에 댄 적이 없고, 평소 운동도 열심히 하셨다. 자신에게 엄격하면서도 주변을 잘 살펴 도움을 준 적이 많았고, 가족에게도 훌륭한 아버지였다. 그런 아버님에게 왜 이런 시련이 왔을까, 정말 마음이 아프다. 가족 모두 아버님을 위해 많은 제안을 하고 있다. 그러나 그 제안들이 정말 아버님을 위해 최선일까. 자식의 도리를 다하고 싶은, 그들 입장에서의 최선은 아닐까. 어떤 선택을 해야 후회가 없을지 그녀는 정말 혼란스럽다.

암은 전신질환이며 대사성질환

암은 전신질환이다. 종양은 증상에 불과하다. 암은 1cm^3이 돼야 건강검진에서 발견된다. 이때가 1기 암이다. 암은 1mm^3이 될 때까지 5~10년 걸린다. 이때까지 큰 문제가 없다. 면역체계에 의해 제거된다. 암이 더 커지려면 영양공급을 위해 신생혈관이 필요하다. 혈관이 생기면 암세포가 급성장한다. 암세포는 급조한 부실건축물이다. 산성, 저산소, 염증 환경을 좋아한다. 몸이 산성일 때 잘 자라고, 저산소에서 살아남는다. 만성염증에서 면역체계는 약해지고 혈관신생이 촉진된다. 암세포는 발견될 때 이미 75% 미세 암 전이가 된 상태다.

암은 대사성질환이다. 고혈압 · 당뇨병처럼 생활습관이 원인이다. 암은 영양불균형에서 온다. 현대인은 가공식품과 인스턴트를 좋아한다. 탄수화물 위주의 고칼로리와 저영양소 음식이다. 암세포에는 인슐린수용체가 10~100배 있다. 당분을 빨아들여 급성장한다. 암은 환경독소에서 온다. 살충제, 제초제, 방부제, 인공조미료가 넘친다. 술, 담배, 미세먼지, 중금속 등 발암물질이 넘친다. 암은 스트레스에서 온다. 건강검진에서 말기 암 진단을 받으면 당황한다. 몸에는 미세 암이 늘 존재한다. 수술, 충격, 과로 등 스트레스 상황에서 면역기능이 약해질 때 암세포가 확 퍼진다.

암은 종류와 병기에 따라 다르게 접근해야 한다. 1, 2기는 표준치료가 중요하다. 표준치료는 50여 년간 검증된 치료다. 수술 · 항암제 · 방사선치료로 요약된다. 1, 2기에서는 5년 생존율이 90%를 넘는다. 주저하지 말고, 병원치료를 받는 게 좋다. 항암제는 빠르게 자라는 세포를 공격한다. 머리털, 점막, 골수세포에 치명적이다. 심각한 부작용은 위장장애와 무기력이다. 부작용이 무서워 치료를 피하는 것은 어리석다. 1기라도 방심하면 안 된다. 수술은 전이의 가장 큰 원인이다. 전이 암은 독하다. 치료에 내성이 강하다. 수술 전부터 면역강화를 위해 식사, 수면, 운동, 스트레스 관리에 노력해야 한다.

3, 4기에서는 5년 생존율이 50% 이하다. 자가치유능력을 키워야 한다. 승산이 있으면 총공격을 하고, 승산이 없으면 공존해야 한다. 통합적 치료가 중요하다. 표준치료와 대체요법을 함께 고려해야 한다. 표준치료는 쉽다. 암세포를 공격하는 치료다. 정확한 근거와 지침이 있다. 의사가 하라는 대로 하면 된다. 대체요법은 어렵다. 나를 방어하는 치료다. 정확한 근거도 지침도 없다. 스스로 알아서 해야 한다. 온열치료, 고압산소치료, 면역강화주사, 저용량항암치료, 면역세포치료, 각종보충제 등이 있다. 대체요법 선택의 네 가지 기준이 있다. 근거가 있는가? 효과적인가? 경제적인가? 접근이 용이한가?

감정은 암을 일으키고 소멸시키는 강력한 원인

감정은 암을 일으키는 강력한 원인이다. 동시에 암을 소멸시키는 강력한 요소다. 암의 원인은 깊이 박힌 부정감정이다. "왜 하필 내가 암에 걸렸는가?" 분노와 후회, 좌절과 불안은 암 진행을 가속시킨다. 긍정감정은 몸을 치료한다. "암이 내게 주는 교훈은 무엇인가?" 사랑과 수용, 봉사와 희망은 암 진행을 멈추게 한다. 울음은 치유능력을 가진다. 크게 흐느끼는 순간, 긴장이 완화된다. 눈물에 엔도르핀과 같은 물질이 들어 있다. 웃음은 치유능력을 가진다. 크게 웃는 순간, 걱정이 사라진다. 웃음은 면역체계를 증진시킨다. 분노도 치유능력을 가진다. 분노를 암으로 향해, 암세포를 죽이는 에너지로 써야 한다.

후박사의 탁월한 세 가지 처방

첫째, 당황하지 말자. 호랑이에게 물려가도 정신만 차리면 산다. "이제 반년 정도 남았다."는 말에 속지 말자. 서두르지 말자. 5~10년 동안 진행된 암이 발견된 것이다. 당장 치료를 안 해도 된다. "주변 정리를 하는 게 좋겠다."는 말에 속지 말자. 포기하지 말자. 끝나기 전에는 끝난 게 아니다. 반드시 낫는다는 믿음을 가지면 반은 이긴 것이다. "말기 암은 못 고친다."는 말에 속지 말자. 고정관념을 버리자. 말기 암도 낫는다. 서울대학교 병원장을 지낸 한만청 교수는 말기 암에서 살아남았다. "누구나 발현 안 된 암세포가 있다. 암과 싸우지 말고 친구가 돼라."

둘째, 전략적으로 싸우자. 적을 알고 나를 알면 패하지 않는다. 착각하지 말자. 말기 암은 5년 생존율이 처참하다. 최선을 다한다는 말에 매달리지 말자. 위로용이나 면피용 치료는 안 된다. 목표를 분명히 하자. 항암제는 생명연장만 보장한다. 생존기간이나 삶의 질 중 하나를 선택하자. 끝장 보는 치료는 안 된다. 방어와 공격을 아우르자. 암을 죽이려다 내가 죽을 수 있다. 내가 약해지면 암이 강해지고, 내가 강해지면 암이 약해진다. 대통령 주치의를 지낸 고창순 교수는 세 번의 말기 암을 이겨냈다. "항암제에 대한 과도한 기대는 버려야 한다. 대체의학은 검증은 안 됐지만 훌륭한 보조치료다."

물 많이 마시게 하고 운동으로 땀 흘리게 도와야

셋째, 체질을 바꾸자. 암은 유전자 변형에서 오고, 생활습관은 유전자를 바꿀 수 있다. 좋은 식사를 하자. 수많은 식이요법이 있다. 거창하게 시작하면 중도 하차한다. 반년 산다고 해도 평생 실천하는 방법을 찾자. 예외를 두면 안 된다. 나쁜 독소를 빼자. 수많은 해독치료가 있다. 물을 많이 마시면 좋다. 땀 흘리는 운동을 매일 하자. 장 건강이 중요하다. 하루하루 행복하게 살자. 행복호르몬은 암세포를 이긴다. 절대 희망을 버리지 말고, 살아야 할 이유를 찾자. 철학자 김형석은 100세 인생을 이렇게 정리한다. "고달팠지만 행복했다. 행복을 줄 수 있어 행복했다."

57 무책임한 남편

◇◇◇

대오각성하고 역할 분담해 위기 넘겨야

가장의 역할 낙제점

그녀는 평범한 디자이너다. 결혼 전부터 20년 넘게 같은 회사에 다닌다. 같은 대학을 다니던 동갑내기와 결혼해 딸 하나와 아들 둘을 뒀다. 막내가 세 살이 될 때까지 10년 넘게 남편은 프랜차이즈 피자집을 운영했다. 그럭저럭 짭짤해서 풍족하게 살았다. 그런데 어느 날 근처에 유명 브랜드 피자집이 오픈했다. 인지도 때문에 남편은 버티지 못하고 결국 가게를 접었다. 남은 부채는 친정의 도움을 받아 해결했다. 사업이 망한 이유가 남편 과실이 아니라고 생각했기 때문에, 화를 내지도 실망하지도 않았다. 앞으로 잘 해낼 수 있다고, 전화위복이 될 것이라고 서로를 격려했다.

남편은 재차 사업을 하려 했지만 돈 구하는 게 어려워 포기했다. 제대로 된 두 번째 직업을 찾으려 했다. 그런데 특별한 기술이 없는 40대 초반 남자가 할 수 있는 게 별로 없었다. 1년가량 쉬다가 결국 영업사원이 됐는데, 문제는 그때부터다. 타고난 성격이 느긋하고 게을러서 영업실적이 안 좋은 것은 당연했고, 생활비를 안 가져 오는 경우도 잦았다. 다행이 그녀 월급으로 생활할 수 있었지만, 집안 살림은 갈수록 팍팍해졌다. 경제력이 없다면 애들 공부를 봐 주던지 집안 살림을 돕던지 하면 좋을 텐데, 퇴근하고 오면 좋아하는 운동을 하러 간다. 동호회 사람들과 신나게 놀다가 늦게 들어온다.

여러 번 진지한 대화를 하며 앞으로 잘 해 보자고 다짐을 했다. 그런데 그때뿐이고, 남편의 행동은 별로 달라지지 않는다. 워낙 낙천적이라 스트레스도 잘 안 받는다. 가장으로서의 책임감을 포기한 듯하다. 물론 그가 나쁜 남편, 나쁜 아빠는 아니다. 그렇지만 돈 문제, 교육 문제, 집안 살림 등 모든 것을 혼자 책임지는 그녀는 많이 지쳤다. 이런 무책임한 남편과 살아가야 할 앞날이 정말 암담하다.

사업은 아무나 할 수 있다. 아이디어만 있으면 된다. 요즘 창업지원 프로그램이 많다. 그럴싸한 프랜차이즈 사업홍보가 난무한다. 돈만 있으면 사장이 될 수 있다. 사업은 아무나 하는 게 아니다. 최근 자료에 의하면 매년 60만 명이 창업하고 58만 명이 문을 닫는다. 개인사업자의 절반 이상이 연 1천만 원 이하의 소득에 허덕이고 있다. 자영업으로 성공한다는 게 쉽지 않다. 과열경쟁 때문이다. 겉으론 엄연한 사장이지만 90%가 영세업주다.

그녀는 비관적이다. 어두운 밤길을 가고 있다. 그는 낙천적이다. 밝은 낮길을 가고 있다. 한 마음 밝게 먹으면 밝은 세상이 열리고, 한 마음 어둡게 먹으면 어두운 세상이 열린다. 부부는 낙천적이었다. 10년 동안은 평탄대로였다. 아내는 회사를 다니고, 남편은 사업을 한다. 누가 봐도 괜찮은 조합이다. 그런데 사업이 망한 것이다. 이제 그녀는 비관적이 되었다. 그는 여전히 낙천적이다. 아니 더 낙천적이 되었다. 상대성 법칙이 적용된 것이다. 한쪽 눈이 나쁘면 다른 쪽 눈이 더 역할을 하는 법이다. 그래서 나빠진 눈은 더 나빠진다.

행복을 쫓는 사람과 불행을 피하는 사람

세상에 두 종류의 사람이 있다. 행복을 좇는 사람과 불행을 피하는 사람이다. 전자를 접근동기, 후자를 회피동기라 부른다. 행복을 좇는 사람은 행복을 만드는 데 주력한다. 쾌락을 추구한다. 기쁨(joy)으로 살아간다. 낙천적이고 긍정적이다. 불행을 피하는 사람은 불행을 막는 데 주력한다. 고통을 피한다. 안도감(safety)으로 살아간다. 비관적이고 부정적이다. 통상 회피동기보다 접근동기로 살아가는 사람이 더 행복하다. "행복은 착각현상이다!"

낙천성은 매우 중요하다. 긍정성과 더불어 성공한 사람들의 두 가지 특성이다. ① 스위치 전환, ② 미래지향성, ③ 학습철학으로 요약된다. 무슨 일이 닥쳐도 'That's OK!', 재빨리 관점을 바꾼다. 초점을 항상 미래에 둔다. 시련을 교훈으로 삼는다. 재미있는 이야기가 있다. 아주 낙천적인 사람이 있었다. 친구와 둘이 산행 중에 굶주린 곰을 만났다. 그는 천천히 배낭을 내려놓고 운동화를 꺼내 신었다. 친구가 물었다. "죽어라 도망쳐야 하는데 지금 뭐하는 거냐?" 그는 웃으며 대답했다. "너보다 빨리 뛰기만 하면 된다!"

낙천성 뒤에 숨겨진 무기력과 분노심

그는 혼자 도망치고 있다. 지나치게 낙천적이다. 철없는 어린애 같다. 그의 무책임을 어떻게 설명해야 할까? 낙천성 뒤에 무기력이 숨어 있다. 무기력(의존심)의 덫을 가진 사람들은 책임을 져야 하는 상황에서 무력하다. 능력에 대한 확신이 없다. 생각이 자주 바뀌고 결정을 내리지 못한다. 혼자 남겨지면 완전히 무능해진다. 항상 누군가 대신해 주거나 도와주기를 기대한다. 여건이 좋을 때는 잘하기도 한다.

낙천성 뒤에 분노심이 숨어 있다. 그는 화를 애써 감추고 있다. 나름대로 최선을 다했다. 그런데 운이 나빴다. 사업을 다시 일으키고 싶었다. 망한 사람이 다시 돈을 구하는 건 어렵다. 주위에서 더 이상 돕지 않는다. 아내조차 믿지 않는다. 무시받는 처지다. 직장생활은 애초부터 적성에 안 맞는다. 하라는 대로 사는 수밖에 없다. "될 대로 되라!"

후박사의 탁월한 세 가지 처방

위기 극복하려면 둘의 혁신 절실

첫째, 대오각성(大悟覺醒)이다. 아내는 원망하고 있다. 원망은 자기정당화에서 온다.

"나는 잘하는데, 너 때문에…." 부정적인 자신과 동일시하는 데서 온다. 그녀는 낙천성을 다시 찾아야 한다. 남편은 도망치고 있다. 무기력은 열정을 통해 극복할 수 있다. 분노심은 자기변화를 위한 에너지로 활용할 수 있다. 그는 지나친 낙천성에서 벗어나야 한다. 아이들은 무슨 죄가 있는가? 한 배를 탄 가족이 바다 한가운데서 뱅뱅 돌고 있다. 부부는 현재 재난을 겪고 있다. 보통 재난은 순간적인 관점의 전환을 제공한다. 큰 깨달음을 준다. 인격을 송두리째 바꾸어 놓기도 한다. 위기를 극복하려면 둘은 혁신해야 한다. 혁신은 성공한 사람들의 세 번째 특성이다.

둘째, 도움과 기대를 떨쳐 버려야 한다. 학업, 결혼, 사업자금까지 충분히 도움을 받았다. 더 이상은 안 된다. 부모가 여유가 있더라도 두 번씩이나 돕는 것은 쉽지 않다. 그리고 세상이 많이 변했다. '상속빈곤층 부모'가 늘고 있다. 자식에게 퍼주고 노후에 버림받는 것이다. 자식들의 부모에 대한 부양 책임인식도 30%대로 떨어졌다. 둘은 다시 시작해야 한다. 도움 받으려는 헛된 꿈을 버려야 한다. 둘은 스스로 일어서야 한다. 쓸데없는 기대를 키워서도 안 된다.

셋째, 철저한 역할분담이 필요하다. 위기를 극복하려면 둘은 힘을 합쳐야 한다. 돈 문제는 그렇다 치고 교육 문제와 집안 살림은 분담해야 한다. 그녀가 모든 것을 책임지면 안 된다. 남편이 할 수 있도록 충분히 넘겨야 한다. 애들 공부를 봐 주던지 집안 살림을 도와야 한다. 무엇보다 책임의식이 중요하다. 우리는 어려서 누군가가 모든 것을 해줬다. 나이 들어서도 누군가가 해 주기를 바란다. 그래서 30%, 50%, 70%만 책임지려 한다. 안 된다. 100%를 책임져야 한다. 책임의식이 들어서는 순간 비로소 세상에 다시 태어나는 것이다. 인간은 책임지는 만큼 자유를 누릴 수 있다. "모든 게 내 책임이다!"

58 미운 남편

◇◇◇

동상이몽 부부 홀로서기 익히자

사사건건 화내는 남편

그녀는 서른다섯 나이에 동갑내기와 결혼했다. 더 미루다간 노처녀로 늙겠다 싶은 두려움에 열렬한 감정은 없었지만 결혼을 결심했다. 지난 20년 정신없이 지냈다. 도움 없이 맞벌이로 아들 둘을 키운다는 건 정말 보통 일이 아니다. 우여곡절에도 불구하고, 둘은 회사 일도 집안일도 잘 해냈다. 올해 초 둘째 아이까지 명문대에 입학했다.

요즘 그녀는 남편이 정말 꼴 보기 싫다. 같은 공간에서 함께 숨 쉬고 있는 것조차 싫다. 크게 잘못한 것은 없는데 미운 생각만 든다. 남편은 평소 화를 잘 낸다. 교육, 가사노동 분담, 부모 문제 등 사안이 있을 때마다 사사건건 역정을 내는 바람에 자주 다투게 된다. 급한 성격인데다 직장 스트레스가 많아 그러려니 이해하며 항상 져 주었다.

지난 주말 남편은 부모님 문제로 또 화를 냈다. 안 그래도 미운데 화를 또 내는 바람에 더 이상은 안 되겠다 싶어 처음으로 '이혼' 얘기를 꺼냈다. 대화로 풀 수 있는 일에 화부터 내는 남편을 이해하기 싫어졌다. 화낼 때마다 상당 기간 냉랭해지는 집안 분위기도 참기 힘들고, 애들 교육상 나쁜 영향을 생각하면 화도 치민다. 언젠가부터 가족여행은 아예 꿈도 못 꾼다. 가까워지기는커녕 기분만 망치게 될 게 뻔하다. 주말이면 하루씩 각각 애들을 책임지고 있다. 혼자 드라마와 영화를 보는 게 훨씬 행복하다.

남편은 다르다. 남편은 화낼 때뿐, 가라앉으면 아무 일도 없는 듯 지낸다. 그녀와 애들에게 잘 한다. 문제는 그게 더 싫다. 이런 갈등이 같은 패턴으로 반복되고, 앞으로도 반복될 것이다. 정신없이 살 때는 안 그랬는데 여유가 조금 생겨서 그런가. 남편을 떠올리면 밉고, 애들 없이 둘만 있는 것은 끔찍하다. 애들 생각하면 그러면 안 되는데 정말 이혼하고 싶다.

동상이몽 부부

한 조사에 따르면 아내 3명 중 1명은 '같이 살수록 남편이 싫다'고 한다. 통계상 남편은 아내에게 83% 만족하고, 아내는 남편에게 73% 만족한다. 배우자 만족도에서 차이가 있다. 남편은 적게 주고 많이 받지만, 아내는 많이 주고 적게 받는다. 아내의 불만이 클 수밖에 없다. "현재는 참고 견디지만, 미래는 보장할 수 없다." 부부가 동상이몽(同床異夢)으로 살고 있는 것이다. 아내의 불만요인 순서는 이렇다. ① 생각하는 게 너무 다르다. ② 지나치게 자기중심적이다. ③ 소득이 적다.

결혼이란 무엇인가. 어려서 기대했던 결혼이란 게 있었다. 누구나 행복한 결혼을 꿈꾼다. 그런데 나이 들어, 우리는 결혼을 해야 하기 때문에 한다. 남들이 하니까 한다. 결혼은 관습이다. 어릴 적 기대했던 사랑이란 게 있었다. 누구나 행복한 사랑을 꿈꾼다. 그런데 우리는 결혼하면서 사랑을 잃어버린다. 남들이 하는 만큼 한다. 사랑은 습관이다. 우리는 생각 없이 행동한다. 이게 아닌데… 결혼과 사랑은 다르다. "결혼하지 말라 후회할 것이다. 결혼하라 후회할 것이다."

부부란 무엇인가. 어려서 그렸던 부부란 게 있었다. 누구나 달콤한 관계를 꿈꾼다. 함께 먹고, 함께 자고, 함께 여행을 한다. 그런데 세월이 지나 거꾸로 가는 현실을 발견한다. 남들 사는 대로 산다. 어릴 적 그렸던 가정이란 게 있었다. 누구나 화목한 가정을 꿈꾼다. 자식 낳고, 집을 구하고, 가구를 들여 놓는다. 그런데 세월이 흘러, 반대로 가는 현실을 발견한다. 남들 사는 만큼 산다. 우리는 욕망 없이 행동한다. 이게 아닌데… 부부란 함께 꿈을 꾸는 사람이다. 꿈에는 길몽도 있지만 악몽도 있다.

신혼의 단꿈은 길어도 3년

남자와 여자는 처음 사랑에 빠질 때 마법에 걸린다. 사랑에 눈이 멀고, 사랑의 열병으로 불타오른다. 다른 점에 끌리고, 같은 점에 하나 됨을 느낀다. 그런데 보통 신혼의 단꿈은 아무리 길어도 3년이면 막을 내린다. 남녀 간에 매력을 유지시켜 주는 케미컬이 사라지기 때문이다. 이제 다른 점을 불편해하고, 같은 점에 짜증이 난다. 금이 가기 시작한다. 뭔가 삐꺽거리기 시작한다. 원인을 찾아보려 해도 잘 떠오르지 않는다. 부부간에 생각하는 게 다르고, 기대하는 게 틀리다. 서로 다른 것을 요구한다.

부부관계는 인간관계다. 호르몬의 약발이 떨어지는 순간, 진짜 인간관계는 시작된다. 우리는 심리적 · 사회적 · 영적인 존재다. 인간관계는 변화무쌍하다. 여름이 있는가 하면 어느새 겨울이 오고, 비가 오는가 하면 어느새 햇볕이 난다. 산이 있으면 계곡이 있고, 계곡이 있으면 산이 있다. 우리는 변화의 세계를 살아간다. 죽을 때까지 끝없이 새로운 것을 추구한다. 인간관계에서 한 계절을 고집하는 것은 어리석다. 불화와 화목과 고립이 바뀌는 것을 탓하지 않고, 매 계절마다 용기 있게 뛰어드는 삶을 살아가는 것이다.

후박사의 탁월한 세 가지 처방

첫째, 화(火)를 터뜨리자. 그녀의 미움은 화를 참는 데서 온다. 뒤틀린 관계가 누적되면 언젠가 폭발한다. 미움 없이 터뜨리자. 터뜨리지 않으면 제3자에게 간다. 직장에서 터지거나 아이에게 간다. 두려움 없이 터뜨리자. 터뜨리지 않으면 계속 반복된다. 해결 안 된 갈등이 악순환된다. 이어, 불화(不和)의 동기를 헤아려 보자. 내 잘못이나 네 잘못이 아닐 수도 있다. 서로 물리고 싫증이 나서, 은연중에 변화를 원하는 핑계를 찾는지도 모른다. 소중한 관계를 유지하려면 갈등을 피해서는 안 된다. 상대를 비판하고, 내 잘못은 지적받아야 한다. 이것은 강요가 아니라 자연한 순리다.

혼자라도 기뻐하면 함께 나눌 마음 솟아나

둘째, 환상을 버리자. 그녀의 미움은 사랑의 환상에서 온다. 사랑해야 한다고 하지 말자. 사랑은 강제가 아니다. 사랑해서 유익한 자는 자신이다. 사랑 못한 가책을 가질 필요는 없다. 사랑할 수 없다면 그만두자. 혼자라도 기뻐하자. 기뻐하면 함께 나눌 마음이 생긴다. 가지와 잎이 자라면 꽃이 핀다. 사랑하기 싫다면 그냥 두자. 그냥 두면 멀어지고, 멀어지면 자신을 돌아볼 수 있다. 부부관계는 놔두면 무관심해진다. 관계의 안정을 위해서는 사랑이 필요하다. 관계는 노력한 만큼 성장한다. 많은 시간과 에너지를 요구한다.

셋째, 홀로서기를 익히자. 그녀의 미움은 기대는 데서 온다. 홀로 선다는 것은 무엇인가. 둘이 만나서 서는 게 아니고, 홀로 선 둘이 만나는 것이다. 아무도 내 가슴을 채우지 못하고, 결국 홀로 살아야 함을 아는 것이다. "무소의 뿔처럼 혼자서 가라." 어떻게 사는 게 현명한가. 혼자 사는 듯이 함께 사는 것이다. 혼자 사는 듯이는 무슨 뜻인가. 서로의 자유를 존중하고, 스스로 책임지는 것이다. 함께 사는 것은 무슨 뜻인가. 두 톱니바퀴가 맞물려 새로운 삶을 창조해 나가는 것이다. "책임지는 만큼 자유롭다."

59 배우자 사별 후 우울증

◇◇◇

함께 쌓아 온 가치 보존하되, 더 나은 가치 창조해야

갑자기 세상을 떠난 부인

그는 5년 전 정년퇴직했다. 30년 넘게 회사를 다니며 아들 둘 공부시키고 장가보내고 임원으로 퇴직했으니, 남부럽지 않은 직장생활이었다. 퇴직 후에는 미뤄 두었던 역사공부와 트럼펫을 배우고, 때때로 부인과 여행도 하면서 여유 있고 편안한 시간을 누렸다. 작년 봄, 부인은 고교동창들과 남해로 여행을 떠났다. 친구의 자가용으로 귀가하던 중 차가 빗길에 미끄러지면서 사고가 났다. 뒤따라오던 차량 여러 대가 잇따라 추돌했고, 뒷자리에 탔던 부인은 큰 부상을 입었다. 사고 후유증을 극복하지 못한 채 한 달도 못 되어 결국 숨을 거뒀다.

사별한 지 석 달이다. 아내가 없다는 게 아직도 실감이 안 난다. 여행에서 아직 안 돌아온 것만 같다. 집안 구석구석 그녀 흔적이 생생하다. 아내는 운전을 아주 잘했다. 멀리 갈 일이 있을 때마다 운전을 해 줬다. 차 안에서 오순도순 이야기꽃을 피웠던 추억이 그립다. 운전대를 잡을 때마다 아내 생각에 눈물이 난다. 혼자만 두고 떠난 부인이 원망스럽다. 40년 함께 했던 아내와의 사별은 그의 삶을 엉망진창으로 만들었다. 아들과 며느리가 도움을 주지만, 거의 모든 게 혼자의 몫이다. 우선 하루하루의 일상이 너무도 힘들고 불편하다. 그간 전혀 해 보지 않았던 청소와 세탁, 음식 차리기 등이 너무나 힘이 든다. 굶기도 하고, 라면으로 끼니를 때우는 일도 잦다. 새벽이 돼야 겨우 잠이 들고, 늦게 일어난다. 생활이 아주 불규칙하다.

집 밖으로 나가고 싶지 않다. 좋아하던 운동도 싫고, 재미가 쏠쏠했던 역사와 트럼펫도 흥미를 잃었다. 몸도 예전 같지 않고, 머리 회전도 잘 안 되는 느낌이다. '같이 세상을 떠났으면 더 좋았을 텐데….'라는 생각이 자꾸 든다. 허전함과 슬픔을 어떻게 해결해야 할지 모르겠다.

사별은 이별과 죽음을 포함한다. 사랑하는 이와의 이별은 충격적이다. 이별이란 무엇인가? 유한한 상실이다. 상실 대상이 존재한다. 인간은 만나고 헤어진다. 이별은 서로에게 항상 아픔을 준다. 사랑하던 이의 죽음은 충격적이다. 죽음이란 무엇인가? 영원한 상실이다. 상실 대상이 사라진다. 인간은 누구나 죽는다. 죽음은 남는 자에게 항상 고통을 준다. 사별은 이혼과 다르다. 이혼은 인간관계가 깨지고, 함께 쌓아 온 가치도 동시에 무너진다. 사별은 인간관계가 그대로 유지되고, 함께 살아온 의미도 유지된다.

사별 후 우울증은 정상적인 애도반응이다. 애도는 상실에서 오는 정서적 고통이다. 다양한 감정으로 표현한다. 슬픔과 외로움이 크다. 주고받은 상처에 대한 죄책감과 원망이 있다. 홀로 남겨진 것에 대한 두려움과 분노도 있다. 대상이 사라져 아무것도 못하는 무력감과 공허감이 있다. 사람마다 다양하게 나타난다. 예상하지 못한 경우, 준비가 전혀 안 된 경우, 끔찍이 의지하던 경우, 생전에 여한(餘恨)이 많은 경우, 고통이 더 강하고 오래 간다. 과도한 죄책감이 있는 경우, 죽음에 집착하는 경우, 심각한 우울증이나 공황장애가 있는 경우, 환각과 망상이 있는 경우, 병적인 애도반응이다. 이때는 치료가 필요하다.

'충격→그리움→수용→회복'으로 이어지는 애도반응

애도반응은 자연스럽다. 몇 주에서 몇 년 걸린다. 여러 단계를 거친다. 충격 단계에서 죽음을 부정하고 회피하며, 분노하고 원망한다. 멍해지고 무감각해지며, 외로움과 무력감에 빠진다. 그리움 단계에서 보고 싶고, 만나고 싶어 한다. 추억의 자리를 찾아 방황하고, 지인과 만나 생전 얘기를 하염없이 듣는다. 수용 단계에서 죽음을 현실로 받아들인다. 절망감과 공허감을 느낀다. 회복 단계에서 상실감이 점차 무뎌진다. 추억을 떠올리면 슬픔과 함께 좋은 감정도 느낀다.

새로운 삶의 의미를 찾고 목표를 세운다.

남자와 여자, 애도반응이 다르다

남자에게, 아내의 죽음은 강력한 스트레스다. 남자는 공격적이다. 스트레스를 제거하려 하고, 쉽게 남 탓으로 돌린다. 죽을 것 같다가도, 해결되는 순간 좋아진다. 혼자가 된 남자는 당장 생활에 불편을 겪는다. 집안일을 아내에게 의존하던 경우는 더 심하다. 작은 스트레스에도 폭발하고, 오래 못 견딘다. 스트레스를 극복하지 못하면, 불안증과 공황장애가 온다. 혼자가 된 남자는 강한 외로움에 시달린다. 사회적 성공만 추구하던 경우는 더 심하다. 남은 가족과의 관계도 깨지기 쉽다. 눈에 띄는 사소한 것에서 아내를 떠올리며 슬퍼한다. 우울감이 지속되면 자살충동으로 이어진다.

여자에게, 남편의 죽음은 강력한 상처다. 여자는 수용적이다. 스트레스를 받아들이고, 쉽게 내 탓으로 돌린다. 스트레스를 상처로 바꾸어, 오래 견딘다. 혼자가 된 여자는 당장 삶에 혼란을 겪는다. 남편만 믿고 의지하던 경우는 더하다. 상처를 떠올리며, 삶의 의미를 되새긴다. 상처를 승화하지 못하면, 외부자극을 차단하고 우울증에 빠진다. 혼자가 된 여자는 깊은 슬픔에 빠진다. 가정의 행복만 추구하던 경우는 더 심하다. 남은 가족과의 관계는 잘 유지된다. 죄책감으로 슬픔에서 못 벗어나기도 한다. 사별의 상처를 간직한 채 평생 혼자 사는 경우도 있다.

후박사의 탁월한 세 가지 처방

첫째, 충분히 애도하자. 애도는 고인을 보내고, 다시 시작하기 위함이다. 무작정 고통을 피하는 건 안 좋다. 자칫하면 술 · 도박 · 약물 중독에 빠진다. 오히려 일 · 운동 · 종교 등에 빠지는 게 낫다. 무작정 슬픔을 누르는 건 안 좋다. 자칫하면 슬픔이 평생 간다. 억압된 감정은 언젠가 폭발한다. 고통은 사람마다 다르게 나타난다. 어떠한 감정일지라도 잘못된 건 없다. 그대로 느끼고, 표현하는 게 좋다. 하루 중 시간을 정하고, 의식(儀式)을 만들어 '애도타임'을 가지자. 감정을 지인에게 충분히 이야기하거나, 글로 써 보자.

둘째, 깊이 성찰하자. 죽는다는 것은 과연 무엇인가? 다윗은 아들이 살았을 때는 금식하고 통곡하더니, 죽자 일어나서 먹었다. "나는 그에게로 가려니와 그는 내게로 돌아오지 아니하리라." 장자는 아내가 죽자 돗자리에 앉아 대야를 두드리며 노래를 불렀다. 친구가 어떻게 그럴 수 있느냐고 하자 이렇게 말했다. "아내가 죽었는데 왜 슬프지 않겠는가? 삶과 죽음은 기(氣)가 모이고 흩어지는 것과 같다. 사계절이 순환하는 것과 같다. 아내는 지금 우주 안에 잠들어 있다. 내가 슬퍼하는 것은 자연의 이치를 모른다는 것과 같다. 그래서 나는 슬퍼하기를 멈췄다."

연결고리는 남겨 둔 채 새로운 일과 관계를 이어가야

셋째, 간간이 추모하자. 추모는 과거를 매듭짓고, 미래로 나가기 위함이다. 과거는 잊어지지 않는다. 그렇다고 회피해서는 안 된다. 그이와 함께 쌓아 온 가치를 보존한 채, 더 나은 가치를 창조해야 한다. 과거를 잊어서는 안 된다. 그렇다고 집착해서는 안 된다. 그이와 같이 살아온 의미를 간직한 채, 더 나은 의미를 창조해야 한다. 과거에 매어서는 안 된다. 그렇다고 망각해서는 안 된다. 그이와 연결고리를 남겨 둔 채, 새로운 일에 뛰어들고, 새로운 관계를 이어가자. "하늘에서 보시기에 심히 좋았더라."

60

배우자의 외도

◇◇◇

천천히 대응하고 나부터 돌보자

잠금 패턴을 알아내 메시지를 확인했더니

그녀는 아들 둘을 둔 결혼 10년차 주부다. 남편은 최근에 승진했다. 외근이 더 많아졌고 회식이다 뭐다 하며 매번 늦는다. 직장 일이 힘들겠지 이해하며 지낸 지 벌써 1년이 넘는다. 그러던 어느 날, 아이를 재운 후 거실로 나오니 남편이 TV를 켜 놓은 채 소파에서 잠을 자고 있었다. 노곤하게 자는 그가 안쓰럽기도 고맙기도 했다. 손에 꼭 쥔 휴대폰에서 울리는 메시지 알림이 신경 쓰여 남편을 깨웠더니 버럭 화를 낸다. 이게 화낼 일인가 싶어 황당했지만, 피곤해서 그렇겠지 하며 넘어갔다.

그날 이후 남편은 잠깐 나갈 때조차 휴대폰을 찾는다. 그런 모습에 의문과 의혹이 쌓여 가던 어느 주말, 남편에게 마트에 가서 고기 좀 사 오라고 부탁했다. 남편이 아이들과 함께 나가자마자, 남편 휴대폰에서 메시지 알림이 또 울린다. 애들 때문에 휴대폰 챙기는 것을 깜빡한 듯하다.

이번엔 도저히 그냥 지나칠 수 없었다. 수없는 시도 끝에 잠금 패턴을 알아내 메시지를 확인했다. '그럼 내일 만나는 거지?' '부인은 어때?' '보고 싶다'는 메시지가 연이어 뜬다. 몸이 부르르 떨리기 시작한다. 심장도 쾅쾅거린다. 정신이 혼미해진다. 남편과 애들이 돌아오는 소리에 휴대폰을 제자리에 두고 일단 화장실로 피신했다. 놀란 마음을 쓸어내리면서 스스로를 위로했다. '뭔가 오해가 있을 거야, 모든 게 다 기우일거야.'라고 생각하며 내일을 기다려 보기로 했다.

다음날 오후 남편은 회사에 나가 봐야 한단다. 하늘이 무너졌지만 어떻게 대처해야 할지 몰라 그를 배웅할 수밖에 없었다. 멍하게 앉아 남편의 지난 행동을 되새기니 모든 게 다 연결된다. 배신감에 치가 떨린다. 미칠 것 같다. 죽고 싶다.

성인 남자 절반이 외도 경험

한국 사회에서 외도는 흔하다. 수년 전 조사에 의하면, 성인 남자 절반이 외도 경험이 있다. 남자가 여자보다 5배 높고, 나이와 소득이 많을수록 높다. 외도 사실을 배우자에게 들킬 확률은 10%다. 여자가 훨씬 비밀로 진행한다. 외도 특징은 가정을 파괴하지 않으려 한다. 발각되는 순간 심각한 가정 문제로 비화된다. 외도 주원인은 남자는 스트레스, 여자는 우울증이다. 주정서는 남자는 공허감, 여자는 외로움이다. 외도 목적은 성적 욕구를 해소하고, 즐거움과 쾌락을 추구하고, 정서적으로 소통하는 데 있다.

외도는 관계중독이다. 인간관계에 중독되는 것이다. 관심과 반응을 통해 즐거움과 쾌락을 추구한다. 중독은 살맛나는 상태다. 스트레스가 사라지고, 상처가 잊어진다. 외도는 왜곡된 만남이다. 외도는 성(性)을 전제로 한다. 거짓 열정과 가짜 사랑에 빠진다. 당사자 간에 책임감이 없다. 삶의 진정성이 통째로 증발한다. 외도는 정신질환이다. 현대는 중독사회다. 중독 중에서 인간관계 중독이 가장 심각하다. 패가망신한다. 알코올중독은 건강을 망치고, 도박중독은 집안이 망하고, 관계중독은 인간관계를 망친다.

누구나 외도에 빠질 수 있다. 우리는 환상적인 로맨스를 꿈꾼다. 젊은 시절의 연애를 재현하고 싶어 한다. 노래와 드라마가 사랑으로 그득하다. 외도는 호기심과 재미로 시작된다. 알코올은 경험자의 10% 중독되고, 도박은 50%, 외도는 1~2일 만에 순식간에 중독된다. 아무나 외도에 빠지지 않는다. 중독은 강박적 습관이다. 갈망 · 내성 · 금단을 보인다. 간절히 바라고, 더 자극적인 것을 원하고, 중단하면 불안해한다. 외도에 잘 빠지는 성향이 있다. 성공한 사람, 열정적인 사람, 완벽한 사람일수록 잘 빠진다.

여자에게 남편의 외도는 외상 후 스트레스 장애로

아내에게, 남편의 외도는 충격이다. 외상 후 스트레스 장애를 겪는다. 현실을 강하게 부정한다. "내 남편은 아닐 것이다." 분노와 배신감에 떤다. "평생 속아서 살았다." 사랑한 만큼 분노가 커지고, 믿은 만큼 배신감이 커진다. 함께 살아온 인생이 날라 가고, 과거 행복이 송두리째 상처로 바뀐다. 아내는 세 가지로 반응한다. 순응형은 수용한다. 아이를 위해 참고 산다. 우울증에 걸린다. 공격형은 대처한다. 가정이 엉망이 된다. 파행으로 간다. 회피형은 방치한다. 여행 · 쇼핑 · 운동 · 종교 등에 중독된다. 맞바람을 피기도 한다.

남편에게, 외도 원인은 단순하다. 부부 문제가 아니다. 외도를 부인하다가, 부부갈등이 있던 것으로 합리화한다. 성적 불만도 아니다. 외도를 방어하다가, 성적 불만이 있던 것으로 부각된다. 개인 문제도 아니다. 외도를 변명하다가, 성격이상이 있던 것으로 정당화한다. 남편의 외도 원인은 스트레스다. 한국은 스트레스가 많은 나라다. 도처에 상처받은 사람이 많다. 외도하는 남자가 있으면, 외도하는 여자가 있다. 스트레스가 큰 남자일수록 중독에 잘 빠진다. 상처가 큰 여자일수록 중독에 잘 빠진다.

후박사의 탁월한 세 가지 처방

첫째. 천천히 대응하자. 외도는 정신질환이다. 서둘러 수용하지 말자. 가족에 알리지 말자. 외도 기전부터 파악해야 한다. 무조건 참으면 언젠가 터진다. 섣부른 용서는 응징보다 못하다. 외도 사실은 정확히 고지하자. 서둘러 대처하지 말자. 전문가부터 찾지 말자. 외도 원인은 파지 말아야 한다. 별거 · 소송 · 이혼부터 떠올리면 안 된다. 증거 수집은 철저히 해야 한다. 겉으로 아무 일 없던 듯이 지내자. 서둘러 방치하지 말자. 지인에게 알리지 말자. 외도 현실을 피하면 안 된다. 기분전환은 중독으로 가는 길이다. 딴 남자에 의지하면 맞바람이 된다. 힘들어도 밝은 표정으로 대하자.

둘째, 나부터 돌보자. 외도 상처는 진짜가 아니다. 나부터 치료하자. 분노를 치료하자. 분노는 관계회복을 원하는 데서 온다. 남편 잘못이지 그녀 잘못은 아니다. 상처를 치료하자. 상처 대부분은 부풀려진 것이다. 잘 살았는데 잘못 산 것처럼 보인다. 중독 기전을 파악하자. 외도는 생활에만 치중하다 생긴 불상사다. 아이에만 집중하고 성공에만 몰입한 것이다. 외도에는 행복이 존재하지 않는다. 외도를 사랑이라 부르지 않는다. 나부터 성장하자. 생활 때문에 삶 전체를 희생할 수 없다. 원망에서 벗어나자. 첫사랑의 기억은 잊지 말자. 배신감에서 벗어나자. 오래된 믿음은 저버리지 말자. 모든 변화는 나로부터 시작한다.

일곱 번씩 일흔 번이라도 용서하라

셋째, 관계를 회복하자. 외도는 관계중독이다. 담담해질 때 화해하자. 화해는 뉘우침을 전제로 한다. 중독은 치료가 어렵다. 스스로 벗어나야 한다. 신뢰는 회복하는 데 오래 걸린다. 갈등을 넘어서면 진정한 사랑에 도달한다. 당당해질 때 이혼하자. 이혼은 혼자 살 능력을 전제로 한다. 남편이 나쁜 사람이 될 필요는 없다. 그녀도 나쁜 사람이 된다. 상처는 회복하는 데 오래 걸린다. 아픔을 넘어서면 진정한 행복에 도달한다. 덤덤해질 때 용서하자. 용서는 나를 위한 것이다. 중독은 가족을 향한 열정으로 바꾸자. 용서는 받아들이는 데 오래 걸린다. 슬픔을 넘어서면 진정한 깨달음에 도달한다. "일곱 번씩 일흔 번이라도 용서하라."

61 병든 아내

◇◇◇

나쁜 남자? 좋은 남편? 당당히 택하라

아내의 갑작스러운 뇌출혈

아내는 수학교사였다. 명문대를 나왔고, 똑부러지는 성격에다 예쁜 얼굴, 완벽한 일처리 능력까지 갖춘 아내는 결혼 전 뭇 남성들의 선망의 대상이었다. 2년 전 지인의 소개로 아내를 만났다. 6개월 연애 끝에 결혼했는데, 연애기간 내내 아내는 멋졌다. 자신의 일에 대해서도, 부부가 함께하는 미래에 대해서도 꿈과 열정이 가득한 그녀. 부모님도 그런 며느리를 아주 흡족해 하셨고, 그도 핑크빛 결혼생활을 그렸다.

결혼 후 1년이 조금 지났을 무렵이다. 아내는 직장에서 중요 프로젝트를 진행하고 있었는데, 마감이 얼마 안 남았다며 밤을 며칠 샜다. 그러던 어느 날 학교로부터 전화를 받았다. 아내가 갑자기 쓰러져 병원으로 후송됐다는 것이다. 뇌출혈이었다. 젊디젊은 여성에게 뇌출혈이라니! 응급수술 후 중환자실로 옮겨진 아내. 가까스로 의식은 회복했지만 소뇌에 문제가 생긴 아내는 이제 사람들의 이야기에 눈만 껌벅일 뿐, 걷지도 말하지도 못한다.

병원생활, 벌써 반년이 지나간다. 친가는 물론 처가에서도 서른 둘 나이에 계속 이렇게 살 수는 없다며 이혼 얘기를 꺼내신다. 사실 지난 반년은 살아도 사는 게 아니었다. 이혼을 떠올려 보지 않은 건 아니지만 병든 아내를 저버리는 비양심적이고 몰염치한 사람이 되긴 싫다. 그렇게 바라볼 사람들의 시선을 감당할 용기도 없다. 그렇다고 언제까지 이렇게 살아야 하나 하는 생각에 밤을 꼬박 새는 날이 많아진다.

마음이 아프다. 어찌 아내에게 그런 일이? 정말 기가 막히고, 그녀가 불쌍하다. 하늘도 무심한 일이다. 이럴 수도 없고 저럴 수도 없다. 진실은 무엇인가? 한 여자가 병실에 누워 있다. 그녀 혼자 덩그러니 버려진 것이 진실이다. 사랑하는 이의 손을 잡으려 해도 못 잡는 게 진실이고, 무슨 말을 하고 싶어도 못하는 게 진실이다. 야윈 뺨에 더운 눈물이 한없이 흐른다는 것은 더한 진실이다. "고통은 인내를 낳고, 인내는 끈기를 낳고, 끈기는 희망을 낳는다."

마음이 슬프다. 왜 하필 내게 이런 일이? 세상이 불공평하고, 나 자신이 가엾다. 나는 예외일 것이라고 믿었다. 이러기도 어렵고 저러지도 못한다. 진실은 무엇인가? 한 남자가 병실에 서 있다. 그 혼자 덩그러니 남겨진 것이 진실이다. 사랑하는 이의 손을 잡아도 느낌이 없는 게 진실이고, 어떤 말을 해야 좋을지 안 떠오르는 것도 진실이다. 지친 몸에 찢어지는 가슴이 멈추지 않는다는 것은 더한 진실이다. "애통하는 자는 복이 있나니 위로를 받을 것이다."

인간을 인간답게 하는 네 가지 마음

맹자에 이런 말이 있다. "불쌍히 여기는 마음이 없으면 사람이 아니고, 부끄러운 마음이 없으면 사람이 아니다. 양보하는 마음이 없으면 사람이 아니고, 옳고 그름을 가리는 마음이 없으면 사람이 아니다." 네 가지 마음은 인간을 인간답게 하는 타고난 성(性)이다. 불쌍히 여기는 마음은 인(仁)에서 우러나오고, 부끄러움을 아는 마음은 의(義)에서 우러나온다. 양보하는 마음은 예(禮)에서 우러나오고, 옳고 그름을 가리는 마음은 지(智)에서 우러나온다. 인의예지는 인간이 인간답게 되는 완전한 덕(德)이다.

우리는 인과(필연)의 법칙을 믿는다. "콩 심은데 콩 나고, 팥 심은데 팥 난다." 내가 생각한 대로, 내 뜻대로 안 될 때 속상하다. 최선을 다하고 나서, 일이 잘 안 될 때 좌절한다. 인생은 어떤 일이 일어났는가가 중요한 게 아니다. 우리는 동시성(우연)의 법칙을 생각한다. "하늘에서 이루어진 것 같이 땅에서 이루어진다." 내가 계획한 대로, 내 뜻대로 안 돼도 속상하지 않다. 최선을 다하고 나서, 일이 잘못 돼도 감사한다. 운명은 벌어진 일을 어떻게 받아들이는가가 중요하다.

재난을 통해 성숙으로

우리는 재난에 의외로 담담하다. 인간의 뇌는 충격적 사건을 다양하게 조작한다. 유리한 것만 받아들이고, 불리한 것은 무시한다. 사실을 무의식적으로 조작하고, 결과를 의식적으로 느낀다. 이러한 조작을 방어기제라 하는데, 재난으로부터 마음을 지키는 역할을 한다. 우리는 재난을 통해 성숙한다. 생애 충격은 우리를 파국으로 이끌지 않는다. 사고로 마비가 된 것이 '인생의 전환'이 되고, 암 투병이 '대단한 경험'으로 해석된다. 지난날의 아픔과 슬픔을 씻고 나면, 견고한 기초가 마련된다.

후박사의 탁월한 세 가지 처방

첫째, 나쁜 사람이 돼 보자. 어쩌다 만난 인연이다. 헤어지자! 젊은 나이에 이렇게 살 수는 없다. 처가에서 이혼하라지만 본심이 아니다. 병든 아내를 책임져 주길 바랄 것이다. 비양심적인 사람이 되자. 무엇이 두려운가? 용기가 필요하다. 반년이면 충분히 인내했다. 이제 벗어날 때가 됐다. 몰염치한 사람이 되자. 누가 겁나는가? 결단이 필요하다. 작은 나를 느껴 보자. 나 하나만을 생각하자. 뭇사람의 시선에 뻔뻔해지자.

누가 나쁜 놈이라 할 때, "뭐야?"라고 하면 그는 나쁜 사람이다. 하지만 잠시 생각한 후, "맞다."고 하거나 씩 웃으면 그는 나쁜 사람이 아니다. 후회하지 말자. 미안해하지 말고, 죄의식에 빠지지 말자. 훗날, 누가 물으면 내가 원해서 그랬다고 하자.

둘째, 좋은 사람이 돼 보자. 인연은 소중하다. 그냥 살자! 한창 나이지만 이렇게 살 수도 있다. 친가에서 이혼하라지만 사랑을 떨치기 어렵다. 병든 아내를 누가 돌보겠는가. 양심적인 사람이 되자. 무엇이 두려운가? 용기가 필요하다. 반년은 부족하다. 오랜 인내가 필요하다. 인간다운 사람이 되자. 누가 겁나는가? 결단이 필요하다. 큰 나를 느껴 보자. 전체와 연결된 나를 떠올리자. 뭇사람의 시선에 떳떳해지자.

누가 좋은 사람이라 할 때, "물론!"이라 하면 그는 좋은 사람이 아니다. 하지만 잠시 생각한 후, "아니다."고 하거나 묵묵히 자리를 뜨면 그는 좋은 사람이다. 후회하지 말자. 아파하지 말고, 슬픔에 빠지지 말자. 훗날, 누가 물으면 내가 원해서 그랬다고 하자.

비 온 후 땅이 더 굳는다

셋째, 솔직해 보자. 처가와 대화하자. "내게 가장 중요한 것은 무엇일까?" 잃는다고 하는데, 무엇을 잃는단 말인가? 비 온 뒤에 땅이 더 굳는다. 아픈 만큼 성숙해진다. 친가와 대화하자. "진정으로 원하는 것은 무엇일까?" 얻는다고 하는데, 무엇을 얻는단 말인가? 모든 인간은 홀로 존재한다. 슬픈 만큼 자비로워진다. 자유로워지자. 잃을 것도 없고, 얻는 것도 없다. 아무도 미워하지 말고, 아무에게도 의지하지 말자. 어느 누구에게도 매이지 말자. 사랑의 추억은 영원한 현재로 간직하자.

62 부녀간의 문제

◇◇◇

부모 마음 vs 자녀 생각, 다름을 받아들이자

너무 다른 둘째 딸

그는 두 딸을 둔 40대 후반의 가장이다. 첫째는 어릴 때부터 승부근성도 있고 끈기가 대단한 편이었다. 의욕이 강해 공부도 잘해서 유명대학에 입학했다. 그런데 둘째는 언니와 성격이 너무 다르다. 하고자 하는 바는 분명하지만, 고2인데도 꿈을 위해 갖춰야 할 최소한의 소양과 성적조차 준비를 못하고 있다. 조금만 노력을 하면 희망하는 대학에 진학할 수 있을 텐데, 전혀 학업에 관심이 없다. 한 부모에게서 태어나고 동일한 환경에서 자랐는데, 둘이 너무 달라 이해하기가 어렵다.

둘째는 하고 싶은 영화 제작과 관련된 동아리 모임은 전국 구석구석을 찾아갈 정도로 적극적이다. 아무리 멀어도, 아무리 늦은 시간이라도 아랑곳하지 않는다. 정작 더 중요한 학업은 완전히 제쳐 두고 말이다. 영화감독이나 방송국 PD가 되려면, 현장경험이 중요하다는 것은 동감한다. 하지만 우선 대학을 가서 관련분야 전공을 하고 난 뒤, 직장에 들어가 본격적으로 영화감독의 길을 걸어도 될까 말까 한데, 공부는 아예 뒷전이다. 동아리 쫓아다니는 일 외에는 학교생활도, 공부도 아무런 흥미가 없어 보인다. 아무리 부모가 목이 터져라 설득해도 소용이 없다.

첫째와 너무 다른 둘째아이 때문에 속이 이만저만이 아니다. 부모의 말에도 들은 척도 안하는데, 어떻게 해야 아이의 마음을 다잡을 수 있을까? 어떻게 하면 아이가 자신이 처한 상황을 깨닫고, 의욕을 갖고 학업에 충실할 수 있는 길로 인도할 수 있을까?

출생순위가 아이 성격을 좌우

한 부모에게 태어나도, 아이들은 완전히 다른 환경에서 자란다. 출생순위는 생활양식에 큰 영향을 미친다. 맏이는 잠시 동안 모든 사랑을 받지만, 둘째가 태어나면 갑자기 사랑을 빼앗긴다. 물론 다시 관심을 찾으려 한다. 이는 독립심, 책임감, 인내심 등으로 표현된다. 둘째 아이는 날 때부터 비교대상을 통해 자극과 도전을 받는다. 맏이보다 나은 것을 증명하려고 노력한다. 이는 경쟁심, 적응력, 야망 등으로 표현된다. 중간에 끼어 인생을 불공평하게 받아들이기도 한다.

막내는 자리를 빼앗길 염려 없는 응석받이로 자란다. 부모의 에너지가 소진되면 귀찮은 아이로 전락하기도 한다. 독립심 부족으로 열등감을 경험하기 쉽다. 그렇지만 형제들을 능가하려는 동기유발을 가지기도 한다. 외동아이는 경쟁할 대상은 없지만, 능력 있는 어른들 틈에서 자란다. 성인과의 관계에서 확고하고 유능한 성격으로 발달할 수 있다. 하지만 과잉보호 가운데 자기중심적이고 의존적이 되기도 한다. 특별하다거나 마음대로 할 수 있다고 생각하는 성향이 있다.

한 부모에게 태어나도, 아이들은 완전히 다른 성격으로 자란다. 학습성격은 교육에 큰 영향을 미친다. "공부에는 왕도가 없다. 열심히 하면 된다." 그런데 이대로 할 수 있는 성격을 지닌 아이는 20% 정도다. 나머지 80%는 잘 맞지 않는다. 개인마다 잘할 수 있는 것이 있다. 아이가 적성이 맞는 직업을 가지면 크게 성공한다. 적성은 지능(능력), 성격, 흥미로 구성된다. 우리는 지능이 높으면 성적이 좋고, 성공할 것이라 생각한다. 그렇지 않다. 성적은 성격에 좌우된다. 성공은 흥미에 좌우된다.

네 가지 학습성격

네 가지 학습성격이 있다. 행동형은 노는 것을 좋아하고, 잔머리를 잘 굴린다. 시험을 못 보면 문제를 너무 어렵게 내서 그랬다고 하고, 꽃병을 깨면 왜 그 자리에 두었냐고 항의한다. 규범형은 모든 일을 알아서 하고, 시키는 대로 한다. 선생이 가장 좋아하는 모범생이다. 그런데 준비 안 된 일에 부딪히면 스트레스를 받는다. 탐구형은 호기심이 많고, 토론을 좋아한다. 좋아하고 싫어하는 과목이 뚜렷하다. 의미가 없는 일은 하지 않으려 한다. 이상형은 사람을 좋아하고, 이해와 배려가 넘친다. 모든 것을 자기 문제로 받아들인다. 선생이 맘에 들면 열심히 공부하고, 그렇지 않으면 공부를 안 한다.

후박사의 탁월한 세 가지 처방

세상에 마음대로 안 되는 게 자식농사다. 그냥두면 그르치게 될 게 불 보듯 훤해, 부모 마음은 안타깝기만 하다. 예쁜 딸인데 하늘이 무너지고, 가슴이 미어진다. 바꿔 보려 하는데, 역효과만 난다.

다름을 받아들이고 방법을 바꿔 보자

첫째, 다름을 받아들이자. 동생은 언니와 완전히 다른 학습성격을 가지고 있다. 언니는 규범형이나 탐구형에 가깝고, 동생은 행동형이나 이상형에 가깝다. 보통 학교교육은 규범형에 맞도록 설계되어 있다. 행동형은 학교생활을 구속으로 보고, 규범형은 소속으로 본다. 한국에서 행동형은 자주 적응에 실패하여 문제행동으로 이어진다. 하지만 일단 마음을 잡으면 순식간에 성적을 올린다. 이상형은 어울리는 것을 좋아하고, 공부도 혼자서는 못한다. 관계에서 상처를 잘 받고, 다그치면 말을 잘 못한다.

둘째, 관점의 차이에 주목하자. 아버지와 딸은 다른 관점을 가지고 있다. 아버지 시각이 틀린 것은 아니다. 한국 실정에서는 대학부터 가야 한다. 최소한의 소양과 성적을 준비해야 한다. 조금만 노력한다면 충분히 가능하다. 딸 시각도 틀리지 않다. 학업은 아예 머리에 안 들어오니, 시간 낭비일 뿐이다. 전국 구석구석 현장경험이라도 열심히 하는 게 남는 장사다.

딸의 목표는 확실하다. 언니는 공부에 승부수를 걸었고, 자신은 다른 무엇으로 승부수를 걸고 있다. 언니와의 비교를 통해 스스로 터득한 방법이다. 부모가 모두 언니를 좋아하니, 어쩌면 대항심리가 작동하고 있는지도 모른다. 중요한 것은, 딸이 자신이 진정으로 원하는 것을 하고 있다는 것이다. 분명한 것은, 말을 물가로 끌고 갈 수는 있지만, 억지로 물을 먹일 수는 없다는 것이다.

셋째, 방법을 바꿔 보자. 필자의 딸이 미국 처제 집에서 고등학교를 다닐 때 일이다. 당시 딸은 공부하기를 싫어했고, 체중은 70kg이 됐다. 공부와 체중조절 모두 중요했지만, 딸은 학업에 아무런 흥미가 없고 맛난 음식을 줄이는 걸 싫어했다. 멀리 떨어져 있던 부모 입장에서 속이 이만저만이 아니다. 딸을 돌보는 장모님은 속상해하며, '공부하라'는 말을 달고 사셨다. 딸이 제일 듣기 싫어하는 후렴구다.

아내는 매일 딸과 화상대화를 했다. 필자는 아내에게 공부보다도 체중조절에 대해 이야기하도록 했다. 가끔 직접 말하기도 했다. "이번 여름에는 절대 공부하면 안 된다. 날씬해져야 한다. 그래야 인생을 즐길 수 있다. 공부는 아무 때나 해도 된다. 그러니까 1년 동안 절대로 공부하지 말고, 운동과 다이어트만 해라." 딸은 혼란스러워한다. 그리고 최면을 가르쳤다. "나의 위는 점점 작아지고 있다. 나는 할 수 있다. 나는 반드시 해낼 것이다." 3년이 지나 지금 대학생이 된 딸은 열심히 공부하고, 체중도 잘 조절하고 있다.

63 부부 격차

◇◇◇

차이 인정하고 성장 계기로 삼아야

교통사고 후 아이처럼 변한 아내

그는 잘나가는 대학교수다. 젊은 시절부터 학문에 뜻을 두었던 그는 공부 외의 모든 일은 아내가 다 책임져 주기를 바랐기 때문에 능력 있는 여성을 선호했다. 결혼은 성공적이었다. 씩씩하고 당당하고 책임감이 강한 아내, 남편을 성공시키겠다는 의지로 똘똘 뭉친 아내와 그는 아주 잘 지냈다.

어느 토요일 아침, 큰 일이 터졌다. 그는 학회 참석을 위해 지방에 내려가 있었고, 부인은 여느 때와 같이 자녀교육을 위해 자동차를 몰고 있었다. 그런데 교통사고를 당한 것이다. 중환자실과 일반 병실을 오가는 10달의 치료를 끝내고 집에 돌아온 그녀. 사고 이후의 그녀는 완전히 달라졌다. 심신이 약해져 남편만 바라보고, 남편에게 의지하며, 남편이 시키는 일 이외에는 아무것도 하지 않는다. 그러다 보니 그는 직장 일은 물론 자녀교육과 집안 대소사도 직접 챙긴다. 게다가 아이 같아진 아내도 돌봐야 한다. 너무 고달프다!

물론 약해진 것이 아내 탓이 아니므로 이해하려고 노력한다. 그러나 옛날 같지 않은 아내 때문에 짜증날 때가 많다. 대화조차 안 되는 아내 때문에 화가 날 때가 많다. 사회적으로 계속 발전해 가는 자신, 제대로 해내지 못하는 아내와의 격차가 점점 커진다. 남들은 잘나가는 교수 남편의 내조를 위해 별별 일을 다 한다던데, 벌써 이런 생활이 10년이다. 정말 고달프다!

낙타→사자→아이→신(神)

자라투스트라는 이렇게 말한다. "낙타가 사자로 변하고, 사자가 아이로 변하면, 신(神)이 될 것이다." 낙타는 순종적이다. 하라는 대로 산다(I should). 사자는 밀림의 왕이다. 하고 싶은 대로 산다(I will). 아이는 순수하다. 있는 그대로 산다(I am). 낙타는 해야 할 것이 많고, 사자는 하고 싶은 것이 많고, 아이는 아무 것도 하지 않는다. 낙타는 늘 고달프고, 사자는 늘 힘이 넘치고, 아이는 늘 재미있다.

그녀는 현명하다. 남편보다 나서지 않는다. 시키는 일만 하고 있는 것이다. 예전에는 능력이 있었다. 무슨 일이든지 혼자서 해냈다. 남편조차 좌지우지 했다. 이제는 능력이 없다. 심신이 약해졌다. 내 몸 하나 돌보는 것도 쉽지 않다. 이것저것 책임질 정도의 정신력도 없다. 시키는 것만 하는 것도 벅차다. 괜히 잘못해서 망칠 수 있다. 살아남기 위해선 남편에게 잘 보여야 한다. 남편에게 버림받지 않는 것이 가장 중요하다.

그는 현명하지 못하다. 모든 것을 혼자 하려고 한다. 아내가 약해졌는데 달리 뾰족한 수가 있단 말인가? 예전에는 직장일만 하면 됐다. 능력 있는 아내 덕에 탄탄대로를 갔다. 이제는 집안일도 해야 한다. 집안이 엉망이 되는 것을 보고만 있을 수는 없다. 누구를 탓하겠는가? 이것저것 모든 것을 책임져야 한다. 아내에게 전혀 기대하지 않는다. 뭘 원하겠는가? 그렇다고 아내를 버릴 생각은 추호도 없다.

이 나이에 친구들을 만나면 간혹 이런 소리를 듣는다. "젊었을 때 몰랐는데, 너무 차이가 나! 대화도 잘 안 통하고, 어디 함께 가기도 그렇고…." 부부란 함께 꿈을 꾸는 사람이다. 한 공간에서 함께 먹고, 함께 자며, 함께 대화를 나눈다. 여자들은 꿈꾼다. 남편이 돈도 잘 벌어 오고, 집안일도 도와주기를…. 남자들은 꿈꾼다. 아내가 집안을 잘 관리하고, 바깥일도 내조하기를…. 그런데 꿈은 깨지기 마련이다. 둘 다 잘하기를 바라는 것은 욕심이다. 각자 자기 역할만 충실해도 본전이다. 세월이 지났다! 아이들은 성장하고, 남편은 직장에서 성공하고, 아내는 집에서 그냥 그렇다. 홀연히 '격차'를 발견하게 된다. 이제 옛날 같지 않아 짜증이 나고, 대화조차 안 돼서 화가 난다. 그럼에도 남자는 여전히 꿈꾼다.

능력 있는 아내란

'능력 있는 아내'란 무엇인가? 집안을 잘 관리하고, 대화가 잘 통하며, 어디 내놔도 손색이 없는 아내다. 모든 남자가 능력 있는 여자를 원치는 않을 것이다. 아예 다른 조건을 보고 능력 없는 여자를 선택한 경우도 있다. 이때는 기대가 없으니 짜증이나 화가 안 난다. 그러나 능력 있는 아내를 원했는데 사고로 능력을 상실했다면 특별한 경우다. 불편하지만 짜증이나 화내기가 민망하다. 통상적으로 결혼은 비슷한 능력의 남녀가 하는 법이다. 그런데 부부격차는 어떻게 생기는가? 남편은 열심히 일해 사회적으로 성공했는데, 아내는 가정만 돌보다 사회적 능력이 없어진다. 세월이 지나 그 동안 아내에게 기대하지 않았던 능력을 바라게 된다. 오래 광에 넣어 두었던 선풍기를 다시 돌리려는데 쉽지 않다.

후박사의 탁월한 세 가지 처방

첫째, '해야 한다(should)'에서 벗어나자. 낙타는 해야 할 것이 많다. 늘 고달프다. 낙타는 무거운 짐을 원한다. 짐이 무거울수록 큰 자부심을 느낀다. '해야 한다'는 이성의 작용이다. 이성(理性)은 서로 밀어낸다. 한쪽이 '해야 한다'로 살아가면 다른 쪽은 하기 싫어진다. 부담감이 생기기 때문이다. 아내는 무력하다. 사고가 그리 만들었다. 그녀는 더욱 무력해지고 있다. 그는 아내에게 전혀 기대하지 않는다. 기대를 안 하는 것은 무시하는 것과 같다. 그는 모든 것을 혼자 책임진다. 세상은 반드시 내가 있어야 돌아간다.

가정은 반드시 내가 있어야 움직인다.

그런데 꼭 그렇지는 않다. 큰 소가 나가면 작은 소가 집을 지킨다. 그렇다면 어떻게 해야 하나? 작은 것부터 책임을 지워야 한다. 쉬운 것부터 시작해 점차 어려운 것으로 해결능력을 키워야 한다. 어찌 알겠는가. 그녀가 잘 해낼지? 무기력은 주위 사람을 힘들게 한다. 무기력은 엄청난 열정과 에너지를 통해서 극복될 수 있다.

둘째, '하고 싶다(want)'에 초점을 맞추자. 사자는 하고 싶은 것이 많다. 늘 힘이 넘친다. 사자는 어슬렁거리며 밀림을 누빈다. 여유를 통해 큰 자부심을 느낀다. '하고 싶다'는 감정의 작용이다. 감정(感情)은 서로 잡아당긴다. 한쪽이 '하고 싶다'로 살아가면 다른 쪽도 하고 싶어진다. 시너지가 생긴다. 그는 '해야 한다'에 사로잡혀 10년 동안 하고 싶은 것을 하나도 못했다. 아내도 당연히 하고 싶은 것에 대해 말도 못 꺼냈다. 이제 오랜 상처에서 벗어나야 할 때다.

"진정으로 원하는 것은 무엇인가?" 각자 하고 싶은 것을 해야 한다. 솔직하게 털어놓자. 아니 굳이 공개할 필요는 없다. 누구나 하고 싶은 것을 할 때 열정이 솟는다. 물론 같이 할 수 있으면 더욱 좋다. 하지만 굳이 의무감으로 할 필요는 없다. 어쩌면 몰래 할 때 에너지가 솟을 수도 있다. 현명한 부부는 혼자 사는 듯이 함께 살아간다.

격차를 안고 살아가야

셋째, '하지 않음(non-doing)'으로 나아가자. 아이는 아무것도 하지 않는다. 늘 재미있다. 아이는 하루 종일 모래성을 쌓는다. 자유를 통해 큰 자부심을 느낀다. 세상은 내가 없어도 잘 돌아간다. 우주는 알 수 없는 힘이 움직인다. 아이는 되어 가는 대로 산다. 격차를 받아들이자. 무엇이 문제인가? 아내는 아이 같다. 불편? 그러나 불편은 해결방법이 많다. 아이가 지닌 장점도 있지 않는가? 격차를 안고 살아가자. 무엇이 문제인가? 창피? 그런데 창피는 자신의 열등감 때문은 아닐지. 아내를 억지로 발전시키는 것은 무리다. 현명한 부부는 차이를 통해 함께 성장한다.

64

부부 불통

◇◇◇

바꾸려 하지 말고 이해하라

바람피운 전력 탓에 또 의심받아

"아내가 왜 그러는지 도대체 이해가 안 돼요. 어떻게 해야 할지 모르겠어요." 그는 걱정 반 짜증 반인 어투로 말을 이어 갔다. "얼마 전 아내가 제 문자메시지를 봤어요. 여비서가 보낸 건데…. 깐깐한 성격이라 꼬치꼬치 따지고 추적하더니, 급기야 이혼을 요구하네요. 아무리 설명해도 굽히질 않아요. 여비서와 정말 아무 일도 없었는데…."

"아내의 그런 태도는 10년 전 사건과 무관하진 않죠. 당시 아내 친구와 바람피운 사실이 들통나, 그 친구와 함께 무릎까지 꿇고 용서를 빌어 가까스로 위기를 넘긴 적이 있었거든요. 하지만 그 이후로는 아무 문제가 없었어요. 교사인 아내는 두 딸내미도 잘 키우고 살림도 잘했고요, 저는 저대로 열심히 돈 벌고, 아내와 두 딸에게 비교적 잘 해왔거든요. 물론 사회생활 열심히 하다 보니 아주 가정적이진 못했지만요."

그는 대화는 하려 하지 않고 막무가내로 이혼을 요구하는 아내 때문에 곤경에 처해 있다. 욱하는 마음에 '이혼해 버려!' 하는 맘이 들 때도 있다. 그래도 아내가 잘못한 것은 아니고, 그렇다고 본인도 잘못한 것이 아닌데, 어떻게 대처할지 막막하기만 하다. "전 아내를 좋아해요, 잘 해결해야지 하는 맘이 훨씬 더 크답니다. 어떻게 하면 좋을까요?"

불완전한 인간의 뇌

인간의 뇌기능은 불완전하다. 우리는 1초에 200만 바이트의 정보에 노출돼 있다. 이 중 아주 적은 134바이트만이 뇌신경에서 처리된다. 외부 정보는 생략되고, 왜곡되고, 일반화된다. 인간의 뇌는 경험을 있는 그대로 저장하지 않고, 중요한 단서를 중심으로 압축하여 저장한다. 또한 나중에 사건을 떠올릴 때 실제 그대로 복원하지 않고, 기억과정에서 자신도 모르게 조작한다. 성냥팔이 소녀가 한 개비의 불꽃에 행복을 느끼고, 백만장자가 허무감으로 자살한다. 인간의 경험은 절대 객관적이지 않다. 우리가 서로를 이해한다는 것은 기적에 가깝다.

인간의 뇌는 자극에 모호하게 반응한다. 외부 자극보다는 내부 자극에 더 영향을 받는다. 우리는 색안경을 끼고 세상을 본다. 같은 경험이라도 보는 방식(관점)에 따라 달라진다. 가치관에 일치하는 정보는 받아들이고, 일치하지 않는 것은 무시한다. "보이는 대로 보고, 믿고 싶은 대로 믿는다." 인간의 뇌는 모호한 경험을 자신에게 유리하게 해석한다. 유리한 것만 받아들이고, 불리한 것은 무시한다. 바람피우는 것도 내가 하면 로맨스가 남이 하면 외도다. 인간의 경험은 철저히 주관적이다. 우리가 서로를 이해한다는 것은 신비에 가깝다.

이해하면 사랑할 수 있다. 이해는 진리를 깨닫는 것이다. 진리란 보편적인 이치다. 공자는 인간의 보편성으로서 인(仁)을 강조했다. 인은 상대를 불쌍히 여기는 마음에서 시작한다. 인간다움의 실천이다. 석가는 불변의 이치로서 무명(無明)을 강조했다. 무명은 집착 때문에 진리를 깨닫지 못하는 마음의 상태다. 모든 번뇌의 근원이다. "진리가 너희를 자유롭게 하리라."

이해는 진실을 받아들이는 것이다. 진실이란 거짓 없는 사실이다. 진실은 사람마다 다르고, 처지마다 다르다. 나에게 진실이 남에게 아닐 수 있고, 남에게 진실이 내게는 아닐 수 있다. 우리는 자신의 존재와 인식에 정직하게, 세상을 살다 얻은 거짓을 하나씩 벗겨갈 때 진실에 도달할 수 있다.

소통은 정신적, 정서적으로 통하는 것

이해하면 소통할 수 있다. 소통은 정신적으로 통하는 것이다. 머리와 머리가 일치하는 것이다. 열 길 물속은 알아도 한 길 사람 속은 모르는 법이다. 내 생각이 잘못될 수 있기 때문에, '꼭 그렇지 않을 수 있다'를 받아들이는 것이 필요하다. 우리는 각자 살아온 사연이 다르고, 살아갈 사정도 다르다. 남의 생각이 맞을 수 있기 때문에, '그럴 수도 있다'를 받아들이는 것이 필요하다.

소통은 정서적으로 통하는 것이다. 가슴과 가슴이 일치하는 것이다. 느낌을 나누고 함께 경험하는 것이다. 공감(共感)이라 한다. 공감이란 순간순간 남의 마음이 될 수 있는 능력이다. 공자는 평생 실천할 수 있는 한 가지 원칙을 이렇게 말했다. "자신이 원하지 않는 것을 다른 사람에게 시키지 말라." 예수는 신앙생활의 기본 원칙을 이렇게 가르쳤다. "남에게 대접을 받고자 하는 대로 남을 대접하라."

모든 것을 이해하는 사람이 있다. 성인(聖人)이다. 성인이란 남의 말을 잘 듣고(耳, ear), 거기에 잘 반응하는(口, mouth), 밝고 분명한(壬, clear) 사람이다. 공감의 신(神)이고, 소통의 달인(達人)이고, 대화의 왕(王)이다. 성인은 말로 할 수 없음을 보고, 말해서 아니 됨을 안다. 말할 필요가 없음을 느끼고, 말하고 싶지 않음을 지닌다. 말은 더디게 하려고 하고, 행동은 민첩하게 하려고 한다.

후박사의 탁월한 세 가지 처방

첫째, 중재자가 필요하다. 둘은 위기를 겪고 있다. 당면한 문제와 해결되지 않은 과거 문제가 함께 얽혀 있다. 믿음이 깨지고, 희망이 안 보인다. 서로 자신에게 유리한 사건만 기억하고, 유리한 얘기만 한다. 부부에게 남녀 문제는 민감하다. 아내의 막무가내

이혼은 꼭 그러자는 것은 아닐 것이다. 어떻게든 해결해 보려는 노력이다. 그런데 둘 다 화가 나 있다. 아내는 대화를 안 하려 하고, 남편은 피하려 한다. 제3자의 도움이 필요하다. 둘 다 자존감에 상처를 받았다. 아내는 거듭되는 배신감에 치를 떨고, 남편은 무릎 꿇은 굴욕감을 떠올린다. 중재자의 시각이 필요하다.

둘째, 바꾸려 하지 말고 이해하자. 둘은 상대를 바꾸려 하고 있다. 아내는 남편의 버릇을 고쳐 보려 하고, 남편은 아내의 태도를 못마땅해 하고 있다. 남의 눈의 티끌은 잘 보여도, 내 눈의 대들보는 안 보이는 법이다. 상대를 바꾸기도, 나를 바꾸기도 쉬운 일은 아니다. 부부는 서로 타고난 체질과 자라온 환경이 다르다. 보는 방식, 소통 방식, 생활 양식이 다르다. 서로의 다름을 꼼꼼히 이해해 보자. 아무리 해도 이해가 안 되는 경우도 있다. 강력한 동기와 꾸준한 노력이 요구된다. 이해하지 않으려는 경우도 있다. 인간다운 배려와 손해 보는 이타심이 요구된다.

용서를 통한 화해 필요

셋째, 진정한 소통이 필요하다. 둘은 해결되지 않은 숙제가 있다. 용서를 통한 화해가 필요하다. 아내가 가시 같이 보이면 꽃도 가시도 함께 어루만지며 스쳐 가는 바람이 되자. 바람은 생각이 깊고 너그럽다. 누가 너그러울 수 있는가? 내면에 힘을 키운 자만이 너그러울 수 있다. 남편이 벽처럼 느껴지면 바위를 어루만지며 비켜 가는 물이 되자. 물은 상냥하고 부드럽다. 누가 부드러울 수 있는가? 내면에 힘을 키운 자만이 부드러울 수 있다.

65

부자간의 문제

◇◇◇

자발성 · 자부심 · 자신감 불어넣어야

억지로 보낸 유학 부작용

하루는 50대 후반 중소기업 사장이 진료실을 방문했다. 은발에 다부진 얼굴, 무게 있는 말투로 보아 한 인생을 살아온 냄새가 풍긴다. 그는 신중하게 말문을 열었다. "아들 문제로…. 두 아들이 있는데 큰 애는 서른 살인데 이제 대학 1학년이고, 작은 애는 대학 2학년입니다. 둘 다 미국에 보냈는데 학업에 실패해서…. 작은 애는 성격이 밝아서 그럭저럭 적응하는데 큰 애가 문젭니다. 공학을 전공하는데 학교에 잘 안 가요. 친구가 하나도 없는 것 같고, 주로 방에서 인터넷만 해요. 체중이 120kg을 넘는데 계속 먹기만 하고요. 본인도 불안해해서 집근처 상담센터에 보내 매주 상담을 하고 있는데, 보다 전문적인 도움이 필요한 것 같아서…." "10년 전 무리해서 미국으로 보냈는데 적응을 못하고 2년 만에 귀국했어요. 공익근무를 마치고 억지로 다시 보냈죠. 그런데 4년 만에 실패하고 돌아와 복학해 1학년을 다닙니다. 성격이 내성적이라 말을 잘 안 해요. 무슨 생각을 하는지 모르겠고, 도대체 어떻게 접근해야 될지 모르겠네요."

그는 30년을 불철주야로 뛰었다. 10년 전 벤처기업을 창업해 혁신 기술로 승부수를 걸었다. 작년 누구나 아는 대기업에 신제품 납품이 결정됐다. 해외 출구도 열렸다. 고생 끝에 큰 성공을 거둔 것이다. 드디어 아들에게 물려줄 수 있는 번듯한 회사를 만들었다. 그런데….

하면 된다 vs 되면 한다

아버지는 평생 '하면 된다'는 신념으로 살아 왔다. 적극적이고 긍정적인 태도다. 세상에 불가능이란 없다고 했던 나폴레옹은 최악의 상황에서 이런 말을 했다. "나에게 남은 마지막 무기가 있다. 그것은 바로 희망이다." 칠전팔기(七顚八起), 오뚜기 인생! 실패는 성공의 디딤돌이다. 성공은 실패의 반동을 통해 이루어진다. 성경에 이런 말이 있다. "인내는 연단을, 연단은 희망을 이룬다." 아버지는 이렇게 아들도 밀어붙였다. 사업을 물려줄 것이다. 남자는 강하게 키워야 한다. 글로벌 시대에 영어는 기본이다. 억지로 유학을 보냈다. 적응을 못해 돌아온 아들을 무리해서 다시 보냈다.

아들은 '되면 한다'는 신념으로 살고 있다. 소극적이고 부정적인 태도다. 세상은 온통 불가능한 것뿐이다. 최악의 상황에서 희망은 없다. 실패는 실패의 디딤돌이나. 성공할 만한 것이 아무 것도 없다. 실패했고, 또 실패할 것이므로 최선을 다하지 않는다. 자신은 특별하지 않다. 어떠한 재능도 없다. 동생보다도 못하다. 아들은 이렇게 버텨 왔다. 아버지의 사업을 꼭 물려받아야 하나? 이해하지만 모든 게 버겁다. 억지로 공부를 하지만 하나도 들어오지 않는다. 왠지 죄스럽다.

피그말리온 효과란 게 있다. 기대효과다. 누구나 바라는 만큼 해낸다는 말이다. 한 인디언 부족은 기우제를 지내면 반드시 비가 왔다고 한다. 비가 올 때까지 지내기 때문이다. 아버지는 아들이 해내기를 간절히 바랐다. 성공할 것이라는 확신이 있었다. 될 때까지 하면 된다. 현재는 힘들지만 밀어붙이면 결국 '나처럼' 극복할 것이다. 성공하면 행복은 당연히 따라 온다. 아들은 아버지 뜻대로 해 보려고 했다. 그런데 성공에 대한 확신은 없었다. 현재는 힘들고 미래는 안 보인다. 부담감이 클수록 절대 '아버지처럼' 되고 싶지 않았다. 그냥 당장 행복해지고 싶을 뿐이다. 행복하면 그게 성공이다.

훌륭한 아버지, 기대에 못 미치는 아들

아버지는 다시 뭔가를 시도하고 있다. 한 번 더 밀어붙이려 하고 있다. 그는 근거 없는 낙관주의에 빠져 있다. 긍정적인 사람이기 때문이다. 하지만 이번에는 신중해야 한다. 아들은 아버지에게 순종적이다. 고분고분하다. 아버지가 원하는 대로 따라해 보겠다고 한다. 뾰족한 수가 없지 않는가? 그런데 조심해야 한다. 아들은 아버지의 뜻에 따라 두 번씩이나 미국에 갔다 실패했다. 아들에겐 '그냥 한국에 놔뒀다면 아무 문제도 없었을 텐데…' 하는 숨겨진 분노가 보인다. 자신을 실패로 몰고 간 아버지에 대한 적대감이 보인다. 적대감이 밖으로 나오면 갈등으로 불거지고 안으로 들어가면 죄의식이 된다. 훌륭한 아버지, 기대에 못 미치는 아들, 형편없는 자신, 죄의식은 열등감과 더불어 스스로를 파멸로 이끌 수 있다. 어떻든지 세 번째 실패만은 막아야 한다.

후박사의 탁월한 세 가지 처방

세상에 마음대로 안 되는 게 자식농사다. 영 마음에 안 들고, 늘 타협해야 하며, 안타까울 때가 많다.

첫째, 자발성에 초점을 맞추어야 한다. 아버지가 절대 먼저 나서서는 안 된다. 당장 큰일은 없다. 학교를 안 나간다고 화를 내서는 안 된다. 모른 채 해야 한다. 3년을 놀아도 된다. 부모가 성공했는데 2~3년은 못 기다리겠는가? 밀어붙이다가 적대감이 폭발하면 불행한 결과를 초래한다. 서둘다가 죄의식이 폭발하면 엉뚱한 행동으로 나타날 수 있다. 아들은 이미 체중이 120kg을 넘는다. 비만은 음식중독이다. 모든 스트레스를 먹는 것으로 풀고 있다. 자칫하면 잘못된 모든 책임이 아버지에게 올 수 있다. 자발성이 생길 때까지 기다려야 한다.

대학 1학년까지는 아무 문제가 없었다. 아버지는 사업 때문에 바깥으로 돌았지만 어머니가 두 아들을 잘 키웠다. 그런데 나약한 아들을 혼자 미국으로 보낸 것이 화근이었다. 오히려 어머니의 역할이 다시 필요할 때다. 아버지에게 향한 책임감을 분산시켜야 한다. 어머니도 충분히 리드할 수 있다. 어쩌면 아버지의 역할은 마지막 카드가 되어야 할 것이다. "진정으로 원하는 것은 무엇인가?" "진정으로 하고 싶은 것은 무엇인가?" 현재 아들에게 가장 필요한 질문이다.

둘째, 자부심을 찾아야 한다. 그동안 아들의 자부심은 바닥을 쳤다. 이제 올라갈 일만 남아 있다. 철저히 여유를 가져야 한다. 공부는 당장 필요치 않다. 어쩌면 체중부터 조절해야 된다. 트레이너가 필요하다. 취미생활도 괜찮다. 놀아도 무방하다. 가족들의 자부심도 바닥을 쳤다. 일주일에 한 번은 함께 식사해야 한다. 저녁 늦게까지 TV를 보며 즐긴다면 더욱 좋다. 가족들이 같이 여행을 떠나 보는 것도 괜찮다. 대화가 필요하다. 이해가 필요하다. 화해와 용서가 필요하다. 아들이 성공 못해도 좋다. 다시 화목한 가정이 되어야 한다. "나는 내가 좋다. 나는 내가 좋다." 현재 아들에게 가장 필요한 문구이다.

작은 성공부터 이루게 만들어야

셋째, 자신감을 찾아야 한다. 작은 것부터 스스로 책임져야 한다. 작은 성공을 이뤄야 한다. 가족들의 도움이 중요하다. 상담은 지속해야 한다. 적당한 멘토의 개입이 필요하다. 물론 아들에 대한 전문적인 평가가 전제되어야 한다. 4년 동안의 미국생활은 최악이었다. 그 시기에 분명히 트라우마가 있었을 것이다. 겉으로 안 보이지만 정신병리 검사를 통해 발견할 수 있다. 정신병리가 보이면 적극적으로 치료해야 한다.

대인관계에 분명한 문제가 있었다. 성격검사가 필요하다. 성격은 타고난 체질과 자라온 환경에 따라 형성된다. 가족들의 성격검사도 병행해야 한다. 사람들은 보통 자기 성격으로 상대를 이해한다. 아버지 뜻대로 선택한 학과가 적성에 안 맞을 수 있다. 전혀 흥미가 없을지도 모른다. 흥미적성 검사를 통해 새롭게 방향을 잡아야 한다. 무엇보다 중요한 것은 자신감을 찾는 것이다. "나는 할 수 있다. 나는 할 수 있다. 해낼 수 있다." 현재 아들이 매일 아침마다 외쳐야 할 긍정문이다.

66 사돈 간의 문제

◇◇◇

자식의 생각까지 소유하려 해선 곤란

며느리에게 끌려다니는 아들

그는 연 매출 수백억 대의 성공한 기업가다. 슬하에 남매를 두었고, 아들은 5년 전 대학 동기와 결혼했다. 사돈댁 역시 기업을 경영한다. 사부인이 운영하는 작지만 튼실한 기업이다. 사돈지간이 쉽지 않은데 사부인이 주도권이 있어 더 불편했다. 결혼 준비과정에서 다소 삐걱기렸지만, 아들의 의지는 강했고 이 정도는 누구라도 겪는 일이라 생각했다.

손주가 태어났다. 문제가 생겼다. 회사 사택에서 분가해 살던 며느리는 손주를 맡기려 친정 근처로 이사하겠단다. 이미 사돈댁과 상의도 끝난 듯하다. 문득 손주는 물론 아들마저 뺏기겠다는 위기감이 들었다. 비싼 자동차를 선물하면서 겨우 며느리를 설득했다. 이후 며느리는 공동육아를 해야 한다며 남편의 이른 귀가를 요구한다. 금슬 좋은 아들은 며느리 말대로 매일 일찍 귀가한다. 아들은 일을 잘했다. 가업승계에 대한 걱정이 없었다. 지금도 일을 못하는 것은 아니다. 그러나 조만간 회사를 책임져야 할 사람이 오로지 육아만 신경 쓰는 듯한 모습이다. 화가 치밀어 오른다. 잘못된 결혼이라는 생각마저 든다.

한참을 끙끙 앓다 결국 아들을 회사에서 내보내기로 했다. 고생을 해 봐야 정신을 차릴 거라는 판단에서다. 소액의 돈을 주면서 창업을 하던지 취직을 하라고 했다. 아들 부부는 세 달 만에 회사로 복귀했다. 똑똑한 며느리는 모든 게 자신 때문이라는 것을 잘 안다. 그럼에도 시아버지 뜻대로 살려는 생각은 없다. 회사를 나간 후에도 고생은커녕, 친정에서 생활비를 지원받으며 살았다. 황당하다. 시댁에 대한 반발인가 싶기도 하다. 사돈 간 팽팽한 긴장감이 돈다. 이혼시키고 싶은 마음이 굴뚝같지만, 절대 이혼할 아이들이 아니다. 아들에게 섭섭하고, 며느리에게 화가 나, 사돈댁이 원망스럽다. 화병이 날 지경이다.

사돈집과 뒷간은 멀수록 좋다

"사돈의 팔촌이다." 예부터 사돈은 어려운 상대다. 남이나 다름없는 먼 친척이다. 허물없이 대하기 어렵고, 예의 갖춰 대하는 관계다. "사돈집과 뒷간은 멀수록 좋다." 요즘도 사돈은 부담스럽다. 결혼 때 보고 평생 안 보기도 한다. 집이 가까워도 방문하기를 꺼린다. "사돈 남 말한다." 사돈에게 할 말이 있어도, 남에게 말하듯 하게 된다. 말 한마디가 자식에게 흉이 될까 조심스럽다. 부모들이 서로 안 맞는데, 자녀들이 애틋한 사랑으로 결혼했다면 어떻게 해야 할까? 사돈 간 힘겨루기와 격한 갈등이 예상된다.

아버지가 뭘 잘못했을까? 양가 갈등은 손주가 생기면서 불거졌다. 아들을 뺏기지 않으려는 위기감에 거액을 투자했다. 며느리는 고마워하지 않고 공동육아 카드를 꺼낸다. 아들부부를 내보내는 강수로 받아치는데, 사부인이 생활비를 대 준다. 세 달 만에 돌아왔는데 반성하는 기색이 없다. 아버지는 미래를 살고 있다. 가업승계를 고민하고, 아들 성공에 매달린다. 그는 자수성가했다. 평생 하나에 집중했다. 오로지 성공을 위해 뛰었다. 그는 강박증자다. 강박증은 남자의 전형이다. 생존 문제에 집착한다. "사느냐 죽느냐, 그것이 문제로다."

며느리가 뭘 잘못했을까? 시댁 갈등은 아이가 탄생하며 벌어졌다. 아이를 돌보는데 친정 도움은 당연하지 않나. 뜻밖의 선물로 주저앉았다. 며느리 사랑은 시아버지다. 요즘 공동육아는 대세다. 독립하라는 제안은 바라던 바다. 혹사당하는 남편에게 좋은 기회다. 결국 자리를 못 잡고 복귀했다. 며느리는 과거를 살고 있다. 결혼 전후가 달라질 게 없다. 그녀는 현모양처다. 가사와 육아를 좋아한다. 오로지 행복을 위해 산다. 그녀는 히스테리다. 히스테리는 여자의 전형이다. 남편의 성공을 위해 산다. "타자의 욕망을 욕망한다."

아들이 뭘 잘못했을까? 집안 갈등은 애초부터 예상했다. 아버지가 꺼려 하는 결혼이었다. 신혼의 단꿈은 잠시였다. 가업승계가 큰 부담이다. 일도 잘하고 싶고, 아이도 잘 키우고 싶다. 아버지도 중요하고, 아내도 중요하다. 중심을 잡기가 어렵다. 어떻게 사는 게 정답인가. 아들은 현재를 살고 있다. 과거를 떠오르기 싫고, 미래는 상상하기 어렵다. 이래도 문제고 저래도 문제다. 그는 사토리족으로 산다. 사토리족은 도(道)를 깨달은 사람이다. 그는 초연한 자세로 달관한 사람처럼 산다. "오늘 한 그루 사과나무를 심는다."

시대사조에 영향받는 사고방식

우리 생각은 시대사조에 영향을 받는다. 부모는 베이비붐세대이고, 자녀는 밀레니얼세대다. 최근 조사에 의하면, 세대별 성공적인 인생에 대한 견해가 다르다. 베이비붐세대는 큰 걱정 없이 안정된 수입으로 사는 가족과 화목한 삶이다. 밀레니얼세대는 수입은 적어도 좋아하는 일과 취미를 즐기며 사는 삶이다. 베이비붐세대는 권위를 중시하고, 사람에 영향을 받는다. 이중적이고 복잡하며, 일을 좋아한다. 밀레니얼세대는 자유를 중시하고, 정보에 영향을 받는다. 솔직하고 단순하며, 놀이를 좋아한다.

후박사의 탁월한 세 가지 처방

그에게 탁월한 처방은 무엇인가? 노자의 세 가지 현묘한 덕(玄德)으로 풀어 보자.

아들에게 섭섭해하지 말고 며느리 미워하지 말아야

첫째, 생이불유(生而不有), 낳되 소유하지 말자. 아들에게 섭섭해하지 말자. 섭섭함은 내편이기를 바라는 데서 온 것이다. 내 자식인데 남에게 뺏길 수 있나? 부모라면 낳은 것에 최선을 다한 것이다. 무소유를 실천하자. 자식의 생각을 소유하려 하면 안 된다. 아들은 나름 자기 생각이 있다. 자식의 행동까지 소유하려 하면 안 된다. 아들도 아버지의 뜻에 따르려 하고 있다. 머리[知]를 비우자. 생(生)이라는 것이 본래 공(空)인 것을 깨닫자. "수컷처럼 강한 힘을 가지고도 암컷처럼 겸허를 지키면 천하의 인심을 얻게 된다."

둘째, 위이불시(爲而不恃), 행하되 기대하지 말자. 며느리 때문에 화내지 말자. 분노는 좋은 반응을 예상한 데서 온 것이다. 아무런 기대 없이 퍼줄 수 있나? 부모라면 주는 것에 최선을 다한 것이다. 무욕(無慾)을 실천하자. 자식의 존경을 바라서는 안 된다. 며느리는 나름 시아버지를 존중하고 있다. 자식의 보상을 바라서는 안 된다. 며느리도 시아버지의 배려를 고마워하고 있다. 가슴[情]을 비우자. 뼈와 살을 가진 인연 맺은 인간들을 뜨겁게 사랑하자. "천하의 인심이 모여 오면 덕(德)이 항상 떠나지 않는다."

셋째, 장이부재(長而不宰), 기르되 간섭하지 말자. 사부인을 원망하지 말자. 원망은 이해해 주기를 바라는 데서 온 것이다. 내 자식인데 간섭해야 하지 않나? 부모라면 기른 것에 최선을 다한 것이다. 무간섭을 실천하자. 자식이 잘 자란 것에 만족해야 한다. 사부인은 나름 노력하고 있다. 자식이 건강한 것에 만족해야 한다. 사부인도 사돈의 마음을 이해하려고 한다. 배[意]를 비우자. 내 한 몸에 매이지 말고 만물과 연결됨을 느끼자. "덕(德)이 떠나지 않으면 갓난아이로 돌아가게 된다."

67 상속을 둘러싼 가족 간의 문제

◇◇◇

상속 다툼? '악마의 변호인'을 활용하라

건강 문제가 생기자 상속 문제가 수면 위로

네 남매 중 둘째인 그녀는 15년 전 홀로된 어머니를 모시고 지낸다. 모신다고 하지만 학원비, 반찬비 등을 종종 내 주시니 도움을 받고 있는 게 맞다. 전문직 여성인 어머니는 팔십이 넘은 나이에도 경제적으로 독립돼 있다. 연금에다가 어머니 명의의 집이 있고 현금도 꽤 있다. 네 남매 모두 잘 사는 편이라 얼마 전까지는 어머니 재산에 대해 그 누구도 특별한 관심을 보이진 않았다.

최근 어머니의 건강에 문제가 생겼다. 재산 상속 문제가 드디어 수면 위로 드러났다. 제일 큰 문제는 수십억을 호가하는 집이다. 사정이 제일 나쁜 막내아들은 그간 어머니를 책임지기는커녕 종종 지원을 받아 왔는데, 앞으로는 자기가 모시겠다며 유일한 아들로서의 권리를 주장한다. 노처녀인 셋째는 그간 엄마의 뒤치다꺼리를 도맡아 왔다며 자신의 몫을 주장하고, 언니는 언니대로 맏이임을 주장한다. 그녀도 할 말이 있다. 15년 넘게 어머니와 함께 산 사람이 누구인가. 특히 그녀의 남편은 오랜 기간 엄청난 불편을 감내해 왔다. 유산을 염두에 두고 한 건 아니라도, 그에 대한 보상으로서 상속을 기대할 수 있다.

지난 구정 가족모임에서 갈등이 시작됐다. 어머니 앞에선 말을 안 해도 각자 속내가 있다. 시간이 지날수록 이전투구가 심화될 것이다. 인생 정리에 유산 문제가 자리하고 있는 것이 정말 씁쓸하지만, 그게 현실이다. 어떻게 하는 게 좋을지….

위대한 유산은 정신적인 것

마음이 씁쓸하다. 자식들이 재산을 논의하고 있다. 평생 모은 돈이다. 남편이 떠난 뒤, 자식만 바라보고 살았다. 내 돈이지만 한 번도 내 맘대로 안 썼다. 이제 건강에 문제가 생기고, 인생을 정리할 때다. 현실이 서글프다. 자식들이 재산을 탐내고 있다. 자식들을 출가시키고, 노후를 위해 남긴 돈이다. 어려운 자식에게 더 주고 싶다. 내 돈인데도 맘대로 안 된다. 당장 죽는 건 아니지만, 유산 정리를 생각할 때다. "인생은 빈손으로 왔다 빈손으로 간다."

위대한 유산은 무엇인가? 한 아들이 상속분(相續分)을 미리 챙겨 집을 나왔다. 세상을 방랑하다 재산을 탕진하고, 종이 되어 돼지 밥을 얻어먹었다. 그는 집이 그리웠지만 돌아가기를 망설였다. 용기를 내 돌아왔을 때, 아버지는 탕자(蕩子)를 맞아들이고 잔치를 베풀었다. 그리고 말했다. "너는 유일한 나의 보물이다." 위대한 유산은 물질적인 것이 아닌 정신적인 것이다. 자식들의 기억 속에 영원히 남는 그 무엇이다. "사람이 빵으로만 살 것이 아니라, 하나님의 말씀으로 살 것이다."

마음이 씁쓸하다. 형제들이 상속 문제로 다투고 있다. 아픈 어머니는 뒷전이고 잿밥에만 관심이다. 평생 자식을 위해 헌신했다. 어머니 돈인데도 서로 자기 몫을 주장한다. 인생이 허탈하다. 돈은 버는 것보다 지키기가 더 어렵다. 현실이 각박하다. 형제들이 욕심을 부리고 있다. 없는 형제는 당연히 돈을 원한다. 돈 앞에선 누구나 욕심을 내게 된다. 있는 형제도 더 많은 돈을 원한다. 돈을 마다할 사람이 있겠는가. "돈은 목적이 아니고 수단이다."

욕심이란 무엇인가? 한 청년이 스승을 찾아와 물었다. "어떻게 하면 영생(永生)을 얻을 수 있을까요?" "계명을 지켜라." 그는 다시 물었다. "모든 것을 다 지켰는데, 무엇을 더 해야 할까요?" 스승은 대답했다. "가진 것을 모두 팔아 가난한 자에게 나눠 주라." 그는 재산이 많은지라 근심하며 자리를 떠났다. 인간의 욕심은 끝이 없다. 부자 청년은 영원한 생명까지 원하고 있다. ”욕심이 생기면 죄를 낳고, 죄가 자라면 죽음을 낳는다.“

욕망=욕구-요구

“욕망은 인간의 본능이다.” 정신분석가 라캉은 욕구, 요구, 욕망을 구분한다. 욕구(need)는 생물학적 본능이다. 필요에 따라 나타나고, 충족되면 사라진다. 요구(demand)는 도움을 받으려는 표현이다. 언어로 표현된다. 욕망(desire)은 채워지지 않는 결핍이다. 아이는 배가 고픈 욕구를 엄마에게 울음으로 요구한다. 요구에는 배를 채우려는 욕구와 사랑을 받으려는 욕구가 포함된다. 배가 불러도 사랑 욕구는 남는다. 남아 있는 결핍이 바로 욕망이다(욕망=욕구－요구). 욕구는 무한하기 때문에, 인간의 욕망도 끝이 없다. 욕망이 제로인 상태는 죽음이다. 인간은 욕망이 제로인 상태를 향해 가는 존재다.

후박사의 탁월한 세 가지 처방

상속을 둘러싼 갈등에 어떻게 대처하는 것이 지혜로울까?

첫째, 살아계실 때 의논하자. 병든 어머니와 돈 얘기를 한다는 게 불경스럽다. 그렇다 해도 살아계실 때 해야 한다. 세상에는 비밀이 없다. 갑자기 사고가 나면 모든 게 엉킨다. 자칫하면 소송으로 간다. 소송은 긴 싸움이 될 수 있다. 상속, 증여, 유언, 세금 문제는 복잡하다. 전문변호사의 자문을 받아야 한다. 도처에 함정이 많다. 세상에는 해답이 없다. 어머니는 자식들이 화목하기를 원할 뿐이다. 돈 때문에 형제들이 원수가 돼서는 안 된다. “사람 나고 돈 나지, 돈 나고 사람 나진 않는다.“

둘째, 어떻게든 합의하자. 우선 법대로 1/n에서 시작하자. 자식마다 입장이 다르다. 냉정하고 억울하고 치사할 수 있다. 어찌됐던 모두에게 유익해야 한다. 몇 가지 원칙을 정하자. 가난하거나 기여한 자식은 더 가져간다. 넉넉하거나 미리 챙긴 자식은 덜 가져간다. 모두가 조금씩이라도 가져간다. 합의될 때까지 토론하자. 막연히 기대하지 말고, 솔직하게 얘기해야 한다. 어쩌면 어머니가 없는 게 낫다. 나중에 결과만 알려드리면 된다. "모든 것이 합력하여 선(善)을 이룬다."

'악마의 변호인'을 활용하자. 악마의 변호인은 의도적으로 반대 의견을 내는 사람이다. 모두가 찬성할 때 반대 목소리를 내는 사람이다. 토론을 활성화시키고 다른 선택의 여지가 있는지를 찾도록 해 준다. 어렵겠지만 합의가 된다면, 어머니 생전에 절세 방안도 찾아 보자. 증여가 상속보다 나을 수도 있다. 합의할 때 네 가지를 고려하자. "자연스러운가? 공정한가? 합리적인가? 시의적절한가?"

최종 결정은 어머니가

셋째, 어머니가 결정하자. 어머니 재산이다. 어머니에게 최종 결정권이 있다. 자식들이 합의했다고 따를 의무는 없다. 단지 참조할 뿐이다. 본인 의견이 있다면 그대로 밀고 나가도 된다. 자식들이 끝까지 합의를 안 한다면 어머니 의견대로 하면 된다. 이때는 유언공증이 필요하다. 자식들은 어머니의 어떤 결정이라도 받아들여야 한다. 어머니의 마음은 하나다. 분쟁보다는 합의를, 불화보다는 평화를 원하다. 어머니의 마음은 천지(天地)와 같다. 중용에 이런 말이 있다. "천지(天地)는 산하를 짊어지고도 무거워하지 않고, 바다를 담고도 한 방울도 세지 않는다."

68 시어머니의 화병

◇◇◇

가족이 함께 쌓인 화를 들어 주자

남편 대신 시어머니 한탄 듣다가

그녀는 지난 주말 가족모임 이후로 우울하다. 시어머니 때문이다. 시어머니는 10년 전 시아버님이 돌아가신 후 홀로 지내신다. 3남매를 모두 교수와 의사로 키우신 어머니, 시아버님의 연이은 사업 실패로 힘들었던 시기를 불굴의 의지와 헌신으로 자식을 키워내신 어머니, 그러나 지배적인 성격 탓에 누구와도 함께 지내지 못하고 혼자 계신다.

어머니 생신을 기념해 3남매가 부부동반으로 모였다. 막내인 그녀의 남편은 일을 핑계로 모임에 거의 빠진다. 이번에도 막내며느리만 참석했음을 알게 된 어머니는 크게 화를 내시더니 심지어 울기까지 하신다. 평소 모임 때마다 어머니는 몇 시간씩 신세한탄을 늘어놓으신다. 평생 감내했던 힘든 일들로 인해 화병이 생긴 탓이다. 그녀는 그런 어머니를 이해했고, 같은 여성으로 마음도 아팠다. 그래서 말씀이라도 잘 들어드리려 했고, 그 날도 수십 번 넘게 들었던 한탄을 경청했다.

그런데 그날은 머리가 좀 이상해지신건 아닌가 싶을 정도로 어머니의 상태가 심했다. 남편과 자식들에 대한 악담을 하다가, 갑자기 어머니 기도로 자식손자들이 모두 다 잘 될 거라는 덕담도 하신다. 결론이야 항상 다 잘 될 거라는 말씀이지만, 말씀 도중의 악담은 정말 참기 어렵다. 기구한 삶으로 인한 화병이 한 인간을 저렇게 망가뜨린다는 생각이 들자 그녀도 눈물이 펑펑 쏟아졌다.

병 때문이지만, 시간이 지날수록 나빠지는 어머니를 그녀도 더 이상 이해하고 싶지 않다. 20년 넘게 들었던 어머니의 신세한탄을 더 이상 듣기 싫다. 매년 대여섯 번은 가족모임이 있는데, 앞으로는 남편처럼 가지 말아야지 하는 생각이 든다. 정말 우울하다.

작은 상처가 오래 쌓여 생긴 병

화병은 한(恨)이 쌓여 화(火)를 삭이지 못해 생긴 병이다. 한국 고유의 문화병으로, 정신장애 분류에 등재된 병이다. 가슴통증 · 우울증 · 신체증상으로 나타난다. 가슴에 돌덩이가 누르고, 명치에 불덩이가 뻗치고, 목안에 덩어리가 느껴진다. 우울 · 불안 · 분노보다 억울함 · 섭섭함 · 울화를 호소한다. 맥이 빠지고, 소화가 안 되고, 두통 · 불면 · 어지럼증으로 나타난다. 내향적 · 감성적 · 수용적인 사람이 잘 걸린다. 여성에서 주로 오지만, 취업에 거듭 낙방한 청년, 상사에 시달리는 직장인, 사업에 실패한 남성에서도 나타난다.

화병은 표현을 하지 않는 습관에서 온다. 수개월에서 수십 년에 걸쳐 발병한다. 참는 것을 당연시하는 문화에서 온다. 참는 게 미덕이던 한국 며느리에게 많았다. 남성주의 사회에서 여성에게, 권위주의 사회에서 약자에게 잘 생긴다. 나만 참으면 모두가 편해지는 환경에서 온다. 경제적으로 어렵거나, 말한들 뾰족한 수가 없는 경우다. 가족을 위해 나 하나 희생하려 한다. 어쩔 수 없이 참아야 하는 사회에서 온다. 불합리한 구조에서 억압당한 경우다. 겉으로 표현을 안 할 뿐이지, 속에서 화가 부글부글 끓는다.

화병은 우울증과 다르다. 화병은 멀쩡하게 생활한다. 표현을 하지 않는 습관 때문에, 상처는 계속 쌓인다. 우울증은 생활을 엉망으로 만든다. 마음을 보호하려 외부를 차단한 상태라, 더 이상 상처는 안 쌓인다. 화병은 감정과 사실이 명확하다. 섭섭한 원인이 있고, 화나는 대상도 있다. 우울증은 감정과 사실이 모호하다. 그냥 우울하고, 대상도 안 떠오른다. 화병은 히스테리와 다르다. 둘 다 신체증상을 동반한다. 실제 병이 없는데, 여기저기 아프다. 화병은 강렬한 고통을 호소하지만, 히스테리는 고통에 초연하다.

발작과 소진을 반복하는 화병

화병은 발작과 소진을 반복한다. 화가 밖으로 폭발하면 발작이 오고, 안으로 폭발하면 소진이 온다. 발작은 정신증과 유사하고, 소진은 중증 우울증에 가깝다. 화병은 치료가 어렵다. 일단 발병하면 오래 진행된 것이라 심각하다. 참는 사람과 함께 살면 편안하다. 모든 것을 받아주고, 힘든 일도 감수한다. 하지만 언젠가 가까운 사람에게 폭발한다. 화병은 예방이 중요하다. 무조건 참는 습관을 고쳐야 한다. 화병은 작은 상처가 오래 쌓여 생긴 병이다. 작은 것부터 표현하는 습관을 만들어야 한다.

'비폭력대화'란 게 있다. 비폭력은 마음속 폭력을 가라앉히는 것이다. 비폭력대화는 평화로운 관계를 목적으로 한다. 내 욕구와 남 욕구를 동시에 만족시키는 대화다. 감정, 사실, 의도, 요청으로 구성된다. 감정(affection)은 마음속 느낌을 확인하는 것이다. 사실(fact)은 보고 들은 것을 그대로 기술하는 것이다. 의도(intention)는 진정으로 원하는 것을 파악하는 것이다. 요청(request)은 평화를 위해 상대에게 요청하는 것이다. 순서는 중요치 않다. 모든 감정찌꺼기의 80%는 요청을 하지 않는 데서 온다.

후박사의 탁월한 세 가지 처방

첫째, 들어 주자. 시어머니와 인연을 끊기는 어렵다. 쌓인 화를 들어 줄 사람은 가족밖에 없다. 돌아가면서 들어 주자. 면대면보다 전화가 좋다. 발작은 막을 수 있다. 문자나 카톡도 좋다. 규칙적으로 소통해야 효과가 있다. 들어 준다고 화병이 낫는 것은 아니다. "깨달음이 없는 경청은 위험하다." 함께 모여서 들어 주자. 일대일보다 일대다가 좋다. 소진은 막을 수 있다. 자칫 과거 얘기를 반복하는 습관으로 굳어진다. 털어놓는다고 화병이 낫는 것은 아니다. "깨달음이 없는 정화는 허망하다."

기분 전환해 주고 체력 강화 권유도

둘째, 무언가에 빠지게 하자. 시어머니는 표현할 대상이 필요하다. 중독이 되겠지만 고통에선 해방된다. 신앙이 중요하다. 어머니는 평생 기도로 자존감을 유지했다. 광신자가 되어도 괜찮다. 믿음은 희망을 가져온다. 운동이 중요하다. 화병은 여기저기 아프다. 체력 강화가 필요하다. 응어리가 풀리고, 통증이 사라진다. 매일 해야 효과가 있다. 기분전환이 중요하다. 여행 · 노래 · 봉사 등 할 수 있는 건 뭐든지 좋다. 기분이 좋아지면 부정감정이 사라진다. 성경에 이런 말이 있다. "하늘에서 큰 상이 너희를 기다리고 있다."

셋째, 알리자. 시어머니는 화병에 대해 모른다. 누가 고양이 목에 방울을 달까? 자신부터 돌아보도록 알리자. 화병의 원인은 남이 아니라 나의 선택이다. 평생 희생했지만 어떻게 하란 말인가? 과거는 그만 말하도록 알리자. 가족들이 충분히 알고 있다. 얼마나 더 알아줘야 하는가? 지금부터는 현재와 미래를 말해야 한다. 작은 거라도 참지 말고 표현하도록 알리자. 참았다 한꺼번에 표현하면 폭발한다. 반복되는 폭발로 숭고한 희생이 퇴색한다. 논어에 이런 말이 있다. "군자는 남이 알아 주지 않아도 노여워하지 않는다."

69 아들의 게임 중독

◇◇◇

과다인지 중독인지부터 구분하라

믿었던 아들이 게임하며 거짓말까지

그녀는 두 아들을 둔 회사원이다. 최근 안 풀리던 회사에서 승진했고, 무능력한 남편도 이제 자리를 잡아가는 중이다. 힘든 일들이 좀 해결되나 싶더니 새로운 문제가 그녀를 괴롭힌다. 중1 아들 때문이다. 집중력이 좋고 머리는 물론 눈치까지 빨라 얼마 전만 해도 기대를 한 몸에 받던 아이이다. 하지만 사춘기가 오더니 달라졌다. 하루 종일 게임만 한다. 회사에서 틈틈이 학원은 다녀왔는지, 숙제는 다 했는지, 동생과 잘 지내는지 등을 챙기는데, 매번 "다 했어." "걱정 마!"라며 거짓말을 반복한다.

그녀는 자신을 일도 육아도 다 잘 해내는 '슈퍼맘'이라 생각했다. 적어도 아들의 반항이 있기 전까지는 그랬다. 며칠 전 숙제를 한다던 아들이 숨어서 게임을 하고 있는 모습을 발견했다. 너무 화가 나 또 게임을 하면 어떻게 하냐며 소리를 질렀다. 엄마의 야단을 부당하다고 여겼는지 아들이 갑자기 주먹으로 책상을 내리쳤다. 그러더니 갑자기 동생을 찾아 마구 때리기 시작했다. 당황한 그녀는 아들에게 화가 났으면 엄마에게 화를 내지 왜 동생을 괴롭히는지 물었다. 아들은 그래야 엄마가 더 슬퍼할 것을 알기 때문에 그랬다고 한다.

하늘이 무너졌다. 더 이상 아들을 훈육하는 일에 자신이 없어졌다. 문득 이제부턴 남편이 나서야 한다는 생각이 들었다. 부전자전인가, 남편은 아들과 똑같은 성격으로, 훈육은커녕 아들과 다투기만 더 할 뿐이다. 문제가 생길수록 아들은 방문을 잠근 채 게임에만 집착한다. 퇴근해 집에 오면 "다녀오셨어요?"라는 아들의 활기찬 인사가 아닌, 마우스 클릭과 자판 두드리는 소리만 집 안을 울릴 뿐이다.

강한 스트레스와 상처는 중독에 취약

한국의 인터넷 보급률은 세계 1위다. 스마트폰 사용률은 90%를 넘는다. 인터넷과 스마트폰은 현대인의 일상이다. 스마트폰 알람으로 잠을 깨고, 카톡으로 대화하고, 인터넷 뉴스를 보고, 음악을 듣는다. 최근 조사에 따르면, 청소년의 10~15%가 인터넷 중독이고, 30%가 스마트폰 중독이다. 게임 · 채팅 · 검색 · 음란물에 빠진다. 이 중 게임이 80%를 차지한다. 남자는 게임에, 여자는 채팅에 더 잘 빠진다. 각종 규제에도 불구하고, 청소년의 게임 중독은 날로 심각해지고 있다.

누구나 게임에 중독될 수 있다. 중독은 강력한 습관이다. 게임은 정말 재미있다. 화려한 영상과 강렬한 소리로 유혹한다. 게임만큼 즐거운 놀이는 없다. 공부에 찌든 스트레스를 단숨에 날려 준다. 게임은 보상이 즉각적이다. 5시간 공부해도 성적은 안 오르지만, 게임은 그렇지 않다. 피드백이 빠르고 확실하다. 공부로 무력해진 마음에 활력을 불어 넣는다. 게임은 또 다른 현실이다. 가상세계에서 구겨진 자존감을 회복하고, 가짜 친구와 교류한다. 게임은 편안한 도피처다. 현실로부터 소외된 외로움을 한순간 잊게 한다.

아무나 게임에 중독되지 않는다. 중독은 강박적 습관이다. 갈망 · 내성 · 금단이 있다. 간절히 원하고, 더 자극적인 것을 찾고, 못하게 하면 짜증 · 분노가 터진다. 게임은 알코올과 다르다. 오래 한다고 중독되지 않는다. 게임의 중독성은 아직 입증되지 않았다. 게임은 도박처럼 경험을 통해 중독된다. 누가 중독에 취약할까? 고단한 환경과 외상이 원인이다. 공부 · 불화 · 소외 등 강한 스트레스를 계속 받는 경우다. 이혼 · 폭행 · 왕따 등 강한 상처를 받은 경우다. 중독은 살맛나는 상태다. 중독이 유일한 안식처다.

게임 중독은 과다와 다르다. 과다는 과도한 몰입이다. 그냥 하는 거고, 하다 보니 과해진 것이다. 밥도 거르고 밤도 샌다. 한 게임을 지속하고 프로게이머도 가능하다. 그러나 못하게 하면 언제든지 멈춘다. 게임 외에 다른 것도 잘한다.

중독은 강박적 몰입이다. 일단 게임 생각이 나면, 어떻게든 해야 한다. 못하게 하면, 견디지 못하고 폭발한다. 오래 하진 않고, 프로게이머는 어렵다. 게임 외에 모든 흥미와 의욕을 잃는다. 더 자극적인 것으로 갈아타고, 게임을 잘하는 데 관심이 없다.

중독은 도파민 결핍에서 비롯

"중독은 도파민 결핍에서 온다." 도파민은 행복호르몬이다. 뇌의 식량과 같다. 현대인은 불행하다. 과도한 정보에 시달리고, 인정과 칭찬에 굶주리고, 노력만큼 보상도 못 받는다. 도파민이 항상 부족한 상태다. 현대인은 알코올 · 도박 · 성(性) · 게임 등의 자극을 통해 도파민을 공급받는다. 즉각적인 보상은 위험하다. 자극이 반복되면, 도파민 수용체가 무뎌진다. 같은 쾌감을 유지하려고, 더 많은 도파민을 요구한다. 이것이 중독의 나락에 빠지는 기전이다. "중독은 쾌감의 노예가 되는 것이다."

게임에 빠진 뇌의 특징은 이렇다. ① 후두엽이 활성화된다. 후두엽은 시각중추다. 영상과 소리에 예민해져, 살짝 거슬리는 정보에도 짜증내고 폭발한다. ② 보상회로가 망가진다. 보상회로는 뇌간 · 변연계 · 전두엽에 걸쳐 있다. 도파민의 총량은 일정하다. 즉각적인 쾌감을 위해 많은 양을 소모하면, 사고 · 감정 · 신체 활동에 쓸 도파민이 고갈된다. ③ 전두엽의 활성이 떨어진다. 청소년은 뇌 발달의 완성이 덜 된 시기다. 전두엽은 계획 · 통제 · 동기 · 자의식에 관여한다. 충동적이 되고, 무기력해지고, 자아형성이 어려워진다.

후박사의 탁월한 세 가지 처방

첫째, 과다인지 중독인지 구분하자. 둘을 구분하는 것은 쉽지 않다. 과다인 경우, 습관을 바꾸자. 우선 더 재미있는 것을 찾자. 무조건 못하게 하면, 할 게 없어 무력해한다. 과다는 아무 것도 안 하는 것보다 낫다. 몰입의 습관을 다른 데로 돌리면, 뭐라도 열심히 한다. 중독인 경우, 강박을 치료하자. 우선 중독에서 과다로 바꾸자. 무조건 못하게 하면, 강박이 더 심해진다. 강박이 생긴 원인에 초점을 맞추자. 강박은 스트레스와 상처에서 온다. 둘을 해결하면 저절로 좋아질 수도 있다.

둘째, 관계에 주목하자. 중독은 관계 단절에서 온다. 불행해지지 말자. 게임에 빠진다고 당장 문제는 없다. 아이는 엄마가 행복하기를 원한다. 이렇게 말하자. “엄마는 네가 뭘 할지 모르지만 잘할 줄 믿는다. 너는 해낼 것이다.” 관심을 보이자. 밝게 웃으면서 대하자. 아이는 엄마의 밝은 표정을 좋아한다. 이렇게 말하자. “네가 ~을 하면 참 좋겠다.” 갈등을 감수하자. 화・짜증은 관계를 회복하려는 신호다. 같이 화내면 안 된다. 좋아하는 것을 하면, 칭찬을 아끼지 말자. 이렇게 말하자. “네가 ~을 하니 참 좋다.”

일정 기간 실컷 하라고 할 필요도

셋째, 조절능력에 주목하자. 과다는 조절상실에서 온다. ‘하지 마라’고 하지 말자. 우선 일정 기간 실컷 하라고 하자. 욕구는 억제하면 더 커지고, 충족하면 사라진다. 재미는 못하게 하면 커지고, 맘대로 하게 하면 시시해진다. 차츰 게임시간을 조절해야 한다. ‘함께 하자’고 하자. 우선 아이가 좋아하는 것을 찾자. 게임이라도 함께 해야 한다. 한 가지씩 시도해 보자. 가르치려고 하면 안 된다. 공부를 좋아하게 하려면, 엄마부터 공부를 좋아해야 한다. 아들은 예쁜 엄마를 좋아한다. 집에서 여성스런 옷을 입자.

70 아픈 남편

◇◇◇

철저히 고독하라, 그리고 냉철하라

행복하지 않은 아내, 불행한 남편

명문대를 나왔고, 잘 생긴 얼굴에 부유한 집안, 대기업 사원인 남편은 뭇 여성이 선망하는 남편감이었다. 중매로 만나 6개월 연애 끝에, 많은 사람의 부러움을 받으며 그와 결혼했다. 결혼 초 불임(不任)을 확인하는 과정에서 남편의 건강상태가 좋지 않음을 알게 됐다. 남편은 특히 신상이 안 좋았다. 5년 전부터는 혈액투석이 시작됐고, 최근에는 상태가 더 나빠져 신장이식을 앞두고 있다. 얼마 전 남편은 결국 다니던 회사를 그만뒀다.

그녀는 지방 근무를 한다. 하필 이럴 때 지방 발령이 났다. 주중에 한 번이라도 혼자 지내는 남편을 만나려 상경하려 하지만 쉽지 않다. 할 일이 많아 야근도 잦지만, 지금이 그녀에겐 승진을 앞둔 중요한 시기여서 퇴근시간이 되었다고 자리를 비우는 것도 말이 안 된다.

요즘 남편은 짜증과 화가 부쩍 많아졌다. 출근 전, 퇴근 후 반드시 영상통화를 하고, 업무 도중 틈틈이 메신저로 대화를 한다. 얼마 전 중요 프로젝트 때문에 밤 10시까지 정신없이 일하다 전화를 하지 못했다. 남편은 무시무시한 내용의 메시지를 보내 왔다. 놀라서 전화를 했더니 마구 소리를 질러댄다. '긴병에 효자 없다'고 아픈 남편의 심정을 이해 못하는 바는 아니다. 그러나 날이 갈수록 그녀에게 더 예민해지고, 더 나빠지는 남편의 언행 때문에 너무 힘이 든다.

불완전한 인간의 뇌

아내는 행복하지 않다. 마음이 아프다. 오래 전, 그녀만의 꿈을 꾸었다. 뭇 여성이 기대하는 소박한 삶을 바랬다. 왜 하필 나에게 이런 일이? 어떻든 사랑에 안 빠졌어야 했다. 마음이 슬프다. 어느 날, 차창에 비친 초췌한 얼굴을 본다. 나와 같이 쭉 살아온 창밖의 여자는 누구인가? 내가 예전의 내가 아니다. 어쩌면 결혼하지 말았어야 했다. 화가 난다. 연애 시절, 똑똑하고 잘나가던 남자였다. 그는 점점 무너져 가고 있다. 무섭도록 고독하다. 어떻게든 아이라도 가졌어야 했다.

"행복은 착각이다." 인간의 경험은 영화와 같다. 마음대로 확대되고, 임의대로 축소된다. 성냥팔이 소녀가 한 개비의 불꽃에 행복을 느끼고, 남부럽지 않은 백만장자가 공허하여 자살을 시도한다. 인간의 뇌는 불완전하다. 마음대로 편집하고, 임의대로 구성한다. 상상하는 과정에서 현실감을 살리려고, 없는 정보를 넣고 있는 정보를 뺀다. 과거는 보다 아름답게 기억되고, 미래는 보다 멋지게 기획된다. 망가진 사랑은 더욱 아프고, 못 이룬 꿈은 더욱 슬프다.

남편은 불행하다. 몸이 아프다. 오래 전, 그만의 꿈을 꾸었다. 뭇 남성이 희망하는 야심찬 삶을 바랬다. 어찌 나에게 이런 일이? 어떻든 건강부터 챙겨야 한다. 마음이 슬프다. 어느 날, 거울에 비친 초라한 얼굴을 본다. 나와 함께 쭉 살아온 거울 속의 남자는 누구인가? 내가 예전의 내가 아니다. 어쩌면 결혼한 게 다행이다. 화가 난다. 연애 시절, 야무지고 괜찮은 여자였다. 그녀는 점점 변해 가고 있다. 처절하게 고독하다. 어떻게든 아내라도 붙들어야 한다.

"불행은 착각이다." 인간의 뇌는 불완전하다. 현재를 통해 과거와 미래를 느낀다. 현재가 아프면 과거도 아프게 보이고, 현재가 슬프면 미래도 슬프게 보인다. 상상을 통해 만들어 낸 과거와 미래는 착각이다. 인간의 뇌는 바보스럽다. 현실과 상상에 대해 똑같이 감정적으로 반응한다. 바보의 뇌는 현실과 상상의 경험을 구분하지 못한다. 강한 감정의 사건을 더 현실적으로 느낀다. 내가 슬플 때 세상도 슬퍼 보이고, 내가 화가 날 때 남도 화난 것처럼 느낀다.

인생은 착각이다

"인생은 착각이다." 유명한 연극 〈고도를 기다리며〉가 있다. 주인공들은 50년째 고도가 오기를 기대하며 산다. 그런데 아무도 안 나타난다. 그들의 행동은 반복된다. 행여 고도가 오기를 희망하지만 안 나타난다. 고도는 'Godot=God Idiot=바보 하나님'이다. "인생은 꿈이다." 과거는 후회와 원망으로 가득 차 있다. 어제와 같은 오늘을 산다. 우리는 착각 가운데 불행을 느낀다. 미래는 기대와 희망으로 가득 차 있다. 오늘과 다르지 않은 내일을 산다. 우리는 착각 가운데 행복을 느낀다.

후박사의 탁월한 세 가지 처방

조금 더 솔직해야

첫째, 어떻게든 살아보자. 직장에선 집을 잊자. 업무 중엔 전화도, 문자도, 카톡도 받지 말자. 각자의 삶을 살자. 영원한 싱글처럼 지내자. 어쩌겠는가? 남편이 독립해야 한다. 주말 부부로 지내고, 주중엔 한두 번만 소통하자. 따로 따로 살자. 돌아온 싱글처럼 지내자. 어쩌겠는가? 남편도 적응할 것이다. "인생은 연극이다." 현재(now)에만 집중하자. 때로는 망각이 약이다. 니체는 말한다. "망각이 없다면 행복도, 희망도, 자부심도, 현재도 있을 수 없다."

집에선 충실하자. 남편이 시키는 대로 해 주자. 순정을 가지고 돌보자. 봉급을 받는 간병인처럼 잘 살피자. 어쩌겠는가? 이틀만 견디면 된다. 남편이 원하는 대로 해 주자. 애정을 가지고 돌보자. 매주 방문하는 도우미처럼 하자. 어쩌겠는가? 이틀을 참으면 된다. "인간은 무대 위의 배우다." 여기(here)에 집중하자. 때로는 고통도 약이다. 성경에 이런 말이 있다. "고통은 인내를 낳고, 인내는 끈기를 낳고, 끈기는 희망을 낳는다."

둘째, 이혼도 생각해 보자. 일요일 오후, 남편과 오랫동안 못 갔던 카페로 가자. 차 한 잔 마시며, 진지하게 토론하자. "결혼이란 무엇인가?" 헤어지는 것을 제안하자. 누군가 만날 때마다 아프다면 헤어지고 싶다. 그녀에겐 잘못이 없다. 충분히 책임과 의무를 다했다. 사랑했고, 사랑한다. 그러나 계속 매여서 살 수는 없다. 이제, 내 길을 가고 싶다.

토요일 저녁, 남편과 오랫동안 안 갔던 레스토랑으로 가자. 술 한 잔 마시며, 솔직히 의논하자. "부부란 무엇인가?" 정리하는 것을 제안하자. 누군가 함께 살 때 슬프다면 정리하고 싶다. 남편도 잘못한 건 없다. 병이 이혼사유가 되지는 않는다. 충분히 사랑과 희생으로 돌봤다. 사랑했고, 사랑한다. 그러나 계속하기엔 너무 지친다. 이제, 각자의 길을 가야 한다.

셋째, 철저히 고독해지자. 아픔을 당하면 고독해진다. 아픔의 꼭대기에서 존재의 높이를 경험하자. 아픔은 굳어진 자아의 껍질이 깨어지는 것이다. '혼자 간다'는 인간의 본래적인 고독을 씹어 보자. "희로애락, 모든 게 다 고(苦)다. 마음이 지어낸 것이다." 슬픔을 겪으면 고독해진다. 슬픔의 골짜기에서 존재의 깊이를 체험하자. 우물 속 깊이 내려갈수록 별빛이 또렷해진다. 마음을 열고 나의 작은 따스함을 나눠 보자. "슬픔은 지지 않는 아름다움에 이르는 원천이다."

71 아픈 딸을 둔 아버지

◇◇◇

과도한 책임에서 벗어나 나를 돌보자

박사학위 포기하고 딸 간병에 매달려

8년 전, 그는 직장을 정리하고 미국으로 향했다. 부인이 간호사로 취업됐고 모아 놓은 돈도 있어 제2의 인생을 기획한 것이다. 꿈꾸던 박사학위에 도전했다. 3년 전, 석사학위를 취득하고 박사과정에 들어갔을 때 문제가 생겼다. 초등학생인 둘째 딸이 골육종이라는 희귀병에 걸린 것이다. 초기치료 실패로 의사를 믿지 못하게 된 그는 학업은 미루고 딸의 치료를 위해 백방으로 노력했다.

1년 전, 딸의 암은 성공적으로 치료됐다. 그런데 또 다른 문제가 생겼다. 중2로 복귀했는데 학교에 적응을 못하는 것이다. 친구관계 때문이었다. 불면증과 걱정 · 불안에다 한번 침체되면 헤어 나오지를 못한다. 급기야 자살기도도 있었다. 그도 그간 딸 문제로 지치고, 자신감도 없어져 방황하고 있었는데, 그의 방황이 딸에게 영향을 준 듯하다. 딸은 매주 정신과 치료를 받고 있지만 호전되지 않는다. 자주 짜증을 내고 폭발하고 우울해한다. 엄마는 직업상 낮밤이 바뀌어 딸의 모든 정서는 아버지인 그가 책임지고 있다. 암 투병 때는 오히려 더 쉬웠다. 요동치는 정서 불안정을 아버지가 감당하기는 더 힘들다.

1개월 전, 그는 박사학위를 포기했다. 한국을 떠날 때 희망찬 포부로 시작한 공부였지만 긴 세월 딸 투병에 에너지를 소진하고, 다시 딸의 정신적 문제로 방황하는 상태에서 논문을 쓰는 건 불가능했다. 꿈을 접고 딸을 위해 살기로 했다. 부인과 첫째 딸은 그의 결정에 무조건 동의한다. 모든 책임을 그가 져야 한다. 그런데 왜 그런지 점점 더 힘이 빠지고, 무력감에 시달리고 있다.

고통은 대부분 스스로 선택한 것

전쟁이 나거나 배가 조난됐을 때 국가나 이웃을 위해 기꺼이 희생하는 사람이 있다. 나부터 살고 싶지 않았을까? 가슴이 찡하다. 부모가 중병에 쓰러지거나 자식이 죽을병에 걸릴 때 부모 자식을 위해 기꺼이 희생하는 사람이 있다. 나만이라도 피하고 싶지 않았을까? 코끝이 찡하다. 희생은 남을 위해 나를 바치는 것이다. 누구나 희생 앞에선 숙연해진다. 예수는 인류의 죄를 대신해 십자가에 못 박혀 죽으셨다. "아버지여, 이 고통의 잔을 내게서 거두어 주소서!"

고통은 오성(悟性)의 껍질을 깨는 것이다. 원인을 밖에서 찾지 말고, 안에서 찾아야 한다. 하루하루 삶의 기적을 간직한다면, 고통도 기쁨 못지않게 경이롭다. 고통은 대부분 스스로 선택한 것이다. 내가 나를 치료하는 쓰디쓴 한 잔의 약이다. 슬퍼하거나 원망하기보다, 침착하게 받아 마셔야 한다. "모든 게 다 고(苦)다." 인간의 한계상황에 내한 근원직 성찰이다. 희로애락, 모두 고통이다. 고통의 반대는 기쁨이 아니고 평화다. 고통은 집착에서 오고, 집착을 없애면 마음의 평화[道]에 도달한다.

고통이 지속된다면 누구나 무력해지기 마련이다. 사람들은 보통 세 가지 대처 방식을 보인다. 항복, 반격, 회피다. 항복하는 사람은 이렇게 말한다. "모든 게 내 책임이다. 하지만 어려운 현실을 변화시키기에 너무 약하다." 반격하는 사람은 이렇게 말한다. "왜 내가 책임져야 한단 말인가? 세상에 문제가 너무 많다. 증명하기 위해 싸워야 한다." 회피하는 사람은 이렇게 말한다. "책임이 너무 무겁다. 그냥 어려운 현실로부터 도망가고 싶다."

희생의 덫에 빠진 사람이 있다. "나보다 남의 욕구를 채워 줘야 한다. 소중한 이에게 고통을 주고 싶지 않다." 그는 진심으로 남을 돌보고 고통을 공감한다. 남을 불편하게 하기보다 자신이 불편을 감수한다. 자신의 욕구를 채우지 못해 무력감에 빠지거나, 우울증 · 신경쇠약에 걸리게 된다. 어린 시절, 부모의 이혼 · 별거 · 사망 등으로 소년가장 역할을 한 경우다. 부모가 건강, 경제, 장애 문제가 있어 집안을 도운 경우다. 부모가 간호사 · 사회복지사 · 목사 등에 종사하여 희생의 역할모델을 보여 준 경우다.

부모는 오직 자식이 병들까 걱정

"부모는 오직 자식이 병들까 걱정이다." 효(孝)에 대한 공자의 답변이다. 자식은 부모의 거울이다. 부모는 자식에게 모르던 나의 모습을 보게 된다. 지적받기를 꺼리던 나쁜 모습도 있고, 잃어버린 순수함과 호기심도 비친다. 자식은 전생의 빚을 갚으려 낳고 기르는 것이다. 윤회의 시각이다. 보답을 받으려는 생각이 아닌, 담담하고 어려운 심정으로 길러야 한다. 자식은 부모의 연장이다. 도덕경에 이런 말이 있다. "낳되 소유하지 않고, 행하되 의지하지 않고, 기르되 지배하지 않는다. 이를 현묘한 덕(德)이라고 한다."

후박사의 탁월한 세 가지 처방

첫째, 나도 돌보자. 그는 과도로 딸을 돕고 있다. 아버지로서 충분히 딸을 위해 살았다. 일단 병은 나았고, 학교 적응은 또 다른 문제다. 절제가 필요하다. 도와야 할 일은 돕지만, 딸이 혼자 할 수 있는 일은 놔둬야 한다. 도울 수 없는 일은 놔두고, 딸이 혼자 해야 할 일은 지켜봐야 한다. 그는 자신을 돕지 않고 있다. 계속 딸을 위해서만 살아야 하나? 몸의 병과 마음의 병은 접근법이 다르다. 멈춤이 필요하다. 학위 포기의 이유가 딸이어서는 안 된다. 나를 돕고 딸을 도와야 한다. 잘못하면 함께 망가진다. 안 돕더라도 딸이 스스로 깨달아 하는 경우도 있다.

둘째, 가볍게 살자. 그는 과도로 책임지고 있다. 아버지로서 훌륭히 가정을 이끌었다. 암 치료에 성공했고, 재발은 별개의 문제다. 내려놓음이 필요하다. 미국에서의 제2의 인생과 딸의 병은 아무런 관련이 없다. 무거운 짐은 함께 들 때 가볍고, 무력한 마음은 서로 나눌 때 힘이 솟는다. 그는 힘들게 살고 있다. 힘들게 산다고 책임지고 있는 것은 아니다. 자신을 위해 살면 안 되나? 여유가 필요하다. 가볍게 살자는 것은 요령껏 살고, 포부를 품지 말고, 빈둥빈둥 놀자는 것도 아니다. 남은 남대로 두고, 나는 최선을 다 하고, 운명이 지어가는 일을 고요히 맞이하여 큰 시야를 잃지 않는 것이다.

제로에서 시작했으니 잃어 봐야 본전

셋째, "그는 태어났고 살았다. 그리고 웃었다." 태어난 것에 기뻐하자. 지금-여기에 있다는 것이 신기하다. 제로에서 시작했으니 잃어 봐야 본전이다. 병에 시달리다 떠나는 사람은 고통에서 벗어나 원래 자리로 돌아가는 것이다. 살아 있는 것에 감사하자. 우연한 기회로 태어났으니 무엇을 이루겠는가? 잃을 것도, 이룰 것도 없다. 별과 나무를 그리며 꽃을 노래하고, 잠시 인연을 맺은 인생들끼리 사랑하자. 언제 웃음이 터지는가? 일생 산에서만 살던 사람이 바닷가에 서서 확 트인 수평선을 바라볼 때 터진다. 나와 남의 까닭이 아닌 이름 붙일 수 없는 제3의 계획에 눈뜰 때 터진다.

72 외동아이 문제

◇◇◇

믿고 인정하고 칭찬하라

우리 아이가 피해를 입혔다면 차라리 편한데

"어떤 말을 해 주는 게 아들에게 도움이 될까요?" "자녀가 하나다 보니 혹시라도 사회성이 결여될까 싶어, 여러 활동을 시키며 비슷한 또래들과 어울리도록 노력하고 있어요. 그런데 그 과정에서 아이들끼리 싸우면 어떡해야 좋을지 모르겠어요."

그는 6살짜리 외동아들을 둔 40대 초반의 가장이다. "아들이 아직 어린 나이다 보니 사소한 다툼이 종종 일어나는 건 당연한데, 그 문제를 처리하는 성숙한 방법은 제겐 어려운 문제인 것 같습니다."

"우리 아이가 다른 아이에게 피해를 입혔다면 차라리 편할 텐데, 다른 애들이 제 아들에게 잘못한 경우가 더 난감해요. 남의 집 아이를 나무라기도 어렵고, 그렇다고 잘못한 게 없는 아들에게 무조건 참으라는 것도 좋지 않은 것 같습니다. 가장 좋은 건 그쪽 부모님이 나서서 자기 아이를 훈육하는 것이라고 생각합니다. 하지만 요즘 같은 교육 풍조로는 그것도 기대하기 어렵네요. 어떻게 해야 아이에게 상처를 주기 않고, 억울한 마음이 생기지 않으면서 성숙한 자세로 훈육할 수 있을까요?"

우리나라 한 자녀 가정비율은 이미 50%를 훌쩍 넘었고, 출산율은 세계 최하위로 0.8명이다. '외동아이 문제'는 어느 누구가 아닌 우리 모두의 문제다. 외동아이라서 독선적이 될까 걱정이고, 경쟁심이 없어질까 근심이다. 외동아이라서 버릇이 없어질까 걱정이고, 나약해질까 근심이다. 하나만 낳아 기르는데, 걱정이 많은 것은 당연하다. 하나뿐인 자식인데, 특별하다는 생각이 드는 것이 당연하다. 어떻게 하면 외동아이를 강인하고 야무지게 키울 수 있을까? 인간은 혼자일 때 강인해지고, 자기 식대로 할 때 야무지게 된다.

외동아이의 장점과 단점

외동아이, 장점은 무엇인가? 외동아이는 맏이와 막내의 두 모습을 가지고 큰다. 믿음식한 응석받이라고 할 수 있다. 외동아이는 부모의 사랑을 독차지한다. 심리적으로 안정되어 긍정적이고 낙천적이다. 혼자 있는 시간이 많아 상상력과 창조력이 풍부하다. 외동아이는 능력 있는 어른들 사이에서 큰다. 성인과의 관계에서 자기주장이 강하고 독립적이며 유능한 성격으로 발달한다. 그렇지만 부모의 과잉보호는 아이를 의존적이고 무기력하게 만들고, 부모의 자유방임은 아이를 독선적이고 버릇없이 만들고, 부모의 엄격한 훈육은 아이를 경직되고 주눅들게 한다.

외동아이, 단점은 무엇인가? 의논할 형제가 없고, 경쟁할 자매가 없다는 것이다. 함께 한다는 것은 매우 중요하다. 협동심, 설득력, 인내력 등 다양한 대인관계 능력을 터득할 수 있다. 아이는 경쟁하면서 발전한다. 하지만 경쟁심을 키우려고 다른 아이와 비교하면 안 된다. 경쟁심은 인류학적 유전인자에 내재해 있다. 단점은 충분히 보완될 수 있다. 아빠가 형제가 되고 엄마가 자매가 되는 것이다. 부모가 좋은 친구가 될 수도 있다. 여러 친구를 사귈 기회를 만들어 주면 더욱 좋다. 부모가 생각이 다르면 아이는 혼란에 빠진다. 역할분담이 필요하다. 앞서 걸어가는 아빠, 항상 곁에 있는 엄마가 돼야 한다.

외동아이에게 특히 중요한 것

외동아이에게 특히 중요한 것은 칭찬과 인정이다. 부모의 긍정적인 기대는 아이의 능력을 결정한다. 아이에게 자부심과 자신감을 심어 준다. 부모는 아이에게 자주 이렇게 말해야 한다. "나는 네가 뭘 할는지 모르지만 잘할 줄 믿는다. 너는 해낼 것이다. 너는 대단한 아이다." 칭찬하기는 야단치지 말라는 것이 아니고, 원하는 대로 놔두라는 것도 아니고, 비위를 맞추라는 것이 아니다. 칭찬과 인정은 두 가지를 전제로 한다. 무조건적인 사랑과 기본적인 신뢰감이다.

무조건적인 사랑이 중요하다. 모든 정신질환의 원인은 어릴 적 사랑박탈에서 온다. 그런데 많은 부모는 아이에게 조건부 사랑을 한다. "잘해야 돼! 그렇지 않으면 혼난다." 조건부 사랑을 받으며 자란 아이는 다른 사람들을 기쁘게 하기 위해 노력한다. '나는 잘해야 한다'는 강박관념에 시달린다. 잘하지 못할 때 죄의식에 떨어진다. 이런 아이는 불안정한 성격으로 자라난다.

기본적인 신뢰감도 중요하다. 모든 신뢰감은 책임감에서 나온다. 부모는 아이에게 이렇게 말해야 한다. "나는 네가 어른이 될 때까지 하늘로부터 잠시 너를 떠맡았다. 나는 네가 최고의 너를 만날 때까지 키워 줄 것이다. 나는 네가 어른이 될 때까지 100% 책임질 것이다. 세상살이는 어렵지만 어떠한 난관도 극복할 수 있도록 최선을 다해 도와줄 것이다. 나는 네가 있는 것만으로도 충분히 행복하다."

후박사의 탁월한 세 가지 처방

아이의 대인관계 · 잠재능력 믿어라

첫째, 아이의 능력을 믿어 보자. 아이들은 싸우면서 큰다는 말이 있다. 사소한 다툼은 잘못 처신해서 생길 수도 있지만, 아무런 잘못 없이도 일어난다. 운동장에서 노는 아이들을 보면, 손이 근질거리는 아이가 공연히 다른 아이를 못살게 구는 것을 볼 수 있다. 싸우다 보면 다른 아이에게 피해를 입힐 수도 있고, 내 아이가 당할 수도 있다. 여기에 어른들은 이유를 붙이고 합리화하며, 다양한 논거를 편다. 그런데 문제를 해결해야 하는 것은 아버지가 아니라 아들이라는 것이다. 친구와 싸우는 것도, 화해를 하는 것도 아이의 몫이다. 그동안 아이가 잘 성장했다면, 아이의 대인관계 능력을 믿어 보자.

둘째, 부모가 개입하지는 말자. 아이는 부모에게 모든 에너지를 집중하고 살아간다. 부모가 안 놀아 줄 때 자신에게 문제가 있다고 생각하고, 사랑한다는 말을 하지 않을 때 자신에게 결함이 있다고 생각한다. 몸과 마음과 말로써 거듭 사랑을 확인시켜 주어야 한다. 매일 이렇게 말해야 한다. "나는 너를 사랑한다." 자부심과 자신감이 큰 아이는 웬만한 일에 상처받지 않고, 쉽게 억울해 하지도 않는다. 자주 이렇게 되뇌게 하자. "나는 내가 좋다." 매일 이렇게 외치게 하자. "나는 할 수 있다." 그동안 아이를 잘 훈육했다면, 아이의 잠재능력에 맡겨 보자.

셋째, 함께 전략을 세우자. 한가한 주말, 아빠, 엄마, 아이 셋이서 함께 진지한 토론을 해 보자. '다른 집 아이에게 안 당하는 비법'을 연구하는 거다. 물론 아이의 창조적인 의견이 제일 중요하다. 부모가 훌륭한 역할모델이 될 수 있다. 함께 멋진 전략을 짜 보자. 모든 성공은 모방과 전략에서 온다. 도덕경에 이런 말이 있다. "작은 일을 어렵게 해결하는 자는 큰 일을 쉽게 해결한다."

73 위기의 부부

◇◇◇

대화·유대감·배려의 물꼬 터야

잘나가는 남편, 능력 있는 아내

둘은 대학 시절 미팅으로 만나 결혼에 골인했다. 잘나가는 변호사와 약사의 조합은 주변 사람들의 부러움을 사기에 충분했고, 별 문제 없이 잘 사는 것처럼 보였다. 결혼 초 그녀는 남편에게 잘 맞추며 지냈다. 능력 있는 남편이 가져다주는 경제적인 풍성함을 누렸다. 그렇지만 능력 있는 여성이 계속 그렇게 살기는 쉽지 않을 터. 자녀 교육과 시부모 문제, 직업 갖는 것을 싫어하는 등의 문제가 불거지면서 둘은 삐꺽거리기 시작했다. 집 안에서 큰 소리가 나는 일도 잦아졌다. 남편을 이길 수는 없었다. 그럴수록 그녀 맘속의 칼날은 더 예리해지고 있었다.

그러던 중 초등학생 아들들의 조기 유학이 결정되었고 그녀는 과감하게 분리된 삶을 선택했다. 능력을 발휘해 10여 년간 미국 생활에 잘 적응하며, 아들 둘을 모두 유명 대학의 졸업생으로 만들었다. 방학 때만 만나는 남편과도 그럭저럭 잘 지냈다. 자녀 교육 문제가 거의 해결된 이제 그녀는 한국에 돌아와 남편과 생활해야 한다. 그런데 고민이다. 이미 그녀는 10여 년 전의 그녀가 아니다. 순종을 원하는 남편에게 맞추고 싶지 않다. 소통이 되지 않는 남편을 좋아하지 않는다. 애들도 없는 상태에서 둘이 지내다 보면 엄청난 싸움이 생길 것은 불 보듯 뻔하다. 그런데 따로 지낼 수 있는 뾰족한 명분이 없다. 이런 그녀의 마음을 전혀 눈치 못 챈 남편에게 이혼을 요구하기도 쉽지 않다. 앞으로 40~50년을 남편과 살아가야 할 일이 끔찍하다.

아내 3명 중 1명 “살수록 남편이 싫다”

최근 한 리서치에 의하면 아내 3명 중 1명은 “살수록 남편이 싫다”고 보고했다. 통계상 남편은 아내에게 83% 만족하고, 아내는 남편에게 73% 만족한다. 배우자 만족도에서 차이가 있다. 남편은 적게 주고 많이 받지만, 아내는 많이 주고 적게 받는다. 아내의 불만이 클 수밖에 없다. “현재는 참고 견디지만, 미래는 보장할 수 없다.” 부부가 동상이몽(同床異夢)으로 살고 있는 것이다. 아내들의 불만요인 순서는 이렇다. ① 생각하는 게 너무 다르다. ② 지나치게 자기중심적이다. ③ 소득이 적다.

남자와 여자는 처음 사랑에 빠질 때 마법에 걸린다. 사랑에 눈이 멀고, 사랑의 열병으로 불타오른다. 다른 점에 끌리고, 같은 점에 하나 됨을 느낀다. 그런데 보통 신혼의 단꿈은 아무리 길어도 3년이면 막을 내린다. 남녀 간에 매력을 유지하게 하는 케미컬의 약발이 사라지기 때문이다. 이제 다른 점을 불편해하고, 같은 점에 짜증이 난다. 금이 가기 시작한다. 뭔가 삐꺽거리기 시작한다. 원인을 찾아 보려 해도 잘 떠오르지 않는다. 부부 간에 생각하는 게 다르다. 기대하는 것이 틀리다. 자기중심적이다. 서로 다른 것을 요구한다.

유명한 부부상담가 그레이 박사는 이렇게 말한다. “남자와 여자는 근본적으로 다르다.” 둘은 생물학적으로 다르다. 남자는 도파민이 올라갈 때 행복하고, 여자는 세로토닌이 올라갈 때 행복하다. 도파민은 성취감을 부추기고, 세로토닌은 자신감을 준다. 남자는 새 프로젝트를 할 때 활기가 있고, 여자는 수다나 쇼핑에서 활력을 얻는다. 둘은 심리학적으로 다르다. 남자는 생각을 중시하고, 여자는 느낌을 중시한다. 남자는 직접화법인 ‘필요하면 말해!’에 익숙하다. 여자는 간접화법인 ‘보면 몰라?’에 익숙하다. 둘은 사회학적으로 다르다. 남자는 성공을 추구하고, 여자는 사랑을 좇는다. 남자는 사회를 바꾸려 하지만, 여자는 남자를 바꾸려 한다. 부부가 헤어질 지경에 갔을 때 남녀가 근본적으로 다르다는 것 하나만 깨달아도 대단한 변화가 일어날 수 있다. "아, 그래서 그랬구나!"

그냥 놔두면 무관심해지는 부부관계

아이들은 그냥 놔둬도 싸운다. 에너지가 넘치기 때문이다. 부부관계는 그냥 놔두면 무관심해진다. 호르몬의 약발이 떨어지기 때문이다. 공통화제로 돈과 아이와 부모에 관한 것만 남는다. 형식적인 관계로 전락한 것이다. 각자 다른 일, 다른 친구, 다른 취미에 끌린다. 종교적으로 헌신하기도 한다. 외도가 생기면 가정파탄으로 치닫는다. 부부관계는 인간관계다. 인간관계는 오랜 노력을 통해 성장한다. 많은 시간과 에너지를 투입해야 한다. 성공적인 부부관계의 세 가지 요건이 있다. ① 유대감을 쌓아야 한다. 신뢰와 존중이 기본이다. ② 서로의 요구를 채워 줘야 한다. 관심과 배려가 중요하다. ③ 상대에게 충실해야 한다. 솔직한 대화가 필수적이다.

이제 그녀에게로 돌아가 보자. 둘은 생각하는 게 너무 다르다. 능력 있는 둘이 같은 생각을 한다는 것은 애초부터 불가능하다. 그런데 10년 동안 기러기부부로 살아온 게 화근이다. 너무 오랫동안 대화가 없었다. 너무 멀리 갔다. 연애시절에는 많은 대화를 나눴다. 능력의 시너지에서 오는 희망찬 미래를 보았다. 신혼시절에도 많은 대화를 나눴다. 중간점을 찾으려고 노력했다. 그런데 환경이 받쳐주지 않았다. 출산, 육아, 부모 문제… 아들 둘을 키우는 게 만만치 않다. 둘은 지나치게 자기중심적이다. 남편에게 분명히 문제가 있다. 자신의 성공에만 몰입하고 있다. 모든 것을 돈으로 해결하려 한다. 그녀에게 무조건 순종을 요구하고 있다. 그녀에게도 문제가 있다. 아들들의 성공에만 몰입하고 있다. 모든 것을 돈으로 해결하려 한다. 칼날을 숨기고 그럭저럭 지내려 한다. 부부는 문자대로 동상이몽을 살고 있다.

후박사의 탁월한 세 가지 처방

첫째, 대화하자. 대화가 중단된 지 10년이 넘었다. 풀어야 할 과제가 산더미 같다. 그녀가 먼저 시동을 걸어야 한다. 남편은 아무것도 모르기 때문이다. 권위적인 남편이다. 말을 꺼내기가 겁난다. 용기를 내야 한다. 언젠가 부딪혀야 한다. 상처가 오래되면 곪아 터지기 마련이다. 폭발하기 전에 직면해야 한다. 소통이 안 되는 남편이다. 그런데 과거 선입관일 뿐이다. 10년이면 강산도 변한다. 겉은 그래도 속은 다를 수 있다. 세상이 바뀐 것을 모를 턱이 없다. 엄청난 싸움이 생길 수도 있다. 원래 예상했던 것 아닌가? 죽기 아니면 까무러치기다. 이혼을 요구하는 것도 아닌데….

둘째, 밤새 대화하자. 몇 날, 몇 달이 걸릴 수 있다. 시동조차 걸기 어려울 수도 있다. 상처가 이미 곪은 상태다. 시동 걸 마음이 전혀 없을 수도 있다. 완전이 정이 떨어진 상태다. 그래도 대화를 시도해야 한다. 제3자의 도움을 받아야 한다. 중재할 멘토가 없다면 전문가도 괜찮다. 요즘 잘나가는 부부상담가가 꽤 있다. 남편이 강력히 반대할 수 있다. 그건 예상했던 것 아닌가? 죽기 아니면 까무러치기다. 이혼하기 전에 하는 마지막 시도인데….

생즉사 사즉생의 각오로

셋째, 담담히 헤어지자. 이혼이란 게 쉬운 일은 아니다. 현재에 강하게 결심하더라도 미래에 쉽게 흐려진다. 오래 전 멋지게 계획된 여행이라도 닥치면 번거로움으로 포기하기 쉬운 것처럼. 이혼 문제는 복잡하다. 아들들의 결혼, 재산정리, 노후대책 등 산적한 것들이 많다. 남편은 전혀 모르고 있다. 무척 당황할 것이다. 합의하는 것이 쉽지 않다. 소송에 들어가도 1~2년은 걸린다.

무사의 도(道)라는 게 있다. ① 죽음을 두려워하지 않는다. ② 상대를 절대 미워하지 않는다. ③ 아무런 두려움과 미움 없이 상대를 벤다. 상대에 대한 두려움과 미움이 없을 때 담담히 헤어질 수 있다. 만나고 헤어지는 일은 똑같이 아름다운 일이다. "살려고 하는 자는 죽고, 죽으려고 하는 자는 살 것이다."

74

잘난 아내

◇◇◇

모든 불행은 비교에서 출발한다

사회에서 인정받는 아내

그는 아내와 대학 동기다. 대학 내내 함께 고시를 준비했다. 아내는 졸업 후 1년 만에 시험에 합격해 원하던 직업을 갖게 되었다. 그러나 그는 이후로도 몇 년 더 시험을 준비했지만 합격의 문턱을 넘지 못했다. 결국 포기했고, 지금 평범한 회사에 다니고 있다.

아내는 직장에서 꽤 잘나간다. 업무 실력을 인정받고, 직장 내 인간관계도 좋다. 승진도 빠르다. 승승장구 탓에 아내는 집안일보다는 회사일에 몰입해 있다. 아침 7시면 출근하고 야근은 물론, 지방과 해외출장도 잦다. 그러다 보니 언제부터인가 집안일의 많은 부분이 그의 몫이 되었다. 하나밖에 없는 아들의 초등학교 시절 담임선생을 만난 것도, 거동이 불편한 어머니의 치다꺼리를 도맡아야 했던 것도 그였다.

물론 아내도 최선을 다해 안팎의 일을 해내고 있다. 고맙게 생각한다. 그렇지만 마음 한편에는 능력 있고 잘난 아내 때문에 그의 삶이 무기력해진다는 생각이 떠나질 않는다. 회사에서 아무런 존재감이 없는 자신을 생각하면 짜증난다. 그런데 더 심각한 문제는 더 이상 회사 일에 집중하지 못한다는 것이다. 이젠 회사일보다 집안일이 훨씬 좋고, 일보다 취미생활과 봉사가 더 즐겁다. 그렇지만 아내가 농담조로 회사를 그만두고 집안일만 하라고 하면, 남자로서 자존심이 상한다. 젊은 시절 꿈꿨던 성공, 명예는 이미 사라졌다. 집안일로 아예 주저앉기도 그렇고, 회사일을 계속 무력하게 하는 것도 그렇고, 답답하기만 하다.

잘난 아내를 바라보는 사회의 이중성

여성의 지위가 높아졌다. 최근 통계에 의하면, 고용률은 남자(71%)가 여자(50%)보다 높지만, 대학진학률은 여자(75%)가 남자(68%)보다 높다. 전문직 여성의 비율을 보면, 국회의원은 16%, 사법연수생은 42%, 의사는 25%나 된다. 여검사가 600명에 가깝고, 여군도 1만 명이 넘었다. 맞벌이 부부도 500만을 넘어 전체 가구의 42%를 차지한다. 결혼의 1차 조건으로 맞벌이를 원하는 사람들이 많아졌다. 요즘 남자들은 결혼상대로 높은 학력, 탄탄한 직장, 다부진 성격의 여자를 선호한다.

잘난 아내가 늘어나고 있다. 예전 남자들은 신붓감으로 내조(內助) 잘하는 여자를 원했다. 남편이 회사일을 잘할 수 있도록 아내가 도와주는 것이다. 남자가 능력이 뛰어날수록, 어질고, 예쁘고, 순종적인 아내를 좋아했다. 세상이 달라졌다. 요즘 남자들은 신붓감으로 외조(外助)가 필요한 여지도 미디하지 않는다. 아내가 회사일을 잘할 수 있도록 남편이 도와주는 것이다. 남자가 능력이 떨어질수록, 돈 잘 벌고, 똑똑하고, 주도적인 아내를 더 좋아한다.

사회는 잘난 여자에 대해 이중적이다. "암탉이 울면 집안이 망한다." 잘난 딸은 자랑스럽지만, 잘난 며느리는 부담스럽고, 잘난 아내도 불편하다. 남자들은 잘난 여자에 대해 착각한다. "이기적이고, 오만하고, 남자를 무시한다." 하지만 잘난 여자는 그렇게 안 보이려고 끝없이 노력한다. 남편들은 잘난 아내에 대해 모순적이다. "그만큼 배웠으니 다 잘해야 되지 않나?" 바깥일도 잘하고, 살림도 잘하고, 고분고분하기까지 바란다. 하지만 그런 원더우먼은 존재하지 않는다.

열등감은 인간의 삶의 동기

우리는 늘 남과 비교하며 살아간다. 못난 사람을 보면 우쭐하고, 잘난 사람을 보면 기가 죽는다. 못났던 사람이 잘 되면 기분이 나쁘고, 잘났던 사람이 못 되면 기분이 좋다. 나만큼 잘난 사람을 만나면 불편하고, 나만큼 못난 사람을 만나면 편안하다. 우리는 늘 열등감을 안고 살아간다. 매사 흥미를 잃고 무력해지든지, 지나치게 과시적이라면 열등감 때문이다. 아무 소리 안하고 죽어 살든지, 괜히 큰 소리를 친다면 열등감 때문이다. 열등감은 인간의 삶의 동기다. 휘둘리지 않는다면 정상적인 감정이다.

우리는 늘 남을 의식하며 살아간다. 부자(父子)가 당나귀를 팔러 시장으로 향했다. 지나던 사람이 말했다. "어리석은 부자군! 당나귀 등에 타고 가면 편할 텐데…." 아버지는 등에 타고 아들이 고삐를 잡았다. 다시 지나던 사람이 말했다. "나쁜 어른이군! 아이를 걷게 하다니…." 아들이 등에 타고 아버지가 고삐를 잡았다. 지나던 사람이 또 말했다. "후레자식이군! 아버지를 걷게 하다니…." 이제 아버지와 아들은 같이 등에 타고 갔다. 다시 지나던 사람이 말했다. "불쌍한 당나귀를 보게!" 부자(父子)는 고민에 빠졌다. 둘은 결국 당나귀를 큰 막대에 묶어 어깨에 지고 갔다.

후박사의 탁월한 세 가지 처방

첫째, 비교하지 말자. 모든 불행은 비교에서 출발한다. 잘난 아내와 비교하지 말자. 아내는 경쟁자가 아니고 동반자다. 기죽지 말고 뻔뻔해지자. 아내의 성공은 곧 나의 성공이다. 과거의 나와 비교하지 말자. 탁월한 선택도 후회 때문에 퇴색한다. 주눅 들지 말고 당당해지자. 투잡(two-job)에 취미와 봉사생활까지 즐기고 있다. 주변 사람을 의식하지 말자. 인생은 한 번이자 마지막이다. 겁먹지 말고 담담해지자. 돈 많고 힘 있고 유명한 사람도 다 평등하다.

자기 일을 사랑해야

둘째, 회사를 그만두지 말자. 현대인에게 일은 자존감의 원천이다. 우리는 일터에서 대부분을 보낸다. 회사는 소속감을 주고, 일은 보람을 안겨 준다. 일의 가치를 돈으로 평가하지 말자. 벌이가 크다고 가치 있는 일은 아니다. 돈은 안 돼도 가치 있는 일이 많다. 귀한 일과 천한 일로 나누어 보지 말자. 좋아하는 일을 선택하긴 어려워도, 일하는 태도는 바꿀 수 있다. 어떤 일을 하더라도 다 평등하다.

자기 일을 사랑하자. 일을 하는 기쁨을 누리고, 일의 완결을 즐기자. 일이 끝난 후의 휴식을 즐기고, 일에서 오는 보상을 좋아하자. 일을 사랑할 수 없다면, 가족을 위해 한다고 생각하자. 그것이 안 되면, 장래를 위해서 한다고 여기자. 그것도 안 되면, 징역을 산다고 생각하자. 그렇다면 담담히 주어진 일을 할 수 있다.

셋째, 집안일은 나눠서 하자. 현대인에게 가정은 자신감의 동력이다. 우리는 가정에서 에너지를 충전한다. 가정이 화평해야 만사가 형통한다. 집안일에 남녀 역할을 나누지 말자. 잘할 수 있고, 좋아하는 기준으로 분담하자. 아내가 바쁘다고 모두 맡으면 안 된다. 여유가 있다면 좀 더 맡아도 된다. 마지못해 하지 말고 기꺼이 해 주자. 해 준다고 하지 말고 그냥 하자. 할 수 없는 것은 하늘에 맡기자.

75 장모-사위 간의 문제

◇◇◇

처가살이 사위의 섭섭함 푸는 삼차방정식

장모에게 충격받고 아내에겐 섭섭하고

하루는 30대 후반의 남성이 진료실을 찾았다. "선생님, 이 섭섭함을 어떻게 하면 좋을까요?" 그는 복잡한 가정 문제를 털어놓는다. "최근 5년의 강사 생활을 청산하고 이제 막 교수가 됐어요. 오랫동안 처가댁 신세를 지고 있습니다. 그날도 평소처럼 막 출근하려는데 장모님이 부인에게 큰 소리를 내는 깁니다. 그냥 지나쳤어야 하는데…. 그날따라 일방적으로 당하고 있는 모습이 애처로워 돕고 싶었어요. 그래서 '장모님! 너무하시는 것 아니에요?'라고 큰 소리를 냈지요. 그런데 장모님이 뒤돌아서면서 혼잣말을 하시는 거여요. '굴러 들어온 돌이 박힌 돌 뺀다더니.'라고요. 너무 충격적이었어요. 그런데 더 놀라운 것은 부인이었어요. '엄마한테 그럼 어떡해?'라며 화를 내더라구요. 너무나 섭섭했죠. 선생님, 이 섭섭함이 어디서 생기는 걸까요?"

그는 긴 유학을 마치고 귀국할 때 몇 달 내에 학교에서 자리를 잡을 것으로 예상했다. 그러나 상황은 여의치 않았다. 어쩔 수 없이 처가댁 신세를 져야 했고, 긴급한 일이 있을 때마다 경제력이 있는 장모님의 도움을 받았다. 장인 없이 생활을 홀로 꾸려와 그런지 장모님의 성격은 무척 지배적이다. 사위에겐 직접적인 간섭은 없지만, 생활에 자주 개입하고 만만한 딸에게 자주 잔소리를 퍼붓는다. 부인은 그런 어머니 눈치를 보는 의존형이다. 이제 자리가 잡혀 장모를 내치고도 싶다. 하지만 그동안 도움받은 게 미안하고, 지배적인 모습을 놔두자니 짜증스럽다. 사건 이후 모두가 관계 개선을 위해 노력하고 있다. 그래도 뭔가 찜찜하다. 그날의 상처는 쉽게 사라지지 않는다.

한(恨), 섭섭함, 서운함은 화병

화병은 한국 고유의 병이다. 한(恨), 섭섭함, 서운함 등으로 표현된다. 분노와 우울과 불안, 세 감정이 섞인 상태다. 오랜 동안의 고생과 억눌림이 묻어 있는 상태다. 화병은 과도한 스트레스 상황에서 풀지 못하고 참을 때 생기는 병이다. 참는다는 것은 보통 부정적인 의미로 해석된다. 하지만 참는 것이 꼭 나쁜 것만은 아니다. 인내는 긍정적인 의미가 더 많다. 전통적인 화병은 어려운 시절 꾹 참아 온 미덕에서 생겼다. 한국문화는 집단주의 문화다. 나보다는 우리, 개인보다도 집단이 우선되는 사회였다. 집단을 위해서 개인이 희생하고, 아이를 위해서 부모가 참고, 남자를 위해서 여자가 희생한다. 이러한 희생은 잘 승화되지 못할 때 한(恨)이라는 감정을 일으킨다.

한(恨)이 화병으로 발현되는 데 권력구조가 개입된다. 권위주의, 지배와 종속의 문제가 개입된다. 한국은 민주주의가 정착한 지 반세기가 넘었다. 아직 사회 여기저기 불평등이 퍼져 있다. 화병은 양반의 지배를 받았던 서민계층, 남성의 지배를 받았던 여성, 시어머니의 지배를 받았던 며느리에게 더 많이 나타난다. 옛말에 사위 사랑은 장모라 했다. 그런데 요즘 처가댁 살림을 하는 남자들이 늘면서 상황이 바뀌고 있다. 사위가 장모의 지배를 받는다. 이제 며느리에게 나타나던 화병이 사위에게 나타나는 것이다.

“섭섭함은 어디에서 생길까?" 섭섭함은 기대에서 온다. 보통 좋은 반응을 예상했는데, 이해해 줄 것으로 알았는데, 내 편이라고 생각했는데, 그렇지 않으면 섭섭하다. 기대가 클수록 섭섭함이 크다. 기대는 항상 갈등을 유발한다. 나만큼 해 주기를 바라는데, 나의 부족함을 채워 주기를 바라는데, 그렇지 않으면 실망스럽다. 기대가 클수록 실망이 크다. 섭섭함은 화병에서 온다. 오랫동안 참고 억눌린 과거생활의 반영이다. 분노와 슬픔, 죄의식이 깔려 있다. 눌린 용수철은 튕겨 나가는 법이다. 쌓인 감정은 언젠가 폭발할 수 있다. 섭섭함은 상처에서 온다. 상처는 되도록 빨리 치유돼야 한다. 놔두면 덧나거나 곪아 터진다. 마음의 상처는 눈덩이처럼 커지기도 한다. 특히 어릴 적 상처가 그렇다. 말 한마디의 충격이 일생을 좌우하는 경우도 있다. 세월이 지나 원인을 찾으려 하면 더욱 깜깜하다. 이해가 중요하다. 이해가 안 되면 오해가 발생한다. 깨달음이 중요하다. 깨달음이 없으면 혼란을 일으킨다.

"섭섭함을 어떻게 해야 할까?" 인간관계는 방정식에 비유된다. 일차방정식은 개인역동이다. 개인을 움직이는 내부의 힘이다. 심리역동이라 한다. 개인역동은 현재 속의 과거다. 타고난 체질과 자라온 환경으로 요약된다. 개인역동은 현재 속의 미래다. 잠재가능성으로 요약된다. 이차방정식은 다양한 역동이다. 가족 · 집단 · 조직을 움직이는 힘이다. 가족역동 · 집단역동 · 조직역동이라 한다. 삼차방정식은 역동와해다. 역동을 넘어서는 해법이다. 어느 날 낙타가 무거운 소금을 메고 산길을 가고 있었다. 주인이 물었다. "산을 오를 때와 내릴 때 언제가 더 문제인가?" 낙타가 웃으며 대답했다. "내 등에 있는 소금이 더 문제입니다." 한참 산길을 가는데 억수같은 비가 쏟아졌다. 빗물에 소금이 녹아내렸다. 순간 낙타는 모든 짐에서 해방됐다.

후박사의 탁월한 세 가지 처방

첫째, 일차방정식을 풀어 보자. 약할 때는 누군가의 도움이 필요하다. 도움을 요청하는 것이 나쁜 것은 아니다. 도움을 받을 때는 상대가 정말 고맙다. 그런데 계속 도움을 받는다면 부담스러워진다. 짐을 떨쳐 버리고 싶다. 갑자기 도움이 끊긴다면 뭔가 찜찜하다. 도움에 대한 고마움이 사라지기도 한다. 도움을 이유로 간섭을 당한다면 왠지 떨떠름하다. 도움에 대한 고마움이 분노로 바뀌기도 한다. 그래도 계속 도움을 요청한다면 뻔뻔스럽다. 상대가 불쌍하게 보이기도 한다. 일차방정식은 덧셈, 뺄셈과 유사하다. 더하고 뺀다. 빼고 더한다. 뾰족한 해답이 없다. 어떻게 보면 화내고 잘해 주고, 서로 눈치 보고, 분노와 죄의식이 이어지는 '지지고 볶는' 관계이다.

둘째, 이차방정식을 풀어 보자. 모녀관계, 장서관계(장모와 사위)에서 한 발 더 나아간다. 삼각관계다. 요즘 잘나가는 드라마는 삼각관계가 기본 구도이다. 사각관계까지도 형성된다. 삼각관계의 원조는 오이디푸스 콤플렉스다. 남자 아이는 이성인 엄마를 좋아한다. 그런데 아빠가 두렵다. 성기가 거세될 것 같다. 남아는 아빠를 동일시하면서 두려움을 해결한다. 엘렉트라 콤플렉스도 있다. 여자 아이는 자신에게 없는 남근을 갈망한다. 그런데 엄마가 두렵다. 여아는 엄마를 동일시하면서 두려움을 해결한다. 이것이 자식이 부모를 닮는 기전이다. 사랑과 두려움은 가장 원초적인 감정이다. 사랑이 사라지면 두려움이 몰려오고, 두려움을 극복하면 사랑이 싹튼다.

그의 가족관계는 삼발이 탁자가 불안하게 서 있다. 힘든 과거생활의 결과이다. 부인이 너무 취약하다. 모녀관계가 너무 밀착되어 있다. 부인은 항상 강한 어머니 눈치를 본다. 둘 사이의 소통은 일방적이다. 부인이 오히려 엄마를 두둔한다. 장서관계에서 부인의 역할이 애매하다. 고래싸움에는 새우등이 터지는 법이다. 부부 사이의 소통이 절실한 것 같다. 삼각관계는 복잡하다. 현재 상황만으로 풀기는 어렵다. 해결되지 않은 과거 숙제가 포함되어 있기 때문이다. 어쩌면 부인의 성장이 필요할지 모른다. 성장과 성숙은 결단과 시간을 요한다. 기다림이 필요하다. 문제를 당장 풀기 어려울 수 있다. 미래를 포석해야 한다.

문제해결에서 나아가 문제와해 도모

셋째, 삼차방정식을 풀어 보자. 덧셈, 뺄셈을 푸는 일차방정식에서, 곱셈, 나눗셈을 푸는 이차방정식, 미분 적분을 푸는 심정으로 보다 더 큰 그림을 그려 보자. 자기실현과 자기초월을 향해 가는 길이다. 과거・현재・미래를 포괄하는 큰 장(field)을 열어 보자. 이런 말이 있다. "생활보다는 삶이 크고, 사실보다는 진실이 크고, 성보다는 사랑이 크고, 몸보다는 혼이, 사회보다는 자연이, 현실보다는 실재가, 문제보다는 신비가 크다." 해결중심(solution-focused)에서 나아가 문제해결(problem-solving)을 이루고, 문제해결에서 더 나아가 문제와해(problem-dissolution)를 도모해 보는 것이다.

76

착한 아들 콤플렉스

◇◇◇

무조건 참는 게 능사 아니다

어머니가 평생 헌신했지만

그는 5남매의 맏아들이다. 육십을 바라보는 교수다. 수년 전 아버지가 세상을 떠나, 어머니는 서울 근교에 홀로 지내신다. 아내와 같이 격주에 한 번 방문하는데, 어머니의 불평과 잔소리가 점점 심해지고 있다. 최근에는 정신병리가 의심될 정도다.

고1, 아버지의 사업이 망한 후 어머니는 가장이 되셨다. 그는 믿음직한 맏아들로 어머니를 잘 도왔고, 그녀는 아들을 남편 대신 의지했다. 힘들었던 시기를 엄청난 집념과 헌신으로 극복해 집안을 일으킨 어머니. 이제 그녀는 영웅이 되어 사랑이라는 미명 하에 과도한 간섭과 지나친 요구를 하신다. 집안 대소사를 일일이 지시하고, 중요한 결정을 좌지우지하고, 이렇게 저렇게 살라고 강변한다. 한번 모이면 반복되는 과거 이야기로 독점하고, 한번 전화하면 한 시간 넘게 통화한다. 그런 어머니를 피하는 동생들에 대해서도 그에게 모든 책임을 묻는다. 그리고 뜻대로 안 될 때마다 몸져눕는다.

그도 어머니에게 문제가 많다고 느꼈다. 세월이 지나면 나아지려니 했다. 그런데 오히려 점점 심해지고 있다. 그녀의 태도가 인생을 더 외롭고 불행하게 만든다고도 생각한다. 그러나 자식을 위해 희생의 삶을 살아오신 어머니의 요구를 단호히 거절하는 게 쉽지 않다. 특히 큰소리를 내며 아프다고 쓰러지실 때는 속수무책이다. 그러다 보니 그녀를 만날 때마다 잦은 다툼이 발생한다. 우울한 감정과 번민, 죄책감에 휩싸이게 된다. 항상 가슴 한 구석이 무겁고 시리다.

세상은 착한 사람이 있어야 굴러가지만

그는 착한 아들이다. 모든 부모는 자식이 착하게 살기를 바란다. 사회는 항상 구성원이 착한 사람이 되기를 기대한다. 세상은 착한 사람이 있어야 굴러간다. 선(善)을 권장하고 악(惡)을 징벌하는 것은 미덕이다. 그는 좋은 아들이었다. 어려서부터 어머니를 도와 동생들을 건사하고 무너진 집안을 일으켰다. 그는 나쁜 아들이 아니다. 간섭과 요구가 과도한 어머니를 내치지 못하고 있다. 착하다는 것이 뭔가 잘못된 것일까? 그는 매일 고통받고 있다.

착한 아이 콤플렉스라는 게 있다. 어릴 때 말 잘 들으면 착한 아이가 되고, 말 안 들으면 나쁜 아이가 된다는 말을 듣는다. 엄격한 가정인 경우 이러한 규범은 더욱 강조된다. 착한 아이가 되기 위해 상대의 말에 집중하고, 어떤 요구에도 순종적으로 행동한다. 자신이 착하게 행동하는지, 상대가 착하게 보는지 계속 눈치를 본다. 파괴적 비판 가정인 경우 더욱 심각하다. 아이의 기본적인 욕구는 철저히 억압된다. '착하지 않으면 사랑받을 수 없다'는 신념이 고착된다. 성인이 되면 주위의 기대에 한 치도 어긋나지 않으려 한다. 일탈을 용납하지 않고 정형화된 생활을 한다. 자주 우울한 감정에 시달리고, 심하면 강박증이나 공황장애로 발전하기도 한다.

어머니는 왕처럼 군림했다. 모든 부모는 아이의 왕이다. 아이는 부모의 나쁜 것까지도 동일시한다. 이제 그녀는 더 이상 왕이 아니다. 은퇴 이후에는 거꾸로 자식을 섬겨야 한다. 그런데 그녀는 아직도 군림하려 한다. 지속적인 간섭과 요구로 자식을 통제하려 한다. 과욕이다! 어머니는 훌륭한 리더였다. 그녀를 중심으로 온 가족은 힘든 시기를 잘 극복했다. 자식들은 그런 어머니를 지금도 존경하고 있다. 그런데 아직도 뭔가를 하려 한다. 자기가 해야 되는 줄로 안다. 어리석다!

이카루스 패러독스란 게 있다. 기업의 과거 성공이 역설적으로 현재 기반을 무너뜨리는 현상이다. 이카루스는 그리스 신화의 인물로, 천재적인 발명가의 아들이다. 둘은 왕의 미움을 받고 미로에 갇혔다. 아버지는 초로 깃털을 붙여 두 쌍의 날개를 만들었다. 둘은 드디어 탈출에 성공했다. 그런데 그는 충고를 무시하고 태양을 향해 높이 날아올랐다. 결국 초가 녹아 바다에 빠져 죽었다. 이카루스는 과욕과 어리석음의 상징으로 후대에 이름을 남겼다.

착한 사람은 참된 사람으로 나아가야

그는 오랜 기간 참았다. 온갖 어려움을 참고 견디어 내는 것은 미덕이다. 어떤 경우라도 끝까지 참으면 무슨 일이든 못 이루겠는가? 온 가족은 인내를 통해 성공했다. 참는다는 것이 나쁜 것은 아니다. 그런데 그는 지금도 참고 있다. 어머니인데, 이럴 수도 저럴 수도 없지 않는가? 내면에 두려움이 도사리고 있다. 언제 폭발하지 모른다. 위험하다! 그는 참고 있는 척을 하고 있는지도 모른다. 척하는 것(as if)은 힘에 눌려 아부하는 것이다. 자칫하면 공격자를 동일시할 수 있다. 미운 사람과 똑같이 되는 것이다. 척하는 것은 무조건 참는 것보다는 낫다. 폭발하지는 않는다. 덜 위험하다! 하지만 내면에 참됨이 사라지고 있다.

착한 사람이 왜 고통을 받는 걸까? 착한 사람은 제대로 참기 힘들다. 착함이 내면의 기쁨에서 나오는 것이 아니기 때문이다. 오히려 두려움이 꿈틀거린다. 착한 사람은 참된 사람으로 나아가야 한다. 참을 지닌 자만이 올바로 참을 수 있다. 참이나 참음은 모두 존재의 지긋함에서 나온다. 지긋함의 반대는 거짓이다. 척하는 것은 거짓이다.

후박사의 탁월한 세 가지 처방

첫째, 더 자주 다투어야 한다. 현실을 직면하는 것이다. 더 불행하게 되는 것을 막아야 한다. 어머니의 입장을 공감하는 것은 중요하다. 하지만 지나치게 그녀를 동일시하면 관계가 엉망이 될 수 있다. 오히려 변증법적 대화가 도움이 된다. 반대되는 주장을 통해 합의에 이르는 것이다. 일상대화에서 변증법적인 접근은 서로를 피곤하게 한다. 그렇지만 이 경우에는 탁월한 효험을 볼 수 있다. 중요한 것은 합의가 될 때까지 일관되게 나아가야 한다. 이카루스의 추락은 막아야 한다.

주도권 쥐고 상대 설득해야

둘째, 맏아들이 주도권을 잡아야 한다. 어머니는 대나무처럼 강직하다. 너무 강직하면 부러지게 된다. 어머니의 태도는 망상에 가깝다. 망상은 쉽게 꺾이지 않는다. 혼자 힘으로 싸우기엔 벅차다. 자식들이 하나로 뭉쳐야 한다. 한 소리를 내야 한다. 반복해서 시도해야 한다. 그래서 어머니가 과거에는 옳았지만 현재는 잘못됐다는 점을 강하게 설득해야 한다. 그녀의 태도가 바뀌도록 해야 한다. 독재자의 비참한 최후는 막아야 한다.

셋째, 정밀검사와 치료가 필요하다. 어쩌면 뇌 문제일 수 있다. 화병이 있다면 감정통제가 어려울 것이다. 초기치매가 있다면 성격이 더욱 고집스러워질 것이다. 약물치료를 하게 되면 훨씬 부드러워질 수 있다. 보통 부모들은 자식의 말을 잘 듣지 않는다. 하지만 제3자의 조언까지 무시하지는 않는다. 현명한 닥터의 한마디가 어머니의 태도를 드라마틱하게 바꿀 수도 있다.

이제, 모자는 새로운 지평을 열어야 한다. 어머니는 외로움에서 벗어나 생래적인 호젓함으로 성큼 다가서야 한다. 그는 우울함에서 벗어나 두려움이 없는 참된 지긋함으로 한 발 나아가야 한다.

77 치매 어머니를 둔 가족

◇◇◇

괜찮아 하지 마요 | 귀찮아 하지 마요 | 혼자서 하지 마요

원치 않는데 어머니를 어떻게 요양원에

그녀는 외동딸이 유치원에 갈 무렵부터 홀로된 친정엄마와 함께 지내 왔다. 친정엄마는 그간 집안일을 책임지며 그녀를 많이 도왔다. 그런데 딸이 막내 동생이 있는 미국으로 떠난 재작년부터 지난 일을 기억하지 못하고, 한 얘기를 반복하며, 엉뚱한 소리도 하기 시작했다. 병원에서 여러 검사를 통해 치매 초기라는 진단을 받고, 약물치료를 하고 있다. 좀 나아져서 평소에 그럭저럭 지내는데, 피곤하거나 감정이 상할 때면 더 나빠진다.

올해 초, 그녀는 지방 발령을 받았다. 주중에 장모와 둘이 생활하게 된 남편은 매일 밤 10시가 넘어서 집에 들어오는 듯하다. 겉으로 말은 안하지만, 장모와 둘이 지내는 것만으로도 무척 불편할 것이다. 그런데 어머니의 증상이 나빠지는 횟수가 점점 증가하고 있다. 가까이 사는 노처녀 동생이 가끔 와서 어머니를 돌보지만, 본인도 직장일로 바쁘다며 귀찮아한다. 일주일에 세 번 파출부가 오지만, 외부 사람을 싫어하는 어머니는 그것도 꺼려 한다. 당장은 괜찮다고 해도 결국엔 요양원에 가야 할 것 같은데, 어머니는 무조건 반대다. 죽더라도 집에서 죽겠다고 하신다. 가족들이 모여서 회의를 하다 보면 다시 원점으로 돌아간다. "어머니가 원치 않는데, 어떻게 요양원에 보내겠는가? 그냥 모시자." 이것이 결론이다.

혼자 사는 여동생은 나 몰라라 하고, 미국에 있는 막내한테 보낼 수도 없고, 결국 그녀가 모셔야 하는데 그녀는 지방에서 지내야 한다. 집에 남은 남편은 왜 내가 장모를 돌봐야 하느냐고 푸념한다. 주말마다 다툼이 잦다. 그런데 해결책도 없다. 어머니를 강제로 요양원에 보낼 수는 없지 않는가?

치매는 나를 잃어버리는 병

우리나라는 고령사회로 진입하고 있다. 65세 이상 노인이 700만에 달한다. 전체 인구의 13%이고, 2030년이 되면 24%에 이를 전망이다. 65세 이상 치매노인은 70만으로 추산된다. 노인 10명 중 1명이 치매다. 80세 이상은 4명 중 1명, 85세 이상은 3명 중 1명이 치매다. 여자가 2.5배 더 잘 걸린다. 치매는 이제 남의 일이 아니다. 치매 부모를 둔 가족의 경제적 · 심리적 부담은 매우 크다. 최근 조사에 따르면, 치매노인의 70%가 가족 수발을 받고 있고, 가족의 80%가 환자 때문에 직장을 그만두거나 근로시간을 줄였다.

치매는 뇌손상에 의한 복합증상이다. 기억 · 언어 · 시공간능력이 손상되고, 성격 · 행동 · 운동장애가 이어져 사망한다. 원인은 70여 가지로 알츠하이머 치매가 60%, 혈관성 치매가 30%를 차지한다. 알츠하이머 치매는 아밀로이드가 축적되어 뇌세포가 죽는 병인데, 10여 년에 걸쳐 진행된다. 혈관성 치매는 혈관이 막혀 뇌세포가 죽는 병인데, 빠르게 진행되고 치료에 잘 반응한다. 최근 연구에 따르면, 치매는 조기 발견하여 관리하면 발병이 2년 이상 지연되고, 5년 후 요양시설 입소율도 절반 이상 감소한다.

치매는 나를 잃어버리는 병이다. 과거의 추억이 지워지고, 미래의 희망도 지워진다. 오로지 현재만이 남는다. 치매는 잊었다는 것조차 잊는 병이다. 생각이 흐려지고, 느낌이 무뎌진다. 나의 정체성이 처참히 허물어진다. 치매는 다시 아기가 되는 병이다. 성격이 변하고, 행동이 어린 아이 같아진다. 평생 배운 것을 거꾸로 차례차례 잊어 간다. 치매는 암보다도 무서운 병이다. 사랑했던 관계가 깨지고, 인생이 통째로 날라 간다. 인간 존엄성이 무참하게 짓밟힌다.

치매 초기 증상은 기억 · 언어 · 시공간능력 장애다. 물건을 잘 못 찾고, 한 얘기를 되묻는다. 그거 · 저거 등의 표현이 잦아지고, 동문서답이 많아진다. 알던 길을 잃어버리고, 간단한 계산도 어려워한다. 성격장애가 먼저 오기도 한다. 게

을러지거나 화를 자주 내고, 우울 · 불안증을 보인다. 초기 증상은 건망증, 우울증, 노화와 구분이 어렵다. 건망증은 사소한 것을 잊고, 힌트를 주면 기억해 낸다. 우울증도 경미한 기억장애를 보인다. 중기가 되면 엉뚱한 행동이 많아지고, 다양한 망상 · 환각 행동도 보인다. 말기가 되어 운동장애가 오면, 수발 없이 일상생활이 불가능하게 된다.

예쁜 치매와 미운 치매

예쁜 치매와 미운 치매가 있다. 뇌는 평소 생각하는 것으로 신경망을 두텁게 구성한다. 사랑하고 감사하던 사람이 뇌가 망가지면, 긍정적인 신경망이 작동하여 예쁜 치매가 된다. 불평하고 원망하던 사람이 뇌가 망가지면, 부정적인 신경망이 작동하여 미운 치매가 된다. 예쁜 치매는 주위 사람을 기쁘게 하고, 미운 치매는 주위 사람을 괴롭힌다. 부부 사이가 좋은 경우, 서로 도우면서 잘 이겨낸다. 부부 사이가 나쁜 경우, 참았던 것이 터지면서 사이가 더 악화된다.

후박사의 탁월한 세 가지 처방

진인사대천명과 쓰리고

첫째, '괜찮아' 하지 말자. 내버려 두면 빨리 악화된다. 병에 대해 정확히 점검하자. 원인에 따라 100% 낫는 치매도 있다. 항치매제는 병을 고치지는 못하지만 진행을 최대한 늦춘다. 성격 · 행동 변화에 당황하지 말자. 달라진 모습은 병 때문이지 본래 어머니가 아니다. 우울 · 불안 · 망상 · 환각은 약물치료로 조절된다. 적극적으로 관리하자. 인지재활 훈련이 중요하다. 하루를 계획하고, 자주 메모하고, 일기를 쓰게 하자. 잊은 기억이 살아나고, 잃어버린 능력이 돌아온다.

뇌는 천억 개의 세포가 백조 개의 신경망을 구성하여 기능한다. 뇌세포는 재생이 안 돼도 재활은 가능하다. 평생 5%밖에 안 쓴다고 한다. 치매로 뇌세포가 죽는다 해도, 남아 있는 뇌세포에 새로 저장하면 된다. 거듭 태어나는 것이다. 치매는 예방된다. 의사들은 '진인사대천명 쓰리고'를 권한다. "진땀나게 운동하고, 인정사정없이 담배 끊고, 사회활동을 열심히 하고, 대뇌활동을 적극적으로 하고, 천박하게 술 마시지 말고, 명(命)을 연장하는 식사를 하라. 고혈압, 고혈당, 고지혈증도 피하라."

둘째, '귀찮아' 하지 말자. 어차피 책임져야 한다. 대화하고 소통하자. 친밀한 관계가 뇌를 보호해 준다. 지지를 통해서 기억력이 유지되고, 사랑을 통해서 재학습이 일어난다. 역할을 계속 유지하자. 하던 일은 계속하고, 잊으면 다시 배워야 한다. 역할이 없어지면 급격히 나빠진다. 아이 대하듯이 하자. 포기하지 말고 끊임없이 자극해야 한다. 잘하는 것은 칭찬하고, 못하는 것은 격려해야 한다. 어머니를 저버리긴 어렵다. 아름다운 동행을 기획하자. "사랑은 모든 것을 참고 견딘다."

셋째, '혼자서' 하지 말자. 모든 자원을 활용해야 한다. 역할을 서로 분담하자. 사위, 여동생, 미국 동생, 손주까지 동참해야 한다. 일주일에 전화 한 통도 어머니에게 큰 힘이 된다. 파출부, 도우미, 요양보호사를 쓰자. 지역사회에 치매지원센터와 다양한 프로그램이 있다. 이도저도 안 되면 요양원을 알아보자. 좋은 시설을 갖춘 곳도 꽤 있다. 무조건 반대할 수 있지만, 가게 되면 더 좋아할 수도 있다. 어머니를 외면하긴 힘들다. 아름다운 이별을 기획하자. "모든 것이 협력하여 선을 이룬다."

78 히스테리 아내

◇◇◇

조건 없이 긍정하고 가슴으로 이해해야

모두가 부러워하는 여성과 결혼했는데

그는 40대 초반의 회계사다. 서른이 넘어 유명 회계법인을 박차고 나와 사업을 시작한 후 그간 회사에만 올인했다. 결혼은 엄두도 못 내다가, 지난 봄 지인의 소개로 패션디자이너를 만나 결혼에 이르게 됐다. 아내는 영화배우 빰칠 정도로 미인이다. 좋은 직장에 미모까지 갖춘 여성이라니. 사업도 자리가 잡혀가고, 모두가 부러워하는 여성과 결혼도 하고, 정말 모든 것을 다 가진 기분이었다.

그런데 결혼 초부터 문제가 나타나기 시작했다. 아내는 집안 살림엔 관심이 없고, 외모만 챙긴다. 자존심을 조금만 건드려도 기분 상해 하고 울적해한다. 또 원하는 것이 있으면 들어줄 때까지 요구한다. 남편 입장은 고려치 않는다.

얼마 전 다니던 직장을 나와 개업을 하겠다며 사업자금을 요구했다. 지금은 사정이 여의치 않으니 조금만 미루자고 했는데, 절대 안 된다고 난리다. 결국 빚을 내 가게를 오픈했다. 3개월 정도 운영하다 보니 어려움이 많았는지, 아내는 괜히 개업을 했다며 툴툴거린다. 가게를 접고 다시 직장으로 들어가겠다고 한다. 평소에도 아내의 변덕스러운 성격 때문에 종종 다투지만, 개업은 그런 차원의 문제가 아니지 않은가.

날이 갈수록 싸움이 잦아진다. 물론 아내가 원하는 대로 내버려 두면 문제가 없다. 그렇지만 어떻게 그렇게 할 수 있는가. 이런 상태로는 더 이상 안 되겠다 싶어 이혼도 생각해 보지만, 천진난만하고 아름다운 그녀를 대하면 생각이 바뀐다. 아내도 자신의 성격이 문제라는 점은 알고 있는데, 고칠 수 없는 자신이 밉다고 한다. 결혼한 지 1년도 채 되지 않았다. 앞으로 어떻게 살아가야 할지 정말 난감하다.

소녀이거나 요부이거나

히스테리 성격은 연극적 성격이다. 연예인이나 정치가에게 많다. 매력적이고 화려하며, 연기를 잘하고 인기를 위해 산다. 관심을 끌기 위해 과장되게 표현하고, 인정받기 위해 거짓말도 서슴지 않는다. 청순한 소녀이기도 하고, 가련한 희생자이거나 섹시한 요부가 되기도 한다. 히스테리 성격은 히스테리를 일으키기 쉬운 성격이다. 마비 · 경련 · 실성 · 망각 등의 신경학적 증상이 나타난다. 자기억제가 약하고 의존적이며 피상적이다. 자기중심적이고 허영심이 강하며 변덕이 심하다.

"히스테리는 억압에서 온다." 프로이트는 무의식에 억압된 콤플렉스가 히스테리를 일으킨다는 가설을 세웠다. 가부장제 사회에서 남아는 여아보다 우월하다. 여아는 부모로부터 사랑받기 위해 집요하게 노력한다. 관심을 얻으려고 감성을 부풀려 말하는 행동이 상화된다. 이러한 생존전략이 성장한 여성에게 히스테리로 나타난다. 여아는 어머니로부터 사랑이 부족할 때, 아버지에게 사랑을 받으려고 끈질기게 노력한다. 아버지에게 예쁘게 보이고 사랑을 독점하려 한다. 이러한 보상전략이 성장한 여성에게 히스테리로 나타난다.

"프로이트로 돌아가자." 라캉은 정신분석을 인문학에 접목한 정신분석가다. 프로이트는 정상과 비정상을 구분했지만, 라캉은 모든 사람이 기본적으로 비정상이라고 규정한다. 누구든지 정신병, 도착증, 신경증 중 하나에 속한다. 정신병과 도착증은 소수에서 나타나는 진짜 비정상적인 상태다. 신경증은 심리적 원인에 의해 나타나는 신체적 · 정신적 증상이다. 우리는 대부분 신경증의 지배를 받지만, 그것을 정상으로 믿고 산다. 신경증은 크게 강박증과 히스테리로 나눈다. 강박증은 전형적인 남자의 구조이고, 히스테리는 전형적인 여자의 구조다.

심리적으로 남자는 이성적이고, 여자는 감정적이다. 남자는 사랑한다는 말을 반복하는 것을 싫어하고, 여자는 사랑한다는 말을 반복해서 듣기를 원한다. 남자는 직설적으로 말하고, 여자는 둘러서 얘기한다. 남자는 필요할 때 요구하지만, 여자는 남자가 알아서 해 주기를 원한다. 여자는 생각보다 느낌을 중시한다. 사회적으로 남자는 성공을 추구하고, 여자는 사랑을 추구한다. 남자는 사회를 바꾸려 하지만, 여자는 남자를 바꾸려 한다. 남자는 성취 지향적이지만, 여자는 목표가 중요치 않다. 여자는 지속적인 로맨스를 요구한다. 로맨스가 없는 생활은 앙꼬 없는 찐빵이다.

강박증 vs 히스테리

"우리는 욕망의 주인인가, 노예인가?" 강박증은 자신의 욕망에 몰두한다. 불가능한 욕망을 추구하고, 결국 도달하지 못한다. 강박증은 최고의 성취를 꿈꾼다. 먼 목표를 향해 뛰고, 오늘이 아닌 미래를 위해 산다. 바라는 것은 세상에 이름을 남기는 것이다. 히스테리는 타인의 욕망에 자신을 맞춘다. 완전한 욕망을 추구하고, 결국 만족하지 못한다. 히스테리는 자신의 완성을 꿈꾼다. 타인의 목표를 따르고, 미래가 아닌 오늘을 위해 산다. 바라는 것은 누군가에게 온전한 사랑을 받는 것이다.

후박사의 탁월한 세 가지 처방

매력적인 아내와 살려면 대가를 감수해야 한다. 누구라도 성격에 장단점이 있다. 문제가 있어도 나이가 들면 바뀌고, 노력에 따라 변한다. 성공적인 결혼생활을 하려면 상담자로 변해야 한다. 로저스가 제안한 상담자의 자질인 진실성, 존중, 공감을 개발해 보자.

첫째, 진실성(integrity)이다. 참되고 바른 품성이다. 아내를 비판 없이 받아들여야 한다. 아내가 가시처럼 보이면 꽃도 가시도 함께 어루만지며 스쳐가는 바람이 되자. 정성스런 인간이 되자. 아버지가 죽는 아픔을 겪고 암투 가운데 왕이 된 정조는 중용의 구절을 평생 신조로 삼았다. "작은 일에도 무시하지 않고 최선을 다하면 정성스럽게 된다. 정성스러우면 겉으로 드러나고, 이내 밝아져 남을 감동시킨다. 그러면 변하게 된다. 오직 세상에서 지극히 정성을 다하는 사람만이 나와 세상을 변하게 할 수 있다."

둘째, 존중(regard)이다. 인간은 누구나 존엄하다. 아내를 조건 없이 긍정해야 한다. 아내가 벽처럼 느껴지면 바위를 어루만지며 비켜가는 물이 되자. 부드러운 인간이 되자. 매사에 하지 말고 해 주며, 마지못해 하지 말고 기꺼이 해 주자. 해 준다고 하지 말고 그냥 하며, 해 주는 것이라고 말하지 말고 그냥 하자. 그리고 할 수 없는 것은 하늘이 말리는 일로 생각하자. 이것이 부드러워지는 길이다. 성경에 이런 말이 있다. "무엇이든지 남에게 대접을 받고자 하는 대로 너희도 남을 대접하라."

셋째, 공감(empathy)이다. 타인이 경험하는 것을 가슴으로 이해하는 것이다. 아내의 아픔을 함께 느껴야 한다. 아내가 괴물처럼 보이면 세상을 하얗게 덮어 주는 눈이 되자. 여린 가슴을 지닌 인간이 되자. 아내가 아파하는 데는 이유가 있다. 무엇을 느끼는지 확인시키고, 진정한 깨달음을 유도하고, 행동에 책임지도록 하자. 그리고 남이 알아주지 않아도 견디게 하자. 논어에 이런 말이 있다. "오직 어진 사람[仁者]만이 사람을 좋아할 수도 있고 미워할 수도 있다."

[사례로 풀어 본 한국인의 정신건강]

사회편

PART 4

79

SNS 중독

◇◇◇

과다에서 활용으로, 가상에서 실제로

일상을 압도한 SNS

그녀는 20대 후반 직장여성이다. 스마트폰, 인터넷과 함께 자랐다. 인터넷 없는 세상은 상상할 수 없고, 사람을 만나는 것보다 카카오톡으로 소통한다. 출근하면 인터넷으로 뉴스를 검색하고, 시간이 나면 스마트폰 게임을 한다. 멋진 레스토랑에서 식사하기 전 반드시 사진을 찍어 페이스북에 올리고, 색다른 장면을 목격하면 인스타그램에 동영상을 올린다.

언젠가부터 문제가 생겼음을 느낀다. 사진을 안 올리고 밥을 먹으면 소화가 안 되고, 올린 사진에 '좋아요' 숫자가 없으면 하루 종일 우울하다. 작은 스트레스에도 SNS 계정을 찾게 되고, 스마트폰에 매달리는 시간이 점점 길어진다. 어쩌다 스마트폰을 두고 출근하면 온종일 짜증과 불안으로 업무가 엉망이 된다. 낯선 사람과 만나는 자리가 점점 더 불편해지고, 스마트폰에 집중하면 편안하고 행복하다.

이런 증상은 최근 카톡 단체 대화방을 업무용으로 사용하면서 더 심해졌다. 글을 올리고 답이 빨리 올라오지 않으면 초조하고, '나를 싫어하나'란 생각에 울적해진다. 얼마 전 결정적인 실수가 있었다. 업무용 단톡방에 그녀의 여행사진을 올린 것이다. 사진을 봤을 텐데 동료들로부터의 답글이 없자 '직장생활을 잘 못하고 있나'란 의구심이 생겼다. 그때부터 시도 때도 없이 SNS 계정을 확인하는 습관이 생겼다. 글이나 사진을 올릴 때도 올릴지 말지 하루 종일 고민한다. 그녀는 요즘 SNS 때문에 일상생활이 압도된 느낌을 받아 너무 지친다.

20~30대의 모바일 SNS 이용률 90% 넘어

대한민국은 SNS 공화국이다. 최근 조사에 따르면 20~30대의 모바일 SNS 이용률이 90%를 넘는다. 40~50대도 70%를 넘는다. 하루 1~3시간 이상 사용자가 15%를 차지하고, 사용자의 10~20%은 SNS 중독이라 할 수 있다. 온라인 소통을 중요시하다 보면, 오프라인에서 가족 · 친구 · 동료와 이야기할 시간이 줄어든다. 지하철에서 스마트폰에 빠져 앞사람을 보는 일이 사라지고, 가족 식사에서 잠시 대화하다 각자 스마트폰에 열중한다. 맛있는 음식이 나와도 경치가 좋은 곳에 가서도, SNS에 사진을 공유하느라 분주하다.

SNS 중독은 소셜네트워크서비스에 중독되는 것이다. 중독은 강박적 습관이다. 갈망 · 내성 · 금단을 보인다. 간절히 바라고, 더 자극적인 것을 찾고, 금지하면 짜증 · 분노가 터진다. SNS 중독은 시청각에 중독되는 것이다. 글 · 사진 · 영상에 빠진다. 게임처럼 경험(행위)에 중독된다. 재미와 호기심으로 시작한다. 누가 취약한가? 회피적인 사람이다. 현실 세계에서 스트레스를 받으면 SNS로 도망간다. SNS 중독은 관계에 중독되는 것이다. '좋아요'에 빠진다. 관심과 반응에 중독된다. 보상과 칭찬을 위해 뛰어든다. 누가 취약한가? 의존적인 사람이다. 실제 관계에서 상처를 받으면 SNS에 집착한다.

현대는 중독사회다. 술 · 마약 · 게임 · 섹스 · 도박뿐만 아니라 일 · 여행 · 운동 · 공부 · 종교에 중독된다. 중독 중에서 인간관계 중독이 가장 심각하다. 동반 중독과 외도가 있다. 동반 중독은 중독자의 가족이 중독자에게 의존하는 현상이다. 동반 중독자는 자존감이 낮고 의존적이며 자기학대 성향이 있다. 외도(外道)는 왜곡된 두 사람의 만남이다. 오래 쌓인 부부간의 욕구좌절에서 온다. 외도는 정신질환이다. 한번 빠지면 패가망신한다. SNS 중독은 가상관계 중독이다. 억압되고 소외당한 현대인에게 SNS은 표현의 배출구다. 일반 중독은 일대일로 천천히 확산되지만, SNS 중독은 인터넷 속성상 바이러스처럼 퍼진다.

SNS는 유익하다. 교육 · 홍보 · 사업 · 정치 등에 활용된다. 많은 사람과 소통하고, 표현의 자유가 무한하고, 시공(時空)의 제한이 없다. SNS는 폐해도 크다. ① 가짜가 판친다. 가짜 정보로 왜곡되고, 가짜 소통으로 곡해된다. 사생활이 침해받고, 개인정보가 도용된다. ② 이기주의가 판친다. 나의 기분만 고려하고, 상대 기분은 무시한다. 거슬리면 언제든지 차단하고, 싫으면 아무 때나 탈퇴한다. ③ 군중심리가 판친다. 죄의식 없는 무의식적 행동으로, 몰아와 마녀사냥이 일어난다. 몰아(沒我)는 무리 속에서 정체성을 잃는 것이고, 마녀사냥은 희생양을 만드는 것이다. 한순간에 스타가 탄생하고, 순식간에 왕따로 추락한다.

뭔가 하나에 중독되어 살아가는 현대인

현대인은 뭔가 하나에 중독되어 살아간다. 중독은 살맛나는 상태다. 스트레스가 사라지고, 상처가 잊어진다. 중독의 즐거움은 삶의 동력이다. 허나 거짓 열정이고, 가짜 에너지다. 중독에서 벗어나는 순간 나락으로 떨어진다. 중독의 이면에는 공허(空虛)가 꿈틀거린다. 우리는 공허를 견뎌야 한다. 공허는 삶의 무의미함을 안타까워하는 마음의 파수꾼이다. 진짜 문제는 공허함을 고요함으로 바꾸지 못하는 데 있다. 현대인은 공허를 피하려고, 짜릿한 자극을 좇아 기웃거린다. 그 사이 삶의 진정성은 통째로 증발한다.

후박사의 탁월한 세 가지 처방

첫째, 중독에서 활용으로 바꾸자. SNS 중독은 길바닥에 씨를 뿌리는 것이다. 발에 밟히거나 새가 쪼아 먹는다. 중독에서 과다로 바꾸자. 중독 없이 즐기는 것이다.

① 일주일에 하루는 단식의 날로 정한다.
② 하루 중 접속시간을 정한다.
③ 알람 설정을 끄거나 무음으로 설정한다.
④ 개인정보 노출을 늘 조심한다.

과다에서 활용으로 바꾸자. 건전하게 활용하는 것이다.

① 끌려가지 말고 주도한다.
② 어느 누구와도 비교하지 않는다.
③ SNS상 맺어진 관계에서 거리를 유지한다.
④ 절대로 피로하지 않도록 사용한다.

둘째, 다른 중독으로 바꾸자. 중독은 완벽성에서 온다. 그동안 열심히 살았다. 휴식이 필요하다. 중독은 조급증에서 온다. 그동안 쫓기며 살았다. 여유가 필요하다. 중독은 의존성에서 온다. 그동안 매여서 살았다. 사색이 필요하다. 자주 집 앞 공터로 나가 걸어보자. 어느 한 곳에 초점을 두지 말고, 눈앞에 펼쳐지는 경치를 하나로 받아들이자. 사팔뜨기가 되면 더 좋다. 주먹을 가볍게 쥐고, 양팔은 좌우로 흔들면서 걷자. 양팔의 흔들림을 동력으로 몸이 이동한다고 상상하자. 머리는 멍한 상태로 놔두자.

SNS는 가짜 사회, 가짜 인간관계

셋째, 진짜 관계로 바꾸자. SNS 중독은 모래 위에 집을 짓는 것이다. 비바람이 칠 때 여지없이 무너진다. SNS는 가짜 사회다. 추종자 수와 추종자 간의 인정에 기초한 체계다. SNS에 인생을 걸면 안 된다. 아무 때나 퇴출당할 수 있다. 공들여 쌓은 가치가 한순간에 무너진다. SNS는 가짜 인간관계다. 추종자 간의 공감에 기반한 관계다. SNS에 목숨 걸면 안 된다. 언제라도 사라질 관계다. 정성껏 쏟은 의미가 순식간에 사라진다. SNS 중독은 실체가 없는 중독이다. 인격의 황폐화와 비인간화의 극치다. 자신뿐만 아니라 주위 사람들의 인간관계까지 파괴한다.

80 가업승계

◇◇◇

현실 받아들이고 서두르지 말라

어떻게 키운 회사인데 남에게

"하나밖에 없는 아들인데, 너무 안타까워요." 그는 한숨을 내쉬며 말을 이어갔다. "세상에 마음대로 안 되는 게 자식농사라지만…. 고등학교 때 미국에 가 이름 있는 공대를 다니는데, 5년째 졸업을 못하고 있어요. 공부가 어렵고 적성에 안 맞는다고, 사업을 꼭 물려받아야 하냐고, 자기는 길을 잘못 들어섰다고 하네요."

"어려서부터 집안 사업을 물려받아야 한다고 수없이 강조했죠. 아들은 순종적이라서 잘 받아들이고, 별 탈 없이 열심히 공부했어요. 제 소원은 아들에게 기업을 물려주고, 내가 평생 고생하며 알아낸 모든 노하우를 전수하는 거예요. 장인정신이란 게 있잖아요? 그런데 이젠 어떻게 할지 모르겠어요. 아내는 아들 의견도 안 물어보고 너무 밀어 붙여서 그렇다고 하는데…. 어떻게 세운 회사인데 남에게 넘길 수도 없잖아요."

그는 30대 중반 회사를 박차고 나와, 단돈 천만 원으로 창업했다. 20년을 불철주야로 뛰었다. 우여곡절을 겪었지만, 기술력과 노하우로 사업은 지속적으로 성장했다. 중국시장이 뚫려 절정기에는 천 억 가까이 매출을 올린 적도 있다. 사업은 탄탄하게 자리 잡혔고, 연구개발을 통해 사업 확장도 모색하고 있다. 이제, 안정적인 회사의 발전을 위해 가업승계를 준비해야 할 시기다. 그런데….

버는 것도 중요하지만, 물려주는 게 더 중요

아버지가 아들에게 회사를 물려주고픈 마음은 자연스럽다. 평생 일군 기업을 누구에게 넘기겠는가? 대기업조차 어떻게든 자식에게 경영권을 넘긴다. 주위에 가업을 이어가는 상점도 점점 늘고 있다. 인생은 생각보다 길지 않다. 돈을 버는 것도 중요하지만, 물려주는 것이 더 중요하다. 하지만 작은 구멍가게라도, 자식에게 함부로 물려줄 수는 없다. 잘못된 승계는 커다란 불행을 가져온다. 가업을 운영할 열정과 회사를 경영할 능력이 전제돼야 한다. 평생 바친 노력이 자식대에 가서 물거품이 된다.

부모와 자식은 모든 관계의 출발이다. 자식은 부모로부터 생명을 받고, 부모는 자식을 통해 생명을 연장한다. 아이는 무력한 상태로 태어난다. 여섯 달이 지나면 독립적인 존재임을 알게 되고, 삼 년이 지나야 비로소 언어를 통해 부모상이 들어선다. "세 살적 습관이 어든까지 간다." 아버지는 절대적인 보호의 상징이고, 어머니는 무조건적인 양육의 상징이다. 성공적인 인생은 자식이 잘 커서 부모를 공경하는 가정이다. 부모는 자식에게 도리를 다해야 하고, 자식은 부모에게 효도해야 한다. 효도란 무엇인가? 공자는 이렇게 말한다. "부모는 오로지 자식이 병이 날까 걱정한다."

자식은 부모의 거울이다. 부모는 자식 얼굴에서 자신의 과거를 보고, 자식 행동에서 자신의 단점을 읽는다. 자식은 부모의 분신이다. 부모 맘대로 되는 자식은 없지만, 부모가 하는 대로 따라 하지 않는 자식도 없다. 자식은 부모의 소유가 아니다. 부모는 자식에게 유한하게 줄 수 있는데, 자식은 부모에게 무한하게 요구한다. 자식은 부모의 자랑이 아니다. 자식을 자랑거리로 만들려 하지 말고, 자식에게 자랑스러운 부모가 되어야 한다. 자식을 낳았다고 부모가 아니라, 사람답게 키워야 참된 부모다.

아버지와 아들은 역동적 관계

아버지와 아들은 역동적 관계다. 오이디푸스 콤플렉스란 게 있다. 아들이 어머니의 사랑을 독점하기 위해 아버지를 적대시하는 심리현상이다. ① 어머니를 좋아하고, 아버지를 경쟁자로 여긴다. ② 아버지를 미워하면서, 거세 공포가 생긴다. ③ 아버지를 동일시하면서, 두려움을 극복한다. "아들은 아버지가 욕망하는 것을 욕망한다." 모든 아들은 아버지를 이상화하고 그에게 복종한다. 그러나 결국 원하는 것을 얻지 못하고 배신을 맛본다. 복종과 배신의 시나리오는 사회생활에서 재연된다. 대부분의 남자는 이상화된 모델을 찾아 헌신하고, 세상이 자기를 쓰고 버릴 것이라는 두려움에 시달린다.

남달리 복종과 배신에 집착하는 사람이 있다. 어려서부터 자기중심적이고 독단적인 아버지 밑에서 성장한 경우다. 아버지는 어떻게든 자신의 말에 따르게 하고, 어머니는 싸움을 피하려고 남편을 따르는 가정에서 자란 경우다. 그는 남의 욕구를 나보다 우선하고, 남의 기분을 맞추려 노력한다. 절대 나서지 않으며, 누군가의 오른팔 역할을 한다. 자신의 생각을 억누르는데, 갑작스런 분노로 터져 나오기도 한다. 자신을 위한 것이 없어서, 사는 것에 흥미를 못 느낀다.

후박사의 탁월한 세 가지 처방

첫째, 드러난 사실에 주목하자. 사실이란 누가 봐도 분명한 객관적 현실이다. 공부가 어렵다. 이름 있는 대학에 들어갔지만 따라가기 힘들다. 어학, 수학 등 기본기가 모자랄 수 있다. 적성에 안 맞는다. 아버지가 원하는 공대로 들어갔지만 따라잡기 어렵다. 누구든 잘할 수 있는 일을 해야 성공한다. 흥미가 없다. 흥미는 무엇이든 스스로 선택할 때 일어난다. 누구든 좋아하는 일을 해야 성공한다.

둘째, 숨겨진 진실에 주목하자. 진실이란 주관적 현실이다. 사람마다 다르고, 처지마다 다르다. 나에게 진실이라도, 남에게 진실이 아닐 수 있다. 두 가지를 물어보자. "아들은 진정으로 사업을 물려받고 싶어 할까?" 아버지는 자기 입장만 말하고, 너무 밀어부친다. 아들은 아버지에게 종속되기를 원치 않고, 자유롭고 싶어 한다. "아들에게 반드시 사업을 물려줘야 할까?" 장인정신이란 한 가지에 전념하는 철저한 직업정신이다. 일본은 200년이 넘는 장인정신이 살아 숨 쉬고 있다. 한국은 고도성장의 후유증으로 오히려 장인들이 사라졌다. 과연 아들에게 장인정신을 기대할 수 있을까?

엉뚱한 도전도 지지해 줘야

셋째, 서두르지 말자. 소원은 마음대로 안 될 때 한(恨)이 된다. 충분한 시간이 있다. 천천히 가도 된다. 거북이가 토끼보다 못할 게 없다. 분명한 목표만 있으면 된다. 기술자가 되기 전에 사람이 돼야 한다. 쉬었다 가도 된다. 마음대로 하도록 놔두자. 자발성이 들어설 것이다. 경영자가 되기 전에 사람이 돼야 한다. 돌아서 가도 된다. 엉뚱한 도전도 지지해 주자. 자신감이 생길 것이다. 사업을 물려받기 전에 사람이 돼야 한다. 새가 혼자 날 수 있도록 어미 새가 곁을 떼어내고, 개도 혼자 살 힘이 생기도록 어미 개가 밥그릇을 못 넘보게 한다.

중용에 이런 말이 있다. "어떤 이는 날 때부터 모든 것을 알고, 어떤 이는 배워서 알고, 어떤 이는 고생해서 알게 된다. 그런데 아는 데 있어서는 매한가지다. 어떤 이는 쉽게 행하고, 어떤 이는 이익이 있어야 행하고, 어떤 이는 억지로 노력해서 행한다. 그런데 이루는 데 있어서는 마찬가지다."

81

감정노동의 상처

◇◇◇

감정에 주목하고, 그날그날 씻어야

매일 아침 전화를 걸어서 심한 말을

그녀는 7년째 공공기관에서 상담 업무를 하고 있다. 보통 하루에 60~70건의 상담 전화를 처리하는데, 많을 때는 100건이 넘는 전화를 받는다. 정말 쉽지 않다. 그래도 나의 작은 지식이, 남에게는 큰 도움이 될 수 있다는 보람으로 일한다. 한번은 중년 남자로부터 전화를 받았다. 그는 처음 아주 부드럽게 자신의 주장을 얘기했다. 그러나 규정상 자신의 요구가 처리될 수 없음을 알게 된 후 태도가 돌변했다. “못 배운 ×, 건방지게 나한테 안 된다고 해?”라고 반말과 욕설을 퍼붓는다. 정말 기분이 너무 나쁘다. 모멸감마저 느낀다. 그렇지만 이 정도의 일은 비일비재하다.

며칠 전 사건은 정말 그녀를 힘들게 했다. 그 사건도 도움을 줄 수 없는 것이었다. 문제는 그런 현실을 잘 이해하고 받아들이도록 조심스럽게 얘기를 했어야 했다. 그런데 많이 피곤해서 다소 건조한 말투로 도와드릴 수 없다고 했다. 상대방이 알았다면서 전화를 끊어 그것으로 끝이려니 했는데, 다음 날부터 매일 아침 전화를 해서 심한 말을 일삼는다. 게다가 어느 날은 감사실에 전화를 걸어 그런 불량직원은 세금이 아까우니 당장 해고시키지 않으면 청와대, 검찰 등에 진정서를 내겠다고 으름장을 놓는다. 심지어 어느 날은 회사로 찾아와 무작정 최고책임자를 만나겠다며 회사 전체가 떠나가도록 폭언을 일삼는다. 정말 해도 너무 한다. 울분감이 치밀어 오른다. 그렇지만 어찌할 방도가 없다.

감정노동은 감정을 상품화한 노동이다. 직업적 판단과 전문가적 식견을 토대로 하는 고품격 상품이다. 체계적인 훈련이 요구하는 노동이다. 연예인은 대표적인 감정노동자다. 훌륭한 연기는 감정이입이 필수다. 미국에서 배우들은 격한 영화를 찍고 나면 정신과 치료를 받는다. 목회자도 감정노동자다. 목회의 시작은 쓰레기통에서 시작한다는 말도 있다. 삶의 지친 영혼들을 위해 항상 행복한 척해야 한다. 상담전문가도 감정노동자다. 내담자의 위험한 무의식에 뛰어들어야 한다. 초보자가 대책 없이 물에 뛰어들면 같이 죽는 법이다.

현대는 고객서비스의 시대다. 고객은 왕이다. 기업이나 공공기관 모두 고객만족, 심지어 고객졸도를 캐치프레이즈로 내 건다. 현대인은 대부분 직장생활을 한다. 직장인은 누구나 어느 정도 감정노동을 해야 한다. 고객의 감정을 위해 자신의 감정을 통제해야 한다. 자신의 감정과 요구되는 감정이 다르다. 감정부조화는 큰 스트레스로 작용한다. 힘든 업무다! 그런데 감정처리 능력은 무시되고, 아무런 훈련 없이 감정노동 현장에 투입된다. 감정노동을 개인의 성격이나 품성으로 치부한다. 어떤 악조건에서도 상냥함과 친절함을 유지해야 한다. 초보자도 대책 없이 숙련자가 처리해야 할 상황에 노출된다. 매우 위험하다!

한국은 감정노동 강도 세계 1위

한국 고객서비스는 세계 1위다. 치열한 시장경쟁에서 차별화 서비스로 승부수를 건 것이다. 당연히 감정노동의 강도도 세계 1위다. 최근 통계에서 직장인 3명 중 1명이 감정노동자다. 한국 사람들은 정(情)이 많다. 감정이 풍부하다. 불만을 제기할 때 과격하게 표현한다. 한국 사람들은 한(恨)이 많다. 상대적 빈곤에 따른 사회적 분노가 많이 축적되어 있다. 작은 거절과 무시에 과민하게 반응한다. 한국 사람들은 급하다. 요구사항이 즉각적으로 해결되지 않으면 폭발한다. 이는 서비스 현장에서 반말과 욕설과 폭언으로 나타난다. 모든 사회적 감정의 몫은 감정노동자가 떠맡는다. 최근 리서치에서 감정노동자들은 월 평균 1.3회 폭행과 7.3회의 욕설을 경험한다고 한다. 잦은 상처경험은 대인기피증이나 공황장애, 우울과 자살충동으로 이어질 수 있다. 한국 사회에서 감정노동은 생계를 위한 전쟁터에서 무분별하게 착취되고 있다. 단순한 개인치유와 서비스 현장개선을 넘어선 구조적 병폐다. 우리는 모두 가해자면서 피해자다.

감정의 법칙이 있다. ① 강한 감정은 약한 감정을 다스린다. 뇌는 동시에 두 감정을 처리하지 못한다. 찬 기운이 강하면 더운 기운이 약해진다. 사랑이 없는 것은 두려움이 있기 때문이다. ② 진짜 감정과 가짜 감정의 구분이 어렵다. 뇌는 진짜로 말하든지 가짜로 말하든지 흑백을 구분하지 못한다. 일단 생각하면 그대로 만들어 내려고 한다. 말로 시인하면 증명하려고 한다. 강한 감정이 실린 쪽에 손을 들어 준다. ③ 나쁜 감정은 독이 되고 좋은 감정은 약이 된다. 나쁜 감정은 스트레스의 주범이다. 정신독(mental toxin)으로 작용한다. 최악의 감정은 분노, 무기력, 죄의식, 수치심이다. 좋은 감정은 건강의 척도다. 최고의 감정은 사랑, 평화, 기쁨, 자유다. ④ 감정은 전염된다. 상대가 화를 내면 나도 순간 화가 나게 된다. 내가 기분이 나쁘면 상대도 기분이 나빠진다. 감정은 투사되고 또한 동일시된다. 특히 피곤할 때 잘 일어난다. 내가 기분이 나쁜데 오히려 상대가 기분이 나쁜 것으로 파악한다. 상대가 화가 났는데 오히려 내가 화를 내는 것으로 오인된다.

인간의 성공과 행복을 좌우하는 '감정지능'

감정지능(EQ)이란 게 있다. 감정을 정확히 인식하고, 표현하고, 조정하는 능력이다. 한마디로 요약하면 대인관계 능력이다. 골먼은 다섯 가지 영역으로 구분한다. ① 자기감정 인식하기, ② 자기감정 다루기, ③ 동기부여하기, ④ 타인

감정 인식하기, ⑤ 타인감정 다루기. 지능(IQ)은 인간의 성공과 행복을 10~20% 만을 설명해 준다. 감정지능(EQ)이 나머지 80~90%를 결정한다. 이런 말도 있다. "입사는 IQ이지만 승진은 EQ다." EQ가 높은 사람을 우리는 '영업의 귀재' '인간관계의 마술사' '사회적 스타'라고 부른다. 감정지능은 삶 속에서 인간성을 유지하고 발전하는 데 중요한 역할을 한다. 특히 사랑, 열정, 배려, 헌신은 우리 인간관계에서 중요한 안내자 역할을 한다.

후박사의 탁월한 세 가지 처방

첫째, 자신의 감정에 주목하자. 왜 화가 나는가? 화가 날 특별한 이유가 있는가? 우선 부정적인 감정을 벗어나는 게 최선이다. 사람들은 스트레스를 받게 되면 보통 세 가지 대응방식을 가진다. 반격형은 감정을 폭발한다. 항복형은 감정을 억누른다. 회피형은 감정에서 도망간다. 폭발도 억압도 도망도 안 된다. 깊이 숨을 들이쉰 후 속으로 외친다. "이건 내 문제가 아니야!"

둘째, 상대의 감정에 주목하자. 왜 화를 내고 있는 것인가? 화를 낼 특별한 상황인가? 우선 감정이 전염되지 않는 게 최선이다. 사실에 집중하자. 상대는 무언가 불이익이 있을까 불안해하고 있다. 도가 지나친 대우를 요구하고 있다. 종로에서 뺨 맞고 한강에서 눈 흘길 수도 있다. 숨을 멈춘 후 속으로 외친다. "집에 가면 안 볼 인간이다!"

셋째, 감정케어가 필요하다. 나쁜 감정은 되도록 빨리 환기시켜야 한다. 쌓이면 병이 된다. 그날그날 씻어야 한다. 가족이나 동료에게 털어놓아야 한다. 자조그룹이 있으면 더 좋다. 아무것도 안 되면 정신과 의사라도 찾아야 한다.

우리는 타고난 감정처리 능력에 훨씬 못 미쳐 세상을 살아간다. 감정지능은 무한대로 개발할 수 있다. 오랜 훈련과 수련이 필요하다. 인간의 머리는 작아서 세계를 넣을 수 없지만, 가슴은 넓어서 우주를 품을 수 있다. 숨을 크게 쉬자!

82 관심병사

◇◇◇

충성·복종·단결만 강요하지 말라

| 사례 1 | 모 일병은 신병교육대 인성검사 결과, 관심병사 A등급으로 지정됐다. 그는 전입 이후 지옥 같은 내무생활을 경험했다. 선임병의 잦은 질책과 놀림, 습관적인 폭언・구타와 강제추행은 그를 한계까지 몰고 갔다. 결국 견디지 못하고 소속 부대 화장실에서 목을 매 자살을 기도했다.

| 사례 2 | 이 상병은 복무 당시 정신질환을 앓다가 전역해 집에 오자마자 자살을 선택했다. 이 상병은 입대할 당시 특수부대를 지원할 정도로 군 복무에 열의도 있었다. 하지만 과거 정신과 치료병력으로 관심병사 A등급으로 분류됐다. 이후 자대 배치를 받는 순간부터 문제가 불거졌다. 그는 전입해 온 첫날부터 70명 중대원의 군번과 이름을 암기하도록 강요당했다. 또 일주일에 최소 3회 이상 집합, 말실수와 행동실수를 트집으로 선임병에게 욕설을 듣고 뺨과 배를 얻어맞았다.

| 사례 3 | 윤 일병 집단구타를 주도한 이 병장, 그는 온몸에 성한 곳을 찾아 보기 힘들 정도로 후임병을 때리고 물고문에 가래침까지 핥게 시켰다. 그런데 그도 한때는 폭행의 피해자였다. 그는 동생의 학비를 벌기 위해 23세의 늦은 나이로 입대하여, 나이가 많다는 이유로 이등병 시절 왕따를 당했다. 또한 작업을 잘 못한다며 나이 어린 선임병에게 폭행과 구타를 당했다.

한때 윤 일병의 집단구타 사망으로 나라 안팎이 어수선했다. 당사자 가족은 물론 전 국민들을 불안과 울분에 떨게 했다. 3군 사령관 검찰단이 수사를 맡고, 살인죄를 적용하며, 전군 인권 교육을 실시했다. 숨진 윤 일병은 한 달에 걸쳐 폭행과 가혹행위를 당했다. 5명의 선임병이 가담했고, 무려 11명의 병사가 목격했으며, 간부들은 이를 축소 · 은폐했다. 폭력을 당연하게 여겨온 관행과 동료들에 대한 무관심에서 발생한 비극이다. 그렇다면 우리는 이러한 비극을 어떻게 접근해야 할까?

달라진 20대, 모두가 관심병사

아이들이 바뀌었다. 통제하기 어려운 20대라고 한다. 요즘 아이들은 우수하다. 학력도 좋고, 건강상태도 양호하다. 머리도 뛰어나고, 기술도 능하다. 행정병, 통역병, 전산병 등 다양한 영역에 쓸모가 있다. 요즘 아이들은 이기적이다. 최근 한국 출산율은 1.3명이고, 이혼율은 30%를 넘는다. 많은 아이가 형제 없이 자라고, 부모 없이도 컸다. 개인주의 성향이 강하고, 집단생활에 익숙하지 않다. 요즘 아이들은 미성숙하다. 모든 교육이 입시와 취업 위주다. 심리학, 철학, 인간관계 교육은 제대로 못 받았다. 많은 아이가 마마보이, 왕자병, 착한아이 등에서 못 벗어 났다. 어떻게 보면, 요즘 아이들 모두가 관심병사에 해당한다.

군대는 바뀌지 않았다. 국방부의 시계는 거꾸로 걸려 있다. 군대는 무조건적 복종을 요구한다. 군대는 국가의 방어를 책임지고, 전쟁과 전투를 담당한다. 상명하복(上命下服)이 철칙이다. 군대는 개성을 무시한다. 획일적이다. 군대는 특별한 역량을 원치 않는다. 제비뽑기로 전방초소, 운전병, 군병원 등에 배치한다. 개인의 흥미와 적성을 고려치 않는다. 군대는 자유를 허용하지 않는다. 군대에서 자유는 위험하다. 통제 불능을 초래할 수 있다. 한국은 징병제다. 자발성, 책임감, 사명감을 기대하는 것은 사치다. 어떻게 보면, 어느 누구라도 정신질환에 걸릴 환경이다.

군대는 강력한 사회심리가 작동한다. 동조, 복종, 왕따현상이다. 동조현상은 함께 하기 위해 자신의 생각이나 행동을 바꾸는 것이다. 사람들은 자주 사회적 힘에 눌려 자신의 판단을 포기한다. 배척에 대한 두려움 때문이다. 복종현상은 권위자의 명령에 무조건 따르는 것이다. 사람들은 대부분 사회적 권위에 굴복한다. 평범한 사람조차 죄의식 없이 끔찍한 행동에 가담할 수 있다. 왕따현상은 근거 없이 특정인을 따돌리고 비난하는 것이다. 사회에는 항상 억압된 공격성이 숨어 있다. 구성원들은 공격성을 투사할 희생양을 찾는다. 무의식적 행동이라 아무런 의도 없이 일어난다.

군대의 조직체계가 오작동하고 있다. 비상등이 켜졌다. 연이어 집단구타 사망, 군부대 이탈, 총기난사, 동반자살 사건 등이 보고된다. 군대 내부의 폭력이 위험 수위를 넘었다. 폭언 · 폭행뿐 아니라 집단구타, 가혹행위, 성폭력까지 나타난다. 모든 폭력은 정신질환을 동반한다. 군대는 표현이 억압되고, 행동이 앞서는 조직이다. 우울, 불안, 공포, 공황 등 정신질환이 행동화되기 쉽다. 공격성이 외부로 향하면 폭력이 되고, 내부로 향하면 자살충동이 된다. '죽이고 싶다'와 '죽고 싶다'는 같은 표현이다. 피해자가 쉽게 가해자로 변신할 수 있다. 소위 '폭력의 악순환' '대물림의 비극'을 초래한다.

후박사의 탁월한 세 가지 처방

우선, 군대가 바뀌어야 한다.

첫째, 철저한 폭력근절이다. 폭력행위에 대한 강력한 처벌이 선행돼야 한다. 이에 대한 법제를 정비해야 한다. 폭력예방을 위한 외부와의 소통도 필요하다. 고발 포상, 신고 의무화, 암행 감찰, 민원 도우미, 휴대폰 사용 등 가능한 제도는 도입해야 한다.

둘째, 지휘관의 인식전환이다. 윗물이 맑아야 아랫물이 맑다. 한국에는 훌륭한 사관생도들이 있다. 기존 악습과 병폐는 과감히 버려야 한다. 리더십에 정의, 인권의식, 소통능력, 상담능력 등이 포함돼야 한다.

셋째, 병영문화의 혁신이다. 군대도 많이 달라졌다. 세계적 추세는 징병제에서 모병제, '작지만 강한' 군대를 지향한다. 몸보다 머리, 힘보다 기술, 체육보다 과학을 더 중시한다. 충성, 복종, 단결은 군의 오래된 가치다. 우애, 배려, 소통의 미덕도 고려해 봐야 한다. 전투력은 얼차려가 아닌 전우애에서 나온다. 문화도 관리될 수 있다.

다음, 스트레스에 초점을 두어야 한다.

첫째, 인간관계 교육훈련이 필요하다. 20대 초반은 정체성이 들어서지 않은 나이다. 게다가 공부, 입시, 취업에 찌든 가운데 군에 입대한다. 자기, 타인, 사회에 대한 이해가 턱없이 부족하다. 이들에게 인간관계는 엄청난 스트레스다. 군대는 사회의 축소판이다. 보통 사회 초년생이 직장에 입사하면 6~12개월 교육훈련을 받는다. 군대도 직장이다. 그런데 군대훈련은 5~8주 전투훈련이 고작이다. 무작위 자대배치 후 생면부지와의 병영생활은 또 다른 전쟁터다.

둘째, 자유를 허용해야 한다. 병영생활에선 보통 몸보다 정신적인 고통이 크다. 보통 하루 종일 '이래라, 저래라' 한다. 자유의 구속은 인간에게 가장 큰 스트레스다. 자발성, 유연성, 창조성을 말살한다. 개인적 시간과 공간을 일부 허용해야 한다. 충분한 휴식이 필수적이다. 외부와의 소통을 허용해야 한다. 운동, 취미, 오락도 장려해야 한다.

복무기간 동안 약물치료 적극 고려해야

셋째, 정신질환에 대한 적극적 개입이 필요하다. 스트레스는 다양한 정신질환을 일으킨다. 예방과 조기발견은 큰 사고를 막는다. 상담과 정신과 치료 서비스를 강화해야 한다. 요즘 탁월한 항불안제와 항우울제가 많다. 위험한 관심병사인 경우, 복무기간 내내 약물투약을 하는 것도 좋은 대안이다.

83 기부 갈등

◇◇◇

기부에는 동기부여가 필요하다

| 사례 1 | 연예계 최고 자산가로 알려진 원로배우가 500억 원 규모의 재산을 한국 영화 발전에 써 달라며 쾌척했다. 모교 대학에도 100억 원 상당의 대지를 발전기금으로 기부했다. "이제 아흔을 넘었으니 살아 봐야 얼마나 더 살겠습니까. 그저 남은 거 다 베풀고 가면서 인생을 아름답게 마무리하고 싶어요. 나중에 내 관 속에는 성경책 하나 함께 묻어 주면 됩니다." "주는 것이 받는 것보다 더 복되다."(사도행전 20:35)

| 사례 2 | '얼굴 없는 천사'의 기부 소식이 반갑다. 구세군 확인 결과 청량리역 앞 자선냄비에 60대 남성이 넣고 간 봉투 속에 1억 1400만 1004원이 들어 있었다. '천사(1004)'라는 액수가 예사롭지 않아 더 눈에 띈다. 은밀한 선행이 어느 때보다 더욱 고맙다. "너는 구제할 때 오른손이 하는 것을 왼손이 모르게 하라."(마태복음 6:3)

| 사례 3 | 노부부가 학교 앞에서 평생 과일 장사를 하며 모은 전 재산 400억 원을 대학에 기부했다. 부부는 두 아들이 미국에 이민 갔기에 모은 재산을 물려주기보다 좋은 곳에 쓰고 싶었다며 기념행사에서 이렇게 밝혔다. "나같이 초등학교도 못 나온 사람이 학교에 기부할 수 있어 너무 기쁘다. 어려운 학생들이 공부하는 데 힘이 되고 훌륭한 인재를 길러내는 데 소중하게 사용되길 바란다."

불쌍히 여기는 마음은 인(仁)의 시작

"여행을 하면 1년 기쁘고, 애인을 만나면 3년 기쁘고, 기부를 하면 평생 기쁘다." 힘든 사람을 돕는 이의 가슴은 뿌듯하다. 어려울 때 도움받는 사람의 마음은 포근하다. 특히 위기일 때 구해 주면 그 은혜는 평생 잊지 못한다. 그는 같은 처지에 빠진 사람을 보게 되면 필히 돕게 된다. 이 모두 기쁜 일이다. 사람이라면 모두 비슷한 마음이다. 우물에 빠지려는 아이를 보면 누군들 안 나서겠는가? 맹자는 이렇게 말한다. "불쌍히 여기는 마음(측은지심)은 인(仁)의 시작이다."

기부는 '인(仁)'에서 출발한다. 기부 동기를 묻는 한 조사 결과는 '그냥 돕고 싶어서'(41%), '요청을 받아서'(27%), '신념 때문에'(18%) 순이다. 절반 이상이 동기가 순수하다. 이타심은 인간의 유전자에 내재되어 있다. 연민감 · 동정심 · 자비심을 포함한다. 우리는 사랑하기 위해 세상에 태어났다. 이타심은 이기심보다 크다. 우리는 큰 것을 지향한다. 개인보다는 사회, 사회보다는 자연, 자연보다는 우주가 크다. 사람들은 작은 확실성에 매달려 살아간다. 우주적인 커다란 불확실성에 자신을 맡길 때 큰 초월을 체험할 수 있다.

한 사람이 설교에 감동을 받고 기부를 결심했다. 친구가 집이 두 채라면 어찌할지를 묻자, 한 채를 기부하겠다고 했다. 땅이 있다면 어찌할지를 묻자, 절반을 기부하겠다고 했다. 차가 두 대라면 어찌할지를 묻자, 정색을 하고 "No!"라고 대답했다. 이유를 묻자, "집과 땅은 없지만, 차는 두 대 있어서 곤란하다."라고 했다. 우리는 없는 것을 슬퍼하고, 있는 것을 기뻐한다. 남이 가지고 있는데 내가 없다면 슬프고, 남이 없는데 내가 가지고 있다면 기쁘다. 우리는 없는 것에 관대하고, 있는 것에 인색하다. 안 가진 것을 바치라면 선뜻 동의하고, 가진 것을 내놓으라면 머뭇거린다.

기부는 '돈'이 있어야 가능한 걸까? 한 청년이 예수께 와서 어떻게 해야 영생(永生)을 얻을지 물었다. 예수께서는 계명을 지키라고 했다. 그는 모든 것을 지켰고,

더 해야 할 것을 물었다. 예수께서는 가진 것을 다 팔아 가난한 사람에게 나눠 주라고 했다. 그는 돈이 많았기 때문에 풀이 죽어 떠났다. 한 스님이 거지들이 모여 사는 곳에 가서, 절 건축을 위해 기부해 달라고 했다. 평생 받는 데 익숙한 거지들은 당황했다. 그들은 강하게 거부했다. 스님은 매일 찾아가 부탁했다. 거지들은 감동해 한 명씩 기부하기 시작했다. 이제 모든 거지가 주는 사람이 되었다.

연민감은 사랑의 사회적 표현

기부는 가슴이 결정한다. 우리는 광고를 보거나 메시지를 접하고 기부하게 된다. 유명인 · 연예인이 나설 때, 아는 사람이 요청할 때 잘 응한다. 기부는 전염된다. 존경하는 사람이 베푸는 모습을 보면 따라하고 싶어진다. 기부는 습관이다. 어릴 때부터 베푸는 데 익숙한 사람이 잘 응한다. 기부를 유도하는 강력한 감정은 무엇일까? 연민감이다. 연민감은 사랑의 사회적 표현이다. 가까운 사람일수록, 위험을 생생하게 알릴수록, 의미가 부여될수록 연민감이 커진다. 불행한 다수보다 비극적인 한 소녀, 매력적이고 통제력이 없을 때 더 커진다. 머리가 차가워지면 가슴이 작동하지 않는다. 연민감은 내가 안 해도 될 때 줄어든다.

최근 조사에 따르면, '지난 1년간 기부한 경험이 있다'가 26%다. 2011년 36%에서 계속 감소 추세다. 기부하지 않은 이유는 '경제적 여유가 없어서'가 49%이고, '기부 단체를 믿을 수 없어서'가 24%다. 기부 응답자의 57%가 기부금 사용 내역을 모른다고 답했다. 기업 기부가 전체의 70%인데 경제가 어려워 실적도 안 좋다.

후박사의 탁월한 세 가지 처방

첫째, 두루두루 알리자. "오른손이 하는 것을 왼손이 알게 하자." 알려지는 기부부터 하자. 기부를 했는데 아무도 모른다면 섭섭하다. 누군가 알아줄 때 기쁘다. 더 하고 싶어진다. 알아줄 때 존재의 이유가 생긴다. 보여 주는 기부부터 하자. 기부를 했는데 무관심하다면 화가 난다. 누군가 인정할 때 기쁘다. 또 하고 싶어진다. 인정은 자부심의 원천이다. 빛나는 찬사를 보내자. 기부를 했는데 박수가 없다면 허전하다. 누군가 칭찬할 때 기쁘다. 늘 하고 싶어진다. 칭찬은 고래도 춤추게 한다.

둘째, 돈의 행방을 공개하자. "가슴이 하는 것을 머리가 알게 하자." 어떻게 기부되는지 투명하게 집행해야 한다. 기부자로서 사용 내역을 모른다면 답답하다. 핵심은 기부한 돈이 기부자가 돕고 싶은 곳에 가게 해야 한다. 엉뚱한 곳으로 간다면 기부자는 화가 난다. 기부 단체를 못 믿게 된다. 추가 기부의 동기부여가 사라진다. 그래서 사기 모금은 철저히 징벌해야 한다. 속아서 낸 것을 알면 분통 터진다. 마음에 큰 상처를 받게 되고, 기부할 마음이 사라진다.

기부행위 자체가 선(善)

셋째, 의도를 캐지 말자. "기부의 순수성을 폄하하지 말자." 선의(善意)를 분석하지 말자. 백프로 순수한 의도란 없다. 모든 의도에는 숨겨진 사연이 있다. 무의식이 의식을 지배한다. 저의(底意)를 고려하지 말자. 어떤 의도라도 기부는 기부다. 이름을 내고, 과시를 하고, 인정받는 게 인간적이다. 불순한 의도가 있더라도 무시하자. 이익을 본다 한들 얼마나 보겠는가? 위장하려 한들 어쩌겠는가? 기부행위 자체가 선(善)이다. 악(惡)이 깃들기 쉽지 않다. "사심을 줄이고 욕심을 적게 하라[少私寡欲]".

84

데이트 폭력

◇◇◇

후폭풍 걱정 말고, '삼진아웃' 시켜라

사랑과 관심의 표현인 줄 알았는데

그녀는 여섯 달째 연애 중이다. 남자친구는 유복한 집안에 회계사라는 직업을 가진데다, 유명 미국대학 졸업이라는 스펙을 갖췄다. 훤칠한 외모에 모든 면에서 훌륭한 조건을 갖춘, 소위 '엄친아'다. 그녀도 국내 유명대학을 졸업하고 공공기관 취업에 성공한 미모의 재원, '엄친딸'이다. 누가 보더라도 이런 '엄친아'와 '엄친딸'의 만남은 부러워할 만한 일이다.

선배로부터 소개받고 처음 만났을 때, 정말 설레고 좋았다. 회사일로 분주했지만 최선을 다해 만났다. 달달하고 꿈같은 데이트를 여러 번 했는데, 언젠가부터 그에게 뭔가 심상치 않은 느낌이 들기 시작했다. 회사일로 바빠 만남을 거절하고 싶은데, 그러면 남자친구가 심하게 화를 낼 것처럼 반응해서 데이트 요청을 거절하지 못한다. 또한 만나지 않는 날에는 끊임없이 메시지를 보내거나 전화를 한다. 언제, 어디에서, 누구와 무엇을 하는지 자꾸 물어 보고, 즉각 전화를 받지 못하거나 메시지에 답하지 않으면 큰 소리를 내며 왜 그랬는지 따진다.

처음에는 그런 행동을 사랑과 관심의 표현이라 생각했다. 그러나 지금은 종종 감정적 · 언어적 위협으로 느껴진다. 그녀는 여러 번 남자친구에게 이런 상황이 심각한 문제임을 지적했고, 그는 자신의 행동이 실수이고, 진심으로 다시는 그러지 않겠다고 애원해 용서를 한 적도 있다. 그의 나무랄 데 없는 조건, 그간 쌓인 정이 있어 그녀도 헤어지는 것을 바라지는 않는다. 그러나 그런 태도를 수용할 수는 없다. 계속 그런 행태가 반복된다면 이별을 선택해야 할 것이다. 어떻게 하는 것이 좋을까?

미혼 남녀 10명 중 7명은 데이트 폭력 경험

데이트 폭력은 남녀교제에서 일어나는 신체적 · 언어적 · 감정적 폭력이다. 사생활 간섭, 잦은 연락, 소문내기 등 경미한 다툼부터 폭행, 강간, 자살협박, 스토킹, 살인 등 심각한 범죄까지 포괄한다. 최근 설문조사에 의하면, 미혼 남녀 10명 중 7명은 데이트 폭력을 경험하고, 3명 중 1명은 신체적 폭력을 당한다. 흔한 폭력유형의 순서는 ① 욕설, ② 기물 파손, ③ 자존심 상하는 발언이고, 폭력행사의 흔한 이유는 ① 화난 것을 알리기, ② 무의식적인 흥분, ③ 상대의 잘못이나 욕설이다.

투사적 동일시란 게 있다. 인간관계에서 지나친 기대를 할 때 일어나는 정신현상이다. 우선, 투사가 먼저 일어나다. 투사는 내 것을 상대가 가지고 있다고 생각하는 것이다. 내가 마음이 불안한데 상대가 불안한 것으로 생각하고, 내가 화가 났는데 상대가 화가 난 것으로 느낀다. 완전히 반대로 해석하는 것이다. 다음, 동일시가 일어난다. 투사로 인해 상대가 불안하다고 생각하기 때문에 나도 불안해지고, 상대가 화를 낸다고 느끼기 때문에 나도 화가 난다. 인간관계가 완전히 꼬인다.

투사적 동일시는 부모자식이나 연인 같은 가까운 사이에서 일어난다. 모든 아이는 부모자식 관계에서 투사적 동일시를 통해 성장한다. 충분한 사랑과 양육을 통해 투사를 버리고 건강한 동일시로 발전한다. 그렇지 못한 경우, 불안정한 성격으로 남는다. 모든 남녀는 연인관계에서 투사적 동일시를 통해 서로를 깊이 탐색한다. 충분히 건강한 남녀가 만났다면, 사랑의 유대감을 통해 투사를 버리고 건강한 동일시로 발전한다. 하지만 한쪽이라도 불건강하다면, 남녀관계는 복잡하게 엉킨다.

'너 죽고 나 죽자'에 겁먹지 말아야

데이트 폭력은 가장 가까운 연인관계에서 발생하는 폭력이다. 남녀교제는 또 다른 대인관계다. 직장에서 성공해도 결혼에 실패할 수 있다. 누구나 한 번쯤은 사랑에 눈먼다. 사랑에 목숨을 걸기도 한다. 건강한 남녀가 만났다면, 사랑싸움은 수용과 화해를 통해 극복된다. 그런데 한쪽이라도 불건강하다면, 사랑싸움은 폭력으로 치달을 수 있다. 물론 불건강한 쪽은 건강한 파트너를 통해 도움을 받는다. 하지만 건강한 쪽은 불건강한 파트너를 통해 피해를 보게 된다.

데이트 폭력은 과도한 집착에서 온다. 이성을 소유물로 생각하고, 어머니로 착각한다. "내가 화난 것은 모두 너 때문이다." 통제부족에서 온다. 불편한 것을 못 참고, 힘든 환경을 못 견딘다. "맘대로 안 되면 다 부셔버릴 거야." 거절공포에서 온다. 사랑하는 사람들이 모두 떠날 거라는 두려움을 가지고 산다. "나를 버리면 지옥까지 쫓아갈 거야." 가부장적인 성역할에서도 온다. 남성이 주도적이고 여성이 순종적인 관계를 강요한다. 이를 위해 폭력을 미화한다. "사랑하니까 폭력을 이해해야 한다."

후박사의 탁월한 세 가지 처방

첫째, 전략적으로 대응하자. 폭력은 사소하더라도 넘어가면 안 된다. 폭력은 습관이다. 저절로 낫지 않고, 당연히 반복된다. 좀 더 잘해 줘서 사라진다면 의미가 없다. 언제까지 잘해 줄 것인가? "바늘 도둑이 소 도둑 된다." 치부를 건드리지 않아 호전된다면 위험하다. 언젠가 폭발할 것이다. "소 잃고 외양간 고친다." 진심으로 사과한다 해도 믿어선 안 된다. 또 다시 반복될 것이다. "믿는 도끼에 발등 찍힌다."

삼진아웃을 실행하자. 한 번은 봐 주자. 두 번까지는 실수로 보자. 하지만 세 번은 그냥 넘어가면 안 된다. 미리 경고해야 한다. 세 번이면 가족이나 친지에게 무조건 알리자.

물론 낙인효과가 생길 수 있다. 그렇다고 감추어선 안 된다. 정 비밀을 원한다면, 폭력행동에 대해 정신과 치료를 받도록 하자. 한 번만 방문해 진료해도 된다. 비밀이 보장되면서 법적인 잠금장치가 될 수 있다. 이것도 저것도 거절한다면 그냥 터뜨리자. 후폭풍을 생각하지 말자. 결혼 전 작은 폭력은 결혼 후 큰 사고로 이어지기 마련이다.

둘째, 기술적으로 대화하자. 폭력은 잘못된 대화에서 올 수도 있다. 처음 폭력이 일어났을 때, 원인을 철저히 탐색하자. 본의 아니게 서로가 폭력 유발자인 경우도 있다. 그렇다 해도 폭력은 절대 갈등해소의 수단이 될 수 없다. 원수를 사랑해도 폭력을 사랑해선 안 된다. 내가 화가 났을 때, 상대가 화가 났을 때 비폭력 대화를 적용해 보자. ① 모든 판단을 중지한다. ② 상대의 감정을 느껴 본다. ③ 상대의 의도를 파악한다. ④ 사실을 재차 확인한다.

폭력은 올바른 대화를 통해 예방된다. 대화는 질문과 경청으로 구성된다. 나 중심 대화에서 너 중심 대화로 나아가자. 질문의 최고 단계는 질문하지 않는 듯이 질문하는 것이다. 너 중심 대화에서 맥락 중심 대화로 이동하자. 경청의 최고 단계는 말하지 않는 것까지 듣는 것이다. 최고의 대화는 아무런 판단 없이 존중하는 마음에서, 상대의 입장을 정확히 공감할 때 이루어진다.

아니면 아닌 것, 과감히 정리해야

셋째, 단호하게 대처하자. 폭력으로 얼룩진 미래는 보장되지 않는다. 결혼은 인생의 중대한 사건이다. 단호한 결단이 필요하다. 아니면 아닌 것이다. 조건이 좋아, 투자한 게 아까워 넘어간다면 어리석다. '폭력만 빼고 모든 게 좋다'에 현혹되지 말자. 과감히 정리하자! 죄의식을 가질 하등의 이유가 없다. 정이 들어 참는다면 말도 안 된다. '너무 사랑해서 그랬다'에 속지 말자. 깔끔하게 헤어지자! 연민감은 금물이다. 이별이 무서워 안 헤어진다면 정말 위험하다. '너 죽고 나 죽자'에 겁먹지 말자. 용기 있게 끝내자! 두려움은 정면 돌파해야 한다. 인생은 한 번 사는 길이다. 강인한 대처가 필요하다. "죽으면 죽으리다."

85 마마보이 남자친구

◇◇◇

아픈 만큼 성숙하도록 도와야

모든 선택과 결정을 어머니에게 돌리는 남친

입사 3년차인 그녀는 28살, 뛰어난 미모와 깔끔한 일처리로 직장 내 모든 총각이 원하는 신부감이다. 그런데 그녀는 입사 후 대부분의 시간 동안 남자친구가 없었다. 몇 달 전 한 팀장님으로부터 소개를 받아보지 않겠느냐는 연락을 받았다. 상대는 외동아들인데, 5살 연상이라 나이가 좀 많다고 느껴졌다. 하지만 괜찮은 직장에다 미국 유명대학에서 석사까지 받은 학력뿐 아니라 부유한 가정환경 등 그 외의 모든 조건이 좋아서 감사한 마음으로 소개받았다.

이후 주말마다 그를 만났다. 그는 그녀를 무척 마음에 들어 했고, 그녀도 그런 그가 싫지 않아 5개월 동안 거의 20번 이상 만났다. 처음에는 잘 몰랐는데, 몇 번째부터 뭔가 이상한 느낌이 들기 시작했다. 우선 그와 대화하다 보면, 내용 중에 어머니에 대한 이야기가 아주 많다. 효자라서 그러려니 했는데, 매번 듣다 보니 좀 지나친 거 아닌가라는 생각이 들었다. 남자 33세면 부모와는 독립된 생활을 해야 할 나이가 아닌가. 그런데 그는 항상 어머니를 염두에 두고 모든 생각과 행동을 하고 있는 것이다.

최근 결혼과 관련된 이야기가 조금씩 나오기 시작하는데, 모든 선택과 결정을 어머니에게 돌리는 그의 태도를 보면서 이건 정말 아니라는 생각이 들었다. 주위에서 혹시 마마보이가 아니냐고 한다. 이제 그와 정도 꽤 들었고, 그의 여러 가지 좋은 조건이 욕심나긴 하지만, 그래도 그런 남자와의 결혼은 불행의 시작이 될 것 같다는 생각이 사라지지 않는다. 어떻게 해야 할까?

마마보이와 효자와의 차이점

마마보이와 효자의 차이점은 무엇일까? 마마보이란 어머니에게 의존하는 남자다. 주체성이 없어, 엄마의 의견을 무조건 따른다. 책임지기 싫어하고, 엄마 같은 사람을 필요로 하며, 아이처럼 살려고 한다. 효자란 부모에게 잘 하는 남자다. 주체성을 가지고, 부모의 의견을 항상 존중한다. 책임감이 강하고, 부모를 잘 섬기며, 어른으로 살아간다. 어릴 때 마마보이라면 문제가 없지만, 나이가 들어서도 마마보이라면 간단치 않다. 요즘 세상에 적당히 효자라면 문제가 없지만, 지극한 효자라면 만만치 않다.

어른아이란 게 있다. 겉은 어른인데, 속이 아이다. 피터팬증후군이라 부른다. 피터팬처럼 어른이 되기 싫고, 영원한 아이로 살고 싶어 한다. 아이는 아이 같아야 하고, 어른은 어른 같아야 한다. 성숙이란 어른이 어른 같은 것을 말한다. 그런데 아이가 어른 같으면 조숙이라 하고, 어른이 아이 같으면 미성숙이라 한다. 전자를 애어른이라 부르고, 후자를 어른아이라 부른다. 어른아이의 특징은 이렇다. ① 나 중심적이고, 남을 배려하지 않는다. ② 부모나 가까운 사람에게 의존한다. ③ 인생의 특별한 목적과 의미가 없다.

마마보이는 대표적인 어른아이다. 응석받이, 치마폭 아이 등으로 불린다. 주로 극성엄마 밑에서 자란 경우다. 극성엄마의 원조는 맹자의 어머니다. 아들의 교육을 위해 세 차례 집을 옮기고, 어머니가 그리워 돌아오면 매몰차게 거절했다. 루즈벨트의 어머니도 극성엄마다. 아들의 학업을 돕기 위해 학교 앞으로 집을 옮기고, 병든 아들 면회를 위해 사다리를 걸고 기숙사 방까지 침입했다. 한국의 치맛바람은 세계적으로 유명하다. 오늘날 '한강의 기적'을 만든 성장 동력이다. 한국에선 요즘도 엄마 뒷바라지 없이 자식이 성공하긴 어렵다. 엄마의 파워는 학교, 직장, 결혼, 육아까지 영향을 미친다. 마마보이와 마마걸이 양산되고 있다.

링컨은 나이 마흔이 되면 자기 얼굴에 책임을 져야 한다고 했다. 인간의 얼굴은 살아온 과거의 체험을 반영한다. 공자는 나이 마흔이면 불혹이고, 나이 쉰이면 지천명이라고 했다. 불혹(不惑)은 어떤 유혹에도 흔들리지 않는 것이고, 지천명(知天命)은 하늘의 소명을 알게 되는 것이다. 에릭슨은 인생의 과제로서 청년기에 친밀감, 중년기에 생산성, 성숙기에 자아통합을 말했다. 청년기에 사랑을 통해서 친밀한 인간관계를 완성하고, 중년기에 돌봄을 통해서 가족과 사회에 공헌하고, 성숙기에 통합을 통해서 한 인간으로서의 충만함에 도달하는 것이다.

내 인생의 주연은 나

주체성이란 무엇인가? 내가 나의 주인공이란 마음의 상태다. 부처님이 외쳤다는 '천상천하 유아독존'의 경지다. 일체 남에게 의존하지 않는 것이고, 이는 자유와 독립을 의미한다. 모든 것을 내가 하기 때문에 잘된 일도, 잘못된 결과도 나에게 원인이 있다. 매사 책임을 자각하여, 나 이외의 남을 탓하지 않는다. 남의 눈치를 보거나, 남의 생각에 이끌리지 않는다. 외부의 힘이나 존재에 부림을 당하지 않고, 내가 모든 것을 부리는 인생의 주연이 되는 것이다.

후박사의 탁월한 세 가지 처방

결혼을 앞두고 그녀가 숙고해 볼 세 가지가 있다.

외동에게 공들이는 건 당연한 일

첫째, 자원(resource) 활용이다. 마마보이에 대한 편견을 버리자. 그에겐 풍부한 자원이 있다. 잠재 가능성도 있다. 요즘 대부분이 외동아들이다. 누나나 여동생이 있다고 해도, 외동아들이긴 마찬가지다. 하나밖에 안 키우는데 어머니가 공을 들이는 것은 당연하다. 공들인 자식이 성공하는 것도 자연하다. 사랑을 많이 받았다는 것은 오히려 긍정적이다. 클린턴은 의붓아버지 밑에서 컸다. 어머니의 과잉보호에서 자랐다. 오바마는 홀어머니 밑에서 컸다. 어머니의 과도간섭에서 성장했다. 둘 다 미국 대통령이 됐다. 엄마품에서 자란 경우, 의존적이고 의지력이 약할 것이라는 인식이 있다. 하지만 반대로, 독립적이고 적응력이 뛰어나기도 한다. 엄마와의 친밀한 유대감이 성장과정에서 긍정적으로 작용한다. 오히려 클린턴과 오바마처럼 강하고 자주적인 리더가 될 가능성도 높다.

둘째, 경계(boundary) 설정이다. 그가 건강한 울타리를 세울 수 있도록 돕자. 응석받이는 어머니와 경계가 없다. 과잉보호를 받기 때문이다. 치마폭 아이도 어머니와 경계가 없다. 과도간섭을 받기 때문이다. 둘 다 어머니와의 지나친 애정과 집착을 특징으로 한다. 말하지 않아도 서로의 생각을 알고, 눈빛만 봐도 서로를 느낀다. 어머니에게 아들은 연인과 같고, 아들에게 어머니는 심리적 고향이다. 마마보이는 어머니와의 경계가 모호하고, 감정적으로 얽혀 있다. 성공적인 인간관계를 위해 경계설정에 대한 인식과 훈련이 필수적이다.

사람관계는 너무 가까우면 불편하다. 우리는 사랑하던 사람과 잠시 떨어질 때, 편안함을 느낀다. 그렇다고 너무 멀어도 불편하다. 우리는 고독이 몰려올 때, 수첩을 뒤져 여기저기 연락하게 된다. 뜨거운 관계보다 서늘한 관계가 오히려 편안하다. 성숙한 인간관계의 비결은 거리 조절에 있다. 혼자 있는 듯이 함께 있고, 함께 있는 듯이 혼자 있는 것이다.

셋째, 성숙(maturity)이다. 미성숙은 상대에게 아픔을 주고, 자신에게 상처를 준다. 성숙은 필연이다. 미성숙은 결국 성숙으로 나가야 한다. 서른이 넘어 성장한다는 것은 쉽지 않다. 하지만 부모의 보호는 영원치 않고, 세상을 주연으로 살기엔 녹록치 않다. 성숙은 주체성이다. 그녀도 그와 함께 성숙으로 나가야 한다. 인간의 성장은 자신이 가장 두려워하는 곳에서 일어난다. 갑자기 성숙하기는 쉽지 않다. 모든 성숙은 체험을 통해서 온다. "아픈 만큼 성숙한다."

86 맞벌이 부부의 고민

◇◇◇

생활 때문에 삶을 저버리지 말라

둘이 오붓하게 주말을 보낸 기억이

그는 30대 중반의 대기업 과장이다. 5년 전 동갑내기와 결혼했다. 아내는 공공기관에서 근무한다. 각자의 꿈과 자아실현을 위해 맞벌이 부부를 선택했다. 맞벌이는 결혼 후 전세 대출금, 부모님 용돈, 자기계발비 등 그럭저럭 경제적 자립과 집안 안정에 도움이 되었다.

그는 고민이 많다. 직장업무에 익숙해졌지만, 스트레스는 날로 증가하고 있다. 인간관계 갈등, 불투명한 앞날, 승진심사 준비 등 간단한 게 하나도 없다. 무엇보다 산더미 같은 일감에 치인다. 아내도 사정이 다르지 않다. 결혼 후 둘이 오붓하게 주말을 보낸 기억이 손가락으로 꼽는다.

최근 고민은 잦은 야근이다. 부부 모두 일주일에 2~3일은 야근을 한다. 야근이 겹치면 세 살짜리 아이를 돌봐 줄 사람이 없다. 도우미 아주머니가 퇴근을 해야 하기 때문이다. 양쪽 부모님 모두 도움을 청할 상황이 못 된다. 어떻게든 야근을 피해 보려 했지만, 쉽지 않다. 누가 먼저 퇴근해 아이를 돌볼 것인지를 두고 부부간 다툼이 잦아졌고, 스트레스도 더 늘었다. 그런데 더 큰 고민이 생겼다. 내년 아내의 직장이 혁신도시로 이전한다는 것이다. 한숨만 나온다. 어떻게 해야 할지 해결책이 안 보인다.

잘 사는 것 같지만 상대적 빈곤감 커져

맞벌이 부부는 한국 중산층을 대표한다. 최근 통계에 의하면, 1인당 국민소득은 3만2천 달러, 맞벌이 부부가 50%를 육박한다. 1990년 1인당 국민소득은 5천 달러, 맞벌이 부부는 15%였다. 당시 갤럽조사에서, 스스로 중산층이라고 응답한 가구가 75%였는데, 현재는 20%다. 여성의 사회진출이 눈부시게 늘었는데, 연금, 보험료, 교육비 등으로 실제 소득은 턱없이 줄었다. 전셋집을 마련하는데, 단순비교로 기간이 3배 더 걸린다. 외부적으로 잘 사는 것 같지만, 내부적으로 상대적 빈곤감이 더 커졌다.

부부는 매일 지옥으로 출근한다. 평생일터가 사라지고, 미래는 불투명하다. 겉으로 조용해도, 경쟁이 치열하다. 경제대국이 됐다는데, 살아가는 게 날로 버겁다. 일하고 싶어도 일할 곳이 부족하다. 기업 곳간은 늘어나도, 가계 통장은 마이너스다. 부부는 매일 지옥으로 퇴근한다. 돈은 항상 부족하고, 앞날은 막막하다. 겉으로 평온해도, 터지기 직전이다. 복지국가가 된다는데, 달라진 게 별로 없다. 일주일에 하루 이상 야근은 기본이다. 법정휴가는 절반도 못 쓰고, 육아휴직은 꿈도 못 꾼다.

결혼이란 무엇일까? 어려서 기대했던 결혼이란 게 있었다. 누구나 행복한 결혼을 꿈꾼다. 그런데 나이 들어, 우리는 결혼을 해야 하기 때문에 한다. 남들이 하니까 한다. 결혼은 관습이다. 어릴 적 기대했던 사랑이란 게 있었다. 누구나 행복한 사랑을 꿈꾼다. 그런데 우리는 결혼하면서 사랑을 잃어버린다. 남들이 하는 만큼 한다. 사랑은 습관이다. 우리는 생각 없이 행동한다. 이게 아닌데… 결혼과 사랑은 다르다. 결혼하지 말라 후회할 것이다. 결혼하라 후회할 것이다.

부부란 무엇일까? 어려서 그렸던 부부란 게 있었다. 누구나 달콤한 관계를 꿈꾼다. 함께 먹고, 함께 자며, 함께 여행을 하고, 함께 얘기를 나눈다. 그런데 세월이 지나, 거꾸로 가는 현실을 발견한다. 남들 사는 대로 산다. 어릴 적 그렸던 가정이란 게 있었다. 누구나 화목한 가정을 꿈꾼다. 자식 낳고, 차를 사며, 집을 구하고, 가구를 들여 놓는다. 그런데 세월이 흘러, 반대로 가는 현실을 발견한다. 남들 사는 만큼 산다. 우리는 욕망 없이 행동한다. 이게 아닌데… 부부란 함께 꿈을 꾸는 사람이다. 꿈에는 길몽도 있지만 악몽도 있다.

수많은 고민을 안고 사는 현대인

현대인은 수많은 고민을 안고 살아간다. 남달리 고민이 많은 사람이 있다. 일하는 시간이 50%라면 고민하는 시간이 50%다. 그는 보통 비관적이다. 항상 나쁜 일이 닥칠 것 같은 두려움으로 살아간다. 과거 지향적이고, 한 생각에 잘 빠진다. 해결보다 문제에 매달리고, 교훈보다 실패에 초점을 맞춘다. 남달리 고민이 없는 사람이 있다. 일하는 시간이 50%라면 노는 시간이 50%다. 그는 보통 낙천적이다. 항상 좋은 일이 일어날 것 같은 예감으로 살아간다. 미래 지향적이고, 인식의 전환이 빠르다. 문제보다 해결에 매달리고, 실패보다 교훈에 초점을 맞춘다.

후박사의 탁월한 세 가지 처방

30년, 10년, 5년, 1년을 다시 기획해 보길

첫째, 인생을 다시 설계하자. 뭔가 잘못 돌아가고 있다. 결혼에 안주하여, 사랑을 잃지 말자. 우리는 사랑하기 위해 살고, 사랑받기 위해 산다. 사랑이 끝나면 세상도 끝나고, 날 위해 빛나던 모든 것이 그 빛을 잃는다. 돈 때문에 사랑을 저버리지 말자. 현실에 안주하여, 이상을 잃지 말자. 부부간의 사랑, 자식과의 소통은 중요한 가치다. 여가와 놀이, 휴식과 향유는 소중한 가치다. 성공 때문에 삶의 가치를 버리지 말자. 어떻게든 인생을 인생답게 설계하자. 30년, 10년, 5년, 1년을 다시 기획해 보자.

토요일 저녁, 아내와 오랫동안 안 갔던 레스토랑으로 가자. 함께 술 한 잔 마시면서, 고민을 떨쳐 보자. 뭔가 뾰족한 수가 있을 것이다. 종이 한 장에 모든 고민을 적어 보자. 그리고 하나하나 최악의 상황을 적어 보자. 최악의 상황을 받아들일 때, 고민은 감쪽같이 사라질 수 있다. 모든 아이디어는 냄비에 물 끓듯이 생긴다. 섬광처럼 스쳐 지나간다. 고민은 순간, 창조적인 아이디어로 바뀔 수 있다. 100% 완벽한 것으로 인식된다. "바로 그거야. 너무 간단해!"

둘째, 역할을 분담하자. 일요일 오후, 아내와 오랫동안 못 갔던 카페로 가자. 함께 차 한 잔 마시면서, 고민을 떨쳐 보자. 뭔가 좋은 수가 있을 것이다. 종이 한 장에 모든 역할을 적어 보자. 최근 맞벌이 부부가 대세인데, 전통적인 성역할은 개선되지 않았다. 가사, 육아, 직업을 도맡는 슈퍼우먼이란 없다. 맞벌이에겐 남편과 아내 역할이란 게 따로 없다. 잘하는 일, 좋아하는 일, 꼭 해야 할 일을 기준으로 무조건 반씩 분담하자. 중요치 않은 일은 하지 말고, 내가 안 해도 될 일은 위임하자.

과감하게 도움을 요청하자! 어려울 때 도움을 구하는 건 건강한 행위다. 장모님, 시어머니, 파출부, 도우미, 보육원 등 모두를 활용하자. 최근 조사에서, 출산휴가와 육아휴직은 95% 이상 공감대가 형성되어 있다. 그런데도 회사 분위기와 동료 눈치 때문에 절반도 못 쓴다. 과감하게 법정휴가를 사용하자! 어쩌겠는가? 내일은 내일 고민하자. 맞벌이 부부는 무엇보다 배우자의 배려가 중요하다. 배려는 사랑을 전제로 한다. 지속적인 사랑은 조건 없는 헌신과 희생을 요구한다.

셋째, 일과 삶의 균형을 고려하자. 최근 통계에서 부부 3쌍 중 1쌍은 하루 30분도 대화하지 않는다. 가장 큰 이유는 바빠서다. 보통 바쁠 때 중요한 사람처럼 보인다. 착각이다. 바쁨(business)은 중독으로 향한 길이다. 우리는 먹고 살기 위해 일하는 것이 아니다. 일 안하기 위해 일하는 것이다. 여유(relax)는 창조성으로 가는 길이다. 우리는 즐겁게 살기 위해 일하는 것이다. 삶은 축제가 되어야 한다. 날아가는 새를 진주로 맞출 것인가? 생활을 위해 삶을 저버리지 말자.

87 벼랑 끝에 선 남자

◇◇◇

부부 문제로 합리화하지 말고, 허울 벗은 내면의 귀 기울여야

외도로 사면초가에 몰려

그는 지금 벼랑 끝에 서 있다. 유부남이 회사 내 미혼여성과 연애를 했고, 그게 들통났다. 정말 심각하다.

열렬한 연애 끝에 서른에 결혼한 그는 원하던 대로 예쁜 딸 하나를 뒀다. 부유한 처가 덕에 아파트를 비롯한 경제적 도움을 받으며 평온한 결혼생활을 했다. 딸이 6학년에 올라갈 무렵 아내의 건강에 이상이 생겼다. 폐질환이다. 장인이 공기 맑은 시골에 집을 마련해 주었다. 아내가 요양을 떠난 후 그는 딸과 홀아비인 장인을 챙기며 산다. 그림에 소질이 있는 딸은 예술학교에 간다며 시골행을 거절했기 때문이다. 아내는 주말에 격주로 만난다. 그렇게 산 지 벌써 3년이다.

작년 말 그는 팀장이 됐다. 갑갑했던 3년에 대한 보상으로 여겨졌다. 기분이 좋아 일도 더 열심히 했다. 여러 팀원 중 유독 그녀와 의기투합이 잘 됐다. 게다가 그녀는 야근을 마다 않고 성과를 내 그를 기쁘게 했다. 전에도 예쁘고 멋진 후배라 생각했는데 업무까지 잘하니 남달랐다. 그녀 또한 능력을 인정받아 일찍 승진한 그를 배우고 싶은 훌륭한 선배로 생각한다고 했다. 함께 야근하며 저녁을 먹고 맥주 한잔 하는 일이 잦아지면서 친해졌다. 거기까지여야 했다. 언젠가부터 흔들리던 마음을 고백했고, 그녀도 받아주었다. 이후 회사에서, 회사 일을 핑계로 주말에도 함께 하며 꿀맛 같은 연애를 했다.

그녀와의 카톡이 발각됐다. 딸은 엄마에게 알렸고, 아내의 끈질긴 추궁에 항복했다. 아내와 장인은 그를 보려 하지 않는다. 중3 딸은 어쩔 줄 몰라 한다. 일단 집을 나와야 했고, 회사에는 병가를 냈다. 사건이 어디로 튈지 예측이 안 된다. 아직 회사에 소문은 안 났지만, 그녀를 생각하면 퇴사를 해야 할 듯하다. 가족에 대한 죄책감, 그들이 느낄 분노와 배신감 등을 생각하면 죽고 싶은 마음뿐이다.

스트레스가 클수록 중독에 잘 빠져

"오호라 나는 곤고한 사람이로다." 총체적 난국이다. 내가 원하는 선은 행하지 않고, 원하지 않는 악을 행했다. "먹고 마시는 것, 남녀의 정(情)은 인간의 큰 욕망이다." 욕망을 좇다가 벼랑 끝에 서게 됐다. 잠시 즐거움에 빠진 게, 충격적인 사건으로 터졌다. 내가 원하는 것은 행하지 않고, 도리어 미워하는 것을 행했다. "죽거나 잃는 것, 가난과 고통은 인간의 큰 두려움이다." 회사에서 쫓겨나고, 가정도 망가지고, 집까지 빼앗길 형편이다. 잠시 한눈팔다가, 커다란 위기에 빠졌다.

남자에게, 외도의 원인은 단순하다. 부부 문제가 아니다. 외도를 부인하다가, 부부 갈등이 있던 것으로 합리화한다. 성적 불만도 아니다. 외도를 방어하다가, 성적 불만이 있던 것으로 부각된다. 개인 문제도 아니다. 외도를 변명하다가, 성격이상이 있던 것으로 정당화한다. 남자의 외도의 원인은 스트레스다. 한국은 스트레스가 많은 나라다. 도처에 상처받은 사람이 많다. 외도하는 남자가 있으면, 외도하는 여자가 있다. 외도는 관계중독이다. 스트레스가 큰 남자일수록 중독에 잘 빠진다. 상처가 큰 여자일수록 중독에 잘 빠진다.

여자에게, 남편의 외도는 충격이다. 현실을 강하게 부정한다. "내 남편은 아닐 것이다." 분노와 배신감에 떤다. "평생 속아서 살았다." 사랑한 만큼 분노가 커지고, 믿은 만큼 배신감이 커진다. 함께 살아온 인생이 날라 가고, 과거 행복이 송두리째 상처로 바뀐다. 여자는 세 가지로 반응한다. 순응형은 수용한다. 아이를 위해 참고 산다. 우울증에 떨어진다. 공격형은 대처한다. 가정이 엉망이 된다. 파행으로 간다. 회피형은 방치한다. 여행 · 쇼핑 · 운동 · 종교 등에 중독된다. 맞바람을 피기도 한다.

아이에게, 부모의 싸움은 고통이다. 어떻게 돌아가는지 모른다. 아이는 자기중심적이다. 어른의 세계를 이해하기 어렵다. 모든 잘못이 자신에게 있다고 생각한다. 어떻게 해야 할지 모른다. 아빠 편을 들 수도, 엄마 편을 들 수도 없다. 아이에게는 부모 둘 다 필요하다. 가운데 끼면 돌이킬 수 없는 상처를 받는다. 사춘기라면 더 심각하다. 민감한 시기다. 사소한 단서도 과장되고, 작은 감정도 증폭된다. 인생 전체가 무너질 수도 있다. 부모는 무심하게 결정하지만, 아이에게 폭풍으로 다가온다.

충격이 파국으로만 가지 않아

"이 사망의 몸에서 누가 나를 건져내랴?" 모든 게 다 꼬였다. 단 하루라도, 한 달이라도 시계를 거꾸로 돌리고 싶다. 인간의 뇌는 충격적 사건을 다양하게 조작한다. 유리한 것만 받아들이고, 불리한 것은 무시한다. 사실을 무의식적으로 조작하고, 결과를 의식적으로 느낀다. 인간은 커다란 위기를 통해 성숙한다. 충격이 파국으로만 가지 않는다. 사고로 마비가 된 것이 '인생의 전환'이 되고, 암 투병이 '대단한 경험'으로 해석된다. 지난날의 아픔과 슬픔을 씻고 나면, 견고한 기초가 마련된다.

후박사의 탁월한 세 가지 처방

외도 파국엔 '궁(窮) · 허(虛) · 변(變)' 대처로

첫째, 궁(窮)하면 통한다. "군자는 어려울수록 더욱 강해진다[君子固窮]." 역경이 닥치면 바닥을 치고 다시 올라온다. 실수하고도 배우지 않는 사람이 있다. 어리석고 가련한 인생이다. 큰 실수 한 번 해 보지 못한 사람이 있다. 빈 쭉정이로 끝나는 인생이다. 우리는 결국 모든 것을 상실한다. 하늘이 무너져도 솟아날 구멍은 있다. 앞으로 무엇이 더 일어나겠는가. 소심증을 훌훌 털어버리고, 원점에 서는 배짱으로 임하자. “내가 진정으로 원하는 것은 무엇일까?”

둘째, 허(虛)하면 통한다. “작은 생선을 굽듯이 그대로 둔다[若烹小鮮]” 비우고 낮추면 통하지 않을 것이 없다. 최악의 상황을 떠올리자. 회사도, 가정도, 재산도 모두 잃을 수 있다. 어느 하나를 얻으려다 전체를 잃을 수 있다. 모든 인간은 홀로 존재한다. 우리는 종당 모든 것을 상실한다. 아무도 미워하지 말고, 누구에게도 매이지 말자. 잃는다고 하는데 무엇을 잃는단 말인가. 죄의식을 훌훌 떨어버리고, 원점에 서는 가벼움으로 임하자. “내게 가장 중요한 것은 무엇일까?”

셋째, 변(變)하면 통한다. “싸움의 승리가 아니라 모두가 승리하는 것이다[戰勝不復].” 상황에 따라 변해 나가야 통한다. 어려울 때는 전략으로 승부한다. 잠자는 동안 기적이 일어나 모든 게 해결됐다고 상상하자. “어떤 기적이 일어났나요?” 거꾸로 추적해 보자. 잠자는 동안 악몽이 실현되어 모든 게 망가졌다고 상상하자. “더 악화되지 않았나요?” 바닥부터 올라가 보자. 문제가 생기기 이전이나 예외 상황을 상상하자. “그때는 왜 문제가 안됐나요?” 문제와해를 도모해 보자.

88

비리와 부정

◇◇◇

소신 지키고 사리사욕 버려야

비리고발로 혼란 속에 휘말려

"선생님, 어떻게 해야 할까요?" "가담하자니 시궁창이고, 빠지자니 비겁한 것 같고, 그렇다고 학교를 떠날 수도 없고…." 하루는 40대 미모의 여교수가 진료실을 방문했다. 그녀는 최근 벌어진 학원사태로 골머리를 앓고 있다. "누가 청와대에 학교 비리를 고발했어요. 10개항에 대한 답변서를 써야 하는데, 총장이 저를 불러 '발전기금 강요한 적 없음' '비자금 없는 것으로 알고 있음' '자격증 남발한 적 없음' 등에 대해 확인서를 써 달라고 요구해요."

학교가 엉망이란다. 이사장의 부정을 폭로하는 대자보가 붙고, 교수들은 추종파와 반대파로 나뉘어졌고, 총장은 이사장의 바람막이를 하고 있다. 각종 유언비어가 떠돈다. 그러다 보니 다음 학기 학생모집도 불투명하고, 이사장이 학원을 딴 사람에게 판다는 소문도 있다.

"총장이 자기편에 서 달라고 해요. 그렇게 되면 이사장의 비리를 눈감아 주는 것이 되죠. 추종파가 되는 거고요. 그런데 며칠 전 기획처장을 만났어요. 그는 이번 기회에 재단 비리를 샅샅이 파헤쳐야 한다고 성토를 해요. 자기를 도와 달래요. 반대파가 되는 거겠죠."

평생 몇 번쯤 위험한 선택

그녀는 위기에 처해 있다. 이러기도 싫고, 저러기도 싫다. 이래도 저래도 문제다. 그러나 그녀에게 선택은 필수다. "하나님, 제게서 이 잔을 거두어 주십시오!" 우리는 평생 최소 세 가지 중요한 선택을 한다. ① 어디에서 살 것인가? ② 무엇을 하며 살 것인가? ③ 누구와 함께 살 것인가? 우리는 평생 몇 번쯤 위험한 선택을 해야 한다. 현재 선택은 미래를 결정한다. 위험한 선택은 미래를 위협한다.

이사장도 위기에 처해 있다. 이러기도 어렵고, 저러기도 어렵다. 이래도 저래도 문제다. "하나님, 제게 왜 이런 시련을 주시는 겁니까?" 그는 학원사업에 평생을 바쳤다. 물론, 일부 돈을 빼돌려 건물을 구입하고, 로비를 위해 비자금을 운영했다. 이중 회계장부를 사용하고, 유령 자격증도 발행했다. 나의 모든 것을 투자해서 일으킨 사업이다. 어떻게든 흑자를 남겨야 하고, 투자금도 회수해야 한다. 남들 하는 대로 한 건데, 내 것을 내 맘대로 하는데…. 비리와 부정이라니 웬 말인가?

그는 무언가 잘못 생각하고 있는 듯하다. 그의 끝없는 욕심은 어떻게 이해해야 할까? 수조원의 재산을 갖고 있는 회장이 수백억을 더 벌려다 횡령사건으로 쇠고랑을 차는 일. 재벌가에서 돈 때문에 형제들이 싸우다 못해 원수가 되어 가족이 풍비박산 나는 일. 신문지상에서 쉽게 접하는 뉴스다. 왜 평생 먹고 살 돈이 있는 데도 계속 돈을 추구할까? 돈을 위해 남을 짓밟고 비리와 부정을 일삼는 이유는 무엇일까? 왜 돈을 벌면 사회에 환원하는 이타심에 인색한 걸까?

커다란 전쟁이 예상된다. 추종파와 반대파의 물불 안 가리는 싸움이다. 양쪽 다 쉽게 물러날 것 같지는 않다. 거짓말, 말 바꾸기, 둘러대기가 난무한다. 추종파는 권력자를 돕거나 눈감아 주는 세력이고, 반대파는 권력자를 고발하거나 성토하는 세력이다. 추종세력은 비리를 저지른 악인을 중심으로 모인 행동대원이고, 반대세력은 부정에 대항하는 의인을 중심으로 모인 불만대중이다. 행동대원은 악인을 부러워하고, 불만대중은 악인을 무서워하며, 의인은 악인을 부러워하지도 겁내지도 않는다. 의인은 누구인가? 불의가 드러나면 사회 전반에 "어찌 그럴 수 있느냐?" "우리를 어떻게 아느냐?"는 공감대가 형성된다. 권력자는 쉽게 '악인'으로 몰리고, 이를 처단해야 할 '의인'이 탄생한다.

선과 악이 존재하는 사회

사회에는 항상 선과 악이 존재한다. 남이 악하다고 해서 자동적으로 내가 선한 것은 아니다. 내가 선하다고 해서 자동적으로 남이 악한 것은 아니다. 남이 악해도 나도 악할 수 있고, 내가 정당해도 남도 정당할 수 있다. 악인에게 피해를 봤다고 내가 선한 것은 아니고, 피해를 안 봤다고 내가 악한 것도 아니며, 악에 대항해 싸운다고 내가 선한 것도 아니다. 사회에는 항상 비리와 부정이 존재한다. 비리에 대해 입을 열지 못한다면 비겁한 자라 할 수 있다. 비겁에 떨어지는 이유는 무엇인가? 강한 신념이 없기 때문이다. 부정에 대해 입을 쉬지 않는다면 야심찬 자라 할 수 있다. 야심에 떨어지는 이유는 무엇인가? 끝없는 욕심이 있기 때문이다.

정직은 사회적 미덕이다. 우리는 정직한 행위에 만족감을 느낀다. 동시에 사소한 부정에 모른 척한다. 기회만 주어진다면 정직한 사람조차 부정을 할 수 있다. 사람들은 막무가내로 비리와 부정을 저지르지는 않는다. 보통 부정이라 하면 도둑, 사기, 공갈, 협박 등을 떠올린다. 그러나 정직하다고 생각하는 사람들이 무심결에 저지르는 비리들이 더 많다. 각종 탈세, 금융비리, 부자세습, 정경유착 등이다. 전자보다 후자가 더 심각한 사회 문제다.

후박사의 탁월한 세 가지 처방

그녀는 위험한 선택에 직면해 있다. 가담하던지, 빠지던지, 떠나는 것이다. 어떤 선택도 최선이 아니다. 그래도 셋 중 하나를 선택해야 한다.

첫째, 비리와 부정에 맞서 보는 것도 좋다. 큰 용기가 필요하다. 의미 있는 경험이 될 수 있다. 싸우는 과정을 통해 많은 지혜를 얻을 수 있다. 시궁창에서 용 나는 법이다. 하지만 조심해야 한다. 자신도 똑같아질 수 있다. 강자의 비리를 들추고, 부정을 성토하고, 계속 욕하다 보면 그를 닮게 된다. 강자와의 동일시다. 시궁창에서 싸우다 보면 더러워지는 게 당연하다. 매일매일 샤워가 필요하다. 사리(私利)를 탐할 수도 있다. 전쟁에서 이기면 전리품을 챙기는 법이다. 물론 이긴다는 보장은 없다. 지는 경우, 만신창이 신세다. 이기는 경우, 위선자로 추락할 수 있다. 공을 이루고 떠나야 할지 모른다. 이런 말이 있다. "하나님께서는 악인과 선인에게 해를 비추시며, 불의한 자와 의로운 자에게 비를 내려 주신다."

둘째, 입을 다무는 것도 좋다. 용기가 안 날 때는 비겁해지는 것도 괜찮다. 내가 아니더라도 누군가 뛰어들 것이다. 내가 반드시 가담할 필요는 없다. 생계도 중요하다. 비겁하다고 꼭 나쁜 것은 아니다. 약한 것이 무슨 죄인가? 하지만 조심해야 한다. 비굴해질 수 있다. 자칫하면 이편과 저편을 왔다 갔다 하게 된다. 사욕(私慾)을 탐할 수 있다. 눈감아 주거나 모른 척하는 것도 공범에 해당한다. 아예 모든 관심을 끄는 것이 현명하다. 이런 말이 있다. "선을 보면 기뻐하고, 악을 보면 무관심하라."

절이 싫으면 중이 떠나는 방법도

셋째, 학교를 떠나는 것도 좋다. 세상에 어찌 이 직장만 있겠는가? 경영의 귀재 잭 웰치는 이렇게 말한다. "하는 일이 상사를 참고 견딜 만큼 가치가 있는지 물어 보라. 그렇다면 입 닥치고 있어라. 가치가 없다면 우아하게 회사를 떠나라." 상사를 바꾸려 하는 것은 어리석다. 절이 싫으면 중이 떠나는 법이다. 무기력해지기 전에 직장을 떠나야 한다. 하지만 도피가 되어서는 절대 안 된다.

그녀는 위대한 선택을 해야 한다. 야심찬 인간처럼 사리를 취하지 않고, 비굴한 인간처럼 사욕을 취하지 않고, 입을 열기도 다물기도 하면서 소신대로 선택하는 것이다.

89 사기와 속임수

◇◇◇

못난 나를 받아들이고 떼인 돈은 잊자

굳게 믿고 투자했는데

"분통이 터져요. 10년 동안 어떻게 모은 돈인데, 모두 사기 당했어요. 제대로 써 보지도 못했는데… 생각만 하면 너무 억울해요. 무엇보다 속았다는 사실에 더 화가 나고요. 만나는 사람마다 모두 사기꾼으로 보이고, 매일 피해의식에 시달려요."

그는 50대 중반의 내과의사다. 10년 전, 두 아들을 유학 보내면서 돈이 필요해, 잘나가던 교수직을 그만두고 개업했다. 유명세로 병원은 그럭저럭 잘 운영됐고, 덕분에 돈을 꽤 벌었다. 3년 전, 교회 모임에서 A사장을 만나 친하게 되었다. 교우관계가 원만하고 봉사도 잘해 목사님도 좋아하는 사람이었다. 어느 날 A사장은 자신의 회사를 소개하면서 투자를 제안했다. 1구좌 1,000만 원을 투자하면, 연이율 24%에 달하는 배당금을 매달 20만 원씩 준다는 것이다. 게다가 원하면 언제든지 즉시 원금 회수가 가능하다고도 했다.

그는 처음에 무시했다. 그런데 친한 교우들이 몇 구좌씩 투자해 배당금을 솔솔이 받았고, 또 어떤 교우는 원금 회수를 요청해 즉시 받았다는 얘기도 전해 들었다. 그도 시험 삼아 5구좌를 투자했다. 그랬더니 매달 100만 원이 꼬박꼬박 통장에 찍히는 것이다. 흐뭇했다. 1년쯤 지났을 무렵, 묶어 놓은 돈 5억을 모두 투자하면 어떨까 하는 욕심이 생겼다. 아내도 그 집 가족들과 친하고, 신앙생활을 같이 하는 사람이니 별 탈 없을 것이라며 반대하지 않았다. 돈은 벌 때 벌어야 한다는 생각에 조금 위험하다고 생각했지만, 여섯 달 전 큰 맘 먹고 5억을 투자했다. 그런데….

속이는 자가 있으면 속는 자도 있다

사기는 남을 속이는 것이다. 삶이 무료할 때 누구나 한 번쯤 일탈을 꿈꾼다. 삶이 재미없을 때 누구나 인생의 반전을 꿈꾼다. 어느 날 갑자기 머리가 똑똑해졌다면 어떻게 할 것인가? 우리는 천재 사기꾼이 등장하는 영화를 보면서 통쾌해 한다. 사기꾼은 남을 속여 이득을 취하는 사람이다. 조선의 사기꾼 봉이 김선달은 대동강 물 소유권을 무려 황소 40마리 값에 팔았다. 희대의 사기꾼 조희팔은 의료기기 불법 다단계 영업으로 무려 4조 원의 투자금을 챙겼다.

속이는 자가 있으면 속는 자가 있다. 우리는 일확천금을 꿈꾼다. 복권을 사거나 주식투자로 팔자를 고치려 한다. 사기꾼은 못 가진 자들에게는 "쉽게 돈을 벌 수 있다"고 유혹한다. 우리는 한탕주의를 노린다. 도박에 손대거나 부동산 투기로 운수를 바꿔 보려 한다. 사기꾼은 가진 자들에게는 "노력 없이 돈을 늘릴 수 있다"고 제안한다. 경제가 어려워지면 불법이 더욱 성행한다. 투자사기, 부동산사기, 주가조작, 의료사기 등이 난무한다. 속이는 자나 속는 자나 바닥에 욕망이라는 것이 꿈틀거린다.

인간의 욕망은 무한하다. 밥 세끼와 따뜻한 잠자리에 만족하지 않고, 무언가를 끝없이 요구한다. 자본주의는 그런 욕망을 부추긴다. "우리는 타자의 욕망을 욕망한다." 모든 욕망은 돈을 통해 충족된다. 돈으로 신분이 결정되고, 돈이 있는 만큼 꿈꾼다. 돈은 자부심의 원천이고, 돈이 스스로를 자유롭게 한다. "돈은 있는 죄도 없애고, 없는 죄도 만든다." 돈을 위해 수단과 방법을 안 가린다. 소금물을 먹으면 갈증이 더 심해진다. 사랑도 우정도 돈 앞에 맥없이 무너진다. "개같이 벌어서 정승처럼 쓴다."

한 해 사기 피해액 8조 원

"대한민국은 사기꾼 천국이다." 2014년의 경우 사기사건은 24만 건, 피해액은 8조 원에 이른다. 검거율은 70%, 피해금액 중 회수된 돈은 1%도 안 된다. 이웃 일본의 무려 10배다. 이렇게 사기가 성행하는 이유는 무엇일까? ① 정(情)으로 돈거래를 한다. 계약이나 법적 절차를 무시한다. 아는 사람, 친한 사람, 믿는 사람에게 속는다. ② 남의 일에 관심이 많다. 남의 말을 잘 듣고 쉽게 수긍한다. 사기꾼도 말을 잘 안 들으면 못 속인다. ③ 남이 없는 사회다. 나보다 우리를 중시한다. 길 가다 문제 있는 사람을 보면 지적하거나 잘 돕는다.

항상 속이는 사람이 있다. 어리석다. 남의 뺨을 때려 죽을 때 그늘에서 떨고, 5리를 가도록 강요하여 인생의 적자를 남긴다. 자주 속는 사람이 있다. 어리숙하다. 남에게 속일 기회를 주지 않도록 조심해야 한다. 절대 속지 않는 사람이 있다. 어리다. 스스로 인생을 헛살아왔음을 알아야 한다. 가끔 속아 주는 사람이 있다. 어질다. 한 뺨을 맞을 때 다른 뺨을 돌려대고, 5리를 가자고 할 때 10리를 함께 하여 인생의 흑자를 남긴다.

후박사의 탁월한 세 가지 처방

첫째, 못난 나를 받아들이자. 지나치게 나를 믿었다. 자기 확신의 함정에 빠진 것이다. 스스로 똑똑하다고 과신하고, 내 방식대로 처리하다 망했다. 그렇다 해도, 그런 나를 받아들이자. 지나치게 남을 믿었다. 문간에 발 들여놓기 전략에 걸린 것이다. 1년간 꼬박꼬박 소액 배당금을 받다가 판단력이 흐려졌다. 그렇다 해도, 그런 나를 사랑하자. 지나치게 잘 되리라 기대했다. 낙천성의 오류에 빠진 것이다. 무조건 내가 하는 일이 잘 되고, 막연히 오늘보다 내일이 나아지는 것은 아니다. 그렇다 해도 마음의 평화를 선택하자.

둘째, 떼인 돈은 잊어버리자. 어차피 끝난 일, 그만 화내자. 마음만 망가진다. 집이 불타 재산 5억이 사라졌다고 상상해 보자. 차분함이 들어설 것이다. 어차피 끝난 일, 그만 억울해 하자. 몸만 망가진다. 죽을병에 걸려 5억을 다 써 나았다고 상상해 보자. 고마움이 생길 것이다. 어차피 끝난 일, 그만 피해의식에서 벗어나자. 혼이 망가진다. 무명(無名)으로 5억을 자선냄비에 쾌척했다고 상상해 보자. 따뜻함이 몰려올 것이다.

셋째, 새롭게 시작해 보자. 아이의 순수함으로, 다시 시작하자. 처음으로 돈이라는 것을 들고, 물건을 사러 상점에 갔을 때를 떠올려 보자. 설렘으로 마음이 요동칠 것이다. 청년의 열정으로, 다시 시작하자. 첫 직장에서 한 달을 일하고, 처음으로 월급 받았을 때를 떠올려 보자. 기쁨으로 몸이 전율할 것이다. 신혼의 소박함으로, 다시 시작하자. 처음으로 작은 내 집을 구해, 두 발 뻗고 편안히 자게 되었을 때를 떠올려 보자. 뿌듯함으로 가슴이 두근거릴 것이다.

90

스토킹

◇◇◇

주변에 도움 청하고 단호하게 대응

어떻게 내 이름을 알았지?

그녀는 어릴 적부터 뭇 남성들의 시선을 끌었다. 약간의 불편함은 있었지만, 30년 인생에 있어 실보다는 득이 많았기에 나쁘지 않았다. 몇 년 전 직장 때문에 자취를 시작한 어느 날, "안녕하세요!"라는 낯선 남자의 인사에 깜짝 놀랐지만, 인사성 좋은 청년이려니 했다. 이후 그는 그녀 앞에 자주 출몰했는데, 우연히 동선이 같아 그럴 거라고 여기며 괘념치 않았다. 그냥 그런가 보다 했다.

출퇴근길에 그의 시선이 자주 느껴지던 어느 날이었다. 아파트 우편함에 배달된 우편물을 확인하다가 다른 집에는 관리비 명세서가 모두 꽂혀 있는데 그녀 것만 없음을 발견하게 됐다. 관리소의 실수라고 자신을 안심시켰지만, 마음 속 깊은 곳에서는 께름칙한 기분이 들었다. "안녕하세요!"로 시작됐던 그의 인사가, 언젠가부터 그녀의 이름을 부르는 인사로 바뀌게 되었다는 사실도 불현듯 떠올랐다. '어떻게 내 이름을 알았지? 내가 알려준 적이 있었나.'라는 생각과 함께 기분 나쁜 느낌이 스쳤지만, 이 나쁜 느낌이 그저 기우이길 바랐다. 며칠 전부터는 모르는 전화번호로 전화도 온다. 누군지 확인하려 전화를 받으면 전화기 넘어 들려오는 건 침묵뿐이다. 계속 "여보세요, 누구세요?"를 외쳐도 상대방의 목소리는 결코 들을 수 없다.

께름칙한 감정이 두려움으로 구체화될 즈음, 그녀의 삶에 문제가 생기기 시작했다. 잠을 잘 못 자는 것은 물론, 작은 소리에 깜짝깜짝 놀라고, 아파트 비밀번호를 누를 때에도, 걸을 때에도, 매 순간 낯선 시선을 느낀다. 가족에게 털어놓기엔 걱정만 끼칠 것 같고, 신고를 하려 해도 심증뿐인 이 정황을 경찰이 믿어줄 것 같지도 않다. 그렇지만 너무 무섭다. 어떻게 해야 할지 너무나 두렵다.

"내가 이렇게 사랑하는데 이렇게 원하는데… 바라만 보는데도 내가 그렇게 불편할까요, 내가 나쁜 걸까요?" 한때 유행했던 〈스토커〉라는 노래의 후렴구다. 스토킹은 일방적으로 쫓아 다니며 괴롭히는 행위다. 무심결에 한 행위라도 상대에게 상처가 된다. 어떤 사람이 반복해서 친절한 도움을 준다면 께름칙하다. 낯선 사람이 자주 따라오거나 집 앞을 서성인다면 섬뜩하다. 모르는 사람에게 계속 전화가 오거나 원치 않는 선물을 받는다면 소름 끼친다. 누군가 사이버상에서 관심을 보이고 뒷조사를 한다면 무섭다.

10명 중 1명꼴로 스토킹 경험

스토킹이 만연하다. 연예인뿐 아니라 일반인에게도 흔하다. 최근 조사에 따르면, 10명 중 1명꼴로 직접 경험이 있고, 10명 중 3명꼴로 주변에 있다고 한다. 여성 3명 중 2명이 피해자가 될 수 있다. 작년 전국 여성 1인 가구는 284만이다. 여성 절반이 야간 보행에 두려움을 느낀다. 피해자가 여성인 강력사건 1/3에서 스토킹이 확인된다. 스토킹 피해자는 비슷한 사람을 보거나 벨소리만 들어도 놀란다. 혼자 있을 때나 외출할 때도 두렵다. 불면증 · 불안증 · 공포증과 더불어 외상 후 스트레스 장애를 겪는다.

누가 스토커가 되는가? 수줍고 겁 많은 사람이다. 열등감이 많다. 상대를 이상화하고 인정을 받으려 한다. "진짜 나를 안다면 좋아하지 않을 거야." 미성숙하고 의존적인 사람이다. 어른아이다. 엄마에게 투정을 부리는 아이와 같다. "내가 좋아하니까 그도 나를 좋아할 거야." 집착이 강한 사람이다. 편집성 성격이다. 매사 왜곡과 투사가 심하다. "내가 매달리는 것은 모두 그녀 때문이야." 거절에 민감한 사람이다. 작은 거절도 무시로 오인한다. 버림받는 것에 대한 두려움이 있다. "나를 버리면 지옥까지 쫓아갈 거야."

어떤 스토킹이 위험한가? 이별 스토킹이다. 헤어진 연인·부부 사이에 일어난다. 주변 정보와 생활 동선을 낱낱이 알고 있다. 환승 이별에서 더 위험하다. 보복성 스토킹으로 강력 범죄로 이어지기 쉽다. 사이버 스토킹이다. SNS를 몰래 보다 상대 발자취를 좇아 다닌다. 연애를 하고 있다고 착각한다. 갑자기 모습을 드러내 아무것도 모른 채로 당한다. 범죄 스토킹이다. 계획적으로 저지르는 스토킹이다. 금품갈취와 성범죄가 목적이다. 살인의 전조일 수 있다. 사건 발생 후에는 너무 늦다. 망상증 스토킹이다. 색정망상이란 게 있다. 에로틱한 망상이다. 상대가 자신을 사랑한다고 믿는다. 거부 신호조차 사랑의 증거라고 이해한다.

내가 원하지 않는 바를 상대에게 행하지 말라

이별 범죄가 증가하고 있다. 이별 통보를 부정하는 과정에서 일어나는 범죄다. 치정사건은 스토킹과 관련이 깊다. 가해자의 90%가 남자다. 감히 여자가 남자에게 결별을 통보하다니…. 자존감이 상한다. 투자한 게 화난다. 남자의 공격적 기질과 소유에 대한 집착이 작동한다. 가부장적인 성역할도 한몫한다. 한때 좋아했던 남자가 한시적 정신병자나 잠재적 범죄자로 돌변한다. "열 번 찍어 안 넘어가는 나무 없다." 스토킹을 정당화하는 속담이다. 여자는 소유물이 아니다. 거절하거나 통보할 수 있다. 스토킹은 상대에게 심각한 고통을 준다. 공자는 이렇게 말한다. "내가 원하지 않는 바를 상대에게 행하지 말라."

후박사의 탁월한 세 가지 처방

첫째, 약해지지 말자. 모르는 사람이 그녀를 스토킹하고 있다. 위험하다. 피하려 하지 말자. 상대가 더 집요하게 된다. 초기 대응해야 한다. 혼자서 고민하지 말고, 가족 · 동료 · 친구에게 도움을 청하자. 귀찮아하지 말자. 상대가 더 폭력적이 된다. 정면 돌파해야 한다. 혼자서 해결하지 말고, 이웃에 도움을 청하자. 무서워하지 말자. 상대가 더 얕잡아 본다. 과잉 방어해야 한다. 혼자서 대응하지 말고, 경찰서에 도움을 청하자. "강하고 담대하라. 두려워하지 말고 놀라지 말라."

둘째, 철저히 대처하자. 섣불리 대처하다 악화된다. 인생을 걸고 해결해야 한다.

① 출퇴근 동선을 바꾸고, 필요하면 전화번호도 바꾼다.
② 위험을 느낄 때 여성긴급전화나 귀가안심서비스를 활용한다.
③ 스토킹임을 알리고, 강한 거절 메시지를 전달한다.
④ 설득하거나 타이르지 말고, 간단히 대화한다.
⑤ 아버지 · 삼촌 · 남자친구 등 강한 남자가 전면에 나서게 한다.
⑥ 피해증거를 수집하고, 사건을 기록한다.
⑦ 약한 처벌이라도 경찰에 신고한다.
⑧ 형사전문변호사의 도움을 받는다.
⑨ 정신병자인 경우 가족에게 책임을 묻는다.

선진국에서 스토킹은 중범죄

셋째, 강하게 응징하자. 스토킹은 범죄다. 미국 등 선진국에서는 중범죄로 징역형까지 받는다. 한국에서는 고작 10만 원 미만의 범칙금만 내는 경범죄다. 구체적으로 현행법에 어긋나는 행위를 적용하여 고발하자. 욕설 · 폭언이 포함된 쪽지 · 문자 · 메일을 보낸 경우, 공포심을 느낄 정도라면 단 한 번이라도 단순협박죄에 적용된다. 공포심 · 불안감을 유발하는 내용을 반복적으로 보내 오면 「정보통신망법」에도 저촉된다. 보낸 내용이 성적 욕망을 유발하거나 만족시킬 목적인 경우 성폭력범죄에 해당한다. 집에 몰래 침입하는 경우 주거침입죄가 되고, 재물을 하나라도 절취하는 경우 절도죄가 된다.

91 스트레스 완전 정복

◇◇◇

무너지면 정신병, 극복하면 성장통

| 사례 1 | 김 모 사장은 회사가 급성장하면서 늘어나는 업무로 엄청난 스트레스를 받고 있다. 최근 들어 자주 집중력이 떨어지고 머리가 멍하고 일이 손에 안 잡힌다. 넘치던 자신감마저 상실했다. 누군가에게 도움을 받아야 하는데, 마땅히 갈 데가 없다. 정신과를 찾아가기도 그렇고, 내과에 찾아가도 특별한 처방이 없다.

| 사례 2 | 박 모 전무는 프로젝트가 잘 안 풀려 커다란 스트레스를 받고 있다. 최근 들어 걱정이 많아지면서 불면증이 생기고, 자주 소화불량과 두통에 시달린다. 꽉 짜인 일정을 따라가느라 병원에 갈 여유도 없지만, 그렇다고 아픈 증상에 대해 대처할 방법도 모르겠다. 매년 받는 건강검진에서는 이상이 없는 것으로 나왔다.

| 사례 3 | 장 모 과장은 최근 집안과 직장 양쪽에서 상당한 스트레스를 받고 있다. 집에서는 치매증상을 보이는 시어머니 문제로 남편과 갈등이 있는데다, 사춘기에 접어든 아들까지 반항이 심하다. 직장에서는 팀장으로 승진해 요구사항이 많다. 자꾸 화가 나고 짜증스럽다. 어떤 때는 만사가 귀찮고 훌훌 떠나버리고 싶다. 문제가 너무 복합적이라서 어디부터 접근해야 할지 엄두가 안 난다.

조용한 살인자, '스트레스'

스트레스는 현대인의 일상어다. 라틴어로 '팽팽하게 조인다'는 뜻이다. 닥터 샐리가 '조용한 살인자'란 의미로 처음 사용했다. 1930년대 질병에서 스트레스가 차지하는 비중이 30% 정도라 생각했다. 1960년대에는 60%, 1990년에는 90% 이상 온다는 결론에 도달했다. 좋은 스트레스는 당장 힘들어도 적절히 대처하여 긍정적으로 평가되는 경우다. 성취욕을 자극하고 활력소로 작용한다. 나쁜 스트레스는 대처와 적응에 실패하여 부정적으로 평가되는 경우다. 정신질환과 신체질환을 일으킨다.

몸과 마음은 하나로 연결되어 있다. 신체질환이 오면 정신질환이 동반되고, 정신건강이 나빠지면 신체건강도 나빠진다. 만성피로라는 게 있다. 피로는 몸과 마음이 정상적으로 기능하지 못하는 상태다. 100조 개의 세포가 충분히 에너지생산을 못하는 상태다. 신체적 피로와 정신적 피로로 나뉜다. 신체적 피로는 감기나 몸살로 나타나고, 정신적 피로는 신경과민이나 무력감으로 나타난다. 만성피로는 만성질환으로 발전한다. 동의보감에 이런 말이 있다. "몸[病]을 치료하기 전에 마음을 치료하고, 마음을 치료하기 전에 사람을 치료하라."

스트레스는 몸과 마음을 모두 망가뜨린다. 현대인은 스트레스와 더불어 살아간다. 그런데 우리는 보통 스트레스 원인과 스트레스 반응을 혼동하여 사용한다. 스트레스 원인은 신체적 과로와 정신적 피로, 환경적 위협이다. 인간 안과 밖의 모든 것이 스트레스 원인이다. 최근 감정노동이 이슈다. 많은 직장인이 고객의 감정을 위해 자신의 감정을 통제하고 있다. 자신의 감정과 다른 감정을 요구받고 있다. 감정의 억압과 부조화는 큰 스트레스로 작용한다.

스트레스 반응은 몸과 마음에 나타나는 증상이다. 모든 유기체는 스트레스 원인이 무엇이든지 동일한 스트레스 반응을 보인다. 반응은 경고기, 저항기, 소진기로 구분된다. 뇌에서는 신경전달물질이 작동하고, 몸에서는 신경계와 호르몬이 작동한다. 스트레스 호르몬이 증가한다. 저항기는 보통 수 시간에서 수십 년에 걸친다. 경고기와 저항기에 나타나는 증상은 일반 건강검진에서 확인되지 않는다. 스트레스가 지속되면 소진기로 넘어간다. 이때 몸의 면역체계가 무너지고, 취약한 부위에 병이 오게 된다.

부정감정은 최고의 스트레스 원인

"현대인의 모든 스트레스는 노이로제에서 온다." 성공전문가 트레이시는 노이로제를 부정감정이라고 정의한다. 스트레스의 원인도 간단히, ① 목표와 의미 상실, ② 부정감정, ③ 미완성 행위의 세 가지로 정의한다. 우리는 몸 고생보다 마음 고생이 앞서는 시대를 살고 있다. 부정감정은 최고의 스트레스 원인이다. 우리 몸에서 정신독으로 작용한다. 정신독(mental toxin)은 가장 심각한 독이다. 알려진 부정감정만 무려 60여 개가 된다. 대표적인 것은 거절과 실패에 대한 두려움이다.

스트레스와 상처는 다르다. 스트레스는 진행 중인 부정감정이고, 상처는 굳혀진 부정감정이다. 이성적인 사람은 스트레스를 거부하고, 제거하려 한다. 스트레스를 받아도, 이성적으로 통제하여 해결한다. 스트레스는 상처가 되지 않는다. 사실만 기억하고, 감정은 사라진다. 감성적인 사람은 스트레스를 수용하고, 이해하려 한다. 스트레스를 받으면, 감성적으로 이해하여 치료하려 한다. 스트레스는 상처로 바뀐다. 사실과 감정을 함께 기억한다. 스트레스와 상처는 무조건 나쁜 것이 아니다. 스트레스는 극복하면 힘든 만큼 성장하고, 상처는 승화하면 아픈 만큼 성숙한다.

후박사의 탁월한 세 가지 처방

첫째, 평가하자. 우선, 스트레스에 대한 인식이다. 스트레스 반응을 자세히 평가하는 것이다. 몸과 마음 중 어디에 주된 영향을 받고 있는지 알아야 한다. 잠깐 지나는 것인지, 오래 지속되는 것인지도 알아야 한다. 다음, 스트레스의 정확한 원인을 찾아야 한다. 가능한 한 없앨 수 있는 것은 없애야 한다. 동시에 할 수 있는 모든 치료방법을 동원해야 한다. 스트레스가 상처가 된다면 상처치료를 해야 한다.

자기계발보다 자기관리가 중요한 시대

둘째, 관리하자. 과거에는 자기계발이 있었다. 일깨우고 계발할 게 많던 시절이다. 언젠가부터 자기관리란 말이 떠돌았다. 스스로 책임진다는 것이 상식화된 것이다. 이제 스트레스 관리가 대세다. 최근 기업의 화두는 건강경영이다. 현대인은 인생의 대부분을 직장에서 보낸다. 직장에서 가장 필요한 건강관리가 스트레스 관리다. 스트레스는 개인의 잠재능력을 제한한다. 직장인의 성과와 이직률에 큰 영향을 미친다. 스트레스는 관리 여부에 따라 독이 되기도 하고 약이 되기도 한다.

셋째, 내려놓자. 방하착(放下着)이라는 말이 있다. 집착에서 벗어나라는 의미다. 집착은 세상 일이 내 뜻대로, 내 욕심대로 되기를 바라는 것에서 온다. 집착에서 벗어나는 방법은 방법을 묻지 않고 그냥 내려놓는 것이다. 과거에는 "욕심을 버려라"는 말이 유행했다. 욕심이 많았던 시절을 반영한 것이다. 언젠가부터 "마음을 비우라"는 말로 바뀌었다. 비울 것이 욕심 외에도 분노・적대감・경쟁심 등 많다는 것을 의미한다. 이제 "내려놓으라"는 말이 대세다. 행위에 초점을 맞춘 것이다. 과도한 짐을 내려놓을 때, 여유와 평안이 찾아온다. 무위자연(無爲自然)이라 한다.

92 신구 갈등

◇◇◇

다수의 행복 추구하며 순리 따르라

누구 편에 서야 할지

얼마 전 대학시절 절친했던 동기를 만났다. 그는 교회 장로다. 성격이 활달하고 낙천적이라 동기들과 잘 어울린다. 종교에 대한 편견도 없고 대소사를 잘 챙겨 평도 좋다. 그날따라 그는 평소와 다른 심각한 표정이다. "교회가 엉망이야!" 그는 최근 돌아가는 교회사정을 털어놓는다. "올해로 20년째 근무하신 목사님께서 은퇴하는데, 장로들 간에 파가 갈려 싸움이 났어."

그는 3대째 장로집안이다. 몇 년 전 아버지가 돌아가신 후 교회에서 요직을 맡고 있다. 오랫동안 평화로웠던 교회는 신구 갈등으로 불이 붙었다. 노장파는 목사님을 지지한다. 퇴직 후 목사님을 원로목사로 연장하고, 후계목사 지명권을 주려고 한다. 교회의 막후 실세를 인정하자는 것이다. 소장파는 목사님을 배척한다. 오래 하셨으니 조용히 퇴직하여 모든 권한에서 손을 놓기를 바란다. 교회가 혁신되기를 바란다. 장로들 간에 의견일치가 안 되는 경우, 최종 결정은 교인들의 전체 투표로 이루어진다.

그는 지금 신구 갈등의 한가운데에 서 있다. 소장파로서의 대의명분을 저버리기가 쉽지 않다. 아버님과 친분이 두터웠던 노장파의 입장을 모르는 척 하기도 어렵다. 존경했던 목사님에 대한 관계도 저버리기 쉽지 않다. 교회 내 갈등은 더욱 깊어 간다. 모두를 배척할 수 없는데 도대체 누구 편에 서야 할지? 그는 아주 난감한 입장에 처했다.

승패와 패승에서 승승으로 나아가야

신성한 교회가 싸움판이다. 한 치의 양보도 없다. 리더들은 네거티브 캠페인에 전념한다. 정책대결을 하는 것도 아닌데, 뾰족한 선거 전략이 있겠는가? 편 가르기와 희생양 만들기가 진행된다. 각종 비난, 비방, 험담, 모함이 양산된다. 악성 유언비어가 떠돈다. 은혜로운 교회가 선거판이다. 매주 얼굴을 보는 사람끼리 꼴사납다. 교회의 평화는 깨지고, 교인들의 기쁨도 사라졌다.

싸움은 본능적이다. 프로이트의 인간관은 투쟁과 도피다. 개인과 조직은 위험에 봉착할 때 투쟁과 도피반응을 보인다. 살려고 하는 자는 상대를 죽여야 한다. 자신의 이익을 챙기려면 철저히 이기주의적이어야 한다. 승패와 패승은 결국 패패로 떨어진다. 싸움은 필연적이다. 토인비의 역사관은 도전과 응전이다. 개인과 조직은 문제에 봉착할 때 도전과 응전으로 대처한다. 살려고 하는 자는 죽고, 죽으려고 하는 자는 산다. 자신의 이익을 달성하려면 이타주의자가 되어야 한다. 승패와 패승에서 승승으로 나아가야 한다.

조직은 유기체다. 사람은 생로병사를 겪고, 조직은 흥망성쇠를 겪는다. 불로장생은 인간의 영원한 꿈일 뿐이다. 역사상 어느 국가도 천년왕국을 이루지 못했다. 진시황은 중국사에 가장 큰 영향을 미친 인물이다. 최초로 중국을 하나의 거대한 제국으로 통일했다. 그는 불사(不死)를 꿈꿨지만 49세의 나이로 요절하고, 자신이 세운 제국도 곧바로 무너졌다. 일찍이 슘페터는 자본주의의 동인(動因)으로 창조적 파괴를 통한 혁신을 주창했다. 시장은 새것이 나타나면 옛것을 몰아낸다. 세상은 창조적 파괴활동을 통해 바뀐다. 조직은 혁신을 통해 다시 태어난다. 교회도 예외는 아니다.

싸움과 갈등 해결하는 게 정치

사람들이 모인 곳에 갈등이 생기는 것은 자연하다. 가족 갈등, 직장 갈등, 사회 갈등…. 신구 갈등은 모든 곳에 존재한다. 신구 갈등은 문명 갈등이다. 받아들일 수 없고, 버릴 수 없는 평행선에 새것과 옛것이 있다. 갈등이 있는 곳에 싸움이 생기는 것은 당연하다. 싸움은 사람들 간의 이해관계에서 발생한다. 싸움은 당사자 모두에게 상처를 남긴다. 인간은 감정적 동물이다. 한 번 받은 상처는 쉽게 아물지 않는다. 갈등과 싸움을 놔두면 사회가 혼란스럽다. 교통정리가 필요하다. 여러 사람들이 함께 행복하게 살기 위해선 정치가 필요하다. 정치란 갈등과 싸움을 해결하는 활동이다.

〈정도전〉은 전 국민의 관심을 모았던 KBS 드라마다. 정치드라마다. 무혈혁명으로 조선을 건국한 위대한 이야기다. 고려가 무너져 가는 어느 날 이방원과 정몽주가 술상을 앞에 놓고 앉았다. 이방원은 혁명의 걸림돌인 정몽주를 회유하며 '하여가(何如歌)'를 읊는다. "이런들 어떠하리 저런들 어떠하리…" 이에 정몽주는 '단심가(丹心歌)'로 자신의 뜻을 밝힌다. "이 몸이 죽고 죽어 일백 번 고쳐 죽어…" 고려의 충신 정몽주는 이방원의 칼에 숨졌다. 조선의 공신 정도전도 결국 이방원의 칼에 숨졌다. 정도전은 죽으면서 이런 말을 남긴다. "나는 정말로 최선을 다했다."

후박사의 탁월한 세 가지 처방

그는 아무런 의도 없이 정치의 한복판에 서게 됐다. "무엇이 가장 옳은 길인가?" 그는 도덕적 딜레마에 빠졌다. 드라마 〈정도전〉의 지혜를 빌려 아이디어를 내 보자.

첫째, 충성(忠誠)이다. 정몽주를 따라 보자. 누구를 향한 충성인가? 영웅 이순신은

12척의 배로 300척이 넘는 왜선을 무찔렀다. 이순신은 이렇게 외친다. "충(忠)은 왕이 아닌 백성을 향한 것이다." 하버드대학교 마이클 샌델은 베스트셀러 『Justice』의 저자다. 샌델은 이렇게 외친다. "정의란 미덕을 키우고 공동의 선(善)을 고려하는 것이다." 교회는 그리스도를 따른 사람들의 공동체다. 구성원 모두가 나름대로 돈과 시간과 에너지를 투자했다. 흔쾌히 기회비용을 내 놓은 것이다. 매몰비용을 고려해서는 안 된다. 교회는 어느 누구의 소유도 아니다. 충(忠)은 소장파, 노장파, 목사님이 아닌 공동선을 향해야 한다. 공동선이란 무엇인가? 모두에게 행복을 주는 것이다. 샌델은 정의의 기준으로 자유와 평등보다 행복을 최고로 여겼다.

유연한 사고 가져야

둘째, 유연(柔軟)이다. 이방원을 따라 보자. 이런들 어떠하고, 저런들 어떠하겠는가? 노장파의 주장이 틀리지 않다. 목사님은 20년 동안 교회를 이끈 훌륭한 리더다. 엄청난 일을 했다. 어떤 다른 목사가 이를 대신할 수 있겠는가? 그대로 원로목사로 대우하고, 젊은 목사를 선발하면 되지 않는가? 혁신이 웬 말인가? 교회가 평화로운데 굳이 바꾸면 혼란만 야기된다. 잘못하면 교회가 둘로 갈라진다. 소장파의 대의명분도 틀리지 않다. 한 목사님이 너무 오래 통치했다. 이제 바꿀 때가 됐다. 박수칠 때 떠나야 한다. 교회에 청년은 사라지고 노인과 그 자녀들만 남았다. 이제 새로운 리더가 필요하다. 혁신을 통해서 다시 태어나야 한다. 이래도 안 틀리고, 저래도 안 틀린다. 노자는 무위자연(無爲自然)을 얘기했다. 억지로 하지 않고 자연의 순리에 따르는 것이다. 그는 3대 미덕으로 자애, 검약, 나서지 않음을 말했다. 자애 때문에 용감할 수 있고, 검약 때문에 널리 베풀 수 있으며, 나서지 않음 때문에 천하를 다스릴 수 있다.

셋째, 최선(最善)이다. 정도전을 따라 보자. 누구를 위한 최선인가? 자신을 위한 최선이 되어야 한다. 정치적 인간이란 무엇인가? 자신을 들여다보기 두려워 세상을 비판하는 사람이다. 도덕적 인간이란 무엇인가? 자신이 부족해서 세상을 비판하고 싶지 않은 사람이다. 종교적 인간이란 무엇인가? 자신의 마음과 세상의 모습을 연관시켜 보는 사람이다. 사람들은 보통 상대가 싫거나 부러울 때 비판한다. 부러움을 느끼지 않고, 가엾게 보일 때 비판해야 한다. 먼저 비난과 비방, 험담과 모함을 하지 않는 사람이 되어야 한다. 우선 자신과의 싸움에서 이기고, 이어 세상과의 싸움에 임해야 한다. "내면에서 하나를 이루면 파워가 생기고, 외부와 하나를 이룰 때 평화가 찾아온다."

93 싱글족

◇◇◇

혼자 사는 듯 함께 살아라

| 사례 1 | 최 모 씨(35세)는 잘나가는 미모의 여의사다. 그녀는 독신주의자다. 결혼은 미친 짓이다. 자칫하면 남편까지 먹여 살려야 한다. 그녀는 아침을 유명 호텔 헬스센터에서 시작하고, 약속이 없는 저녁은 패밀리 레스토랑에서 혼자 식사한다. 한 달에 일주일은 자기계발과 레저활동에 투자한다. 혼자 쇼핑을 하고, 산책을 하고, 영화를 즐긴다. 자주 바뀌지만 언제든지 만날 수 있는 애인도 있다. 그녀에게 여행은 일상이고, 명품은 사치가 아니다. "이렇게 살아도 되는 것인가?"

| 사례 2 | 김 모 씨(40세)는 매너 좋은 대학 전임강사다. 그는 독신주의자다. 결혼은 필수가 아닌 선택이다. 적은 강사 봉급으로 혼자 살기도 벅차다. 그는 이른 새벽 집을 나서고 늦은 밤 귀가한다. 가족과 마주치는 시간은 거의 없다. 하루 대부분을 연구실에서 보내고, 식사는 학교에서 해결한다. 주말에는 자전거 동호회 멤버들과 함께 보낸다. 부모와 한 지붕에서 살고 있지만 독신처럼 생활한다. "이렇게 살아도 되는 것인가?"

| 사례 3 | 박 모 씨(32세)는 인정받는 미모의 사무관이다. 그녀는 독신이 되었다. 결혼생활 3년 만에 파경을 맞은 것이다. 다행히 아이가 없어 쉽게 헤어졌다. 결혼은 해도 안 해도 후회한다. 그녀는 결혼 이전의 생활로 돌아왔다. 변한 것이 아무것도 없다. 아침에 일어나면 빵과 우유, 각종 영양제를 한 입에 털어먹고 회사로 향한다. 저녁에 일이 끝나면 동료들과 술 한 잔을 하며 스트레스를 날려 보낸다. 주말에는 중단한 취미생활을 다시 시작했다. "이렇게 살아도 되는 것인가?"

싱글족 700만 시대

싱글족 700만 시대다. 통계에 의하면, 1인 가구가 1990년대 9%에서 2014년 26%, 2020년 전체 가구의 31.7%인 664만 가구에 이른다. 네오(Neo) 싱글족은 신세대 독신자다. 경제력을 바탕으로 자신만의 독신문화를 즐기는 사람이다. 파라(Para) 싱글족은 기생하는 독신자다. 독립할 나이가 되었지만 부모 집에 살면서 자기만의 생활을 즐기는 사람이다. 돌싱족은 돌아온 싱글이다. 결혼에 실패하고 다시 독신생활을 시작한 사람이다. 그밖에 기러기 아빠, 홀로된 노인, 원룸 고시생도 싱글족에 동참한다.

싱글족이 증가하는 이유는 무엇일까? ① 결혼에 대한 인식의 변화다. 혼자 사는 것에 대한 차별적 시선이 줄고, 혼자서도 잘 살 수 있다는 공감대가 늘고 있다. ② 경제적인 이유다. 취업과 내 집 마련의 어려움, 힘든 육아환경으로 마지못해 혼자 사는 것을 선택하는 사람들이 늘고 있다. ③ 이혼의 증가다. 최근 통계에 의하면, 혼인신고가 24만 건이고 이혼신고가 11만 건이다. 둘 중 하나가 헤어진다. 돌아온 싱글과 황혼이혼이 늘고 있다.

혼자 사는 즐거움이 있다. 자유롭다. 하고 싶은 대로, 하고 싶은 만큼 한다. 아무에게도 간섭받지 않는다. 화려하다. 독특하고 개성이 넘친다. 자기계발에 맘껏 투자한다. “인생은 처음이자 한 번이자 마지막 가는 길이다.” 혼자 사는 슬픔이 있다. 불편하다. 의식주를 혼자 해결해야 한다. 몸이 아플 때는 특히 슬프다. 고독하다. 느닷없이 외로움이 몰려온다. 가끔 우울과 공허감에 빠져든다. “인생은 어차피 혼자 가야 한다.”

인간은 소통 없이는 살 수 없어

인간은 소통 없이는 살 수 없다. 우리는 어떻게든 소통한다. 말이 아니라도 눈짓이나 몸짓, 미소나 표정으로 소통한다. 인간은 유기체다. 유기체는 열린 체계다. 주는 것이 있어야 받는 것이 있고, 얻는 것이 있으면 잃는 것이 있다. 생로병사와 흥망성쇠를 거친다. 인간은 관계를 통해 성장한다. 개인심리학은 사회심리학을 전제로 한다. 인간은 관계 속에서만 존재한다. 내가 있어서 관계가 있는 것이 아니고, 관계가 있어서 내가 있는 것이다. 공동 성장, 공동 성숙, 공동 창조만이 있을 뿐이다.

"이렇게 살아도 되는 것인가?" 존재론적 질문이다. 어느 날 한 물고기가 용왕을 찾아가 물었다. "우리는 어디서 와서 어디로 갑니까?" 용왕이 대답했다. "물에서 와서 물로 돌아간다." 우리는 보통 남이 하니까, 남이 하는 대로, 남이 시키는 대로 살아간다. 그러나 어느 날 퍼뜩 눈을 뜨게 된다. "이대로 살아도 되는 것인가?" 불교에 '이뭐꼬'라는 화두가 있다. "도대체 이게 무엇인가?"의 줄인 말이다. '이뭐꼬'에 집중하면 홀연히 깨달음에 도달할 수 있다.

후박사의 탁월한 세 가지 처방

첫째, 자긍심(pride)이다. 싱글족에 대한 시각이 바뀌었다. 긍정적인 시각이 대세다. 스스로를 긍정하자. 자긍심은 확고한 정체성에서 온다. 어떤 일에도 흔들리지 말아야 한다. 매일 이렇게 외쳐 보자. "나는 내가 좋다." 자긍심은 유쾌한 낙천성에서 온다. 어떤 일을 당해도 배울 점이 있다. 매일 이렇게 읊조리자. "이보다 더 좋을 수 없다." 자긍심은 무한한 책임감에서 온다. 책임지는 만큼 자유로울 수 있다. 매일 이렇게 외쳐 보자. "모든 게 내 책임이다." 최근 설문조사에 의하면, 싱글족의 최고 고수는 고기 집에서 혼자 저녁 먹는 사람이다. 불경에 이런 말이 있다. "무소의 뿔처럼 혼자서 가라."

저기를 버리고 여기를 취하라

둘째, 몰입(flow)이다. 싱글족은 누구보다 시간이 많다. 시간관리가 중요하다. 살아 있음에 흠뻑 빠져들자. 몰입할 때 시간 가는 것을 잊고, 어디에 있는지도 잊는다. 몰입은 하나에 집중하는 것이다. 기자가 아인슈타인에게 물었다. "어떻게 큰일을 해냈는가?" 그는 대답했다. "평생 한 가지에 집중했다." 몰입은 자발적으로 사는 것이다. 재미있고, 의미 있고, 잘할 수 있는 것에 투신하자. 몰입은 무아(無我)의 경지다. 나조차도 잊는 최고로 행복한 상태다. 지금-여기(Here & Now)에 머무는 것이다. 도덕경에 거피취차(去彼取此)란 말이 있다. "저기를 버리고 여기를 취하라."

셋째, 교류(exchange)다. 싱글족은 혼자에 익숙하다. 혼자 살다 보면 함께 사는 세상을 등지게 된다. 하지만 세상은 혼자 살아갈 수 없다. 인간에겐 교류가 필수적이다. 교류가 없는 인생은 죽은 나무토막과 같다. 관계를 위한 시간을 기획하자. 만나는 가운데 호기심이 생기고, 대화하는 가운데 아이디어가 샘솟고, 돕는 가운데 에너지가 넘친다. 소통을 위한 공간을 마련하자. 머리로 소통하여 지혜를 얻고, 가슴으로 소통하여 용기를 얻고, 배로 소통하여 의지를 얻는다.

싱글족의 진정한 고수는 누구일까? 혼자 사는 듯이 함께 살아가는 사람이다. '혼자 사는 듯이'란 원하는 대로 하는 자유고, 스스로 책임지는 것이다. 동시에 상대의 입장을 이해하고 존중하는 것이다. '함께 살아가는'이란 두 톱니바퀴가 이가 맞아 하나의 체계로 돌아가는 것이다. 가정과 사회 속에서 유기체를 형성하는 것이다. 강에서 배와 배가 부딪치게 되면 시비가 붙기 마련이다. 그런데 상대가 빈 배였다면 아무런 싸움도 안 벌어진다. 장자는 이렇게 말한다. "세상을 빈 배로 지나가라."

94 아들의 결혼식

◇◇◇

조촐하고 조용한 결혼식 제안하라

딱 한 번 치르는 결혼식이라지만

그는 지난달 30년 재직한 회사를 그만뒀다. 명예퇴직을 신청했다. 몇 달 후에 있을 아들 결혼 때문이다. 그는 3년 뒤 받게 될 퇴직금과 그때까지의 월급, 지금 받을 수 있는 좀 더 많은 명예퇴직금을 두고 많은 시간 고민했다. 결국 후자를 선택했다.

아들과 예비며느리는 화려한 결혼식을 계획하고 있다. 둘은 모두 유명대학을 나와 외국계 금융회사에 취업한 재원이다. 억대 연봉의 회사 동료들 대부분이 화려한 결혼식을 하다 보니 아들과 며느리도 영향을 받은 듯하다. 게다가 며느리는 중소기업 사장 외동딸이다. 사돈은 딱 한 번 치르는 결혼식에 회사 직원 모두를 초청하는 등 아낌없이 투자하려는 심산이다. 사돈댁은 결혼식 장소로 특급호텔을 거론한다. 하객 규모도 제한하지 말자고 한다. 그는 이제부터 가랑이가 찢어지게 생겼다. 우선 결혼식 비용만으로도 퇴직금의 절반 이상이 날아간다. 또한 살 집 마련에도 나 몰라라 할 수 없는 노릇이다. 돈도 돈이지만, 하객 모으는 것은 더 큰 문제다. 회사 다닐 때야 모르겠지만 퇴직한 이후 몇 사람이나 와 줄까.

어려서부터 공부 잘하고 부모 말을 어겨본 적 없는, 착하고 잘난 아들을 위해 모든 것을 다 해 주고 싶은 마음이다. 그러나 퇴직금은 앞으로 살아가야 할 30~40년을 위한 최소한의 비용이 아닌가. 그에게는 예쁜 딸도 있다. 딸도 조만간 결혼하게 될 텐데, 그 비용은 또 어떻게 해야 한다는 말인가. 아들 결혼이라는 큰 경사를 앞두고, 고민이 깊어지는 자신이 너무 싫다.

청년 10명 중 돈이 없어 결혼 포기

요즘 결혼식은 다양하다. 예식장에서 올리는 일반 결혼식, 교회 · 성당에서 진행되는 경건한 결혼식, 호텔에서 올리는 호화 결혼식, 가족 · 지인과 함께 하는 작은 결혼식이 있다. 선택이 많으면 고민이 많아지고, 선택권이 많으면 판단이 흐려진다. 선택의 역설이 있다. 선택의 개수가 커질수록 잘못된 선택을 하거나 포기하는 현상이다. 왜 많을수록 더 부족할까? 선택한 것에 불만이 생기고, 선택 못 한 것에 대한 후회가 작동하기 때문이다. 흔들리지 않는 나만의 기준이 필요하다.

결혼식이 자본에 조종당한다. 최근 자료에 의하면, 평균 결혼비용은 남자는 1억 원, 여자는 5천만 원에 가깝다. 평균 예식비용은 2천만 원이 넘고, 호텔을 빌리면 5천만 원을 웃돈다. 예단 · 예물 · 신혼여행까지 합하면 1억 원이 순식간에 사라진다. 청년 10명 중 4명이 돈 없어서 결혼하고 싶어도 못 한다. 자녀들은 결혼하기 위해 돈 벌고, 부모들은 집 마련하느라 벅차다. 비싼 혼수 · 예물은 집안 간 갈등으로 번지고, 파혼의 원인이 되기도 한다. 호화 결혼식은 허례허식의 결과이고, 과소비 풍조에서 온다.

요즘 젊은 세대에서 작은 결혼식이 대세다. 최근 조사에 의하면, 미혼 남녀의 70% 이상이 작은 결혼식을 선호한다. 집 · 공원 · 공공장소를 선택하고, 하객은 100명 미만이고, 자유로운 예식을 진행한다. 진짜 친한 가족 · 친구의 축복 가운데 의미 있는 결혼식을 한다. 그런데 부모 세대의 70% 이상이 작은 결혼식에 당황한다. 부모의 역할이 없어지고, 초대 못한 친척 · 지인의 눈총을 사고, 그동안 냈던 부조금은 어떻게 회수하나. 오히려 작은 결혼식을 특급 호텔에서 초호화판으로 치르기도 한다. 작은 결혼식은 아직 한국 정서에 안 맞고, 세대 간의 갈등을 일으킨다.

결혼식 규모가 가문의 체면과 직결

호화 결혼식을 왜 거행하는가? 체면을 살리려 하기 때문이다. "양반은 얼어 죽어도 짚불은 안 쬔다." 체면은 예의를 차리고 자존감을 지키는 것이다. 동양인의 의식에 자리 잡은 유교적 관습이다. 체면을 무시하면 안하무인이 되지만, 체면이 지나치면 위선자가 된다. 작은 결혼식을 왜 마다하는가? 시선을 두려워하기 때문이다. "시선은 권력이다." 보는 자와 보이는 자 사이엔 권력구조가 생긴다. 약자는 늘 강자의 눈치를 본다. 한국인은 눈치 보기에 익숙하다.

부자(父子)가 당나귀를 팔러 시장으로 향했다. 사람들이 말했다. "참 어리석군! 당나귀를 타고 가면 좋을 텐데." 아버지는 당나귀를 타고 아들이 고삐를 잡았다. 사람들이 말했다. "참 나쁜 아버지군! 아들을 걷게 하다니." 아들이 당나귀를 타고 아버지가 고삐를 잡았다. 사람들이 또 말했다. "후레자식이군! 아버지를 걷게 하다니." 부자는 함께 당나귀를 타고 갔다. 사람들이 또 말했다. "참 불쌍한 당나귀 보게!" 부자는 고민에 빠졌다. 결국 당나귀를 큰 막대에 묶어 어깨에 지고 갔다. 맹자는 이렇게 말한다. "내가 반성해서 옳으면 천하가 나를 대적할지라도 나는 두려움이 없다."

후박사의 탁월한 세 가지 처방

첫째, 소박한 결혼식을 제안하자. 아들이 반대할 수 있다. 자식이 아무리 귀해도 다 해 줄 수는 없다. 체면을 버려야 한다. 뱁새가 황새 쫓아 가면 가랑이 찢어진다. 무시 안 당하려고 무리하면 안 된다. 형편에 맞는 비용을 지불해야 한다. 실속 있는 결혼식을 기획하자. 불필요한 것은 무엇인가? 일생에 한 번이라고 돈을 아낌없이 투자할 수는 없다. 거품을 빼야 한다. 스트레스와 고통을 주지 않고, 축제와 즐거움을 주는 의식이 되도록 하자.

모두 만족할 최대공약수 찾아야

둘째, 조촐한 결혼식을 제안하자. 사돈이 반대할 수 있다. 사돈 체면 때문에 피해 볼 수는 없다. 용기를 내야 한다. 부자가 기침하면 서민은 몸살이 난다. 과시와 허세 앞에 주눅 들면 안 된다. 양가 참석 인원을 맞춰야 한다. 만족스런 결혼식을 기획하자. 어떤 것이 진정한 행복한가? 부모, 자녀, 양가 모두 만족하는 최대공약수를 찾아 보자. 결혼식은 생애 최고의 날이다. 당사자는 힘들고, 하객은 귀찮아하는 형식적인 의식을 자제하자. 사진에 남기기 위한 날이 아닌, 모두가 참여하여 기뻐하는 날이 되도록 하자.

셋째, 조용한 결혼식을 제안하자. 며느리가 반대할 수 있다. 따가운 시선에 굴해서는 안 된다. 소신을 지켜야 한다. 여기저기 안 알리고, 꼭 알릴 사람에게만 알리자. 진짜 축하할 하객만을 초대해야 한다. 다른 이에겐 나중에 조용히 치렀다고 하면 된다. 감동이 있는 결혼식을 기획하자. 포기해선 안 되는 것은 무엇인가? 예절도 텅 비고 의식도 텅 빈 자리가 안 되게 하자. 나아준 부모에게 감사하고, 잘 자라준 자녀에게 고마워하는 의식이 되도록 하자. 명심보감에 이런 말이 있다. “삶을 보전하려면 욕심을 줄이고, 몸을 보전하려면 이름을 피해라. 욕심을 안 내는 것은 쉬워도, 이름 안 내는 것은 어렵다.”

95 약자

◇◇◇

노예처럼 사는 왕 | 왕처럼 사는 노예

| **사례 1** | 장그래(임시완)는 갑의 세계에 들어간 이방인 을이다. 바둑 영재였지만, 화려한 스펙에 외국어 몇 개쯤은 필수인 사람들만 모인 종합상사에 들어간다. 그는 고졸 검정고시 출신으로, 아무것도 할 줄 모르는 요즘 보기 드문 청년이다. 집 판 돈으로 홀어머니와 시작한 가게는 8개월 만에 쫄딱 망했다. 아르바이트를 전전하다, 기적 같은 기회를 잡았다.

| **사례 2** | 안영이(강소라)는 찌질한 남자의 세계에 들어간 잘난 여자다. 그녀는 청춘의 절반을 아버지 빚을 갚느라 허덕였다. 과거를 모두 잊고 종합상사에 지원해 수석 합격한다. 그런데 모든 걸 다 가진 듯 보이는 능력이 남자들의 어느 부분을 건드린다. 그때부터 역차별을 받는다.

| **사례 3** | 장백기(강하늘)는 칭찬 없는 세상에 들어간 모범생이다. 그는 완벽한 스펙을 갖춘 엘리트다. 첫 근무부터 상황은 완전히 달라졌다. 뭘 해도 칭찬받던 그가 칭찬 없는 세계에 떨어진 것이다. 그런데 낙하산 장그래는 일을 척척 해낸다. 여기까지 오기 위해 이를 포기한 것들이 얼마나 많았던가!

| **사례 4** | 한석율(변요한)은 현실 세계에 들어온 이상주의자다. 그는 일하는 게 가장 즐겁다는 보기 드문 청년으로, 특유의 자신감, 친화력, 뻔뻔함을 갖춘 정보통이다. 노동자의 집안에서 태어나, 대기업 사장이 되리라 마음먹고 입사한다. 그런데 바로 위 상사가 그의 당당한 발걸음에 태클을 건다.

〈미생〉이 던진 메시지

tvN 드라마 〈미생〉은 장안의 화제작이다. 미생(未生)이란 아직 완전하게 살아 있지도 죽지도 않은 상태다. 이 드라마는 비정규직, 저학력자 문제로 얼룩진 직장인의 애환을 그리고 있다. 인간관계 갈등, 불투명한 앞날, 산더미 같은 일감에 치어 사는 직장인의 고난을 다루고 있다. 그들은 미생(未生)에서 완생(完生)으로 나가려 하지만, 승률 없는 게임에서 매일 고민과 걱정에 빠진다. "길이란 걷는 것이 아니라 나아가기 위한 것이다. 나아가지 못할 길은 길이 아니다."

현대인은 수많은 고민과 걱정으로 살아간다. 고민과 걱정은 우리의 일상이다. 청소년은 공부에 시달리고, 부부는 육아 문제로 걱정한다. 청년은 취업 때문에 고민하고, 주부는 돈 문제로 걱정한다. 노인은 뾰족한 대책이 없고, 부모는 교육 문제로 걱정한다. 인생은 문제의 연속이다. 문제, 문제, 위기, 문제, 문제, 위기…. 이러다 팔십 평생이 후딱 지나간다. 한 문제가 해결되면, 다른 문제가 나타난다. 한 고민이 사라지면, 다른 걱정이 들어선다. 꼬리에 꼬리를 문다. 문제 해결은 우리에게 주어진 소명이다.

직장인은 매일 전쟁터로 출근한다. 평생 일터가 사라지고, 미래는 불투명하다. 겉으로 조용해도, 경쟁이 치열하다. 경제대국이 됐다는데, 살아가는 게 날로 버겁다. 일하고 싶어도 일할 곳이 부족하다. 기업 곳간은 늘어나도, 가계 통장은 마이너스다. 직장인은 매일 전쟁터로 퇴근한다. 돈은 항상 부족하고, 앞날은 막막하다. 겉으로 평온해도, 터지기 직전이다. 복지국가가 된다는데, 달라진 게 별로 없다. 부부 모두 일주일에 2~3일은 야근이다. 법정휴가는 절반도 못 쓰고, 육아휴직은 꿈도 못 꾼다. "약자(弱者)는 눈치를 본다."

타자는 지옥이다

우리는 세계와의 만남을 통해 경험을 확장해 나간다. 어머니를 만나고, 이어 가족, 친구, 사회를 만난다. 산과 바다도 만나고, 꽃과 나무도 만난다. 만남은 우리에게 주어진 소명이다. 그런데 나이 들면서, 별들의 동화는 기억에서 흐려지고, 바다의 영상은 시야에서 멀어진다. 모래성을 쌓던 열정은 식어가고, 부풀었던 호기심도 퇴색한다. 이제, 남은 것은 쏟아지는 정보와 알아야 하는 압박, 밀려오는 일감과 쳇바퀴 도는 권태다. 만남은 체험과 지혜를 상실하고, 꿈의 낙원은 생존의 지옥으로 추락한다. 나란 존재는 거부되고, 남의 시선에 사로잡혀 살아간다. "타자(他者)는 지옥이다."

후박사의 탁월한 세 가지 처방

약자로서 지옥 같은 세상을 살아가는 데 도움이 되는 처방은 무엇일까?

첫째, 구조적인 문제임을 인식하자. 나만 힘든 것이 아니다. 상사, 동료, 부하도 힘들다. 모두가 뭔가 잘못된 것을 알고 있다. 너도나도 그렇다면 방법은 있다. 상사가 어떻게 대처하는지, 동료가 어떻게 버티는지 물어보자. 그리고 어떻게 살아갈지 기획해 보자. 구조적인 문제라고 100% 구조적인 것은 없다. 항상 내가 할 수 있는 부분이 있다. 절대 포기하면 안 된다. 분명히 해결방법이 있다. 잠자는 동안 기적이 일어나 모든 게 해결됐다고 상상해 보자. "도대체 어떤 기적이 일어났나요?" 거꾸로 추적해 보자. 잠자는 동안 악몽이 실현되어 모든 게 망가졌다고 상상해 보자. "어떻게 더 악화되지 않았나요?" 바닥부터 올라가 보자. 문제가 생기기 이전이나 예외 상황을 상상해 보자. "도대체 그때는 왜 문제가 안됐나요?" 문제와해를 도모해 보자.

행복이란 무엇일까? 좋아하는 것을 하는 것이다. 어려서 꿈꿨던 성공이란 게 있었다. 어릴 적 그렸던 사랑이란 게 있었다. 부부간의 사랑, 자식과의 소통, 친구 간의 우정, 놀이와 휴식은 중요한 가치다. 구조적인 문제로 삶의 가치를 버리지 말자. 할 수 있는 것은 해 보자. 겁먹지 말고, 용기를 내자. 어떻게든 인생을 인생답게 설계하자.

둘째, 순간을 즐기자. 내가 좋아하는 것을 하면 주인이고, 남이 좋아하는 것을 하면 노예다. 그런데 자본주의 사회에서 주인이 된다는 게 쉽지 않다. 그렇다면 노예로 산다는데 어쩌겠는가? 커다란 결정보다 작은 선택에 주목하자. 커피냐 홍차냐를 선택하는 자유 아닌 자유를 즐기자. 주연이 아닌 조연으로 살아가자. 주목받지 않는 조연의 편한 자유를 즐기자. 커다란 지혜보다 작은 지식에 기뻐하자. 앎에 현혹되어 깨달음에 눈먼 자유를 즐기자. 대책 없는 희망에 기뻐하고, 무책임한 위로에 감사하자. 순간을 즐기자. 그러나 노예라는 것만은 잊지 말자! 수메르 격언에 이런 말이 있다. "노예처럼 사는 왕이 있고, 왕처럼 사는 노예가 있다."

셋째, 목적을 가지자. 너무 많은 목표에 시달려 왔다. 하루하루 할 일에 무너져 왔다. 내가 왜 사는지조차, 어디로 가는지조차 생각해 볼 여유 없이 왔다. 가끔, 정거장에 앉아 갈데없는 사람이 되자. 지나가는 버스를 물끄러미 바라보자. 순간, 커다란 목적이 보인다. 모든 목표가 사라질 때 진짜 목적이 보인다. 목적이 이끄는 삶을 시작하자. 오랫동안 생활을 위해 삶을 희생해 왔다. "누가 지나가는 새를 진주로 던져 맞추겠는가?"

96 은둔형 외톨이

◇◇◇

적극적으로 관심 기울이고 환경 바꿔 줘야

모두 잠든 후 깨서 인터넷 게임에 몰두

그녀는 요즘 고민이 깊다. 하루 종일 집에만 틀어박혀 있는 외동아들 때문이다. 아들의 칩거는 벌써 6개월이 넘었다. 내성적이고 소심해 학창시절 인간관계가 원만한 것은 아니었지만 별다른 사고는 없었다. 머리가 좋아 단번에 유명대학에 입학했고, 졸업 전 구직에 성공한 아들은 2년 여간 직장에도 잘 다녔다. 그때까진 아들 때문에 속을 끓였던 기억은 없다.

서른 나이에 내가 이기면 누군가는 지고 상처받아야 하는 끊임없는 경쟁에 신물이 난다며 퇴사를 선언했을 때, 그녀와 남편은 걱정이 됐지만 아들의 선택을 지지했다. 고위 공직자인 아버지와 교사인 어머니의 능력을 믿고 과감히 퇴사를 결심한 듯했다. 아들은 처음엔 인간관계가 필수적인 조직생활보다, 혼자 일할 수 있는 전문가가 되겠다며 회계사 자격증 취득을 위한 공부를 시작했다. 자격증 취득이 여의치 않자 한동안 아들은 재취업을 위해, 또 아르바이트를 한다며 여기저기 돌아다녔다. 그러더니 언젠가부터 집 밖으로 나가는 일이 없다. 일자리를 찾기 힘든지 아니면 찾고 싶지 않은지, 취직은 아예 포기한 듯하고 만날 친구도 없는 모양이다.

벌써 서른다섯. 아들의 미래가 걱정이 되어 대화를 시도하지만 번번이 거부당한다. 최근에는 부모와의 접촉을 원천적으로 차단하려는 듯 잠만 잔다. 깨워도 일어나지 않는다. 모두가 잠든 뒤 일어나고, 밤새 인터넷 게임에 몰두한다. 나이가 더 들수록 사회에서 더 멀어질 텐데, 혼자서만 지내려는 아들을 어떻게 해야 할지 정말 모르겠다.

은둔형 외톨이는 최근 6개월 동안 사회생활을 거부하고, 집안에만 틀어 박혀 사는 사람이다. 친구가 하나도 없고, 전혀 일하지 않는다. 혼자 있는 것을 괴로워하면서도, 가족 이외는 만나지 않는다. 낮에는 잠을 자고, 밤에 일어나 TV나 인터넷에 몰두한다. 우울증 · 강박증 · 분노조절장애 등 정신질환을 동반하기도 한다. 1990년 중반 일본에서 유행한 '히키코모리'와 유사하다. 최근 한국에도 인터넷 보급, 나 홀로 문화, 청년실업 등으로 급증하고 있다. 현재 잠재적 은둔형 외톨이가 20만 명에 달하는 것으로 추정한다.

외톨이는 고독하고 외로운 사람이다. 활동형, 은둔형, 반사회형의 세 부류가 있다. 활동형 외톨이는 사회생활은 잘하지만 인간관계에 얽히는 것을 싫어한다. 여가 시간에 어울리는 것보다 혼자 보내는 것을 좋아한다. 능력 있는 전문가나 유명인에게 많다. 은둔형 외톨이는 인간관계를 원하지만 사회적응에 실패하여 칩거한다. 청년에 실업자가 되어 부모에 의존하여 살거나, 중년에 실패와 좌절로 인생의 의미를 상실하여 혼자 숨어서 산다. 반사회적 외톨이는 범죄와 같은 반사회적 행동을 일삼는 사이코패스에 해당한다.

은둔형 외톨이가 되는 이유

한창 나이에 은둔형 외톨이는 되는 이유가 무엇일까? 첫째, 자라온 환경에서 온다. 어린 시절 가정불화, 왕따, 인터넷 게임중독 등에 노출된 경우다. 우울증 · 조현증 · 자폐증 등 정신질환과는 구분된다. 둘째, 나 홀로 문화에서 온다. 1인 가구가 500만을 넘었다. 청년 둘 중 하나는 나홀로족이다. 나홀로족은 타인에게 무관심하고 자신에만 집중한다. 스마트폰과 SNS로 연결된 관계 가운데, 고독이 찬양된다. 셋째, 각박한 사회에서 온다. 경기침체와 청년실업이 장기화되고 있다. 일하고 싶어도 일자리가 없다. 무한경쟁, 성과중심, 실패불허의 분위기가 한몫한다. 가치가 무너지고, 희망이 사라지고, 의욕이 바닥난다.

130만 니트족 중 1/30이 은둔형 외톨이가 될 가능성

니트족이 급증하고 있다. 니트족은 일하지 않고, 일할 의지도 없는 청년무업자다. 'Not in Education, Employment or Training'의 줄임말이다. 일할 의지가 있는 실업자나 알바로 생활하는 프리터족과 다르다. 최근 조사에서 15~39세에서 한 달 동안 '쉬었음'으로 답한 사람이 70만 명에 달한다. 최근 통계에서 청년 실업률이 10%, 청년실업자의 수는 40만 명을 웃돈다. 공시족(공무원 시험 준비생)과 니트족을 합쳐 180만 명에 달한다는 분석도 있다. 니트족의 경우 1/3이 은둔형 외톨이가 될 가능성이 높다.

은둔형 외톨이라고 모두 적응에 실패하지 않는다. 철학자 칸트는 은둔형 외톨이다. 평생 혼자 살았다. 56세 교수가 된 후 20년 이상 한 곳에서 살았다. 음식은 가정부가 차려 주었다. 평생 규칙적으로 살았다. 항상 같은 시간에 일어나고, 산책하고, 잠자리에 들었다. 칸트는 행복의 조건으로 일과 사랑과 희망을 강조한다. 고대의 현인 노자도 은둔형 외톨이다. 그는 이렇게 읊조린다. "나는 세상 사람들과 거리가 멀다. 사람들은 웃으며 즐겁게 사는데, 나는 혼자 텅 빈 가슴으로 고요하다. 욕망은 낌새조차 안 보이고, 나른하고 고달파서 돌아갈 곳이 없다. 내 마음은 아무 분별도 하지 않고 흐리멍덩하다. 모두가 쓸모 있는데, 나만 혼자 어리숙하고 완고하다."

후박사의 탁월한 세 가지 처방

첫째, 최대로 관심을 가지자. 그의 칩거는 가족의 무관심에 기인한다. 관계를 원하지만 스트레스 때문에 피하고 있다. 대안 없이 게임을 못하게 하면 안 된다. 위험하다. 아들은 게임으로 스트레스를 풀고 있다. 쌓인 분노가 간섭하는 당사자에게 폭발할 수 있다. 대안 없이 SNS를 못하게 하면 안 된다. 위험하다. 아들은 SNS로 대인관계를 하고 있다. 최소한도의 대인관계마저 소멸될 수 있다. 대안 없이 의식주를 차단하면 안 된다. 위험하다. 아들은 부모만 믿고 살고 있다. 자살이나 범죄 등 극단적인 선택을 할 수 있다.

묵은 것을 버리고 새 것을 사게 하라

둘째, 억지로 환경을 바꾸자. 그는 나가는 것을 엄두도 못 낸다. 그냥 놔두면 점점 더 틀어박힌다. 억지로 아들과 함께 운동하자. 운동을 하게 되면 밖으로 나가게 된다. 그러면 외부와 소통하게 된다. 억지로 아들과 함께 쇼핑하자. 멋진 양복과 넥타이, 구두를 사주자. 옷이 날개다. 누구라도 좋은 옷이 생기면 기분이 좋아지고 나가고 싶어진다. 억지로 다른 곳으로 이사하자. 이사하는 과정에서 사회적 접촉을 하게 된다. 묵은 것을 버리고 새 것을 사게 된다. 새로 시작하는 과정은 기분전환이 된다.

셋째, 강제로 치료를 시작하자. 그는 사람 만나는 것을 두려워한다. 그대로 놔두면 점점 더 심해진다. 강제로 정신과에 데려가자. 의사를 만나면 뭔가를 얘기하게 된다. 약물치료가 동반질환에 도움이 된다. 규칙적으로 다니면 상태가 점검된다. 강제로 상담받게 하자. 아들이 좋아하는 상담사를 찾아야 한다. 어떤 대화라도 도움이 된다. 정규적으로 만나면 관계가 이뤄진다. 강제로 입원시키자. 이도저도 아니면 정신과 병원에 맡겨야 한다. 병원은 공동체 생활을 제공한다. 혼자만의 세계에서 벗어날 수 있다.

97

은퇴

◇◇◇

후회하지 말고, 사람 자주 만나고

100세 시대의 슬픈 초상

만 58세, 그는 새벽 3시면 어김없이 잠에서 깬다. 뒤척이다 다시 잠이 들지만, 일어나면 늘 몸이 찌뿌듯하다. 몇 년 전 갱년기가 시작됐을 때에도 없었던 증상이 생겼다. 자주 가슴이 답답하고 두근거리고 얼굴이 달아오른다. 어떤 때는 등줄기가 식은땀으로 젖는다. 어디선지 치밀고 올라오는 분노, 이디선기 끼닭 없이 몰려오는 슬픔, 어디론가 홀연히 사라지고픈 충동, 우울증일까? 가끔은 객기이지만 자살과 같은 극단적 행동도 떠오른다.

그는 은퇴를 앞두고 있다. 가을이 오면 30년 넘게 일했던 직장을 떠나야 한다. 전혀 준비를 하지 못했다. 마음의 준비는 물론, 경제적인 준비도 그렇다. 몇 달 후 미래가 두렵다. 부장님, 국장님에서 '아무것도 아닌 존재'로 전락하게 된다. Somebody에서 Nobody로 바뀐다. 허탈하다.

젊은 시절, 인생의 가치는 돈이 아닌 명예와 자기실현이라고 생각했다. 은퇴를 앞둔 지금, 그 생각이 옳았나 하는 의문과 함께 후회가 몰려온다. 젊은 시절 배척했던 돈이 나이가 들면서 커다란 실체로 다가온다. 속물이 되었나 하는 생각에 수치심도 느껴진다. 은퇴 후 대안을 심각하게 생각해 본다. 하지만 뾰족한 게 없다. 걱정만 늘어날 뿐이다. 집안 분위기만 망친다. 남들은 잘하는 재테크조차 못한 것이 화가 난다. 요즘은 의식적으로 아무 생각도 안 하려 한다. 최우선의 전략은 회피다. 그냥 현재만을 살아가려 한다. 그런데 정체 모를 어둠에 휩싸인다. 무기력하다.

100세 시대다. 남자가 은퇴하는 나이는 55~60세다. 한국인 기대수명이 80세를 넘었다. 은퇴 후 보낼 날이 점점 길어지는데, 은퇴준비는 턱없이 부족하다. 남편은 가족을 위해 돈 버느라 평생 고군분투한다. 아내는 남편을 내조하고 얘들을 키우느라 평생 동분서주한다. 30년을 열심히 살았는데, 다시 30년을 더 살아야 한다. 부부가 함께 하는 시간이 없었는데, 함께할 시간이 많아진다. 남편은 고된 직장에서 벗어나, 휴식과 여유, 단란한 가정을 꿈꾼다. 아내는 고된 가사에서 벗어나, 휴식과 재미, 자기계발을 꿈꾼다. 부부가 서로 다른 꿈을 꾼다.

남편은 은퇴증후군, 아내는 은퇴남편증후군

은퇴증후군이란 게 있다. 사회적 지위를 잃은 남편이 겪는 증상이다. 상실감 · 허탈감 · 소외감 · 무력감에 시달린다. 은퇴남편증후군이란 게 있다. 은퇴 때문에 아내가 겪는 증상이다. 남편을 돌보느라 몸이 여기저기 아프고 우울증에 시달린다. 은퇴는 부부 모두에게 스트레스다. 남편은 부적응을 호소하고, 아내는 부담감을 호소한다. 남편은 위로와 대접을 원하지만, 아내는 역할과 자유를 요구한다. 남편은 아내와 같이 있기를 원하지만, 아내는 자녀 · 친구를 편하게 여긴다. 은퇴한 남편은 집에서 세끼를 먹는 '삼식이', 아내 뒤만 쫓아 다니는 '바둑이', 집에 붙어 있는 '젖은 낙엽' 등으로 회자된다.

정신과 의사 호킨스는 인간 의식을 17단계로 구분했다. 최고의 의식은 사랑, 평화, 기쁨, 깨달음이다. 최악의 의식은 수치심, 죄의식, 무기력, 슬픔이다. 수치심은 죽지 못해 사는 수준이다. 자살 충동이나 잔인한 행동으로 표출되기도 한다. 죄의식은 스스로를 초라하게 만든다. 실수를 용납하지 않고 자신과 타인에게 가혹하다. 수치심과 죄의식을 표현하면 정신과 의사는 긴장하게 된다. 공격성이 자신을 향하면 위험하기 때문이다. 슬픔은 무기력보다는 낫다. 무기력한 사람이 울기 시작한다면 해결의 조짐이다.

은퇴는 끝이 아닌 또 다른 시작

은퇴는 끝이 아닌 또 다른 시작이다. 준비가 필요하다. ① 돈이다. 은퇴하면 수입의 80%가 줄어든다. 쓰는 것을 줄이고, 모으는 것을 늘려야 한다. 돈은 모으는 것보다 지키기가 힘들다. "행복은 소비를 욕망으로 나눈 값이다." 행복을 높이려면 욕망을 줄여야 한다. ② 일이다. 은퇴하면 일의 80%가 없어진다. 일이 없으면 하루가 길다. 취미나 봉사라도 늘려야 한다. 취미가 소일거리가 된다면 최상이다. ③ 관계다. 은퇴하면 관계의 80%가 사라진다. 가족, 지역사회, 교회 등 새로운 관계를 늘려야 한다. 인간은 소통 없이는 살 수 없다. 부부간 소통이 마지막 은퇴준비다.

필자의 아버지는 53세의 나이에 사업에 실패했다. 70세에 은퇴할 때까지 시골 목사로 제2의 인생을 사셨다. 아버지는 경제적 능력이 없었다. 은퇴 후 30년 동안 며느리가 드린 용돈으로 사셨다. 그러나 특유의 낙천성이 있었다. 항상 깔끔한 외모를 유지했고, 절대 과거를 얘기하는 적이 없었으며, 항상 남의 말에 집중했고, 절대 미래 계획을 말하지 않았다. 돌아가실 때까지 그 흔한 고혈압과 당뇨도 없으셨고, 하루 세 잔의 커피와 한 끼의 라면을 즐기셨다. "어찌하여 너희는 옷 걱정을 하느냐? 들의 백합화가 어떻게 자라는지 보라. 수고도 하지 않고, 길쌈도 하지 않는다."

후박사의 탁월한 세 가지 처방

오늘 한 그루 나무를 심자

첫째, 중심을 잡자(centered). 후회하지 말자. 잘못한 게 하나도 없다. 다르게 살았어도 마찬가지다. 그 정도면 훌륭히 해냈다. 멋진 과거가 응원하고 있다. 걱정하지 말자. 잘못될 게 하나도 없다. 지금 준비해도 늦지 않다. 소프트 랜딩을 시도해야 한다. 멋진 미래가 기다리고 있다.

옛날에 두 신하가 사형선고를 받았다. 벼랑을 외줄로 건너는 것인데, 성공만 하면 살 수 있었다. A는 밤새 연습을 했고, B는 푹 잔 후 밥 먹고 차도 한잔했다. 드디어 B가 먼저 외줄을 타고 건너편 벼랑에 도달했다. A가 놀라서 큰 소리로 물었다. “어떻게 한 것인가?” B가 크게 대답했다. “평소 하던 대로 했을 뿐이다.” 후회와 걱정을 떨치고, 오늘 한 그루 나무를 심자.

둘째, 에너지를 올리자(energy-up). 무기력은 열정을 통해 극복된다. 오래 전 한국에 방문했던 잭 웰치가 이런 말을 했다. “엄청난 에너지를 발휘하라!” 은퇴를 앞둔 남성들에게 필요한 말이다. 과거 성공경험을 떠올리자. 개근상을 탔을 때의 자부심, 첫 아이를 낳았을 때의 기쁨, 승진했을 때의 자신감. 미래 성공모습을 떠올리자. 아이를 결혼시킬 때의 뿌듯함, 손주와 놀 때의 즐거움, 100세 생일잔치 때의 흐뭇함. 아침마다 큰 소리로 외치자. “나는 할 수 있다. 나는 해낼 수 있다. 나는 대단하다.”

셋째, 사람을 만나자(contact). 앞서 간 선배나 동료를 만나자. 조언을 구하고 도움도 요청하자. 기발한 아이디어가 생길지 모른다. 아내와 얘기하고, 자녀들과 얘기하고, 친구와 얘기하자. 마음을 터놓고 솔직하게 접근하자. 어쩌면 푸근해질 수 있다. 그리고 문구점에서 작은 노트를 구입하자. 거기에 떠오르는 것을 모두 적어 보자. 옛날 한 장군이 이런 말을 했다. “나는 큰 전쟁터에 나갈 때나 신발 끈을 맬 때나 항상 같은 자세로 임한다.”

98 일과 가정의 균형

◇◇◇

저녁이 있는 삶? 미움받을 용기가 필요해

열심히 하는 만큼 이해해 줄거라 생각했는데

그는 두 아이를 둔 평범한 직장인이다. 경력이 오래된 만큼 회사에서 맡고 있는 일도 많은 편이다. 특히 그가 근무하는 파트는 야근은 물론 주말 출근도 많다. 그러다 보니 가족들과 어울리는 시간이 줄어든다. 물론 가족 생각하는 마음이야 항상 가득하지만, 힘들게 일하고 집에 오면 그냥 쉬고 싶은 마음뿐이다. 그래서 아내와 살가운 대화를 나누거나, 아이들과 놀아 주는 데는 한계가 있다.

다른 것도 아니고 가장으로서 열심히 하는 만큼, 가족들도 그런 그를 이해해 줄 것이라 생각했다. 그런데 요즘 들어 그렇지 않은 것 같다. 딸아이가 사춘기에 접어들었는지 무슨 말을 해도 들은 척 만 척하고, 아내도 예전만큼 따뜻하지 않다. 그동안 잘 해 주지 못했다는 생각이 들어 미안하기도 하지만, 솔직히 섭섭한 마음도 든다.

가족들과 화목하게 지내고 싶지만 업무에 집중하다 보니 맞추기가 힘들고, 방법도 잘 모르겠다. 휴일에 가끔 가족들과 나들이를 가거나 외식을 해도 소외되는 느낌을 자주 받는다. 서운한 마음에 말다툼이 일어나 결국 돌아오는 길은 어색한 분위기가 감돌기도 한다. 예민한 나이의 아이들과 소통하는 방법도 잘 모르겠다. 어떻게 하면 좋을까?

일 위해 삶 희생하는 한국인

그는 가족과 함께 하지 못한 것에 대해 미안함을 갖고 있다. 동시에 가족을 위해 일해 온 자신을 몰라 주는 것에 대해 섭섭함을 느낀다. 과중한 업무는 한국 직장인의 자화상이다. 마음은 원하지만, 몸이 말을 안 듣는다. 지친 마음으로, 아내와의 살가운 대화란 가능하지 않다. 피곤한 몸으로, 애들과의 즐거운 놀이란 가당치 않다. 아내는 차갑고, 딸아이는 무관심하다. 당연지사(當然之事)라고 해야 할까? 무심한 행동은 소외감을 불러오고, 어설픈 노력은 어색함을 가져온다.

최근 통계에 따르면, 한국 직장인의 연간 노동시간은 2,000시간을 웃돈다. 멕시코 다음으로 길고, 네덜란드보다 700시간 더 일한다. 노동생산성은 34개국 중 28위고, 삶의 질은 135개국 중 78위다. 열심히 일하는데 능률은 안 오르고, 성실히 사는데 삶은 최악이다. 한국인의 불쌍한 자화상이다. 우리는 인생을 못 즐기면서, 불필요한 야근과 휴일근무에 지쳐가고 있다. 지친 머리에서 혁신과 창조가 나온다는 것은 불가능하다.

최근 조사에 따르면, OECD 37개국 중 한국인의 행복지수는 여전히 하위권이다. 직장인의 인생목표 1위는 화목한 가정이다. 2위인 높은 연봉보다 3배나 높다. 직장인의 꿈 1위는 세계여행을 하는 것이다. 최고의 직장은 스트레스 덜한 곳이고, 최악의 직장 상사는 일중독 선배다. 한국인의 초라한 자화상이다. 우리는 매일 일을 위해 삶을 희생하고 있다. 우리는 가정을 포기하면서, 심한 스트레스에 시달리고 있다. 부모와 자녀 간 소통이 단절되는 것은 자연하다.

일이란 무엇일까? 우리는 숨 쉬는 시간의 대부분을 일로 소비한다. 일은 돈을 벌기 위한 수단이다. 우리는 살만큼 돈을 벌면 된다. 그런데 자본주의 사회는 과도한 일중독과 무한경쟁을 부추긴다. 일이 단지 돈 버는 수단이라면, 열정과 보람은 사라진다. 일이 실망과 공허로 채워진다면, 끔찍한 형벌이다. 일은 세상과 소통하는 통로다. 인간은 소통 없이는 살아갈 수 없다. 우리는 일을 통해 사회 구성원이 되어, 아픔과 기쁨을 공유한다. 일은 가치를 실현하는 목적이다. 인간은 의미를 추구한다. 우리는 일을 통해 사회적 정체성, 독창성, 존엄성을 얻는다.

일과 가정 두 마리 토끼 잡기

가정이란 무엇일까? 가정은 공동 운명체다. 가정은 서로 달라도 차별하지 않고, 조화를 이루면서 서로 돕고 사는 곳이다. 우리는 가정에서 미래를 꿈꾼다. 가정은 인간으로서 도리를 배우는 곳이다. 부모는 부모답고, 자식은 자식다워야 한다. 배우자는 배우자답고, 형제는 형제다워야 한다. 우리는 이 모든 것을 가정에서 배운다. 가정은 사랑의 샘터다. 불평도 많지만 대우도 최고다. 어떠한 허물과 실패라도 받아준다. 가정에서 사랑받고 인정받아야, 바깥에서도 사랑을 주고받을 수 있다.

후박사의 탁월한 **세 가지 처방**

일과 가정, 둘 사이에서 직장인 모두가 고민하고 있다. 성공적인 직장과 화목한 가정, 두 마리 토끼를 잡는 것이 가능할까?

첫째, 함께 바꿔 보자. 우리 모두 뭔가 잘못된 것임을 알고 있다. 그렇다면 뾰족한 방법이란 게 있지 않을까? 우선 상사가 어떻게 생각하는지, 동료가 어떻게 대처하는지 물어 보자. 구조적인 문제라고 절대로 안 변하는 것은 아니다. 그리고 바꿔 보자! 주말에는 출근하지 않는 원칙을 실현해 보자. 미움받는 용기가 필요하다. 저녁 있는 삶을 고집하는 원칙을 실천해 보자. 버텨내는 용기가 필요하다. 바꾸지 못할 것은 받아들이고, 바꿀 수 있는 것에 주목하자.

둘째, 작은 것부터 시작하자. 일주일에 한두 번 꼭, 혼자만의 시간을 만들어 보자. 30분이나 1시간이면 충분하다. 카페에 홀로 앉아 커피 한 잔을 즐겨 보자. 낯선 산책로를 따라 천천히 걸어 보자. "이대로 살아도 되는 걸까?" 한 달에 한두 번 꼭, 아내와 오랫동안 안 갔던 레스토랑에 가 보자. 함께 술 한 잔 마시면서, 이런저런 대화를 해 보자. "이렇게 살아도 되는 걸까?" 매주 일요일 아침 꼭, 아이들과 따끈한 식사를 같이 해 보자. 할 말이 없고 어색하더라도, 묵묵히 가족의 얘기를 들어 보자. "우리는 어떻게 살아야 할까?"

셋째, 충분히 기다리자. 미안함은 기대를 저버린 데서 온다. 이해받기 전에 이해해야 한다. 섭섭함은 기대에서 온다. 지나친 기대는 항상 갈등을 유발한다. 소외감은 불통(不通)에서 온다. 배려받기 전에 배려해야 한다. 미안해하지도 말고, 섭섭해하지도 말고, 소외되지 말자. 사람 마음은 쉽게 풀리지 않는 법이다. 가까운 경우라면 더욱 그렇다. 세월이 필요하다. 지금도 안 늦었다. 가족을 위해 시간과 에너지를 쏟아야 한다. 투자도 없이 어떻게 수익을 바라겠는가? 우리는 먹고 살기 위해 일하는 것이 아니다. 우리는 즐겁게 살기 위해 일하는 것이다. 삶은 축제가 되어야 한다.

99 일중독

◇◇◇

과잉 성취감에서 벗어나라

사명감 불태우며 희열을 만끽하지만

작년 말 그는 100:1의 좁은 문을 통과해 임원으로 발탁됐다. 성공한 것이다. 그는 탁월한 전문성이 있거나 명석한 두뇌의 소유자는 아니다. 대신 30년간 회사에 충성했다. 조직의 필요에 따라 여기저기 부서를 전전하면서 정말 열심히 일했다. 업무를 하다가 밤을 샌 날은 부지기수이고, 상사의 문제를 해결하다가 봉변을 당한 적도 있다. 그런 노력의 결과로 모든 직장인의 꿈인 임원이 됐다.

그간의 과정이 순탄하진 않았다. 건강에 빨간불이 들어왔다. 40대에 이미 고혈압과 당뇨병이 생겼다. 최근 몇 년간은 위궤양으로 매일 죽을 싸 들고 출근하기도 했다. 그러다 보니 체력이 떨어져 일하기 힘든 날이 많았고, 에너지가 고갈돼 무력감에 빠진 적도 있었다. 회사를 그만둬야 하나 고민했다. 그럼에도 그는 최선을 다해 업무를 수행했다.

그는 지금 더할 나위 없이 행복하다. 목표가 성취되어 흡족하고, 그를 따르는 많은 동료와 후배가 있어 뿌듯하다. 회사가 자신의 뜻대로 움직이는 것도 만족스럽다. 언젠가부터 회식이 잦아졌다. 회식자리는 자신을 임원으로 선택해 준 상사, 밀어준 동료 및 후배들과 함께 기쁨을 나누는 자리다. 거의 매일 함께 술을 마시며 행복에 비틀거린다. 술이 고혈압과 당뇨병에 나쁘다는 사실은 지금 그에게 중요하지 않다. 가끔 몸이 이상 신호를 보낸다. 일을 줄이고, 회식을 줄이고, 건강이라는 현실을 직시해야 한다. 그러나 마음대로 안 된다. 오늘도 그는 회사의 앞날을 위해 밤을 새우고 토론한다. 사명감을 불태우며 희열을 만끽한다.

일중독은 자본주의의 산물

인간은 성공과 행복을 추구한다. 성공은 분명한 목표다. 성공전문가 브라이언 트레이시는 이렇게 말한다. "목표 없는 사람은 평생 목표 있는 사람을 위한 종신 노동형에 처한다." 행복은 분명한 목적이다. 자기계발의 선구자 얼 나이팅게일은 이렇게 말한다. "행복이란 의미와 목적을 찾아가는 과정이다." 성공이란 가지고 싶은 것을 가지는 것이고, 행복이란 하고 싶은 일을 하는 것이다.

성공은 세상에서 가장 아름다운 유혹이다. 그는 성공을 위해 열심히 일했다. 그는 일을 사랑한다. 일을 할 때 가장 즐겁다. 쉬는 날 없이 계속 일하고, 일을 하지 않으면 오히려 불안하다. 일중독이다. 현대사회는 개미처럼 일하도록 요구한다. 모든 교육과정은 일꾼을 만드는 것이다. 현대사회는 성공을 부추긴다. 동물에겐 생존욕구가 있지만, 인간에겐 성공욕구가 있다. 현대인은 어릴 때부터 일과 성공에 길들여졌다. 일과 성공은 자본주의의 토대이고, 일중독은 자본주의의 산물이다.

일중독, 무엇이 문제인가? 첫째, 사회적 피해를 끼친다. 모든 중독은 관계의 상실과 파괴를 초래한다. 일중독은 일에 자신을 과잉 적응시킨 상태다. 일 이외의 인간관계에는 전혀 관심이 없다. 일중독은 전염성이 있다. 주위 사람에게도 일중독을 요구한다. 결국 가정생활과 사회생활의 파탄으로 몰아간다. 둘째, 개인적 소진을 가져온다. 소진(exhaustion)이란 만성 스트레스로 신체적, 정신적인 피로에 떨어지는 현상이다. 우울, 수면장애, 의미상실 등을 보인다. 스트레스는 몸과 마음과 혼을 동시에 망가뜨린다. 만성피로는 면역력 저하로 고혈압, 당뇨병, 암 등 만성질환으로 이어진다. 소진(burnout)이란 감정에너지가 완전히 고갈되어 생기는 뇌의 피로현상이다. 무기력, 자기혐오, 직무거부 등을 보인다. 사람은 일만으로 살 수 없다. 계속적인 일은 에너지의 고갈을 가져온다. 특히 감정에너지가 방전된다. 감정소진은 보상기전으로 술, 도박, 섹스 등 쾌락중독으로 이어진다.

뇌는 크게 이성[知]을 담당하는 대뇌피질, 감정[情]을 담당하는 변연계, 의지[意]를 담당하는 뇌간으로 나눈다. 뇌간은 신체적 쾌감(쾌락), 변연계는 감정적 쾌감(행복), 대뇌피질은 이성적 쾌감(성취감)을 담당한다. 동물은 쾌락을 먹고 살지만, 인간은 행복과 성취감을 먹고 산다.

중독은 쾌감의 노예 상태

모든 중독의 이면에는 쾌감이 있다. 중독이란 쾌감의 노예가 되는 현상이다. 쾌감은 생명력, 정신력, 창조력의 원천이다. 안정감과 자신감의 근원이다. 오묘한 감각과 신비체험을 하도록 하는 주체다. 인간은 고도로 발달된 쾌감신경을 가지고 있다. 이는 만물의 영장이 되게 한 이유이고, 또한 중독에 취약한 이유다. 중독의 핵심증상은 집착, 강박행위, 재발로 요약된다. 모든 중독은 통제부족에서 온다. 오늘날 중독은 가장 위험한 정신질환의 하나로 분류된다.

행복은 세상에서 가장 아름다운 축복이다. 행복은 통상 만족감, 긍정감정, 부정감정의 부재로 정의한다. 그는 지금 행복하다. 그렇지만 정말 행복한 것일까? 행복이라는 착각에 빠져 있는 것은 아닐까? 뇌는 정보를 임의로 조작한다. 흡족한 쾌감을 실제라고 믿는다면 낭패를 볼 수 있다. 우리는 보통 과거와 미래를 현재 느낌으로 파악한다. 뿌듯한 만족감으로 과거를 멋지게 미화하거나, 미래를 무조건 낙관해서는 안 된다. 그리고 현재 상황을 자기에게 유리하게 해석해서도 안 된다. 행복에 걸려 넘어질 수 있다.

후박사의 탁월한 세 가지 처방

첫째, 멈춤(stop)이다. 멈추어 서서 자신을 돌아보자. 일중독은 일종의 도피 행각이다. 중독의 이면에는 항상 두려움이 있다. 가난, 몰락, 실패, 무능에 대한 두려움이 있을 수 있다. 두려움을 있는 그대로 받아들이고, 정면 돌파를 시도해야 한다. 하던 일을 멈추어 보자. 중독과 건강의 차이는 "현재 하던 일을 중단하거나 미룰 수 있는가?"에 있다. 우선 일중독을 스스로 인정해야 한다. 모든 중독이 그렇듯이 주위 사람의 도움을 받아야 한다. 어쩌면 개인적 극복이 어려울 수 있다. 노동시간의 단축, 직장문화의 개선 등 사회적 노력이 필요하다.

둘째, 충전(recharge)이다. 뇌의 피로는 이성적 명령으로 쉬게 할 수 없다. 오히려 걱정과 잡념이 더 커진다. 그나마 남아 있는 감정에너지가 방전된다. 뇌의 휴식은 감정적 충전을 통해 가능하다. 인간은 감정적 동물이다. 감정에너지는 우리에게 열정, 의미, 동기, 영감의 동력이다. 인간은 소통 없이는 살아갈 수 없다. 감정에너지는 소통을 통해 충전된다. 또한 운동, 취미, 놀이, 명상을 통해 충전된다. 삶의 균형이 필요하다.

천천히 일에 대한 집착 버려야

셋째, 계획(scheduling)이다. 일중독은 중독의 속성상 중단하기 어렵다. 일은 생계에 직결되고, 다른 중독에 비해 큰 해가 없는 것처럼 보이기 때문이다. 오히려 계획을 활용하는 방법이 효과적이다. 일중독자는 철저히 일정을 관리한다. 우선 자신의 일정에 다른 계획을 넣는 것으로 시작한다. 빽빽하더라도 운동하는 시간과 악기 배우는 시간을 넣어 보자. 불안하더라도 가족과 대화하고 친구와 잡담하는 시간을 만들어 보자. 차츰 진행하면서 우선순위를 조정하고, 천천히 일에 대한 집착을 떨어버리는 것이다. 이렇게 물어보자. "뭐 재미있는 다른 거 없을까?"

100 작은 장례식

◇◇◇

소박하고, 조촐하며, 조용한 장례식

어머니의 초라한 장례를 생각하면 답답해

그녀는 지난 연말 33년 다닌 회사를 퇴직했다. 직원으로 30년 임원으로 3년, 남부럽지 않은 시간이었다. 직장생활에서 중요한 일 중 하나는 경조사 챙기기다. 그간 수많은 직원의 결혼과 장례가 있었고, 열심히 챙겼다. 그런 노력 덕분인지 인심 좋은 동료로 선후배들과 잘 지냈다. 남편은 의사다. 간호사 3명과 함께 작은 의원을 경영한다. 본업에 매우 충실하지만, 내성적이라 대인관계가 거의 없다. 동문회나 지역사회 모임에 나가지 않으며, 종교도 없다.

5년 전 시아버지께서 작고하셨다. 성공한 형님과 두 누님 앞으로 수십 개의 조화, 수백 명의 조문이 답지했다. 성대한 장례식이었다. 남편 조문객은 적었지만, 회사 동료들이 많이 와 주어 그녀 쪽도 체면치레는 했다. 조만간 다가올 93세 시어머니 장례는 걱정이 없다. 시아버지보다 더 성대한 장례가 예상된다. 문제는 80대 중반인 친정어머니 장례다. 남편 쪽은 물론이고, 그녀도 현직이 아닌 상황에서 얼마나 문상을 올까. 언니와 여동생이 있지만, 언니는 미국에 살고, 미혼인 동생은 연락 없이 독립적으로 살고 있어, 둘 다 도움이 되질 않는다. 왕성하게 사회생활을 하신 어머니는 3년 전 남편을 떠나보낸 후 심신이 모두 쇠약해지셨고, 세 딸에게 재산정리를 하신 후에는 이상하리만큼 모든 능력이 사라지셨다.

조촐하고 조용하게 치러질 어머니의 장례를 생각하면 맘이 복잡하다. 작은 장례에 대한 주위의 따가운 시선이 예상되고, 최근 들어서는 성대한 장례식에 참석할 때마다 자꾸 주눅도 든다. 의사에 임원까지 지낸 부부이니 주변에서는 많은 조문객이 올 것으로 생각할 텐데, 체면이 말이 아니다. 이제부터라도 종교생활이라도 다시 시작해야 할까, 남편 쪽은 기대할 수 없으니 동문회에 열심히 나가고, 여기저기 동호회에도 가입해야 하나, 어떻게 해야 할지 모르겠다.

체면치레는 죽음의 의미를 손상시킨다

인간은 반드시 죽는다. 죽음이란 무엇인가. 동양은 저승보다 이승의 삶을 중요시했다. 삶은 기(氣)가 모인 것이고, 기(氣)가 흩어지면 죽는다. 죽으면 혼(魂)은 하늘로 올라가고, 백(魄)은 땅에 흡수된다. "호랑이는 가죽을 남기고, 사람은 이름을 남긴다." 서양은 이생의 삶보다 영생을 중요시한다. 이 세상에서 고통이라도, 저 세상에서 행복을 찾는다. 죽으면 육체는 땅에 묻히고, 영혼은 천국에 올라간다. "그리스도를 믿는 자는 영생이 있고, 그렇지 아니한 자는 영생을 보지 못한다."

장례식은 죽은 자를 그리며, 죽음을 애도하는 의식이다. 부모의 죽음은 존엄하다. 처음이자 마지막이자 한 번 대면하기 때문이다. 공자는 3년상을 폄하하는 제자에게 이렇게 말했다. "자식을 낳고 3년 동안 품에 안고 키웠기 때문에, 3년 동안 부모를 가슴에 품고 사는 게 도리다." 부모의 죽음은 슬프다. 영원히 함께 있을 것이라는 착각에서 깨어나게 한다. "죽은 자는 산 자에게 항상 슬픔을 남긴다." 부모의 죽음은 진지하다. 나의 삶을 돌아보기 때문이다. "멀리 있는 죽음을 보면 가까이 있는 삶이 보인다."

오늘날 장례식은 시끌벅적하다. 고인을 추모하는 자리라기보다 유족의 사회적 관계를 확인하는 자리다. 상(喪)을 당하면 경황이 없다. 자동으로 연락을 돌리고, 손님을 맞이하고, 죽음에 대해 반복 설명한다. 망자를 기릴 여유도 슬퍼할 겨를도 없이, 녹초가 되어 장례식이 끝난다. 부고(訃告)를 받으면 망설인다. 가까운 사이라면, 상주의 마음을 헤아리기보다 오랜만에 만날 사람부터 떠올린다. 가깝지 않다면, 문상을 안 가기도 그렇고 조의금도 부담이다. 장례식 비용도 부담이다. 가구당 평균 장례비용은 1,500만 원에 달한다. 이중 식대가 80%다. 화환과 조문객의 숫자는 유족의 사회적 위세를 보여 준다.

작은 장례식과 웰다잉

'작은 장례식'이 젊은 층에서 늘어나고 있다. 작지만 의미 있는 장례식이다. 보여 주기 위한 것이 아니고, 애도에 집중하는 장례식이다. 절차를 간소화하고, 합리적인 비용을 지불한다. 작은 장례식은 가족장을 기본으로 한다. 부고를 내지 않고, 조의금과 화환을 받지 않으며, 발인 예식을 하지 않는다. '웰다잉(Well dying)'이 노년층에서 떠오르고 있다. 웰다잉은 품위 있는 죽음을 준비하는 것이다. 임종을 미리 체험하고, 장례식에 필요한 것을 준비한다. 간병, 연명치료, 장례절차, 유산배분 등 죽음 관련 내용을 배운다.

장자가 숨을 거두려 할 때 제자들이 '화려한 장례식'을 준비하려 했다. 그러자 장자는 말했다. "하늘과 땅이 나의 관이고, 해와 달이 나의 옥이고, 별들이 나의 구슬이다. 만물이 밤 새워 나를 애도하는데 무엇이 더 필요하단 말인가?" 그러나 제자들은 말했다. "스승님이 까마귀나 솔개에게 먹히면 안 됩니다." 장자가 대답했다. "땅 위에 놓아두면 까마귀나 솔개의 밥이 되고, 땅 밑에 누우면 개미나 벌레의 밥이 될 것이다. 너희는 왜 새들에게 더 인색한가?"

후박사의 탁월한 세 가지 처방

첫째, 소박한 장례식을 치르자. 화려하게 치른다고 효(孝)를 하는 건 아니다. 돈보다 마음에 집중하자. 작은 돈이라도 정성이 충분히 표현된다. 체면보다 의미에 집중하자. 체면치레는 죽음의 의미를 손상시킨다. 작은 장례식을 기획하자. 비용을 줄일 수는 없을까? 하루나 이틀 장도 고려하고, 빈소 없이 화장하는 것도 가능하다. 비싼 관 대신 종이 관으로 대체하고, 비싼 수의 대신 고인이 즐겨 입던 옷으로도 가능하다. 식사는 외부 식당을 이용하거나 다과로 대체할 수 있다.

위로보다 애도, 위신보다 소신

둘째, 조촐한 장례식을 치르자. 성대하게 치른다고 효(孝)를 하는 건 아니다. 위로보다 애도에 집중하자. 유족을 위한 형식적인 문상은 의미가 없다. 위신보다 소신에 집중하자. 따가운 시선에 굴하지 말고, 허세 앞에 주눅 들면 안 된다. 작은 장례식을 기획하자. 불필요한 것은 무엇인가? 핵가족제도로 사회적 관계가 줄면서 단출한 장례식이 늘고 있다. 부고를 안 내는 것도 고려하고, 화환과 부의금을 안 받는 것도 가능하다. 고인과 가까웠던 사람에게만 알리고, 가족, 친척, 가까운 지인을 초청하자.

셋째, 조용한 장례식을 치르자. 시끌벅적하다고 슬픔이 사라지는 건 아니다. 하루라도 실컷 슬퍼하자. 부모는 나를 낳아 주신 분이다. 여러 회환을 남기고 세상을 떠났다. 삶을 이해하는 만큼 슬픔은 줄어든다. 하루라도 고인의 생(生)을 기리자. 좋은 기억과 나쁜 기억이 있다. 서로 다른 경험을 가질 수 있다. 가족끼리 모여 얘기해도 좋다. 하루라도 죽음에 대해 생각하자. 말 없는 시간을 가지는 것도 좋다. 내가 죽었다고 가정해 보자. "죽음은 항상 손끝이 닿는 곳에서 우리를 지켜본다."

101

재혼

◇◇◇

다시 이별? 두려움부터 극복하라

재혼, 성공할 수 있을까

그는 5년 전 이혼했다. 혼자서 끼니를 해결하다 보니 주변에선 '그렇게 부실하게 먹다가는 일찍 죽는다'며 빨리 재혼하라고 성화다. 재혼시장에서 그는 좋은 조건의 상품이다. 50대 초반으로 나이도 적당하고, 미국으로 유학 간 딸 하나에 대학교수라는 직업이 주는 부유한 느낌도 있기 때문이다. 그러다 보니 시간이 지날수록 재혼을 권유하는 경우가 더 많아지고 있다.

그도 재혼을 염두에 두고 여성들을 만났다. 미혼도 있었지만, 가장 맘에 든 여성은 두 딸을 둔 이혼녀였다. 그녀는 아름답고 지적이며 부드럽다. 전 부인의 강한 성격과 일 욕심 때문에 심하게 부딪혔던 터라, 그런 그녀가 좋았다. 게다가 그녀는 재력가다. 유창한 불어 실력으로 갖춘 경제력에다, 상속받은 재산도 많다.

2년 가까이 그녀와 만나고 있다. 그녀도 그와의 결혼을 꿈꾸고 있다. 그럼에도 재혼을 생각할수록 머리가 복잡해져 자꾸 주저하게 된다. 제일 큰 이유는 양쪽 딸들이 심한 반대는 아니더라도, 재혼을 탐탁히 여기지 않는다는 것이다. 대학생이거나 직장인인 딸들은 재혼 이후 복잡해질 재산 문제를 생각하고 있을지 모른다. 재혼 커플들이 얼마간 잘 살다가 재산상속 문제로 또다시 이혼을 하게 되는 사례들도 많고, 아무리 잘하려고 해도 계모계부 관계에서 오는 갈등을 피할 수 없을 것이며, 생활인으로서 겪게 되는 소소한 일 때문에 서로에게 실망하게 되는 상황 등을 잘 극복해 나갈 수 있을지 자신이 없다.

연간 결혼 24만 건, 이혼 11만 건

최근 통계에 따르면, 연간 결혼은 24만 건, 이혼은 11만 건이다. 재혼은 남녀 각각 5만 건이다. 1인 가구는 전체 가구의 30%다. 2030년에는 셋 중 하나가 1인 가구가 된다. 65세 이상이 전체 인구의 16%다. 2030년이 되면 24%에 이를 전망이다. 매년 결혼은 줄고, 재혼은 늘어난다. 경기침체에 청년은 결혼 · 출산 · 육아를 포기하고, 100세 시대에 노년은 두세 번 결혼할 기회가 늘어난다. 가부장적인 질서는 무너지고, 여성의 목소리가 커지고, 부부 중심으로 바뀌고 있다.

한국의 이혼율은 세계 3위다. 이혼공화국이란 말이 나올 정도다. 이혼 사유는 ① 돈 문제, ② 성(性) 문제, ③ 성격 문제다. 결혼기간이 5년 미만인 허니문이혼이 23%이고, 20년 이상인 황혼이혼이 30%이고, 자녀 없이 이혼한 부부가 50%를 넘는다. 황혼이혼은 부부간의 문제를 넘어선다. 가정이 해체되면서 위자료 · 재산분할 · 상속 문제로 불거지고, 황혼재혼으로 이어져 사회 문제를 일으킨다. 1인 가구가 노년층에 집중되어 있어, 노인빈곤, 고독사, 자살 등의 비극으로 끝날 수도 있다.

최근 실시한 '10년 후 결혼에 대한 인식조사'에 의하면, 미혼 남녀 34%에서 기존 결혼이 유지되고, 47%에서 사실혼(동거)이 결혼보다 성행하고, 55%에서 혼전계약이 필요하다고 응답했다. 혼전계약에는 부부생활, 재산관리, 양가집안, 가사분담 수칙을 포함한다. 미래 결혼의 모습으로 계약결혼, 졸혼(卒婚)을 꼽는다. 계약결혼은 남녀가 계약조건에 따라, 일정 기간 부부처럼 함께 사는 것이다. 졸혼은 결혼을 졸업한다는 것인데, 결혼을 유지한 채 부부가 각자 혼자 사는 것이다.

"타자는 지옥이다." 사르트르의 말이다. 그와 보부아르의 계약결혼은 유명하다. 계약조건은 다음과 같다. ① 타자와 사랑하는 것을 허락한다. ② 숨기거나 거짓말하지 않는다. ③ 경제적으로 독립한다. "결혼하라. 후회할 것이다. 결혼하지 마라. 후회할 것이다." 키르케고르의 말이다. 그는 10살이나 어린 올센과

약혼하지만 1년 후에 파혼하고, 직업도 없이 떠돌다 42세에 비극적인 삶을 마감한다. 함께 사는 사람은 자주 갈등과 자기억제에 빠지고, 혼자 사는 사람은 쉽게 고독과 절망에 떨어진다.

결혼은 3단계로 발전해 왔다. 농경시대에는 생존과 안전을 위해서, 산업화시대에는 정서적 안정과 소속을 위해서, 오늘날에는 자존감과 자아실현을 위해서 결혼을 한다. 현대인에게 가정이 차지하는 비중은 크다. 가정에서 부부는 네 가지 기본 역할이 있다. 섹스파트너, 친구, 사업동반자, 상보자(相補者)다. 결혼생활에서 모두 작동한다면 금상첨화다. 하지만 현실은 그렇지 않다. 한두 개 만 충족하더라도 부부관계는 유지된다.

부부는 혼자 사는 듯 함께 사는 것

부부가 어떻게 사는 게 현명한 것일까? 혼자 사는 듯이 함께 사는 것이다. '혼자 사는 듯'이란 무슨 뜻인가. 내가 하고 싶은 것을 하고, 나 스스로 책임지는 것이다. 동시에 상대의 자유를 존중하고, 상대가 책임지는 것을 공감하는 것이다. '함께 사는 것'은 무슨 뜻인가. 두 톱니바퀴가 이가 맞아 하나의 시스템으로 돌아가듯이, 부부가 가정이라는 새로운 유기체를 형성하는 것이다. 자유와 책임, 존중과 공감, 함께 있음으로 혼자 사는 듯이 함께 삶을 창조해 나가는 것이다.

후박사의 탁월한 세 가지 처방

성공적인 재혼을 위한 탁월한 처방은 무엇일까? 세 가지 미덕을 떠올려 본다. 중용에 이런 말이 있다. "지(知), 용(勇), 인(仁)은 천하의 삼덕(三德)이다."

첫째, 지혜[知]다. 인생에서 지혜란 무엇일까? 과거의 경험에서 배우고, 미래에 적용하는 것이다. 행복을 위해 재혼을 생각하지만, 재혼한다고 행복해지는 것은 아니다. 재혼하면 피할 수 없는 갈등이 있다. 재산손실 · 자녀 문제 · 구속 등 여러 문제가 생긴다. 하지만 다시 해 보는 것이라 더 잘 할 수 있다는 장점이 있다. 재혼은 조심스럽고, 따져야 할 내용이 많고, 확실한 신원인증도 필요하다. 성공적인 재혼은 부부의 노력뿐 아니라 주변의 도움이 필수적이다. "지혜로운 자는 의혹하지 않는다."

둘째, 용기[勇]다. 인생에서 용기란 무엇일까? 과거에 얽히지 않고 현재에 사는 것이다. 꿈을 가지고 미래를 창조해 나가는 것이다. 재혼을 피하는 가장 큰 이유는 첫 결혼 실패에 대한 잔상이다. 다시 헤어질 것 같은 두려움을 극복해야 한다. 스스로를 지키고 보호하려고만 한다면, 결국 고독 속에 갇히게 된다. 또 한 번의 실패가 있더라도 새로운 모험을 해 봐야 한다. 당당한 재혼을 통해 두 번째 사랑을 되찾아야 한다. "용기 있는 자는 두려워하지 않는다."

셋째, 사랑[仁]이다. 아무리 험해도 내 집만 한 곳은 없다. 부부는 영원한 애인이고 친구며 보호자다. 혼자 사는 것도 장점이 있지만, 100세 시대에 누군가 마음을 나눌 상대가 필요하다. 인간은 서로 의지하고 소통하고 대화해야 살 수 있다. 나이가 들수록 서로 돌봐 줄 사람도 필요하다. 인생에서 행하는 모든 것은 사랑을 얻기 위해서거나, 결핍된 사랑을 보상받기 위한 것이다. 사랑은 모든 것을 참으며, 모든 것을 믿으며, 모든 것을 바라며, 모든 것을 견딘다. "어진 자는 근심하지 않는다."

102 젠더 갈등

◇◇◇

차이는 인정하고 차별에 눈 떠야

누그러지지 않는 이유 모를 분노

그녀는 30대 초반의 회사원이다. 그녀는 회사가 어렵다. 정확하게는 남자동료와 어울리는 게 힘들다. 처음부터 그랬던 건 아니다. 1년 사귄 남자친구에게, 이미 5년 사귄 다른 여성이 있다는 걸 알게 됐을 때부터다. 충격과 배신감에서 조금 벗어날 즈음, 아무 상관없는 남자들이 그와 겹쳐 보이기 시작했다.

남자들과 대화가 어려워졌다. 대화가 안 되니 피하게 됐고, 피하는 게 일상이 될 무렵 왜 내가 그들을 피해야 하는지 의문과 짜증이 생겨났다. 왜인지 모를 화가 내면에 계속 자리 잡고 있다. 남자동료와 대화할 때면 사소한 것에도 불구하고 말투에 날이 선다. 이유 모를 분노가 누그러지지 않는다.

불편함이 어려움으로, 그 어려움이 메스꺼움으로 바뀌면서, 남자란 참 어리석다는 생각을 하게 됐다. 무슨 말을 해도 바보 같다. 동기들은 물론, 상사나 후배들도 마찬가지다. 그녀가 일을 잘 해내도 그들은 칭찬은커녕 매번 그녀만 탓하는 듯하다. 그들과는 대화조차 싫지만, 사회생활이려니 하며 넘긴다. 이젠 이런 감정을 갖기 전 자신이 어땠는지 생각나지 않는다. 이전에 어떻게 그들과 소통했는지 정말 모르겠다.

친구를 만날 때면 남자들에 대한 불평불만을 늘어놓는데 정신이 없다. 그날도 회사 일로 스트레스가 쌓여 친구에게 그녀의 생각을 마구 쏟아냈다. 그런데 친구는 더 이상 공감이 어려운 듯했다. 친구는 그녀가 직장 스트레스를 토로하는 게 아니라, 남자동료와 얽히기만 하면 과민반응을 하고 쉽게 빈정이 상한다고 했다. 아니라고 강하게 부정했지만, 마음을 들킨 것 같아 깜짝 놀랐다. 회사에서 남자들과의 접촉은 피할 수 없다. 그들과 잘 지내고 싶은 마음도 있다. 그런데 잘 안 된다. 어떻게 해야 속내를 들키지 않고 잘 지낼 수 있을까 머릿속이 복잡하다.

젠더 갈등은 성역할에 대한 혐오

한국 사회는 젠더 갈등으로 뜨겁다. 최근 조사에 따르면, 온라인에서 남녀 갈등이 70%를 넘었다. 이념 갈등 · 세대 갈등보다 압도적이다. 젠더 갈등은 남녀 간에 극한 혐오로 나타난다. 최근 3년간 미투 · 몰카 · 폭력 사건을 계기로 촉발됐다. 특히 2030세대에서 심각하다. 남성의 취업난과 군대, 여성의 범죄공포, 페미니즘 교육이 한몫한다. 젊은 세대는 의사표현이 활발하다. 양극단 커뮤니티인 일베와 워마드를 통해 과격한 의견 · 행동을 표출한다. 남녀 분업의 파괴, 일자리 감소, 장기 경기침체 등 구조적인 문제가 깔려 있다. 직업 전선에서 여경무용론과 남간호사 불신론까지 번지고 있다.

젠더는 사회적 성(性)이다. 젠더 갈등은 사회 갈등이다. 성(性)에 대한 혐오라기보다 성역할에 대한 혐오다. 사회 갈등은 개인 갈등과 다르다. 일상에서 남녀 혐오는 잘 안 나타난다. 남자는 여자를 좋아하고, 여자도 남자를 좋아한다. 온라인에서 남녀혐오는 과장된다. 숨겨진 욕망이 드러나고, 억눌린 불만이 터진다. 온라인에서 사람들은 익명으로 소통한다. 가짜와 이기주의가 판치고, 군중심리가 작동한다. '남자는 다 그래'라고 싸잡아 비난하는 과잉 일반화가 작용한다. '나는 맞고 너는 틀리다'라고 생각하는 흑백논리도 작용한다. '거봐 내 말이 맞아'라고 보고 싶은 대로 보는 확증편향도 작용한다.

여성혐오(misoginy)는 여성에 대한 혐오 · 멸시 · 편견이다. "여성은 본래 나약하고 열등하다." 성차별 · 폭력 · 성적대상화 등을 포함한다. 여혐은 뿌리가 깊다. 구조적이고 보편적이며, 일상화되고 합법화되었다. 수천 년 동안 남성중심 사회는 여성을 억압했다. 문명은 가부장제를 전제로 발전했다. 가부장제는 여혐의 원인이면서 결과다. 여혐은 신화 · 종교 · 철학 등 광범위한 영역에서 나타난다. 종교적으로 남성 수행자들만 도덕적으로 찬양해 왔다. 수많은 철학자가 여성혐오자라는 비난을 받는다.

남성혐오는 남성에 대한 혐오 · 멸시 · 편견이다. “남성은 본래 폭력적이고 열등하다.” 남혐은 여혐의 대칭 존재로서 19세기에 등장했다. 여러 페미니즘 이론이 있다. “여혐의 뿌리가 남근 중심성이다.” “여혐은 여성을 엄마와 창녀로 구분하는 성녀 · 창녀 콤플렉스에서 온다.” 페미니즘은 남성중심의 이데올로기에 대항한다. 1세대는 참정권 · 투표권을 통해 여성평등을 이루었다. 2세대는 여성의 사회적 차별에서 해방이다. “여성은 태어나는 것이 아니라 만들어진다.” 3세대는 계급 · 인종 · 성소수자의 차별까지 확장한다.

차이는 존중으로, 차별은 평등으로

혐오는 차이에서 온다. 차이에는 가치[思]가 작용한다. 신념에 따라 다르고, 관점에 따라 변한다. 차이는 존중으로 극복해야 한다. 노자는 이렇게 말한다. “사람들이 아름다움을 아름답다고 생각하는데, 알고 보면 추할 수 있다.” 혐오는 차별에서 온다. 차별에는 권력[力]이 개입한다. 강자 · 약자 논리가 작용하고, 억압이 존재한다. 소수자를 대상으로 갈등의 희생양으로 삼는다. 차별은 평등으로 극복해야 한다. 바울은 이렇게 말한다. “종이나 자유인이나 남자나 여자나, 모두 그리스도 예수 안에서 하나다.”

후박사의 탁월한 세 가지 처방

첫째, 차이를 인정하자. “다름은 아름답다.” 남녀는 다른 성(性)이 작용한다. 공격적이라고 폭력적인 것은 아니고, 수용적이라고 나약한 것은 아니다. 타고난 성(性)을 바꾸기는 어렵다. 남녀는 다른 심리[心]가 작용한다. 이성적이라고 우월한 것은 아니고, 감성적이라고 열등한 것은 아니다. 우리는 지능지수(IQ)보다 감성지수(EQ)를 중시하는 시대를 살아간다. 남녀는 다른 가치[思]가 작용한다. 여자도 성공을 추구하고, 남자도 사랑에 매달린다. 우리는 성공보다는 행복을 중시하는 시대를 살아간다.

둘째, 차별을 이해하자. 상대 성(性)의 입장에서 생각하자. 생활 속 작은 것으로부터 차별 요소를 줄여야 한다. 성(性)에 대한 가치를 바꾸자. 무의식적인 차별에 눈떠야 한다. 의식화가 필요하다. 의식화를 통해 새로운 신념이 들어선다. 성(性)에 대한 태도를 바꾸자. 무의식적인 관행에 조심해야 한다. 부조화를 감수하자. 부조화를 통해 새로운 질서가 나타난다. 성(性)인지 감수성을 키우자. 무의식적인 행동을 자제해야 한다. 불편을 감수하자. 불편을 통해 새로운 변화가 온다.

화해하고 소통해야

셋째, 함께 풀어 가자. 남녀는 공존해야 할 영원한 동반자다. 젠더 갈등은 사회통합의 문제로 인식해야 한다. 가정에서부터 풀어 가자. 혐오에서 사랑으로 가야 한다. 존중하는 대화를 배우고, 부드러운 언어를 쓰자. 학교에서부터 풀어 가자. 갈등에서 화해로 가야 한다. 배려하는 소통을 배우고, 불편한 농담을 줄이자. 사회 현장에서 풀어 가자. 대립에서 연대로 가야 한다. 공감하는 토론을 배우고, 자극적인 발언을 줄이자. 남녀존중을 넘어서 인간존중으로 나아가자.

103 주부가 된 커리어우먼

◇◇◇

위로 · 화해 · 희망이 절실하다

둘째 낳은 후 전업주부가 되었는데

그녀는 두 아들을 둔 30대 중반의 주부다. 얼마 전까지는 대학병원 간호팀장이었다. 시어머니가 첫째를 봐 주신 덕분이다. 5년 만에 둘째가 생겼다. 시어머니는 건강 문제로 두 아이 양육은 거절하였다. 남편과 의논했다. 대기업 과장인 남편이 퇴사하는 것보다는, 전문직인 그녀기 그만두는 게 낫다는 결론이다. 큰 병원은 아니라도, 언제든 복귀가 가능하다는 이유에서다. 2년간 오롯이 아이들과 지냈다. 애들이 예쁘다. 그러나 시어머니가 돌봐서 그런지 가깝지 않다.

시어머니는 간섭과 훈수가 잦다. 맞는 말씀이라도, 매번 기분이 상한다. 큰 아들이 유치원에 입학했다. 엄마들과 교류가 힘들다. 다들 보통이 아니다. 모임에서 한마디도 못한다. 말 한 번 잘못했다간 엄청난 뒷담화에 시달린다. 직장에선 대인관계에 자신이 있었는데, 여기서는 무기력하다. 모든 게 맘에 걸리고 상처가 된다.

우울증이 온다. 둘째를 낳은 것도, 병원을 그만둔 것도 모두 후회된다. 그렇다고 당장 직장에 복귀하라면, 그것도 엄두가 안 난다. 엄마가 키우는 게 아이에게 좋다는 것을 잘 아는데 혼란스럽다. 하루하루가 피곤하다. 주위에서는 직장보다 편할 텐데 뭐가 힘드냐고 한다. 모르는 소리다. 아이 보는 일이 내 일 같지 않다. 집안일이 적성에 안 맞는다. 평생 이렇게 보내야 하나, 이렇게 주저앉는 건가 불안하다. 불만이 아이들한테 터진다. 짜증부리고 화를 낸다. 남편은 너무 바쁘다. 그녀를 도우려 하지만 전혀 도움이 안 된다. 혼자 아이 둘 뒤치다꺼리를 하는 자신을 보면 한심하다. 그래도 자주 찾아와 훈수 두는 시어머니의 도움은 절대 사양이다. 밤마다 직장에서 활기차게 일하는 꿈을 꾼다. 직장생활이 포기가 되지 않는다. 화병이 생기는 것 같다. 치료를 받아야 하나?

커리어우먼은 전문직에 종사하는 여성이다. 그녀는 사랑보다 성공을 추구한다. 그녀는 미래 행복을 추구한다. 현재의 부정적 감정을 무시하고, 좋은 기분만 유지하려 한다. 그녀는 이성적이다. '맞다, 틀리다'에 익숙하고, 감정을 다루는 데 서툴다. 커리어우먼은 강박증자다. 강박증은 자신의 욕망에 몰두한다. 불가능한 욕망을 추구하지만, 결국 도달하지 못한다. 최고의 성취를 꿈꾼다. 먼 목표를 향해 뛰고, 오늘이 아닌 미래를 위해 산다. 바라는 것은 세상에 이름을 남기는 것이다.

가족에게 일상의 평안함은 주부에게 일상의 노동

직장을 포기하고 전업주부가 되면 어떨까? 집안일은 직장일과 다르다. 업무가 명확히 정의되지 않는다. 아이를 돌보고, 남편을 내조하고, 부모까지 챙겨야 한다. 주부에겐 노동과 휴식의 구분이 없다. 일과 가정의 균형이 없다. 업무에 대한 성과평가도 어렵다. 온종일 일해도 티가 나지 않고, 잠시 게으르면 단번에 티가 난다. 가정이라는 현실은 또 다른 전쟁터다. 직장에서 유능하다고 가정에서 성공적이지 않다. 가족의 평화는 주부의 희생과 봉사를 전제로 한다. 가족에게 일상의 평안함은 주부에게 일상의 노동이다.

전업주부는 집안일만 전문으로 하는 여성이다. 그녀는 성공보다 사랑을 추구한다. 그녀는 현재 행복을 추구한다. 현재의 부정적 감정을 받아들여, 좋은 감정으로 바꾸려 한다. 그녀는 감정적이다. '좋다, 나쁘다'에 좌우되고, 감정을 잘 다룬다. 전업주부는 히스테리다. 히스테리는 타인의 욕망에 자신을 맞춘다. 완전한 욕망을 추구하지만, 결국 만족하지 못한다. 자신의 완성을 꿈꾼다. 타인의 목표를 따르고, 미래가 아닌 오늘을 위해 산다. 바라는 것은 누군가에게 온전한 사랑을 받는 것이다.

일상에 만연한 남녀차별

주부에서 직업전선으로 뛰어든다면 어떨까? 재취업 자체가 어렵다. 의욕이 앞서지만 일자리가 만만치 않다. 최근 자료에 의하면, 여성 취업률이 M자 곡선을 그린다. 기혼여성 가운데 비취업이 40%에 가까운데, 30대에서 70%를 넘는다. 직장이라는 현실은 냉혹하다. 사회활동은 남성이고 가사활동은 여성이라는 공식은 사라졌다. 하지만 여전히 남녀차별이 숨어 있다. 취업률과 임금에서 여성이 남성보다 뒤진다. 맞벌이부부 가사노동 시간은 여성이 남성보다 5배다. 회사는 경력단절 여성의 고용을 회피한다.

영화 〈82년생 김지영〉이 전 국민의 관심을 모았다. 이 영화는 누군가의 딸이자 아내, 엄마로 살아가는 한 여자의 이야기다. 김지영은 남자와 동등한 교육을 받고, 사회에서 인정받는 여자다. 잘나가던 직장을 접고 주부가 되어, 딸을 키우며 온갖 집안일을 해낸다. 그녀는 과거와는 다른 현실을 힘들어하며 빙의 증상까지 보인다. 놀란 남편은 비밀로 했지만 결국 탄로가 나면서. 가족들은 그녀를 짓눌러 온 삶의 무게를 알게 된다. 영화는 이해받지 못한 남녀차별을 그려낸다. 사람에 초점을 맞춰 위로 · 화해 · 희망의 메시지를 제시한다.

후박사의 탁월한 세 가지 처방

영화 〈82년생 김지영〉의 명대사를 빌려 아이디어를 내 보자.

첫째, 위로가 필요하다. "처음부터 출구가 없었던 건 아닐까 화가 나요." 그녀의 화병은 어디서 오는 것인가. 겉으로 표현을 안 할 뿐이지, 속에서 화가 부글부글 끓는다. 화병은 표현 안 하는 데서 온다. 나만 참으면 모두가 편해지는 환경에서 온다. 가족을 위해 나 하나 희생하려는 데서 온다. 그녀는 선택을 후회하고 있다. 매일 직장 꿈에 시달린다. 그녀는 하고픈 게 많았던 여자다. 좋아하는 일을 접고, 하고 싶지 않은 일을 하고 있다. 누군가 그녀의 쌓인 화를 들어 줘야 한다. 가족들의 위로가 필요하다. "잘한다, 고생한다, 고맙다 자주 말해 줘."

둘째, 화해가 필요하다. "가끔은 행복하기도 해요. 그런데 어떤 때는 어딘가 갇혀 있는 기분이 들어요." 그녀의 혼란은 무엇을 말하고 있는가. 직장은 전쟁터다. 육아가 편할 수 있다. 육아도 전쟁터다. 직장이 나을 수 있다. 여자로서의 삶의 가치관이 흔들린다. 남편과의 화해가 필요하다. 여자가 능력이 있다 해도 주저앉게 된다. 남편은 아내에게 빚을 지고 산다. 시댁과의 화해가 필요하다. 숨겨진 차별이 존재한다. 무심결에 내뱉은 말이 그녀의 영혼을 죽인다. 아이와의 화해가 필요하다. 화가 아이에게 옮겨 간다. 예쁜 아이들이 상처받는다. "나를 온전히 지킬 수 있을까?"

셋째, 희망이 필요하다. "지금 잘 해내고 있는 걸까요?" 그녀의 무력감은 어디서 오는 것인가. 그녀는 치열한 일상을 살아간다. 일이 재미있다면 무력하지 않다. 출구가 보인다면 무력하지 않다. 삶이 있는 한 희망이 있다. '괜찮다'라고 적당히 넘기지 말고, 나를 돌아보고 한 걸음 나아가자. '더 좋아질 거야'라고 대충 되뇌지 말고, 자기 생각을 뱉으며 앞으로 나아가자. 삶은 가까이서 보면 비극이지만, 멀리서 보면 희극이다. 인내를 가지자. 인내는 고통을 이기는 끈기를 낳는다. 끈기를 가지자. 끈기는 희망을 낳는다. "지영아, 너 하고 싶은 거 해."

104 집단 트라우마

◇◇◇

되도록 빨리 일상으로 복귀하라

| 사례 1 | 박 모 씨는 세월호 승무원이다. 사고 당시 비상구 근처에서 학생들을 대피시켰다. “저희 먼저 나가라고… 계속 먼저 나가라고 했어요. 승무원은 마지막까지 있어야 한다고… 다 구하고 나서 따라간다고!” 자신의 구명조끼마저 양보한 그녀는 결국 빠져나오지 못했다. 그녀는 막내 승무원이었지만 직장에서 늘 다른 사람을 챙겼다. 아버지를 여의고 가족의 생계를 책임져야 했던 박 씨는 대학을 휴학하고 배를 탔다. 아버지가 투병생활을 했을 땐 휴일마다 병간호에 나선 효녀이기도 했다.

| 사례 2 | 강 모 씨는 세월호 사고의 생존자다. 생사(生死)의 고비에서 운 좋게 살아 돌아왔다. 하지만 몸도 마음도 모두 크게 탈이 났다. 언제 어디에서 찧었는지 머리는 항상 깨질 듯 아프다. 밤마다 잠을 청해 보지만 10분 이상 눈을 감을 수 없다. 선잠에 든 순간 그날의 잔혹한 기억이 꿈으로 찾아와 선명해진다. 그는 소용돌이 물살에 빨려 들어가면서 소리 지르던 아이들의 표정이 아직도 생생하게 떠오른다. “살려 주세요!”

| 사례 3 | 황 모 씨는 11년 전 지하철 참사로 고등학생 딸을 잃었다. 그녀는 상처받은 사람들과 대화로 아픔을 나누고, 장애인시설에서 봉사하며 살고 있다. 삶의 의욕을 잃고 홀로 지내는 게 세상을 먼저 떠난 딸에게 도리가 아니라는 생각에서다. 그녀는 생전에 딸에게 못 준 사랑을 봉사하며 나누고 있다. 황 씨는 세월호가 잠긴 모습을 보는 순간 옛날이 떠올랐다. 며칠 동안 가슴이 답답해지고 잠이 오지 않아 치료까지 받았다. 그녀는 이렇게 말한다. “현실을 받아들이기 힘들 겁니다. 억지로 고통을 삼키지 말고 있는 그대로 받아들여야 합니다. 때론 눈물을 흘리고 오열하면서 모두 쏟아내세요. 그래야 아프지 않습니다!”

외상 후 스트레스 장애 주의해야

세월호 기사를 보면서 가슴이 답답했다. 나도 모르게 많은 눈물을 흘렸다. 누구나 죽음 앞에선 숙연해진다. 희생 앞에서 마음이 뭉클해진다. 이별 앞에서 가슴이 미어진다. 이 사건으로 온 국민이 비통했다. 물론 생존자가 가장 괴로울 것이다. "내가 잘했으면 살릴 수 있지 않았을까?" 자책과 후회를 반복하게 된다. 가까운 사람들도 괴롭긴 매한가지다. "왜 우리에게 이런 일이 일어났을까?" 슬픔과 분노가 교차된다. 유난히 정이 많은 한국 사람에게 이러한 감정은 쉽게 전염된다. 너무 내 일처럼 느끼게 되면 똑같은 감정에 빠질 수 있다. 온 사회를 극단적인 슬픔과 분노로 몰아갈 수 있다. 뻔히 보는 가운데 아이들이 구조되지 못했다. 희망조차 사라지는 무력감, 힘없이 무너지는 신뢰감, 그저 아이들에게 미안할 뿐이다.

몸에 상처가 나면 아프다. 마음에 상처가 나면 더욱 아프다. 트라우마라 한다. 상처는 초기에 치료해야 한다. 늦어지면 덧나거나 큰 흉터가 남는다. 트라우마를 겪고 나면 정신적 후유증이 남는다. 소위 '외상 후 스트레스 장애'라 한다. 외상 후 스트레스 장애는 반복경험, 각성반응, 회피반응으로 요약된다. 반복경험은 사고 당시를 꿈이나 생각으로 다시 경험하는 것이다. 악몽을 꾸거나 환각이 생기고 사고 당시처럼 느끼고 행동한다. 각성반응은 과도한 긴장상태다. 전화벨만 울려도 깜짝 놀란다. 잠들기가 어렵고, 밥 먹기가 힘들고, 기억력과 집중력이 떨어진다. 분노를 폭발하기도 한다. 회피반응은 사건과 연관되는 자극을 피하는 것이다. 흥미가 사라지고 멍한 상태에 빠지며 미래에 대한 희망이 사라진다. 술과 담배, 약물중독에 빠질 수도 있다.

모든 생존자나 피해자가 외상 후 스트레스 장애를 겪는 것은 아니다. 90%는 한 달 이내에 평소 생활로 돌아오고 10% 정도가 후유증에 시달린다. 면역체계라는 게 있다. 외부의 세균과 바이러스에 대항하여 몸을 지키는 역할을 한다.

심리면역체계라는 게 있다. 방어기제라고 부른다. 방어기제는 사고나 충격에 대항하여 마음을 지키는 역할을 한다. 갈등의 원천을 왜곡하거나 대체하거나 차단하여 일시적으로 불안과 스트레스를 줄여, 사회적으로 긍정적인 결과를 가져오도록 도와준다. 일종의 자기위장이나 속임수다. 우리의 뇌는 사고와 충격에 대해 스스로를 보호한다. 망각을 통해 고통스런 기억을 차단하고, 합리화를 통해 사건을 유리한 방향으로 해석한다.

통계에 의하면 현대인의 절반은 일생에 한 번 이상 충격적인 사건을 경험한다. 생애사건이라고 부른다. 마틴 루터는 종교개혁자다. 그는 청년 시절 들판을 걷다 친구가 벼락을 맞아 죽는 기막힌 사건을 경험했다. 그 후 법률 공부를 그만두고, 삶과 구원 문제에 깊은 관심을 가졌다. 빅터 프랭클은 정신과 의사다. 그는 나치의 죽음의 수용소에서 살아남았다. 고통 속에서 절대 희망을 버리지 않았다. 생각이 변하면 행동이 변하고, 행동이 변하면 습관이, 습관이 변하면 인격이, 인격이 변하면 운명이 변한다. 그런데 변화란 반드시 순차적인 과정을 밟는 것은 아니다. 생애사건은 순식간에 인격을 바꾸어 새로운 운명을 개척하도록 하기도 한다.

아픈 만큼 성장한다, 외상 후 성장

오랫동안 심리학자들은 트라우마의 영구성을 주장했다. 그런데 영구적인 상처가 반드시 존재하지 않는다는 사실이 밝혀졌다. 역경을 통과한 사람들의 미래가 그렇지 않은 사람보다 절대 불행하지 않다는 것이다. 긍정심리학의 창시자 마틴 셀리그만은 이렇게 말한다. "결코 잊지 말아야 할 것은 외상 후 성장이다. 충격적인 사건 후 많은 사람이 심각한 우울증과 불안증을 보인다. 하지만 그들은 성장한다. 장기적으로 심리적 기능 수준이 전보다 높아진다." 외상 후 성장하는 것이다.

물론 타고난 체질과 자라온 환경을 무시할 수 없다. 그래도 우리의 뇌는 무한한 가능성만큼 탁월한 회복력도 가지고 있다. 인간은 아픈 만큼 성숙한다. 하나님께서는 감당할 만한 시련을 준다. 고통에는 항상 의미와 가치가 있다.

후박사의 탁월한 세 가지 처방

집단 트라우마, 집단의 도움으로 극복해야

첫째, 지혜가 필요하다. 안전한 장소를 제공해야 한다. 충분한 휴식이 요구된다. 심리적 안정을 위해 약이 필요할 수 있다. 그리고 그들의 이야기에 귀를 기울여야 한다. 감정에 초점을 맞춘다. 슬픔과 자책을 자연스런 감정으로 받아들이도록 한다. 충분히 감정을 표현하도록 한다. 집단으로 모여 이야기한다면 더욱 효과적이다. 원치 않는 대화는 바람직하지 못하다. 뉴스나 방송 보는 것을 최소화해야 한다.

둘째, 나눔과 봉사가 필요하다. 우리 모두가 서로 격려하고 위로해야 한다. 돕는 손길이 필요하다. 도울 수 있는 일은 빨리 돕고, 도울 수 없는 일은 하늘에 맡겨야 한다. 슬픔의 에너지는 이웃사랑으로 승화될 수 있다. 분노의 에너지는 자기변화로 승화될 수 있다.

셋째, 침묵이 필요하다. 너무 많은 말은 오히려 해가 된다. 불확실한 상황에서 정확한 정보라도 곡해가 생기기 마련이다. 각자 마음의 중심을 잡고 내 마당을 쓸어야 한다.

다윗은 성경의 인물이다. 그는 아들이 중병에 걸렸을 때 식음을 전폐하고 밤을 새우며 침묵의 기도에 들어갔다. 하지만 아이는 죽었다. 다윗은 집에 돌아와 음식을 차려오게 하고 먹기 시작했다. 신하들이 의아해하면서 물었다. "어찌 된 일이십니까?" "아기가 이미 죽고 없는데 굶은들 무슨 소용이 있겠소? 굶는다고 죽은 아이가 돌아오겠소? 내가 그 애한테 갈 수는 있지만, 그 애가 나한테 돌아올 수는 없지 않소?" 트라우마에서 벗어나는 최선의 방법은 무엇일까? 되도록 빨리 일상으로 복귀하는 것이다!

105 특권의식

◇◇◇

자존감 살려 주되 신중한 직언도

자기만 옳고, 자기만 중요해

"선생님, 벌써 3학기째 논문이 공전하고 있어요. 학위는 대인관계가 생명이라고 하는데, 같은 여잔데도 지도교수님 속은 도대체 알 수가 없네요. 배울 것이 없는 건 아니지만, 앞으로 몇 년을 더 끌어야 할지 생각하면 하늘이 무너져요. 만나면 매번 모멸감을 느끼고, 울컥 치밀어 오를 때가 한두 번이 아니에요. 지도교수를 바꿀까도 생각했는데, 오히려 부작용이 있을 것 같고… 정말 어렵게 여기까지 왔는데, 학위를 포기한다는 건 상상도 못해요. 어떻게 해야 할까요?"

김 모 씨는 30대 중반 중견기업 과장이다. 경제학 박사과정을 끝내고 이제 논문만 남았다. 그런데 문제가 생겼다. 지도교수와 관계가 껄끄럽다. 그녀는 한마디로 특권의식에 사로잡혀 있다. 제자들의 사정을 전혀 고려치 않는다. 자기가 요구하는 것이 항상 최우선이고, 자기 방식대로 안 되면 화를 낸다. "내가 누군지 알아요?" 제자들에게 너무 많은 것을 요구한다. 여러 학회나 세미나 준비뿐만 아니고, 심지어 은행 일 같은 개인적 심부름도 시킨다. "이 정도밖에 못해요?" 룰이나 규칙은 마음대로 변경한다. 상황에 따라 유리한 쪽으로 말을 바꾸고, 약간만 거부감을 비춰도 강력하게 반발한다. "내가 뭘 잘못했다는 거죠?" 이쪽 분야에서 꽤 알아준다는 교수인데, 제자들끼리 모이면 교수 욕이다.

사회불평등 갈수록 심화

현대사회는 물질만능주의 시대다. 돈이면 무엇이든 가능하다. 개같이 벌어 정승같이 산다. 현대사회는 능력지상주의 시대다. 능력이 있다면 모든 것이 가능하다. 분야를 막론하고, 스타는 부르는 게 값이다. 빈익빈 부익부, 불행히도 한국의 양극화 속도는 빠르게 진행되고 있다. 돈이 돈을 벌고, 스타는 하늘의 별 따기다. 얼마 전까지만 해도 노력하면 성공할 수 있었다. 주변에 그런 사람을 숱하게 봤다. 그런데 신분상승은 점점 강 건너 불구경이 되고 있다. 사회불평등이 갈수록 심화되고, 상대적 박탈감은 점점 커진다. 가진 자의 오만은 하늘을 찌르고, 기득권자의 편견은 땅을 울린다.

잘나가는 성형외과 의사가 주위 시선은 아랑곳 않고, 돈을 펑펑 쓴다. 재벌 총수 아들이 회사 재산을 사유물로 여기고, 임직원들을 부속품처럼 대한다. 누구나 아는 의원들이 해외연수를 핑계 삼아, 국민의 돈으로 단체여행을 즐긴다. 이 모두 우리의 눈살을 찌푸리게 한다.

하루는 커다란 코끼리가 개울 다리를 건너고 있었다. 나무다리가 무게를 못 이겨 부서졌다. 동승한 모기가 코끼리 귀에 대고 소곤거렸다. "나와 너의 무게로, 다리가 무너졌다." 내가 주임교수인데, 내가 부장판사인데, 내가 경찰국장인데… 그들은 자기교만(Self-importance)에 빠져 산다.

특권의식은 일종의 공주병, 왕자병이다. 세 가지 특징이 있다. ① 나르시시즘, 자기만 생각하고 자기만 사랑한다. 주위 관심과 사랑을 독점하려 한다. 항상 특별대우를 원한다. ② 공감결여, 자아도취에 빠져 있다. 상대를 전혀 배려하지 않는다. 타인의 권리나 사정을 무시한다. ③ 무한착취, 목적달성을 위해 타인을 이용한다. 성공욕구로 가득 차 있다. 성취와 능력을 과장한다.

일그러진 자존감 vs 건강한 자존감

특권의식은 일그러진 자존감에서 온다. 자존감은 자기를 존중하는 감정이다. 남에게 굽히지 않고, 스스로 품위를 지키는 마음이다. 건강한 자존감은 인정에 과도하게 우쭐하지 않고, 비난에 지나치게 위축되지 않는다. 작은 공로에 상대를 찬양하지 않고, 작은 실수에 상대를 멸시하지 않는다. 건강한 자존감은 정상적인 훈육을 통해서 들어선다. 누구나 공주나 왕자였던 시절이 있다. 하지만 자라나면서 꿈을 버리고 현실을 받아들인다. 미성숙한 과장된 모습을 포기하지 못하거나, 주위 비판에 대한 좌절을 수용하지 못할 때 특권의식은 싹튼다.

특권의식은 선민사상과 통한다. 선민사상이란 자기만이 우월하고 선택받은 민족이라는 사상이다. 유대인이 가장 대표적이다. 로마제국으로부터 멸망한 후, 2000년 만에 영토를 찾아 독립했다. 지금도 전 세계에 흩어진 엘리트들이 정치, 경제, 학문에 큰 영향력을 과시하고 있다. 한국인의 선민사상은 단군신화에 기초한다. 5000년 동안 중국, 일본, 러시아 등 강대국 사이에서 버텨낸 민족이다. 이제 세계 10위권 내 경제대국으로 도약했다. 둘 다 자존감이 강한 민족이다.

특권의식의 덫에 빠진 사람들이 있다. 어려서 마음대로 자유롭게 자란 경우다. 열등감을 감추려고 잘난 척하며 큰 경우도 있다. 고집을 부리거나 떼를 쓰면 원하는 것을 얻었다. 부모는 항상 성공에 대해서만 관심 있고, 예의, 배려, 이해에 대해 가르치지 않았다. 스스로 천재라고 생각하면서 컸다. 나이 들어, 충분한 인정을 못 받고 주위 비판이 커지면서 성격이 까칠해진다. 친구가 없이 혼자되기 쉽고, 알코올, 성, 마약 등 중독에 떨어지기 쉽다. 보통 외동인 경우가 많고, 재벌 자녀, 연예인, 예술가, 교수, 의사 등 전문직에 많다.

후박사의 탁월한 세 가지 처방

그녀는 정말 어려움에 처해 있다. 지도교수는 분명히 문제가 있다. 그런 자가 탁월한 능력이 있다는데 어찌할 도리가 없다. 그런 자가 조직의 우두머리라면 무조건 따를 수밖에 없다. 좌지우지할 권한이 있다는데 달리 방법이 없다.

첫째, 자존감을 절대 건드리면 안 된다. 그녀는 자존감에 문제가 있다. 스스로 최고라고 자부한다. 안하무인이다. 특별히 대접하고, 요구에 응해 줘야 한다. 말 한마디에 발끈하고, 무심한 행동에 화를 낼 수 있다. 말과 행동을 조심해야 한다. 중립적인 태도를 취해야 한다. 어쩌면 훌륭한 상담자가 돼야 한다. "무비판적인 긍정과 무조건적인 존중을 보이면서, 고객의 감정을 정확히 공감하라."

둘째, 적당한 아부가 필요하다. 아부가 꼭 나쁜 것은 아니다. 아부는 전략적인 칭찬이다. 특별한 목적을 성취하는 수단이다. 그녀에겐 아부가 필요하다. 그런데 과도하게 요구당할 수 있다. 잘못하면 착취당한다. 일정한 거리를 유지하는 것이 좋다. 무조건 "예스"하면 안 된다. 어느 정도, 할 수 있는 것과 없는 것을 분명히 제시해야 한다. 그녀는 자신의 성공에만 관심이 있다. 공(功)은 가로채고, 과(過)는 떠넘길 수 있다. 각별히 조심해야 한다. 그녀는 배려심이 전혀 없다. 주기만 하고 못 받을 수 있다. 기대를 안 하는 게 좋다. 챙길 수 있는 것은 미리 챙겨야 한다. "잘 풀리면 충신, 못 풀리면 역적이다."

말은 더디게, 행동은 민첩하게

셋째, 직언(直言)을 조심해야 한다. 직언은 바른 것을 바르다고, 그른 것을 그르다고 하는 것이다. 직언할 때 목숨 걸던 시절도 있었다. 직언이 꼭 좋은 것은 아니다. 위험할 수 있다. 그래도 한 배를 탄 입장이니 어느 정도, 옳고 그름을 분명히 제시해야 한다. 그녀는 능력에 비해 자신감이 지나치다. 가능성에 초점을 맞춰야 한다. 그녀는 과도한 이상주의에 빠져 있다. 현실감에 초점을 맞춰야 한다. 직언은 최소 세 번은 생각한 후 해야 한다. "말을 더디게 하고, 행동은 민첩하게 하라."

106

파혼

◇◇◇

더 큰 사랑을 하자

파혼 선언했지만 하루에도 몇 번씩 흔들려

그녀는 30대 중반의 화려한 싱글, 10년차 스튜어디스다. 주변에서는 재혼을 당연시하지만, 조건만을 위한 결혼은 싫어 커리어를 선택했다. 작년 한 남자를 만났다. 미국 유명회사에 다니는 40대 초반 엔지니어다. 1년 정도 한국과 미국을 오가며 꿈같은 연애를 즐겼다. 자연스레 결혼 이야기가 오갔고, 그녀도 '이 남자라면'이라는 결심이 섰다.

결혼을 준비하다 보니, 연애 때는 생각지 못한 복잡한 일들이 다가왔다. 우선 살림집을 어디다 차리느냐다. 둘 중 한 명은 직장을 포기해야 한다. 게다가 무교인 그녀와 달리, 남자친구는 독실한 기독교 집안이다. 지난 휴가 때 방문했던 남자친구 집은 너무 신앙심이 깊고 보수적이어서 숨이 턱턱 막혔다. 자유롭게 성장한 그녀가 그런 분위기에 적응하는 것은 거의 불가능하다고 느껴졌다.

남자친구에게 한국에서 살자고 회유했다. 어려서 미국에 간 그는 한국생활을 자신 없어 하며 그녀가 미국에 오면 모든 것을 다 책임지겠다고 했다. 고민 끝에 종교만 강요하지 않는다면, 미국으로 가겠다고 했다. 하지만 남자친구는 신앙도 포기할 수 없다고 한다.

결국 파혼을 선언했다. 계속된 설득에도 좁혀지지 않는 의견 차에 지쳤기 때문이다. 남자친구는 큰 충격을 받았다. 한편, 이래저래 걱정이 컸던 부모님은 오히려 안도해 하셨다. 남자친구는 파혼은 말도 안 된다며 계속 연락을 한다. 그렇다고 대안이 있는 것도 아니다.

'이루어지기 힘든 사랑'이라 그런지 머리가 냉정해질수록, 가슴은 불이 붙는다. 보고 싶고, 만나고 싶다. 하루에도 몇 번씩 마음이 흔들린다. 휴가를 내고 미국에 들어가려 한다. 주위에서는 변할 사람이 아니라며 다들 말린다. 감정과 이성의 아슬아슬한 줄타기가 계속된다. 미칠 것 같다.

10쌍 중 3~4쌍 넘게 파혼

파혼이 만연하다. 10쌍 중에 3~4쌍 넘는 것으로 추측한다. 주원인으로 감춰진 비밀 탄로, 양가 부모의 반대, 당사자 간 의견 대립이다. 결혼은 인륜대사다. 성적 결합을 넘어서, 사랑과 신뢰를 기본으로 한 사회적 관계다. 사유가 분명한데, 체면 때문에 결혼하는 것은 바람직하지 않다. "이혼보다 파혼이 낫다." 파혼은 누구에게나 일어난다. 결혼 전은 예민하다. 사소한 일에 섭섭하고, 무심한 결정에 화난다. 작은 단서도 과장되고, 작은 감정도 증폭된다. 여자의 경우 '결혼 전 우울증'이 잘 온다. 준비과정에서 상처받기 쉽다. 감정을 앞세우면 안 되고, 배려와 소통이 중요하다. "식장에 들어갈 때까지 아무도 모른다."

결혼은 연애와 다르다. 연애는 남녀의 사랑이다. '혼자'가 강조되고, 자기중심적이다. 언제든지 헤어질 수 있다. 자유와 권리가 더 주장된다. 결혼은 부부관계다. '함께'가 강조되고, 이타적이다. 계약을 쉽게 깨기 어렵다. 의무과 책임이 더 중요하다. 연애는 결혼을 목적으로 한다. 목적 없는 연애는 오래 지속하기 어렵다. 호르몬의 약발이 떨어지면 미련 없이 헤어진다. 연애가 반복되면 감정보다 쾌락에 탐닉하기 쉽다. 홀로 가는 인생길은 외롭다. 성공적인 결혼을 위해서 '사랑의 기술'을 배워야 한다.

남녀의 사랑은 다르다. 남자의 사랑은 열정이다. 여자를 좋아하면 열정과 욕구가 생긴다. 더 큰 열정을 얻으려고 섹스를 요구한다. 남자는 사랑과 섹스가 따로 간다. 사랑이 없어도 섹스가 가능하다. 섹스는 사랑의 과정이다. "남자는 창녀와 섹스를 즐기고, 성녀와 사랑에 빠진다." 여자의 사랑은 애정이다. 남자를 좋아하면 애정이 생긴다. 욕구보다 애정을 유지하려고 섹스를 허락한다. 여자는 사랑과 섹스가 함께 간다. 사랑이 있어야 섹스가 가능하다. 섹스는 사랑의 결과다. "여자는 몸과 마음을 쉽게 주지 않는다."

"사랑의 본질은 허구다." 기대와 환상을 만들어 사랑에 빠진다. 다른 점에 끌리고, 같은 점에 하나 됨을 느낀다. 사랑의 열병에 불타오르고, 눈에 콩깍지가 씌워진다. '핑크렌즈 효과'라 한다. 행복에 도취되어 세상이 빛나고, 하늘을 날 것 같은 기분이다. "사랑의 현실은 구체적이다." 현실에 맞닥뜨려, 기대가 무너지고 환상이 깨진다. 다른 점을 불편해하고, 같은 점에 짜증이 난다. '사랑이 변했다'고 하고, '내가 알던 사람이 아니다'라고 한다. 사랑은 어긋남이 교차하는 지점에서 갈팡질팡한다.

인간 본성은 감정에 더 가까워

"인간의 본성은 감정에 더 가깝다." 사랑은 복잡한 이성과 감정의 최종 값이다. 누구나 '오늘 사랑에 한 번 빠져 볼까'라고 사랑에 빠지지 않는다. 사랑은 자신도 모르게 빠져든다. 우리의 선택과 판단은 비이성적이다. 이성은 언제나 감정에 참패당한다. "인간은 금지된 것을 욕망한다." 금지는 일상을 신비로 바꾸고, 신비는 욕망을 이끌어낸다. 금지하는 사랑은 더 뜨겁다. 못 하게 하면 더 하고 싶다. 이루어지기 힘든 사랑은 애달프다. 가질 수 없기에 더 크게 보인다.

후박사의 탁월한 세 가지 처방

첫째, 사랑을 연장하자. 우리는 사랑하기 위해 태어났다. 파혼을 파기하고, 똑같은 사랑에 다시 도전하자. 모든 결정을 미루고, 달콤한 연애를 실컷 즐기자. 불타는 감정을 끄기는 어렵다. 결혼을 연기하고, 색다른 사랑을 다시 꿈꾸자. 모든 판단을 멈추고, 꿈같은 연애를 맘껏 즐기자. 불붙은 욕망을 잡기는 힘들다. 뜨겁게 사랑하자. 사랑할 때 너와 나를 잊고 사랑 자체의 신비에 빠지고, 미워할 때 연민의 정이 솟도록 미워하자. 욕망이 치밀 때 우물 바닥까지 가 보고, 용서할 때 상대가 용서를 거부하는 것조차 용서하자.

둘째, 사랑을 그만하자. 우리는 시간 속을 살아간다. 심을 때가 있으면 거둘 때가 있고, 만날 때가 있으면 떠날 때가 있다. 이제 멈출 때다. 멈추어 서서, 자신을 돌아 보자. 결혼과 연애는 어떻게 다른가? 만남과 이별이 주는 의미는 무엇인가? 멈추어 서서, 주위를 살펴보자. 남녀의 사랑은 어떻게 다른가? 기대와 현실이 주는 의미는 무엇인가? 사랑의 아픔은 잊혀지고, 사랑의 상처는 아문다. 상처를 일으킨 건 어리석음이지만, 아픔을 아는 건 여린 마음이다. 상처와 아픔을 씻고 나면, 견고한 기초가 마련된다.

셋째, 더 큰 사랑을 하자. 세상에는 세 가지 사랑이 있다. 나사랑, 임사랑, 남사랑이다. 나사랑은 사랑의 기초다. 달이 중천에 떠 있는 모습과 같다. 임사랑은 진짜 사랑을 위한 입문이다. 하늘에 있는 달과 강물에 비친 달이 어우러진 모습이다. 남사랑은 인간의 소명이다. 달이 모든 강에 비추는 모습이다. 한 청년이 절간 문을 두드렸다. "부처님을 사랑하기 위해 왔습니다." "여인과 사랑해 본 적이 있는가?" "감히 그런 상상은 한 번도 안했습니다." 스승은 화를 내며 청년을 내쫓았다. "여인을 사랑해 본 적이 없는데, 어떻게 부처님을 사랑할 수 있는가?"

107 황혼이혼

◇◇◇

어리석음에서 벗어나 운명을 사랑하라

나쁜 사람이 아니지만 같이 살기는 싫어

그녀는 맞벌이 부부다. 세 살 연하 경찰공무원인 남편은 직업상 야근과 출장이 잦다. 위험한 업무를 하는 만큼 스트레스도 많다. 힘든 근무여건에도 국민의 생명과 안전을 지킨다는 사명감에 투철한 남편, 한동안 남편은 그녀에게 멋진 사람이었다.

그녀 또한 직장생활로 분주하지만, 20년 넘는 결혼기간, 모든 집안일은 그녀의 몫이었다. 자녀교육은 물론 시댁과 친정의 대소사도 혼자 처리했다. 5년 전 친정아버지가 돌아가셨을 때 남편은 일 때문에 장례에 참여하지 못했다. 섭섭한 마음이야 이루 말할 수 없었지만 이해하고 원망하지 않았다.

남편은 지금까지 단 한 번도 월급을 빼먹지 않았고 그 흔한 바람 한번 피우지 않았다. 좋은 가장이라 할 수 있을 것이다. 그러나 일이 생기면 달라진다. 새벽이던 늦은 밤이던 집을 뛰쳐 나간다. 밤낮없이 일하다 며칠 만에 피곤에 찌든 모습으로 들어온다. 언제부터인지 남편이 없는 삶에 익숙하다. 지난 해 친정어머니마저 돌아가셨다. 남편은 그때도 상주가 아닌 손님이었다. 장례식장에 잠시 왔다 갔다 할 뿐 모든 일은 그녀의 차지였다. 그 일 이후 정이 뚝 떨어졌는지 남편의 얼굴을 보기가 싫다. 더 이상 남편이 이해되지도 않는다. 나쁜 사람이 아니라는 것은 잘 알지만, 같이 살기 싫다는 생각이 가득하다. 이혼하고 싶다.

이혼부부 3쌍 중 1쌍은 황혼이혼

황혼이혼이 늘고 있다. 최근 통계에서 이혼부부 3쌍 중 1쌍이 황혼이혼이었다. 황혼이혼은 20년 이상 살다가 헤어진 경우다. 주로 아내가 요구한다. 이유는 성격차이, 돈 문제, 외도다. 남편도 요구한다. 이유는 아내의 가출과 외도다. 진짜 이유는 아내로 인해 누적된 상처다. 아내의 폭발을 못 견디는 남편의 스트레스다. 결혼의 현실은 냉혹하다. 남편은 돈 버는 기계로 살고, 아내는 뒷바라지하는 노예로 산다. 20년이 쏜살같이 흐른다. 부부간에 소통이 단절되고, 감정이 무뎌진다. 아이가 크고 자립이 가능할 때, 아내는 이혼을 결심한다. "YOLO, 인생은 한 번뿐이다. 나의 삶을 찾자."

스트레스와 상처는 다르다. 스트레스는 진행 중인 부정감정이고, 상처는 굳혀진 부정감정이다. 남자는 공격적이다. 스트레스를 제거하려 한다. 감정을 다루는 데 서투르다. 작은 스트레스에도 못 견디고, 쉽게 폭발한다. 여자는 수용적이다. 스트레스를 받아들여 상처로 쌓는다. 감정을 다루는 데 익숙하다. 오랜 스트레스에도 잘 견딘다. 상처가 계속 쌓이면 우울증에 빠진다. 스트레스와 상처는 무조건 나쁜 것이 아니다. 스트레스는 극복되면 힘든 만큼 성장하고, 상처는 승화되면 아픈 만큼 성숙한다.

"삶은 영원히 반복된다." 남자는 사회적 성공을 중시하고, 여자는 가정의 행복을 중시한다. 남자는 재미에 매달리고, 여자는 의미를 좇는다. 남자는 미래의 행복을 추구한다. 현재의 부정감정은 무시하고, 좋은 기분만 유지하려 한다. 쾌락을 좇아 뭔가에 잘 중독된다. 여자는 현재의 행복을 추구한다. 현재의 부정감정도 받아들여, 좋은 감정으로 바꾸려 한다. 단순한 기분전환을 원치 않는다. 니체는 말한다. "인생의 목표도, 삶의 의미도 없다. 자유란 고통과 기쁨을 받아들이고, 순간에 사는 것이다."

100세 시대에 흔들리는 결혼제도

100세 시대에 결혼제도가 흔들리고 있다. 황혼이혼은 가정이 해체되면서 재산분할, 상속, 재혼 문제로 이어진다. 졸혼(卒婚)이 권장된다. 졸혼은 법적 관계를 유지하고, 부부가 자유롭게 사는 것이다. 졸혼은 별거와 다르다. 별거는 갈등상태에서 따로 사는 것이다. 졸혼은 갈등을 정리하고, 계약에 의해 따로 사는 것이다. 해혼(解婚)도 있다. 해혼은 자녀 출가 후, 부부가 책임에서 벗어나 각자 삶을 사는 것이다. 해혼은 졸혼과 다르다. 졸혼은 서로의 이익을 추구하고, 해혼은 더 큰 가치를 추구한다.

성현들의 결혼은 어떠한가? 붓다는 10살에 결혼하고, 19살에 아이를 낳고, 29살에 출가했다. 그는 깨달음을 위해 해혼을 선택했다. 예수는 결혼을 하지 않고, 더 큰 가치를 추구했다. "결혼하는 자도 잘하거니와 결혼하지 않는 자는 더 잘하는 것이다." 공자는 19살에 결혼하여 아이까지 낳았지만, 까다로운 성품 때문에 이혼을 당했다. 그는 평생 제자를 가르치는 일에 전념했다. "배우고 익히면 또한 기쁘지 아니한가?" 소크라테스는 결혼을 유지했다. 그의 악처, 크산티페는 유명하다. "결혼해라. 온순한 아내를 얻으면 행복할 것이고, 사나운 아내를 얻으면 철학자가 될 것이다."

후박사의 탁월한 세 가지 처방

이혼을 결심하기 전에 세 가지를 고려하자.

첫째, 남녀의 차이를 이해하자. 무엇이 잘못된 것인가? 결혼한 남자라면 대개 그렇게 살지 않나? 남자의 사랑은 보호와 책임이다. 결혼에 대한 헛된 환상이 있는 게 아닐까? 잘못이라면, 남편이 성공에만 매달리고 집안을 돌보지 않은 데 있다. 결혼한 여자라면 통상 그렇게 살지 않나? 여자의 사랑은 모성과 양육이다. 결혼에 대한 헛된 기대가 있는 게 아닐까? 잘못이라면, 아내가 살림과 직장의 이중고를 겪은 데 있다. 도덕경에 이런 말이 있다. "도(道)는 젊어서 알아도 이르지 않고, 늙어서 알아도 늦지 않다."

둘째, 갈등의 의미를 파악하자. 혼자 산다면 갈등이 없다. 자기기준으로 살고, 자기행복만 추구하면 된다. 함께 산다면 갈등이 필연적이다. 다른 기준으로 충돌하고, 상대의 행복도 추구해야 한다. 부부갈등이 없다면 관심이 없는 것이다. 한쪽이 맞추든지 참는 것이다. 갈등은 성공의 원동력이다. 스트레스를 유발한다. 성공은 스트레스에 비례한다. 힘든 만큼 성공한다. 갈등은 행복의 원동력이다. 상처를 유발한다. 행복은 상처에 비례한다. 아픈 만큼 행복하다. 중용에 이런 말이 있다. "군자의 도(道)는 부부에서 시작되어, 지극함에 이르러 천지에 드러난다."

셋째, 쌓인 상처부터 치료하자. 어디에서 온 상처인가? 남편에게 받은 상처는 남편에게 위로받아야 한다. 상처를 안고 헤어지면, 영원히 나쁜 사람으로 기억된다. 남편이 벽처럼 느껴지면 바위를 어루만지며 비켜가는 물이 되자. 아내에게 받은 상처는 아내에게 위로받아야 한다. 상처를 풀고 헤어지면, 좋은 사람으로 기억된다. 아내가 가시처럼 보이면 가시를 어루만지며 스쳐가는 바람이 되자. 스스로 만든 상처는 스스로 이해해야 한다. 이해하면 사랑할 수 있다. 사랑하면 어리석음에서 벗어난다. "아모르파티, 네 운명을 사랑하라."

[사례로 풀어 본 한국인의 정신건강]

직장편

PART 5

108 갑질 상사

◇◇◇

입 안에 있으면 내가 말을 다스리고
입 밖에 있으면 말이 나를 다스린다

몇 마디 실언이 그녀를 곤궁에

그녀는 요즘 매일 밤 나쁜 꿈에 시달리고 있다. 그저 잘 해 보자고 한 것이었는데, 그것이 그녀의 인생을 이렇게까지 망가뜨릴 줄은 몰랐다. 생각할수록 화가 나고 억울하고 슬프다.

1수일 전 노농조합이 그녀에 대한 보직 해임을 요구하기 전까지, 그녀는 누가 보더라도 전도유망한 보직자였다. 지난 3년간 야근하지 않은 날을 손꼽을 정도였고 성과도 꽤 있었다. 물론 혼자의 노력으로 된 것은 아니다. 부서원들의 협력으로 가능했다. 노동조합은 그녀가 수년간 야근을 강요했고, 갓 결혼한 여직원에게 함께 일하는 동안 임신금지를 언급했으며, 휴가를 못 가게 한 '인권침해 상사'로 적시했다.

물론 그녀가 그런 말을 하긴 했다. 그러나 강요나 종용은 전혀 아니었다. 회식자리에서 지금은 바쁘니 임신은 나중에 하면 어떠냐며 웃으면서 말을 건넸고, 멀리서 출퇴근하는 직원에게 회사 숙소를 이용하면 편한데다 저녁까지 해결된다고 말했을 따름이다. 하필 회사의 중요 행사기간에 외조모상을 당한 담당직원이 휴가를 3일 쓰겠다고 해서 기간을 좀 줄이면 어떠냐고 물었을 뿐이다.

몇 마디의 실언이 그녀를 곤궁에 빠뜨렸다. 부서원들에게 진심어린 사과를 했는데도, 사태가 해결될 기미는 보이지 않는다. 그녀의 명예는 바닥에 떨어졌다. 미래가 없다는 생각에 심각하게 퇴사도 고민해 보지만, 그간의 노력과 고생이 너무 억울해 미치겠다.

사회 곳곳에서 벌어지는 갑질

사회 곳곳에서 갑질이 벌어진다. 회사에서 눈치 보느라 야근하고 연차휴가는 다 못 쓴다. 일터에서 직원은 사장을 위해 봉사하는 노예로 취급된다. 아파트에서 부녀회에 찍힌 경비원은 하루아침에 모가지가 날아간다. 학교에서 논문 심사권을 쥔 교수가 학생을 종처럼 부린다. 콜센터에서 고객이란 지위를 악용해 욕설과 행패를 일삼는다. 매장에서 행사비를 납품업체에게 마구 떠넘긴다. 하도급업체 사장이 대금결제를 받으려면 거래처 직원에게 식사라도 한번 대접해야 한다.

갑질은 강자인 갑이 약자인 을에게 하는 부당행위다. 물질적 · 정신적 · 인격적으로 피해를 준다. 최근 조사에 의하면 직장인 90%에서 갑질을 당한 경험이, 33%에서 갑질을 해 본 경험이 있다고 한다. 맞은 사람은 있는데, 때린 사람은 없다. 갑질을 하고도 인식하지 못한다. 갑처럼 보이려고 위세를 떨고, 을처럼 안 보이려고 허세를 부린다. 갈등이 생기면 큰 소리부터 내고, 무시 안 당하려고 기(氣) 싸움을 한다. 영원한 갑도 없고, 영원한 을도 없다. 갑 · 을 · 병으로 꼬리를 무는 악순환으로 정신건강을 해친다.

사람 사는 곳에는 강자와 약자가 존재한다. 강자는 야심차고 교만하며, 약자를 비난하고 경멸한다. 약자는 비겁하고 비굴하며, 강자에게 아첨하고 순종한다. 강자와 약자는 상대적이다. 더 강한 자에게는 약하고, 더 약한 자에게는 강하다. 강자는 이길수록 더 강해지고, 약자는 질수록 더 약해진다. 강자와 약자의 내면에는 나약한 인간이 있다. 강자는 불안에 떨고, 약자는 절망에 빠진다. 인간은 강하지도 않고 약하지도 않다. 누구나 두려움을 안고, 야망과 저항 사이에서 방황한다.

갑질은 권위주의의 유산이다. 권위는 남을 통솔하여 따르게 하는 힘이고, 권위주의는 권위를 내세우거나 권위에 순종하는 태도다. 권위는 권위주의를 거쳐 권력이 된다. 권위는 스스로 드러내지 않고, 누군가에 의해 드러난다. 상호 존중의 질서가 형성된다. 권위주의는 스스로 드러내려 하고, 남이 인정하지 않으면 강제라도 따르게 한다. 강자와 약자의 질서가 형성된다. 강자는 약자를 지배하고, 약자는 강자에 종속된다. 갑질은 자신의 지위를 권위가 아닌 권위주의로 보는 데서 온다.

한국 사회에 갑질이 성행하는 이유

한국 사회에 갑질이 성행하는 이유는 무엇인가? 식민지 잔재 탓이다. 일제강점기에 일본은 전략적으로 앞잡이 특권층을 만들어 내고, 특권층과 서민 사이의 소통을 단절시켰다. 군대문화에서 온다. 한국은 남북이 군사적으로 대치하고 있다. 군대는 명령과 복종을 중시하는 강력한 권위주의 문화다. 고도 성장기에 군대문화가 사회 전반에 도입되고, 자연스럽게 기업문화로 정착되었다. 권위의 상실에서 온다. 비리와 부정부패로 국가의 권위가 떨어지고, 장기적인 청년실업으로 가정의 권위가 추락했다. "왕은 왕답고 신하는 신하다우며, 아버지는 아버지답고 아들은 아들다워야 한다."

후박사의 탁월한 세 가지 처방

마음을 살피고 시대정신을 읽어라

첫째, 말을 아끼자. 골라서 말하자. 예부터 사람의 품격을 보는 데 몸가짐과 말과 글씨를 기준으로 삼았다. 지위에 맞지 않는 말은 부하에게 실망과 분노를 느끼게 한다. 신중히 말하자. 말이 입 안에 있으면 내가 말을 다스리고, 입 밖에 있으면 말이 나를 다스린다. 무심결에 나온 말이 부메랑이 되어 나에게 돌아온다. 줄여서 말하자. 말이라고 해서 다 말이 아니다. 말할 필요가 없음을 느껴야 하고, 말하고 싶지 않음을 지녀야 한다. 말해서는 안 됨을 알아야 하고, 말로 할 수 없음을 봐야 한다. 논어에 이런 말이 있다. "말을 화려하게 하는 자는 진실성이 없다. 말을 어눌하게 하고 행동을 민첩하게 하라."

둘째, 마음을 살피자. 분노하지 말자. 상대가 더 분노한다. 그동안 나만 생각하고 살았다. 성공을 위해 부하의 희생을 담보해선 안 된다. 분노의 대상을 내게 돌려, 나를 바꾸는 에너지로 삼자. 억울해 하지 말자. 상대가 더 억울하다. 그동안 남을 고려하지 않고 살았다. 승승의 철학이 필요하다. 억울한 것은 인정에 목마른 상태다. '이런들 어떠하며 저런들 어떠하리?' 하며 살짝 벗어나자. 슬퍼하지 말자. 상대가 더 슬퍼한다. 그동안 남을 돌보지 않았다. 누구나 생애주기의 애환이 있다. 모두가 고독하다는 인식에 닿아, 나의 작은 사랑을 나눠 보자. 공자는 이렇게 말한다. "내가 원하지 않은 것은 남에게도 강요하지 말라."

셋째, 시대정신을 읽자. 시대정신은 한 시대를 살아가는 사람들의 보편적인 이념과 태도다. 시대정신은 모습을 드러내지 않는다. 현재가 지나가야 과거의 시대정신을 깨닫게 된다. 시대정신은 끊임없이 변한다. 과거 산업시대는 권위주의와 수직조직을 특징으로 했다. 지배 · 종속의 관계이고, 상사가 해답을 가졌다. 현대 지식정보시대는 자유주의와 수평조직을 특징으로 한다. 상호존중의 관계이고, 부하가 해답을 가진다. 리더가 되려면 시대정신을 읽어야 한다. 똑똑한 리더라도 시대정신을 읽지 못하면 부하로부터 외면당한다. 헤겔은 이렇게 말한다. "시대정신을 자신의 의식으로 삼는 자만이 역사를 선도할 수 있다."

109 거짓말쟁이 팀원

◇◇◇

악의적인지 충동적인지부터 파악

큰 소리 치며 상습적으로 거짓말

그녀는 요즘 A 때문에 너무 힘들다. A는 연초부터 올해 휴가는 물론 내년 휴가까지 모두 당겨쓰더니, 아프다며 수시로 병가를 신청한다. 병가를 다 쓰고 난 후 출근은 하는데, 자리에 앉아 있지 않는다. 근무태도를 지적받은 후로 자리를 지키긴 하지만, 업무에 집중하지 않는다. 결국 많은 일이 그녀에게, 다른 팀원에게 전가되고 있다.

A는 상습적으로 거짓말을 한다. 업무를 체크하면 시작조차 하지 않고도 다 했다고 한다. 처리한 자료를 보자고 하면 갑자기 컴퓨터 파일이 삭제됐다고 둘러대고, 업무 태만이 확인되어 이유를 추궁하면 온갖 핑계를 대면서 다른 사람에게 책임을 돌린다. 믿을 수 없는 일들도 종종 일어난다. 그녀가 정시 퇴근한 날, 매번 A의 야근식대가 청구된다. A의 야근을 아무도 본 적이 없는 데도 말이다. 상사로서 두고 볼 수만은 없어 얼마 전 A를 크게 나무랐다. A는 갑자기 스마트폰을 꺼내더니 녹음버튼을 누른다. 그리고 아주 불손한 태도로 고위공직자인 오빠에게 그녀의 갑질을 알릴 것이고, 그러면 오빠가 그를 가만두지 않을 거라고 큰 소리를 친다.

2년 넘게 그녀는 물론 팀원 모두가 A를 포용하려 최선을 다했다. 달래기도 하고 어르기도 하고 할 수 있는 방법은 다 썼다. 그러나 아무 소용이 없다. 팀원 하나 때문에 팀 전체 분위기가 엉망이다. 모든 팀원이 A와 같이 일할 수 없다고 아우성이다. 해고시킬 수도 없고, 이 상태로 끌고 나가는 것은 더 불가능하다. 이 난관을 어찌 해결해야 할지 모르겠다.

하루 평균 200번 거짓말

거짓말은 본능이다. 우리는 하루 평균 200번 거짓말을 한다. 사소한 거짓말부터 거대한 속임수에 이른다. 예의상 하는 말부터 허황된 말까지 다양하다. 거짓말을 안 하고 살아가기란 쉽지 않다. 거짓말이 만연하다. 우리는 매일 거짓말의 바다에서 허우적거린다. TV에는 거짓말과 관련된 보도가 쏟아지고, SNS에는 거짓 정보와 가짜 뉴스가 판을 친다. 거짓말은 약자의 생존수단이다. 위협을 받으면 자기 방어를 위해 거짓말을 한다. 거짓말은 강자의 착취수단으로도 악용된다. "가장 흔한 거짓말은 자신을 속이는 것이다."

거짓말은 대략 셋으로 나뉜다. 선의(善意)의 거짓말은 좋은 의도를 가진다. 이타적이다. 상대를 배려하고, 상대의 유익을 추구한다. 수단이 아닌 목적으로 대한다. 악의(惡意)의 거짓말은 나쁜 의도를 가진다. 이기적이다. 상대에게 피해를 주고, 자기 이익만을 추구한다. 목적이 아닌 수단으로 대한다. 모호(模糊)한 거짓말은 마음에 없는 말이다. '하얀 거짓말(white lie)'이라 부른다. 상대를 즐겁게 하고, 반사이익을 추구한다. 목적이 수단을 정당화한다. 아부 · 위선 · 허세 · 과장 등 다양하다. 사교술과 처세술에 적용된다.

합리화는 자신을 속이는 거짓말이다. 실수를 하고도 너 때문이라고 핑계대고, 화를 내고도 일부러 그런 거라고 변명한다. 아이에게 짜증을 내고도 훈계한 것처럼 둘러 대고, 동료에게 비난을 하고도 조언한 것처럼 속인다. 자기정당화를 통해 내적 일관성을 유지하는 것이다. 합리화는 경험을 유리하게 해석하는 것이다. 같은 경험도 어떤 때는 좋게 말하고, 다른 때는 나쁘게 말한다. 유리한 사실만을 듣고, 불리한 사실은 아예 안 들으려고 한다. 갈등의 원천을 왜곡하여 불안을 줄이려는 것이다.

거짓말쟁이의 세 부류

거짓말쟁이는 대략 셋으로 나뉜다. 습관적 거짓말쟁이는 거짓말을 감추려고 다른 거짓말을 상습적으로 하는 경우다. 반사회적 성격장애에서 흔하다. 사기꾼은 전문적인 습관적 거짓말쟁이다. 충동적 거짓말쟁이는 뇌 이상으로 스스로 절제하지 못하고 거짓말을 하는 경우다. 충동조절장애에서 흔하다. 각종 중독에서 행동을 감추고 결과를 피하기 위해 자주 거짓말을 한다. 공상허언증(리플리증후군)은 단순한 거짓말쟁이가 아니다. 현실을 부정하고, 허구를 진실로 믿는 병이다. 죄책감 없이 완벽한 가짜 인생을 산다.

"거짓말이 보인다." 말로는 속이지만 행동이 부자연하다. 반응속도가 느리고, 웃는 반응이 빠르다. 뚫어지게 쳐다보거나, 눈동자가 흔들린다. 헛기침을 하거나, 침을 삼킨다. 안경을 고쳐 쓰거나, 넥타이를 바로잡는다. "거짓말이 들린다." 말투가 이상하고 일관성이 없다. 대답을 안 하거나, 분명히 부정하지 않는다. 부적절하게 질문하거나, 상대의 질문을 반복한다. 지나치게 짧거나 상세히 대답한다. 절차의 문제를 제기하거나, 종교를 들먹인다. 설득하려고 하거나, 갑자기 공격적이 된다. 1인칭이 아닌 제3자처럼 말한다.

후박사의 탁월한 세 가지 처방

첫째, 거짓말을 파악하자. A는 누가 봐도 거짓말쟁이다. 거짓말이 악의적인가? 그렇다면 사기꾼이다. 조심해야 한다. 자신의 이익을 추구하는 것이다. 회사와 팀원에게 피해가 안 가게 대처해야 한다. 거짓말이 충동적인가? 그렇다면 병적이다. 도와줘야 한다. 충동조절의 문제가 있을 수 있다. 자신과 팀원에게 피해가 된다는 것을 알려야 한다. 거짓말이 습관적인가? 그렇다면 성격이다. 고치기 어렵다. 자신이 거짓말을 하는지 모를 수 있다. 피해를 주는 경우, 증거를 모아 제시해야 한다.

둘째, 정서를 이해하자. A의 거짓말에는 복합감정이 담겨 있다. 거짓말은 처벌에 대한 두려움에서 온다. 거짓말을 감추려다 또 다른 거짓말을 하게 된다. 나쁜 사람 취급하면 진실을 말하기 더 어렵다. 거짓말은 숨겨진 열등감에서 온다. 화부터 내거나 나무라면 거짓말로 방어한다. 거짓말을 해도 털어놓을 수 있는 환경을 만들어야 한다. 거짓말은 낮은 자존감에서 온다. 자존감을 건드리면 공격적이 될 수 있다. 거짓말을 알고 있음을 분명히 알리고, 진실을 말하도록 도와줘야 한다.

기록 남기고 공정한 평가로 해결해야

셋째, 결과에 주목하자. A의 실적에 초점을 맞춰야 한다. 감정적으로 접근하지 말자. 회사는 실적이 중요하다. 개인 실적에 문제가 없다면 뭐라고 하기는 어렵다. 거짓말에 관련된 사건은 문서로 남겨야 한다. 공정한 평가를 통해서 해결해야 한다. 인간적으로 접근하지 말자. 팀도 실적이 중요하다. 팀 실적에 지장이 없다면 그냥 넘어가야 한다. 의도적으로 하는 거짓말에 대처하는 것은 쉽지 않다. 하늘에 맡겨야 한다. 명심보감에 이런 말이 있다. "선을 행하면 하늘이 복으로 갚고, 악을 행하면 하늘이 화로써 갚는다."

110

눈치 보기

◇◇◇

중(中)·허(虛)·화(和) 떠올려라

성과로는 자신 있는데 친밀감은

12년차 과장인 그의 목표는 올해 말 부장으로 승진하는 것이다. 비교적 빨리 과장이 된 그는 한때 오만했었다. 좀 쉬었다 승진할 때쯤 다시 일하면 되겠지 하다가, "머리는 좋은데 열심히 일하지 않는다" "이기적이다" "충성심이 없다" 등의 나쁜 소문이 돌아, 동료·후배들에게 밀리기 시작했다. 더 이상 이래서는 안 되겠다는 자각이 들자 다시 회사에 올인했다. 점점 소문이 좋아졌고 작년 과장급 평가에서 1등도 했다.

그에겐 강력한 경쟁자가 있다. 회사에 올인하는 옆 팀 여자 과장이다. 그보다 한참 어린 그녀는 남들보다 일찍 출근하고 늦게 퇴근한다. 매일 부장의 점심을 챙기고, 하루에도 몇 번씩 업무보고를 핑계로 부장님 방에 들어가 대화를 하는데, 웃음소리가 잦다.

부장 평가에 따라 승진이 갈린다. 성과만을 따지면 뒤지지 않을 것 같은데, 친밀감을 고려한 전반적인 면에서는 뒤지는 것 같다. 연초부터 벌써 전쟁이 시작됐다. 부장 방에서 웃음소리가 새어 나올 때마다, 그와 대화할 땐 거의 웃지 않는 부장이 왜 그녀와는 그리 잘 웃는지 신경이 집중되고, 무슨 일로 그리 길게 대화를 하는가 싶어 일이 손에 잡히지 않는다. 부장의 표정 하나하나, 웃으면 웃는 대로, 짜증을 내면 짜증을 내는 대로, 불필요한 의미를 부여하고 또 그걸 해석하느라 시간을 낭비한다. 또 부장의 언사에도 무슨 배경이 있어 그럴까 하며 자꾸 민감해진다. 하루 종일 부장 눈치만 보고 있다. 너무 불편하고 피곤하다.

눈치 보기가 만연한 한국 사회

눈치 보기는 남의 마음을 살피는 것이다. 가정생활을 잘하려면 눈치가 있어야 한다. 눈치 없는 며느리는 소박 당한다. 눈치 보기는 분위기를 파악하는 것이다. 사회생활에 성공하려면 눈치가 빨라야 한다. 눈치 느린 직원은 도태 당한다. 눈치 보기는 남을 의식하는 것이다. 우리는 시선에 자유롭지 못하다. 남이 하니까, 남이 하는 대로, 남이 시키는 대로 살아간다. 눈치 보기는 남을 배려하는 것이다. 배려는 사회의 미덕이다. 배려하려면 눈치가 필요하지만, 눈치가 있다고 배려하는 것은 아니다.

막 소낙비가 내리려 한다. 시어머니는 바깥에 널린 빨래를 걱정한다. 며느리를 보고 손자 이름을 부르며 이렇게 말한다. "아무개야 이리 와라." 눈치 있는 며느리는 손자를 시어머니에게 맡기고 빨래를 걷는다. 그런데 눈치 없는 며느리는 손자만 넘기고 빨래는 안 걷는다. 시어머니는 발끈한다. 사실, "아이 나한테 맡기고, 빨래 걷어 와라."라고 말하면 문제가 없다. 한국인은 이중적으로 소통한다. 한국에서 눈치 없으면 가정생활이 어렵다.

사장이 비서에게 말한다. "미스 김, 손님 오셨는데 차 한 잔 가져와. 그리고 어제 얘기한 서류도 가져오고." 미스 리가 서류 한 뭉치를 가져온다. 사장은 발끈한다. "미스 김, 정신이 있는 거야? 어제 얘기한 것 갖고 오랬잖아? 정말 눈치코치도 없네." 미스 김이 말한다. "사장님, 죄송합니다." 사장은 한술 더 뜬다. "요즘 애들은 말귀를 전혀 못 알아들어." 사실, "어제 말한 A서류 가져오라."라고 말하면 아무 문제가 없다. 한국인은 정확하게 소통하지 않는다. 한국에서 눈치 없으면 사회생활도 힘들다.

한국 사회는 눈치 보기가 만연하다. 회사 눈치 보느라 야근하고, 연차휴가는 다 못 쓴다. 상사 눈치가 보여 끝나도 제때 퇴근하지 못하고, 무리한 요구도 받아들인다. 눈치 보기는 술 문화에서 잘 드러난다. 잦은 회식에서 빠지기 어렵고, 윗사람이 권하는 술잔은 거절이 힘들다. 잘 마시면 뭔가 맘에 들어 하고, 못 마시면 뭔가 불편하다. 눈치 보기는 지나친 비교와 의식으로 나타난다. 자녀의 학교 등수, 수입과 재산, 사회적 지위에 민감하다. 눈이 있어 브랜드 있는 옷을 입고, 고깃집에선 혼자 밥 먹기 힘들다.

예(禮)가 지나치면 허례, 체면이 지나치면 위선

눈치문화는 집단주의와 유교적 전통에서 온다. 집단주의와 개인주의 정도에 따라 그래프를 그리면, 한국은 집단주의 끝 쪽에 위치한다. 나보다 우리를 중시하고, 가족보다 국가를 우선한다. 1997년 IMF의 '금 모으기 운동'과 2002년 월드컵의 '오 필승 코리아'는 세계인의 이목을 집중시켰다. 우리는 옛날부터 예(禮)와 체면을 중시했다. 공자는 이렇게 말했다. "예(禮)가 아닌 것은 보지도 듣지도 말고, 말하지도 행동하지도 말라." 예(禮)가 지나치면 허례가 되고, 체면이 지나치면 위선이 된다.

약자는 강자의 눈치를 본다. 아이는 어른의 눈치를 보고, 여자는 남자의 눈치를 본다. 부하는 상사의 눈치를 보고, 종업원은 사장의 눈치를 본다. 없는 자는 있는 자의 눈치를 보고, 병든 자는 건강한 자의 눈치를 본다. "강자는 기회를 만들고, 약자는 기회를 기다린다." 눈치 보기의 덫에 걸린 사람이 있다. 어려서 남의 집에 얹혀살거나, 가난해서 주위의 도움을 받으며 자란 경우다. 부모로부터 조건부 사랑을 받으며 크거나, 파괴적 비판이 심한 가정에서 자란 경우다.

후박사의 탁월한 세 가지 처방 

그는 우왕좌왕하고 있다. 내공이 필요하다. 중(中), 허(虛), 화(和)를 떠올려 본다.

첫째, 중(中)이다. 중심(中心)을 잡는 것이다. 매사 조금은 과욕을 부려 보고, 다시 자연으로 돌아오자. 정도(正道)를 가는 것이다. 당혹한 상황에서 조금은 흥분해 보고, 바로 초연으로 돌아오자. 한쪽으로 치우치지 않는 것이다. 예상 못한 방해에 부딪쳐 조금은 저항해 보고, 금세 유연해지자. 중립성을 지키는 것이다. 위협에 직면해서 조금은 움츠려 들었다, 다시 태연해지자. 중용에 이런 말이 있다. “강함이란 중립을 지키되, 양쪽 극단을 모두 포함하는 것이다.”

둘째, 허(虛)다. 마음을 비우는 것이다. 남과 갈등이 생길 때 내 속만을 들여다보자. “내게 욕심이 동했던가? 미움으로 가득 차 하루를 보냈던가? 분노 때문에 에너지를 소모한 것이 아닌가?” 이렇게 해서 내 속만을 가볍고 환하게 한다. “남들은 나를 오해할 권리가 있고, 나는 해명할 의무가 없다. 눈치를 보기엔 인생이 너무 짧다. 내가 누구이기에 남의 마당을 쓸까?” 도덕경에 이런 말이 있다. “욕심이 들어서면 본래 모습이 안 보이고, 욕심에서 벗어나면 현묘한 경지를 보게 된다.”

강함이란 조화 이루되 섞이지 않는 것

셋째, 화(和)다. 분위기를 맞추는 것이다. 눈치가 필요하다. 어디서든 앉을 자리 봐 가면서 앉아야 한다. 상황에 들어맞는 것이다. 염치가 필요하다. 무슨 일이든 체면을 차리고 부끄러움을 알아야 한다. 공감하는 것이다. 재치가 필요하다. 누구와도 함께 느끼고 상대 입장을 이해해야 한다. 전체와 조화하는 것이다. 운치가 필요하다. 말 한마디라도 우아하고 여운을 남겨야 한다. 중용에 이런 말이 있다. “강함이란 조화를 이루되 섞이지 않는 것이다.”

111 동료와의 승진 경쟁

◇◇◇

선의의 경쟁은 자본주의의 미덕

이기면 편치 않고 지면 씁쓸하고

그녀에게는 15년 지기 직장동료 A가 있다. 동갑내기이지만 몇 년 먼저 입사한 A는 입사 초기, 그녀가 직장에 정착할 수 있도록 많은 도움을 주었다. 그런 인연으로 A와 그녀는 15년간 가장 친한 동료가 되었고, 이젠 동료를 넘어서 우정을 나누는 사이가 되었다. 입사 초기 1년간 같은 팀에서 근무한 것을 빼고는 그동안 근무 부서가 달랐는데, 작년부터 같은 부서에서 일하게 되었고, 특히 올해는 같은 부서 내 같은 팀에 배치됐다. 그런 환경으로 인해 둘은 회사 내의 어려움과 불만을 더 나누게 되었고, 최근 어느 때보다도 더 긴밀한 관계를 유지하고 있다.

그녀는 요즘 번민이 많다. A와 더 친할수록, 깊은 대화를 나눌수록 번민은 배가된다. 금년은 둘 모두에게 장래를 결정짓는 정말 중요한 시기다. 올해의 평가가 승진을 좌우할 수 있다. 그런데 회사의 평가 시스템상 같은 팀에 있으면 한 명은 좋은 평가를 받지만, 나머지 한 명은 좋은 평가를 받을 수 없다. 둘 모두 타 팀에 비해 훨씬 더 우수하더라도 그렇다.

그녀는 한 해 상사와의 관계를 잘 유지했다. 반면, A는 그렇지 못했다. 따라서 돌발변수가 없는 한, 연말 좋은 평가는 그녀의 몫이 확실하다. 그런데 아무리 직장생활의 애환이라고 하지만, 가족 같은 친구를 저버리고, 상사를 따르고 있는 나 자신이 싫다. 경쟁에서 이기더라도 분명 마음이 편치 않을 것이다. 왠지 서글프고 미안하다. 그렇다고 친구를 생각하다 경쟁에 진다면, 씁쓸해지는 것도 사실이다. 이 상황에서 어떻게 하는 것이 최선일까?

관포지교(管鮑之交)란 말이 있다. 깊은 우정을 나타내는 고사성어다. 중국 제나라에서 관중과 포숙은 동업을 했다. 관중이 이익금을 혼자 독차지했을 때, 포숙은 관중이 가난한 탓이라고 이해했다. 관중이 전쟁에서 3번이나 도망갔을 때, 포숙은 관중이 늙은 어머니가 계시기 때문이라 이해했다. 이렇게 포숙은 관중을 끝까지 믿고 도와주었다. 관중은 이렇게 말한다. "나를 낳은 것은 부모지만, 나를 아는 것은 오직 포숙뿐이다."

진실한 관계에서만 싹트는 우정

우정이란 친구 사이의 정(情)이다. 고운 정 미운 정으로 얽혀진 감정이다. "친구 따라 강남 간다"는 말이 있다. 원치 않지만 친구가 좋아 따라 하는 것이다. "믿는 도끼에 발등 찍힌다"는 말이 있다. 약점을 잘 아는 친구에게 배신당하는 것이다. 기쁜 우정이란 무엇일까? 서로 이해하고, 서로 믿고, 서로 도와주는 것이다. 슬픈 우정이란 무엇일까? 이해가 오해로, 믿음이 불신으로, 도움이 배신으로 바뀌는 것이다. 우정은 진실한 대인관계에서만 싹튼다. 사람이 마땅히 갖춰야 할 네 가지 품성에서 온다. 인의예지(仁義禮智), 어진 마음, 부끄러운 마음, 양보하는 마음, 분별하는 마음이다.

기쁨은 좋은 감정이고, 슬픔은 나쁜 감정이다. 아이와 어머니는 하나에서 출발한다. 기쁨과 슬픔을 함께 느낀다. 둘은 분리되면서 감정은 독립된다. 아이는 어머니가 잘 돌봐 주면 기쁘고, 내팽개치면 슬프다. 아이에게 어머니는 좋은 사람이다가, 순식간에 나쁜 사람이 된다. 기쁨은 사랑으로 인식되고, 사랑은 자존감과 자신감으로 발전한다. 슬픔은 미움으로 인식되고, 미움은 죄의식과 수치심을 일으킨다. 아이는 차츰 어머니가 좋은 사람이면서, 동시에 나쁜 사람이란 걸 알게 된다. 어른이 된 것이다. 이제, 사랑과 미움을 모두 받아들이고, 죄의식과 수치심을 극복하게 된다.

나쁜 사람과 좋은 사람

경쟁에서 이긴다고 해서 나쁜 사람은 아니고, 진다고 해서 좋은 사람은 아니다. 누가 내게 나쁜 사람이라고 할 때, "뭐야?" 하면 그는 나쁜 사람이다. 그러나 좀 생각해 보고 "맞다!" 하며 씩 웃는다면, 나쁜 사람이라 할 수 없다. 누가 좋은 사람이라고 할 때, "당연하지!" 하면 그는 좋은 사람이 아니다. 그러나 좀 생각해 보고 "그런가?" 하며 조용히 자리를 뜬다면, 좋은 사람일 수 있다. 내가 이겼기 때문에 좋아하고, 남이 졌기 때문에 기쁜 것은 악습(惡習)이다. 내가 졌기 때문에 씁쓸하고, 남이 이겼기 때문에 슬퍼하는 것은 악독(惡毒)이다. 건강이란 무엇일까? 내가 하고 싶은 것을 다해서 기쁘고, 내가 할 수 있는 것을 못해서 아쉬워하는 것이다.

후박사의 탁월한 세 가지 처방

첫째, 선의의 경쟁을 하자. 선의의 경쟁은 자본주의의 미덕이다. 되도록 미덕을 행하자. 미덕은 상사에게 잘 보이고, 열심히 일하고, 동료나 부하와 잘 지내는 것이다. 최대한 악덕은 피하자. 악덕은 상사에게 지나치게 아부하고, 잔꾀를 부리고, 동료나 부하의 약점을 이용하는 것이다. 선의의 경쟁이란 둘 사이에 룰을 존중하고, 승패에 관계없이 경의를 표하는 것이다. 상대에게 아픔을 주어서도, 나에게 상처를 안겨 줘서도 안 된다.

어려서 두 편으로 나누어 해가 떨어질 때까지 놀던 아름다운 추억이 있다. 청군과 백군으로 나뉘어 싸움을 벌이던 즐거운 추억이 있다. 젊은 시절 이겨도 한 잔, 져도 한 잔 하던 멋진 추억도 있다. 경쟁은 가볍게 임할 때 스포츠지만, 심각해지면 전쟁이 된다. 유사 이래 인간은 둘로 나누어 경쟁하는 가운데 발전해 왔다. 함께 가면 멀리 갈 수 있다.

내가 잘 되면 친구 끌어 줄 수도 있어

둘째, 인생을 길게 보자. 어찌 알겠는가? 내가 잘 되면 친구를 끌어 줄 수 있다. 당장 친구가 오해할 수 있다. 그렇다 해도 할 수 없다. 언젠가 오해를 풀면 된다. 그동안 친구에게 도움받은 것을 안 잊으면 된다. 언젠가 도와줄 때가 올 것이다. 인생길이란 처음이자 마지막이자 한 번 가는 긴 여정이다. 당장 좋게 보여도 최악의 포석일 수 있고, 당장 나쁘게 보여도 최선의 포석일 수 있다. 옳고 그른 것을 구별하는 것은 쉽지 않다. 내가 할 수 없는 부분이 있고, 하늘이 하는 부분이 있다. 도덕경에 이런 말이 있다. "천지(天地)가 영구한 것은 스스로를 위해 있지 않기 때문이다."

셋째, 미안함을 안고 살아가자. 미안함은 부끄럽고 편치 못한 감정이다. 부끄러움은 수치심을 품고 있고, 편치 못함은 죄의식을 담고 있다. 수치심은 아름다움으로 승화되고, 죄의식은 인간이해로 승화된다. 하늘을 우러러 부끄럽지 않도록 하자. 비웃거나 슬퍼하지 말고 이해하자. "이해하면 사랑할 수 있다."

미안함은 여린 마음에서 온다. 여린 마음은 타인의 아픔, 사회의 슬픔에 시선을 돌리는 마음이다. 아픔을 수용하면 사랑을 느끼게 되고, 슬픔을 이해하면 아름다움을 알게 된다. 사랑과 아름다움이 들어서면 두려움이 사라진다. 여린 마음은 사소한 기쁨에 감사하는 마음이다. 연인과 단둘이 앉아 있는 시간, 시집을 펼치는 한가로운 시절, 병실에 누워 창밖을 바라보는 오후, 친구와 차를 나누는 밤, 이 모두 인간 존재의 깊이를 맛보는 순간이다. "모든 아름다운 것은 귀하고 힘들다."

112 못된 상사

◇◇◇

죄는 미워하되 사람은 미워하지 말라

모이면 팀장 욕인데

그녀뿐 아니라 팀 동료들은 모두 팀장 때문에 힘들어한다. 보고서를 올릴 때마다 호통과 막말까지 남발하는 '폭군형'에, 본인의 주장이 옳으니 언제나 내 말만 따르라는 '교주형'이다. 또한 평소 자기 기분대로 행동해 팀 분위기를 좌지우지하는 '억압형'에, 팀원들의 개성이나 가치관에는 관심이 없고 자기 잘난 맛에 사는 '자아도취형'이다. 게다가 얼마나 들볶는지…. 모이면 팀장 욕이다.

그런데 한편으로 본인이 가장 열심이니 대놓고 할 말은 없다. 그는 항상 제일 먼저 출근하고, 퇴근은 언제 하는지 도무지 알 수가 없다. 회식으로 만취가 되더라도 다음 날 아침 새벽같이 나와 있다. 그가 팀장으로 온 후 팀의 실적이 크게 늘어 인센티브도 받았다. 윗분들 눈치를 보고 입맛에 맞춰 반응하는데 타의 추종을 불허해 본인은 물론 우리 팀도 자주 칭찬을 받는다.

배울 만한 점이 없는 건 아니지만, 앞으로 몇 년을 함께 해야 한다고 생각하면 하늘이 무너진다. 팀장 때문에 거의 매일 모멸감을 느낀다. 울컥 치밀어 오를 때가 한두 번이 아니다. 소화불량과 두통에 시달린다. 회사를 때려치울까도 여러 차례 고민했다. 그렇지만 어떻게 들어온 회사인데, 못된 상사 하나 때문에 회사를 그만두다니 말도 안 된다.

유독 경쟁이 심한 한국 사회

현대는 무한경쟁 사회다. 경쟁은 자본주의의 본성이다. 세계가 모두 자본주의를 지향하는데, 왜 우리 사회는 유독 경쟁이 치열할까? 한국은 단기간에 고속성장을 통해 선진국 대열에 진입했다. 그런데 미래가 불투명하다. 숨 돌릴 틈 없이 또 박차를 가하고 있다. 경쟁은 우리가 지구촌에서 생존하기 위해 피할 수 없는 미덕이 되었다. 경쟁에서는 오로지 1등만 기억된다. 성공, 지위, 명예, 외모 중 하나는 있어야 살아남는다. 사회는 항상 최고 기준을 요구한다.

경쟁의 덫에 걸린 사람이 있다. 어려서부터 입시와 취업 위주의 교육을 통과하고, 앞만 보고 무조건 이겨야 하는 목표만을 가지고 성장한 경우다. 부모로부터 성취에 따른 조건부 사랑을 받고, 칭찬 · 인정 · 응원 · 격려보다 야단 · 비난 · 모욕 · 비평이 주된 가정에서 자란 경우다. 그는 최고가 아니면 받아들이지 않는다. 자신에게 가혹한 기준을 정해 강하게 몰아치고, 더욱 더 열심히 해야 한다고 생각하며, 시간을 허비하면 죄의식을 가진다. 거의 일중독에 빠지게 된다. 상대에게 자신의 규칙을 강요하고, 기준에 못 미치는 사람을 비난하고, 작은 실수도 용서하지 않는다. 주변 사람이 함께 생활하는 것이 쉽지 않다.

팀장은 못된 상사임에 틀림없다. 통상 내가 편하면 좋은 상사, 내가 힘들면 못된 상사가 된다. 내게 득이 되면 착한 상사, 내게 해가 되면 못된 상사가 된다. 그런데 그는 누가 봐도 못된 상사다. 부하들에게 모욕을 주고, 불신감을 조장하며, 숨도 못 쉬게 하고, 눈코 뜰 새 없이 닦달한다. 일과 인간관계에서 모두 최악이다. 못된 상사에는 여러 유형이 있다. '폭군형'은 권력을 남용하고, '교주형'은 자기 왕국을 건설한다. '억압형'은 무조건적 충성을 요구하고, '자아도취형'은 끊임없이 아부를 요구하다. 못된 상사의 공통점은 이렇다. ① 철저히 자기중심적이다. ② 부하들을 이용하고 착취한다. ③ 함께 있으면 항상 부정적 감정을 일으킨다.

직장인의 퇴사 이유 1위, '힘든 인간관계'

현대인은 대부분 직장인이다. 가족보다 직장에서 지내는 시간이 더 많다. 직장인은 보통 좋은 상사에게 인정받아, 승진하거나 연봉이 오르기를 기대한다. 그런데 못된 상사 때문에 직장생활이 지옥이라면, 세상을 사는 데 무슨 의미가 있겠는가? 누구든 못된 상사 밑에서 고통받으며 살아서는 안 된다. 나를 향한 폭력에 익숙해져도 안 된다. 그런데 불행히도 현실은 그렇지 않다. 부하들을 들볶는 고약한 상사가 되레 승승장구한다. 폭군처럼 군림하는 상사가 승진만 잘한다. 최근 통계에 의하면, 직장인이 퇴사하는 이유 1위는 힘든 인간관계다.

후박사의 탁월한 세 가지 처방

상사는 바뀌지 않는다

첫째, 절대 폭발해서는 안 된다. 상사는 바꿀 수 없다. 아니 바뀌지 않는다. 폭발은 무조건 불리하다. 나만 손해다. '눈에는 눈'과 같은 대응도 불리하다. 오히려 상황을 악화시킨다. 상사와의 어떤 전쟁도 이길 확률은 아주 낮다. 상사의 상사도 상사편이다. 2~3년만 버티면 부서이동이다. 과속예방에 대한 기발한 표어가 있다. "1분 빨리 가려다 10년 먼저 간다." 모멸감으로 울컥 치밀어 오르는 순간, 1분만 버티고 기다려라. 1분만 참으면 10년 더 갈 수 있다.

여기 효과적인 응급대처 방법이 있다.

① 못된 상사의 모습을 무성영화로 돌리자. 상사가 우스꽝스럽게 보일 수 있다.
② 급한 핑계를 대고 잠시 그 장소를 벗어나자. 옮기는 순간, 다른 감정과 생각이 들어설 것이다.
③ 입을 벌리고 상체의 힘을 빼자. 상대의 나쁜 에너지가 내 몸을 그냥 통과할 것이다.

둘째, 어떻게든 살아남아야 한다. 못된 상사 밑에 남아 있어야 할 이유는 없다. 맞추다 보면 망가지던지 똑같이 되고, 안 맞추면 살아남기 힘들다. 살아남기 위해서 자신의 가치, 철학을 희생할 수는 없다. 부서이동이 최선이다. 하지만 마음대로 되는 일이 아니다. 결국 직장이동을 고려해야 할 수도 있다. 그래도 어렵게 들어온 직장을 상사 때문에 그만둔다면 어리석다. 상사도 부하하기 나름이다. 최대한 현명하게 탈출해 보자. 철저한 전략이 요구된다.

① 일정한 거리를 유지하자. 못된 상사와의 관계는 가까워도, 멀어도 문제가 생긴다.
② 증거와 기록을 남기자. 불합리한 성과평가에 대비해야 한다.
③ 예의 바르게 행동하자. 어쩌거나 상사는 상사다. 빌미를 잡혀서는 안 된다.
④ 집단으로 맞대응하자. 하지만 최종 카드로 사용해야 할 것이다.
⑤ 스트레스를 최소화하자. 무슨 일이 있어도 건강은 지켜야 한다. 신체적 과로를 줄이고, 정신적 상처를 피해야 한다.
⑥ 이도저도 안 풀려 직장이동을 실행할 경우, 최소 6개월 이상 충분한 대책을 세워야 한다.

셋째, 반면교사(反面敎師)로 삼자. 나쁜 면에도 깨달음과 교훈은 있다. 무의미한 시간은 존재하지 않는다. 아무리 못된 상사라도 얻을 건 있다. 있는 동안 최대한 배움의 기회로 삼아야 한다. 여기서 살아남는다면 어디서든 살아남는다. 어떤 상사를 만난다 해도 이보다 나쁠 수는 없다. 그런데 세상에 100% 나쁜 놈은 없다. 모든 게 상사 문제가 아닐 수도 있다. 내 문제도 있을 수 있다. 훗날, 상사가 되어 이 날을 떠올릴 때 씨익~ 웃을 수도 있다. 비온 뒤에 땅이 더 굳는 법이다. 과거의 상처를 씻고 나면, 더욱 견고한 기초가 마련될 수 있다. "사람을 미워하지 말고, 죄를 미워하라!"

113 밉상 부하

◇◇◇

판단 멈추고 팩트 체크부터

이유와 불평이 많은 부하

그녀는 팀원 넷을 둔 팀장이다. 셋과는 관계가 좋아 업무 성과가 높고, 개인적으로도 가깝다. 문제는 나머지 한 명 A다. 정말 맘에 안 드는 부하직원이다. A는 항상 뚱한 표정을 하고 있다. 뭐가 못마땅한지 뾰로통한 분위기로 주변에 어두운 느낌을 전달한다.

회의를 할 때면 매번 특유의 모습으로 동료는 물론, 상사인 그녀에게조차 부정적 감정을 드러낸다. 새로운 업무를 지시하면 예산이 부족하다, 지금 추진하는 일만으로도 벅차다, 실현 가능성이 없다 등의 이유를 대며 대부분 안 된다는 답변이고, 사업의 진척에 대해 추궁하면 고민 중이다, 알아보고 있다, 시간이 좀 더 필요하다 등의 변명을 늘어놓기 일쑤다. 그런 방어적이고 부정적 태도를 그녀에게만 보이는 게 아니어서, 다른 직원들도 너무 비협조적이라는 불만을 제기하고 있다.

사실 A는 박색이다. 대부분의 직원이 그렇게 생각한다. 미운 털이 박히다 보니 더 비호감이다. 같은 여성으로서 상대의 외모를 비방할 마음은 추호도 없다. 또 부하를 외모로 평가하려는 것이 절대 아니다. 인물이 좀 떨어진다 하더라도 밝은 표정, 긍정적인 마음, 열정을 보이는 직원이면 곱게 보이기 마련이다. 그런데 A는 정말 밉상이다.

A에게 나쁜 점만 있는 것은 아니다. 부서 내 누구보다도 일찍 출근하고 늦게까지 남아 일한다. 업무를 잘해 보려 나름 노력하는 것 같기도 하다. 그럼에도 모든 일을 지나치게 어렵고 무겁게 받아들이고, 소극적이고 방어적으로 대응하며, 원망과 불평이 많은 직원과는 정말 같이 일하기 싫다. '미운 놈 떡 하나 더 준다'고 그럴수록 다른 직원들보다 더 큰 관심으로 대해줘야 한다고 생각하지만 잘 안 된다. 하루에도 몇 번씩 미운 감정이 불쑥불쑥 올라와 힘들다. A도 아마 그녀의 맘을 알아채고 있지 않을까?

바깥의 상을 취하지 말고, 자신의 마음을 들여다봐라

밉상은 미운 짓을 하거나 밉게 생긴 사람이다. 부하 넷이면 하나 정도는 밉상일 수 있다. 박색이라고 꼭 밉상은 아니고, 경국지색이라도 밉상일 수 있다. 도덕경에 이런 말이 있다. "미(美)를 아름답다고 알고 있는데, 그것이 추(惡)할 수 있다." 밉상은 마음에서 나온다. 모두가 A를 미워한다면 A가 문제가 있지만, 나만 A를 미워한다면 내게 문제가 있다. 우리는 뭔가 잘못되면 쉽게 남을 탓하고 하늘까지 원망한다. 불경에 이런 말이 있다. "바깥의 상(相)을 취하려 하지 말고, 자신의 마음을 들여다봐라."

밉상은 태도에서 나온다. 매사 부정적인 부하는 밉상이다. 한 조사에 의하면, 밉상 부하로 ① 위아래 없이 건방진 부하, ② 능력도 배울 의지도 없는 부하, ③ 거짓말과 변명으로 책임 회피하는 부하를 꼽았다. 우리가 하는 일의 90%는 태도와 관련이 있다. 부정적인 태도는 개인의 능력을 해친다. 부정적인 태도는 부정적인 감정에서 나온다. 성공은 삶에 대해 얼마나 긍정적인 태도를 가지느냐에 따라 결정된다. 변화전문가 브라이언 트레이시는 '개인의 잠재능력 = (타고난 특성 + 후천적 특성) × 태도'라고 말한다.

부정적인 감정은 오십 여개다. 두려움은 모든 부정적인 감정의 출발이다. 우리는 무한 잠재능력을 가지고 태어난다. 아이는 두려움을 모른다. 자라면서 부정적인 습관을 배우기 시작한다. 부정적인 습관은 부정적인 감정을 만든다. 적대감과 죄의식은 부정적인 감정의 왕이다. 부정적인 감정을 열매에 비유하면, 줄기는 원망과 불평이고, 물과 영양분은 자기정당화와 동일시다. 부정적인 감정을 없애려면, 원망과 불평을 베어내든지, 자기정당화와 동일시를 중단하여 뿌리를 쇠약하게 만들어야 한다.

모든 게 내 책임이다

원망과 불평은 항상 대상이 있다. 누구 때문이라는 허상의 벽을 만든다. 책임을 회피할 때 일어나고, 누군가에게 기대고 싶을 때 일어난다. '탓 심리학'은 인간의 본성이다. 잘 되면 내 탓, 안 되면 남 탓으로 돌린다. 아이는 모든 것을 어른에게 의존한다. 어른이 되면 돌봐 주던 '그'가 사라진다. '그'가 나를 돌봐 주기를 바란다면 착오가 생긴다. 의존욕구는 모든 신경증의 원인이다. 원망과 불평으로 발전하고, 좌절되면 적대감과 죄의식으로 발전한다. 어른이 되면 모든 것을 스스로 책임져야 한다. "모든 게 내 책임이다."

자기정당화는 부정감정을 당연하게 받아들이는 것이다. 우리는 자신의 고통을 사랑한다. 고통의 역사를 간직하고, 고통을 알아주기를 바란다. "내가 어떻게 살았는데!" 고통의 증거가 없어진다면 과연 누가 나를 알아줄까. 동일시는 부정감정을 진짜 나로 착각하는 것이다. 환자의 병을 내 병으로 동일시하는 의사는 바보다. 낙타가 짐을 지고 언덕을 넘고 있었다. 주인이 물었다. "오를 때와 내릴 때 중 언제 더 힘든가?" 낙타가 대답했다. "오르고 내리는 게 아니라, 짐이 문제입니다." 등에 있는 짐이 바로 부정감정이다. 짐은 진짜 나가 아니다.

후박사의 탁월한 세 가지 처방

첫째, 업무에 초점을 두자. 미움 때문에 일을 망칠 수 없다. 부정감정에 과잉 대응하지 말고, 불편하다고 그냥 놔두면 안 된다. 감정보다는 팩트(fact)에 주목하자. 업무에 대해서만 피드백을 해야 한다. 미움을 자제하고 이렇게 피드백하자. ① 모든 판단을 중지한다. ② 팩트를 재차 확인한다. ③ 진정한 감정과 의도를 전달한다. 관계보다는 성과에 주목하자. A는 관계도 나쁘고 성과도 나쁜 팀원이다. 모든 팀원이 훌륭한 성과를 낼 수는 없다. 시간과 에너지는 한정되어 있다. 관계도 좋고 성과도 좋은 팀원에게 투자하는 게 낫다.

기대 · 미움 자제하고 감정 · 의도 파악에 주력

둘째, 적당한 거리를 두자. 미움의 원인은 기대에서 온다. 기대를 버리자. 긍정적인 기대는 신뢰가 필요하다. 가까워지려다 관계가 더 나빠진다. 부정적인 기대는 더 위험하다. 나빠지려니 생각하면 관계가 더 악화된다. 어쨌든 한 팀이 되면 일정 기간 함께 지내야 한다. 부정적인 사람의 심층에는 '상처받은 아이'가 도사리고 있다. 아무리 진정성이 있어도 오해와 왜곡이 생긴다. 미움이 올라오면 이렇게 가라앉히자. ① 모든 판단을 중지한다. ② 상대의 감정을 느껴 본다. ③ 상대의 의도를 파악한다. ④ 팩트를 재차 확인한다.

셋째, 나를 돌아 보자. 미움의 원인은 내게도 있다. 마음에서 해결 못하는 갈등은 밖으로 투사된다. 불교에 갈애(渴愛)란 말이 있다. 목말라 물을 찾듯이, 사랑에 매달린다는 뜻이다. 고통(苦)은 미움과 사랑에서 비롯되는데, 미움은 사랑의 갈구에서 온다. 미운 마음을 외면하지 말고, 힘들더라도 계속 보고 견디면 마음이 편안해진다. 상대를 이해하면, 사랑하지 않더라도 미움은 사라진다. 논어에 이런 말이 있다. "군자는 무엇이 잘못되면 우선 자기부터 반성해 보고, 잘못이 없을 때 비로소 외부를 검토한다."

114

버거운 업무

◇◇◇

당신의 숨겨진 능력을 믿어라

나라를 대표해 발표와 토론까지

그녀는 입사 3년차이다. 소위 일류가 아닌 지방대학을 졸업했지만, 졸업 후 독하게 마음먹고 미국으로 건너가 고생 끝에 석사를 마쳤다. 그 시절 닦은 전공 실력과 영어 실력 덕에, 많은 사람이 꿈꾸는 공공기관 입사시험에 우수한 성적으로 합격했고, 이후 열심히 일했다. 지금 그녀는 선배, 상사들로부터 일 잘한다는 평판도 얻고 있다.

며칠 전 그녀는 팀장으로부터 1주일 후 개최되는 국제회의 참석차 해외 출장을 다녀오라는 이야기를 들었다. 너무 갑작스러웠고, 평소 담당하던 업무와의 관련성도 없다고 생각되어, 자신이 출장자로 적절하지 않음을 조심스럽게 설명했다. 그러나 팀장뿐 아니라 그 위의 상사까지도 아주 좋은 기회이므로 고생이 되더라도 다녀오라고 권유하는 바람에 결국 가기로 했다. 사실 제의라기보다 지시에 가까웠기 때문에 거절할 수가 없었다.

처음에는 회의 참여만 하고 오면 되는 줄 알았는데, 준비과정에서 상황이 변경되어 결국 주제발표와 토론까지 하게 되었다. 입사 3년차라 아직은 업무 전반에 대한 전문성이 일천한데다가, 특히 이번 회의 주제는 평소 업무와 관련성이 없어 기초지식이 더더욱 전무하다. 그런데 발표와 토론을 해야 한다니, 그것도 나라를 대표해서…. 이건 정말 아니라는 생각이 떠나지 않는다. 상사들은 이번 출장을 큰 혜택을 준 것으로 여기는 것 같지만, 그녀 입장에선 상이 아니라 벌을 받고 있는 것 같다. 모든 준비를 아무런 도움도 없이 혼자 해내야 하는데, 이건 정말 아주 혹독한 벌이 분명하다. 벌써 며칠째 두통약을 달고 산다. 지금이라도 못하겠다고 나자빠지고 싶다. 정말 엉엉 울고 싶은 마음뿐이다. 이 상황을 어떻게 극복해야 할지 정말 모르겠다.

인적자원의 정합성(fitness)이란 게 있다. 아무리 핵심역량이 뛰어난 인재라도 적성이 안 맞든지, 흥미가 없던지, 인간관계가 삐걱거리는 경우, 업무능력을 제대로 발휘하지 못한다. 업무에는 쉬운 일과 어려운 일이 있다. 보통 쉬운 일은 단순하고, 어려운 일은 복잡하다. 쉬운 일이라도 적성이 안 맞으면 어려운 일이 되고, 단순한 일이라도 흥미가 없다면 복잡한 일이 된다. 무슨 일이든 인간관계가 틀어지면 버거운 일이 된다. 누구든지 적성, 흥미, 인간관계가 잘 맞으면, 자신의 업무능력 이상으로 기능하게 된다.

회사에서 성공하지 못하고 행복하지 못한 이유

많은 회사에서 훌륭한 직원들이 성공하지 못한다. 훌륭한 회사에서 많은 직원이 행복하지 못하다. 자신의 능력의 절반도 채 발휘하지 못한다. 바보로 머무는 경우도 허다하다. 최근 조사에서, 직원들이 회사에서 자신의 능력을 평균 30%밖에 쓰지 않는다는 보고도 있다. 나머지 능력은 과외활동이나 취미활동을 하는 데 소모한다. 오래전 『바보들은 항상 최선을 다했다고 말한다』라는 베스트셀러가 있었다. 바보들의 공통점을 요약하면 이렇다. ① 결심만 한다. ② 남의 탓으로 돌린다. ③ 문제점만 지적한다. ④ 말만 많고, 행동은 하지 않는다.

인간의 잠재능력은 쉽고, 단순한 업무에서 일어나지 않는다. 흥미롭고 도전적인 업무에서 일어난다. 우리는 의외로 어렵고, 복잡한 일을 선호한다. 복잡성의 법칙이란 게 있다. 복잡성은 '창조적 파괴'를 통해 일어난다. 분화와 융합의 과정을 거친다. 복잡성의 법칙은 우주창조와 생물진화의 법칙이다. 지구는 단순한 분자에서 복잡한 구조로 발전했다. 생물은 단순한 아메바에서 복잡한 인간까지 진화했다. 자동차, 스마트폰, 직장업무도 복잡하게 진화했다. 우리는 복잡성으로 거듭나야, 진정한 직장인이 될 수 있다. 성경에 이런 말이 있다. "사람이 거듭나지 아니하면 하나님의 나라를 볼 수 없다."

인간은 성취감을 먹고 사는 동물

업무복잡성은 개인능력에 따라 다르게 파악된다. 능력은 없는데 복잡한 일에 부닥치면, 걱정과 불안에 떨게 된다. 능력은 많은데 단순한 일이 맡겨지면, 여유와 권태로 떨어진다. 능력에 비해 일이 약간 쉽다면 자신감이 넘치지만, 약간 어렵다면 긴장하게 된다. 직무스트레스는 회사요구와 개인능력 간 차이에서 발생한다. 불안, 우울, 신체증상으로 나타나고, 무관심, 사기저하, 실적저조로 이어진다. 최고의 성취는 회사요구와 개인능력 간 조화를 통해 달성된다. 점차적으로 업무복잡성과 능력을 높여야 한다. 열정, 호기심, 인내심이 필요하다. "인간은 성취감을 먹고 사는 동물이다."

후박사의 탁월한 세 가지 처방

초기 직장생활은 실적보다 태도가 중요

첫째, 직장이라는 현실을 직면하자. 그녀는 뭔가 오해하고 있다. 보통 국제회의 참석은 능력 있는 직원에게 주어지는 보상이다. 새로운 경험과 휴식을 안겨 준다. 그런데 그녀는 '혹독한 벌'로 받아들이고 있다. 물론 감당하기 힘든 과제 때문이다. 그녀 생각대로, 상사가 잘못 판단한 '과도한 지시'일 수도 있다. 그렇다 해도 회사는 직원의 요구대로 움직이지 않는다. 직장생활 초기에는 실적보다 태도가 더 중요하다. 설사 상사가 틀려도 그녀 때문에 상사에게 문제가 생기도록 하면 안 된다. 상사에 대한 예의는 필수적이다.

둘째, 차분하게 대처하자. 위기 상황에서 사람들은 행동유형에 따라 다른 반응을 보인다. 주도적인 사람은 공격적으로 요구하고, 사교적인 사람은 감정적으로 폭발한다. 안정적인 사람은 순응하지만 피해 보려 하고, 신중한 사람은 굽히지 않고 저항한다. 우선, 하룻밤 지내고 보자. 오늘 당장 힘들어 나자빠질 것 같아도, 하루가 지나면 달라질 수 있다. 항상 쉽지는 않지만 그렇다고 불가능한 것도 없다. 숨을 크게 들이마시고 이렇게 외쳐 보자. "나의 숨겨진 능력을 믿는다." 그리고 한 번 더 외쳐 보자. "모든 게 내 책임이다."

다음, 벌어진 일에 대한 정확한 사실을 파악하자. 아는 것과 모르는 것을 나누고, 할 수 있는 것과 없는 것을 구분하자. 아무리 복잡해 보이는 일도 여러 개로 쪼개면 덜 복잡해진다. 그다음, 도움을 요청하자. 창피해 말고 동료와 상사에게 물어보자. 동원할 수 있는 모든 인맥을 활용하자. 묻고 또 묻자. 최선을 다해도 뭔가 부족하면, 백지상태에서 다시 생각해 보자. 기발한 아이디어가 떠오를 수 있다. 끝으로, 최악의 사태를 대비하여 시나리오 한두 개를 써 보자. 마음의 평화가 찾아올 것이다.

셋째, 낙천성을 발휘하자. 두 사람이 로키산맥을 등정하고 있었다. 한 사람은 낙천적이고, 다른 사람은 비관적인 사람이었다. 둘은 산에서 굶주린 어미 곰을 만났다. 죽어라 도망가야 하는 시점이다. 그런데 낙천적인 사람은 천천히 배낭을 내려놓고 운동화를 꺼내 신었다. 비관적인 사람이 물었다. "빨리 도망가야 하는데 지금 뭐하는 거냐?" 낙관적인 사람이 웃으며 말했다. "너보다 빨리 뛰기만 하면 된다." 낙천성은 다섯 가지 철학으로 요약된다.

① 무슨 일이 닥쳐도 "That's OK"
② 모든 면에서 긍정성 보기
③ 아무리 어려워도 배울 점 찾기
④ 과거보다는 미래에 초점 맞추기
⑤ 문제보다는 해결에 초점 맞추기

115

변덕쟁이 동료

◇◇◇

이해 · 중립성 · 심리치료 절실

하루아침에 돌변

그는 평상시 매우 친절하다. 도움을 요청하면 성심을 다하고, 아무리 바빠도 남의 일을 먼저 챙긴다. 박사라는 훌륭한 학력에다 IQ도 높아 회사에 중요한 일이 생길 때 해결사로 나서기도 하는 재원이다. 그런데 그런 그를 동료들이 좋아하는 것만은 아니다. 여직원들은 두려워하기까지 한다. 가끔 이해하기 힘든 행동을 하기 때문이다. 어제까지만 해도 너무나 반갑게 인사를 하던 그가, 오늘 아침에는 처음 보는 사람인 듯 못 본 척 한다. 그러다가 며칠 지나면 아는 척 못해 미안했다고 사과한다.

한번은 다른 의견을 제시하는 동료에게 자기 말을 무시한다며 공격해 섬뜩한 분위기를 연출하기도 했다. 특정 사건으로 감정이 틀어진 한 여직원은 그가 간헐적으로 가해를 한다고 호소한다. 최근 다른 컴퓨터는 전혀 문제가 없는데, 그녀의 컴퓨터만 여러 차례 파일이 깨졌다. 컴퓨터에 해박한 그가 퇴근 후 아무도 모르게 그녀의 컴퓨터를 의도적으로 망가뜨렸다는 것이다. 다른 여직원은 근무시간 중에 친하게 지냈던 그가 후미진 장소로 불러내 "너, 네가 잘나서 잘해 주는 줄 알아? 그렇게 계속하면 가만두지 않겠다."라고 협박을 했다고 한다. 그전까지 그런 모습을 도저히 예상할 수 없었던 그녀는 정말 소름끼치는 경험이었다고 치를 떤다.

이렇게 그를 둘러싼 황당한 사건들이 끊이지 않고 있다. 특히 같은 부서, 같은 팀 구성원들은 평상시 너무나 좋은 동료였다가, 예기치 못한 상황에서 돌변하는 그와 어떻게 수십 년의 시간을 공유할 수 있을지를 심각하게 걱정하고 있다.

변덕쟁이는 경계성 성격?

경계성 성격이란 게 있다. ① 불규칙한 업무수행, ② 예측불허의 성격, ③ 부정적인 정서로 특징지어진다. 탁월한 능력과 기발한 아이디어를 보이다가, 갑자기 일을 형편없이 처리해 상사를 놀라게 한다. 회사에 대해 비난과 불평을 일삼다가, 갑자기 충성심을 발휘하여 동료를 당황하게 한다. 자주 분노와 적대감, 우울을 호소하며, 갑작스런 충동적, 파괴적 행동으로 부하를 궁지로 몬다. 보통 변덕쟁이라 부른다. 어떤 때는 회사에서 꼭 필요한 사람처럼 보이기도 한다. 한마디로 이해하기 어렵고, 설명도 안 되는 그런 성격이다. 정상과 비정상을 넘나드는 성격이다.

변연계는 감정의 뇌다. 해마와 편도가 핵심기능을 한다. 해마는 단기기억을 저장하고, 편도는 감정을 저장한다. "나는 생각한다. 고로 존재한다." 그런데 인간은 생후 2년 동안 생각이 없고 느낌만 존재한다. 뇌에서 편도가 먼저 생기고 해마는 2년쯤 뒤에 발달하기 때문이다. 그래서 두 살 이전의 경험은 편도에만 저장된다. 우리는 말하기 이전의 경험에 대해 전혀 기억하지 못한다. 하지만 기억이 없는 것은 아니다. 기억에는 생각기억과 느낌기억이 있다. 해마는 생각기억을 담당하고, 편도는 느낌기억을 담당한다. 보통 강렬한 느낌이 동반될수록 오래 기억에 남는다. 이해와 설명이 안 되는 부정적 정서가 강렬하다면 영아기 때의 상처경험과 연관된다.

그는 변덕쟁이다. 매우 불안정하다. 자아정체성이 불투명하다. 자신과 타인에 대한 평가에 일관성이 없다. 그는 어려서 불안정한 가정에서 성장했을 것이다. 자라온 환경이 늘 불안정했기 때문에 안정된 환경을 불편하게 느낀다. 아니, 안정된 가정이었을 수도 있다. 그렇다면 영아기에 문제가 있었다. 그는 특히 거절에 민감하게 반응하고 있다. 거절당하지 않으려고 과도로 잘하고, 거절 여부를 늘 테스트하고, 거절당하지 않으려고 미리 거절한다.

거절의 덫에 걸린 사람은 사랑하는 사람들이 모두 떠날 거라는 두려움을 가지고 살아간다. 결국 혼자 남겨져 아무도 곁에 있지 않을 것이라 생각한다. 친구가 약속시간에 조금 늦어도, 배우자가 업무로 딴 사람을 만나도, 최근 알게 된 사람이 연락을 안 해도 자신을 배신한 것처럼 느낀다. 남녀관계에서도 급격하게 매력을 느끼고 상대를 완벽한 사람으로 지각하다가, 일상적인 사소한 일로 크게 실망하고 상처받는다. 누군가의 돌봄을 받는 동안에도 자주 외로움을 호소하고 "사랑해." "보고 싶어."라고 말하기를 요구한다. 그러나 지속된 관계가 깨질 위험에 처하면 극심한 거절공포를 피하려고 분노와 적대감을 보이고, 심지어 복수심과 파괴적 행동으로 발전한다.

회사는 다양한 특성의 사람이 필요

회사에는 여러 사람이 있다. 모두가 정상적일 수 없다. 엉뚱한 사람, 이상한 사람, 괴팍한 사람도 있다. 위기상황에서 정상적인 사람이 비상식적이 되고, 엉뚱한 사람이 상식적이 될 수 있다. 현대사회는 창의성을 요구한다. 창의성은 이상하고 괴팍한 사람에게서 나올 수도 있다. 기업이 성공하려면 성공하는 사람으로 조직을 구성해야 한다. 성공하는 사람이 모두 정상적인 사람이지는 않다. 회사가 성공하려면 적합한 사람이 적합한 곳에 있어야 한다. 적합한 사람이 모두 상식적인 사람은 아니다. 회사는 다양한 특성의 사람이 필요하다.

후박사의 탁월한 세 가지 처방

우리는 보통 회사에서 수년에서 수십 년을 살아간다. 상사, 동료, 부하 중에 변덕쟁이가 있다면 과연 어떻게 대처하는 것이 좋을까?

변덕쟁이의 심층에는 '상처받은 아이'가

첫째, 이해(understanding)다. 공감적 이해란 게 있다. 상대방의 입장이 되어 그의 주관적 세계를 이해하는 것이다. 진정성을 가지고 마음의 문을 열면, 그의 삶과 언어와 목적이 보이게 된다. 그래서 함께 갈 수 있는 힘이 생긴다. 이해하면 사랑할 수 있다. 아니 최소한 미움과 두려움에서 벗어날 수 있다. 변덕쟁이의 심층에는 '상처받은 아이'가 도사리고 있다. 공감적 이해는 그에게 신뢰를 주고 내면을 볼 수 있는 힘을 주며 변화의 가능성을 높여 준다.

둘째, 중립성(neutrality)이다. 일정한 거리감을 유지하는 것이다. 너무 기대해서는 안 된다. 전혀 기대를 안 하는 것도 바람직하지 못하다. 어쨌거나 한 팀이 되면 일정 기간 함께 가야 한다. 피할 수 없으면 즐겨라! 즐길 수 없다면 어떡하나? 희랍철학에 에포케라는 말이 있다. 판단 중지! 모든 판단을 중지하는 것이다. 변덕쟁이에게 '비폭력 대화법'을 적용해 보자. ① 모든 판단을 중지한다. ② 상대의 감정을 느껴 본다. ③ 상대의 의도를 파악한다. ④ 사실을 재차 확인한다. 또 '피드백 기법'을 적용해 보자. ① 모든 판단을 중지한다. ② 사실을 재차 확인한다. ③ 진정한 감정을 전달한다. ④ 진정한 의도를 전달한다.

셋째, 심리치료(psychotherapy)가 필요하다. 상사와 동료가 도와줄 수도 있다. 하지만 한계가 있다. 회사는 이해관계가 얽힌 조직이다. 아무리 진정성이 있어도 인간관계의 오해와 왜곡이 생길 수 있다. 결국 전문가의 손길이 필요하다. 그는 심리치료를 통해 성격의 문제점을 깨닫지 못할 수도 있다. 그렇지만 누군가와 안정적이고 믿을 수 있는 인간관계를 형성하는 것이 중요하다. 한 명과의 신뢰관계가 성공적인 대인관계로 성장할 수 있다. 요즘 좋은 약물이 많이 개발되었다. 분노와 적대감, 정서불안정에는 기분조절제가 탁월하다. 항우울제, 항불안제도 큰 도움이 된다.

116 보직 잃은 샐러리맨의 애환

◇◇◇

정체성 잃지 않되 관점 바꿔라

와신상담에도 옛 팀원 밑으로

그는 퇴직을 7년 앞두고 있다. 누구나 선망하는 대학을 졸업했고, 우수한 성적으로 입사해 30년간 열심히 일했다. 중요한 프로젝트를 여러 차례 성공적으로 해내, 한때는 직장에서 잘나간다는 소리를 들었던 그였다. 내친 김에 업무를 더 잘해 보려고, 세 자녀를 둔 외벌이라는 쉽지 않은 환경에도 불구하고, 독하게 주경야독을 거쳐 석사 · 박사 학위도 땄다. 몇 년 전까지만 해도 정말 뭐든지 할 수 있다는 자신감에 넘쳤다.

금년 말은 정말 우울하다. 가깝게 지내던 임원의 퇴직, 세대교체를 주장하는 후배들의 대약진 등 정치적 변수와 역학으로 인해 작년 말 보직을 잃었다. 하지만 자신감만은 잃지 않았고, 1~2년간 와신상담(臥薪嘗膽)하면 재기할 수 있을 것이라 생각했다. 그런데 이번 인사에서 보직을 맡기는커녕, 예전 팀장 시절 팀원으로 데리고 있었던 직원 밑으로 배치가 된 것이다.

몸이 예전 같지 않았지만 재기를 위해 밤을 새워 가며 업무를 했고, 남들이 하기 싫어하는 일도 자원하는 등 정말 갖은 노력을 다 했다. 그런데 그 결과가 예전 팀원을 팀장으로 모셔야 하는 상황이라니… 회사를 그만두고 싶은 마음이 굴뚝같지만, 나만 바라보는 대학생 딸 둘과 고등학생 아들, 아내가 있다. 집에서는 아예 말도 못 꺼낸다. 이러지도 저러지도 못하는 나를 보면, 노예가 따로 없다는 생각이 든다.

변화의 시대를 살아가는 현대인

그는 정말 슬프다. 자신감을 잃었다. 과거에 팽팽하던 시절이 있었다. 힘이 넘쳤다. 능력, 학벌, 인맥, 대인관계, 어느 하나 뒤지지 않았다. 그런데 언젠가부터 삐걱거린다. 이것도 안 풀리고, 저것도 안 풀린다. 슬픔은 상실감에서 오고, 기쁨은 성취감에서 온다. 인생은 끝없는 반복이다. 반복에 지치지 않는 자만이 성취할 수 있다. 산이 있으면 계곡이 있고, 계곡이 있으면 산이 없을 수 없다. 우리는 변화의 세계를 살아간다. 변화를 받아들이는 자만이 성공할 수 있다.

샐러리맨은 슬프다. 과거에는 '샐러리맨의 신화'가 있었다. 입사한 회사에서 임원, 사장, 회장까지 올라가는 경우다. 퇴사 후 직접 회사를 만들어, 훌륭한 기업인으로 성공하는 경우다. 이들의 이야기는 모든 샐러리맨의 꿈을 자극했다. 샐러리맨들은 가능성에 도전했다. "나는 할 수 있다." 그런데 안타깝게도, 신화는 사라지고 있다. 최근 통계에서 2천만 직장인 중, 억대 연봉자는 3%에 불과하다. 아쉽게도, 신화는 몰락하고 있다. 재계에 '닮고 싶은 경영자'가 줄어들고 있다.

그는 정말 비참하다. 자발성을 잃었다. 과거에 당당하던 시절이 있었다. 힘이 넘쳤다. 상사, 동료, 부하, 누구에게도 비굴하지 않았다. 그런데 언젠가부터 삐걱거린다. 이렇게 꼬이고, 저렇게 꼬인다. 비참함은 비겁에서 오고, 당당함은 용기에서 온다. 어느 날, 디오게네스에게 성공한 동창생이 찾아왔다. 그는 물을 떠 팥을 씻고 있었다. 동창생이 말했다. "자네가 아첨을 알았다면, 손으로 팥은 안 씻었을 것 아닌가?" 그는 웃으며 말했다. "자네가 팥을 씻을 줄 알았다면, 아첨하며 살지 않았을 것 아닌가?"

힘에의 의지(Will to Power)

샐러리맨은 비참하다. 과거에는 '평생 일터'가 있었다. 상사를 존경하고, 동료를 신뢰하고, 회사를 사랑했다. 기업의 사명과 가치를 개인의 비전과 전략으로 동일시했다. 그런데 '평생 직장'이 사라졌다. 역량보다 연줄이 앞서고, 정도(正道)보다 술수가 판친다. 개인의 목표와 요구는 기업의 폭력과 욕심으로 대체됐다. 돈 앞에 누구나 비참하기 쉽다. 돈은 항상 부족하다. 대부분의 갈등은 돈에 관련된다. 돈은 소중하다. 아무 의지(will) 없이, 시키는 대로 살아야 한다. "자본주의는 세속화된 종교다."

그는 정말 고독하다. 자긍심을 잃었다. 과거에 뿌듯하던 시절이 있었다. 힘(power)이 넘쳤다. 나를 좋아하고, 남을 좋아하고, 일도 좋아했다. 그런데 언젠가부터 삐걱거린다. 이것도 싫고, 저것도 싫다. 고독은 소외감에서 오고, 뿌듯함은 좋아함에서 온다. 그림을 그리는 사람은 심심치 않다. 음악에 심취한 사람도 심심치 않다. 혼자 화초에 물을 주는 사람도 고독과 먼 표정이다. 모두 심심해야 할 수 있는 것을 하고 있다. 부정적인 고독을 긍정적인 호젓함으로 바꾸고 있는 것이다.

샐러리맨은 고독하다. 과거에는 '풋풋한 직장애'가 있었다. 모를 때 알려 주고, 힘들 때 도와주고, 슬플 때 위로했다. 잘 되면 박수 치고, 안 되면 등을 두드려 주는 여유가 있었다. 그런데 '훈훈한 동료애'가 사라졌다. 무분별한 경쟁사회는 오늘의 친구를 내일의 적으로 만든다. 개인성취 지상주의는 상대의 약점을 나의 강점으로 이용한다. 고독이란 혼자 떨어져 있는 것이다. 회사에서도 혼자지만, 집에서도 혼자다. 함께 있어도 혼자라면, 더욱 고독하다. 비인간성은 슬픔을 넘어, 우리의 정신세계를 황폐하게 한다.

후박사의 탁월한 세 가지 처방

첫째, 관점 바꾸기(reframing)를 해 보자. 거지가 볼펜을 천 원에 팔며 동냥을 하고 있었다. 지나가던 한 신사도 남들처럼 천 원은 주고 볼펜은 받지 않았다. 갑자기 그가 돌아와 거지에게 말했다. "볼펜 하나 주시오!" 거지는 의아해하며 볼펜을 건넸다. 그는 말했다. "지금부터 당신은 거지가 아니고 사업가요!" 관점 바꾸기는 다른 관점으로 보는 것이다. 같은 20°라도 한겨울에는 덥고, 한여름에는 춥게 느낀다. 동냥이 순간 사업으로 바뀐다. 관점 바꾸기는 새로운 의미를 부여하는 것이다. 반 잔밖에 없는 물이, 반 잔이나 남은 물로 보인다. 거지가 순간 사업가로 변한다. 관점 바꾸기를 하는 순간, 힘(power)이 넘치고 의지(will)가 생긴다. 자신감, 자발성, 자긍심이 들어선다. "나는 할 수 있다." "나는 굴하지 않는다." "나는 내가 좋다."

나는 나의 주인이다

둘째, 정체성(identity)을 잃지 말자. 나는 나의 주인이다. 남을 탓하지 말자. 잘나갔던 원인도, 못나가는 원인도 나다. 남에게 의지하지 말고, 남의 생각에 이끌리지 말자. 모든 것이 나의 책임이다. 나는 나의 노예가 아니다. 나를 탓하지 말자. 잘나갔던 이유도, 못나가는 이유도 내가 아니다. 남에게 주눅 들지 말고, 남 눈치도 보지 말자. 모든 것이 나도 모르는 어떤 구조에서 온다. 인생살이는 변화무쌍하다. 마치 사계절 같아 봄, 여름, 가을 겨울을 거친다. 상황이 나빠지면, 아무리 좋은 상황을 그려 봐도 잘 안 떠오른다. 상황이 좋아지면, 아무리 원인을 찾아 봐도 나의 노력 때문은 아니다. 회사인으로서 팽팽함을 잃지 말자. 남편으로서 당당함과 아버지로서 뿌듯함을 잃지 말자.

셋째, 행(幸)과 불행(不幸)을 모두 누리자. 행복할 때는 레스토랑에서 화려한 요리를 맛보고, 불행할 때는 포장마차에서 따끈한 우동을 즐기자. 진미로 혀를 기쁘게 하나, 주린 배를 한껏 채우나 꿀맛은 매한가지다. 낮에는 햇볕을 고마워하고, 밤에는 별들을 노래하듯, 행과 불행을 모두 누리자. 삶이 깊어진다.

117 수동공격형 팀원

◇◇◇

속는 셈 치고 믿고 적절한 역할 맡겨야

도대체 무슨 생각하는지 알 수 없어

그녀는 5년차 팀장으로 7명의 팀원을 거느리고 있다. 팀장으로 발탁된 첫 해는 어영부영 보낸 듯하다. 팀장 역할에 제대로 적응하지 못해 몸과 마음이 너무나도 힘든 1년차 신드롬을 겪긴 했지만, 그래도 큰 문제없이 1년을 잘 보냈다. 이후 연차가 길어질수록 업무 장악력은 물론, 팀원들과의 인간관계 등 모든 면에 여유로운 자신을 발견하게 된다.

그런데 금년엔 정말 쉽지 않은 팀원을 만났다. 아마도 지난 세월 운이 좋았었던 게다. 외형상 그의 태도는 나쁘지 않다. 능력도 나쁘지 않은 것 같다. 아니 좋은 편에 속하는 게 맞다. 그런데 도대체 무슨 생각을 하는지 도저히 알 수가 없다. 말을 걸지 않으면 하루 종일 말이 없다. 업무 진행도 혼자 끙끙대는데 뭘 하고 있는지 전혀 피드백이 없다. 업무에 대해 구체적으로 지시하지 않으면 데드라인이 없고, 지정해 준 데드라인도 종종 지키지 못한다.

한번은 그런 태도에 발끈해 큰 소리를 냈더니, 죄송하다며 더 노력해 보겠다고 한다. 말은 그렇게 하는데 정말 잘하려는 건지, 의지와 열정이 보이지 않는다. 차라리 드러내놓고 반항을 하거나 근무태도가 불량하면 대처가 쉬울 텐데, 이건 매번 잘하겠다고 하니 야단치기도 화내기도 그렇다. 정말 복장이 터진다.

열 길 물속은 알아도 한 길 사람 속은 몰라

현대 기업에서 인적자원의 정합성은 매우 중요하다. 아무리 뛰어난 인재라도 적성, 역할, 인간관계가 안 맞으면, 능력을 제대로 발휘하지 못한다. 반대로 적성, 역할, 인간관계가 잘 맞으면, 능력 이상으로 기능한다. 최근 통계에 의하면, 직장인의 20%만이 책임감을 가지고 열심히 일한다. 많은 직장인이 현재 회사에 만족하지 못한다. 직장인이 퇴사하는 이유 1위는 '힘든 인간관계'다. GE 전 회장 잭 웰치는 이렇게 말한다. "전략보다 사람이 우선한다." 성공하는 기업은 '위대한 조직원'을 통해 만들어진다. 성공하는 팀은 '위대한 팀원'을 통해 만들어진다.

그녀의 팀이 삐걱거리고 있다. 쉽지 않은 팀원을 만난 것이다. 능력과 외형상 태도에 문제가 없는데, 뭔가 안 맞물린다. 적성과 역할에 문제가 없는데, 뭔가 불편하다. 인간관계에 경고등이 켜졌다. 소통에 문제가 생겼다. 그의 행동이 도무지 이해가 안 간다. 성격도 파악이 어렵다. 게다가 예측불허의 반응은 그저 당혹스럽다. 그녀는 팀장으로서 리더십에 위기가 온 것이다.

열 길 물속은 알아도, 한 길 사람 속은 모른다. 사람의 겉모습은 알아보기 쉽지만, 속마음은 알기 어렵다. 예부터 속마음을 알기 위한 도구로 점성학과 사주팔자가 있었다. 점성학은 열두 별자리로, 사주팔자는 오행과 열두 띠로 성격을 설명한다. 과거에는 성격을 타고난 것으로 보았다. 현대심리학에서는 성격을 타고난 체질과 자라온 환경의 총체로 본다. 크게 행동유형, 성격유형, 정신병리로 나누어 평가한다. 행동유형은 겉모습이고, 성격유형은 속마음이며, 정신병리는 일그러진 속마음이다. 행동유형은 환경과 상황에 따라 변한다. 상사, 동료, 부하를 대할 때 각기 다르게 나타난다. 성격유형은 타고난 것으로, 잘 안 변한다. 정신병리는 자라온 것으로, 어린 시절 부정적 감정경험에서 온다. 일종의 삶의 덫이다. 스트레스를 받을 때 예측불허의 반응으로 나타난다.

수동공격형 성격

수동공격형 성격이란 게 있다. 평범한 요구에 대한 수동적인 저항과 부정적인 반응이 특징적이다. 자신의 분노를 상대방 모르게 수동적이고 간접적으로 표현한다. 세 가지 행동으로 요약된다. ① 말을 안 한다. ② 일부러 안 한다. ③ 결국 일을 망친다. 사춘기 아이가 화가 나면 방문을 쾅 닫고 들어가 말을 안 하는 것과 같다. 여러 가지 핑계로 일을 미루거나 일부러 안 한다. 끊임없는 비난, 비평, 불평으로 숨은 공격성을 표현한다. 같이 있으면 불편하고, 피곤하고, 짜증나는 사람이다. 수동공격성 성격은 부정성의 덫에 걸린 사람들에게 많이 나타난다. 그들은 보통 파괴적 비판 가정에서 성장했다. 부모님이 늘 부정적인 말을 하셨고, 그대로 받아들였다. 소년가장으로 무리하게 집안을 책임지기도 했다. 부모님이 처참한 고생에서 벗어나려고 애쓰는 모습을 보고 자랐다. 이로 인해 세상에 대한 두려움, 불신, 거부감이 굳어졌다.

후박사의 탁월한 세 가지 처방

첫째, 어떻게든 이해해 보자. 타인 이해는 자기 이해를 전제로 한다. 우선 행동유형과 성격유형을 이해해야 하고, 정신병리도 고려해야 한다. 팀장과 팀원, 둘은 다른 행동유형을 보인다. 그녀는 행동이 빠르고, 일을 중시한다. 그는 행동이 느리고, 관계를 중시한다. 서로 안 맞물린다. 동기부여를 위해선 리더십을 먼저 발휘해야 한다. 무차별적인 순응이나 원치 않는 복종은 리더십이 아니다. 일단, 그에게 맞춰 보자. 충분한 여유를 주고, 따뜻한 관계를 유지해야 한다. 팀장과 팀원, 둘은 다른 성격유형을 보인다. 그녀는 외향적이고, 그는 내향적이다. 서로 불편하다. 다른 성격은 일반관계에서 매력적일 수 있다. 하지만 업무관계에서는 보통 자기 방식을 요구하기 때문에 답답하게 느껴진다. 상대의 성격은 고치려 하면 절대 안 된다. 우리는 서로 틀린 것이 아니라, 단지 다를 뿐이다. 다름을 팀 내에서 적절한 역할로 활용해야 한다. 내향적인 사람은 화가 날 때 보통 수동공격적인 성향이 표출된다. 그녀의 큰소리가 그를 화나게 했을 수 있다. 하지만 그에게 분노나 적대감 등 숨겨진 정신병리도 간과해서는 안 된다. 리더십은 팀원들을 열정적인 몰입에 빠지게 하는 것이다.

둘째, 무조건적으로 신뢰해 보자. 직장은 일을 위해 모인 집단이다. 한번 구성된 팀은 1~2년은 같이 갈 수밖에 없다. 팀은 한시적 공동운명체다. 실적은 못 올려도 일을 망가뜨릴 수는 없다. 한 마리 미꾸라지가 물 전체를 흐린다. 어떻게든 능력을 발휘하게 해야 한다. 적당한 역할을 하게 해야 한다. 일단, 속는 셈 치고 상대방을 믿어 보자. 다른 뾰족한 방법이 있겠는가? 신뢰와 불신의 비대칭성 원칙이 있다. 신뢰를 쌓는 데는 오랜 시간이 걸리지만, 불신은 한순간에 들어설 수 있다. 무조건적인 긍정과 무비판적인 수용이 필요하다. 긍정적인 기대는 의외의 결과를 가져올 수 있다. 어려서부터 익숙한 조건부 사랑과 파괴적 비판을 조심해야 한다. 신뢰구축을 위해서 무조건적 사랑이 중요하다. 개인효능감은 자신감으로부터 오지만, 집단효능감은 팀 내 공유된 신뢰와 확신에서 온다.

리더는 옳은 일을 하는 사람

셋째, 정확한 피드백을 주자. 안 맞물리고 불편하다고 그냥 놔두면 안 된다. 아무것도 안 할 수 있다. 너무 간섭해도 안 된다. 당연히 아무것도 안 한다. 적절한 자극이 필요하다. Push & Care 전략이 있다. 상급팀원은 No Push & No Care, 중급팀원은 적절한 Push & Care, 하급팀원에게는 No Push & Only Care다. 정확한 피드백이 필요하다. 말을 안하는 팀원은 이렇게 접근하자. ① 먼저 질문한다. ② 천천히 기다린다. ③ 충분히 들어 준다. 부정적인 팀원은 이렇게 접근하자. ① 항상 밝게 대한다. ② 잘하는 것을 칭찬한다. ③ 못하는 것을 격려한다. 까다로운 팀원은 이렇게 피드백하자. ① 모든 판단을 중지한다. ② 사실을 재차 확인한다. ③ 진정한 감정을 전한다. ④ 진정한 의도를 전한다. 오래 전 서거한 피터 드러커는 이렇게 말했다. "경영이란 옳은 일을 제대로 하는 것이다." 관리자는 일을 옳게 하는 사람이지만, 리더는 옳은 일을 하는 사람이다.

118 신년 우울증

◇◇◇

두려움 떨치고 변화를 반겨라

새해가 밝았지만 잠도 잘 오지 않아

그녀는 10년차 커리어우먼이다. 벌써 열 번째 한 해를 마감하고 또 다른 한 해를 맞이하지만, 언제나 그렇듯 새해는 그녀에게 설렘과 두려움을 가져다준다. 올 한 해도 업무적인 면에서, 또 상사와 동료 그리고 후배와의 인간관계 측면에서 커다란 과오 없이 잘 지낸 것에 대한 안도감과 함께, 내년에는 어떤 사람들과 어떤 일을 하게 될지 기대와 걱정이 교차하기 때문이다.

올 한 해는 그리 어렵진 않았다. 그녀를 신뢰하는 상사를 만나 중상(中上)의 성과도 냈고, 동료들도 그녀의 경험과 내공을 인정해 준 좋은 분위기였다. 그런데 내년은 녹녹치 않은 한 해가 될 것 같다. 그녀에게 내년은 팀장 승진을 가늠 짓는 중요한 한 해이기 때문이다. 목표달성을 위해 차별화된 성과를 내야 한다. 업무를 보다 창의적으로 바꾸고, 아무리 어려운 일이라도 해내야 한다. 그러다 보면 주위 사람들과의 갈등은 불 보듯 뻔하다. 그녀는 고민이 많다.

올해는 비교적 운이 좋았다. 하지만 내년은 어떤 폭탄이 배치될지 모른다. 그녀를 신뢰하지 않는 상사를 만나게 될 수도 있다. 실적과 성과를 위해 항상 팽팽한 긴장과 부담 속에 지내다 보면 조그마한 일도 그냥 넘기기가 쉽지 않다. 그러다 보면 그럭저럭 구축한 평판과 직장 내 인간관계도 순식간에 모래성이 되기 쉽다. 12월도 후반을 달리고 새해가 다가올수록, 이런저런 생각에 잠도 잘 오지 않는다. 그녀는 우울하다.

한국인의 90%는 삶의 목표실현에 고통받아

신년은 직장인에게 설렘을 안겨 준다. 어릴 적, 해가 저물 때까지 모래성을 쌓던 열정과 학기가 바뀔 때마다 부풀었던 호기심을 떠올리게 한다. 처음 회사에 들어와 무엇이든 할 것 같았던 자신감, 떨리는 가슴으로 만났던 연인과의 첫사랑도 떠오르게 한다. 새해는 마음을 설레게 한다. 한 해가 가고 다음 해가 온다. 우리는 더 나은 한 해를 위해 계획과 목표를 세운다. 우리는 설렘을 통해 긍정적인 기대와 희망적인 미래를 확인한다.

신년은 직장인에게 두려움을 안겨 준다. 한 해가 거듭될수록, 지식과 정보는 쏟아지고, 알아야 하는 압박감은 가중된다. 직급이 올라갈수록, 일감과 책임은 늘어나고, 쳇바퀴 도는 권태감이 몰려온다. 새해는 마음을 두렵게 한다. 한 해가 가고 다음 해가 온다. 우리는 더 나은 한 해를 위해 새로운 변화를 요구받는다. 반복적인 패턴에 익숙해진 직장인에게 변화는 커다란 부담으로 다가온다. 우리는 두려움을 통해 부정적인 걱정과 절망적인 미래를 예견한다.

새해맞이, 직장인은 두렵다! 최근 통계에서, 한국인의 '삶의 질 지수'는 OECD 36개국 중 29위다. 경제상황, 인간관계, 인생목표, 안전성, 자부심에서 최악이다. 직장인은 매일 전쟁터로 출근한다. 평생 일터가 사라지고, 미래는 불투명하다. 겉으로 조용해도, 경쟁이 치열하다. 경제대국이 됐다는데, 살아가는 게 날로 버겁다. 희망적인 미래보다 절망적인 미래가 앞선다.

즐거워야 할 새해맞이, 직장인은 우울증에 추락한다! 최근 통계에서, 한국인의 90%는 삶의 목표실현에 대해 고통받고 있다. 우울증은 국민 질병이다. 지난 1년 동안 성인 5명 중 1명이 우울증을 앓았다. 직장인은 매일 전쟁터로 퇴근한다. 돈은 항상 부족하고, 앞날은 막막하다. 겉으로 평온해도, 터지기 직전이다. 복지국가가 된다는데, 달라진 게 별로 없다. 긍정적인 기대보다 부정적인 걱정이 앞선다.

후박사의 탁월한 세 가지 처방

그녀는 우울하다. 설렘보다 두려움이 앞선다. 그러나 이는 그녀뿐 아니라 대다수 직장인이 매년 겪는 우울증이다.

첫째, 두려움을 과감히 떨쳐 버리자. 우리는 아무런 두려움 없이 태어난다. 아이는 두려움은 모른다. 우리는 무한한 잠재능력을 가지고 태어난다. "나는 무엇이든지 할 수 있다." 그런데 자라면서, 부정적인 습관을 배우기 시작한다. 부정적인 습관은 부정적인 감정을 만든다. 부정적인 감정의 출발은 두려움이다. 우울, 걱정, 분노, 공포, 적대감 등으로 발전한다. 긍정적인 감정의 출발은 사랑이다. 설렘, 열정, 호기심, 자신감, 자부심으로 발전한다. 사랑이 없는 곳에 두려움이 들어서고, 두려움이 사라지면 사랑이 싹튼다. 우리의 잠재능력은 두려움의 극복을 통해 발휘된다. "내 안에 잠든 거인을 깨워라."

두려움을 설렘으로 바꾸자. 남편과 오래 안 갔던 레스토랑에서 술 한잔하자. 우울을 떨치며 하나 됨을 느껴 보자. 직장 상사와 아예 안 가던 카페에서 차 한잔하자. 고민을 털면서 연결됨을 느껴 보자. 종이 한 장에 다음 질문에 대한 답을 써 보자.

① 어릴 적부터 정말 하고 싶었는데 겁나고 두려워 못했던 일은 무엇인가?
② 사형선고를 받고 앞으로 살아갈 날이 여섯 달 남았을 때, 꼭 하고 싶은 일은 무엇인가?
③ 복권에 당첨돼 100억 원을 받았을 때 무엇을 할까?

둘째, 변화를 흔쾌히 받아들이자. 변화를 위한 네 가지가 있다. 4D, 즉 Desire, Decision, Determination, Discipline이다. 우선 내가 변화를 절실히 원하는지 물어야 한다. 변화에 대한 열망이 솟아나야 한다. 다음은 결심이다. 변화를 위해 어떤 대가도 기꺼이 지불할 준비가 되어 있어야 한다. 그리고 결단이다. 강철 같은 의지가 필요하다. 마지막으로 규율이다. 규칙적인 노력이 필요하다. 포기하지 말고 될 때까지 하는 노력이 필요하다. 규율은 성공한 사람들의 마스터키다. 그런데 무엇보다 중요한 하나가 더 있다. 미루지 말고 지금 당장 시작해야 한다. "Do it right now!"

솔개처럼 새해 맞아야

셋째, 엄청난 에너지를 발휘하자. 오래 전에 한국을 방문했던 GE회장 잭 웰치가 이런 말을 했다. "한국의 CEO들이여, 엄청난 에너지를 발휘하라!" 열정과 에너지만이 우울을 극복할 수 있는 유일한 무기다. 우선 열정과 에너지를 최대한 모아 보자. 과거에 성공했던 경험을 떠올려 보자. 개근상을 탔을 때의 뿌듯함, 처음 입사했을 때의 자부심, 딸이 태어났을 때의 기쁨, 승진했을 때의 자신감… 민망하지만 아침마다 큰 소리로 외쳐보자. "나는 할 수 있다. 나는 해낼 수 있다. 나는 대단하다."

솔개는 평상시 항상 하늘 높이 유유히 비행한다. 그러다가 먹이가 발견되는 순간 민첩하게 땅으로 하강해 두 발톱으로 먹이를 움켜쥐고 다시 하늘로 솟아오른다. 솔개는 40년을 살고 나면 부리가 무뎌지고, 발톱이 두툼해지고, 날개가 무거워져서 못 날게 된다. 그러면 여섯 달간 산속에 들어가 부리와 발톱을 갈고 닦는다. 그리고 30년을 더 산다. 변화를 몸으로 체현하는 새이다. "솔개처럼 새해를 맞이하자!"

119 실직 후 정체성 혼란

◇◇◇

'나→너→남'의 순서로 사랑하라

잘나가던 부장에서 해고당해

46세, 그는 혼란스럽다. 마흔이면 불혹(不惑)이라 하지만 모든 게 의혹투성이다. 이제까지 쌓아 왔던 모든 인간관, 가치관, 세계관이 한꺼번에 무너져 내린다. 내가 누구인지, 뭘 위해 살았는지, 무엇이 옳고 그른지, 뿌리째 흔들린다.

1년 전, 그는 후배들이 선망하던 잘나가는 대기업 부장이었다. 훤칠한 키에 뛰어난 업무 능력, 아래 위를 아우르는 인간관계로 동기들 가운데 '회장님'이라고 통했다. 그런데 그가 맡은 사업부에 문제가 생긴 것이다. 투자 건으로 그룹 회장님과 해외사업부 임원과의 갈등에 휘말렸다. 공공연히 회장님 편을 들었는데, 치명적인 손실이 났다. 게다가 운 나쁘게, 바로 그 임원 밑으로 부서 이동되었다. 그는 중국 파견 한 달 만에 '해고 조치' 당했다.

한 달 전, 그는 선배가 운영하는 회사에 공동대표로 이름을 걸었다. 부장시절 관리했던 하청업체다. 말만 대표지, 과거 인간관계를 활용해 계약을 따 내는 일을 맡은 것이다. 그는 슬럼프를 박차고 일어섰다. 두 아들을 거느린 가장으로서, 생활이 절실했다. 이제, 갑을이 바뀌었다. 회사차를 직접 몰고, 지방에서 본사까지 주 2회 들어간다. 이제, 마인드도 바꾸었다. 과거, 휘하에 있었던 후배들에게 굽신거린다. 이것저것 받아 적기 위해 서류가방도 샀다. '영업사원'이 된 것이다.

지금, 그는 혼란스럽다. 짧은 기간 동안 모든 것이 변했다. 과거에는 오직 기업을 위해 조직의 선봉자, 파수꾼, 하수인으로 살았다. 정체성이 흔들린다. 이제까지 익숙했던 모든 것을 바꿔야 한다. 그동안 무엇을 했는지, 어떻게 살아갈지, 어떻게 적응할지, 뿌리째 흔들린다.

정체성은 변치 않는 존재의 본질

정체성이란 "나는 누구인가?"에 대한 총체적 느낌이다. 존재론과 인식론을 통해 접근한다. 존재론은 세상을 살아가는 인간에 초점을 맞춘다. '있음'에 집중한다. "무엇이 존재하는가?" 인식론은 자신을 찾아가는 인간에 초점을 맞춘다. '앎'에 집중한다. "어떻게 아는가?" "나는 생각한다. 고로 존재한다."에는 존재론과 인식론을 모두 포함한다. 부처는 이렇게 외쳤다. "우주 가운데, 나보다 더 존귀한 사람은 없다. 천상천하 유아독존(天上天下 唯我獨尊)"

정체성 혼란은 사춘기에 나타난다. 청소년은 급격한 신체적 · 심리적 변화를 경험한다. 성난 파도와 강한 바람 속을 항해한다. 무한한 충동, 동경심, 호기심은 수많은 좌절감, 불신감, 의혹감과 교차된다. "나는 누구고, 무엇을 해야 할까?" 정체성 혼란은 중년기에도 나타난다. 중년기는 새로운 사회적 · 영적 변화에 직면한다. 앞만 보고 정신없이 달려 왔다. 무한한 열정, 경쟁심, 성취감은 수많은 패배감, 배신감, 회의심과 교차된다. "내가 진정으로 원하는 것은 무엇일까?"

정체성이란 변치 않는 존재의 본질이다. 일관성과 통합성을 포함한다. 일관성(consistency)은 과거, 현재, 미래를 잇는 한결같음이다. 어려서부터, 무수한 변화 속에서도 변치 않는 흐름이다. 통합성(integrity)은 인간관, 가치관, 세계관의 하나 됨이다. 어려서부터, 다양한 환경 가운데 형성된 온전한 태도다. 공자는 이렇게 말했다. "나이 일흔에, 마음이 가는 대로 행해도 법도에 어긋남이 없었다. 종심소욕 불유구(從心所欲 不踰矩)"

혼란은 실패와 성공에서 온다

정체성 혼란은 커다란 실패에서 온다. "나에게 왜 이런 일이…." 남을 원망하고, 나를 학대해 본다. 과거는 단절되었고, 미래는 불투명하다. 그래도 여전히 하늘은 파랗고, 나무는 푸르다. 실패가 인생의 전부는 아니다. 잘났건 못났건 모든 게 내 탓이다. "내게 가장 소중한 것은 무엇일까?" 정체성 혼란은 커다란 성공에서도 온다. "이보다 더 좋은 일이…." 어깨에 힘 꽤나 주고, 돈도 집어줘 본다. 질서는 혼란을 향하고, 통합은 해체를 원한다. 여전히 바람은 불고, 구름은 흘러간다. 성공이 인생의 전부는 아니다. 아무리 잘났어도 하늘아래 미물이다. "세상에서 의미 있는 것은 무엇일까?"

정체성은 내가 나의 주인공인 마음상태다. 어느 누구에게도 의지하지 않는다. 독립을 뜻하고, 자유를 의미한다. 모든 것을 내 마음대로 하기 때문에, 모든 원인이 나에게 있다. 매사 책임을 자각하여, 나 이외의 사람이나 힘을 탓하지 않는다. 남의 눈치를 보거나, 남의 생각에 끌리지 않는다. 나 이외의 존재나 힘에 부림을 당하지 않는다. 내가 모든 것을 부리는 주인공이 되는 마음상태다. 인생은 내가 사는 것이다. 한 번이면서도 처음이자 마지막으로 가는 여정이다.

후박사의 탁월한 세 가지 처방

그는 커다란 위기를 겪고 있다. 중년기 남자의 정체성 확립은 양가성의 통합으로 이루어한 진다. 그는 지금 '자기가 되는 출구'에 서 있다.

첫째, 마음속 작은 소리에 귀를 기울이자. 그동안 세상의 시끄러운 소리를 벗 삼아 살았다. 아니, 큰 소리를 내며 살았다. 그런데 그때도, 실패한 지금도 속이 허하다. 인생의 절반이 지나가 버렸기 때문인가? 하이데거는 이렇게 말한다. "괴로운 마음속 소리에 경청하라!" 이는 갈등이 맴도는 분위기에서 구토를 느끼고, 무언가를 눈치 채라는 신호다. 조직에서 굳혀진 '나'를 깨고, 새롭게 탄생하는 '자기'를 찾으라는 메시지다. 사회가 요청하는 '나 아닌 나'가 되는 것에서 돌이켜, 남은 인생이 가기 전에 '자기'가 되라는 음성이다.

천명지위성 솔성지위도

둘째, 본성대로 살자. 그동안 조직의 충견으로 살았다. 아니, 조직이 나의 전부였다. 사명, 가치, 비전을 공유했다. 그런데 평생 몸 바친 조직이 사라졌다. 인간관, 가치관, 세계관의 변화가 필요하다. 독수리는 하늘을 날고, 잉어는 강을 헤엄치는 본성을 가진다. 개는 짖는 본성이 있고, 벌은 쏘는 본성이 있다. 우리는 인간 본연의 성품을 가지고 세상에 태어났다. 중용에 이런 말이 있다. "하늘이 명령한 것을 본성이라 하고, 본성을 따르는 것을 도(道)라 한다. 천명지위성 솔성지위도(天命之謂性 率性之謂道)" 자기를 사랑하지 못한 것에 대해 뉘우치자. 꽃피고 열매 맺지 못한 것에 대해 부끄러워하자. 가슴으로 못 산 것에 대해 아파하자.

셋째, 나 사랑으로 살아가자. 그동안 조직, 가정, 나의 순서로 사랑했다. 아니, 조직에만 오로지 충성했다. 갈등에 시달리는 사람은 지배와 착취의 희생자가 되기 쉽다. 돌아가는 것에 불평과 불만이 가득한 사람은 구세주로 나서기 쉽다. 불안과 공포에 떠는 사람은 독재자가 되기 쉽다. 진정한 사랑은 '나, 너, 남' 사랑의 순서로 발전한다. 남을 사랑하지 못함은 두려움이 있기 때문이다. 너를 사랑하지 못함은 교만하기 때문이다. 나를 사랑하지 못함은 존재에 중심이 없기 때문이다. 진정으로 나 사랑을 이뤄야 너 사랑이 가능하고, 너 사랑을 해 본 자라야 남 사랑을 할 수 있다.

120

알코올 의존형 상사

◇◇◇

주도적으로 나서서 술 문화 바꿔 보길

지루한 술자리, 대리기사까지

그는 일주일에 3~4일 저녁 술 모임에 참여한다. 상무님이 술을 좋아하기 때문이다. 상무님은 항상 직원들과의 소통과 화합을 위해 술을 마신다고 강조한다. 꾸밈없는 진정한 대화를 위해서는 술이 반드시 필요하기 때문이란다. 그래서 술이 몸을 망가뜨리는 것을 알면서도 살신성인(殺身成仁)의 자세로 마신다고 한다.

물론 상무님의 주장이 완전히 틀린 것은 아니다. 적당히 마시고 신나게 떠들다 보면 스트레스가 많이 해소된다. 그러나 잦은 술자리는 상당한 피로감을 주는 게 사실이다. 특히 그처럼 술을 마시지 않는 사람에게는 매번 술자리에 참여해야 하는 것 자체가 너무나 힘이 든다. 술자리에 가지 않으면 될게 아니라고 하겠지만, 직장생활을 순탄하게 아니 성공적으로 하고 싶다면 절대 그렇게 할 수는 없다. 그래서 그는 지루한 술자리를 견디고, 심지어 끝나면 상무님의 대리기사가 되어 집까지 모셔다 드리기도 한다. 그런 서비스는 술을 마시지 않는 직원이 해야 할 덕목이기도 하다. 그 덕택인지, 그는 비교적 이른 나이에 부장이라는 자리에 앉아 있다.

부장이 되고 얼마까지는 그런대로 상무님이 주도하는 술자리에 대부분 참여했고, 지루함도 내색하지 않고 잘 견뎌 왔다. 그런데 최근 들어 술자리에 참여하는 일이 혐오스럽게 느껴진다. 그러면 안 된다고 생각하지만, 마음이 너무나 부대낀다. 이러다가 내심을 들키게 될까 걱정이다. 아무리 정중하게 거절한다고 해도 그건 소통과 화합을 원하지 않는, 상무님에 대한 항명이 될 게 뻔하다. 어떻게 하는 게 좋을지 정말 걱정된다.

한국 사회는 술 권하는 사회

한국인은 술을 좋아한다. 대부분 만남에서 술을 마신다. 예부터 음주가무와 여유로 멋들어진 풍류를 즐겼다. 풍류(風流)란 인생과 자연과 예술이 하나가 된 삼매경이다. 한국 문화는 술에 대해 관대하다. 술 마시는 사람이 긍정적인 평가를 받는다. 취중 실수의 원인을 술로 돌린다. 사람이 술을 먹은 게 아니고, 술이 사람을 먹은 것이다. 한국 사회는 술 권하는 사회다. 대부분 모임에서 술을 권한다. 술잔 돌리기, 폭탄주, 원샷이 유행한다. 내가 원해서 마시는 게 아니고, 사회가 그렇게 만드는 것이다.

우리는 흥이 나거나 기쁠 때 술을 마신다. 술이 오가면 흥은 더해지고, 기쁨은 배가 된다. 빛바랜 과거에서 벗어나 지금에 집중하고, 짓눌린 미래에서 벗어나 여기에 머물게 된다. "꽃이 아름다운 이유는 내일을 염려하지 않기 때문이다." 우리는 화가 나거나 슬플 때도 술을 마신다. 술이 오가면 화는 누그러지고, 슬픔은 녹아내린다. 남이 하는 것을 그대로 놔두게 되고, 자신을 그냥 풀어놔 주게 된다. 진실의 표출은 주정이라도 위선보다 아름답다. "여인이 아름다운 것은 자유가 주어진 때만이다." 술은 대인관계의 마술사다. 쪼그라진 마음을 확대하여 함께 소통하게 하고, 경계하는 마음을 열어 주어 서로 화합하게 한다. "술이 없는 인생은 흘러본 적이 없는 개울과 같다."

지나친 음주는 독, 적당한 음주는 약

지나친 음주는 독이 된다. 알코올은 뇌에서 마약과 같은 작용을 한다. 알코올이 분해되는 과정에서 모르핀과 유사한 물질이 합성되기 때문이다. 알코올 중독은 마약 중독과 흡사하다. 술에 대한 강한 집착, 강박적 사용, 재발 행동을 보인다. 알코올은 물질을 녹이는 유기용제다. 술에 취하는 것은 알코올이 신경세포를 녹여 마취작용을 하기 때문이다. 이성적 판단력을 잃게 하고, 본능적 욕구를 활성화시킨다. 너무 많이 마시면 숨골까지 억제되어 사망한다. 알코올은 생명을 앗아가는 3대 질병 중 하나다. 위암, 식도암, 간경화, 간암, 치매 등을 일으킬 위험이 높다.

적당한 음주는 유익하다. 소량의 알코올은 스트레스를 줄여 주고, 심혈관 질환을 예방한다. 콜레스테롤의 비율을 조절하고, 혈액 응고작용에도 유익하고, 인슐린 민감도도 증가시킨다. 특히 포도주의 경우 폴리페놀과 같은 항산화제가 있어서 부가적인 유익도 있다. 미국 식약청에서는 적정 음주량의 기준치를 하루 소주 반 병 이하로 권하고 있다. 한국인의 경우, 알코올 분해효소가 적기 때문에 소주잔으로 여자는 하루 1잔, 남자는 하루 2잔 정도가 적당하다.

후박사의 탁월한 세 가지 처방

그는 곤경에 빠져 있다. 술자리를 거절하기도 어렵고, 그대로 유지하기도 싫다. 이래도 문제고, 저래도 문제다.

첫째, 편견을 버리자. 우리는 자기확신의 편견에 잘 빠진다. "내가 남보다 낫고, 내가 더 알고 있고, 내가 아는 것이 옳다." 자칫 잘못된 선택과 판단에 떨어질 수 있다. 객관적인 시각이 중요하다. 술은 사회적으로 바람직하지 않다는 편견이 강하다. 성경도 "술 취하지 말라. 이는 방탕한 것이니 오직 성령으로 충만함을 받으라"고 했다. 하지만 술은 오랜 역사를 가지고 있다. 순기능과 역기능이 모두 있다.

그는 술에 대해 부정적이다. 술이 몸에서 부작용을 일으키지 않는다면 거부할 이유는 없다. 2~3잔 마시는 것이 해롭지는 않다. 절제하기 어려워서라면 또 다른 문제다. 술 생각이 없다면 분명히 거절의사를 표하든지, 술 대신 물로 채워 마실 수도 있다. 술을 좋아한다고 모두 알코올 의존은 아니다. 알코올 의존은 술 때문에 생활과 적응에 지장을 주는 경우다. 적당한 양을 즐기는 것은 문제가 없다. 술은 소통과 화합에 유용하다. 하지만 진정한 대화를 위해 반드시 술이 필요한 것은 아니다. 몸을 망가뜨릴 정도로 술을 한다는 것은 문제다.

둘째, 태도를 바꿔 보자. 그는 술자리에 대해 부정적이다. 긍정적인 태도가 필요하다. 보통 회식이나 모임에서 술이 안 나오는 경우는 드물다. 상사가 마련한 술자리를 통해 승진도 했는데 혐오할 이유는 없다. 술자리는 소통의 장이다. 중요한 지식과 유익한 정보가 오간다. 맞장구라도 치면서, 경청을 훈련할 수 있는 좋은 자리다. 술자리는 화합의 장이다. 너와 나, 우리가 하나 되는 것을 느낄 수 있다. 대리기사라도 되어, 봉사를 훈련할 수 있는 좋은 자리다.

내가 변하지 않으면 남이 나를 바꾼다

셋째, 새 문화를 선도하자. 세상이 급변하고 있다. 내가 안 변하면 남이 나를 바꾼다. 사회를 탓하지 말고, 나를 채찍질하자. 자발적인 술 문화를 선도하자. 술잔 돌리기, 폭탄주, 원샷을 삼가야 한다. 술은 자발적으로 마실 때 유익이 극대화된다. 스스로 즐기는 자유와 지나치면 중단하는 절제가 필요하다. 배려하는 술 문화를 선도하자. 취하면 누구나 안하무인이 되기 쉽다. 주위에 피해를 줘서는 안 된다. 명심보감에 이런 말이 있다. "취한 후 더 마시는 것은 안 마시는 것보다 못하다." 창의적인 술 문화를 선도하자. 취하면 누구나 아이같이 될 수 있다. 술이 목적이 돼서는 안 된다. 술을 매개로 놀이, 스토리텔링, 아이디어 창출을 공유해 보자.

121

오피스 부부

◇◇◇

남편 회사 '그녀'보다 더 멋진 여자로

남편의 여자 동료, 언제 연인으로 바뀔지 몰라

그녀는 전업주부다. 한때 '미모의 디자이너'로서 화려한 시절을 보냈지만, 둘째 아이가 생기면서 일을 그만두었다. 남편이 일하는 것을 싫어 했고, 두 아이를 계속 친정에 맡길 수도 없었기 때문이다. 남편은 잘나가는 회사 부장으로, 그에게는 소위 '오피스 와이프'라 할 수 있는 입사동기 여성이 있다. 남편이 자주 언급한 바 있어, 그녀도 그 여성동기를 잘 안다. 그런데 언젠가부터 남편이 그 동기에 대해 이야기 할 때마다 기분이 좀 묘해지기 시작했다. 얼마 전에는 저녁 늦게 서로 메신저를 하고 있는 장면을 목격했는데, 그때는 정말 기분이 나빴다. 물론 업무적인 이야기를 하고 있는 듯 했지만, 부부인 자신보다 그 동기와 더 친한 것 같아 강한 소외감을 느꼈다.

직장생활을 안 해본 게 아니라, 업무라는 공통 관심사에 대한 고민을 해결하기 위해 친밀감을 유지할 수 있다고 생각한다. 그렇다 해도 남편이 가정보다 직장에서 보내는 시간이 훨씬 많으니, 그냥 넘기기가 쉽지 않다. 남편도 그 동기를 이성(異姓)으로 생각하는 것 같지는 않다. 그렇지만 아내로서 그 여자에 대한 감정은 간단치 않다. 최근 둘의 친밀감이 더 두터워졌다고 느껴져, 언제 어떻게 연인으로 바뀔지 모른다는 불안이 몰려온다.

한국 직장문화에 깊숙이 스며든 '오피스 부부'

'기러기 부부'란 말이 있다. 직장이나 자녀교육 때문에 떨어져 사는 부부를 가리키는 표현이다. 주로 1990년 말 조기유학 열풍에서 생겼지만, 해외 주재원이나 사업 등으로 떨어져 사는 경우도 포함한다. '오피스 부부'란 말이 있다. 부부나 애인은 아니지만, 직장에서 이들보다 친밀한 관계를 유지하는 남녀를 가리키는 표현이다. 부시 전 미 대통령과 라이스 전 미 국무장관이 오피스 부부였다고 알려질 만큼 외국에서는 인정하는 분위기다. "많은 시간을 함께 보내지만, 신체적 접촉은 하지 않는다."로 정리된다. 오피스 부부는 최근 공무원들이 세종청사와 혁신도시로 대규모 이동하여, 가족과 분리된 기러기가 늘어나면서 더욱 이슈화되고 있다.

현대인에게 업무와 직장이 차지하는 비중은 절대적이다. 직장에서 이성 동료와 많은 시간을 함께 지내다 보면 정(情)이 들기 마련이다. '오피스 와이프'는 아내처럼 친하게 지내는 여성이고, '오피스 허즈번드'는 남편처럼 친하게 지내는 남성이다. 직장에서 동료는 큰 힘을 발휘한다. 차 한 잔 하면서 서로의 고민을 나누고 업무를 도와줄 뿐 아니라, 술 한 잔 하면서 하루의 스트레스를 날려 버릴 수 있다. 그런데 이런 동료의 역할을 이성이 맡아 주는 것이다. 물론 회사생활의 활력소가 될 수 있다. 하지만 남녀 간의 관계란 아무도 장담하지 못한다. 배우자가 충족시켜 주지 못한 것을 서로 원할 때, 오피스 부부는 언제든지 동료관계를 넘어 연인관계로 바뀔 수 있다.

현대인에게 가정이 차지하는 비중도 절대적이다. 가정에서 부부가 오랜 시간 떨어져 지내다 보면 소원해지기 마련이다. 부부는 네 가지 기본 역할이 있다. 섹스파트너, 친구, 사업동반자, 상보자(相補者)다. 결혼생활에서 모두 다 작동한다면 금상첨화다. 하지만 현실은 그렇지 않다. 한두 개만 충족하더라도 부부관계가 유지된다. 물론 불만이 생긴다. 불만이 오래 쌓이면 어딘가 배출구를 찾는다. 이때 오피스 부부가 대안이 될 수 있다. 특히 인격의 결함이 있는 경우 더 쉽게 빠져든다. 남녀관계에서 어떻게 섹스를 완전히 배제할 수 있겠는가? 오피스 부부는 언제든지 불륜으로 진전될 가능성이 있다.

최근 설문조사에 의하면, 직장인 10명 중 4명은 오피스 부부에 대해 긍정적이다. 남성은 50%, 여성은 30%가 인정한다. 긍정적인 이유로는 ① 업무적 도움, ② 조언과 충고, ③ 생활의 활력소 순이다. 또한 통계는 직장인 10~30%에서 실제 오피스 부부가 있다고 보고한다. 남성은 50%, 여성은 30%에서 오피스 부부가 있다는 보고도 있다. 상대방의 성적 매력에 대해, 남성은 70%, 여성은 30%에서 느낀다고 한다. 남녀 간 차이가 있지만, 오피스 부부가 한국 직장문화에 점점 깊숙이 스며들고 있는 것이다.

한국 사회에서 성(性)은 여전히 이중적

젊은이들의 성의식이 변했다. 최근 설문조사에 의하면, 대학생 10명 중 9명은 혼전 성관계에 대해 긍정적이다. 40%에서 혼전 동거도 가능하다고 생각한다. 하지만 한국 사회에서 성(性)은 여전히 이중적이다. 겉과 속이 다르다. 여성만의 순결이 강조되고, 금기와 향락이 공존하며, 성의 상업화가 난무한다. 위선과 체면을 중시하는 유교문화의 잔재다. 강하게 금지하면 더 몰래 하는 법이다. 오피스 부부는 이중적인 사회에서 왜곡될 수 있다. 오피스 부부가 불륜으로 몰려 희생양이 될 수도 있다. 직장 내 정적에 의해 악용되는 것이다. 불륜을 오피스 부부로 위장할 수 있다. 합리화 기전이 작동하는 것이다. 내가 하면 로맨스고, 남이 하면 불륜이다.

후박사의 탁월한 세 가지 처방

의심 말고 속아 줘라

첫째, 부부간 소통이 중요하다. 인간은 소통 없이 살아갈 수 없다. 터놓고 얘기하는 사이에 친밀감이 생기고, 그동안 쌓인 스트레스가 사라진다.

① 남편에게 대놓고 물어보자. "오피스 와이프가 있는가?" 아니, 이렇게 묻자. "잘 통하는 여자 동료가 있는가?" 절대 기분 나빠하지 말자. 집보다 직장에서 더 많은 시간을 보내는 현실을 어찌하겠는가?

② 오피스 와이프를 인정해 주자. 트렌드가 그렇다는데 어쩌겠는가? 몰래 통하는 것을 막을 재간은 없다. 남편이 즐겁게 회사생활을 한다는데 나쁠 것도 없지 않는가?

③ 모든 것을 드러내 놓고 토론하자. "그녀의 어떤 면이 좋은가?" 둘 사이의 관계에 대해 자세히 물어보자. 남편의 말을 다 믿을 필요는 없다. 그렇다고 의심하면 안 된다. 속아 주는 편이 낫다. 그냥 토론하는 것 하나만이라도 남편과 소통이 된 것이다.

④ 가끔 ①②③을 가볍게 점검하자. 남편이 선을 넘는 것을 막기 위한 최소한의 노력이다.

둘째, 멋진 여자가 돼야 한다. 그녀의 좋은 면은 나의 부족한 면이다. 부족한 면은 인정하자. 완벽한 아내가 돼야 한다는 환상은 버리자. 우선 내가 할 수 있는 역할에 충실하자. 남편 회사일이 복잡하고, 들어야 잘 모를 수도 있고, 듣는다고 무슨 뾰족한 수 있겠는가? 그래도 회사일이 힘든지 자주 물어 봐야 한다. 관심을 가지는 것이다. 직장생활을 해 봤으니 전혀 모르지는 않을 것이다. 가끔 추임새를 넣으며, 멍하게 듣기만 하면 된다. 남편이 말 안하려 한다면 힘들지 않거나, 바깥에서 다 해결한 것이다. 그리고 남편에게 확인하자. "나의 어떤 면이 좋은가?" 나의 강점을 개발하자. 나의 미래를 기획하자. 필요하면 일을 다시 시작하는 것이다. 아무튼 그녀보다 멋진 여자가 돼야 한다!

셋째, 사회 문제는 개인의 노력만으로는 어렵다. 사내 제도적 장치가 필요하다. 모든 인간은 유혹 앞에 연약하다. 사고를 막으려면 남녀 간에 경계가 설정돼야 한다. 이성(理性)만이 둘 사이의 경계를 지켜 준다. 하지만 이성은 감정에 무너지고, 감정은 충동에 무너진다. 여성은 감정적이고, 남성은 충동적이다. 육체적 관계보다 정신적 외도가 더 잔인할 수 있다. 제도적 장치만이 선의의 피해자를 예방하고, 인격의 결함과 인간의 모순성에 대항할 수 있다. 직장 내 성희롱도 법적 대처를 통해 많이 개선되었다. 오피스 부부를 인정하고, 사내 지침을 제시해야 한다. 예를 들면 이렇다.

① 남녀 간 카풀을 금한다.
② 저녁식사 후 남녀 둘이 2차 가는 것을 금한다.
③ 아주 급한 일을 제외하고, 사적인 카톡이나 문자를 금한다.

122

중간관리자

◇◇◇

아래위 소통 늘리고 뚜렷한 성과 내야

상사 · 동료 · 부하가 모두 적?

그녀는 4개 팀, 30명으로 구성된 부서의 팀장이다. 회사 내 중간관리자로서 위로는 부서장을 모시고, 옆으로는 남자 팀장들과 지내며, 아래로는 7명의 팀원을 거느린다. 올한 해 그녀의 상황은 정말 녹록치 않다. 깐깐한 부서장, 경쟁적인 팀장들, 골치 아픈 팀원들에 둘러싸여 있다.

그녀의 상사는 부서 내에서 벌어지는 모든 일을 다 알아야 한다. 팀장 선에서 처리할 사안도 사사건건 개입하고, 보고 없이 이루어진 판단과 결정에 대해서는 언제나 핀잔을 준다. 은근히 다른 팀장들과 비교를 하는데 정말 기분 나쁘다. 그와 대화를 하고 나면 자존감이 상하고, 존재감이 위축된다.

그녀는 올해 승진을 바라보고 있다. 동기는 물론 추월한 후배까지 생겨, 이젠 그녀에게도 승진이 절박하다. 주변에서는 우리 부서를 '죽음의 조'라고 부른다. 옆 두 팀장들도 승진에 목숨을 걸고 있기 때문이다. 올해 기회를 잡지 못하면, 향후 몇 년간은 승진 티오가 없다. 직장 내 경쟁은 필연적이다.

이런 상황도 쉽지 않는데, 팀원들 문제도 만만치 않다. 중요한 프로젝트를 맡고도 고민은커녕 지시한 일도 최소만 하는 소극적인 팀원은 어떤 격려와 지지에도 움직이지 않는다. 여기에 아무리 달래도 말 한마디 섞지 않는 두 팀원은 또 어떤가. 팀 회의를 해도 싸한 분위기 때문에 회의가 되지 않고, 회식까지 주선하며 분위기를 반전시켜 보지만 허사다. 그러다 보니 업무 성과도 별로다. 이런 분위기가 알려져 그녀의 이미지에 나쁜 영향을 끼치는 듯하다. 최근 그녀의 삶은 더 고단해졌다. 총체적 난국을 잘 극복해야 하는데, 어떻게 헤쳐가야 할지 모르겠다.

리더는 만들어지는 것

오늘날 가정, 직장, 사회에서 벌어지는 모든 문제는 리더십과 관련된다. 리더십이 부족한 정치가는 나라를 혼란으로 이끌고, 리더십이 부족한 경영자는 기업을 파탄으로 몰고 간다. 리더십이 없는 상사는 부하들에게 외면당하고, 리더십이 없는 부하는 승진 기회조차 갖지 못한다. 리더십이 부재한 가정은 불화에 시달린다. 리더십은 이 시대를 살아가는 현대인의 필수 덕목이다.

리더십은 개인이 다수를 이끌어 가는 것이다. 다수에게 영향력을 행사하고, 다수가 공동 목표를 향해 나가도록 하는 것이다. 사람들을 동기부여하고, 집단과 조직에 기여하도록 하는 행동이다. 사람들이 함께 사랑하고 일하며 배우는 것을 이해하는 과정이다. 리더십은 단순히 앞장서 나가는 것이 아니다. 자신의 삶을 주체적으로 결정하고, 스스로의 삶에 대해 책임을 지는 것이다.

중간관리자는 조직의 버팀목이다. 상사와 부하 중간에서 회사 발전의 열쇠를 쥐고 있다. 중간관리자가 강해야 조직이 강하다. 어떻게 처신하는가에 따라 회사의 운명이 좌우된다. 변화의 시대에, 중간관리자에게 요구되는 역할은 무엇일까? 조직에서 자신의 위치를 정확히 파악하고, 모두를 위해 자발적으로 움직이는 능력이다. 역할창조 능력이라고 한다. 스스로 생각하고, 스스로 실천하는 능력이다. 리더십 능력이라고 할 수 있다. 한 사람이 꾸는 꿈은 꿈으로 끝나지만, 모두가 함께 꾸면 현실이 된다.

지위 → 관계 → 성과 → 인재양성 → 구루

리더십 전문가 맥스웰은 이렇게 말한다. "리더는 태어나는 것이 아니라 만들어지는 것이다." 그의 5단계 리더십은 유명하다. 1단계는 지위 리더다. 지위를 이용해 사람들을 따르게 한다. 부하들은 지위에 따라 복종한다. 2단계는 관계 리더다. 신뢰를 통해 사람들을 따르게 한다. 부하들은 리더를 위해 자발적으로 일한다. 세상에는 두 종류의 리더가 있다. 하나는 함께 하면 즐겁고 모든 게 잘 풀리는 리더고, 다른 하나는 함께 할수록 싫고 모든 게 안 풀리는 리더다.

3단계는 성과 리더다. 성과 창출을 통해 사람들을 따르게 한다. 부하들은 성공하는 팀원이 되기를 원한다. 조직에는 두 종류의 사람이 있다. 하나는 성과를 내는 사람이고, 다른 하나는 왜 성과를 못 내는지 이유를 찾는 사람이다. 4단계는 인재양성 리더다. 부하를 리더로 성장시켜 함께 조직을 이끌어 간다. 부하는 리더 때문에 성장했다는 고마움으로 충성도가 높다. 5단계는 구루 리더다. 오랜 시간 검증된 성품을 통해 존경을 받는다. 주위에 추종자들이 모이고, 리더는 조직을 초월해서 영향력을 미친다.

후박사의 탁월한 세 가지 처방

첫째, 소통에 주목하자. 그녀는 팀원들과의 소통에 어려움을 겪고 있다. 소통은 신뢰를 전제로 한다. 신뢰구축은 두 가지에서 온다. 하나는 능력이고, 다른 하나는 진정성이다. 유능한 중간관리자는 지휘자와 같다. ① 경영자 마인드, ② 탁월한 실무능력, ③ 소통의 달인, ④ 구성원의 치료자, 네 가지 능력이 필요하다. 진정성(integrity)은 그 사람의 철학, 가치관, 인생관에서 온다. 말과 행동이 일치해야 한다. 공자는 이렇게 말했다. "옛 사람들이 함부로 말하지 않는 것은 실천이 말을 따르지 못할까 두려워했기 때문이다."

우리는 소통할 때 먼저 상대에게 나를 이해시키려고 한다. 상대의 말을 잘 안 듣는다. 충고, 탐색, 해석, 평가를 좋아한다. 소통의 핵심은 경청이다. 이해받기 전에 먼저 이해하는 것이다. 경청에는 3단계가 있다. ① 수동적 경청은 자기중심적 경청이고, ② 적극적 경청은 상대중심적 경청이다. ③ 맥락적 경청은 상대와 하나가 되어 춤추는 경지다. 말과 말귀라는 게 있다. 맥락적 경청이란 바로 말귀를 알아듣는 것이다.

함께 승리할 수 있는 게임해야

둘째, 승승에 주목하자. 그녀는 자신의 승진에 너무 집착해 있다. 직장에서는 상사, 부하, 동료가 서로 맞물려 있다. 혼자서 성공한다는 것은 불가능하다. 함께 승리할 수 있는 게임을 해야 한다. 승승은 풍요의 심리에서 온다. 협력의 법칙이 적용된다. 승패, 패승, 패패는 부족의 심리에서 온다. 경쟁의 법칙이 적용된다. 용기와 배려의 2차원 매트릭스가 있다. 용기만 높고 배려가 낮으면, 승패로 갈 수 있다. 배려만 높고 용기가 낮으면, 패승으로 갈 수 있다. 둘 다 낮으면 패패 할 수 있다. 승승을 위해서는 용기와 배려 모두 높아야 한다. 용기와 배려의 균형을 이뤄야 한다.

셋째, 성과에 주목하자. 어쨌든 성과를 내야 한다. 성과달성은 기업이 지속하는 이유다. 리더는 비전을 제시하고, 부하들을 동기부여하고, 관계를 효과적으로 관리하여 성과를 달성한다. 성과와 관계의 2차원 매트릭스가 있다. 네 가지 영역이 만들어진다. 1영역은 성과가 좋고 관계도 좋은 영역이다. 2영역은 성과는 좋지만 관계가 나쁜 영역이다. 3영역은 성과가 나쁘지만 관계가 좋은 영역이다. 4영역은 성과가 나쁘고 관계도 나쁜 영역이다. 성과가 좋은 1, 2영역의 팀원은 주요 관리 대상이다. 성과가 좋고 관계도 좋은 1영역은 가장 우수한 팀원이다. 성과가 좋지만 관계가 나쁜 2영역은 다른 팀의 스카웃 대상이다.

파레토의 법칙이란 게 있다. 80 대 20의 법칙이다. 상위 20%의 구성원이 조직의 80%의 성과를 내는 법칙이다. 모든 팀원이 훌륭한 성과를 내는 것이 아니다. 시간과 에너지는 한정되어 있다. 팀원을 모두 끌고 갈 수는 없다. 성과가 좋고 관계도 좋은 팀원에게 투자해야 한다. 사람을 잘 선택하여 자원을 집중하면, 20%의 인간관계가 80%의 성과를 가져올 수 있다.

123 직장 내 괴롭힘

◇◇◇

신중하자, 살아남자, 배우자

소리 지르고 서류 던지며 모욕감을

그녀는 요즘 상사 때문에 너무 괴롭다. 30년 직장생활을 하면서 별별 상사를 다 거쳤고 주위로부터 성격 좋다고 인정받는 터라 이런 문제로 고민하게 될 줄은 정말 몰랐다. 상사는 대단한 스펙의 소유자다. 검사 경력에 변호사이자 변리사다. 머리 좋은 걸로 따지면 상위 0.01%다. 그런데 성격은 정반대다. 아마 하위 0.01%에 속하지 않을까. 지금까지 6개월, 그 사이 본인이 내린 결정을 번복한 게 수십 번이다. 하루아침에 기분에 따라 결정이 완전히 뒤바뀐다. 일이 마음에 들지 않으면 팩트 파악이 안 됐다, 보고서에 문제가 있다 등 수시로 불만을 제기한다.

최근 사건이 터졌다. 그녀가 모처럼 집안일로 휴가를 낸 바로 그날이다. 상사는 팀원들을 호출해 중요 행사를 앞두고 팀장이 휴가를 냈다며 그녀를 성토했고, 일이 맘에 들지 않는다며 소리를 지르며 서류를 던졌다고 한다. 상사의 그런 행태가 처음은 아니다. 그녀에게는 여러 번 "일을 그렇게 하면 어떻게 해? 정말 맘에 안 들어!"라며 모욕감을 준 적이 꽤 있었다.

그녀는 문제 삼지 않았다. 오히려 팀원들과 상사 사이에 문제가 생기지 않도록 더 힘썼다. 그러나 젊은 직원들은 다르다. 팀원들은 상사의 행동은 직장 내 괴롭힘이자 갑질이라며 분노했고, 회사에 진정을 냈다. 이후 상사는 그녀를 더 괴롭힌다. "자신은 잘못한 게 없다, 나 때는 더한 일도 많았다, 괴롭힌 적이 없고 업무를 잘하려 한 것뿐이다."라며 그녀가 중간 역할을 제대로 못해 이런 사단이 생긴 것이라고 타박한다. 문제 없이 해결하라며 윽박지른다. 정말 괴롭다.

직장인의 퇴사 이유 1위, '힘든 인간관계'

현대인은 대부분 직장인이다. 가족보다 직장에서 지내는 시간이 더 많다. 직장인은 누구라도 좋은 상사에게 인정받고, 승진하거나 연봉이 오르기를 기대한다. 그런데 나쁜 상사 때문에 괴롭힘을 당한다면, 세상을 사는 데 무슨 의미가 있겠는가. 누구든 나쁜 상사 밑에서 고통받으며 살아서는 안 된다. 나를 향한 폭력에 익숙해져도 안 된다. 그런데 불행히도 현실은 그렇지 않다. 부하를 들볶는 고약한 상사가 되레 승승장구한다. 폭군처럼 군림하는 못된 상사가 승진만 잘한다.

누구나 직장생활은 녹록치 않다. 업무 외에 더 지치게 하는 것이 관계다. 직장을 퇴사하는 이유 1위는 '힘든 인간관계'다. 직장에서 내가 편하면 좋은 상사, 힘들면 나쁜 상사가 된다. 그런데 누가 봐도 나쁜 상사가 있다. 부하들에게 모욕을 주고, 불신감을 조장하며, 숨도 못 쉬게 하고, 닦달한다. 업무와 인간관계에서 모두 최악이다. 나쁜 상사의 공통점은 이렇다. ① 철저히 자기중심적이다. ② 부하를 이용하고 착취한다. ③ 함께 있으면 항상 부정적인 감정을 일으킨다.

사람 사는 곳에는 강자와 약자가 존재한다. 강자는 야심차고 교만하며, 약자를 비난하고 경멸한다. 약자는 비겁하고 비굴하며, 강자에게 아첨하고 순종한다. 강자와 약자는 상대적이다. 더 강한 자에게는 약하고, 더 약한 자에게는 강하다. 강자는 이길수록 더 강해지고, 약자는 질수록 더 약해진다. 강자와 약자의 내면에는 나약한 인간이 있다. 강자는 불안에 떨고, 약자는 절망에 빠진다. 인간은 강하지도 않고 약하지도 않다. 누구나 두려움을 안고, 야망과 저항 사이에서 방황한다.

갑질은 권위주의의 유산이다. 권위는 남을 통솔해 따르게 하는 힘이고, 권위주의는 권위를 내세우거나 권위에 순종하는 태도다. 권위는 권위주의를 거쳐 권력이 된다. 권위(authority)는 스스로 드러내지 않고, 누군가에 의해 드러난다.

상호 존중의 질서가 형성된다. 권력(power)은 스스로 드러내려 하고, 남이 인정하지 않으면 강제라도 따르게 한다. 강자와 약자의 질서가 형성된다. 강자는 약자를 지배하고, 약자는 강자에 종속된다. 갑질은 자신의 지위를 권위가 아닌 권력으로 보는 데서 온다.

직장인 70% 이상이 괴롭힘 경험

직장 내 괴롭힘은 직장에서 벌어지는 갑질이다. 한 조사에 의하면, 직장인 70% 이상이 괴롭힘 경험을 보고한다. 상사의 폭언 · 욕설, 회식 강요, 따돌림이 대표적이다. 왜 괴롭히는 걸까? 권위적이고 폭력적인 조직문화가 원인이다. 최근 「직장 내 괴롭힘 금지법」이 시행되고 있다. 한 조사에 의하면, 직장인 70% 이상이 달라진 건 없다고 보고한다. 가시적인 괴롭힘은 사라졌지만, 오히려 교묘해지고 있다. 젊은 층은 강압적이고 폐쇄적인 소통을 싫어한다. 근본적인 조직문화의 개선이 필요하다. 공자는 평생 실천할 한 마디를 이렇게 남겼다. "자신이 원하지 않는 것을 다른 사람에게 시키지 말라."

후박사의 탁월한 세 가지 처방

1분만 참으면 10년 더 갈 수 있어

첫째, 신중하자. 상사는 바꿀 수 없다. 아니 바뀌지 않는다. 폭발은 무조건 불리하다. 오히려 상황을 악화시킨다. 모욕감이 치미는 순간 1분만 버티자. "1분만 참으면 10년 더 갈 수 있다." 상사와의 전쟁은 쉽지 않다. 알리는 게 능사가 아니다. 강한 대처가 불리할 수 있다. 「직장 내 괴롭힘 금지법」은 완벽하지 않다. 법에는 함정이 많다. 상사가 법률 전문가이면 더 불리하다. 상사를 이기기 어렵다. 장기전으로 갈 수 있다. 상사의 상사도 상사 편이다. 직장을 그만둘 수도 있다. 직업적 가치를 고려해야 한다.

둘째, 살아남자. 나쁜 상사 밑에서 괴롭힘을 당할 이유는 없다. 맞추다 보면 망가지고, 안 맞추면 살아남기 힘들다. 살아남기 위해 나의 가치를 희생할 수는 없다. 상사도 부하하기 나름이다. 철저한 전략이 필요하다.

① 나쁜 상사에게 집중하지 말고, 힘든 자신에게 초점을 맞추자.
② 상사와 일정한 거리를 유지하자.
③ 괴롭힘의 증거와 기록을 남기자. 정신과 기록도 도움이 된다.
④ 예의 바르게 행동하자. 빌미를 잡혀서는 안 된다.
⑤ 집단으로 맞대응하자.
⑥ 스트레스를 최소화하자. 무슨 일이 있어도 건강은 지켜야 한다.

셋째, 배우자. 나쁜 경험에도 교훈은 있다. 무의미한 시간은 존재하지 않는다. 아무리 나쁜 상사라도 얻을 건 있다. 있는 동안 배움의 기회로 삼자. 여기서 살아남으면 어디서든 살아남는다. 어떤 상사를 만나도 이보다 더 나쁠 수는 없다. 세상에 100% 나쁜 사람은 없다. 모든 게 상사문제는 아니다. 내 문제도 있다. 훗날, 상사가 되어 이 날을 떠올릴 때 '씩~' 웃을 수도 있다. 비 온 뒤에 땅이 더 굳는 법이다. 과거의 상처를 씻고 나면, 더욱 견고한 기초가 마련될 수 있다. "사람을 미워하지 말고, 죄를 미워하라!"

124

직장 내 권력투쟁

◇◇◇

사자의 용기와 여우의 지혜 필요

연말 다가올수록 승진 경쟁 치열

미모의 재원인 그녀는 45세 나이에 직장생활 20년차로, 올해 말 승진을 목표로 하고 있다. 한 단계 올라서지 않으면 남은 시간 퇴물로 지낼 것이 뻔하다. 아니 회사를 그만둬야 할지도 모른다. 올 한 해 정말 중요하다. 반드시 좋은 평가를 받고, 승진명부에 오르고, 승진자로 낙점돼야 한다. 비등한 실력과 미모를 가진 몇 명의 라이벌이 있다. 시간이 갈수록 그녀들과의 물밑 경쟁이 더욱 치열해지고 있다.

경쟁이 격화될수록 소문도 무성하다. A녀는 어제 그녀를 끌어주는 모 전무를 만났고, 며칠 전에는 모 선배를 만나 도와달라고 했다는 거다. B녀는 술 좋아하는 상사를 모시고 회식을 했는데, 회식 후 상사의 집까지 따라가 술판을 이어 갔다고도 한다. C녀도 해외출장을 다녀오면서 윗분들께 뇌물 수준의 비싼 선물을 했다는 얘기도 들린다. 또 누구는 능력이 모자라서 안 되고, 누구는 스캔들 때문에 안 되고, 누구는 성격이 더러워서 안 된다는 인신공격성 평가도 난무한다. 라이벌 간의 상호 비방과 더불어, 승진 대상에 들지 못한 사람들의 질투 섞인 비난이 맞물려 상승작용을 일으키고 있는 탓이다.

올해도 얼마 남지 않았다. 그녀도 전략적 모임을 자주 갖고, 경쟁 상대에 대한 약간의 비방도 하면서 목표 달성을 위해 투쟁하고 있다. 그러나 서로를 물어뜯는 냉혹한 현실을 느낄 때면 이렇게까지 해야 하나 회의도 든다. 누구처럼 확실히 챙겨 주는 윗선이 없다는 불안감, 그녀에 대한 말도 안 되는 터무니없는 비방, 남들은 날아다니는데 혼자서 뛰는 듯한 느낌 등 복잡한 감정에 그녀는 매일 불안하다.

인생은 투쟁이고, 투쟁은 인생이다

인간은 권력을 추구한다. '권력 의지'는 인간 행동에 동기를 부여하는 원천이다. 힘, 지배력, 우월성에 대한 충동이다. 권력은 그 자체에서 힘이 나온다. '누가' 권력을 잡는지는 중요치 않다. 누구든 '권력을 잡는 것'이 중요하다. 권력은 사람들을 효율적으로 지배한다. 수단과 방법을 가리지 않는다. 정상적인 사람을 미치게 만들고, 훌륭한 사람도 타락시킨다. 사람들은 열등감을 보상하기 위해 권력을 추구한다. 나약함을 극복하고, 유능함을 획득한다. 자기완성으로 향하는 길이 되기도 한다.

권력은 어디에서 오는가? ① 강제적 힘에서 온다. "권력은 총구에서 나온다." 동서고금을 통해 귀가 닳은 교훈이다. ② 합법적 힘에서 온다. 권력은 지위에서 나온다. 사람들은 다수에 동조하고, 권위에 복종한다. ③ 보상적 힘에서 온다. 돈과 권력은 악어와 악어새다. 회사에서 상사는 보상능력을 통해 부하를 다스린다. ④ 전문적 힘에서 온다. "아는 것이 힘이다." 오늘날 정보비대칭은 중요한 무기다. ⑤ 준거적 힘에서 온다. 권력은 닮고 싶은 자질에서 나온다. 인간적인 매력, 카리스마, 인품 등이 있다.

인생은 투쟁이고, 투쟁은 인생이다. 적자생존(適者生存), 환경에 적응하는 생물만이 살아남는다. 동물 세계에서 강한 동물만이 살아남는다. 먹이를 확보하고 짝짓기를 하려면 싸워야 한다. 자연 상태에서 사람들은 자신의 이익을 위해 서로 싸운다. 질서를 지켜 주는 정부가 없다면, '만인의 만인에 대한 투쟁'이 일어난다. 현대인은 전쟁터를 살아간다. 적자생존의 법칙에 희생되지 않으려고 안간힘을 쏟는다. 만물은 끝없이 생성하고 소멸된다. "투쟁은 만물의 어머니다."

권력투쟁은 힘을 얻기 위한 투쟁이다. 피아(彼我)를 구분하여 싸운다. 나를 중심으로 일어나는 모든 일을 통제하고, 내가 원하는 대로 다른 사람을 조종한다. 상황에 따라, 강력한 힘과 교묘한 술책이 필요하다. 권력투쟁은 정치투쟁과 동의어다. 가로막는 것을 물리치고, 조력자와 먹잇감을 구별한다. 다수가 원하는 곳을 가리키고, 자기가 원하는 것은 숨긴다. 상황에 맞춰, 표정과 감정까지 바꾼다. 권력투쟁은 어디서나 있다. 가정에선 독립을 위해 부모를 거스르고, 회사에선 승진을 위해 서로를 물어뜯고, 사회에선 성공을 위해 누구와도 손잡는다.

게임에 이기려면 전략 필요

인생은 게임이다. 게임에서 이기려면 전략이 필요하다. 전략은 실천 계획이고 의사결정 기술이다. 게임이론이란 게 있다. 게임전략을 다룬 학문이다. 게임전략은 "내가 이렇게 하면, 상대가 어떤 반응을 보일까?"에서 출발한다. 상대 반응을 추측한 후, 자신의 행동을 결정한다. 승리를 위해 중요한 것은 전략적 선제다. 게임이 유리하도록 능동적으로 전략을 구사하는 것이다. 협조를 구하는 것은 이익이지 선함이 아니다. 게임이론에서 너그러움과 배려는 없다. '그렇게 보이기 위한' 의도적인 노력만 있을 뿐이다. 게임이론은 영악하고 냉정하다. 여유란 단지 '그래도 될 만큼' 더 강하거나 부유한 데서 온다.

후박사의 탁월한 세 가지 처방

첫째, 할 만큼 해 보자. 권력은 기회가 왔을 때 잡아야 한다. 기회는 신중한 사람보다 도전적인 사람에게 찾아온다. 지피지기 백전불패(知彼知己 百戰不敗)다. 우선, 상대의 약점에 주목하자. A녀는 능력이 모자라 도움을 요청하고 있다. B녀는 상사와의 술판으로 스캔들에 휘말려 있다. C녀는 인간관계의 허점을 뇌물로 채우고 있다. 다음, 자신의 강점에 주목하자. 그녀는 확실한 인맥이 없어 불안해하고 있다. 약점은 보완하기가 쉽지 않다. 잘할 수 있는 것을 찾아야 한다. "강점 위에 구축하라." 이런 말이 있다. "싸우지 않고도 이기는 사람을 대인(大人)이라 하고, 싸우지도 못하고 이기지도 못하는 사람은 소인(小人)이라 한다."

둘째, 전략적이 되자. 권력투쟁에서 선의의 경쟁을 기대하기 어렵다. 지저분한 싸움이 될 수 있다. 사자의 용기와 여우의 지혜가 필요하다. 무엇보다, 전략적 선제를 구사하자. 기습과 기만이 있다. 기습은 예측불허의 방법을 쓰는 것이고, 기만은 포커페이스를 사용하는 것이다. 기습은 결정적 타격을 못 줄 때 큰 화를 부른다. 이어, 다양한 전략을 고려해 보자. 팃포탯전략(tit fot tat)은 상대와 똑같은 전략적 태도를 취하는 것이다. 상대의 태도에 따라 순식간에 전세가 불리해질 수도 있다. 유도전략은 먼저 견딜만한 기습을 당한 후 힘을 모아 치는 것이다. 또라이전략은 가장 강력한 기만이다. '너 죽고 나 죽자'는 것이다. 강한 상대가 진짜 해 보자고 할 때 꼼짝 못하게 된다. 이런 말이 있다. "사람은 무엇이 된 것처럼 느끼려고 만용을 부리고, 성숙에 도달하면 내가 지극히 작은 미물임을 알게 된다."

할 일 하고 하늘에 맡겨야

셋째, 하늘에 맡기자. 세상은 개인과 상관없이 움직인다. 혼자 할 일은 스스로 하고, 도움받을 일은 남에게 요청하고, 안 되는 일은 되어 가는 것을 지켜보자. 삼성전자를 창업한 이병철은 돌아가실 때 유언장에 세 가지 한자를 남겼다. 운(運), 근(根), 둔(遁)이다. ① 사람이 성공하려면 뿌리가 있어야 한다[根]. 한 우물을 파야 한다. ② 서두르지 말아야 한다[遁]. 인내를 가지고 기다려야 한다. ③ 운명을 받아들여야 한다[運]. 천하보다 앞서지 말아야 한다. 중용에 이런 말이 있다. "하늘이 명령한 것을 성(性)이라 하고, 천성을 따르는 것을 도(道)라 한다."

125

직장 내 남녀 스캔들

◇◇◇

인정 · 충성 · 희생의 덫에서 벗어나라

승진했는데 좋지 못한 소문이

그녀는 직장생활 20년차 커리어우먼이다. 비서로 출발했다. 남다른 노력으로 우여곡절을 거쳐 이제는 어엿한 중간간부가 되었다. 그런데 그녀에게는 항상 좋지 못한 소문이 따라다닌다. 남자 상사와의 스캔들이다. 얼마 전 승진했을 때 그 소문은 절정에 달했다. 평가에 절대적 권한을 행사한 상사 덕에 승진이 됐나는 것이다. 어느 정도 인정한다. 둘이 갈 때까지 갔다고도 한다. 그건 말도 안 된다. 그간 직원 여럿이 그녀와 그가 둘만의 식사를 하거나, 아무도 없는 사무실에서 대화하는 모습 등을 목격했다. 둘은 어쩌다 해외출장을 같이 가기도 했다. 그러니 사실이 어떻든 나쁜 소문이 확대 재생산되고 있다. 억울하다.

그런데 언젠가부터 그녀는 그 상사와의 사이가 예전같이 않음을 느끼게 되었다. 거리를 두었기 때문이다. 아마 그도 흉흉한 소문을 들었을 테다. 최근 사소한 의견 차이가 있었는데 그는 화를 버럭 내면서 배신감을 토로한다. 그간 도와준 게 얼만데, 승진했다고 달라졌냐는 것이다. 그녀는 이래저래 힘들다. 달라졌다고 하는 것도 힘들고, 소문은 더욱 힘들다. 앞으로 스캔들이 배가될 것 같은데 어떻게 해야 할지 정말 모르겠다.

입사는 능력, 승진은 충성도에?

최근 여성의 사회진출은 돋보인다. 여의사는 30%를 훌쩍 넘었고, 사법고시 여성 합격률은 40%에 이른다. 공무원과 대기업 여성의 합격률도 남성에 육박한다. 그렇지만 직장 내 승진은 다르다. 승진은 남성조차도 쉽지 않다. 남보다 더 많은 시간과 에너지와 열정을 요구한다. 승진을 원하면서 일과 삶의 균형을 찾는다는 것은 이상일 뿐이다. 남보다 탁월한 인간관계 능력도 요구한다. 윗사람에게 충성해야 하고, 동료한테 잘 보여야 하고, 아랫사람을 잘 관리해야 한다. 인맥과 네트워크 구축은 필수다. 이런 말이 있다. "입사는 능력이지만, 승진은 충성도다." 이래저래 여성은 불리하다.

한국 사회에서 스캔들은 남성보다는 여성에게 더 치명적이다. 스캔들은 불명예스러운 소문, 충격적이고 부도덕한 사건이다. 현대인은 수다와 가십을 좋아한다. 직장에서 동료들끼리 모여 상사를 욕하거나, 신문에 보도된 특정인의 사생활을 험담하는 것은 흔한 일이다. 스캔들은 도마에 가장 잘 오르는 메뉴이다. 수다와 가십은 '스트레스 해소'라는 선기능이 있다. 그런데 거짓 소문도 확대재생산이 가능하다. '마녀사냥'의 역기능이 나타날 수 있다.

집단주의와 인터넷 발달로 왕따되기 십상

오늘날 우리는 마녀사냥을 자주 목격한다. 왕따현상이라고 부른다. 근거 없이 특정인을 따돌리고 비난하는 현상이다. 마녀사냥의 기전은 사회전염과 희생양으로 요약된다. 가정에서 심각한 부모 갈등이 자주 아이를 희생양으로 몰아간다. 학교에서 어떤 아이는 남보다 좀 다르다는 이유로 왕따의 대상이 된다. 어느 직장이나 왕따는 있는 법이다. 우리는 회식자리에서 아무런 죄의식 없이 한 사람을 집단적으로 성토한다. 이런 현상은 인터넷에서 치명적이다. 사실 확인이 안 된 정보가 인터넷에 자주 유통된다. 그것이 눈덩이처럼 불어나 한 사람이 순식간에 사회에서 매장된다. 잘나가던 연예인, 정치인, 사업가 등 유명인들이 쉽게 표적이 될 수 있다. 집단주의 속성과 인터넷 발달은 '왕따 왕국' 건설의 일등공신이라 할 수 있다.

그녀는 분명 커다란 어려움을 겪고 있다. 도움이 필요하다. 그녀는 진정으로 성공을 원했다. 상사에게 인정받기 위해 최선을 다했다. 항상 자기 의견보다 상사의 의견에 우선순위를 두었다. 자신의 기준은 중요치 않았다. 그가 말하는 것을 하나도 놓치지 않았다. 결정적인 순간의 중요한 결정은 당연히 상사의 조언을 따랐다. 그녀는 진정으로 승진을 원했다. 그에게 충성했다. 자신보다 상사를 더 중요하게 생각했다. 자신의 욕구는 중요치 않았다. 그가 하자는 대로 따라 갔다. 주위 시선도 전혀 아랑곳하지 않았다. 어느 순간부터 상사의 의견과 반응을 걱정하기 시작했다. 자신의 의견을 표현하는 데 두려움을 느끼기 시작했다. 가끔 그의 노예가 된 것 같은 느낌마저 들었다. 그런 자신에 대해 화가 나기도 했다. 드디어 원하던 승진을 이루었다. 하지만 뭔가 삐걱거린다. 이제 그녀는 희생양이 되어가고 있다. 지금까지의 모든 처신이 스캔들의 소재가 되어 회자되고 있는 것이다.

인정 · 충성 · 희생의 덫에 걸린 사람

인정, 충성, 희생이 꼭 나쁜 것만은 아니다. 직장에서 인정과 충성은 성공을 위한 필요조건이다. 조직의 변화를 위해 누군가의 자발적인 희생이 필요할 때도 있다. 그런데 유독 인정, 충성, 희생의 덫에 걸린 사람이 있다. 어린 시절 '조건부 사랑' 가정에서 자란 경우다. 원래 부모는 아이에게 무조건적인 사랑을 해야 한다. 그런데 조건부 사랑이 너무 강조되면 진정한 자아상 형성에 실패하게 된다. 또한 부족한 사랑에 대한 갈망이 생기기 마련이다. 이러한 사랑에 대한 갈망은 인정, 충성, 희생의 덫에 빠져들게 한다.

보통 사람들은 남보다 잘하기 위해, 부족한 것을 보완하기 위해, 보상을 받기 위해 윗사람에게 잘한다. 그런데 덫에 빠진 사람들은 지나치게 반응하고 행동한다. 이를테면, 상대의 평가를 통해서만 자부심을 가진다. 자신의 의견과 욕구를 지나치게 억압한다. 상대의 고통에 지나치게 공감한다. 보통 억압된 것은 공격성으로 작용한다. 공격성이 밖으로 나타나면 가학적이 되고, 안으로 들어가면 자학적이 된다. 그래서 수동공격적인 행동을 보이거나 자기희생적인 태도를 취하게 된다. 이러한 행태는 쉽게 희생양의 표적이 된다.

후박사의 탁월한 세 가지 처방

첫째, 철저히 거리를 두자. 다행이 그녀는 희생양이 될 수 있음을 감지하고 상사와 거리를 두기 시작했다. 자신에 대한 심리적 · 사회적 인식이 들어선 것이다. 물론 당장 배신감을 느끼는 상사와의 하루 일과가 쉽지는 않을 것이다. 그래도 단호한 결단이 필요하다. 우선 아무리 상사라도 이성 간에는 조심하는 게 중요하다. 직장 상사나 동료와의 사적인 만남은 항상 위험하다. 언제든지 상사가 연인으로 바뀌고, 동료가 애인으로 발전할 수 있기 때문이다. 아니 땐 굴뚝에 연기 날까? 둘 사이에 교감이 전혀 없을 수는 없는 법이다.

둘째, 인정 · 충성 · 희생에서 벗어나자. JTBC 드라마 〈밀회〉는 지금까지의 한국 TV 멜로 드라마의 틀을 뛰어 넘는 역작이다. 스무 살 연상녀와 연하남의 불륜을 다루었다. 주인공 혜원(김희애)은 잘나가는 예술재단 기획실장이다. 하지만 실제로는 재벌의 비자금을 관리하는 하수인이다. 혜원은 상류사회의 일원이 되고픈 일념으로 자신의 삶을 100% 희생했다. 결혼도 그런 목적에서였다. 인정과 충성의 굴레 속에 영혼 없는 '고급 노예'로 살아왔다.

그런 혜원이 스무 살 연하 천재 피아니스트 선재(유아인)를 만난다. 음악적 교감으로 시작한 둘의 관계는 혜원의 삶을 송두리째 흔든다. 둘은 깊은 사랑에 빠진다. 재단 비리가 드러나고 금고지기 역할을 해 오던 혜원은 희생양이 되기를 강요받는다. 그런데 혜원은 모든 것을 폭로했다. 오래 쌓아온 공든 탑을 무너뜨린 것이다. 모든 것을 내려놓았다. 선재와의 사랑을 변화의 에너지로 활용했다. 인정・충성・희생에서 벗어나 자유를 찾은 것이다.

당당하다면 철저히 무시하라

셋째, 철저히 무시하자. 스캔들은 철저히 무시하는 것이 좋다. 과오가 있다면 교훈으로 삼아야 한다. 〈밀회〉 여주인공의 스캔들은 근거가 분명했다. 그럼에도 여주인공은 전혀 당황하지 않고 차분하게 대처했다. 그녀는 혜원과 다르다. 둘 사이에 전혀 문제가 없다. 그러므로 당당하게 대처해야 한다. 아무 일 없는 듯이 더욱 열심히 일해야 한다. 물론 부서를 바꾸는 것이 바람직할 것이다. 새로운 상사와의 새 출발이 필요하다.

126 직장 내 남녀 차이

◇◇◇

정확히 알고 정확히 알려라

친절하게 대한 것뿐인데

그녀는 얼마 전까지 본부장에게 미움을 받았다. 그가 총애하는 여직원을 그녀가 왕따시킨다는 이유에서다. 팀장인 그녀는 하루에도 여러 번 본부장을 만난다. 그때마다 사사건건 언성을 높이는 그 때문에 회사를 그만둬야 하나 고민이 많았다. 최근 오해가 풀렸다. 소문이 낭설임이 밝혀졌기 때문이다. 본부장은 미안했던지 완전히 달라졌다. 선물을 주고, 회식 때는 집까지 데려다준다. 같은 방향이라며 출근 때도 종종 태워 준다.

부하 입장에서 상사의 친절은 정말 기쁜 일이다. 미움받던 때를 생각하면 엄청난 행복이 아닐 수 없다. 그녀는 친절에 보답하기 위해 차에서 먹을 아침 과일을 준비했다. '멋있다' '존경한다' 등 립 서비스도 많이 했다. 그런데 본부장이 언제부터인지 이상한 멘트를 던진다. 며칠 전 카톡으로 '얼굴에 뭐 묻었네?' 하더니, 조금 후 '아름다움'이란 멘트를 보냈다. 잠깐, '이게 뭐지?' 했지만 별거 아니라 생각하고 지나쳤다.

이후 본부장의 멘트가 더 잦아졌지만 잘 넘기고 있는데, 회식날 드디어 그가 본색을 드러냈다. 그는 집에 데려다주는 차 안에서 슬쩍 그녀의 손을 잡았다. 더 이상 안 되겠다 싶어 뿌리치고 정색을 했다. 본부장은 서로 좋아하는 사이에 왜 그러냐며, 오히려 크게 당황해 한다. 상사에게 친절하게 대했을 뿐인데, 좋아한다고 오해하는 본부장의 태도는 말도 안 된다. 앞으로 어떻게 처신해야 할지 정말 난감하다.

남녀의 다름부터 이해해야

남녀는 다른 성(性)이 작용한다. 남자는 공격적이고, 여자는 수용적이다. 남자는 테스토스테론이 올라가면, 성욕이 증가한다. 동시에 스트레스 호르몬이 떨어진다. 섹스를 하면 마음의 평화가 온다. 여자는 옥시토신이 올라가면, 신뢰가 증가한다. 동시에 스트레스 호르몬이 떨어진다. 관심을 받으면 마음에 사랑이 싹튼다. 남자는 도전적이고, 여자는 순응적이다. 남자는 도파민이 올라갈 때 행복하다. 도파민은 흥분 호르몬이다. 새로운 일을 좋아하고, 성취감이 중요하다. 여자는 세로토닌이 올라갈 때 행복하다. 세로토닌은 안정 호르몬이다. 수다와 쇼핑을 좋아하고, 안정감이 중요하다.

남녀는 다른 정(情)이 작용한다. 남자의 사랑은 열정(熱情)이다. 여자를 좋아하면 열정과 욕구가 생긴다. 더 큰 열정을 얻으려고 섹스를 요구한다. 여자의 사랑은 애정(愛情)이다. 남자를 좋아하면 애정이 생긴다. 욕구보다 애정을 유지하려고 섹스를 허락한다. 남자는 사랑과 섹스가 따로 간다. 사랑이 없어도 섹스가 가능하다. 매주 한두 번 성적인 욕구에 빠진다. 섹스는 사랑의 과정이다. 여자는 사랑과 섹스가 함께 간다. 사랑이 있어야 섹스가 가능하다. 매주 한두 번 사랑의 욕구를 느낀다. 섹스는 사랑의 결과다. 남자의 진짜 사랑은 보호와 책임이고, 여자의 진짜 사랑은 양육과 모성이다.

남녀는 다른 심리[心]가 작용한다. 남자는 이성적이고, 여자는 감성적이다. 남자는 '맞다, 틀리다'에 익숙하고, 여자는 '좋다, 나쁘다'에 좌우된다. 감정을 담당하는 변연계가 여자에게 8배나 더 잘 활성화된다. 남자는 직접화법을 좋아하고, 여자는 간접화법을 선호한다. 남자는 필요할 때 직접 요구하지만, 여자는 알아서 해 주기를 원한다. 남자는 생각이 중요하고, 여자는 느낌이 중요한다. 여자는 생각과 느낌이 동시에 가능하지만, 남자는 그렇지 않다. 남자는 생각한 후에 비로소 느낀다. 말로 표현하려는 순간, 감정이 사라진다. 남자는 감정을 느끼는 게 어렵다.

남녀는 다른 가치[思]가 작용한다. 남자는 성공을 추구하고, 여자는 사랑을 추구한다. 남자는 재미에 매달리고, 여자는 의미를 쫓는다. 남자는 사회를 바꾸려 하고, 여자는 남자를 바꾸려 한다. 남자는 영웅담을 좋아하고, 여자는 잡담을 좋아한다. 남자는 미래 행복을 추구한다. 현재 부정감정을 무시하고, 좋은 기분만 유지하려 한다. 쾌락을 좇아 뭔가에 잘 중독된다. 과거 부정감정도 무시한다. 여자는 현재 행복을 추구한다. 현재 부정감정을 받아들여, 좋은 감정으로 바꾸려 한다. 단순한 기분전환은 원치 않는다. 과거 부정감정도 잘 기억한다. 남자는 감정을 다루는 데 서툴고, 여자는 감정을 잘 다룬다.

후박사의 탁월한 세 가지 처방

첫째, 정확히 알자. 알아야 오해가 안 생긴다. 섣부른 이해는 오해를 가져온다. 그녀가 생각하는 것처럼 그가 생각하지 않는다. 남녀 간에 다른 가치[思]가 작용하면, 다르게 생각한다. 틀린 것이 아니라 다른 것이다. 남자라고 모두 성공을 추구하지는 않는다. 어설픈 이해는 오해를 가져온다. 그녀가 느끼는 것처럼 그가 느끼지 않는다. 남녀 간에 다른 심리[心]가 작용하면, 다르게 느낀다. 잘못된 것이 아니라 다른 것이다. 여자라고 모두 감성적이지는 않다. "Difference is beautiful."

의도한 대로 받아들이지 않게 마련

둘째, 조심하자. 조심해야 착각이 안 생긴다. 말을 조심하자. 그녀가 말한 그대로 그가 받아들이지 않는다. 남녀 간에 늘 다른 성(性)이 작용한다. 직장에서 특별히 호감 가는 이성(異性)이 있다. 동질성이 있을 때 두 사람은 쉽게 가까워진다. 행동을 조심하자. 그녀가 의도한 대로 그가 받아들이지 않는다. 남녀 간에 늘 다른 정(情)이 작용한다. 일터에서 특별히 애정을 느끼는 이성(異性)이 있다. 내게 없는 면이 있을 때 상대에게 끌리는 법이다. "우정이 애정으로 발전하고, 애정이 우정으로 승화된다."

셋째, 정확히 알리자. 알려야 사고가 안 생긴다. 그녀가 불편해하는 것을 그는 모르고 있다. 무심결의 농담이 성희롱이 된다. 여자가 여자로 느껴지는 순간 남자는 실수한다. 유혹적인 사태를 만나면, 조금은 흥분해 보고 금세 초연해지자. 의도 없는 행동이 성추행이 된다. 남자가 남자로 느껴지는 순간 여자는 실수한다. 예기치 않은 사건에 부딪치면, 조금은 저항해 보고 금세 유연해지자. 오해가 폭발하면 성폭력으로 된다. 이성(異性)에게 성적 수치심이나 상처를 주는 것은 범죄다. 위협에 직면하게 되면, 조금은 움츠려 들었다 금세 태연해지자.

127

직장 내 세대 차이

◇◇◇

'지피지기 · 역지사지 · 불편불의' 명심

멋진 리더가 되겠다고 다짐했건만

그는 공공기관 입사 20년차다. 2년 전 부서장 보직을 맡으면서 사회의 변화에 부응하는 훌륭한 리더가 되겠다고 결심했다. 몇 가지 실천하고 있다. 인사고과는 철저히 성과로만 판단한다. 인격모독성 발언은 절대 하지 않고, 칭찬과 격려로 부하직원들을 대한다. 퇴근시간이 되면 직원들의 '워라밸'을 위해 퇴근을 독려한다.

그는 매일 울화가 솟구친다. 조잡한 업무처리에 조언과 충고를 해야 하는데, 직원과의 갈등으로 치부될까 봐 조심스러워 아무 말 못 한다. 형편없는 보고서를 던져준 채, 다음은 상사의 몫이라며 퇴근해 버리는 직원들이 이해되지 않는다. 소통과 단합을 위해 회식을 제안하지만, 주 1회를 월 1회로 줄인 회식조차 직원들의 참여가 저조하다. 불참에 대해 양해를 구한 직원은 그나마 낫다. 아무 말 없이 빠지는 직원도 있다. 절대 기분 나쁜 티를 내면 안 된다. '회식 참여로 사람을 가린다'는 뒷담화가 익명게시판에 나돌 게 분명하기 때문이다. 얼마 전 업무처리 미숙으로 회사에 손실이 발생했다. 책임 소재를 가려야 하는데, '매뉴얼대로 처리했다'며 다들 오리발을 내민다. 예전처럼 서로 '책임지겠다'며 입에 거품을 무는 훈훈한 풍경을 지금은 상상할 수도 없다. 상상해서도 안 되지만….

그는 멋진 리더가 되기 위해, 적어도 '꼰대'라는 말은 듣고 싶지 않아, 그가 걸어온 길과 너무도 다른 부하 직원들의 사고방식에 적응하는 고통을 참아 왔다. 그런데 요즘 윗사람으로서 먼저 손을 내밀고 달래주는 것도 하루 이틀이지 더 이상은 무리라는 생각이 든다. 혼자 밤늦게까지 일하다 보면, 승진이 무슨 죄인가라는 생각도 든다. 속을 알 수 없는 직원들이 무서울 때가 있다. 앞에서는 '네네' 하면서, 뒤에서 무섭게 상사에 대한 욕을 일삼는 직원들을 볼 때마다 치밀어 오르는 울화를 어떻게 해결해야 할지 정말 모르겠다.

“요즘 젊은이들은 버릇이 없다.” BC 1700년 수메르 점토판에 쓰인 글이다. 세대 갈등은 시대와 장소를 안 가린다. 우리 사회는 짧은 기간에 급격한 변화를 겪은 터라 혹독하다. 이념 · 철학 · 가치관이 충돌한다. 직장 내에서도 익숙하다. 최근 설문조사에서, 상급자 40%가 부하 때문에 퇴사 충동을 느낀다. 신세대 부하의 행동이 이해가 안 된다. 하급자 80%도 상사 때문에 퇴사 충동을 느낀다. 기성세대 상사와 말이 안 통한다. 세대 갈등이 확대되면 조직 경쟁력이 상실된다. 신세대는 패기와 열정을 지닌 핵심역량이고, 기성세대는 경험과 지혜를 가진 멘토다.

세대 갈등은 차이와 불통이 주원인

세대 갈등은 차이(差異)에서 온다. 기성세대는 자신의 논리를 부하에게 강요한다. “개인주의가 심하다. 기본적인 예의가 없다. 할 말 다하고 목소리도 크다. 헝그리 정신이 부족하다. 회사 일에 참여하지 않는다.” 신세대는 상사의 강요를 고리타분하게 여긴다. “권위주의가 심하다. 강압적이다. 잔소리만 한다. 유머가 썰렁하다. 의욕이 안 생긴다.” 세대 갈등은 서로의 차이를 인정하지 않는 데서 온다. 남이 나와 같기를 바라는 욕심에서 생긴다. “Difference is Beautiful.”

세대 갈등은 불통(不通)에서 온다. 나쁜 상사가 아니란 착각은 금물이다. 나 아니면 안 된다고 생각한다. 훈계나 자기 기준을 강요한다. 일을 떠넘기거나 책임지지 않는다. 야근 등 희생을 강요한다. 불가능한 목표와 성과를 강요한다. 못된 부하가 아니란 착각은 금물이다. 업무 능력이 떨어진다. 제멋대로 일을 처리한다. 일을 가르쳐도 이해를 못한다. 권력 있는 상사에게만 잘 한다. 무뚝뚝하다가 인사고과 철이 되면 순한 양이 된다. “인간은 소통(疏通) 없이는 살 수 없다.”

산업시대는 권위주의와 수직조직을 특징으로 한다. 상사가 해답을 쥐고 있다. 지배종속적인 관계로 명령형 소통을 한다. 지식정보시대는 민주주의와 수평조직을 특징으로 한다. 부하가 해답을 쥐고 있다. 협력적인 관계로 질문형 소통을 한다. 과거의 리더는 해답을 제시하고, 듣도록 하고, 상대를 통제한다. 현대의 리더는 호기심을 가지고, 질문 · 경청을 하고, 책임을 진다. 수평조직의 기초는 상사와 부하 간의 존중이다. 나 중심이 아니고 너 중심이다. 오늘날 기업은 자발적이고 창조적인 소통형 인재를 원한다.

진정한 소통이란

장자에 이런 말이 있다. "길을 가다 타인의 발을 밟으면 사과해야 한다. 형의 발을 밟으면 손으로 가볍게 쓰다듬는다. 부모의 발을 밟으면 한마디 말도 하지 않아도 된다." 타인의 경우, 의도가 없다는 것을 말(Talking)로 표현해야 공격받지 않는다. 형제의 경우, 해명하지 않아도 되기 때문에 실수에 대해 행위(Doing)로 성의를 표하면 된다. 부모의 경우, 말과 행동이 계면쩍다는 것을 알리는 무위(Non-Doing)의 지경이다. 타인은 인간관계로서 소통이라 하고, 형제는 가족관계로서 공동체라 하고, 부모는 분신관계로서 합일이라 한다. 진정한 소통이란 무엇인가? Talking과 Doing을 넘어서 Non-Doing에 이르는 소통이다.

후박사의 탁월한 세 가지 처방

'그럴 수도 있다' 받아들여야

첫째, 지피지기(知彼知己), 남 사정을 알고, 내 사정을 알자. 누구나 사정이 있다. 사정을 알게 되면 이해할 수 있다. 이해하면 소통할 수 있다. 소통은 정신적으로 통하는 것이다. 머리와 머리가 일치하는 것이다. 열 길 물속은 알아도 한 길 사람 속은 모르는 법이다. 내 생각이 잘못될 수 있기 때문에, '꼭 그렇지 않을 수 있다'를 받아들이는 것이 필요하다. 우리는 각자 살아온 사연이 다르고, 살아갈 사정도 다르다. 남의 생각이 맞을 수 있기 때문에, '그럴 수도 있다'를 받아들이는 것이 필요하다.

둘째, 역지사지(易地思之), 처지를 바꾸어서 생각하자. 누구나 처지가 다르다. 처지를 바꿔 보면 공감할 수 있다. 공감하면 소통할 수 있다. 소통은 정서적으로 통하는 것이다. 가슴과 가슴이 일치하는 것이다. 느낌을 나누고 함께 경험하는 것이다. 공감이란 순간순간 남의 마음이 될 수 있는 능력이다. 질문과 경청이 중요하다. 나 중심이 아닌 너 중심이 되어야 한다. 상대 입장이 되는 것이다. 최고의 질문은 무엇일까? 질문하지 않는 듯이 질문하는 것이다. 최고의 경청은 무엇일까? 상대가 말하지 않는 것까지 듣는 것이다.

셋째, 불편불의(不偏不倚), 치우치지도 않고, 기울지도 말자. 수시로 상황이 변한다. 중용(中庸)이란 그때그때 상황에 맞추는 것(時中)이다. 중용하면 소통할 수 있다. 소통은 몸으로 통하는 것이다. 말과 행동이 일치하는 것이다. 말이 적으면 언행일치하기 쉽다. 충고・탐색・해석・판단을 자제하자. 말로 할 수 없음을 보는 것을 도(道)라 한다. 말해서는 아니 됨을 아는 것을 덕(德)이라 한다. 말할 필요가 없음을 느끼는 것을 현(賢)이라 한다. 말하고 싶지 않음을 지니는 것을 인(仁)이라 한다. "말은 더디게 하고, 행동은 민첩하게 하라[訥言敏行]."

128 직장 내 왕따

◇◇◇

주눅 들지 말되 주위와 조화를

출근하는 아침마다 끔찍한 경험

그녀는 최근 심한 정신적 고통에 시달리고 있다. 직장에서 조직적인 따돌림, 왕따를 당하고 있기 때문이다. 왕따는 입담이 세고 소란스러운, 세 명의 선배들로부터 시작됐다. 셋은 모두 그녀와 같은 팀에서 일했던 사람들이다. 매번 앞뒤 가리지 않고 주어진 일에 최선을 다한 그녀. 그러다 보니 매번 선배들보다 좋은 평가를 받게 되었는데, 그런 상황이 계속되면서 셋의 담합이 시작된 것이다.

선배들은 그녀가 아주 어려운 일을 해냈을 때, 별거 아니라며 입을 모아 폄하한다. 어쩌다 그녀가 잘나가는 상사와 식사를 하면, 일은 못하면서 정치만 한다고 말을 지어내고, 둘 사이가 의심스럽다는 소문을 만들어 내기도 한다. 최근에는 셋의 가해만으로는 부족한지, 주변 사람들에게 그녀에 대한 나쁜 소문을 전하며 왕따 분위기를 확산하고 있다.

얼마 전 왕고참 선배의 퇴직이 있었다. 퇴직 며칠 전 환송을 위한 저녁모임이 있었는데 웬만한 여직원들은 모두 참여했다고 한다. 그런데 그녀는 몰랐다. 나중에 그녀만 빠졌다는 사실을 알게 됐을 때 정말 화가 솟구쳤다. 잘못한 것도 없는데 왜 나만 따돌리냐고 마구 따지고 싶었다. 다른 선배, 후배, 동료들이 셋의 눈치를 보면서 그녀를 멀리한다는 사실을 깨달았을 때에는 정말 마음이 쿵 하고 내려앉았다. 점심 시간, 혼자 남는 날이 많아졌다. 대인기피증이 생기는 것 같다. 일하고 싶은 의욕도 없다. 하루에도 여러 번 회사를 그만두고 싶은 생각이 든다. 출근하는 아침마다 정말 끔찍하다.

직장인 10명 중 6명 왕따경험

왕따(집단 따돌림)는 집단에서 어울리지 못하는 사람이다. 아웃사이더, 4차원, 마이웨이, 투명인간 등으로 불린다. 직장 내 왕따가 심각하다. 최근 설문에 따르면, 직장인 10명 중 6명이 왕따 경험을 보고한다. 업무에서 소외 · 배제되고, 폭언 · 폭력으로 괴롭힘을 당하고, 누명 · 소문에 시달린다. 우리는 왕따 사회를 살아간다. 직장 내 왕따는 권한 · 힘을 통해 은밀히 일어난다. 주위에선 대부분 방관하거나, 오히려 동참한다. 1~2명으로 시작해 가담자가 늘어, 결국 왕따가 된다. 왕따는 당사자에게 고통을 안겨 주고, 직장인에게 근로 의욕을 떨어뜨리고, 기업에도 비용을 초래한다.

왕따는 '다름의 심리학'에서 온다. 우리는 같음을 선호하고, 다름을 배척한다. 약한 사람은 항상 왕따가 되고, 튀는 사람도 자주 왕따가 된다. 못난 사람은 가끔 왕따가 되고, 잘난 사람도 드물게 왕따가 된다. 우리는 같음에 편안하고, 다름을 질투한다. 잘난 척, 착한 척, 예쁜 척하면 왕따가 되기 쉽다. 내성적이고, 소극적이고, 주장을 못해도 왕따가 되기 쉽다. 이기적이고, 배려심이 없고, 욕심이 많으면 왕따가 되기 쉽다. 눈치 없고, 엉뚱하고, 머리가 나빠도 왕따가 되기 쉽다. 논어에 이런 말이 있다. "군자(君子)는 화합하면서도 같지 않고, 소인(小人)은 같음에도 화합하지 않는다."

왕따는 '집단주의 문화'에서 온다. 나보다 사회를 우선하고, 자유보다 권위를 중시한다. 일본은 집단주의 극단에 있다. 청소년 왕따인 '이지메'로 유명하다. 한국도 집단주의 끝에 위치한다. 개인 · 자유주의로 향하다, 경제가 나빠지면서 집단 · 권위주의로 되돌아가고 있다. 한국 기업은 '강한 조직문화'로 세계적으로 성장했다. 다양성보다 획일주의를 선호하고, 자율성보다 상호협력을 중시한다. 독점 자본가인 '재벌'로 유명하다. 특히, 학연 · 지연에 따른 연고 · 파벌주의는 왕따 문화의 직접적인 원인이다. 과도한 업무, 지나친 경쟁, 모호한 역할에서 오는 스트레스도 한몫한다.

왕따는 희생양 현상

왕따는 '희생양 현상'에서 온다. 희생양은 잘못을 대신 뒤집어쓴 사람이다. 누군가 희생되어 진짜 죄를 진 대상을 잊게 한다. 부부 갈등으로 아이가 희생양이 되고, 학교 갈등이 왕따로 나타나고, 사회 갈등으로 차별이 성행한다. 집단에서 개인의 욕구는 억압되고, 억압된 공격성은 외부로 투사된다. 두려움과 분노는 공공의 적으로 향하고, 아무런 죄의식 없이 그를 따돌리고 비난한다. 혼란한 사회는 희생양을 원한다. 내가 아니면 누군가 왕따가 되고, 나만 아니면 되니까 누군가를 지목하고, 내가 안 되려고 왕따를 공격한다. 예수님은 세상의 죄를 대신하여 십자가에 못 박혀 죽었다.

옛날 한 처녀가 임신을 했다. 화난 아버지는 누구 자식인지 다그쳤다. 딸은 절간의 중이라고 거짓 고백했다. 아기를 낳자, 아버지는 중을 찾아가 욕하며 당신 아이니 알아서 키우라 했다. 중은 말없이 들은 후, 아이를 받으면서 이렇게 말했다. "아, 그렇습니까?" 중은 동네를 돌아다니며 젖동냥을 했다. 사람들은 중을 비난하고 손가락질했다. 1년이 지났다. 처녀는 죄의식에 시달리다, 아버지께 사실을 털어놨다. 놀란 아버지는 딸을 데리고 중에게 찾아갔다. 엎드려 사죄를 하고, 아기를 데려가겠다고 했다. 중은 말없이 들은 후, 아이를 돌려주면서 이렇게 말했다. "아, 그렇습니까?"

후박사의 탁월한 세 가지 처방

첫째, 앞뒤 가리고 살자. 나 먼저 돌아보자. 그동안 성찰 없이 살았다. 그래도 나부터 점검해야 한다. 그렇다고 나에게 책임을 돌리지는 말자. 분위기를 파악하자. 그동안 눈치 없이 살았다. 어디서든 앉을 자리 봐 가면서 앉아야 한다. 상황에 맞추는 것이다. 그렇다고 주눅 들지는 말자. 주위와 조화하자. 그동안 배려 없이 살았다. 누구와도 함께 느끼고, 상대의 입장을 이해해야 한다. 전체와 조화하는 것이다. 중용에 이런 말이 있다. "희로애락, 감정이 모든 상황에 절도 있게 들어맞는 것을 화(和)라 한다."

이도저도 아니면 사내외에 알려야

둘째, 적극적으로 살자. 당당하게 버티자. 회사를 그만둔다는 생각은 금물이다. 혼자라도 즐겁게 식사하고, 하던 일도 더 열심히 하고, 바깥에서 즐거운 것을 찾자. 왕따 행위는 아무리 사소해도 즉시 항의해야 한다. 한 명이라도 내 편으로 만들자. 사연을 호소해야 한다. 나를 이해할 한 명을 만들고, 나를 소문낼 또 한 명도 만들자. 최대한 꾸밈없이 얘기하고, 감정을 섞어서 말하자. 이도저도 아니면 외부에 알리자. 사내 상담이라도 받자. 뾰족한 수가 있을 것이다. 왕따 행위에 대한 단서를 확보하고, 필요하면 기록하고 녹음도 하자. 혼자가 아니라는 것을 보여 줘야 한다.

셋째, 영민하게 살자. 가면을 쓰자. 그동안 순진하게 살았다. 영악해지자. 늑대사회에서 양이 살아남으려면 늑대가면을 써야 한다. 하지만 본래의 나를 잊지는 말자. 눈에 안 띄게 지내자. 그동안 드러나게 살았다. 민첩해지자. 흔적을 남기지 말자. 모든 소문은 내 입에서 나간다. 말없이도 하고 싶은 것을 다 할 수 있다. 져 주자. 그동안 이기기만 했다. 지는 것도 한 방편이다. 전진을 위한 일보 후퇴도 필요하다. 도덕경에 이런 말이 있다. "약하게 하려면 우선 강하게 하고, 빼앗으려면 우선 베풀어 주고, 망하게 하려면 우선 흥하게 하라. 이것을 작은 지혜(微明)라 한다."

129 직장 내 투명인간

◇◇◇

허드렛일이라도 절망하지 말라

보직 잃고 투명인간 취급받아

그녀는 퇴직을 5년 앞두고 있다. 30년간 재직했는데 그간 잘나갔다. 능력을 인정받아 동기들보다 승진이 빨랐다. 30년 전만 해도 여성 취업이 그리 활발하지 않았던 터라, 소수자인 여성에 대한 프리미엄으로 최초의 여성 임원도 꿈꿀 수 있었다. 동료들조차도 그런 상황을 인정할 정도였으니 그녀의 직장생활은 꽤 괜찮았음이 틀림없다.

그런데 2년 전 갑자기 브레이크가 걸렸다. 감사에 걸린 것이다. 물론 그녀가 부정이나 비리를 저지른 것은 아니다. 정상적인 절차에 의해 수년간 받았던 외부 회의 사례비가 문제가 됐다. 그녀의 도덕성은 치명타를 입었다. 게다가 집단평가에서 하위 점수를 받아, 결국 연말 인사에서 보직을 잃었다.

그녀는 점심 시간에 구내식당을 이용하지 않는다. 출퇴근 시간에도 남들 눈에 띌까 싶어 엘리베이터 대신 계단을 이용한다. 근무 시간 중에 가급적 복도에 안 나가는 것은 물론, 화장실을 갈 때도 사람들이 없는 시간을 이용한다. 그런 자신을 발견할 때마다 너무 아프고 힘들다. 회사를 그만둬야 하나를 매일 생각한다. 회사의 발전을 위해 매사 적극적으로 행동하던 그녀였는데, 회사는 이제 그녀를 원치 않는 것 같다. 오히려 가급적 빨리 조직을 떠나줬으면 한다. 하루 종일 회사에 있기는 한데, 회사는 그녀를 투명인간 취급한다. 이 비루한 현실을 어떻게 극복해야 할지 정말 모르겠다.

소속, 통제, 정서의 세 가지 대인관계 욕구

직장생활에서 십중팔구는 꿈과 현실의 거리를 발견하고 상처를 안고 살아간다. 자신의 처지를 운명이나 환경 탓으로 돌리기도 한다. 인생이 이럴 수 있냐는 허무감에 빠진다. 십중 한둘은 어려서부터 자신이 되고 싶었던 것이 된다. 그러나 내 능력은 대체될 수 있고, 나보다 큰 돈 버는 자가 있으며, 계속 지배받는 것이 버겁다는 사실에 눈이 뜬다. 게다가 정상에 올라가 보면 별 거 아니라는 생각도 든다. 인생이 이것밖에 안 된다는 공허감을 느낀다.

그녀는 정상을 눈앞에 두고 추락했다. 억세게 운이 나빴다. 그런데 세상이 완전히 변했다. 그녀는 매일 고립감을 느낀다. 원래 활달하고 사교적이었는데, 이제 어디에도 소속되지 않는다. 그녀는 매일 굴욕감을 느낀다. 원래 나서기를 좋아했는데, 이제 아무도 그녀에게 통제되지 않는다. 그녀는 매일 고독감을 느낀다. 원래 두루 친하게 지냈는데, 이제 정서가 메말라 간다. 그녀는 철저히 소외되고 있다.

인간은 사회적 동물이다. 누구나 대인관계에 대한 욕구를 가진다. 대인관계 욕구는 관계를 동기화하는 심리사회적 욕구다. 소속, 통제, 정서의 세 가지가 있다. 소속(inclusion) 욕구는 인간관계를 맺고 상호작용하며 소속되고자 하는 욕구다. 스스로 중요하고 가치 있는 사람으로 느낀다. 통제(control) 욕구는 영향력을 행사하고 통제하고자 하는 욕구다. 스스로 능력 있고 책임감 있는 사람으로 느낀다. 정서(affection) 욕구는 정서적인 유대와 따뜻한 관계를 맺고자 하는 욕구다. 스스로 사랑을 받을 만한 사람이라고 느낀다. 누구나 세 가지 욕구에 대한 자기 기준이 있다. 이것이 충족되지 못하면 불편하다.

소외의 덫에 걸린 사람

소외의 덫에 걸린 사람이 있다. 어려서 부모님이 별거나 이혼을 했다든지, 경제적으로 열악한 환경에서 자란 경우다. 부모님이 이사를 많이 해서, 가는 곳마다 혼란스럽고 적응이 안 된 경우다. 부와 권력, 신분, 갈등 등으로 유별난 가족이라고 느끼면서 자란 경우다. 그는 자주 이렇게 말한다. "누구하고도 어울리지 않고, 어디에도 적합하지 않다." 여러 모임에서 항상 긴장과 불안에 사로잡힌다. 어디에도 속하지 못하고, 겉도는 느낌을 가지며, 자주 외로움에 빠진다.

그녀의 소외감은 남다르다. 급작스런 사회적 변화에서 왔다. 그녀는 왕성한 대인관계 욕구로 성공적인 직장생활을 했다. 그런데 주름잡던 무대에서 밀려났다. 그녀는 상대적으로 고립감, 굴욕감, 고독감을 강하게 느낀다. 과도반응하고 있는 것이다. 회사가 손짓하기를 기대해 본다. 희망사항일 뿐이다. 후배들이 다가오기를 기대해 본다. 꿈에서 깨야 한다. 나름대로 회사에 기여해 본다. 바위에 계란 던지는 격이다. 나름대로 후배들에게 접근해 본다. 냉혹한 현실을 실감한다. 그녀는 투명인간이 된 것이다.

무엇이 됐어도 허(虛)하고, 안 됐어도 허(虛)한 까닭은 무엇인가? 하이데거는 이렇게 말한다. "괴로운 양심의 소리에 경청하라!" 이는 삶 자체가 던지는 음성이다. 갈등이 맴도는 삶의 분위기에서 구토를 느껴 '무엇'인가를 눈치 채고, 부와 권력과 신분에서 굳혀진 '무엇'을 깨고, 사회가 요구하는 '나 아닌 나'가 되는 길에서 돌이켜, 시간을 다 쓰기 전에 '자기(Self)'가 되라는 것을 뜻한다. 낳기 전 본래의 얼굴[本來面目]을 찾으라는 말이다.

후박사의 탁월한 세 가지 처방 

작은 일에 충성하며 내 마당을 쓸라

첫째, 내 일에 충실하자. 보직에 밀려 허드렛일(?)을 하게 되었다고 절대 비루해하지 말자. 작은 일에 충실한 사람은 큰일에도 충실하다. 5년은 짧고도 긴 기간이다. 어찌 알겠는가, 세상이 바뀌면 다시 발탁될지? 옛날에 한 재상이 사형을 받게 되었다. 그는 왕에게 1년만 살려주면 왕이 탄 백마를 하늘을 날게 해 주겠다고 제안했다. 왕은 허락했다. 재상이 집에 오자, 부인이 뾰족한 수가 없는데 두 번 죽는 격이라고 땅을 치며 울었다. 재상이 웃으며 말했다. “걱정마라! 1년 내에 왕이 죽을 수도 있고, 내가 죽을 수도 있다. 어찌 알겠는가, 세상이 바뀌어 말이 하늘을 날지?” 성경에 이런 말이 있다. “네가 작은 일에 충실하였으니 내가 너에게 큰일을 맡기겠다.”

둘째, 정기적으로 사람을 만나자. ① 절대 피하지 말자. 소외감은 소외감을 부른다. 움츠려 들지 말고, 예전에 하던 대로 생활하자. 구내식당도 이용하고, 엘리베이터도 타고, 화장실도 마음대로 가자. ② 모임에 절대 빠지지 말자. 소외감은 스스로 자초하는 것이다. 아무도 그녀를 소외시키지 않는다. 모임에서는 되도록 과거를 얘기하지 말고, 부정적인 말을 삼가며, 상대방의 말에 경청해야 한다. ③ 후배들에게 도움을 주자. 30년 동안의 경력이 어디로 가겠는가? 그녀의 조언이 후배들에게 도움이 되지, 절대 해가 되지 않는다. 이제 베풀 때가 온 것이다. 성공의 척도는 수확이 아니고, 얼마나 씨앗을 뿌렸는가에 달려 있다.

셋째, 내 마당을 쓸자. 고독한 시간은 소중한 기회다. 정도전은 10년 동안의 유배생활에서 조선 건국의 청사진을 그렸다. 정약용은 18년 유배생활을 통해 실학을 집대성하였다. 5년 동안은 충분한 기간이다. 유배기간이라 생각하면 무어라도 못하겠는가? 두 번째 인생을 준비할 수 있다. 요즘 평균수명은 80년을 넘겼다. 퇴직 후 20~30년을 더 살아야 한다. 고독한 시간은 충전의 기회다. 그림을 그리는 사람은 심심하지 않다. 시를 쓰는 사람도 심심하지 않다. 혼자서 화단에 물을 주는 사람도 심심하지 않다. 창밖으로 아이들 뛰노는 것을 바라보는 사람도 심심하지 않다. 고독한 시간에, 오랫동안 시달리다 지친 자신의 혼(魂)을 충전시킬 수 있다. Aloneness은 All+Oneness이다. 고독은 전체와 하나가 되는 것이다.

130 직장 내 편가르기

◇◇◇

때론 갈아타고 때론 고수하라

주류에 속하지 못한다는 소외감

회사는 지금 전쟁 중이다. 임원 세 자리 중 하나가 공석이 되면서, 그 자리를 어느 편이 차지하느냐를 놓고 혈전이 벌이지고 있다. 한 명의 임원은 많은 것을 달라지게 할 수 있다. 가깝게는 다음 번 인사에서 중요보직을 맡느냐, 연봉을 얼마나 더 받느냐 못 받느냐의 문제이고, 멀게는 직장생활의 성패와 관련된다.

동료들은 출신지 때문에 그를 A그룹으로 분류했다. 그도 거부감은 없었고, 그룹 선배들도 잘 챙겨줘 괜찮았다. 그렇지만 회사 내 권력은 언제나 B그룹에게 있었다. 그는 승진은 물론, 해외파견, 교육 등에 있어 보이지 않는 불이익을 종종 느낀다. 주류에 속하지 못한다는 소외감도 가진다.

며칠 전 사내 익명게시판에 A편 후보자를 암시하는 글이 올라왔다. 말도 안 되는 비방의 글이다. 저쪽 편이 선공을 펼친 게 분명하다. 조만간 이쪽 편의 반격도 있을 것이다. 진흙탕 싸움이 시작됐다. 과거와 달리 쉽게 우열이 가려지진 않는다. 그러나 이번에도 승리의 여신은 저쪽의 손을 들어줄 듯하다. 기득권을 유지하기 위한 필사적인 노력은 이번에도 권력의 이동을 허락하지 않을 태세다.

언젠가부터 그에게 손짓하는 저쪽 편 상사들. 도움이 별로 될 것 같지 않은 이쪽 사람들. A편이어서 받았던 불이익과 비주류에서 벗어나고픈 마음들이 뒤섞여 혼란스럽다. 그는 지금 이 순간이 상당 기간 건재할 권력으로 갈아타야 하는 적기가 아닐까 하는 고민도 한다.

편가르기는 인간의 본성

편가르기가 난무한다. 나만 옳고, 상대 의견은 틀리다. 우리 의견만 중요하고, 그들은 안 중요하다. 편가르기는 국가, 인종, 지역, 계층, 세대 간에 일어난다. 이민 · 난민 문제로 국가 간 고립주의가 부활하고, 정치권의 편가르기는 나라를 망친다. 한국 사회는 편가르기가 유독 심하다. 정규직 · 비정규직, 진보 · 보수, 금수저 · 흙수저 논쟁으로 과열되고, 인종차별 · 지역감정 · 남녀갈등 · 집단이기주의로 나라가 어지럽다. 편가르기는 사람이 모인 곳이면 어디서나 일어난다. 삶이 피폐하고, 먹고사는 게 힘들면 더욱 심해진다. "다름은 틀림이 아니다."

편가르기는 인간의 본성이다. 우리는 어려서부터 편가르기에 익숙하다. 운동회에서 청군 · 백군이 나뉘어 싸운다. 우리 편이 이기면 기쁘고, 상대편이 이기면 화가 난다. TV에서 축구경기를 보며 열광한다. 우리 편이 지면 슬프고, 상대편이 지면 신난다. 싸움은 인간의 본성이다. 아이들은 싸우면서 큰다. 우리는 소통보다 싸움에 익숙하다. 싸움에 능한 사람이 있다. 학교, 직장, 사회에서 리더 역할을 한다. 교묘하게 편가르기를 하여 싸움을 붙인다. 근사한 제목을 걸고, 이간질하고 분열시키고 대립한다. 지는 편에서 몰래 내리고, 이기는 편에 슬쩍 갈아탄다. "투쟁은 만물의 어머니다."

인간은 사회적 존재다. 우리는 가정, 직장, 사회에서 아들, 어머니, 직장인으로 살아간다. 남이 있어 내가 있고, 내가 있어 남이 있다. 우리에서 나를 파악하고, 너를 통해 나를 알게 된다. "집단심리학은 개인심리학에 우선한다." 현대인은 돈과 섹스와 권력을 추구한다. 자본주의 사회에서 우리는 돈의 노예로 살아간다. 돈을 통해 가치를 찾지만, 결국 허무감에 시달린다. 우리는 쾌락주의 사회를 살아간다. 섹스를 통해 쾌락을 얻지만, 결국 권태감에 떨어진다. 권위주의 사회에서 우리는 권력의 노예로 살아간다. 권력을 통해 존재감을 찾지만, 결국 무력감에 시달린다.

편가르기는 권력과 연관된다. 권력이란 무엇인가? 알아주기를 바라고, 영향력을 미치려는 것이다. 편가르기는 '권력 의지'에서 온다. 사람들이 모여 사는 곳에는 항상 권력이 있다. 남으로부터 인정받고, 남에게 과시하고, 남을 지배하려 한다. 인간은 열등감을 극복하기 위해, 끊임없이 우월성과 지배력을 얻으려고 노력한다. 편가르기는 '힘에의 의지'로 극복된다. 생명이 꿈틀거리는 곳에는 항상 힘이 있다. 나를 인정하고, 나를 표현하고 나를 확장하려 한다. 인간은 자기 극복을 통해, 끊임없이 새로운 가치를 창조하려고 노력한다. 니체는 이렇게 외친다. "강하게 살아라, 자신의 운명을 사랑하라."

집단역학의 희생양

집단역학은 집단을 움직이는 힘이다. 그룹 다이내믹스다. 내집단은 내가 속한 우리(we) 집단이고, 외집단은 내가 속하지 않은 그들(they) 집단이다. 우리는 내집단에 충성하고, 외집단을 배척한다. 집단역학은 개인심리학을 압도한다. 집단에선 온건한 의견도 쉽게 과격한 의견으로 변한다. 같은 편끼리 맞장구 치고 다른 편과 싸우다, 의견은 극단으로 간다. 그룹 간의 갈등과 대립, 편견과 증오가 일어난다. 리더는 집단역학을 이용하여 자신의 의지를 합리화한다. 우리는 아무런 이유 없이 집단역학의 희생양이 될 수 있다. 대부분의 사회심리적인 행동은 집단역학이 작용하는 의도 없는 행동이다.

후박사의 탁월한 세 가지 처방

세 가지 전략을 떠올려 본다.

첫째, 갈아타기 전략이다. 단기적으로 대응하자. 기회가 왔을 때 잡아야 한다. 내 편에만 머물러 있을 수는 없다. 비주류에서 계속 불이익을 받게 된다. 잘못하면 영원히 도태된다. 배신자가 되자. 배신하는 것도 용기가 필요하다. 배신한다고 잘못된 건 아니다. 내 성공을 위해 노력하는데 비난의 여지는 없다. 편가르기를 극복하자. 이제, 지역주의에 대한 편견을 버리자. 편가르기는 한 가지 기준을 적용할 때 양극화된다. 계층, 세대, 학력, 취미 등 여러 기준을 적용하자. 다양한 기준이 공존할 때 편가르기는 별문제가 되지 않는다. 적이 친구가 되고, 친구가 적이 된다.

둘째, 고수하기 전략이다. 장기적으로 대응하자. 기회가 위기가 될 수도 있다. 상대편으로 갈아타는 것이 위험하게 된다. 비주류지만 상황에 따라 주류로 바뀔 수 있다. 잘못하면 이편도 저편도 아니게 된다. 추종자가 되자. 팔짱끼고 있는 것보다 앞장서는 게 낫다. 진흙탕 싸움에서도 많은 것을 배울 수 있다. 혹 지더라도 미래의 명분을 확보할 수 있다. 편가르기를 극복하자. 이제, 상대편에 대한 편견에서 벗어나자. 상대편 입장에서 볼 수 있는 눈을 기르자. 상대편의 존재를 거추장스러워 말고, 존중하는 마음을 갖자. 많은 정보와 교훈을 얻을 수 있다.

인생의 길흉화복은 예측 어려워

셋째, 인생사 새옹지마다. 옛날에 한 노인이 기르던 말이 달아났는데, 그는 슬퍼하지 않았다. 그 후에 달아났던 말이 다른 말을 데리고 돌아왔는데, 그는 기뻐하지 않았다. 그 후에 아들이 그 말을 타다가 떨어져서 다리가 부러졌는데, 그는 슬퍼하지 않았다. 그런데 전쟁이 일어나 아들이 죽음을 면할 수 있었는데, 그는 기뻐하지 않았다. 인생의 길흉화복은 예측이 어렵다. 잃는 것이 있으면 얻는 것이 있고, 얻는 것이 있으면 잃는 것이 있다. 도덕경에 이런 말이 있다. "하늘의 도(道)는 인간을 이롭게 할 뿐 해치지 않고, 성인의 도(道)는 남을 위할 뿐 싸우지 않는다."

131

팀 내 불화

◇◇◇

권위적이지 않고 권위 있게 | 감정적이지 않고 감성 있게

애초부터 화합이 어려운 구성원인데

팀장인 그녀는 요즘 머리가 아프다. 연초부터 팀원들 간 불화가 있었는데, 시간이 지나면서 불똥이 그녀에게로 튀기 시작했기 때문이다. 10명의 팀원들은 정규직, 계약직으로 신분이 다르다. 셋은 50대인데 나머지 일곱은 30대 또래 남녀로 세대차도 크다. 게다가 사차원으로 불리는 직원 등 애초부터 화합이 어려운 구성이었다. 개인별 과제를 진행해야 하는 업무 특성상 화합을 위한 노력보다는 개개인의 자유를 최대한 존중하는 게 최선이라는 판단하에 자유방임으로 팀을 이끌어 왔다. 그런데 반년 만에 팀 운영에 심각한 도전을 받게 됐다.

며칠 전 삐딱한 성향의 정규직 A남과 사차원 계약직 B녀의 언쟁이 있었다. 이후 몇몇이 A편이 돼 B는 왕따가 됐는데, 팀장이 B편을 든다고 여긴 A는 드디어 팀장을 향한 공격을 시작했다. 평소 어렵고 힘든 과제를 50대 선배들에게 주지 않고, 젊은 직원에게 맡긴다고 불만이었던 A는 친한 동료들과 수시로 메신저를 하며 소문을 만들어 내고, 팀 회의를 하면 한마디도 안하며 찬물을 끼얹는다.

그녀는 최근 과제의 마무리 과정에서 A를 포함한 젊은 직원들에게 야단을 쳤다. 과제의 완성도를 높이기 위한 것이었음에도 A는 몇몇을 부추겨 팀장에 대한 전선을 형성했다. 과거에도 다른 팀장들과 불화를 야기했던 그다. 하루 종일 냉랭한 분위기가 돈다. 팀 분위기는 엉망이다. 그녀는 요즘 정말 힘들다.

팀은 한 배를 탄 공동체다. 일정 기간 공동 책임을 지고, 같은 목표를 향해 함께 간다. 팀장은 팀의 리더다. 리더는 팀원을 동기부여하고, 에너지와 열정을 일으키고, 훈련과 개발을 책임진다. 승리하는 팀은 승리하는 팀원으로 구성된다. 짐 콜린스는 회사를 버스에 비유했다. 위대한 회사는 갈 곳을 미리 정하지 않는다. 적합한 사람을 태우고, 부적합한 사람을 내리게 한 후, 어디로 갈지를 정한다. 사람이 가장 중요한 자산이다. 잭 웰치는 한창 일할 때 방에 이렇게 써 붙였다. "전략보다 사람이 우선이다."

팀 내 불화의 주원인

팀 내 불화는 업무 갈등에서 온다. 세 가지를 고려해야 한다. 우선, 업무의 적합성이다. 아무리 역량이 뛰어나도, 적성이 안 맞고 관계가 힘들면 성과가 안 난다. 많은 직장인이 업무 부적합으로 입사 초기에 일터를 떠난다. 다음, 공정성이다. 일을 나누고, 성과를 평가하고, 보상을 나누는 데 공정해야 한다. 일처리 절차도 투명해야 한다. 사람들은 돈 자체보다 불공정 행위에 더 분노한다. 끝으로, 자율성이다. 현대인은 권위와 통제를 싫어한다. 누구에 의해서 보다, 스스로 동기부여 된다. 많은 직장인이 남이 시키는 일이 아닌, 내가 하고 싶은 일을 찾아 일터를 떠난다.

팀 내 불화는 관계 갈등에서 온다. 현대인은 무수한 관계 가운데 살아간다. 관계는 항상 갈등을 동반한다. 상사와의 갈등은 직장인이 일터를 떠나는 첫 번째 이유다. 오너가 아닌 이상 어딜 가든 상사는 있다. 피터 드러커는 이렇게 말한다. "상사에게 100% 맞추고, 상사의 실적을 올려 주라." 하지만 나쁜 상사를 진정으로 받드는 건 쉽지 않다. 그룹역동도 고려해야 한다. 그룹에선 온건한 의견도 쉽게 과격해진다. 같은 편끼리 맞장구 치고, 다른 편과 싸우다 극단으로 간다. 그룹 간의 갈등과 대립, 편견과 증오가 일어난다. 이는 팀에서 왕따, 편가르기, 하극상 등으로 나타난다.

팀 내 불화는 변화 갈등에서 온다. 세 가지가 있다. 우선, 관성이다. 현재지향 편향이란 게 있다. 현재 상태에서 변하는 것을 피하려는 성향이다. 사람들은 웬만하면 자신이 다니는 직장, 부서, 업무를 바꾸려 하지 않는다. 다음, 속도의 문제다. 세상이 빠르게 변한다. 자고 일어나면 신기술이 등장하고 거리 풍경이 바뀐다. 내가 안 변하면 세상이 나를 바꾼다. "빠른 것이 느린 것을 잡아먹는다." 끝으로, 복잡성이다. 생물은 아메바에서 복잡한 인간까지 진화했다. TV · 자동차 · 스마트폰도 진화하고, 사회 · 경제 · 정치에서 직장 업무까지 복잡하게 진화하고 있다. 오늘날 모든 현상은 복잡성에 의해 지배된다.

함께 가면 멀리 갈 수 있다

성공하는 팀의 3요소는 분명한 목표, 원활한 소통, 상호 협력이다. 팀워크로 요약된다. 팀워크는 상사 · 부하 · 동료가 함께 시너지를 연출하는 것이다. 부하의 고민이 상사의 경험과 함께 하고, 부하의 도전이 상사의 지혜와 함께 한다. 부하는 성공을 위한 도구가 아니고, 성공을 함께 이루는 파트너다. 동료는 이겨야 할 경쟁자가 아니고, 성공을 함께 나누는 파트너다. 혼자 가면 빨리 갈 수 있지만, 함께 가면 멀리 갈 수 있다. 하루는 하버드 의대를 수석 졸업한 아들이 아버지에게 전보를 쳤다. "자랑스러운 아들인 제가 드디어 해냈습니다." 아버지가 답 전보를 보냈다. "네가 아니라 우리가 함께 해낸 것이다."

후박사의 탁월한 세 가지 처방

첫째, 파워를 보여 주자. 자유를 강조하다 권위(power)가 추락했다. 질서와 통제가 필요하다. 권위는 팀원의 인정을 통해 나온다. 권위적이 아닌, 권위 있는 팀장이 되자. 자율을 강조하다 권위(power)을 잃었다. 규율과 관리가 필요하다. 권위는 직위에서 나온다. 권위를 이용해, 효율적으로 다스리는 팀장이 되자. 왕따를 챙기다 중심(power)이 흔들렸다. 분별력과 공정함이 필요하다. 냉정한 현실을 직시해야 한다. 감정적이 아닌, 감성적인 팀장이 되자. 도덕경에 이런 말이 있다. "최고 리더는 사람들이 그가 있다는 것만 안다. 중간은 그를 칭찬하고 숭배한다. 최악은 그를 두려워하고 경멸한다."

둘째, 난세의 전략이 필요하다. 팀 전체 조화는 아예 포기하자. 팀이 이질적이라 누구라도 이끌기 어렵다. 팀 내 불화의 책임이 리더를 향하고 있다. 왕따 사건이 편가르기와 하극상으로 가고 있다. 강력한 리더십이 필요하다. 그룹별 균형을 이루자. 이해관계가 복잡하게 얽힐수록 중심을 잡아야 한다. 편가르기는 한 가지 기준을 적용할 때 나타난다. 남녀 · 계층 · 세대가 아닌 다양한 기준을 적용하자. 적이 친구가 되고, 편가르기는 무산된다. 개인별 사연에 집중하자. 일대일로 접근해야 한다. 세상에 좋은 팀원과 나쁜 팀원은 없다. 각자 사연에 따라 자기 역할을 하고 있을 뿐이다.

셋째, 나누고 베풀자. 선배 팀원과 차 한잔하며, 그의 고충을 나누자. 젊은 팀원과 술 한잔하며, 그의 고민을 나누자. 소외된 팀원과 밥 한 끼 하며, 그녀의 어려움을 나누자. 나눌수록 분위기가 훈훈해지고, 파이도 커진다. 내가 아는 것을 감추지 말고, 모두 베풀자. 내가 가진 것을 아끼지 말고, 최대한 베풀자. 나의 경험과 인맥으로 후배들을 한껏 돕자. 베풀수록 마음이 뿌듯해지고, 더 큰 것이 들어온다. 도덕경에 이런 말이 있다. "성인은 쌓아두지 않는다. 남에게 베푸는데 내 것이 생기고, 남에게 나눠 주는데 내 것이 많아진다."

132 함정에 빠진 팀장

◇◇◇

어리석은 듯, 양보하며 지내야

고심 끝에 찾아간 후 달라진 상사들

그녀는 작년 말 팀장으로 승진했다. 그녀가 추진한 프로젝트가 큰 상을 수상하는 등 탁월한 성과가 있었기 때문이다. 그녀의 승진을 예상한 직원들은 많지 않았다. 그러나 그녀는 해냈다. 여성 최초로 요직 중 요직이라는 인사팀장이 됐다.

인사팀 업무 중 가장 중요한 일은 채용이다. 팀 전체가 꼬박 3개월을 매달려 30명을 선발했다. 보름이 지났을 무렵, 한 임원의 호출을 받았다. 갑자기 산하 직원 2명이 퇴사했다며, 2명을 더 뽑으라는 것이다. 어이가 없었다. 채용한지 얼마나 됐다고 또 뽑는단 말인가. 사실 2명을 뽑던 30명을 뽑던 시간과 비용은 별반 다르지 않다.

직속상사인 실장에게 보고했다. 사정을 누구보다 잘 아는 그이기에 말도 안 되는 임원 지시를 번복할 수 있으리라 생각했다. 그런데 실장은 임원 지시에 따르라고 한다. 중간에 끼어 새우등 터지기 싫었던 게다. 자기 라인도 아닌 그녀 편을 들어 줄 이유도 없었을 것이다. 고심 끝에 사장을 찾아 갔다. 차분하게 보고했고, 결국 전보 조치로 마무리할 수 있었다. 이후 임원은 인사팀장을 여성으로 하는 게 아니라는 등 얼토당토않은 소문을 퍼뜨린다. 실장도 그녀 때문에 사장에게 체면을 구겼다며 기분 상한 표정이 역력하다. 올해 꼭 성공시켜야 할 프로젝트는 물론 자잘한 업무도 실장에게, 또 임원에게 막혀 진행이 안 된다.

그렇다고 일일이 사장을 찾아갈 수도 없다. 이러다간 모든 직원에게 무능하다는 평가를 받게 생겼다. 능력을 인정받아 승진했는데 임원과 실장 때문인지, 요즘 사장도 그녀를 탐탁히 여기지 않는 듯하다. 그녀는 요즘 함정에 빠졌다는 느낌을 자주 받는다. 회사에 그녀 편은 하나도 없는 것 같다. 반년도 안 되어 180도 바뀐 이런 상황이라니, 어떻게 헤쳐 나가야 할지 정말 당황스럽다.

회사에서, 팀장은 중간관리자로 심장과 같은 존재다. "팀장이 강해야 회사가 강하다." 팀장은 사람 · 성과 · 조직을 관리한다. 팀장은 일을 시키는 사람이다. 팀원을 동기부여하고, 열정을 일으키고, 교육과 훈련을 책임진다. 팀장은 성과를 반드시 내야 한다. 회사는 이익이 있어야 생존한다. 나 홀로 열심히 한다고 성과가 나는 것은 아니다. 팀장은 조직역량을 키워야 한다. 더 나은 성과를 내는 것은 쉽지 않다. 다 함께 제대로 해야 성과를 낼 수 있다. 승리하는 팀은 승리하는 팀원으로 구성된다.

회사에서 성공은 능력 · 성과 + α

회사에서, 능력이 있다고 성공하는 것은 아니다. "성공의 85%는 인간관계로 만들어진다." 똑똑한 팀원이라도 성공적인 팀장이 되는 것은 아니다. 상사에겐 존중받는 존재가 돼야 한다. 나 없이는 못 살게 만들어야 한다. 부하에겐 존경받는 존재가 돼야 한다. 신명나게 일하도록 해 줘야 한다. 동료 간에 인정받는 존재가 돼야 한다. 언제든지 필요한 자원과 정보를 주고받아야 한다. "입사는 IQ지만 승진은 EQ다." EQ는 감성지수다. 감정을 이해하고 통제하는 능력이다. 인간관계 능력은 EQ에 비례한다.

회사에서, 성과가 높다고 성공하는 것은 아니다. "회사 생활은 정치게임이다." 유능한 팀원이라도 성공적인 팀장이 되는 것이 아니다. 사내(社內)에선 라인을 잘 타야 한다. 썩은 줄은 안 되고 튼튼한 줄을 잡아야 한다. 사외(社外)에선 네트워크를 잘 만들어야 한다. 네트워크는 안 되는 일도 되게 한다. 눈치가 빨라야 한다. 판세를 읽고 포석을 둘 수 있어야 한다. "입사는 IQ지만 승진은 PQ다." PQ는 정치지수다. 영향력을 행사하고, 이해관계를 해결하는 능력이다. 정치력은 PQ에 비례한다.

사내정치는 생존권을 보장해 주는 수단

"회사는 사내정치를 부추긴다." 사내정치는 회사에서 정치력을 행사하는 활동이다. 정치력은 의사결정에 중요한 역할을 한다. CEO부터 말단까지 누구도 정치에서 자유로울 수 없다. 사내정치는 생존권을 보장해 주는 수단이다. 내가 한 일을 지키고 정당한 대가를 얻는 것이다. 나쁜 정치인은 자기 할 일조차 못하고 아부·험담에 익숙하다. 누가 봐도 정치적이다. 좋은 정치인은 기본에 충실하고 모범적이다. 누가 봐도 닮고 싶다. 도덕경에 이런 말이 있다. "최고 정치인은 사람들이 그가 있다는 것을 알지 못한다. 다음은 그를 가깝게 여기고 기린다. 다음은 그를 두려워하고, 그 다음은 그를 업신여긴다."

후박사의 탁월한 세 가지 처방

그녀는 뭔가 잘못 처신하고 있다. 명심보감에 이런 말이 있다. "총명할지라도 어리석음으로 몸[身]을 지키고, 공덕을 천하에 떨쳤어도 양보함으로 덕(德)을 지키고, 용기가 세상을 진동시켰어도 두려움으로 힘[力]을 지키라."

첫째, 어리석은 듯이 살자. 그녀는 너무 똑똑하다. 똑똑한 것이 함정에 빠진 이유다. 누구나 능력을 돋보이고 싶어 한다. 그런데 사람들은 나보다 잘난 것을 불편해 한다. 누구나 역량을 드러내고 싶어 한다. 그런데 사람들은 나보다 못난 것을 편안해 한다. 누구나 멋진 모습을 보이고 싶어 한다. 그런데 사람들은 잘난 체하는 것을 못마땅해 한다. 현대에는 똑똑한 사람들이 넘쳐난다. 때로는 똑똑한 것을 숨기고, 어리석은 듯이 보이는 게 필요하다. "대지약우(大智若愚), 커다란 지혜는 어리석어 보인다."

둘째, 양보하면서 살자. 그녀는 혼자 잘나간다. 잘나가는 것이 함정에 빠진 이유다. 누구나 승진을 원한다. 혼자 승진하는 것은 구설수의 대상이 된다. 누구나 상을 받기를 원한다. 혼자 상을 받는 것은 험담의 대상이 된다. 누구나 탁월한 성과를 기대한다. 혼자 성과를 내는 것은 왕따로 가는 지름길이다. 상사도 챙기자. 나의 공로라도 넘겨야 한다. 부하도 챙기자. 나의 공적을 나눠야 한다. 동료도 챙기자. 손해 보더라도 주어야 한다. "난득호도(難得糊途), 바보인 척 살아가는 것은 어렵다."

너무 겁이 없어도 화 불러

셋째, 두려운 듯이 살자. 그녀는 너무 겁이 없다. 겁이 없는 것이 함정에 빠진 이유다. 하고 싶은 대로 하지 말자. 한번 돌아보아 과거를 점검하자. 생각나는 대로 하지 말자. 한번 멈추어 현재를 살피자. 원하는 대로 하지 말자. 한번 바라보아 미래를 기획하자. 함정에 빠진 것이라도 조용히 견디자. 찻잔 속에 태풍처럼 쉬이 지나갈 것이다. 험한 표정이라도 못 본 척 하자. 눈앞에 떨어지는 낙엽이라고 생각하자. 나쁜 소문이라도 못 들은 체하자. 귓가에 스치는 바람이라고 생각하자. "화광동진(和光同塵), 광채를 드러내지 말고 세상과 어울려 지내라."

133 훼방꾼 팀원

◇◇◇

희생양이 아닌 촉매자로 활용하라

매번 팀 운영에 훼방을 놓는데

그녀의 팀에는 그녀보다 나이가 많은 팀원이 여러 명 있다. 아직까지 우리나라 회사는 팀장의 나이가 가장 많고, 팀장보다 어린 팀원들이 함께 팀을 이루는 것이 일반적이다. 그런데 그녀의 팀은 좀 특수하다. 팀 특성상 나이 많은 직원들이 배치될 수 있으므로, 회사 자원의 인력 배치에 대해서는 이해한다. 그러나 3년째 이런 형태가 계속되다 보니, '왜 우리 팀만 이럴까?'라는 생각에 너무 힘이 든다.

나이 많은 팀원 중 한 명은 정말 팀의 훼방꾼이다. 팀 회의를 하려고 모여 달라고 주문하면, 팀원들이 다 모이고 나서도 최소 5분 이상 지나야 나타난다. 전달하는 내용에 대해 사사건건 시비다. 때로는 회사 인트라넷에 글을 올려 팀장을 곤란하게 하는 경우도 다반사다. 작성된 보고서는 요점이 없고 두서가 없고 장황해 내용을 수정할 수밖에 없는데, 수정했다고 신경질을 부리고, 어떤 때는 본인 보고서대로 해야 한다며 고집불통이다.

팀장 대접을 바라는 것도 아니고, 팀장 권위를 인정해 달라는 것도 아니다. 그런데 매번 팀 운영에 훼방을 놓으니 이젠 하루도 더 같이 있기 싫다. 연말 헤어짐을 학수고대하고 있는데, 아니라면 너무 끔찍하다. 헤어지게 되더라도 앞으로 3개월을 함께 지내야 한다. 그것만으로도 우울하다.

훼방꾼은 스스로 훼방꾼인지 잘 몰라

훼방꾼은 남의 일을 방해하는 사람이다. 잘 되가는 일을 망가뜨리고, 다 된 일을 그르친다. 주변 사람들을 자기 멋대로 조정하려 한다. 훼방꾼은 어디에나 있다. 자기 이익만을 추구하고, 상대를 골탕 먹인다. 가정에서는 불화와 갈등을 일으키고, 학교에서는 학업 분위기를 망치고, 사회에서는 공익과 질서를 파괴한다. 훼방꾼은 스스로 훼방꾼인지 모른다. 일부러 그러는 경우도 있지만, 대부분 의도하지 않는다. 악의 없는 무의식적 행동이기도 하다.

어느 조직이나 훼방꾼이 있기 마련이다. 훼방꾼은 인간관계를 해친다. 앞에서 대놓고 아첨하고, 뒤에서 몰래 험담한다. 프라이버시를 침범하고, 서슴지 않고 협박한다. 훼방꾼은 조직의 활력을 빼앗는다. 강자에게 온순하고, 약자에게 잔인하다. 겉으로 조직을 위하는 척하고, 속으로 자기 이익만을 챙긴다. "미꾸라지 한 마리가 물 전체를 흐린다." 상사 중에 훼방꾼이 있다면 조직이 멍들고, 팀원 중에 훼방꾼이 있다면 팀이 병든다. 조직은 생산성이 떨어지고, 팀원은 불안, 우울, 무기력에 빠진다.

건강한 조직은 서로 협력한다. 협력은 이타심에서 온다. 인간이 서로 돕지 않았다면 자연에서 살아남지 못했다. 협력행동은 전체에 유익하기 때문에, 선택적으로 진화됐다. 배신은 이기심에서 온다. 조직에선 누군가가 노력 없이 무임승차할 가능성이 있다. 배신행동은 개인에 유리하지만 관계를 깨뜨린다. 이기적인 사람이 협력하는 것은 결국 자신에게 이롭기 때문이다. 처벌은 협력을 유도한다. 아주 이기적인 사람도 처벌로 이익이 줄어드는 것을 꺼려 협력한다.

우리는 '사회적 딜레마' 속에 살고 있다. '사회적 딜레마'는 개인이 이기적으로 행동해서, 절대로 문제를 해결할 수 없는 상황이다. 개인과 사회의 이익은 늘 충돌한다. 예를 들어, 팀원 중의 훼방꾼이 밉다고 모두가 일을 안 하면 그 팀이 망하게 된다. 사회관계에서 사람들은 배신보다 협력을 선택한다. '사회적 딜레마'

의 해법은 협력이다. 사람들은 관계가 장기적이고 반복적일 때 협력하지만, 단기적이고 일회적일 때 쉽게 협력을 깬다. 배신에 대한 복수가 두려울 때 협력하지만, 적절한 보상이 없을 때 쉽게 협력을 깬다.

협력자는 생(生), 훼방꾼은 극(剋)

상생상극(相生相剋)이란 말이 있다. 상생은 서로 돕는 것이고, 상극은 서로 억누르는 것이다. 모든 관계는 생(生)과 극(剋)의 조화를 통해 발전한다. 생이 부족하면 움츠려 들고, 생이 넘치면 팽팽해진다. 극이 넘치면 주눅이 들고, 극이 부족하면 나태해진다. 협력자는 생(生)에 해당하고, 훼방꾼은 극(剋)에 해당한다. 상대가 강한 경우 억누르는 게 좋고, 상대가 약한 경우 돕는 게 좋다. 지나치게 강한 경우, 기운을 달래어 순응하는 것이 좋다. 지나치게 약한 경우, 약한 기운을 없애고 강자끼리 상생하는 게 좋다.

후박사의 탁월한 세 가지 처방

누구나 나름대로 사연이 있다

첫째, 조금 더 이해해 보자. 누구나 나름대로 사연이 있다. 그도 처음부터 훼방꾼은 아니었다. 열정이 넘치던 시절, 소명에 불타던 시절, 펄펄 날던 시절이 있었다. 승진 · 보직에서 누락돼 쌓인 원망, 어린 팀장 밑에서 일하는 불만, 같은 일만 반복하여 쌓인 불평이 작용한 탓이다.

이해하다 보면, 의도가 파악된다. 의도를 알게 되면 대처할 수 있다. 예측불허의 태도에 대응할 수 있다. 이해하다 보면, 연민감이 생긴다. 연민감은 적대감의 반대 감정이다.

미움이 사라진다. 밉지만 않아도 성공이다. 이해하다 보면, 자신을 돌아볼 수 있다. 누구나 훼방꾼 기질이 있다. 반면교사로 삼을 수 있다. 자기발전과 성숙의 기회가 된다.

둘째, 기대를 버리자. 긍정적인 기대는 신뢰를 전제로 한다. 좋아지려니 생각하다 뒷북 맞는다. 그는 화가 나 있다. 분노는 방향이 바뀐다. "종로에서 뺨 맞고 한강에서 눈 흘긴다." 오히려 타깃이 될 수 있다. 부정적인 기대는 더 위험하다. 나빠지려니 생각하면 더 나빠진다. 오히려 악화될 수 있다. 삼성의 창업자 이병철은 늘 이렇게 말했다. "의심되는 자는 쓰지 마라. 일단 쓰게 되면 의심하지 마라."

그에게 맞는 역할을 찾아보자. "사람과 쪽박은 있는 대로 쓰인다." 서 있는 자리가 바뀌면 풍경도 달라진다. 왕따도 전시엔 영웅이 된다. 최소 역할도 없다면 그냥 놔두자. 몸속에 적당한 세균은 면역력에 기여한다. 희생양이 아닌 촉매자로 활용하자. 잘 극복하면 팀장 역량이 증가하고, 팀 경쟁력도 커진다.

셋째, 단호하게 대처하자. 훼방꾼은 근본적으로 미성숙한 인간이다. 그로 인해 고통과 악몽에 계속 시달릴 수는 없다. "처음부터 뽑지 말고, 뽑았으면 바꾸고, 안 바뀌면 쫓아내야 한다." 그렇지만 마음대로 안 되는 게 세상일이다. 여러 가지 방법을 찾아보자.

우선, 주변의 힘을 사용하자. 사내 힘 있는 자의 도움을 받아 보자. 의외로 쉽게 풀릴 수 있다. 사내 힘 있는 네트워크의 도움을 받아 보자. 집단압력을 가할 수 있다. 다음, 평판을 활용하자. 누구든지 평판에 민감하다. 겉으로 큰 소리를 쳐도, 나쁜 소문을 무시하긴 어렵다. 사회적으로 매장할 수 있다. 끝으로, 처벌도 고려하자. 처벌에는 인사고과, 왕따, 악평, 징계 등을 포함한다. 처벌은 항상 효과적이지 않다. 도덕심의 악화로 역효과를 가져오고, 복수심의 조장으로 역풍을 맞을 수 있다.

| 저자 소개 |

후박사 이후경(Hoo Kyeong Lee)

연세대학교 의과대학과 동 대학원을 졸업하고 연세의료원에서 정신건강의학과 전문의를 취득한 후, 연세대학교 MBA를 거쳐 중앙대학교에서 경영학박사 학위를 취득했다. 1988년 집단정신치료 논문으로 대한신경정신의학회가 수여하는 제4회 전공의 최우수논문상과 2001년 대한정신분열병학회가 수여하는 학술상을 수상했으며, 2003년 이후 9년간 가톨릭대학교 정신건강의학과 전공의를 대상으로 집단정신치료 교육을 시행했다. 국제공인 NLP트레이너, 국제의학 최면치료사, KPC(한국공인 코치), ACC(국제공인 코치) 등 자격증도 취득했다.

2005년 "이 땅에 Love, Peace, Joy, Freedom을 실현한다."라는 사명으로 'LPJ마음건강'을 설립하여, 현재 다전문가가 참여하는 '직장인 스트레스 전문 외래의원'으로 자리 잡았다(www.lpj.co.kr). LPJ마음건강으로 정신건강의학과 부문 '2012 대한민국 퍼스트브랜드 대상'과 '2015 한국소비자만족지수 1위' '2016 대한민국 우수브랜드대상'을 수상했다. 그리고 2015 연세MBA 경영인상'을 수상했다. 2014년부터 2020년까지 7년간 『중앙이코노미스트』 경제주간지에서 '후박사의 힐링 상담' 고정 칼럼리스트로 활동했다.

저서로는 『아프다 너무 아프다』 『와이 앰 아이?』 『힐링 스트레스』 『관계방정식』 『변화의 신』 『선택의 함정』 『힐링무비』 『후박사의 마음건강 강연(전 5권)』 『후박사의 힐링 시대 프로젝트(전 3권)』 『집단정신치료』 『임상집단정신치료』 등이 있다.

사례로 풀어 본
한국인의 정신건강
-정신과 의사 후박사의 133가지 탁월한 진단과 처방-
Korean's Mental Health
: 133 Case Studies with Dr. Hoo's Excellent Solutions

2022년 1월 10일 1판 1쇄 발행
2023년 3월 20일 1판 3쇄 발행

지은이 • 이 후 경
펴낸이 • 김 진 환
펴낸곳 • (주) 학지사
04031 서울특별시 마포구 양화로 15길 20 마인드월드빌딩 5층
대표전화 • 02) 330-5114 팩스 • 02) 324-2345
등록번호 • 제313-2006-000265호
홈페이지 • http://www.hakjisa.co.kr
페이스북 • https://www.facebook.com/hakjisabook

ISBN 978-89-997-2540-1 03180

정가 24,000원